COLLECTION
FOLIO HISTOIRE

Georges Corm

Le Proche-Orient éclaté

1956-2012

I

SEPTIÈME ÉDITION
MISE À JOUR ET AUGMENTÉE

Gallimard

L'ouvrage de Georges Corm paraît en deux tomes, paginés dans la continuité. Le lecteur trouvera en fin du deuxième tome l'index général et la bibliographie de l'ensemble.

Georges Corm, économiste libanais, né en 1940, est consultant économique et financier international. Il enseigne à l'Université Saint-Joseph de Beyrouth. Il est l'auteur de nombreux ouvrages remarqués consacrés à l'économie internationale et à l'histoire du Proche-Orient, dont *L'Europe et l'Orient ; Orient-Occident, la fracture imaginaire ; La question religieuse au* XXI*e siècle ; L'Europe et le mythe de l'Occident, la construction d'une histoire ; Le nouveau gouvernement du monde, idéologies, structures, contre-pouvoirs ; Pour une lecture profane des conflits. Sur le « retour du religieux » dans les conflits contemporains du Moyen-Orient ; Pensée et politique dans le monde arabe*, tous parus aux Éditions La Découverte.

Préface

Les réimpressions successives de cet ouvrage depuis 1983 ont accompagné et stimulé l'ensemble de mes réflexions, travaux et recherches sur l'histoire du Proche-Orient et les rapports entre l'Orient et l'Occident[1]. C'est sous les bombes que j'en avais terminé la première édition, alors que l'invasion du Liban par Israël venait de débuter, en cet été de juin 1982, et que Beyrouth attaquée sans relâche par terre, par mer et par air vivait ses moments les plus dramatiques. Par la suite, les éditions successives mises à jour ont toujours été réalisées sous le coup de nouveaux événements dramatiques que j'ai vécus dans mon volontaire exil à Paris entre 1985 et 1998 ou à Beyrouth avant ou après ces deux dates. Les dernières mises à jour lors des nouvelles éditions depuis l'année 2003 ont tout autant été rédigées sous le coup de nouveaux événements violents, tels que l'invasion de l'Irak par les États-Unis en 2003 ou l'attaque israélienne d'envergure contre le Liban en 2006 suite à l'enlèvement de deux soldats israéliens par le Hezbollah libanais et alors que ce petit pays était en proie à une nouvelle crise intérieure majeure, à la fois interne et régionale.

1. En particulier mes trois ouvrages *L'Europe et l'Orient. De la balkanisation à la libanisation. Histoire d'une modernité inachevée* (La Découverte, 1989, 1991, 2002, 2005), *Orient-Occident. La fracture imaginaire* (La Découverte, 2002, 2005) et *La question religieuse au XXI*[e] *siècle. Géopolitique et crise de la postmodernité* (La Découverte, 2006, 2007).

Au fond, quels qu'aient été mes efforts de lucidité, mon réalisme cru sur la permanence des formes de domination externe sur cette région du monde, j'ai toujours été, dans les conclusions successives que j'ai écrites aux différentes éditions de l'ouvrage, en deçà de l'horreur qui pouvait encore survenir au Proche-Orient voué au malheur depuis plus d'un demi-siècle. J'avoue ainsi humblement n'avoir jamais envisagé sérieusement que les États-Unis pourraient envahir et occuper la Mésopotamie. Que pouvait donc vouloir une aussi grande puissance atlantique de cette vieille région du monde, si loin d'elle et qui lui est si étrangère ? En revanche, si j'ai toujours pensé et écrit que l'avenir était imprévisible au Proche-Orient, j'ai toujours estimé que le feu couvait sous la cendre du profond sommeil apparent des sociétés arabes, soumises à toutes sortes d'humiliations sans réagir depuis la fin de la période révolutionnaire et anti-impérialiste des années 1950 et 1960. En décembre 2010, le volcan s'est réveillé et toutes les sociétés arabes, à quelques exceptions mineures, sont entrées dans un cycle de changements de nature révolutionnaire qui a même inspiré des mouvements de contestation en Europe et aux États-Unis.

En réalité, l'observateur historien n'est jamais au bout de ses surprises au Proche-Orient. Qui aurait pensé en effet au début du siècle dernier que la Palestine historique, celle des Cananéens, des antiques royaumes d'Israël, du Christ et du mont des oliviers, celle de la magnifique mosquée du calife Omar à Jérusalem, deviendrait l'État d'Israël, la puissance militaire la plus redoutable après celle des États-Unis, de la Russie et de la Chine ? Qui aurait jamais pensé que la fortune pétrolière viendrait frapper à la porte des tribus bédouines pauvres du désert ? Qu'elle transformerait la péninsule arabique en une énorme machine à sous mobilisée pour la propagation du wahhabisme, l'un des mouvements de réforme fondamentaliste de la religion musulmane que l'ardeur guerrière et conquérante de la famille des Saoud transformera en un rigorisme contraire à l'esprit de la religion musulmane qualifiée par le Coran lui-même de religion du « juste milieu » ? Qui aurait pensé que l'aimable et pittoresque Liban des poètes romantiques français, Gérard de Nerval ou Alphonse de Lamartine, allait sombrer dans quinze années de violences continues ? Que les communautés religieuses libanaises, si célèbres auprès de tous les anthropologues et ethnologues par leur exotisme et leur enchevêtrement bon enfant et tolérant, deviendraient la chair à canon de chefs de milices cruels et abrités derrière des protecteurs étrangers impitoyables, de chefs criminels qui ne sont jamais passés en jugement devant un tribunal pour les déplacements forcés de population et les massacres collectifs ?

Mais qui aurait pensé aussi qu'en pleine époque historique de décolonisation et de mise en pratique des grands principes modernes de la liberté des peuples, le monde dit « civilisé » laisserait faire une colonisation de peuplement de l'ensemble du territoire historique de la Palestine, achevant la dépossession des Palestiniens, en dépit des très nombreuses et très claires résolutions des Nations unies, et alors qu'ailleurs, en Afrique du Sud ou en Rhodésie, ou même au Timor-Oriental, les colons ou les oppresseurs avaient dû lâcher prise et rendre leur liberté aux indigènes asservis ? Qui aurait pensé aussi que l'Organisation des Nations unies, censée incarner tous les principes modernes de dignité de l'homme et des peuples de la planète, imposerait au peuple irakien un embargo économique total dont le seul résultat a été de faire mourir des dizaines de milliers d'enfants et de vieillards pauvres et de renforcer le pouvoir dictatorial et absolu du régime ? Qui aurait pensé, enfin, qu'après avoir soutenu nombre de dictatures du monde arabe pour lutter contre le communisme, et après avoir brutalement envahi l'Irak, les États-Unis auraient le cynisme de se poser en défenseurs de la liberté et des droits de l'homme au Proche-Orient ?

Bien sûr, me dira-t-on, qui aurait pensé que la ville de New York serait sauvagement attaquée par des musulmans fanatisés ? Qui aurait pensé que les Palestiniens et les autres Arabes de la région auraient le mauvais goût de refuser aux rescapés d'Auschwitz la possession de leur terre dite « ancestrale » ? Qui aurait pensé que les guerriers wahhabites, saoudiens, égyptiens, algériens, afghans, grands alliés des États-Unis dans la lutte contre le communisme et la guerre d'Afghanistan pour combattre les Soviétiques, retourneraient leurs armes contre leurs anciens compagnons d'armes et fournisseurs ? Qui aurait pensé qu'en dépit du souci américain du bien-être et de la défense des musulmans en Bosnie ou au Kosovo, de la promotion permanente faite par les États-Unis de l'islam et des mouvements islamistes, du refuge donné par eux et par les pays européens aux islamistes persécutés dans leur propre pays, ces derniers développeraient un antiaméricanisme furieux, mais aussi la phobie d'une « croisade judéo-chrétienne » contre l'islam ?

C'est pour éviter le piège de ces perceptions antagonistes et simplistes que j'ai été amené, dès 1998, à ajouter les quatre premiers chapitres qui forment aujourd'hui la première partie de l'ouvrage et qui constituent une introduction épistémologique de base à la compréhension de ces perceptions et à la dynamique de leur choc. En fait, la première édition de 1983 de l'ouvrage arrêtait le récit des événements à l'invasion israélienne du Liban en 1982. Les éditions successives m'avaient amené à mettre à jour le récit des événements par l'addition de deux chapitres (« Le temps des otages : 1985-1986 » puis « Le Proche-Orient éclaté : de la guerre de libération du Liban à l'invasion du Koweït »).

Par la suite, en 1997, face à l'échec d'ailleurs prévisible des accords d'Oslo entre Israël et les Palestiniens, j'avais écrit un second volume portant sur la période 1990-1997 où déjà j'essayais de montrer comment et pourquoi les grands acteurs de la scène proche-orientale imaginaient un Proche-Orient inexistant qu'ils se complaisaient pourtant à fabriquer en chambre ou sur les pelouses de la Maison-Blanche au cours de grandes cérémonies médiatiques sans consistance[1]. J'étais frappé, plus particulièrement, par le fait que les deux gouvernements américain et israélien, mais aussi leurs alliés parmi les gouvernements arabes, ainsi que la plupart des gouvernements européens, inscrivaient leurs politiques dans un Proche-Orient virtuel sans rapport aucun avec la complexité des réalités de terrain qu'ils s'efforçaient de nier ou d'ignorer, voire de dénigrer comme marginales et dénuées de signification profonde. Cette réflexion menée sur l'échec de la mise en application des accords d'Oslo et sur l'invasion du Koweït par la dictature irakienne et les réactions militaires occidentales qu'elle suscita m'a conduit à tenter de donner un cadre épistémologique explicatif des perceptions totalement divergentes, voire contradictoires des réalités de terrain, phénomène dont l'ampleur est une spécificité du Proche-Orient.

En 1999, à la demande des éditions Gallimard, j'ai non seulement procédé à la fusion et à la mise à jour des deux précédents volumes parus aux éditions La Découverte, mais j'y ai ajouté alors une nouvelle partie introductive, entièrement consacrée à l'analyse détaillée des systèmes de formation de la perception des événements du Proche-Orient par les différents acteurs qui s'en partagent le scène, ainsi qu'à l'identification des grandes étapes du récit historique et à celle des dynamiques contradictoires à l'œuvre dans la région. Dans les rééditions

1. Georges Corm, *Le Proche-Orient éclaté II. Mirages de paix et blocages identitaires. 1990-1996*, La Découverte, Paris, 1997.

ultérieures, celles de 2000, 2001, 2003 et 2005, je n'ai pu faire que des mises à jour très limitées par des contraintes de réimpression, sans remise en cause de la pagination de l'ouvrage. Dans l'édition de 2007, j'ai pu mettre à jour de façon détaillée, dans un chapitre additionnel, les événements d'Irak, de Palestine et du Liban depuis le début du nouveau siècle et plus particulièrement depuis les attentats du 11 septembre 2001, qui ont changé dramatiquement la scène proche-orientale. J'y avais aussi remis à jour et remanié l'introduction de l'ouvrage, sa conclusion et les trois chapitres majeurs conclusifs concernant les événements qui précèdent les attentats du 11 septembre et qui décrivent la montée de l'hégémonie américaine dans la région, l'usure des régimes politiques arabes dans ses aspects économiques et sociaux, comme dans ses aspects idéologiques où l'instrumentalisation de la religion musulmane est devenue une donnée essentielle de la vie du Proche-Orient, ainsi que la dynamique complexe de l'État d'Israël et du renouveau du judaïsme.

Ces chapitres montraient comment le Proche-Orient était devenu à nouveau, malgré la fin de la Guerre froide, une région d'affrontement géopolitique. En effet, suite aux attentats du 11 septembre 2001, les États-Unis avaient inscrit leur dynamique de puissance dans le cadre de la lutte contre le terrorisme et d'un « axe du mal » qui le soutiendrait, incluant l'Iran, puissance majeure dans la région, et plus accessoirement la Syrie, entrée elle aussi dans le collimateur américain et qui le reste aujourd'hui plus que jamais. Cette lutte avait été déclenchée sous le chapeau idéologique de la « guerre des civilisations », légitimant le déploiement de forces militaires américaines au Proche-Orient et ailleurs, en Afghanistan et dans les républiques musulmanes d'Asie centrale. Ce faisant, il était clair que les États-Unis, à travers leur démonstration de force et leur hégémonie sur le Moyen-Orient, mettaient en place une ceinture politico-militaire visant à contenir aussi bien une renaissance future de la puissance russe que le jaillissement possible de la puissance chinoise.

Dans la dernière édition d'octobre 2010, faute de place dans un ouvrage dont la dimension avait dépassé les mille pages, j'ai dû me contenter d'une postface de dix pages à titre de mise à jour, intitulée « Une chronique répétitive du malheur », couvrant l'attaque israélienne sur la bande de Gaza en Palestine durant la période de décembre 2008 et janvier 2009, ainsi que la déstabilisation toujours plus profonde du Liban, instrumentalisé en permanence par le jeu des puissances internationales et régionales. J'y décrivais aussi le haut profil acquis par la Turquie sur l'échiquier proche-oriental, notamment ses démêlés avec l'État d'Israël suite au blocus de la bande de Gaza.

Fidèle à ma méthode d'écriture du récit des événements, cette nouvelle mise à jour refuse les simplifications et les passions à travers lesquelles les médias internationaux, mais aussi parfois des ouvrages de nature académique, présentent les souffrances de cette région du monde dont le destin semble toujours intimement lié à celui de l'Europe et des États-Unis, depuis que l'O.T.A.N. est intervenu militairement en Libye au cours de l'année 2011 et que les décideurs occidentaux continuent de pratiquer la politique du deux poids et deux mesures face au vent de révolte qui souffle sur le monde arabe.

Dans cette édition en deux volumes, j'ai été amené à enrichir diverses parties de l'ouvrage. J'ai notamment ajouté un chapitre de caractère méthodologique dans la partie introductive, qui tente de montrer l'articulation des phases et dynamiques historiques différentes qui ont affecté le Proche-Orient arabe et qui sont imbriquées de façon diachronique. J'ai rappelé aussi à l'intérieur du chapitre 4 la riche période libérale vécue par le monde arabe entre 1826 et 1956, dont la mémoire est aujourd'hui totalement oblitérée. Cette oblitération peut être attribuée aux divers coups d'État militaires qui ont mis en place des régimes autoritaires, parfois brutaux, instituant la pensée unique, mais aussi au développement des diverses formes de fondamentalisme islamique, instrumentalisées aussi bien par les systèmes politiques autoritaires et corrompus que par certaines puissances occidentales.

J'ai de plus mis à jour, revu et découpé le très long dernier chapitre de l'édition de 2007 qui reprenait tous les développements survenus dans la région depuis les attentats du 11 septembre 2001. Il est désormais éclaté en plusieurs chapitres distincts (23 à 27) regroupés dans une cinquième partie de l'ouvrage qui traite des conséquences générales des attentats du 11 septembre 2001 sur la région et de la politique américaine de remodelage du Moyen-Orient : invasion de l'Irak par les États-Unis et leurs alliés et ses conséquences ; déstabilisation du Liban et encerclement de la Syrie depuis la fin de l'année 2004 ; guerre d'Israël en 2006 contre le Hezbollah libanais ; perpétuation du malheur palestinien. Enfin un dernier chapitre est consacré aux révoltes des sociétés arabes qui changent considérablement la scène régionale, sans toutefois que l'on connaisse encore l'issue d'un « printemps » qui a tourné à un « été » particulièrement chaud et orageux. Ce chapitre ouvre désormais une nouvelle période de l'histoire du Proche-Orient contemporain.

L'ouverture du nouveau cycle révolutionnaire arabe qui prend la suite de l'épopée nassérienne décrite dans le premier chapitre du récit historique lui-même nous a amené à revoir la conclusion de l'ouvrage. Cet événement majeur que j'ai moi-même tant attendu change bien sûr la perspective historique passée et future. Aussi l'ai-je intégré de diverses façons dans l'ensemble du récit historique comme dans les chapitres introductifs d'épistémologie historique du Proche-Orient et de ses relations malheureuses avec ce que l'on appelle le « monde occidental ».

Les annexes documentaires et la bibliographie thématique et commentée qui figuraient dans les éditions et réimpressions successives depuis 1999 jusqu'à celle de 2003 ne sont pas réintégrées dans la présente édition. Les lecteurs qui seraient intéressés à les consulter pourront les trouver sur mon site web (www.georgescorm.com). À l'occasion de l'édition en langue arabe de l'ouvrage en décembre 2006, cette bibliographie a été considérablement développée ; les lecteurs arabophones, en particulier, pourront donc y trouver de nombreuses références d'ouvrages utiles en langue arabe. Toutefois, en fin de la présente édition de l'ouvrage, le lecteur trouvera la liste des livres cités dans les différents chapitres pour illustrer le propos. Cette liste ne constitue nullement l'ensemble des références bibliographiques qui ont servi à la structure de notre récit et à la critique des modes de perception des événements ; le lecteur devra se reporter à mon site web pour pouvoir consulter l'ensemble bibliographique.

Cet ouvrage, qui depuis trente ans ne cesse de mûrir et de se développer grâce aux nombreux lecteurs qu'il a eus jusqu'ici, se veut justement une pierre dans la construction d'un Proche-Orient qui devra bien réussir un jour, vraisemblablement plus lointain que proche, à devenir enfin une région stable et respectée du système international ; une région qui aura rétabli l'acceptation du pluralisme religieux et ethnique qui a caractérisé son existence depuis la plus haute Antiquité[1] et que le dernier demi-siècle a entraînée dans un tourbillon de violences qui n'en finit plus d'enfler.

1. Sur l'existence du pluralisme religieux au Proche-Orient, on pourra se reporter à mon ouvrage, *Histoire du pluralisme religieux*

Je ne peux terminer cette préface sans adresser à François Gèze, directeur des éditions La Découverte, et à Éric Vigne, aux éditions Gallimard, toute ma reconnaissance pour leur appui sans faille depuis la naissance de cet ouvrage « hors norme » en 1982-83. En effet, il est à la fois le témoignage d'un Proche-Oriental qui a vécu de près tous les événements contés ici, sans avoir été au départ un historien de métier, mais il est aussi une réflexion critique sur le métier d'historien de cette région compliquée du monde. C'est grâce à eux que j'ai pu mûrir, développer ce travail tout au long de ces éditions successives.

Je me dois aussi de remercier mon épouse Hala qui s'est toujours dévouée, en dépit de ses occupations familiales, pour me tenir des dossiers de presse sur les événements du Moyen-Orient, relire le texte de l'ouvrage, me donner son avis sur sa clarté et enfin le dactylographier, même dans les circonstances les plus difficiles, y compris sous les bombes de l'invasion israélienne de 1982 et le blocus de la capitale libanaise.

Je remercie aussi les nombreux lecteurs, étudiants, diplomates ou hommes et femmes de bonne volonté, qui m'ont dit de vive voix avec chaleur ou m'ont écrit pour témoigner de l'intérêt qu'ils ont porté à ce livre. Ces témoignages ont constitué aussi un encouragement à continuer dans la réflexion critique visant à apaiser les sentiments violents et contradictoires qui déchirent « l'Orient » et « l'Occident » dans cette région vitale pour la paix du monde.

Beyrouth, décembre 2011

---

dans le Bassin méditerranéen, Geuthner, Paris, 1998, 2003 et 2011, ainsi qu'à mon petit précis d'histoire de la région, intitulé *Histoire du Moyen-Orient. De l'Antiquité à nos jours*, La Découverte, Paris, 2007.

INTRODUCTION

Les fantasmes de la mémoire et de la perception

MÉMOIRE ET HISTOIRE AU PROCHE-ORIENT

L'histoire du Proche-Orient que nous présentons dans cet ouvrage s'est voulue, à l'origine, un récit des grands événements qui ont secoué les pays arabes depuis l'aube de leurs indépendances. En choisissant la date de 1956, année où le gouvernement égyptien nationalise le canal de Suez et s'expose ainsi à une attaque militaire conjointe de la France, de l'Angleterre et d'Israël, nous avons voulu marquer qu'il s'agissait du premier acte de souveraineté qu'un gouvernement arabe nouvellement indépendant inscrivait dans l'ordre international. Les fortes réactions d'hostilité suscitées en Occident par cette nationalisation installent un modèle de tension permanente, latente ou ouverte, entre le Proche-Orient arabe et l'Occident.

À plusieurs reprises, depuis cette date, des situations similaires, inscrites dans cette dynamique de tension, dégénèrent au Proche-Orient en particulier en 1967, lors de la guerre israélo-arabe d'octobre, qui conduisent à l'occupation de nombreux territoires arabes par l'État d'Israël, ou encore en 1990, lors de l'occupation du Koweït par l'Irak et, en 2003, lors de l'invasion de l'Irak par les États-Unis. Aussi, l'année 1956 peut-elle apparaître comme un point de départ adéquat du récit. Elle consacre, en effet, une ère d'incompréhension et de relations toujours plus tendues entre le monde occidental et le monde arabe. C'est cette tension et cette incompréhension permanentes qui caractérisent l'histoire du Proche-Orient contemporain.

En fait, depuis l'expédition de Napoléon Bonaparte en Égypte, en 1798, les malentendus culturels et politiques entre l'Occident et l'Orient arabe ont rythmé l'histoire de cette région du monde. L'arrivée des troupes américaines en 1990 dans la Péninsule arabique puis l'invasion américaine de l'Irak en 2003 consacrent une tendance marquée de l'histoire de la décadence des sociétés arabes et de leur impuissance à devenir des partenaires respectés de l'ordre international contemporain. La perpétuation de cette décadence est confirmée par les défaites militaires successives des armées arabes aussi bien face à Napoléon Bonaparte en 1798 qu'à Norman Schwarzkopf, commandant l'expédition militaire américaine de 1990 contre l'Irak, puis Tommy Franks qui commande l'armée américaine qui occupe l'Irak en 2003, en passant par leur impuissance militaire face aux colonialismes français et anglais, puis leurs défaites successives face à la Haganah, bras armé de la colonisation juive en Palestine à laquelle succède l'Armée de défense israélienne. Pour que change ce paysage de défaites militaires successives, il faudra attendre l'échec infligé à deux reprises par le Hezbollah libanais à l'armée israélienne : la première fois en 2000 lorsque l'État hébreux est contraint d'évacuer sans condition les larges parties du sud du Liban que son armée occupe depuis 1978 ; puis une seconde fois en 2006, lorsque le Hezbollah empêche cette même armée de réoccuper le sud du Liban dans l'espoir d'en chasser le mouvement libanais. Ce qu'aucune des armées régulières arabes n'aura pu réaliser, cette organisation à l'idéologie religieuse commune au régime religieux iranien réussit à le faire dans une guerre asymétrique.

L'écriture de l'histoire étant un effort raisonné de mise en scène des événements, nous avons tenté aussi de peindre les décors dans lesquels ces événements se sont déroulés et de décoder les langages des grands acteurs qui ont forgé ces événements ou de décrire les sentiments des différentes opinions publiques des deux côtés de la Méditerranée. Ce faisant, comme tout historien, nous nous sommes efforcés de remonter dans le temps pour identifier les différentes modalités de reconstruction des événements à travers les lectures possibles du passé ou les avenirs projetés qui animent les sociétés du présent.

Cette approche s'est imposée au récit face à la multiplicité d'interprétations des événements et aux contradictions, souvent implicites, des grilles de lecture actives à travers lesquelles ils sont perçus. Ceux-ci impliquant, de façon générale, une multiplicité d'acteurs locaux, régionaux et internationaux, ce récit de l'histoire du Proche-Orient a été construit sur plusieurs registres et sous différentes mises en scène, par souci de mieux comprendre et faire comprendre.

En effet, la création de l'État d'Israël et les guerres à répétition qu'elle a entraînées (1948, 1956, 1967, 1973, 1978, 1982), les péripéties sanglantes du Liban (1975-1990), la guerre entre l'Irak et l'Iran (1980-1988), enfin la guerre du Golfe (1990-1991) et l'invasion de l'Irak en 2003, tout comme la nationalisation du canal de Suez, pour être comprises, doivent nécessairement être contextualisées et placées sur une scène à dimension multiple où évoluent non seulement les acteurs locaux, mais aussi des acteurs majeurs du fonctionnement et de l'évolution de l'ordre international.

Cette scène, elle-même, tel un labyrinthe ou un château possédant de nombreux passages secrets entre ses différentes ailes, est caractérisée par une complexité de décors historiques et de contextes différents affectant un même événement et les interprétations ou reconstructions que l'on peut en faire. Acteurs, spectateurs ou analystes de l'événement n'ont pas toujours une conscience explicite de cette multiplicité des contextes qu'ils sont le plus souvent amenés à négliger pour mieux expliquer l'événement par une causalité unique et monolithique ; cette dernière est le plus souvent attribuée, implicitement ou explicitement, à des caractères anthropologiques innés supposés dicter la conduite des groupes humains concernés. C'est pourquoi, pour construire et restituer la complexité d'un événement local, il était indispensable de rappeler certains contextes historiques, totalement éloignés de la scène proprement proche-orientale, mais qui ont été ou qui restent autant d'éléments nécessaires à l'historien du Proche-Orient.

De ce fait, par exemple, tout récit des événements du dernier demi-siècle qui se sont déroulés sur la scène du Proche-Orient ne saurait faire l'économie d'une prise en compte d'évolutions historiques n'ayant pas leur source au Proche-Orient. Il en est ainsi de l'antisémitisme européen et russe au XIXe siècle, puis du génocide des communautés juives d'Europe sous le nazisme, qui ont déclenché puis considérablement amplifié les flux migratoires européens vers la Palestine, à l'origine du conflit israélo-palestinien. Il en est de même pour les différentes étapes de la Guerre froide dont le Proche-Orient a été un lieu central, puis de l'effondrement de l'U.R.S.S. et de la disparition de l'influence majeure qu'elle exerçait sur certains pays arabes. D'autres facteurs externes très importants ont joué un rôle clé dans les évolutions du Proche-Orient, en particulier la dynamique des économies occidentales entraînant des transformations majeures de l'économie énergétique mondiale, qui, à leur tour, entraînent des bouleversements complets dans les équilibres sociaux et politiques entre sociétés du Proche-Orient privées de pétrole et celles qui en regorgent. Enfin, l'affermissement de l'hégémonie américaine sur l'ordre international et la présence militaire massive au Proche-Orient que cette hégémonie lui a permis d'établir à la faveur de l'invasion du Koweït par l'Irak, ont considérablement transformé le paysage socio-politique de la région.

L'explication des événements dramatiques qui ont secoué le Proche-Orient au cours du dernier demi-siècle par une causalité unique qui tiendrait à des spécificités ethniques ou religieuses a été stimulée par une transformation des langages historiques et des philosophies de l'histoire. Les grandes philosophies de l'histoire explicative de l'évolution du monde ont perdu leur crédibilité, tandis que l'étude des mentalités des groupes sociaux absents des grandes histoires nationales et la mise en place de « politiques de la mémoire » ont envahi toutes les grilles de lecture et transformé les langages du récit historique[1]. Une des formes de refus du monde de globalisation économique, d'uniformisation des modes de vie et de consommation que nous vivons, se traduit, d'ailleurs, par la fabrication des altérités conflictuelles ou irréductibles, comme en témoigne la recrudescence de conflits attribués à des problèmes ethniques ou religieux.

Le Proche-Orient n'échappe pas à cette règle, loin de là. Il a été, depuis le XIXe siècle romantique et

1. Ce phénomène est fort bien expliqué par Jacques Le Goff décrivant les mutations récentes subies par la fonction de l'histoire dans la vie des sociétés, notamment le fait « qu'au lieu d'aller de l'histoire vers la mémoire collective, désormais, sous la pression de l'*histoire immédiate* en grande partie fabriquée à chaud par les media, on va vers la production accrue de mémoires collectives et l'histoire s'écrit, beaucoup plus que jadis et naguère, sous la pression de ces mémoires collectives ». Voir *Histoire et mémoire*, Gallimard, Folio/histoire, Paris, 1981, page 170 ; sous la direction de l'auteur, voir aussi, *La nouvelle histoire*, Éditions Complexes, Paris, 1988.

l'expansion coloniale européenne, un modèle parfait des nouvelles mises en scène identitaires que le monde de la Guerre froide finissante, puis celui de la globalisation économique et de l'affaiblissement des États et des liens sociaux qu'elle a entraîné, a fait surgir un peu partout. Berceau des trois grandes religions monothéistes et des grandes civilisations antiques qui ont marqué à la fois la culture européenne et le Proche et le Moyen-Orient, il a exercé une fascination exotique et géopolitique considérable en Occident. Le retour supposé du religieux dans la psychologie des peuples qui a marqué la scène internationale au cours des dernières décennies a été un thème important de la littérature académique et journalistique dont le Proche-Orient et les pays qui ont été sous la domination du marxisme soviétique ont été la scène principale.

Dans ce contexte, les situations conflictuelles dramatiques du Proche-Orient seront « exploitées sans vergogne », pour reprendre les termes de Jacques Le Goff par « les marchands de la mémoire ». Jean-François Bayart avait analysé, d'ailleurs, avec beaucoup de pertinence les phénomènes de « rétractation identitaire » que la mondialisation entraîne et qu'un multiculturalisme particulièrement étroit tente de mettre en valeur et d'exploiter médiatiquement[1]. Le conflit israélo-arabe, la dynamique des mouvements islamiques, la guerre du Liban, les aventures malheureuses de l'Irak contre l'Iran puis le Koweït, enfin les attentats du 11 septembre 2001 suivis de l'invasion de l'Irak par les États-Unis en 2003, sont autant d'événements historiques graves. Ils ont été saisis par les médias avec une simplification et une outrance, ainsi qu'une complaisance sans borne

1. Jean-François Bayart, *L'illusion identitaire*, Fayard, Paris, 1996 ; on verra aussi Claude Karnouh, « Un logos sans ethos. Considérations sur les notions d'interculturalisme et de multiculturalisme appliquées à la Transylvanie », *Transitions* (ex-revue des pays de l'Est), Université de Bruxelles, Vol. XXXVIII, 1977 1 & 2.

pour les mises en scène identitaires auxquelles donnent lieu ces événements. Ces mises en scène sont pareilles à des « leurres » dans le langage militaire ; elles trompent l'adversaire et l'opinion sur l'objectif véritable que cherchent à réaliser les formes violentes d'affirmation identitaire, objectif qui se résume le plus souvent à des enjeux profanes de pouvoir et d'intérêts matériels à l'intérieur des groupes concernés.

Cette ouverture du récit sur l'interprétation des événements à partir de différents éclairages doit s'imposer d'autant plus facilement à l'historien du Proche-Orient qu'il n'y a pas eu, dans cette région du monde, d'histoires « nationales » au sens européen du terme ; l'État-nation fabricateur d'idéologie historique et de mythologies fondatrices collectives n'y a pas encore pris greffe. Bien au contraire, comme nous le verrons, l'histoire est au Proche-Orient un sujet perpétuel de jeux des mémoires conflictuelles entre divers groupes socioculturels que les États arabes modernes, issus du démembrement de l'Empire ottoman, n'ont pas encore réussi à faire entrer dans une mémoire historique unifiée et relativement consensuelle, telle que celle dont disposent les peuples européens ou ceux d'Extrême-Orient. Rien ne montre mieux par exemple au Proche-Orient le jeu de ces mémoires conflictuelles que les débats intenses autour de l'identité libanaise et celles des communautés qui la composent, objets de polémiques incessantes. Il en est de même de l'histoire de la Palestine, objet d'appropriations contradictoires et exclusives entre Arabes et Israéliens, voir musulmans et juifs ou entre l'Orient et l'Occident.

Le cas du Liban est particulièrement intéressant car il met en jeu la pluralité de mémoires historiques et de patrimoines collectifs entrecroisés des différentes communautés chrétiennes et musulmanes, pluralité que l'on retrouve à des degrés divers dans plusieurs pays arabes. La première des polémiques est celle relative au choc des querelles entre Églises orientales, opposées aux dogmes et à la primauté de Rome ou restées fidèles à elle. Les récits du « schisme » amènent immanquablement à remonter plus loin dans les différentes « mémoires » chrétiennes. On peut ainsi comprendre comment ont été bâties, tout au long des siècles, des altérités conflictuelles entre Églises orientales elles-mêmes, puis entre Églises orientales et Églises occidentales. Cette conscience de l'altérité peut être cependant effacée par une autre mémoire historique, non moins douloureuse, celle de la minorisation du christianisme en Orient face à l'islam devenu dominant. Cette minorisation dont le processus historique est lent, mais continu, a de nombreuses causes ; le phénomène est cependant exploité depuis le XIXe siècle de façon passionnelle par les divers protagonistes de l'histoire de la région.

En remontant ainsi le fil du temps et l'écheveau des mémoires d'altérité, on se heurte à un autre événement historique ancien, celui des croisades. Ces dernières, en effet, ne furent pas seulement un affrontement entre chrétiens et musulmans, tel que présenté dans les imaginaires collectifs ; elles achevaient de scinder la chrétienté et de créer en Orient même une cassure irrémédiable entre Églises occidentales et Églises orientales désormais vouées à la marginalité et à l'oubli total dans la mémoire historique de l'Europe catholique. Ce furent les politiques coloniales des grandes puissances catholiques européennes et de la Russie orthodoxe à l'égard de l'Orient qui ramenèrent sur le devant de la scène proche-orientale, plusieurs siècles après la consommation de la rupture, les vieilles querelles entre Églises. La monarchie tsariste, héritière de la protection de l'Empire byzantin sur l'orthodoxie de l'Église, tentait d'articuler ses prétentions sur la protection des Églises orthodoxes orientales ; la France et l'Autriche, puissances catholiques majeures, sur celle des Églises restées fidèles à Rome ou ramenées par divers moyens dans le giron de l'Église de Rome. L'Angleterre et les États-Unis tentaient de créer des communautés protestantes inconnues jusqu'ici en Orient ou s'intéressaient aux « sectes » d'islam hétérodoxes.

Depuis le XVIIe siècle, la société libanaise a été exposée intensivement à tous ces courants de culture et de puissance politique émanant de l'Europe conquérante. Les jeux et mise en scène identitaires, les politiques conflictuelles de la mémoire, que redécouvrent aujourd'hui les historiens, avaient en Orient, depuis cette époque, un impact d'autant plus fort que la région était l'enjeu de rivalités internationales à haute intensité. Après la discontinuité dans les relations entre l'Europe et le Proche-Orient, imposée par l'échec des croisades, puis plus tard l'échec des Turcs ottomans à conquérir l'Europe, des fils se renouaient, des mémoires endormies s'éveillaient, à la faveur du retour de la présence européenne en Orient.

La signification de ce retour européen au Proche-Orient, initié par l'expédition de Napoléon Bonaparte, pose d'ailleurs deux questions complexes à l'interprétation historique. Ces questions continuent jusqu'aujourd'hui de diviser profondément non seulement la société libanaise, mais bien sûr celle de l'Égypte et de la Syrie. Les puissances européennes, dans leur expansion coloniale, ont-elles cherché à réduire la puissance turque ottomane, à libérer les peuples divers vivant depuis des siècles sous sa domination, enfin à apporter le progrès technique et le développement économique[1] ? Ou bien, leur action n'a-t-elle fait que renouer avec le moment historique des croisades et donc a-t-elle visé à l'abaissement de l'islam et la reconquête des terroirs per-

1. En 1984, le cinéaste égyptien bien connu, Youssef Chahine, mit en scène ces interrogations dans un film sur l'expédition de Bonaparte en Égypte, intitulé *Adieu Bonaparte* (TA1 Vidéo, 1996).

dus du christianisme oriental ? À ces interrogations de nature géopolitique et civilisationnelle, s'est ajoutée la vision de type économique, en vertu de laquelle la dynamique du capitalisme serait le moteur de l'expansion européenne s'attaquant à tous les continents et toutes les civilisations. Ce ne seraient donc ni les motivations religieuses ni les motivations nationalistes et géopolitiques, qui seraient en cause, mais la nature même du système capitaliste.

Ce troisième type d'explication, cependant, ne rend pas compte, de façon satisfaisante, de l'immigration en Palestine des juifs d'Europe orientale et de Russie, victimes de pogromes à partir de la fin du siècle dernier. Cette immigration fut stimulée à partir de la Première Guerre mondiale par la politique anglaise. Le développement de l'implantation de communautés juives émigrées d'Europe orientale en Palestine, couronnée par le plan de partage de ce territoire en 1947 par l'ONU puis par la création de l'État d'Israël en 1948, ramenait à des interrogations identitaires fondamentales et à la conscience d'altérités irréductibles. L'Europe et les États-Unis, c'est-à-dire l'Occident, soudés derrière le nouvel État israélien pour consolider son emprise sur le territoire palestinien et dissuader les sociétés arabes voisines de toute idée de reconquête, ne pouvaient que ramener sur le récit historique des événements du Proche-Orient un souffle biblique à l'antipode des explications de type profane, articulées sur des déterminants économiques et géopolitiques. Le récit sur le mode de l'histoire sainte faisait irruption dans les nouveaux langages historiques décrivant les événements dramatiques du Proche-Orient[1].

1. En 1993, dans une série de reportages écrits pour le journal *Le Monde* et relatifs à l'itinéraire emprunté par les Croisés, de Clermont-Ferrand à Jérusalem, l'écrivain Jean-Claude Guillebaud, convoque le passé qui, explique-t-il, a changé de statut depuis l'effondrement de l'illusion communiste. « Sous la banquise disloquée, de Bucarest à Moscou et de Dresde à Sarajevo, l'histoire, écrit-il,

Ainsi se sont cristallisées, pour ce qui est de l'histoire du Proche-Orient, des visions totalement contradictoires, basées sur des mémoires historiques conflictuelles et des revendications inconciliables de patrimoines civilisationnels. Ces visions sont aujourd'hui reconnues et amplifiées par des médias internationaux ou des recherches universitaires avides de choc des civilisations et de phénomènes de retour d'identités primaires, ethniques ou religieuses[1].

Mais le jeu des mémoires religieuses conflictuelles au Proche-Orient ne s'arrête pas à ces problèmes ; il est aussi celui existant entre sunnites et chiites et qui prend sa source dans les problèmes de succession du prophète Mohammed, ainsi que dans des courants et traditions philosophiques et mystiques différentes, qui avaient déjà déchiré les Églises

---

refait surface et reprend son cours… Ainsi des événements surgissent, des incendies se rallument en Europe et ailleurs, des forfaits s'accomplissent que seul le passé — même lointain — rend analysables. Celui des croisades serait-il trop archaïque ? Trop reculé vers l'amont occidental ? Certainement pas. Dans ces colères et ces rancunes qui traversent l'actualité comme des frissons de fièvre, d'étranges réminiscences sont perceptibles. Dissimulées derrière les fumées de l'événement, cheminent mille allusions auxquelles on ne prend point garde et qui renvoient explicitement à ce "temps long" des croisades ». Concluant son récit, de Jérusalem, l'auteur fait un parallèle entre les croisades et la création de l'État d'Israël : « On pourrait prolonger à l'infini ce parallèle, écrit-il, il est éloquent. Mais jusqu'à un certain point. Les Francs n'avaient aucun droit historique sur la Terre sainte. Ils n'étaient pas en quête d'un foyer national, puis d'un État-refuge. Mais surtout, eux n'avaient point connu, au-dehors, la persécution et l'Holocauste. Au XIe siècle, il n'y avait nulle part dans le monde de mémorial comparable à Yad Vachem, ce mausolée de la Shoah où, revenu à Jérusalem, je termine évidemment ce voyage. » Ces reportages sont parus par la suite sous leur titre original *Sur la route des Croisades*, Arlea, 1993 ; citations pp. 14 et 247-248 respectivement.

1. L'ouvrage à succès d'un universitaire américain, Samuel Huntington, *The Clash of Civilizations and the Remaking of World Order*, Simon & Schuster, New York, 1996, qui met en scène un conflit global entre le monde occidental chrétien et une alliance du monde musulman avec le monde bouddhiste, a donné le ton et imposé un agenda de discussion intellectuelle et politique assez débilitant.

orientales par de furieuses et violentes querelles christologiques. Aussi, de nombreux épisodes de l'histoire du Proche-Orient, depuis l'apparition de l'islam, ont été orchestrés par le conflit entre les deux philosophies sociales et politiques différentes que chacune des deux grandes communautés musulmanes a développé. La signification du heurt entre ces deux conceptions, toujours agissantes, est encore l'objet de débats et de querelles. L'avènement d'un pouvoir religieux chiite en Iran en 1979 a singulièrement ravivé le heurt de ces conceptions.

LES PROBLÉMATIQUES POSÉES PAR LE RÉCIT HISTORIQUE AU PROCHE-ORIENT

Faire le récit des événements du Proche-Orient, vouloir les replacer dans la complexité de leurs contextes et les interpréter dans des problématiques ouvertes n'est donc pas une entreprise simple. Aussi avons-nous été amené à renforcer les questionnements de méthode, à réfléchir avec le lecteur sur l'épistémologie de l'observation des sociétés du Proche-Orient, la réalité et l'identité de ces sociétés. C'est pourquoi, dans la partie introductive de l'ouvrage, nous avons tenté de systématiser les questionnements méthodologiques et l'analyse des problèmes d'épistémologie de l'histoire contemporaine du Proche-Orient.

Ces problèmes peuvent être regroupés autour de trois questions fondamentales qu'il convient d'expliciter : quel est le territoire étudié et en fonction de quels critères le délimiter ? Quel est le sujet de l'observation historique : l'islam en tant que phénomène trop souvent perçu comme total et global, les

États constitués, les sociétés bédouines, rurales ou urbaines, les « minorités » ethniques et religieuses en tant que groupes supposés compacts et homogènes opposées à la majorité sunnite dominante ? Quelle est la temporalité adoptée pour juger et analyser le sujet de l'observation : la temporalité sécularisée du monde post-industriel, celle de la résurgence des mémoires religieuses, celle de l'âge effectif des États issus du démembrement de l'Empire ottoman et des transformations qu'ils ont subies depuis la seconde partie du XXe siècle où ils ont accédé à l'indépendance ?

À ces trois questions épistémologiques de base, s'ajoute la nécessité pour l'historien d'expliciter le système de valeurs qui guide l'analyse et le jugement sur l'évolution du sujet observé. Il apparaît, en effet, que beaucoup d'interprétations des événements qui secouent le Proche-Orient depuis le dernier demi-siècle sont basées non seulement sur des choix de territoires, de sujets d'observation et de temporalités implicites qui ne correspondent pas nécessairement au cadre contextuel réel dans lequel les événements se déroulent ou se sont déroulés, mais aussi sur des systèmes de valeur non explicités, consciemment ou inconsciemment. On peut ainsi facilement idéaliser « l'exotisme » local, par rejet conscient ou inconscient des effets de la globalisation économique sur l'homogénéisation des modes de vie et de consommation matérielle ou culturelle, ainsi que par rejet de la monotonie de l'ordre démocratique des sociétés post-industrielles ; on tombe alors dans un multiculturalisme facile d'où est cependant exclue toute possibilité de convergence pacifique des systèmes de valeurs entre peuples appartenant à des aires qui sont perçues comme irréductiblement différentes ou opposées sur le plan culturel et géopolitique. On peut à l'inverse systématiquement dénigrer cet « exotisme » au nom d'une dogmatique des critères démocratiques ou, plus simplement, de la pensée politique « correcte » en Occident, expression de ce que les élites occidentales considèrent comme légitimation indispensable au maintien des intérêts de l'Occident dans le monde.

Il en est ainsi, lorsque l'on porte des jugements abrupts sur le fonctionnement d'institutions socio-politiques locales soit selon les critères de la modernité post-industrielle qui, par la force des choses, n'a pu encore faire son œuvre au Proche-Orient dont les échecs répétés de l'industrialisation sont patents ; soit au contraire lorsque l'on continue de juger ces institutions avec les critères de la tradition locale ou de ce que l'on pense être la tradition locale : tribalisme et bédouinité dites « 'asabiyya » en langage savant tiré de la vieille sociologie d'Ibn Khaldoun[1], ou « islam » mythique des origines qui n'a existé que dans les imaginaires religieux, mais que l'on intègre comme une donnée de la réalité objective locale. Il n'est pas possible, par exemple, de juger du système ottoman des « millet » (communautés non musulmanes) ou, de façon plus générale, du traitement des non-musulmans dans les sociétés islamiques, aux canons de la démocratie post-industrielle laïque qui ne connaît point la religion des citoyens ; il convient de juger de cette question en comparant le sort fait aux non-musulmans dans les empires et royaumes islamiques à celui qui a été fait dans l'Europe chrétienne aux hérétiques et aux juifs, comme aux musulmans expulsés d'Espagne et du sud de l'Italie.

Il n'est pas non plus possible d'adopter une temporalité biblique pour justifier la création de l'État d'Israël, puis la temporalité postindustrielle moderne pour constater qu'Israël est la seule vraie démo-

1. Ibn Khaldoun prend place parmi les grandes figures tardives de la pensée arabe classique (1332-1406). Il fut à la fois sociologue, historien, anthropologue à une époque où la culture européenne n'avait pas encore pris son essor.

cratie du Proche-Orient, tout en revenant à une temporalité biblique pour accepter les aspects de la politique israélienne qui contreviennent aux principes modernes du droit international, comme c'est le cas pour le traitement des Arabes devenus citoyens israéliens en 1948, traitement minorisant sur le plan de la condition politique, et pour celui des Palestiniens des territoires occupés, qui contrevient quotidiennement aux Conventions de Genève par l'extension permanente des colonies de peuplement. Dans le même ordre d'idée, une dictature locale dotée de toutes les institutions politiques modernes n'est pas la simple reproduction déguisée d'un tribalisme local traditionnel, ou d'une ʻasabiyya de type khaldounien ce qui la rendrait encore plus odieuse, cependant qu'une royauté religieuse locale, non moins dictatoriale et implacable, serait nécessairement plus « douce » parce que gouvernant au prétexte de la légitimité religieuse dont on considère qu'elle est plus acceptable localement qu'une légitimité à base d'idéologie séculière.

L'historien du Proche-Orient est donc soumis à de nombreux pièges que nous tenterons d'analyser plus en détail dans la première partie de l'ouvrage. On peut d'ailleurs noter, comme le montre la bibliographie commentée désormais disponible sur notre site web, qu'il existe très peu d'ouvrages qui se veulent clairement des récits historiques des sociétés arabes du Proche ou du Moyen-Orient. Tout au plus, certains des conflits majeurs de la région, en particulier le conflit israélo-arabe ou le conflit libanais ou la question kurde, ont-ils fait l'objet d'ouvrages de vulgarisation ou de travaux académiques ; le récit historique, l'enchaînement des événements dans cette région du monde et leur signification ne sont cependant pas un souci de la recherche, en dehors de travaux très spécialisés et fragmentés portant sur des périodes anciennes, et très localisées, de l'histoire du Proche-Orient. En revanche, plus que jamais, la production d'ouvrages sur l'islam est abondante et occupe une place démesurée dans le champ académique et médiatique[1].

Cette production, dont le point de départ est une exotisation de « l'autre », présent sur le versant opposé de la Méditerranée, a de profondes racines dans la culture européenne depuis la philosophie des Lumières. Les agitations et fureurs des événements du Proche-Orient du dernier demi-siècle ont entraîné un regain d'intérêt pour « l'islam » censé régenter tous les comportements des habitants de l'autre rive inquiétante de la Méditerranée. Au XIXe siècle, cet intérêt avait pour cause à la fois l'expansion coloniale triomphante de l'Europe et le désenchantement romantique de l'industrialisation transformant au forceps les terroirs de l'Europe. À la fin du XXe siècle et en ce début du XXIe siècle, période ouverte par les attentats terroristes de New York et

1. Une consultation effectuée en 2007 de la base de données *Electre*, mise au point par le Cercle des Libraires, fait ressortir qu'il existe actuellement en France 2 609 titres disponibles en langue française sur l'islam, contre 1 361 pour le judaïsme. En terme de parutions annuelles, les titres sur l'islam sont passés de 8 en 1975 à 28 en 1980, à 87 en 1990, puis à 135 en 2000 et à 275 en 2002 et à 325 en 2004 après les attentats du 11 septembre 2001 aux États-Unis, puis sont retombés à 309 en 2005 et 291 en 2006 ; en revanche les ouvrages publiés annuellement sur le judaïsme sont passés de 91 en 2000 à 120 en 2006 seulement, contre un nombre de titres variant entre 36 et 83 au cours des années quatre-vingt ; ceux sur le christianisme sont aussi en forte augmentation (1075 en 2000 contre 1515 en 2006). Un croisement de critères de sélection dans la base de données associant le mot « politique » au nom de ces trois religions nous donne les chiffres suivants pour le nombre d'ouvrages disponibles : 708 pour l'islam, 832 pour le christianisme et 129 seulement pour le judaïsme, en dépit de l'existence de l'État d'Israël. Il est intéressant de constater que le nombre d'ouvrages disponibles sur le bouddhisme (1900) est assez considérable, ce qui témoigne d'un intérêt silencieux important porté à cette religion en France. La différence réside dans l'absence de mobilisation des médias autour de cette religion. Ce sont en fait surtout les ouvrages sur l'islam qui sont constamment recensés dans les grands hebdomadaires français et dont il est débattu avec passion sur les chaînes de télévision. Les éditeurs se sentent eux aussi obligés d'inclure la notion d'islam dans tout titre d'ouvrage sur le Proche-Orient.

Washington le 11 septembre 2001 — revendiqués par un groupe d'extrémistes musulmans, dénommé « Al Quaëda », sous la conduite de Oussama Ben Laden, lui-même issu d'une famille richissime d'Arabie Saoudite — il apparaît refléter à la fois un renouvellement du désenchantement sur la modernité laïque, mais aussi un malaise inconscient face aux malheurs répétés de cette région dont les politiques occidentales sont loin d'être innocentes ; ce malaise s'exprime en une peur aux allures souvent irrationnelles d'une invasion démographique et donc d'une « islamisation » rampante des populations européennes.

Le récit qui est entrepris dans cet ouvrage tient compte de ce contexte, mais tente scrupuleusement de montrer les éclairages différents sous lesquels l'histoire du Proche-Orient arabe peut être lue et interprétée, en particulier dans sa relation malheureuse d'abord à l'Europe, puis aujourd'hui aux États-Unis, puissance hégémonique et dominatrice de la région dans son alliance stratégique avec l'État d'Israël.

Zone de confluences, de convergences et de divergences entre grandes civilisations, religions et empires politiques, le Proche-Orient arabe ne peut être saisi simplement. Pendant quatre cents ans, du début du XVIe au début du XXe siècle, épuisé par l'histoire qu'il portait en lui et le choc dévastateur des invasions mongoles, il demeura assoupi et serein à l'ombre de la domination ottomane ; il passa ensuite pendant un quart de siècle, sans même avoir eu le temps de pousser un soupir, en héritage aux armées française et anglaise. Puis ce fut l'ivresse de la liberté, à la suite de la Seconde Guerre mondiale, si bien illustrée par l'épisode de la nationalisation du canal de Suez qui ouvre le récit de la période historique à laquelle est consacré ce livre ; mais caractérisée aussi par la fascination de l'Empire américain à l'Ouest, de l'Empire russe soviétique à l'Est. Trajectoire dans le fantastique après tous ces siècles de sommeil ; le rêve et la réalité ne cessent d'ailleurs de s'y confondre, depuis les défaites militaires d'une ampleur irréelle, jusqu'à cette manne pétrolière, longtemps ignorée, que Dieu fait pleuvoir sur ces déserts mystérieux et qui s'est transformée entre 1973 et 1982 en une énorme machine à sous vers qui tous les regards du monde sont tournés. Enfin, ce sera la descente en enfer, avec l'invasion du Koweït par l'Irak, qui pulvérise en quelques mois tous les acquis que la région pensait avoir gagnés au cours du dernier demi-siècle et consacre l'hégémonie américaine sur le Proche-Orient.

On ne s'étonnera pas dans ces conditions de l'incohérence apparente qu'offrent à l'observateur les événements du Proche-Orient arabe. Le fonctionnement des médias modernes, telle une énorme loupe, agrandit pour qui regarde derrière son petit écran, l'espace d'instants fugitifs, ces mouvements de foules, ce sang des attentats, ces images de guerre civile et de terreur, ces fastueux palais d'émir, ces villes soumises à la destruction par des armées locales ou des armées étrangères venues des quatre coins de la planète[1].

C'est donc pour rendre à l'événement ses multiples facettes, sa place dans l'évolution complexe et difficile de la société arabe du Proche-Orient, que ces pages ont été écrites. Elles l'ont été aussi pour mettre en perspective ces hommes porteurs d'événements, tout autant que portés par eux, que sont les leaders politiques arabes. Leur personnalité a

1. Villes du Canal de Suez par deux fois (1956 et 1967-1969) ainsi que la partie ouest de Beyrouth (1982) par l'armée israélienne, la ville de Basrah en Irak lors de la guerre Irak-Iran (1980-1988), Bagdad capitale de l'Irak, lors de la guerre du Golfe (1991), puis à nouveau lors de l'invasion américaine (2003). Ou plus récemment, les bombardements de l'O.T.A.N. sur la Libye en appui à la révolte contre le chef de l'État, Kadhafi, pourtant réhabilité peu de temps auparavant par les puissances occidentales.

toujours soulevé en Orient comme en Occident des sentiments passionnés, dans l'hostilité comme dans l'admiration. Bâtisseurs d'États, vecteurs de modernité, ou sous-produits de sociétés décadentes, manipulés par des forces extérieures les dépassant : le choix dans le jugement n'est pas toujours facile, et ne peut s'exercer raisonnablement qu'au travers de la grille explicative que cet essai tente de mettre en place.

L'ORGANISATION ET LA PÉRIODISATION DU RÉCIT HISTORIQUE

Pour ce faire, nous avons choisi de tenter l'aventure d'un récit historique s'efforçant d'ordonner les grands événements qui ont secoué le Proche-Orient au cours de ce dernier demi-siècle. De la nationalisation du canal de Suez en 1956, aux accords de Camp David en 1978 et 1979, instaurant la paix entre l'Égypte et Israël, à l'invasion du Liban par Israël en 1982, à la guerre dévastatrice entre l'Irak et l'Iran (1980-1988) qui se prolonge, en fait, par l'occupation du Koweït par l'Irak en 1990, puis la guerre du Golfe en 1991 qui amène les États-Unis, dans un déploiement spectaculaire de force militaire, à débarquer en Arabie Saoudite et à libérer le Koweït et, douze ans plus tard, à envahir l'Irak, jusqu'aux révoltes arabes qui ouvrent la deuxième décennie du XXIe siècle suite à l'étincelle qu'a constituée l'immolation par le feu d'un pauvre jeune homme dans l'intérieur tunisien, qui n'acceptait plus les humiliations successives qu'il devait subir pour survivre au quotidien : autant d'événements majeurs de l'histoire de cette région qui jalonnent ces décennies mouvementées durant lesquelles la société arabe a aussi été bousculée par deux grandes guerres avec Israël en 1967 et 1973, par le flot impétueux de richesse pétrolière et une résurgence de fondamentalisme religieux qui finit par prendre une couleur terroriste, puis la guerre entre l'Irak et l'Iran (1980-1988), la guerre contre l'Irak pour libérer le Koweït envahi par ce pays en 1991, enfin l'invasion de l'Irak en 2003 et son occupation par les Américains et les Britanniques et quelques autres petits contingents militaires alliés. Plus d'un demi-siècle durant lequel la société arabe aura été déchirée entre l'appel à la révolution et au changement radical laïc et moderniste, d'une part, le désir d'ordre, de stabilité, de tradition et d'embourgeoisement, d'autre part. Période historique enfin, où cette même société s'est vue plus que jamais fragmentée par des forces centrifuges, divisées idéologiquement et politiquement, broyée par une richesse pétrolière aussi écrasante que mal répartie régionalement et socialement, entraînée dans des guerres et des violences successives.

Pourtant, comme tentera de le montrer notre récit, l'itinéraire historique n'est pas aussi chaotique qu'il paraît à première vue. C'est donc sa dynamique et sa rationalité que ce récit cherche à reconstituer au-delà de l'incohérence apparente des événements. Pour cela, au sein de chaque chapitre du récit historique, nous avons tenté de restituer la complexité des événements en rappelant, chaque fois que cela était nécessaire, des événements anciens, en particulier ceux du XIXe siècle et de la première moitié du XXe siècle. C'est le cas pour les trois grands axes de changement et donc de tension les plus abrupts au Proche-Orient. Ainsi l'expérience nassérienne ne saurait être mise en perspective historique sans une évocation de Mohammed Ali, le vice-roi d'Égypte qui, de 1805 à 1849, révolutionna les mœurs et les institutions du Proche-Orient. De même, la désintégration libanaise ne peut avoir la moindre intelligibilité sans son vrai décor qui est celui des profonds bouleversements connus par la société libanaise et proche-orientale au XIXe siècle, en particulier la période troublée et sanglante de 1840-1860. Enfin, l'étonnante aventure pétrolière et religieuse du royaume d'Arabie Saoudite a besoin pour être correctement éclairée d'un retour à la fin du XVIIIe siècle qui marque le début de l'histoire des wahhabites, premier grand mouvement d'intégrisme religieux islamique dans le Moyen-Orient moderne. Il en est de même pour l'émergence de l'État d'Israël en 1948, fait historique qui ne peut être compris et expliqué hors du contexte des persécutions antisémites au XIXe siècle en Europe et celui de l'affaire Dreyfus en France.

La périodisation de ce demi-siècle en cinq parties qui sont autant d'épisodes du récit historique n'a évidemment rien d'absolu ; elle a cherché cependant, comme nous le montrerons au dernier chapitre de la partie méthodologique introductive, à marquer les points de repère événementiels principaux de cet itinéraire mouvementé, à mettre en évidence les articulations entre chaque épisode avec leurs ruptures et leurs continuités. Ces dernières sont autant de flux et de reflux, s'inscrivant dans une dynamique malheureuse de fragmentation et de décadence perpétuée, rythmée par la guerre et la violence, sans que le Proche-Orient ne trouve l'apaisement avec lui-même ou avec son environnement. La nouvelle ère révolutionnaire ouverte en 2011, et qui a débuté pacifiquement en Tunisie et en Égypte, prend elle aussi une tournure tragique et malheureuse en Libye, comme en Syrie ou à Bahreïn et au Yémen.

Tout découpage chronologique est relatif et, en réalité, les périodes définies comportent toujours un élément d'artificialité. Il a pour mérite cependant de fixer dans l'esprit du lecteur les grands marqueurs chronologiques des événements. Car les périodes s'entrecroisent et ne sont donc jamais totalement homogènes, comme nous le verrons. Courants et passions idéologiques, phénomènes d'hégémonie, mais aussi un type ou un autre de structures socio-économiques ne disparaissent pas sous l'effet d'un seul événement, si majeur soit-il. Ce dernier peut ouvrir la porte à des changements importants, mais ceux-ci ne font pas disparaître comme par enchantement les caractéristiques de la période précédente que l'historien découpe dans son récit et qui garde donc toujours sa part d'arbitraire. C'est aussi, bien sûr, le cas du récit des révoltes arabes qui commencent en 2011.

La première partie du récit historique proprement dit, consacrée à la période de 1956 à 1975 veut rendre compte des bouillonnements révolutionnaires du monde arabe, commencés en 1952 par le coup d'État contre la monarchie égyptienne et stimulés par la nationalisation du canal de Suez et la riposte militaire de la France, de l'Angleterre et d'Israël qu'elle suscite. Entre 1952 et 1967, le monde arabe semble avoir le vent en poupe. Il est certes agité, mais son poids dans les affaires internationales se fait de plus en plus sentir. La forte personnalité de Nasser, héros incontesté de la décolonisation, figure majeure du tiers-monde, domine cette période. Les bouillonnements révolutionnaires et anti-impérialistes ne commencent à s'apaiser qu'avec la brutale défaite militaires des armées arabes contre Israël au cours de la guerre de juin 1967 puis avec la richesse grandissante qu'apporte à la région l'économie pétrolière, enfin avec la fixation de ces bouillonnements sur le sol libanais où s'installe la première phase d'un chaos sanglant, symbole des impasses et du déchirement de la région. Toutefois, la guerre de 1973, qui est une demi-victoire contre Israël, puis l'augmentation spectaculaire des prix du pétrole, donnent encore un moment l'illusion d'une puissance arabe qui demeurerait un facteur important dans la géopolitique internationale.

Le récit des événements de cette première partie permettra de prendre la mesure du contraste avec les époques ultérieures caractérisées par une stabilité étonnante des régimes politiques installés par les derniers soubresauts révolutionnaires des années soixante. Il montrera comment, à l'aube des indépendances des pays arabes, les successions de coups d'État militaires, les attentats et assassinats politiques, la multiplication des grands partis de masse, les unions entre deux ou plusieurs États, puis leur éclatement, sont des phénomènes courants. Ils sont souvent accompagnés de mouvements de foule impressionnants qui manifestent des jours durant dans les rues des grandes capitales arabes.

La deuxième partie du récit historique (1975-1990) est consacrée à décrire les bouleversements qui affectent l'équilibre traditionnel entre sociétés urbaines et sociétés bédouines au Proche-Orient du fait de l'explosion des prix pétroliers en 1973 et qui fait de l'Arabie Saoudite la principale puissance économique et financière du monde arabe. Elle montre aussi qu'il s'agit d'une période paradoxale de l'histoire de la région où se multiplient les conflits interarabes, mais où en même temps on assiste à une stabilisation des régimes politiques et un assagissement de la société arabe. En fait, dans cette partie, le récit montrera à l'aide des évolutions qui auront été décrites dans la partie précédente que plusieurs facteurs vont se conjuguer qui peuvent expliquer la fin des bouillonnements et de l'instabilité politique dans le monde arabe à partir des années soixante-dix du siècle dernier. Nous expliciterons au chapitre 5 ces facteurs qui sont de trois ordres : l'explosion de la rente pétrolière en 1973, le déclin puis l'effondrement de l'U.R.S.S., enfin l'affirmation de la suprématie militaire israélienne appuyée par le formidable déploiement de force des États-Unis à l'occasion de la première guerre du Golfe en 1991.

La troisième partie du récit (1991-2000) est évidemment focalisée sur la guerre du Golfe (1990-1991) destinée à libérer le Koweït envahi par l'Irak et sur le processus de paix initié à Madrid entre Arabes et Israéliens en 1993 sous l'égide de la diplomatie américaine. Après les années de répulsion que les événements du Proche-Orient ont pu inspirer à l'opinion occidentale du fait des atrocités de la guerre du Liban et des enlèvements d'otages occidentaux qui s'y sont pratiqués, voilà que les États-Unis et l'Europe croient enfin tenir la clé d'une stabilisation définitive de la région qui pourrait être rattachée au mouvement général de paix et de globalisation économique que l'effondrement de l'Union soviétique notamment a ouvert. Leurs espérances seront à leur tour déçues pour les raisons mêmes que celles décrites dans cet ouvrage : l'activisme occidental demeure détaché des réalités du terrain, se refusant à comprendre les obstacles à la paix que dresse la dynamique de colonisation de la Palestine par l'État d'Israël, plus déterminante que toute coopération économique entre Arabes et Israéliens rêvée par l'Occident.

Aussi, la quatrième partie du récit historique (2001-2011) est-elle consacrée à décrire les attentats du 11 septembre 2001 à New York et Washington et leurs immenses conséquences sur la région. Ces attentats sont attribués à la nébuleuse terroriste Al Quaëda. Les attentats entraîneront les États-Unis, sous l'administration de George W. Bush et des néo-conservateurs, dans le rêve de remodeler le Moyen-Orient tout entier, en commençant par l'invasion de l'Afghanistan, suivie de près par celle de l'Irak. Le récit montrera comment au cours de cette période la Syrie et le Liban, sous l'hégémonie de son puissant voisin, sont enserrés à partir de 2004, suite à l'assassinat de l'ex-Premier ministre Rafic Hariri, dans une série très contraignante de résolutions du Conseil de sécurité des Nations unies. Ces résolutions visent à obtenir le retrait de la Syrie du Liban ainsi que le désarmement du Hezbollah, la constitution d'une commission d'enquête internationale sur l'assassinat de l'ex-Premier ministre, puis d'un tribunal spécial sur le Liban. Ces résolutions déstabilisent encore plus le Liban, puisqu'elles visent à encercler le régime syrien pour lui faire changer sa position d'allié fidèle de l'Iran et de soutien aux mouvements de résistance armée à Israël — le Hezbollah au Liban et le Hamas à Gaza. Elles n'obtiennent cependant pas de résultats tangibles en dépit de la guerre que va mener au Liban et une nouvelle fois sans succès l'armée israélienne en 2006, dans l'espoir d'éradiquer le Hezbollah. D'un autre côté, la gestion de l'occupation de l'Irak s'avère calamiteuse et le pays entre dans un cycle de violences communautaires qui n'en finit plus d'affaiblir la société irakienne et de la réduire à une grande pauvreté et à une corruption multiforme. La mise en application des accords conclus à Oslo en 1993 entre l'O.L.P. et l'État d'Israël, grâce auxquels l'Occident avait pensé régler le problème palestinien, est paralysée par le regain de la colonisation par l'État d'Israël dans les territoires occupés depuis 1967. Pas plus qu'au Liban l'armée israélienne ne parvient à éradiquer la résistance du Hamas retranché dans l'étroite bande de Gaza, violemment attaquée durant plusieurs semaines au cours de l'hiver 2007-2008 après que des tirs de roquettes ont visé Israël depuis la bande. À la fin de l'année 2010, aucune des grandes ambitions de la diplomatie américaine n'a atteint ses objectifs, et l'histoire du Proche-Orient ne cesse d'être la chronique répétitive du malheur pour plusieurs de ses sociétés. L'arrivée d'une administration démocrate aux États-Unis, sous la présidence de Barack Obama, suscitera beaucoup d'espoirs de changement, mais sans résultats tangibles sur les différentes situations conflictuelles de la région.

C'est dans ce contexte que survient de façon inattendue tout au long de l'année 2011 un cycle de révoltes dans nombre de sociétés arabes. Celui-ci vient briser enfin la stagnation de cette région du monde et secoue de nombreux régimes arabes. Certains dictateurs sont enfin déchus, parfois pacifiquement, d'autres fois dans un déchaînement de violence, comme en Libye. Ce sera l'objet du dernier chapitre du récit historique que de tenter d'évaluer la nature et les conséquences de ces révoltes. De façon paradoxale, les révoltes qui se déroulent à l'origine sous des slogans très éloignés de ceux des partis se réclamant des valeurs islamiques semblent tourner à l'avantage de ces derniers, lors des élections qui se déroulent en Tunisie, en Égypte et au Maroc à la fin de l'année 2011. Ces révoltes marquent paradoxalement le retour militaire, notamment en Libye, des puissances occidentales, appuyé par la Turquie. Ce retour, qui suscite les réticences les plus vives de la Russie et de la Chine, laisse l'observateur perplexe.

Une description plus complète des fondements de cette périodisation et des principales caractéristiques de chaque époque, ainsi que l'enchaînement des événements qui conduisent de l'une à l'autre, est l'objet du dernier chapitre de la partie introductive (chapitre 5). On verra qu'au sein de chaque chapitre la complexité des événements oblige à des retours en arrière jusqu'au début du XIXe siècle. Ainsi l'expérience nassérienne ne saurait être mise en perspective historique sans une évocation de Mohammed Ali, le vice-roi d'Égypte qui, de 1805 à 1849, révolutionna les mœurs et les institutions du Proche-Orient. De même, la désintégration libanaise trouve sa source dans les profonds bouleversements connus par la société libanaise et proche-orientale au XIXe siècle, en particulier la période troublée et sanglante de 1840-1860. Enfin, l'étonnante aventure pétrolière et religieuse du royaume d'Arabie Saoudite s'éclaire par le retour au début de l'histoire des wahhabites, à la fin du XVIIIe siècle, premier grand mouvement d'intégrisme religieux islamique dans le Moyen-Orient moderne.

Quant à l'emprise exceptionnelle exercée par la création de l'État d'Israël sur l'ensemble du Proche-Orient, elle ne peut être appréhendée, comme nous l'avons déjà mentionné, dans toute sa dimension que par une ouverture sur l'histoire conflictuelle et traumatisante des rapports judéo-chrétiens en Occident. C'est ce qui est décrit en deux temps à travers le chapitre 12 (troisième partie) et le chapitre 22 (quatrième partie). Les deux chapitres, chacun dans le contexte de la période à laquelle il appartient, tentent de dessiner les rapports triangulaires potentiellement explosifs qui lient la société arabe à la société occidentale et à la société israélienne, ainsi qu'aux communautés juives de la Diaspora. Car le destin de cette région du monde, si vitale pour la paix et la prospérité internationales, dépend incontestablement de l'évolution vers l'harmonie et la détente dans ce triangle jusqu'ici dissonant, aux côtés mal emboîtés. Le chapitre 21, consacré à la description de l'usure des régimes arabes et à l'instrumentalisation de l'islam, s'efforce, en parallèle aux deux chapitres consacrés au récit de l'aventure israélienne au Proche-Orient, de mieux cerner l'emploi du religieux qui est fait dans les sociétés arabes par les gouvernements et les mouvements islamistes d'opposition. Ce chapitre systématise les observations faites, au cours des parties précédentes, sur l'emploi de l'idéologie islamique conservatrice par les régimes de la Péninsule arabique dans les rivalités d'influences locales, mais aussi internationales et relatives à la Guerre froide.

LE PROCHE-ORIENT : UN MODÈLE DE DÉCADENCE ?

On pourra lire cet ouvrage comme une introduction à l'étude d'un modèle historique de décadence, au sens braudélien du terme, celui des échecs de la région à s'inscrire sur un pied d'égalité avec d'autres grandes zones de civilisation dans le contexte de l'histoire universelle. « Toute grandeur, écrit Fernand Braudel, suppose un espace dominé (le dehors), plus vaste que l'espace privilégié qui lui appartient en propre (le dedans)[1] ». Le Proche-Orient arabe, depuis des siècles, ne maîtrise plus son propre espace, encore moins son environnement. Diverses tentatives de briser le modèle de décadence ont été faites au cours des deux derniers siècles sans que cependant elles aboutissent à briser la décadence et le sous-développement. Toutefois, le nouveau cycle révolutionnaire arabe ouvert au début de l'année 2011 parviendra-t-il à changer la situation ?

Aujourd'hui, le Proche-Orient est lui-même l'espace périphérique d'autres zones du monde, celui de l'Europe et des États-Unis ; son propre espace interne est dominé, modelé, forgé par « le dehors ». Briser ce modèle de décadence est une œuvre de longue haleine, dont le premier pas consiste à prendre conscience de l'ampleur de la dynamique involutive qui sans cesse, après chaque essai de changement du sens de cette dynamique, consolide le modèle. Pour cela, il faut évidemment sortir de la « temporalité régressive[2] » dans laquelle vit le Proche-Orient

1. Fernand Braudel, *Le modèle italien*, Champs/Flammarion, Paris, 1994, p. 189.

2. Cette mise en place d'une temporalité « régressive » où l'avenir doit être construit par le retour à un passé mythologisé en âge d'or n'a rien de spécifique à l'islam ou au Proche-Orient. Krzysztof Pomian dans *L'ordre du temps*, Gallimard, 1984, a fort bien analysé

où l'histoire sainte, qu'il s'agisse de la Bible ou du Coran, ou des croisades et des Andalousies perdues, jouent le rôle de marqueurs historiques prépondérants, sinon exclusifs. Les modèles de l'imaginaire collectif restent figés de façon mordibe dans un passé de gloires et de souffrances, idéalisées ou mythologisées; il n'y a d'avenir que dans un retour aux grandeurs perdues. Le présent n'est donc vécu, pour les Arabes, que comme une répétition monotone d'une décadence qui n'en finit plus. Pour les Israéliens, il est aussi un retour, certes glorieux cette fois, sur la terre des ancêtres mythologiques, les anciens Hébreux, mais combien fragile. Israël est toujours perçue comme une société en danger de guerre du fait du refus de son voisinage immédiat ou en danger de paix du fait de ses divisions internes. Dans les deux cas, la fragmentation et l'éclatement sont omniprésents, et entraînent une incapacité à penser l'avenir en dehors d'un schéma de répétition du passé.

Les conduites d'échec chez les Arabes débutent par l'incapacité des proches du Prophète à s'entendre durablement, après sa mort, sur un système de succession. Il en résultera le grand schisme entre sunnites et chiites qui empoisonne à nouveau aujourd'hui la vie politique arabe. La responsabilité de l'échec des Arabes à construire des institutions éta-

---

les ressorts généraux qui organisent le fonctionnement de la temporalité dans les différentes sociétés. « Tout cycle comporte, en effet, deux phases : ascendante et descendante. Si le présent est situé dans la première, le temps vécu est pensé comme localement progressif : l'avenir proche fait objet d'espoir et le passé supposé périmé, est regardé avec un sentiment de supériorité. Au contraire, quand on croit traverser une phase descendante, le temps est appréhendé comme localement régressif, l'avenir proche suscite des angoisses et c'est dans le passé qu'on cherche des modèles à imiter. Une même chronosophie cyclique peut ainsi s'exprimer en des attitudes opposées face au présent, et donc au passé et à l'avenir ; ce faisant, elle peut justifier et inspirer des réponses mutuellement exclusives aux questions d'actualité » (p. VII).

tiques stables est attribuée le plus souvent au tribalisme bédouin du milieu géographique d'où est issu le fondateur de la religion musulmane ; ce tribalisme a, en effet, servi de base au modèle de conduite politique théorisé de façon brillante par Ibn Khaldoun, historien remarquable de la région qui a théorisé le modèle cyclique de développement puis de décadence des sociétés arabes, à la lumière des énergies et solidarités des grands groupes tribaux qui se succèdent dans l'exercice du pouvoir avant de s'amollir et de se faire chasser par d'autres. Le modèle inspiré de l'histoire des sociétés maghrébines est moins valable pour le Proche-Orient. En effet, dans cette région qui a vu briller les deux empires Omeyyade et Abbasside, les Arabes perdent le pouvoir au profit des Turcs et des Iraniens à partir du xe siècle ; à la fin du xve siècle, les Espagnols ont achevé la reconquête de la Péninsule ibérique et les sociétés arabo-berbères du Maghreb seront désormais sur la défensive face à la puissance européenne montante qui finit par les dominer.

En réalité, la dynamique de l'échec politique est un trait majeur de l'histoire des Arabes. Le triomphe de l'islam, religion universelle que les Arabes ont propagée avec un succès fulgurant, occulte les conduites d'échec qui ont prédominé dans leur histoire. Lors de l'effondrement de l'Empire ottoman et à la différence des Turcs énergiquement conduits par Mustapha Kemal, les Arabes furent incapables de résister au dépècement de leurs provinces entre la France et l'Angleterre. À la décolonisation, les querelles interarabes dominent l'histoire du Proche-Orient ; elles sont avivées par la Guerre froide, l'impuissance face à la dépossession des Palestiniens et la transformation de la colonisation juive de la Palestine en État israélien, la mise en place d'une hégémonie militaire américaine au Proche-Orient à la faveur de la querelle entre l'Irak et le Koweït, puis l'invasion de l'Irak par les États-Unis. Une dépendance multiforme, alimentaire, technologique, financière, économique des sociétés arabes envers l'Occident se couple à une involution culturelle. Cette dernière se fixe sur une rétraction identitaire de type religieux, qui chez certains groupes militants actifs se réclamant de la religion musulmane refuse le concept même d'État national de nature séculière. Cette décadence à répétition contraste avec les modernisations économiques réussies des sociétés du Sud-Est asiatique, initiées au XIXe siècle par le Japon, sans parler de la Turquie devenue puissance régionale et alliée respectée de l'Occident, ou de l'Inde et de la Chine.

Ce n'est pas le lieu ici de tenter d'expliquer une décadence aussi accentuée et répétitive. Comme nous le verrons, au cours de la partie introductive, la tentation est grande d'attribuer à l'islam la décadence du Proche-Orient qui, dans l'Antiquité, comme sous la domination byzantine ou perse fut un centre majeur de civilisation. Beaucoup de penseurs européens ont institué une tradition de perception négative de l'islam, considéré comme un obstacle au progrès de la science et de la raison et donc responsable du déclin irrémédiable de l'Orient. La religion musulmane devient, de la sorte, le point focal de toute problématique, implicite ou explicite, des écrits sur le Proche-Orient arabe[1]. L'islam, la bédouinité, la

1. « Si bien souvent son arrivée (l'islam) ne s'est pas traduite par des bouleversements immédiats, écrit Xavier de Planhol, à plus longue échéance se sont presque toujours déclenchés les processus généraux de régression de la vie rurale, de « bédouinisation »... Si l'islam n'est pas responsable de la mise en marche de ces processus, il les a singulièrement aggravés. S'il n'est pas à l'origine de l'attaque, il a rendu la défense impossible » (*Les fondements géographique de l'histoire de l'islam*, Flammarion, Paris, 1968, p. 8). Dans un ouvrage plus récent qui fournit enfin une information détaillée sur les Églises d'Orient, l'auteur met en avant dans sa problématique de déclin de ces Églises « la stérilité » apportée par l'islam au Proche-Orient prospère et civilisé : « De même que l'arbre se juge à ses fruits, l'islam ne peut toutefois échapper à l'épreuve cruelle de son bilan historique... Le coup d'œil a de quoi consterner. À voir

'asabiyya telle que popularisée par Ibn Khaldoun et reprise avec délices par les anthropologues d'aujourd'hui, sont des thèmes récurrents pour expliquer l'échec répété de la modernité étatique au Proche-Orient.

En réalité, notre information historique est bien trop pauvre pour pouvoir élaborer un modèle de décadence. Les invasions arabes du VIIe siècle, sous la bannière de l'islam n'entraînent pas le déclin du Proche-Orient byzantin, comme on l'a trop souvent soutenu. Au contraire, les deux grands empires arabes, celui des Omeyyades avec pour capitale Damas et celui des Abbassides avec pour capitale Bagdad redonnent au Proche-Orient une prospérité que les guerres entre Byzance et la Perse sassanide avaient mis à mal.

Une autre thèse attribue aux Turcs ottomans l'irrémédiable décadence du Proche-Orient. Pourtant, cet empire fut, par beaucoup d'aspects, une réussite qui fit l'admiration craintive de l'Europe durant plu-

l'âpreté des sols, pierreux et déboisés, l'abandon des cultures, le délabrement des agglomérations, le mal-vivre général, reflet de la stérilité intellectuelle d'un monde qui n'a plus produit depuis des siècles un seul savant ou penseur de renommée mondiale, comment ne pas s'interroger sur les fondements religieux qui déterminent depuis un millénaire, les systèmes sociaux et politiques de l'Orient arabe ? Des systèmes qui, avec l'évolution en cours dans le reste du monde, seront bientôt les plus rétrogrades et les plus figés de la planète » (Jean-Pierre Valognes, *Vie et mort des chrétiens d'Orient*, Fayard, Paris, 1994, p. 10 et 11). On trouve toujours la même approche de la religion musulmane dans un ouvrage où l'on peut lire : « L'islamisme au sens traditionnel de la civilisation musulmane, est hostile à l'Europe et à l'Occident parce qu'il est fondé sur des valeurs radicalement opposées à celles de la civilisation européenne et parce que l'Europe à l'inverse des États-Unis, domina pendant un siècle ou deux la quasi totalité des nations musulmanes. Ceci ne sera jamais pardonné au Vieux Continent, car si pardonner et aimer son ennemi est propre au christianisme, pareille attitude est étrangère à l'islam qui lui préfère la loi coranique du Talion » (Alexandre Del Valle, *Islamisme et États-Unis. Une alliance contre l'Europe*, L'Âge d'homme, Lausanne, 1997, p. 14). On se reportera pour plus de détails sur les caractéristiques de l'islamophobie instituée en France par Ernest Renan au chapitre 2.

sieurs siècles avant d'entrer lui-même en décadence à partir du XVIIIe siècle. Cette thèse a longtemps eu la faveur des penseurs nationalistes et des réformateurs religieux arabes.

Le problème de la décadence hante, en réalité, de façon permanente, toute réflexion historique sur le Proche-Orient. Les mouvements fondamentalistes musulmans d'aujourd'hui considèrent que la cause de la décadence est à rechercher de façon exclusive dans l'affaiblissement des sentiments religieux, la dissolution de l'identité musulmane, sous l'effet corrosif des idées européennes. La génération précédente des nationalistes arabes qui ont forgé l'éphémère renaissance culturelle arabe (Nahda), entre le début du XIXe siècle et le milieu du XXe siècle, a considéré que l'impérialisme européen et la dégénérescence de la religion islamique attribuée à la domination turque étaient responsables de l'état de faiblesse et de sous-développement économique du monde arabe.

L'histoire du dernier demi-siècle et des échecs répétés des pays arabes à sortir de la dépendance et du sous-développement économique et à devenir des partenaires respectés de l'ordre international peut apporter des éclairages nouveaux à la question de la décadence toujours à l'œuvre au Proche-Orient.

Au demeurant, ce récit peut aussi se lire comme celui des « vaincus ». Il montre, en effet, comment les Arabes n'ont pas réussi dans le contexte de la colonisation puis de la décolonisation à résister à la tenaille puissante des facteurs externes de domination et de manipulation et des facteurs internes de désagrégation et d'absence de cohésion. À la domination franco-anglaise du début du siècle a succédé la domination américano-israélienne ; aujourd'hui pas plus qu'hier les Arabes ne sont des partenaires respectés de l'ordre international, en dépit de nombreux épisodes historiques vécus sur le moment comme une libération, notamment le cycle révolutionnaire nassérien, puis l'euphorie de la fausse prospérité apportée par l'explosion des prix pétroliers et aujourd'hui celle due à la chute de trois dictateurs honnis, en Tunisie, en Égypte et en Libye. Dans une décadence à rebondissements depuis la domination turque du Proche-Orient, les Arabes sont les éternels perdants et vaincus des changements de puissance à l'échelle mondiale. À chaque fois qu'ils croient s'être libérés, la réalité de la domination externe s'impose à eux de façon implacable.

L'aspect récit, sous l'angle des « vaincus », que retrace cet ouvrage constitue donc une ouverture additionnelle de la problématique. Il tente de restituer toute la variété des atmosphères et des contextes ayant caractérisé les différentes époques qui, au cours de ce demi-siècle, ont forgé la gamme des sensibilités culturelles en Occident comme en Orient ; à ce titre, il s'efforce d'analyser les différents prismes culturels et langages historiques à travers lesquelles les événements ont été saisis des deux côtés de la Méditerranée. Il s'est attaché, de la sorte, à démêler l'écheveau hétéroclite des langages historiques et des mises en scène identitaires auquel tout observateur de la réalité du Proche-Orient est nécessairement soumis à quelque rive de la Méditerranée qu'il appartienne.

DÉCONSTRUCTION DES LANGAGES HISTORIQUES SUR LE PROCHE-ORIENT

Il est donc nécessaire de questionner l'ensemble des concepts de base à travers lesquels l'histoire du Proche-Orient est saisie, aussi bien pour ce qui concerne la délimitation de l'espace, que pour la temporalité et les systèmes chronologiques, ainsi que pour la pertinence des identités étudiées. Il faut aussi pouvoir démêler la complexité des socles géographiques, linguistiques et culturels, sur laquelle l'histoire contemporaine du Proche-Orient est bâtie[1]. Comme on le verra, l'exercice est ardu, tant sont pesantes, en Orient comme en Occident les fortes traditions d'écriture de l'histoire dite des « peuples musulmans ». En réalité, l'approche très récente de l'histoire nouvelle à partir de modèles civilisationnels, dont la « Grammaire des civilisations » de Fernand Braudel est la meilleure illustration, était déjà hégémonique depuis le début du XIXe siècle dans l'observation historique de l'Orient[2]. Cette approche, quelles que soient les intentions de ceux qui la mettent en œuvre, ne manque pas d'appeler un « substantialisme déjà bien préparé par les stéréotypes de la description... une Histoire qui trouve sa preuve par le décalque d'une nature immanente », suivant les expressions de Denis Retaillé[3]. Comme nous le

1. Ce que nous avons fait dans notre ouvrage *Histoire du Moyen-Orient. De l'Antiquité à nos jours*, La Découverte, Paris, 2007.

2. Il est intéressant de remarquer que l'ouvrage de F. Braudel identifie toutes les grandes civilisations à partir de leur contexte géographique et nomme chaque civilisation par un identifiant géographique ou un identifiant neutre : civilisations européenne, indienne, chinoise, slave. Seuls les peuples de religion musulmane ne sont pas situés et contextualisés géographiquement dans l'ouvrage du grand historien qui ouvre la partie consacrée aux « civilisations non européennes » par « l'islam et le monde musulman ». C'est évidemment la prédominance de l'identifiant religieux qui, dans ce cas, amène à mettre la géographie sous la dépendance du religieux puisque Braudel parle de « terres et mers d'islam ». En fait, implicitement, l'identifiant religieux résume en lui tous les autres identifiants possibles, linguistiques, culturels ou nationaux. Si le critère implicite de ce choix est la transcontinentalité de l'islam qu'en est-il du christianisme ou du bouddhisme, éclatés dans l'ouvrage entre civilisations différentes ? Ce choix n'empêche pas l'auteur, comme on le verra plus loin (chapitre 1) d'avoir une description équilibrée des problèmes des États dits musulmans et d'écrire avec une mesure et une justesse de ton remarquable, par rapport à ce qui s'écrit, en général, sur l'islam.

3. Voir Denis Retaillé, *Faire de la géographie un programme*, *Espaces Temps*, Les cahiers, nº 66/67, 1998, numéro consacré à l'enseignement de l'histoire et de la géographie.

verrons dans la partie méthodologique introductive, elle trouve ses sources dans les conceptions de l'altérité que la philosophie des Lumières a construites dans ses efforts pour saisir le sens de l'histoire et comparer les civilisations et leur capacité à se développer ou dépérir[1].

C'est pourquoi cette partie introductive de l'ouvrage (chapitres 1 à 5) est consacrée à ce travail indispensable d'épistémologie de la formation des différents modes d'appréhension des réalités historiques du Proche-Orient. Elle tentera aussi d'expliciter les paradigmes qui organisent la problématique de la décadence de la région dans les deux cultures arabe et européenne, liées entre elles, derrière les contradictions apparentes, par une même approche conceptuelle dont la pertinence gagne à être soigneusement analysée et critiquée sur le plan épistémologique. Aussi, il conviendra en priorité dans cette partie de dégager l'histoire du Proche-Orient de l'épaisse gangue dans laquelle l'enferme le prisme anthropologique qui pèse sur les langages et concepts employés en Orient comme en Occident, puis d'interroger la pertinence des catégories et notions conceptuelles de spatialité, de temporalité, et de sujet historique, ainsi que la cohérence des paradigmes qui déterminent les problématiques mises en œuvre pour analyser le Proche-Orient et sonder son avenir.

L'accent sera mis en outre, dans cette partie, sur la perpétuation de l'économie de rente prédominante au Proche-Orient. Cette question fondamentale est, en effet, le plus souvent ignorée dans l'écriture de l'histoire ou dans l'observation de type anthropologique qui domine encore toute la littérature sur l'Orient. Sans verser dans un économisme

1. Voir Marc Crepon, *Les géographies de l'esprit*, Payot, Paris, 1996 ; on verra aussi Georges Corm, *Orient-Occident, la fracture imaginaire*, La Découverte, Paris, 2002.

naïf, on peut affirmer que les évolutions économiques, rythmées par celle des pays industrialisés et de leurs besoins énergétiques, et les luttes sociales qu'elles ont entraînées ne reçoivent pas, pour ce qui est du Proche-Orient, l'attention qui leur est donnée dans d'autres régions du monde. C'est pourquoi la perspective économique est un élément clé de compréhension de l'évolution du Proche-Orient contemporain qui fait trop souvent défaut dans la connaissance de cette région du monde.

Nous consacrerons aussi, dans cette partie, des développements importants au phénomène de la création de l'État d'Israël et à ses causes historiques. En ce qui concerne la genèse de cet événement multiforme et particulièrement complexe, mais qui a ses sources exclusivement en Europe, le lecteur européen est très imprégné, à juste titre, de la réalité de la souffrance des communautés juives d'Europe. Un lien légitime est automatiquement réalisé, de ce fait, implicitement ou explicitement, entre ces souffrances et l'inéluctabilité historique de la construction d'un État se réclamant du judaïsme sur la terre palestinienne. Les analyses menées dans cet ouvrage, tout en tenant compte de la réalité de ces souffrances, ne prennent pas pour axiome que cette donnée majeure soit, à elle seule, la clé d'explication unique, en même temps que l'élément de légitimation de la transformation de la Palestine au détriment de ses habitants. Cette neutralité épistémologique n'est pas le résultat d'une indifférence à la souffrance des communautés juives d'Europe ; elle a pour but, dans un souci d'objectivité, de bien replacer cette souffrance dans son contexte historique et territorial, qui n'est pas celui du Proche-Orient et de son histoire, mais celui de l'Europe.

C'est là une constatation si évidente pour les Arabes, mais qui reste, le plus souvent, absente des analyses d'observateurs occidentaux. Il est donc difficile de demander à la sensibilité culturelle des sociétés du Proche-Orient de partager avec la même intensité émotive le sort douloureux de ces communautés qui a été le moteur de l'émigration vers la Palestine, de la construction de l'État d'Israël et de la déstructuration de la société palestinienne locale. La compréhension des dimensions dramatiques du conflit israélo-arabe exige que cette autre donnée de base soit prise en compte. Non seulement, en effet, les sociétés du Proche-Orient sont étrangères à l'antisémitisme européen et à l'Holocauste, mais elles ont eu, de la façon la plus inattendue pour elles, à en supporter les conséquences, en particulier pour ce qui est de la société palestinienne et, comme on le verra, de la société libanaise, qui a assumé seule sur son territoire, depuis la dernière guerre israélo-arabe de 1973, le poids de la lutte armée palestinienne contre l'État d'Israël.

Cette constatation de bon sens, salutaire pour mieux appréhender les réactions des sociétés arabes aux événements marquants du conflit israélo-arabe, ne doit cependant, en aucun cas, servir de prétexte pour tenter de contester ou de minimiser la réalité de l'Holocauste et l'horreur des souffrances de ceux qui en ont été victimes. Toute exploitation des souffrances de la société locale palestinienne aux fins d'alimenter des débats révisionnistes en Europe, loin de contribuer à ouvrir pour l'avenir des voies d'apaisement du conflit israélo-arabe, ne fait que compliquer et brouiller les véritables enjeux de l'histoire du Proche-Orient lui-même et entretenir les fantasmes antisémites que les différentes cultures modernes continuent malheureusement de véhiculer.

Il faudra aussi tenir compte, tout au long du récit, des instrumentalisations de la mémoire religieuse par divers acteurs politiques dans le contexte du dernier épisode de la Guerre froide, où les puissances occidentales ont fait un usage intensif de la mémoire religieuse pour achever de secouer la domination de l'Union soviétique et de l'idéologie marxiste sur une partie de l'humanité. Le christianisme, le judaïsme, l'islam ont fait l'objet, en effet, au cours des vingt dernières années, de nombreuses formes de « retour du religieux » ou de « revanche de Dieu »[1]. Ces phénomènes, par le retentissement académique et médiatique qui leur a été donné, sont devenus parties intégrantes des nouveaux courants culturels qui battent en brèche la laïcité caractérisant la vision optimiste du développement universel, que la philosophie des Lumières avait rendue jusqu'ici prégnante dans tous les courants de pensée. Plus qu'ailleurs dans le monde, ce retour du religieux contribue à aggraver les tensions au Proche-Orient, terre de naissance des trois grands monothéismes ; ces derniers, en effet, constituent le soubassement essentiel de la vision prédominante de l'organisation du monde en civilisations susceptibles de s'affronter avec violence. La création de l'État d'Israël se définissant par sa judéité, la révolution iranienne dite « religieuse », les divers mouvements dits « islamistes », donnent à ce retour une consistance forte qu'il est difficile d'ignorer. Toutefois, l'analyse s'efforcera de mettre en contexte, et donc de relativiser, l'omniprésence du phénomène religieux dans la perception des événements du Proche-Orient. Il s'agira, ici encore, de pratiquer une neutralité stricte dans l'observation des phénomènes, de prendre ses distances par rapport aux thèses « substantialistes » sur l'âme des peuples, ou la permanence de leurs mentalités collectives, ainsi que celle des archétypes religieux qui les structureraient.

Ce n'est qu'une fois toutes ces précautions prises que nous aborderons le récit proprement dit, avec ses dimensions épiques, mais aussi ses lacunes. Car un demi-siècle constitue une période bien courte à

1. Ce que nous avons analysé dans notre ouvrage *La question religieuse au XXIe siècle. Géopolitique et crise de la post-modernité,* La Découverte, Paris, 2006.

l'échelle de l'histoire. Sur des événements encore aussi brûlants que ceux qui se sont déroulés au Proche-Orient arabe durant le demi-siècle écoulé, il serait téméraire de vouloir porter un jugement ou tenter un bilan. Tout au plus peut-on esquisser à grands traits les caractéristiques des différents épisodes de ce demi-siècle et les interrogations fondamentales qu'elles suscitent chez l'observateur historien ou sociologue. Même cette entreprise reste difficile, car en réalité l'analyse qui a été menée au cours des chapitres est restée confinée, pour une large partie, à la surface des événements et à leurs apparences dans l'ordre politique formellement extériorisé, ainsi qu'à leur expression au niveau du discours idéologique. C'est pourquoi l'analyse a cherché à s'appuyer, partout où cela était possible, sur la connaissance des courants culturels, des sensibilités psychologiques collectives, des bouleversements économiques et sociaux. Il n'en demeure pas moins une grande gêne : celle de sentir que, malgré tout, la société arabe, comme beaucoup de sociétés du tiers monde, garde une forte opacité pour l'observateur extérieur, comme pour celui de l'intérieur, qu'elle ne livre qu'une projection squelettique et caricaturale de la dynamique interne qui l'agite dans les zones inaccessibles à l'observation.

Mais au fond rien d'étonnant à cela. Depuis le début de l'ère des dictatures au milieu du XXe siècle jusqu'à l'éclatement des deux révolutions tunisienne et égyptienne au début du XXIe siècle, les sociétés arabes du Proche-Orient ont été privées de langage politique moderne, c'est-à-dire organisé et institutionnalisé dans l'exercice d'une forme quelle qu'elle soit de liberté politique. Il en a été de même dans l'ordre de la culture ou de l'économie. C'est pourquoi nous avons privilégié tout au long de l'analyse les moments exceptionnels d'expressions spontanées de la société dans l'ordre politique ou culturel ; c'est pourquoi aussi nous avons cherché à saisir les sensibilités, les humeurs, leurs modes d'expression et de changement. Car, comme le montrera le récit, les humeurs ont été changeantes, voire versatiles. Contrairement à l'affirmation qui prédomine actuellement, le sentiment d'une identité islamique monolithique n'est pas le trait prédominant des différents épisodes de ce demi-siècle. Bien au contraire, le Proche-Orient arabe, à la croisée des vents idéologiques et culturels divers, a été très influencé par les changements d'idées et de modes idéologiques à l'échelle mondiale. On est étonné de voir combien il a été révolutionnaire et anti-impérialiste à l'heure de gloire des idéologies humanistes et laïques du progrès et de la libération des peuples, pour laisser ensuite l'influence des courants de fondamentalisme et de conservatisme social et religieux faire leur œuvre dans des sociétés désenchantées et un monde où les valeurs laïques et le rationalisme de la philosophie des Lumières ont perdu leur éclat. Le récit, à travers ses différents épisodes, mettra bien en valeur ces atmosphères changeantes qui ont fortement influencé les sociétés arabes et largement contribué à forger les événements et les rebondissements de ce demi-siècle.

Contrairement à la perception dominante qui s'est installée aujourd'hui, il n'y a donc pas de monolithisme ou de rigidité dans l'identité des sociétés arabes du Proche-Orient. Il n'y a pas de mentalité arabo-musulmane, ni d'archétype islamique invariant ou une ʻasabiyya exprimant la structure figée de la société arabe qui serait encore telle qu'Ibn Khaldoun l'a décrite au XIVe siècle. Le récit entrepris ici démontrera, au contraire, la difficile quête d'identité de ces sociétés qui ont été colorées par toutes les couleurs idéologiques du siècle passé et qui portent en elles, comme nous le montrerons dans la partie qui suit, des couches géologiques profondes de cultures diverses et prestigieuses. Il n'est pas exagéré d'affirmer ici que c'est la question identitaire non résolue, dont nous conterons les péripéties, qui a souvent légitimé la nature autoritaire et dictatoriale des régimes politiques en place. Sans solution à la question identitaire, le Proche-Orient ne pourra pas connaître de régimes politiques véritablement légitimes et qui pourraient, de ce fait, laisser s'exprimer librement ce pluralisme politique ou identitaire. L'importance de cette question nous a poussés à expliciter les différentes problématiques à travers lesquelles l'identité historique complexe de ces sociétés peut être saisie et affirmée (chapitre 4).

La solution de la question identitaire cependant ne saurait être trouvée dans la seule réforme religieuse conservatrice ou radicale, qui a été tentée à plusieurs reprises depuis le début du XIXe siècle. Elle est dépendante de nombreux facteurs qui n'ont aucun rapport avec le religieux, qu'il s'agisse du poids des dominations externes ou de la transformation des économies locales qui cesseraient d'être des économies de rente pour devenir des économies productives ou encore d'une transformation progressive de la conscience historique qui parviendrait à récupérer les grandes périodes d'ouverture culturelle et philosophique de la pensée arabe et musulmane au cours des premiers siècles après l'apparition de l'islam, en Mésopotamie, en Iran, en Asie centrale puis dans l'empire des Moghols aux Indes. Cette transformation nécessite à la fois une intégration des patrimoines collectifs divers de la société du Proche-Orient arabe dans une culture enrichie et ouverte, le passage définitif à une temporalité qui cesse d'être régressive et sacrée pour entrer dans une temporalité profane, reconnaissant les transformations irrémédiables que le poids des siècles entraîne immanquablement sur les collectivités humaines.

Tiraillé entre des identités contradictoires, soumis à des influences historiques multiples et diverses, le

Proche-Orient apparaît fragmenté et éclaté, dangereusement explosif du fait de l'accumulation de situations conflictuelles graves que les protagonistes en cause ne maîtrisent pas. Cet ouvrage se veut donc une réflexion pour participer à la construction d'un avenir meilleur et à la dédramatisation des tensions « civilisationnelles » qu'il est à la mode de mettre en évidence et d'entretenir.

Les passions soulevées par les attentats du 11 septembre 2001 à New York et Washington, ainsi que le formidable déploiement guerrier des États-Unis auxquels ils ont donné lieu en Asie (invasion de l'Afghanistan en 2002) et au Moyen-Orient (invasion de l'Irak en 2003), mais aussi la peur que suscite l'augmentation continue du nombre d'immigrés en provenance des pays arabes en Europe, ont rendu cette tâche particulièrement urgente.

En conclusion de cet ouvrage, nous tenterons d'examiner si le cycle des révoltes arabes brise vraiment la dynamique de la décadence des sociétés arabes ou s'il n'est qu'un épisode, similaire aux précédentes périodes révolutionnaires, qui finit par déboucher sur toujours plus d'interférences et de domination externe sur le destin des sociétés arabes.

PARTIE I

LE PROCHE-ORIENT : UNE CONSTRUCTION INTROUVABLE

La difficulté de définir la région du Proche-Orient et de saisir la signification de son histoire apparaît crûment sitôt que l'on cherche à en préciser les contours géographiques. L'imprécision des vocabulaires géographiques est ici exemplaire et l'analyse du contenu des diverses notions les plus employées nous révèle déjà les raisons de l'ampleur des imprécisions auxquelles l'on se heurte aussi sur le plan de la définition de l'identité anthropologique et historique de la région. En réalité, comme nous allons le voir, dans le premier chapitre, la perception géographique de la région est principalement liée à des considérations de géopolitique internationale ; elle n'a guère de rapport avec l'identité des sociétés qui la composent. Cette identité est l'objet de querelles et polémiques sans fin.

Le paradoxe ici réside dans le fait que le Proche-Orient dans son histoire, beaucoup plus longue que celle de l'Europe, a été le berceau de nombreuses civilisations brillantes. En dépit de ce fait, sa structuration comme acteur reconnu et respecté du système international s'est avérée depuis le début du XX*e siècle une entreprise impossible. Une responsabilité majeure de cet état de choses réside dans l'échec des Arabes, au cours des derniers siècles, à retrouver leur identité, à constituer leur unité et leur souveraineté sur des territoires qu'ils peuplent — ou qu'ils ont largement arabisés sur le plan de la langue et de la culture — sans discontinuer depuis le* VII*e siècle, mais sur les-*

quels ils n'avaient plus exercé de souveraineté politique depuis la fin du xe siècle. S'ils avaient réussi, ils auraient donné à la région des frontières stables et définies, ainsi qu'une identité culturelle et politique qui ne serait pas ballottée entre des courants aussi opposés.

Cette constatation simple et de bon sens est souvent l'impensé des analyses faites sur le Proche-Orient par la culture européenne ; la culture arabe, quant à elle, après avoir vibré aux appels du nationalisme de type moderne, s'est repliée aujourd'hui dans des courants divers et contradictoires, dont ceux des différentes couleurs du fondamentalisme religieux à la mode et suivant une acceptation plus ou moins résignée des frontières modelées par les puissances européennes au début du siècle passé. Ce « vide de puissance » qui continue de régenter la région du Proche-Orient et « légitime » implicitement la domination qu'exercent les États-Unis et Israël en alliance intime, appelle à bien des interrogations sur les causes de cet échec arabe à accéder à une souveraineté pleine et entière et à construire une région respectée dans la géopolitique mondiale. Les réponses qui peuvent y être données varient de façon passionnelle au Proche-Orient comme en Occident et la notion même d'identité arabe ou d'arabité est l'objet de controverses qui sont loin d'être épuisées. Toutefois, les révoltes arabes qui éclatent en 2011 posent le problème à nouveau, celui de la dignité et de la liberté des citoyens et donc de la compatibilité d'une identité basée sur la religion et ses prescriptions avec une identité citoyenne moderne qui ne connaît pas les origines religieuses ou ethniques des citoyens.

Dans cette partie, nous tenterons d'expliciter les causes de la variété des concepts et notions géographiques qui tentent de définir la région (chapitre 1) ; cette première démarche nous permettra par la suite d'aborder les fondements culturels qui organisent les perceptions du Proche-Orient (chapitre 2) et d'analyser la pertinence des catégories et sous-catégories conceptuelles qui servent à définir l'identité de la région et de ses groupes humains ou la pertinence des croisements de champs d'observation et la cohérence des échelles temporelles et des délimitations de l'espace (chapitre 3). Il sera alors possible de mieux réfléchir sur l'arabité comme identité des sociétés de la région et sur l'incapacité de ces sociétés à construire la région, puis, enfin, d'expliciter les éléments de la périodisation que nous avons adoptée pour notre récit et les dynamiques contradictoires à l'œuvre dans la région (chapitre 5).

1

Proche-Orient ou Moyen-Orient : un problème de géopolitique internationale

La définition géographique du Proche-Orient ainsi que la saisie de sa consistance territoriale et humaine présentent de nombreuses difficultés. La principale provient du fait que cette notion n'est pas neutre puisque l'Orient est dans ce cas proche de l'Europe. Implicitement, l'Europe et, en conséquence, l'Occident sont le centre de la géographie mondiale par rapport aux différents Orients, définis alors comme « proche », « moyen » ou « extrême[1] ». Par la force des choses, l'observation de la réalité non européenne ou non occidentale est organisée en fonction des moyens de saisie dont s'est dotée la culture de l'Europe ou de l'Occident. On conçoit donc

1. Il nous paraît que les qualificatifs respectifs d'« européen » et d'« occidental » ne sont pas synonymes et interchangeables. Ils se réfèrent, en effet, à deux moments historiques différents. Jusqu'à la fin du XIXe siècle, la culture ou la civilisation est exclusivement « européenne », les États-Unis n'ayant pas encore émergé comme puissance culturelle et géopolitique. À partir du XXe siècle, la civilisation européenne s'élargit en civilisation « occidentale », les États-Unis jouant désormais un rôle majeur dans la vie économique, scientifique, géopolitique et militaire de l'Europe, en particulier à partir de la Guerre froide. La notion d'Occident est évidemment une notion plus dure, plus compacte et plus idéologique qui appelle à la manifestation de son contraire géographique, culturel et géopolitique, l'Orient. Dans une approche par la sociologie de la domination ou du rapport maître-esclave ou encore de la dichotomie déjà pratiquée dans l'Antiquité entre « Grecs » et « Barbares » pour codifier l'altérité, on peut réaliser combien ces notions d'Occident et d'Orient peuvent fausser la perspective et l'analyse mesurée. On pourra se reporter sur ce sujet à Georges Corm, *Orient-Occident. La fracture imaginaire*, La Découverte, Paris, 2002.

facilement que l'aspect d'un paysage soit totalement différent suivant la position de l'observateur et sa perspective.

C'est bien l'un des écueils majeurs de l'écriture de l'histoire du Proche-Orient. Cette région, en effet, plus que toute autre région du monde, à l'exclusion de la Russie, est véritablement contiguë à l'Europe. De ce fait, elle est plus facilement prisonnière des canons de la perception géographique et historique que la culture occidentale a organisés depuis la Renaissance et imposés dans la culture moderne universelle. Les autres régions du monde, plus excentrées par rapport à l'Europe et donc moins mêlées à son histoire, sont moins soumises à cet écueil.

La difficulté peut être réduite lorsque l'on restreint le champ de l'investigation à la notion de Proche-Orient arabe ; mais, en réalité, elle se déplace alors du champ géographique à celui de l'anthropologie et du domaine identitaire. Que sont les sociétés arabes, qu'est-ce qui les unit en dehors de la langue ? Est-ce la langue qui les unit ou la religion ? Peut-on exclure du champ de l'analyse l'Iran et la Turquie qui partagent la même religion avec les pays arabes et dont l'histoire a été mêlée si intimement à celle des Arabes ? Le concept de civilisation arabo-musulmane, en vogue depuis une trentaine d'années, rend-il vraiment compte d'une communauté de destin toujours active et vivante dans le Proche-Orient contemporain ? Dans ce cas, peut-on écrire une histoire du Proche-Orient séparée de celle, plus large, du Moyen-Orient dont l'aire géographique recouvre d'autres peuples musulmans, voire de l'Asie centrale dite musulmane ou de la Péninsule indienne et du monde malais où la religion et la civilisation islamique ont aussi joué un rôle important, sans pour cela faire perdre aux peuples concernés leurs propres caractéristiques nationales et identitaires ?

LE PROCHE-ORIENT : LEVANT DE L'EUROPE

En réalité, le Proche-Orient est l'équivalent de ce que la culture française coloniale appelait le « Levant ». Cette notion a eu longtemps une connotation marchande, rendant compte de l'importance des comptoirs de commerce que les puissances européennes avaient développés en Méditerranée de l'Est à la faveur des Capitulations dont François Ier avait été au XVIe siècle l'initiateur avec le souverain ottoman Soliman le Magnifique. Les habitants de la région étaient volontiers appelés « Levantins ». Cette appellation, d'abord réservée aux seuls Européens ayant fait souche dans les possessions ottomanes, a fini par être étendue dans le langage courant, soit à tous les habitants de la région indistinctement, soit parfois aux membres des communautés religieuses chrétiennes locales, plus facilement ouvertes aux influences de la culture européenne. Une connotation majeure peut caractériser les « Levantins », c'est celle d'une grande aptitude au commerce, une agilité d'esprit et une tolérance cosmopolite de la différence. Cette connotation, suivant les auteurs qui l'utilisent, peut être positive pour le « groupe » ethniquement indéfini qu'il caractérise ou, au contraire, péjorative, les Levantins, justement, n'ayant pas d'identité culturelle clairement affirmée, ni de loyauté politique, en dehors des nécessités de leurs affaires commerciales et financières. Grecs, Arméniens, Libanais, Syriens sont dans ce cas considérés comme levantins, et non plus seulement, ainsi que l'exactitude des vocabulaires l'exigerait, les familles européennes qui ont perpétué une présence séculaire sur les rivages de l'est de la Méditerranée turque ou arabe[1].

1. Cette confusion dans l'emploi des notions, en particulier pour l'inclusion des Libanais et des Syriens dans la catégorie des Levantins,

On rappellera, d'ailleurs, que la notion géographique du Levant incluait toute la Méditerranée de l'Est, c'est-à-dire la partie d'Asie Mineure de l'Empire ottoman, la Grèce, dont le début d'indépendance remonte à 1827, ainsi que les pays balkaniques sous domination ottomane ou celle de l'Empire austro-hongrois. Tous les manuels ou les essais consacrés à ce que l'on appelait, au XIXe siècle et au début du XXe siècle, « la Question d'Orient », incluaient les problèmes que posait le dépècement en cours des deux grands empires à vocation méditerranéenne, celui des Habsbourg et celui des Ottomans.

Après la Seconde Guerre mondiale, ce concept géopolitique — très français d'origine, mais que la diplomatie britannique avait adopté au début du siècle — tombe aux oubliettes. La diplomatie mondiale est désormais largement aux mains des États-Unis et les concepts géopolitiques anglo-saxons ont tendance à remplacer ceux que la culture française dominante avait forgés jusque-là[1]. Les deux notions

a été facilitée par l'évocation du passé phénicien de la Méditerranée. Les Levantins auraient ainsi reconstitué le maillage d'échanges maritimes intenses que leurs ancêtres phéniciens avaient développés en Méditerranée. En particulier, les Libanais ainsi que les Tunisiens se sont réclamés de ce passé dans la quête d'identité nationale qui caractérise toutes les sociétés de la région depuis le contact avec la culture européenne. On signalera un ouvrage récent paru sur les Levantins de Abdallah Naaman, *Les Levantins : une race — essai d'analyse sociale*, Maison Naaman pour la culture, Jounieh, Liban, 1984.

1. « Le terme Moyen-Orient, écrit un spécialiste anglais, a été employé pour la première fois en 1902 par un Américain spécialiste d'histoire navale, Alfred Thayer Mahan. Dans un article paru dans la *National Review*, publiée à Londres, il proposa cette nouvelle expression pour la région comprise entre l'Inde et l'Arabie, avec son centre dans le Golfe persique. Le nouveau terme fut repris et employé dans le *Times* par son correspondant à Téhéran, Valentine Chiral, et plus tard à la Chambre des Lords par Lord Curzon. Son emploi à l'étranger se répandit rapidement et dans l'usage courant des Anglais, mais non des Américains, il remplace presque totalement le terme un peu plus vieux de Proche-Orient, auquel, cependant, il garde parfois une vague association » (Voir C.H. Philips, préface à l'ouvrage collectif *Historians of the Middle East*, sous la direction de B. Lewis et P.M. Holt, Oxford University Press, Londres, 1962, p. 1). On pourra

de Proche-Orient (Near East) et de Moyen-Orient (Middle East) s'imposent sans difficulté dans le langage courant au détriment de la notion française de Levant. Ces expressions ont été utilisées intensivement par la diplomatie britannique durant la Seconde Guerre mondiale, pour désigner les théâtres d'opérations militaires. Des nuances fondamentales séparent les deux notions qui ne sont pas du tout équivalentes sur le plan de la géographie.

LE PROCHE-ORIENT : MARCHE DE L'EMPIRE BRITANNIQUE DES INDES

Ces nuances ne sont pas innocentes. Elles recouvrent historiquement des différends importants qui ont existé à l'intérieur de la bureaucratie militaire et diplomatique britannique durant la première moitié du siècle. Pour une partie de cette bureaucratie, le Proche-Orient n'est pas une région d'importance et les commandants militaires ou les représentants diplomatiques en poste dans cette région ne doivent pas jouir d'une autonomie de décision locale ou d'une trop grande influence sur la politique britannique. Pour elle, le Moyen-Orient est la zone clé du dispositif britannique de protection de l'Empire indien, véritable joyau de la Couronne. Toute décision sur le Proche-Orient doit donc être subordonnée aux impératifs de la politique indienne de la Grande-Bretagne. D'où le fait que les « arabistes »

---

se reporter pour des précisions plus détaillées sur les notions de Levant, de Proche et Moyen-Orient dans les vocabulaires diplomatiques, à l'un des rares ouvrages centrés sur l'histoire récente du monde arabe en tant que tel, voir André Laurens, *Le grand jeu. Orient arabe et rivalités internationales depuis 1945*, Armand Colin, 1991.

anglais, dont le célèbre Lawrence (dit d'Arabie) a été le chef de file mythique, n'ont jamais pu imposer leurs vues, ni, en conséquence, faire respecter les promesses faites aux Arabes dans le contexte de la Première Guerre mondiale. Pour des raisons tenant à la préservation de la domination sur les Indes, l'Angleterre a été plus « musulmane » qu'« arabe[1] ».

En effet, la Grande-Bretagne s'est largement appuyée, dans sa domination sur le continent indien, sur les différences entre communautés musulmanes et communautés brahmaniques. Elle a d'ailleurs contribué à ossifier et à exacerber des différences gérées paisiblement jusqu'à son arrivée aux Indes[2]. Dans l'entre-deux-guerres, aux fins de mieux contrôler l'ensemble islamique qui est sous sa domination et dont les Arabes, pour elle, ne sont qu'une composante, elle tentera sans succès de ressusciter l'institution caliphale que Mustapha Kemal en Turquie a abolie en 1924. Ce faisant, elle avivera les rivalités entre dirigeants arabes cherchant à récupérer le

1. La célèbre autobiographie de Lawrence, *Les sept piliers de la sagesse*, qui raconte son épopée dans les déserts d'Arabie pour mobiliser les chefs locaux contre l'Empire ottoman, porte de nombreux témoignages de cette différence entre deux écoles de pensée géostratégique au niveau des intérêts de l'Empire britannique. On se reportera aussi à Elizabeth Monroe, *Britain Momentum in the Middle East 1914-1956*, Methuen, Londres, 1963, ainsi qu'à David Fromkin, *A Peace to End All Peace. Creating the Modern Middle East 1914-1922*, Henry Holt, New York, 1989. Ces deux historiens expliquent bien la prédominance des vues du Gouvernement britannique des Indes sur celui des diplomates et commandants militaires en charge des pays arabes.

2. La grande historienne indienne Romila Thapar décrit fort bien le bouleversement amené par l'Angleterre : « Alors qu'en Europe on commençait à parler de nations, on s'est mis en Inde à parler de nations hindoue et musulmane. Cette conception colonialiste qui fondait l'Inde sur des identités religieuses séparées a amputé la population de son passé, avec des effets désastreux. Elle contredisait l'historiographie sanscrite et persane, qui n'avait pas conscience de l'existence de deux nations. Ainsi a-t-on développé un système de représentation séparée sur une base religieuse, la notion de majorité et de minorité, et celle de communautés hindoue et musulmane » (*Le Monde*, 11 mai 1993, p. 2).

titre jusque-là détenu par les Turcs ottomans, ainsi que la soumission complète de ces dirigeants aux bonnes grâces de la puissance britannique[1]. C'est à cette même époque que la Grande-Bretagne, ne désirant et ne pouvant pas tenir ces promesses d'unification des provinces arabes de l'Empire ottoman, favorisera l'élimination du gouvernement de la Péninsule arabique des protégés de Lawrence d'Arabie, la famille des Hachémites, gardienne traditionnelle des Lieux saints musulmans de La Mecque et Médine, à qui ces promesses ont été faites. Elle favorisera par les fournitures d'armes et d'aides matérielles abondantes l'accès au pouvoir des Wahhabites, communauté bédouine pratiquant un islam puritain et fondamentaliste, sous la houlette de la famille des Saoud ; cette dernière se posera en prétendant de la succession au califat, tout comme le roi d'Égypte. De cette époque aussi date l'émergence du mouvement des Frères musulmans en Égypte, dont on considéra longtemps dans le monde arabe qu'elle a été favorisée par l'Angleterre pratiquant une politique « musulmane » qui fit obstacle à l'épanouissement des revendications nationalistes arabes modernes et séculières.

1. « Le vice-roi (des Indes), écrit Elizabeth Monroe, était contrarié du fait de l'admiration régnante pour la Turquie qui prévalait non seulement chez les musulmans de l'Inde mais aussi chez les nationalistes indiens musulmans admiratifs des Jeunes Turcs. Il était opposé au blocus du Hejaz et plus tard à l'encouragement de la révolte du Chérif (famille des Hachémites gardienne des Lieux saints de La Mecque), car il se refusait à l'idée de diviser l'islam ou de créer des problèmes au calife ou de mettre en péril le pèlerinage. Il invoquait le fait que le chérif serait considéré comme un rebelle en Inde et en Afghanistan et que la Grande-Bretagne ne devait pas courir le risque d'être tenue pour responsable de l'implication des lieux saints musulmans et du Hejaz dans la guerre » (Voir Elizabeth Monroe, *op. cit.*, p. 35-36). Voir aussi *La question du Califat*, Les Annales de l'autre Islam, n° 2, Publications de l'ERISM, INALCO, Paris, 1994, publié à l'occasion de l'anniversaire des soixante-dix ans de l'abolition du califat.

FRANCE, ANGLETERRE, ÉTATS-UNIS : PUISSANCES « MUSULMANES »

La politique britannique mènera, finalement, à la guerre de sécession des musulmans indiens et à la création du Pakistan ; ce dernier reste jusqu'à aujourd'hui une puissance moyen-orientale, se réclamant de l'islam et fidèle alliée des intérêts anglo-saxons. Comme on le verra au cours du récit, le Pakistan a joué un rôle très important dans les changements survenus au niveau de la géopolitique du Proche et du Moyen-Orient au cours de la période étudiée. Le récit montrera aussi comment les États-Unis, reprenant la succession de l'Empire britannique en Orient, ne verront pas d'un mauvais œil l'appui discret aux mouvements islamiques comme un moyen, parmi d'autres, de contrôle et de stabilisation de la région. Dans le contexte des dernières années de la Guerre froide, cet appui deviendra très visible pour obtenir une mobilisation du « monde musulman » contre l'Union soviétique.

L'invasion de l'Afghanistan par l'Union soviétique sera l'occasion de mettre en place un réseau formidable de « combattants » islamiques de toutes les nationalités (Moudjahidin) et de donner vie à l'organisation de la Conférence des pays islamiques mise en place par le protégé saoudien et l'allié pakistanais. Cela permettra de populariser les variantes de l'exégèse coranique favorable au modèle de capitalisme libéral anglo-saxon, pour faire reculer celles des exégèses impliquant que l'islam, dans son éthique de la solidarité sociale est proche des thèses du socialisme, et qui avaient prévalu jusqu'ici depuis l'avènement des régimes arabes dits « progressistes ».

Dans une même mesure, d'ailleurs, mais pour

d'autres raisons, la France, comme l'Angleterre, a été plus « musulmane » qu'« arabe ». Si certaines personnalités françaises ont rêvé, à l'occasion de l'expédition de Napoléon Bonaparte ou de la conquête de l'Algérie, de la résurrection d'un royaume arabe qui devrait sa renaissance à la France [1], ce sont toujours des intérêts coloniaux et de grande puissance méditerranéenne qui ont dominé la politique française. En premier lieu, des intérêts séculaires avec l'Empire ottoman, initiés par François Ier, comme nous venons de le rappeler. Ainsi, si la France pousse au début du XIXe siècle Mohammed Ali dans son entreprise de restructuration du Proche-Orient autour de la puissance égyptienne, sitôt que cette entreprise menace l'existence même de l'Empire, la France lui retire son soutien ; le maintien de son appui lui aurait d'ailleurs valu l'hostilité totale du reste de l'Europe, en particulier les Britanniques qui auraient pu y voir un « casus belli ».

Au XXe siècle, la France ne verra dans le nationalisme arabe qui se développe au début du siècle qu'une machine de guerre contre l'extension de son influence en Méditerranée. Trop souvent d'ailleurs, elle ne verra dans ce nationalisme qu'une machination que les Anglais ont montée pour l'exclure du monde arabe et ne pas respecter les engagements pris par leur gouvernement de reconnaître sa souveraineté sur le Liban et la Syrie à la suite de l'écrasement définitif de l'Empire ottoman. Après la Seconde Guerre mondiale, le succès relatif du nationalisme arabe sous l'influence de Nasser en Égypte fera craindre à la France pour ses possessions d'Afrique du Nord. Une phobie du nationalisme arabe se

1. Sur ce point voir le beau livre d'Henry Laurens, *La France et la genèse du monde arabe*, Armand Colin, Paris, 1990. Voir aussi Georges Corm, « Grandes puissances recherchent Calife pour gérer l'Orient », Les Annales de l'autre Islam, n° 2, consacré à « La question du califat », INALCO, Paris, 1994.

créera alors en France, qui facilite la décision malheureuse de se joindre à l'Angleterre et Israël pour attaquer l'Égypte en 1956 suite à la nationalisation du canal de Suez. Cette phobie resurgira à plusieurs reprises, notamment lors de la guerre israélo-arabe de 1967 puis lors de la guerre du Golfe en 1991. En revanche, la culture française, à l'instar de la culture anglo-saxonne, développera une connaissance et une saisie de la région dans le cadre général de politiques destinées à « apprivoiser » l'islam, traité comme un même sujet qu'il s'agisse du Proche-Orient, du Moyen-Orient, de l'Afrique ou de l'islam indien, malais et indonésien.

En réalité, ce sont moins les données géographiques et nationales qui dictent la géopolitique des grandes puissances vis-à-vis de la région que la croyance, de plus en plus répandue, d'une solidarité naturelle qui unirait tous les peuples de religion musulmane, de l'Indonésie et la Chine en Extrême-Orient à l'Afrique. Nous y reviendrons un peu plus loin. Cette tendance est renforcée par l'extraordinaire développement des études académiques sur l'islam en Occident. Aussi les décideurs de politique internationale sont-ils plus souvent portés à réfléchir sur des « politiques musulmanes », que sur des politiques plus spécialement « arabe », « iranienne » ou « pakistanaise ». En cela, ils sont évidemment influencés par la catégorie conceptuelle de « monde musulman » très en vogue dans les études académiques, mais encore plus abstraite que celle de Proche-Orient ou de Moyen-Orient qui deviennent de simples subdivisions de la catégorie de base qui sert à la saisie de la réalité et dont l'axiome est la primauté de l'identifiant par l'islam, religion pourtant universelle.

LE « VIDE DE PUISSANCE » FACE À L'UNION SOVIÉTIQUE

Il est intéressant de noter que la diplomatie américaine à l'issue de la Seconde Guerre mondiale a considéré cette région du monde comme dangereusement exposée aux ambitions de l'Union soviétique. Aux yeux des décideurs américains en matière de défense et de relations internationales, la région était caractérisée par un « vide de puissance » après le retrait des colonialismes anglais et français qui avaient jusque-là contrôlé le monde arabe depuis la fin de l'Empire ottoman. Il convenait de combler ce vide pour faire face à l'expansion de la puissance soviétique dans cette région du monde, objet des convoitises traditionnelles de la Russie (l'accès aux mers chaudes) aux yeux de l'Occident. Pour cela, les États-Unis, à partir des années 1950, tenteront d'entraîner les pays arabes dans des pactes militaires locaux avec des puissances régionales pro-occidentales, telles que la Turquie et le Pakistan, mais aussi l'État d'Israël.

L'encouragement de l'Angleterre à la mise sur pied de la Ligue des États arabes (1944) n'avait manifestement pas semblé suffisant aux États-Unis. En dépit du fait que les régimes politiques arabes au début des années 1950 sont encore tous proches de l'Occident et accommodants pour ses intérêts, les États-Unis ont eu la hantise de voir le monde arabe basculer dans l'orbite soviétique, comme cela avait été le cas des pays balkaniques. La conclusion de pactes militaires avec des États militairement forts et déjà liés à la puissance américaine, tels que la Turquie, l'Iran, le Pakistan ou Israël, est alors apparue comme indispensable à la diplomatie américaine. Le Proche-Orient devenait ainsi une zone prise dans la tourmente de la Guerre froide.

Cette perception du « vide de puissance » au

Proche-Orient est hautement symbolique de l'absence d'une identité politique fortement structurée de la région. Elle est incontestablement attribuable à cette décadence arabe depuis dix siècles, mais en même temps elle contribue à la maintenir. En effet, les pays arabes continueront d'être l'objet de manipulations par les puissances externes régionales ou internationales et d'être soumis à des phénomènes d'hégémonie externe s'exerçant sur des régimes fragiles et en manque de légitimité. Ce n'est pas le cas pour la Turquie ni même pour l'Iran, ainsi qu'en attestent la démographie et l'identité politique ; l'Occident reconnaît volontiers la Turquie comme un partenaire respecté qu'elle a intégré à la structure militaire de l'O.T.A.N. L'Iran monarchique a été aussi un partenaire de poids de l'Occident dans la région ; depuis la révolution iranienne, il est un pays redouté et non point méprisé, sur lequel l'Occident n'a plus de prise. Israël, par ailleurs, est un allié privilégié sur le plan militaire, mais aussi en tant que nouvelle formation étatique issue du cœur même de la civilisation et de l'histoire européennes. Aucun des pays arabes, y compris l'Égypte, n'a vis-à-vis de l'Occident une position comparable de partenaire respecté ou craint.

C'est d'ailleurs ce vide de puissance qui permet d'abord à la France et à l'Angleterre de confisquer à leur profit la souveraineté sur les provinces arabes de l'Empire ottoman, à l'issue de la Première Guerre mondiale, puis qui permet la création de l'État d'Israël en 1948. Au contraire, les puissantes armées alliées victorieuses n'ont pas réussi le dépècement planifié du cœur même de l'entité ottomane, le plateau anatolien et sa bordure méditerranéenne. Les Alliés ne parviennent pas, en effet, à créer à l'issue de la Première Guerre mondiale l'État arménien, celui des Kurdes, ni à faire reconnaître la souveraineté grecque sur la ville de Smyrne et sa région. C'est l'action énergique de Mustapha Kemal en Turquie qui parvint au bornage des frontières du nouvel État turc après l'éviction violente des armées alliées et l'écrasement sanglant des rébellions arménienne et kurde, encouragées et soutenues par les armées alliées.

Il était nécessaire de procéder à ces retours rapides sur les saisies de l'espace de la région par les intérêts géopolitiques des puissances européennes et les influences majeures que ces intérêts ont exercées sur les sociétés arabes. Ces données constituent des éléments, partiels mais non moins fondamentaux, pour expliquer l'impossible structuration du Proche-Orient depuis l'effondrement de l'Empire ottoman. Ces éléments externes qui ont poussé à la fragmentation de la région sont imbriqués avec les éléments internes ayant mis des obstacles à cette structuration. Il n'y a pas eu, en effet, dans le monde arabe, du moins dans la partie proche-orientale du monde arabe, de milieu sociopolitique et militaire favorable à l'émergence d'une personnalité telle que Mustapha Kemal en Turquie, capable de rassembler une armée sur les décombres de l'ancienne armée impériale et de procéder par victoires militaires successives sur les armées française, anglaise et grecque au nettoyage du territoire occupé et à son bornage « national » turc par rapport aux anciens territoires impériaux. Ce sont ces victoires qui ont permis, par la suite, à ce vainqueur militaire des grandes puissances de l'époque d'avoir la légitimité suffisante pour procéder à une mutation profonde des institutions et des structures ottomanes. Cette mutation est accompagnée par une action soutenue pour faire évoluer la conscience collective et la mémoire historique de la société turque vers une conscience séculière de type moderne, où l'histoire des Turcs est rétablie dans une continuité, où la conversion à l'islam n'est plus le point focal de l'histoire turque et où la continuité d'occupation de l'Anatolie est mythologiquement établie en faisant des Hittites de l'Antiquité des ancêtres des Turcs[1].

Dans le cas des Arabes, au contraire, il est frappant de constater une impotence militaire qui perdure de façon étonnante, mais qui attire peu l'attention des chercheurs arabes ou européens en dépit des conséquences majeures qu'elle entraîne. Celle-ci est pourtant manifeste. Il suffit d'évoquer la pathétique bataille de Maysaloun en 1920 en Syrie par les troupes de l'éphémère roi Fayçal le Hachémite, protégé de Lawrence, contre les troupes françaises pourtant bien maigres à l'époque, puis un peu plus tard, en 1939, l'incapacité du gouvernement syrien sous mandat français d'empêcher la cession par la France à la Turquie de la région d'Antioche et d'Alexandrette, si pleine d'histoire, en particulier pour le christianisme oriental ; à peine dix ans plus tard les Palestiniens, puis l'ensemble des armées des États arabes voisins de la Palestine, ne parviennent pas à empêcher en 1948 la création de l'État d'Israël. Cette incapacité militaire se manifeste à nouveau dans les deux guerres israélo-arabes de 1956 et de 1967, mais aussi dans celle de 1973. Enfin, on assiste à la paralysie totale de l'armée irakienne lors de l'assaut militaire américain pour la libération du Koweït, en 1991, puis à son effondrement total lors de l'invasion de l'Irak par les États-Unis et la prise

1. On verra, sur ce point, Étienne Copeaux, *Espace et temps de la nation turque. Analyse d'une historiographie nationaliste 1931-1993*, CNRS Éditions, Paris, 1997, qui à juste titre décrit la mutation de l'historiographie turque comme « un coup d'État en histoire ». Sur la vie et l'œuvre de Mustapha Kemal, on pourra se reporter à Paul Dumond, *Mustafa Kemal 1919-1924*, Éditions complexes, Bruxelles, 1983 et H.C. Armstrong, *Mustapha Kemal*, Payot, Paris, 1933, ainsi qu'à Benoist-Mechin, *Mustapha Kemal ou la mort d'un empire*, Club des Éditeurs, Paris, 1954, qui fait un parallèle fructueux entre le modèle kémaliste de renaissance et celui d'Ibn Saoud en Arabie : renaissance tournée vers l'avenir et le rationalisme séculier dans le premier cas, renaissance tournée vers le passé et la religion dans le second. Il s'agit bien de deux courants majeurs qui vont déchirer l'histoire contemporaine du Proche-Orient.

de Bagdad en 2003. Cette impotence militaire n'est pas sans porter atteinte à la légitimité des régimes en place et ne leur permet guère d'avoir l'autorité suffisante pour imposer les mutations sociales et culturelles réalisées ailleurs, qu'il s'agisse du Japon, de la Turquie ou de la Chine, par exemple.

En revanche, en 2000 puis en 2006, la capacité militaire de la résistance islamique au Liban menée par le Hezbollah contraste avec les échecs cuisants des armées régulières, comme on le verra au chapitre 26. En 2000, la résistance obtient le départ sans condition des troupes israéliennes occupant de larges parties du sud du Liban depuis 1978 ; en 2006, elle parviendra à empêcher un retour de l'armée israélienne qui durant trente-trois jours de bombardements intensifs ne parvient pas à éradiquer le Hezbollah ou même à pénétrer profondément au sud du Liban. Elle ouvre peut-être la porte à un modèle nouveau de modernité, que les mouvements de résistance palestiniens n'avaient pas su développer, mais qui suscite une hostilité généralisée, aussi bien dans le monde occidental qu'auprès de nombreux Arabes, en raison de l'idéologie du mouvement inspiré de la révolution religieuse iranienne.

Cette mutation dans la modernité militaire des armées régulières ne s'est pas vraiment produite au niveau des sociétés arabes, en dépit des bouleversements et convulsions subis par la région du Proche-Orient au cours du dernier demi-siècle. De ce fait, cette région qui ne parvient pas à affirmer et faire respecter son identité et son espace historique, est par la force des choses perçue comme caractérisée par un vide de puissance. Ce vide militaire est lui-même significatif d'un vide plus profond sur le plan de la cohésion socioculturelle et donc sociale et politique. Il est aussi significatif de l'absence de mutations économiques et institutionnelles radicales, sans lesquelles la puissance militaire d'une société dans le monde moderne ne peut être établie et respectée. C'est pourquoi il n'y a toujours pas au Proche-Orient une région structurée sur des sociétés cohérentes aux frontières et à l'identité reconnues et respectées. C'est pourquoi d'ailleurs, une fois l'Union soviétique disparue du paysage du Moyen-Orient, les États-Unis peuvent s'engouffrer dans la région sans obstacles majeurs et occuper en 2003 la Mésopotamie et Bagdad, la capitale de l'ancien Empire abbasside. Ils reprennent ainsi la succession de l'empire colonial anglais qui avait dominé jusqu'en 1956 le Moyen-Orient et qui s'était lui-même érigé en successeur de l'Empire ottoman.

On ne s'étonnera pas dans ces conditions que les dénominations de la région continuent d'être celles de Proche-Orient ou de Moyen-Orient qui font référence à une géographie sous l'angle de la centralité européenne, « projection globale obsolète », comme le constate un historien américain, Marshall G.S. Hodgson, que nous évoquerons ci-dessous[1]. Toutefois, ces deux notions ne sont pas équivalentes, même si dans le langage courant elles sont souvent employées de façon interchangeable. En effet, c'est la place de la Méditerranée dans ces découpages qu'il est important d'examiner.

LA PLACE DE LA MÉDITERRANÉE ENTRE LE PROCHE ET LE MOYEN-ORIENT

En effet, plus large que la notion de Proche-Orient, celle de Moyen-Orient met la Turquie et l'Iran au centre d'une région géographique qui, partant de la

1. Voir *infra* p. 98.

Méditerranée de l'Est, s'étend jusqu'à l'Afghanistan et le Pakistan après avoir englobé la Péninsule arabique. Les pays arabes contenus dans la zone ne sont plus l'élément central de la région. De temps à autre, la notion de Moyen-Orient recouvre aussi les pays d'Afrique du Nord, bien que géographiquement ces pays soient situés à l'extrême occident du monde arabe. En langue arabe, ils sont désignés sous l'appellation de « Maghreb » (situé en Occident) par opposition à l'appellation donnée aux pays arabes de l'est de la Méditerranée, dénommés pays du « Machrek » (situés à l'est).

Notre récit historique sera centré en fait sur les pays arabes du Proche-Orient, soit sur la région du Machrek, dite aussi région du « Croissant fertile », comprenant tous les pays qui se trouvent entre la Mésopotamie et la Méditerranée (Liban, Syrie, Palestine, Irak, Jordanie) auxquels s'ajoute, bien sûr, l'Égypte. Il serait d'ailleurs tentant de parler de Proche-Orient égyptien et mésopotamien, tant les patrimoines culturels et historiques respectifs de ces deux entités géographiques ont marqué toute la région de leur empreinte. La Libye, la Tunisie, l'Algérie et le Maroc, qui répondent mieux à l'appellation géographique d'Afrique du Nord n'en demeurent pas moins des pays arabes méditerranéens, qui ne peuvent être séparés du champ de l'analyse ; ils sont, en effet, unis aux pays du Proche-Orient par de nombreux épisodes de leur histoire, comme par la religion ou, en partie, par la langue et la culture. Ils ne manqueront donc pas d'être présents dans le récit à chaque fois qu'ils exercent une influence directe dans le déroulement des événements du Proche-Orient ou s'y associent.

Les pays de la Péninsule arabique situés en Asie occidentale relèvent plus, quant à eux, de la notion de Moyen-Orient que de celle de Proche-Orient. La richesse pétrolière en a fait, cependant, des partenaires essentiels au déroulement des événements du Proche-Orient, ainsi qu'un facteur fondamental de l'évolution socioculturelle de la région. C'est pourquoi l'analyse ne peut les ignorer et doit les intégrer, dans une large mesure, dans le champ d'observation. En tout cas, un chapitre sera consacré au pétrole et à la formation historique de la monarchie saoudienne qui est devenue un élément central des enjeux de la géopolitique du Proche et du Moyen-Orient. Comme nous le verrons, le champ imaginaire de la culture et du nationalisme arabes contemporains est en partie irrigué par l'histoire pré-islamique des grandes tribus arabes de la Péninsule qui constituent une référence transfigurée des origines [1].

C'est pourquoi une source de tension permanente au cours du dernier demi-siècle est sans doute à rechercher dans les évolutions socio-économiques et idéologiques divergentes des pays de la Péninsule arabique et des autres pays arabes du Proche-Orient ; cette tension, qui s'était déjà manifestée au cours du XIXe siècle, a joué un rôle majeur au cours des dernières décennies de l'histoire du Proche-Orient, en raison de l'influence démesurée que la richesse pétrolière a donnée aux monarchies et émirats de la Péninsule sur le reste du monde arabe. Berceau de l'islam, source d'imaginaire collectif pour l'ensemble des sociétés arabes, ces pays seront, paradoxalement, les piliers de l'influence américaine au Proche-Orient, sous le couvert d'une pratique rigide et fondamentaliste de l'islam [2].

Ce qui en réalité fait la différence essentielle entre l'Orient proche et l'Orient moyen, c'est la présence

1. Voir *infra* chapitre 4, p. 208.

2. On peut aussi interpréter ces tensions dans le contexte d'une revanche du monde arabe bédouin sur le monde urbain de l'Égypte et de la Mésopotamie. Voir sur ce point G. Corm, *L'Europe et l'Orient, de la balkanisation à la libanisation — Histoire d'une modernité inaccomplie*, La Découverte, Paris, 1988 ; ainsi que *La Méditerranée, espace de conflit, espace de rêve*, L'Harmattan, Paris, 2001.

de la Méditerranée où convergent les rivages d'Orient et d'Occident. La notion de Moyen-Orient inclut, certes, une frontière méditerranéenne importante, mais la Méditerranée ne saurait être le rivage autour duquel se structure le récit, comme c'est le cas lorsque l'on adopte la notion de Proche-Orient au sens de Levant comme cadre du récit. Dans cette délimitation, ce sont les sociétés arabes, la Turquie et les pays balkaniques qui sont le centre du champ géographique proche-oriental, que les manuels sur «la Question d'Orient» couvraient au XIXe siècle et au début de ce siècle. Dans le cadre de la notion élargie de Moyen-Orient, le centre de la région géographique considérée ainsi que son principal champ historique ne se situent plus en Méditerranée de l'Est, mais sur les hauts plateaux iraniens et anatoliens. La frontière méditerranéenne de ce monde n'est plus qu'une périphérie par rapport au bloc géographique et démographique massif constitué par la Turquie, l'Iran, l'Afghanistan et le Pakistan.

C'est en fait une frontière défensive par rapport au monde européen revendiquant la propriété exclusive du patrimoine culturel hellénistique dont est exclu l'Orient méditerranéen et mésopotamien de façon artificielle, en dépit de son influence sur la formation de la culture grecque puis de sa participation au développement de l'hellénisme dans tout le pourtour de la Méditerranée et dans de larges parties de l'Orient iranien, égyptien et mésopotamien. Dans cette optique, le Moyen-Orient, principalement turco-iranien, a pour zone d'influence culturelle et politique la Péninsule indienne et l'Asie centrale sur lesquelles il a eu une influence considérable durant de longs siècles, jusqu'à la mainmise russe et anglaise sur ces zones géographiques. C'est pourquoi l'adoption de la notion de Proche-Orient arabe qui sert de délimitation au champ et à la structuration de ce récit historique nous est apparue la plus naturelle et donc la plus homogène.

Cette notion présente un double avantage. Elle oblige à considérer la région dans sa dimension euro-méditerranéenne et donc à mettre en valeur les liens intimes, même s'ils sont de nature conflictuelle, entre deux rives de la Méditerranée. Elle individualise l'identité socioculturelle de la région, qui est celle de l'arabité, même si une partie importante de la côte méditerranéenne est aujourd'hui exclusivement turque, après avoir été jusqu'à 1922 largement cosmopolite (grecque, turque et arménienne). En réalité, le champ couvert par la notion de Proche-Orient arabe est celui des anciennes « provinces arabes » de l'Empire ottoman, terme utilisé fréquemment par le vocabulaire diplomatique en cours à l'effondrement de l'Empire ottoman et hors de la négociation des traités de paix de l'après Première Guerre mondiale. Les pays balkaniques, qui étaient eux aussi dans leur majorité soumis à l'Empire ottoman, n'ont plus aujourd'hui les relations qu'ils ont pu entretenir avec les provinces arabes de l'Empire [1] ; la Grèce est désormais tournée vers l'Europe de l'Ouest qui l'a intégrée à l'Union européenne.

L'exclusion de la Turquie du champ géographique de l'observation est certes une lacune, compte tenu du rôle important que ce pays joue en Méditerranée et des relations historiques séculaires que les Turcs ont entretenues avec les Arabes. L'Empire ottoman a profondément marqué les sociétés arabes que l'on pourrait mieux définir sur le plan de leur identité en les qualifiant de sociétés « arabo-ottomanes » plutôt que de sociétés « arabo-islamiques » comme cela est si courant ; de plus, la politique active de sécularisation et de construction de la nation sur le mode euro-

1. Il s'agit essentiellement du rôle éminent joué par les membres de l'élite ottomane appartenant aux provinces balkaniques de l'empire dans les provinces arabes ; en particulier, les Albanais qui ont fondé la dynastie régnante en Égypte jusqu'en 1952 ou les nombreux Bosniaques qui ont été des gouverneurs redoutés de wilayet ou de pachalik ottomans dans les provinces arabes.

péen, pratiquée par Mustapha Kemal, le « père » de la Turquie moderne, a elle aussi influencé les idées et pratiques réformistes des élites arabes entre 1920 et 1970. Cependant, la Turquie moderne a rompu avec son passé ottoman, de même que l'influence ottomane s'efface progressivement dans le monde arabe avec le passage des générations et les changements profonds qui affectent les différentes sociétés arabes. Toutefois, les structures juridiques et sociales restent encore largement imprégnées du poids des institutions ottomanes dans de nombreux pays arabes.

LA PRÉDOMINANCE ACTUELLE DE LA NOTION DE MONDE MUSULMAN : L'ISLAM « INSÉCABLE » ?

Comme nous l'avons déjà évoqué, les notions de Proche-Orient et même de Moyen-Orient ne sont que des sous-catégories d'une saisie conceptuelle plus large, celle de monde musulman. Les traditions et les canons de l'écriture très intense sur l'islam, la civilisation islamique, laissent supposer implicitement qu'il s'agirait d'une entité politique et géographique clairement définie, dotée d'une cohérence et d'une unité de patrimoine historique incontestables. La place des Arabes, à cheval entre le Proche et le Moyen-Orient, entre l'Asie et l'Afrique, est reconnue comme étant à l'origine de l'histoire de l'islam et des peuples musulmans. Mais les fragmentations, les cassures, la perpétuation, voire la multiplication des devenirs historiques des différentes sociétés dites musulmanes ne sont pas reconnues. Lorsqu'elles sont présentées dans l'analyse des meilleurs spécialistes qui séparent le domaine arabe du domaine turco-iranien, elles ne sont pas considérées comme suffisamment significatives pour enlever à la notion de monde ou de peuples musulmans son adéquation à une réalité géographique et historique, initiée au VIIe siècle et qui perdurerait par-delà toutes les mutations mondiales.

Une raison principale, aux yeux des spécialistes de l'Orient musulman, donne à l'islam cette vocation à être l'identifiant majeur et commun de peuples et de régions aussi diverses : c'est l'influence supposée de la religion sur le pouvoir et les comportements individuels, et donc, la nécessité pour l'Occident d'un examen intensif et permanent du phénomène religieux qui serait le déterminant fondamental interne de toute la conduite des pays musulmans. Dans une préface à l'un des ouvrages pionniers en France sur les mouvements islamiques radicaux[1], l'orientaliste anglo-saxon Bernard Lewis écrit : « Le niveau de foi et de pratique religieuse dans les pays musulmans, beaucoup plus élevé que celui des autres religions, est sans aucun doute une donnée de la situation, mais il ne l'explique pas à lui seul. Il faut plutôt rechercher la différence dans les origines mêmes de ces diverses religions, dans la relation étroite et essentielle entre la religion et la politique, la foi et le pouvoir, qui n'a pas d'équivalent hors de l'islam[2]. »

Pour Bernard Lewis, dont la pensée est particulièrement représentative de l'orientalisme et de l'islamologie contemporaines, l'islam porte la spécificité d'avoir eu un prophète fondateur d'État qui ne connut que le succès et non les tribulations de Moïse au Sinaï ou les souffrances du Christ sur la croix. Parlant de la séparation du temporel et du spirituel qu'il considère comme axiomatique dans le christianisme, le même auteur estime : « Pour un musulman, l'Église et l'État sont par tradition une seule et même chose. Ce ne sont des institutions ni séparées ni sépa-

1. Gilles Kepel, *Le prophète et pharaon. Les mouvements islamistes dans l'Égypte contemporaine*, La Découverte, Paris, 1983.
2. *Ibidem*, p. 8.

rables. En aucune manière, on ne peut découper le tissu des activités de l'homme et attribuer certaines choses à la religion, d'autres à la politique, quelques-unes à l'État et le reste à une autorité spécifiquement religieuse[1]. »

Nous trouvons le même énoncé axiomatique chez un autre spécialiste très influent de l'islam, G.E. von Grunebaum. Parlant du drame permanent de l'islam qui continue d'avoir pour idéal politique les quarante premières années de son histoire sous la conduite du Prophète puis des quatre premiers califes à l'encontre des réalités effectives, ce dernier écrit : « La première cause de cette tension sans issue entre la norme et les faits se trouve dans la confusion entre les domaines du temporel et du spirituel. La foi en tant que telle est une valeur politique ; en fait, elle est la seule valeur donnant à la *civitas islamica* sa *raison d'être*[2]. » Un autre spécialiste américain du Proche-Orient établit une problématique de la région sur l'axiome de la globalité de l'islam en lequel il voit « plus qu'une religion : une tradition globale et une culture politique[3] ».

Dans le domaine de la culture française, André Miquel, l'une des figures les plus respectées des études islamiques et arabes, tout en reconnaissant la diversité exceptionnelle de l'islam et décrivant ses variantes avec érudition et mesure, considère lui aussi qu'« en un mot l'islam est insécable », qu'il n'est pas « isolable », en tant que message religieux, de la vie des sociétés musulmanes[4]. Selon lui, en outre, l'islam est tout à la fois « le principe d'organisation de l'État, l'armature des rapports du pouvoir avec

1. *Ibidem*, p. 9.

2. G.E. von Grunebaum, *Modern islam. The Search for Cultural Identity*, Vintage Books, New York, 1964, p. 65-66, qui reprend largement les thèses d'un autre islamologue américain, W.C. Smith, *islam in Modern History*, Princeton, 1957.

3. P.J. Vatikiotis, *L'islam et l'État*, Gallimard, Paris, 1992, p. 17.

4. A. Miquel, avec la collaboration de H. Laurens, *L'islam et sa civilisation — VIIe-XXe siècle*, Armand Colin, Paris, 1990, p. 16.

les croyants ou des croyants entre eux, code d'honneur des transactions commerciales, source d'inspiration ou d'interdits en art». Aussi, pour lui «aux yeux des croyants, il ne saurait y avoir un domaine du temporel et du spirituel[1]». Parlant de l'islam «donjon» culturel, André Miquel ajoute: «Certes, pas plus qu'une autre, cette civilisation ne se passe de supports matériels et, pas plus qu'une autre, elle ne peut manquer d'être influencée par eux, jusqu'en ses structures les plus spécifiques, jusqu'en sa religion même. Mais si l'on admet la possibilité de pareilles incidences, encore faut-il souligner qu'elles paraissent moins décisives, moins profondes en islam qu'en d'autres sociétés, que la culture, au sens où on l'entend aujourd'hui, offre ici, ramassée, regroupée autour de ce donjon qu'est la religion, d'extraordinaires capacités de résistance et même de riposte aux incitations venues du dessous et du dehors, entendez: des infrastructures d'une part, des cultures étrangères de l'autre. Sous des régimes sociaux et des cieux différents, l'islam offre toujours une étonnante capacité à transporter à travers les espaces et les siècles quelques principes immuables à quoi il se définit et se reconnaît[2].»

Toutes ces affirmations de principe, ces axiomes de la perception occidentale que nous évoquerons plus longuement dans les chapitres suivants, constituent la rationalisation d'un choix épistémologique. Toute analyse de l'identité des sociétés dont l'islam est la religion principale est alors centrée sur l'exclusivité de l'identifiant religieux ou, du moins, sa primauté hiérarchique aux dépens des autres éléments d'identité.

Ce choix se heurte cependant à des difficultés considérables sur le plan de la logique, difficultés qui sont contournées de diverses façons par les spé-

1. *Ibidem*, p. 16.
2. *Ibidem*, p. 17.

cialistes de la région. La cause de cette rationalisation est à chercher dans une anxiété de l'Occident sur l'Orient musulman qui ne désarme pas et dans la prévention des évolutions internes aux pays dits « musulmans » qui seraient hostiles aux intérêts occidentaux. La production abondante d'ouvrages et de recherches sur les mouvements islamiques pratiquant le radicalisme politique et idéologique dérive de ce souci majeur. Même les querelles entre spécialistes sur la nature de ces mouvements et leurs chances d'accéder au pouvoir en sont la résultante en termes de géopolitique et d'équilibre des forces entre l'Occident et ses périphéries « musulmanes[1] ».

Un certain « arabo-centrisme », paradoxal mais couramment pratiqué par la culture européenne contemporaine, entraîne souvent une confusion dans l'emploi des deux notions de monde musulman et de civilisation « arabo-musulmane[2] ». Cette

1. C'est ainsi que François Burgat, à contre-courant de la tonalité très hostile et dépréciative de l'action et de l'idéologie de « l'islamisme » en Occident et dans de larges segments de l'opinion arabe, considère que les dirigeants de ces mouvements constituent une nouvelle génération de futurs dirigeants, qu'il convient donc de ne pas ignorer ou décrier. « En Occident, écrit-il, mais également dans de larges compartiments de l'opinion arabe, la perception de cette nouvelle génération politique semble pourtant à ce jour relever presque exclusivement du registre de la pathologie sociale. Et la terminologie employée pour présenter à leurs partenaires obligés du nord de la Méditerranée les possibles majorités parlementaires du Sud ressemble encore à s'y méprendre à celle qui, près de quinze ans plus tôt, a servi à décrire le groupuscule des assassins d'Anouar el-Sadate. Consciente ou non, cette assimilation est devenue un obstacle aussi sérieux à toute tentative de compréhension du phénomène islamiste que le serait la représentation de la gauche parlementaire européenne avec l'aide des instruments d'analyse construits sur l'exégèse des credo du groupe Action directe » (*L'Islamisme en face*, La Découverte, Paris, 1995, p. 10).

2. Il est intéressant de noter que la perception de l'islam dans la culture européenne a été focalisée sur les Turcs et non sur les Arabes jusqu'à l'effondrement de l'Empire ottoman. Le déplacement de la focalisation sur les Arabes est dû à la mutation faite par la Turquie qui abandonne le califat et se sécularise et au fait que les intérêts géopolitiques de l'Empire se centrent alors sur les provinces arabes de l'ex-Empire ottoman dont elles recueillent le contrôle.

affirmation entraîne deux types de perception historique tronqués. Elle minimise, en effet, les apports majeurs — turc, iranien et indien — à la civilisation islamique d'un côté[1] ; elle fait des Arabes un peuple sans histoire avant le VIIe siècle, date de l'apparition de l'islam, et conditionne la permanence de leur existence par la perpétuation de valeurs islamiques partagées avec un groupe beaucoup plus large dont ils ne sont qu'une partie. De ce fait, on ne sera pas étonné de constater que pour beaucoup d'historiens, spécialistes du Proche-Orient, l'histoire arabe ne commence véritablement qu'avec l'islam, comme si les Arabes avant la prophétie coranique avaient été un peuple sans histoire. Ainsi un ouvrage classique et remarquable d'histoire des peuples musulmans, paru à l'origine en 1939, commence-t-il par une description rapide d'une dizaine de pages de l'Arabie avant l'islam, décrit l'éclatement de l'Empire abbasside, puis le développement des puissances turque et iranienne comme empires musulmans, s'attarde sur l'Empire ottoman et son histoire. L'ouvrage se termine par un panorama des États « islamiques » aussi divers que la Turquie, l'Égypte, l'Arabie Saoudite naissante, les pays du Croissant fertile (Syrie, Palestine, Transjordanie, Irak), puis la Perse et l'Afghanistan. L'Indonésie et la Malaisie, les deux pays musulmans les plus peuplés, ainsi que les musulmans très nombreux de l'Union indienne, sont exclus de l'observation, largement centrée sur le Moyen-Orient[2].

On peut aussi constater que l'un des meilleurs spécialistes anglais, récemment décédé, professeur à

1. Rappelons que les Arabes (350 millions) sont, en effet, une minorité numérique dans le monde musulman qui compte au moins un milliard de fidèles. Même si les Turcs et les Iraniens (160 millions) sont comptés aux côtés des Arabes, comme bloc central du monde musulman, ce bloc reste minoritaire sur le plan du nombre total de musulmans dans le monde (1,6 milliards).

2. Il s'agit de l'ouvrage de l'orientaliste allemand Carl Brockelmann, *History of the Islamic Peoples*, Capricorn Books, 1960, New York (traduit de l'allemand).

Oxford et d'origine libanaise, a écrit en 1991 une des très rares histoires des peuples arabes dont nous disposons aujourd'hui. Il prend la précaution dans sa préface de dire que son ouvrage a pour « sujet de l'histoire des régions arabophones du monde musulman, de la naissance de l'islam à nos jours[1] ». Cela signifie explicitement que l'histoire des Arabes n'est qu'une subdivision d'un ensemble plus large et perçu comme tout à fait cohérent, qui est celui du monde musulman. Cela indique aussi implicitement que seule la religion islamique donne une réalité, un sens et une cohérence à l'histoire de tous ces peuples différents. L'auteur fait débuter son histoire des Arabes au VIIe siècle, c'est-à-dire à l'avènement de l'islam dans la Péninsule arabique ; nulle mention n'est faite des siècles antérieurs et les Arabes apparaissent ainsi comme un peuple sans histoire avant la naissance du Prophète.

Fernand Braudel, que nous avons déjà cité pour sa *Grammaire des civilisations*, prend lui aussi la religion comme référent identitaire de base et adopte la notion d'« islam et de monde musulman » dans son ouvrage, où le référent de toutes les autres civilisations est géographique ou ethnique. Il évite certes le piège d'ignorer les substrats des civilisations qui ont précédé l'islam au Proche-Orient, que nous évoquerons dans la prochaine partie. « L'islam, durant le printemps de son expansion, écrit Braudel, ne fait que rendre vie à l'antique civilisation orientale qui a été le grand personnage de l'aventure, pour le moins "la seconde colonne" de la maison à bâtir (la

1. Voir Albert Hourani, *Histoire des peuples arabes*, Le Seuil, Paris, 1993 (traduction de l'anglais). On doit au regretté Hourani plusieurs ouvrages remarquables dont l'un, devenu un classique de la connaissance du monde arabe, *Arabic Thought in the Liberal Age*, Cambridge University Press, 1983, traduit en français sous le titre *La pensée arabe et l'Occident*, Naufal, Beyrouth, Liban, 1991. On se reportera aussi à l'Annexe I sur mon site pour les rares ouvrages qui tentent une histoire des Arabes hors d'un contexte d'histoire globale de l'islam.

première étant évidemment l'Arabie elle-même)... Le destin de l'islam sera en quelque sorte de relancer cette vieille civilisation sur une nouvelle orbite, de la porter à un diapason nouveau[1].» Pour lui cependant, le sort de l'islam s'est joué en Méditerranée et non en Asie. Aussi son observation est-elle centrée sur l'islam méditerranéen et exclut l'islam indien. Fernand Braudel ne fait que reprendre là une tradition bien établie en France, en particulier par l'ouvrage classique et précieux de J. Sauvaget sur l'histoire de l'Orient musulman, paru en 1943[2].

Ce dernier, conscient de la difficulté d'analyser des milieux aussi divers et hétéroclites que l'Espagne, le Soudan ou l'Indonésie, affirme dans son introduction que «le monde de l'islam n'est pas un». Aussi, pour contourner la difficulté, il y distingue les régions anciennement islamisées, «principaux foyers de la civilisation musulmane», et même des «régions plus tardivement islamiques et culturelles»; à ces régions, il oppose «les pays où l'islam ne s'est imposé que récemment et incomplètement, où il n'a pas pu par conséquent devenir le facteur principal de l'évolution historique». Peut-on mettre sur le même plan l'Irak avec son prestigieux passé islamique et Java qui n'a connu l'islam qu'au XIVe siècle, même si Java est dix fois plus peuplée que l'Irak? s'interroge Sauvaget, qui exclut aussi de son champ d'observation «l'islam extérieur»; pour lui, ce dernier est constitué du Soudan et de l'Afrique orientale, de l'Inde proprement dite, l'Insulinde et la Chine, «quitte, dit-il, à rappeler en son lieu l'expansion de l'islam[3]». Tout comme les autres auteurs cités, Sauvaget concentre donc sa remarquable érudition sur l'un des deux groupes «essentiellement musulmans», objet de son

1. Fernand Braudel, *Grammaire des civilisations*, Arthaud-Flammarion, 1987, p. 17.
2. J. Sauvaget, *Introduction à l'histoire de l'Orient musulman*, Adrien-Maisonneuve, Paris, 1961.1. *Idem*, p. 5 et 6.
3. *Idem*, p. 5 et 6.

étude, « l'Orient musulman » par opposition à « l'Occident musulman ». Pour Sauvaget, ce dernier est composé de « l'Afrique du Nord et, au Moyen Âge, de l'Espagne et un moment de la Sicile », cependant que l'Orient musulman recoupe lui très exactement les régions saisies par l'orientalisme « anglo-saxon » et allemand et fixées sur la notion de Moyen-Orient (« Arabie, Syrie, Palestine et Mésopotamie, Égypte, Iran et pays voisins, Turquie depuis le XIe siècle »).

La tradition est bien perpétuée par les ouvrages érudits d'un géographe français, spécialisé dans le monde dit musulman, Xavier de Planhol, qui publie en 1957 un premier ouvrage de géographie religieuse de l'islam[1]. Celui-ci est suivi, dix ans plus tard, par une nouvelle recherche qualifiée par l'auteur « d'anthropogéographique » de l'islam que nous avons déjà citée en introduction[2]. Pour cet auteur, la religion musulmane est « l'émanation du milieu géographique dans lequel elle est née dans une conjoncture bien précise », ce qui l'amène à associer islam, bédouinité et désertification, comme nous l'avons déjà évoqué[3]. Enfin, il y a quelques années, cet auteur publia un ouvrage monumental sur le thème des *Nations du prophète*, synthèse historique et géographique remarquablement documentée de la vie des peuples musulmans[4]. Tout comme Braudel,

1. Xavier de Planhol, *Le monde islamique, essai de géographie religieuse*, éd. Paris, 1957, ouvrage traduit en anglais sous le titre *The World of islam*, Ithaca Press.

2. Xavier de Planhol, *Les fondements géographiques de l'histoire de l'islam, op. cit.*

3. *Ibidem*, p. 9 et *supra* notre note 1, p. 49.

4. Xavier de Planhol, *Les nations du Prophète. Manuel géographique de politique musulmane*, Fayard, Paris, 1993. Cet ouvrage pose dans toute son ampleur la problématique de la constitution de nations modernes chez les Arabes, les Iraniens et les Turcs, de même qu'il montre fort bien les fragmentations sociopolitiques dues à l'hétérogénéité des milieux géographiques qui caractérisent le Proche et Moyen-Orient (milieux désertiques et bédouins, milieux ruraux de plaine, de montagne, milieux urbains millénaires), mais aussi les fragmentations religieuses elles-mêmes, y compris à l'intérieur de l'islam.

X. de Planhol restitue avec une grande précision les substrats civilisationnels pré-islamiques des régions étudiées ; il individualise aussi clairement pour le lecteur les sociétés arabes, avec leurs deux sous-régions Maghreb et Machrek, et en fait une analyse séparée de celle du monde turco-iranien dans lequel il inclut l'Afghanistan. Pourtant, le Pakistan, l'Indonésie, la Malaisie, les cent cinquante millions de musulmans de l'Union indienne, les républiques dites musulmanes de l'ex-Union soviétique, les pays musulmans de l'Afrique subsaharienne, en bref, la majorité numérique écrasante des peuples musulmans est exclue de l'analyse. Comme pour Sauvaget, en fait, il ne s'agit implicitement que d'un islam extérieur, puisque seuls ont droit au noble titre de « nations » du Prophète, les peuples situés en fait au Moyen-Orient.

Cette approche historique, restrictive, qui focalise principalement sur l'islam méditerranéen et numériquement minoritaire, du fait de l'exclusion des autres régions musulmanes, est contestée par un historien américain de l'islam, Marshall Hodgson. Celui-ci prend ses distances par rapport à ce qu'il considère comme une vision européo-centrée de l'histoire de l'islam. Il explique d'ailleurs fort clairement les causes de cette focalisation sur l'islam de la Méditerranée qui a fait perdre de vue, à notre sens, aussi bien à la culture européenne qu'à la culture arabe contemporaine, l'ampleur de l'extension géographique de l'islam et les couleurs théologiques ainsi que les arrangements institutionnels différents qu'il a pratiqués au cours de son histoire. « Une des tendances naturelles mais malheureuses qui a efficacement influencé nos conceptions sur le monde de l'islam, écrit Hodgson, a été notre concentration sur les régions méditerranéennes, du fait qu'elles étaient les plus proches de l'Occident. Autrefois, cela revenait à focaliser toute l'attention sur les Ottomans au moment où ils entraient dans l'histoire diplomatique européenne. Plus récemment, cela s'est traduit par la mise en vedette des pays utilisant la langue arabe, en partie à cause d'un intérêt philologique pour la langue et pour les "origines classiques". L'identification populaire des musulmans avec les Arabes a eu pour conséquence un ensemble de fausses perceptions particulièrement tenaces. En réalité, les centres les plus créatifs de l'islam étaient situés, en tout temps, à l'est de la Méditerranée, de la Syrie au bassin de l'Oxus (et donc largement dans un territoire non arabe). Ce fut dans ces régions que les hommes qui ont exercé l'influence la plus large en pays d'islam étaient nés, alors que peu d'entre eux étaient nés, par exemple, en Égypte. Beaucoup d'institutions fondamentales semblent originaires des régions les plus à l'est de cette zone — dans le Khurâsân, sur les hauts plateaux du nord-est de l'Iran : les madarsas, les confréries soufies, l'acceptation du *kalâm* (théologie) comme partie intégrante de l'islam, etc.[1]. »

Cet auteur ajoute avec beaucoup de pertinence : « Une autre source de ces fausses conceptions réside dans la tendance des musulmans eux-mêmes, depuis le XIXe siècle, à rejeter leur passé immédiat comme un échec et à regarder vers les époques "classiques" plus anciennes de leur héritage, qui semblent offrir des ressources contre les empiètements occidentaux modernes, tendance que les Occidentaux ont eux-mêmes encouragée pour des raisons qui leur sont propres. Ainsi, les savants occidentaux discutent du déclin culturel de l'islam, en essayant de donner des précisions sur le temps et les modalités de la décadence dans les arts, la religion, la philosophie et les sciences, sans prouver réellement qu'une telle décadence a effectivement existé, et sans juger à leur juste valeur les grandes œuvres des époques postérieures ; les critères d'une telle évaluation, telle qu'elle a été faite, ont tendance à être très subjectifs.

1. Marshall G.S. Hodgson, *L'islam dans l'histoire mondiale*, Sindbad, Actes Sud, Paris, 1998, p. 66-67.

Les critères esthétiques et philosophiques utilisés sont aujourd'hui en train d'être remis en cause à la lumière des changements de goût en Occident[1]. »

La notion identifiante de monde musulman qui prédomine actuellement dans la perception occidentale comme dans la littérature politique du Proche-Orient ne paraît pas avoir une très grande pertinence et pose autant de problèmes conceptuels qu'elle prétend en résoudre, comme nous essayerons de le montrer au chapitre 2. Le travail exceptionnel et relativement isolé d'érudition des auteurs cités ici n'est pas en cause ; c'est la logique interne d'un identifiant majeur par le seul élément de la religion qui limite la capacité de saisie du Proche-Orient. Quelles que soient les précautions prises par ailleurs pour élargir la problématique du « monde musulman », comme le font F. Braudel et X. de Planhol à travers des intuitions souvent fulgurantes, des jugements nuancés et prudents, est-il vraiment possible d'inscrire dans une même logique toutes les histoires différentes qui se sont déroulées sur trois continents depuis le VIIe siècle de notre ère[2] ?

Comme nous l'avons vu, la plupart de ces auteurs

1. *Ibidem*, p. 67-68.

2. Un expert très réputé en œuvres d'art orientales a dénoncé récemment cette logique, dans un compte rendu sur une vente d'objets d'art, particulièrement hétéroclites, par la maison Christie's à Londres sous le thème « Art islamique et manuscrits ». « Les historiens s'émerveilleront un jour, écrit Souren Melikian, qu'une perception aussi déformée que celle qui empaquette, sous le qualificatif "islamique", des cultures différentes s'étendant sur la moitié du globe du Maroc à la Malaisie, ait pu perdurer si longtemps en Occident. Mais la classification héritée du siècle passé persiste aussi bien dans le monde académique que celui des ventes aux enchères… avec la confusion qui accompagne une classification aussi simpliste. » Passant en revue les différents objets de la vente aux enchères, l'auteur dénonce « la confusion visuelle commune à toute exposition d'objets appartenant à l'art islamique. La nature disparate des œuvres exposées empêche de se concentrer sur un aspect donné et de parvenir à une vision claire et compréhensible » (voir *International Herald Tribune*, 17-18 octobre 1998, p. 10, sous le titre « Western Fantasies about "Islamic Culture" »).

contournent la difficulté en revenant implicitement ou explicitement à la notion géopolitique de Moyen-Orient, bien que la majorité numérique des musulmans soit exclue, de ce fait, du champ de l'observation et de la réflexion au prétexte d'une islamisation tardive, superficielle ou périphérique. Mais l'islam ne doit-il pas être soit un identifiant religieux indistinctement significatif pour tous les peuples dont il constitue la religion, soit être abandonné comme catégorie conceptuelle de base prétendant saisir dans une même cohérence l'ensemble du monde musulman ? Invoquer une islamité plus grande chez les Arabes, les Perses ou les Turcs pour écarter du champ géographique et historique musulman les Pakistanais, les musulmans de l'Union indienne ou de la Chine, les Indonésiens, les Ouzbecks et les Kazaks, etc., convertis depuis des siècles, peut paraître comme un argument dénué de logique interne, en particulier, comme nous le verrons plus loin (chapitre 3), lorsque les catégories de la saisie ne font plus la distinction entre histoire profane et histoire sacrée, entre imaginaires de certaines mémoires collectives et réalité historique.

Transposé au « monde chrétien », ce mode de rétractation de l'espace « musulman » aboutirait à des constatations que l'on jugerait aberrantes. Les chrétiens d'Orient pourraient dire que les chrétiens d'Europe doivent être écartés d'une histoire du monde chrétien parce que la christianisation de l'Europe ne s'est vraiment achevée qu'avec Charlemagne, soit neuf siècles après l'apparition du christianisme en Orient ; elle pourrait aussi prétendre que l'Église slave, par exemple, est totalement périphérique par rapport à la centralité d'origine du christianisme qui se situe au Proche-Orient et qu'il n'est pas indispensable de l'inclure dans l'histoire du christianisme. Les chrétiens d'Europe pourraient affirmer eux aussi que les « nations » du Christ excluent les peuples d'Amérique latine à la fois périphériques par rapport à l'Église de Rome et convertis très tardivement, seize siècles après l'apparition du christianisme.

En fait, la catégorie « monde musulman » n'est pas plus opératoire que celle de Moyen-Orient ou de Proche-Orient, car elle reste prisonnière des intérêts géopolitiques de l'Occident ou du moins de ce que la perception de ces intérêts, organisée par la culture occidentale et son histoire, impose aux différentes spécialités de la connaissance historique et anthropologique. Comme l'explique fort bien Henri Laurens qui choisit, comme historien, d'étudier « l'Orient arabe » dans une approche de politologie classique de type profane : « Si le Moyen-Orient a un sens si changeant, c'est parce qu'il est avant tout un concept politique que l'on peut définir par deux caractéristiques : il s'agit toujours de pays musulmans constituant l'enjeu des rivalités régionales et internationales. L'action des puissances locales est de façon permanente en interaction avec celle des puissances extrarégionales et la solution des crises passe généralement par un recours à l'"internationalisation". Cela était vrai lors de la crise "d'Orient" de 1840. L'actuelle crise du Koweït en est la dernière manifestation. Moyen-Orient et Grand Jeu sont donc des termes liés même si le déclin britannique entraîne une moindre utilisation du second terme[1]. » Pour cet auteur, l'Orient arabe est d'abord « une réalité humaine ». En outre, il « n'a pas de définition proprement politique semblable à celle du Moyen-Orient », même s'il en est « une part essentielle (...) le centre, en raison du conflit israélo-arabe ». Cet auteur explicite sa problématique centrée sur une « histoire essentiellement politique » des pays arabes depuis 1945 par la spécificité du Moyen-Orient, définie comme « une interaction permanente de la politique régionale avec la politique interne qui

1. Henry Laurens, *Le grand jeu*, *op. cit.*, p. 7.

modèle la conduite des États comme celle des individus[1] ».

Après avoir passé en revue les déterminants géopolitiques de la perception des différents « Orients », nous verrons au chapitre suivant les déterminants plus spécifiquement philosophiques et culturels de la perception du Proche-Orient arabe dans la culture occidentale comme dans la culture arabe. Ces déterminants aboutissent à l'occultation d'un passé historique particulièrement riche. C'est ce qu'il nous faut rappeler avant de clore cette réflexion sur les déterminants proprement géopolitiques d'une région à la construction inachevée et à l'identité éclatée.

ANATOMIE DES SUCCESSIONS DE CIVILISATIONS AU PROCHE-ORIENT

En réalité, les pouvoirs locaux ont rarement modelé l'espace du Proche-Orient et dessiné des frontières culturelles, administratives ou militaires stables. L'Occident, depuis le début du XIXe siècle, n'a cessé de perpétuer le fait que ce sont les dynasties conquérantes, venues le plus souvent d'ailleurs, qui se rendent maîtres de l'espace du Proche-Orient. Dans leur longue histoire, les sociétés du Proche-Orient égyptien et mésopotamien ont subi les influences de trois grands socles géographiques qui ont servi de point d'appui à toutes les conquêtes : le haut plateau anatolien (Hittites, Grecs, et Turcs), les hauts plateaux iraniens (Mèdes et Perses), le désert arabique[2]. Les

1. *Ibidem*, p. 7 et 8.

2. C'est l'approche que nous avons privilégiée dans notre ouvrage *Histoire du Moyen-Orient. De l'Antiquité à nos jours*, La Découverte, Paris, 2007.

cultures et les religions, telles de profondes couches de sédiments géologiques, se sont superposées dans le patrimoine historique des peuples de la région et restent enfouies dans l'inconscient collectif. Telles de grandes vagues séculaires, les structures politiques, religieuses et linguistiques se sont succédé les unes derrière les autres, en différentes synthèses de culture et de civilisation, les envahisseurs finissant toujours par se fondre plus ou moins dans la population locale.

Cette géologie complexe des cultures et du fonctionnement des différents socles historiques et géographiques qui encadrent le Proche-Orient est rarement évoquée dans les ouvrages sur la région. C'est pourtant elle qui, faute d'être reconnue et acceptée, intégrée dans une culture modernisée, contribue à paralyser l'émergence d'une identité culturelle reconnue et, donc, de frontières nationales respectées.

Le vocabulaire des archéologues rend compte de la complexité civilisationnelle de la région et de la pluralité des vocabulaires et concepts historiques et géographiques qui la désignent. Avant la conversion de la région à l'islam, il y a des Proche-Orient qui semblent n'avoir aucune relation entre eux, car ils dépendent de spécialités bien distinctes, en archéologie comme en histoire ancienne. Il existe ainsi un Proche-Orient grec, un Proche-Orient romain, un Proche-Orient byzantin, une Mésopotamie sumérienne, babylonienne ou assyriene, une Méditerranée phénicienne. Depuis la conquête de la région par les Arabes au VIIe siècle, au nom de l'islam, il existe des histoires des peuples musulmans de l'islam, c'est-à-dire des dynasties arabes, turques ou perses qui ont pu régner sur cette région en même temps que sur d'autres. La chaîne historique, déjà fragmentée, des Proche-Orient anciens, est définitivement brisée. À l'exception du bref intermède des deux Empires ommeyyade et abbasside qui ont leur siège respectivement à Damas et à Bagdad, les sociétés de la région ne sont plus que des provinces tributaires d'espaces impériaux plus larges, comme elles ont pu l'être très souvent dans l'Antiquité.

Ici d'ailleurs, chaque conquérant et chaque civilisation a travaillé l'espace, l'a réorganisé en fonction des intérêts de la dynastie qu'il tente d'installer et des espaces méditerranéens et asiatiques ou africains qu'il domine le plus souvent et dont le Proche-Orient n'est qu'une composante. La France et l'Angleterre, puis aujourd'hui les États-Unis, ne font que perpétuer ces vieilles traditions. L'Occident a repris la succession de l'Empire ottoman, dernière construction impériale du Moyen-Orient. Il a aussi hérité de ses problèmes, sans posséder la légitimité d'action qu'avait pu avoir ce dernier au temps de sa splendeur.

Bien que la domination ottomane du Proche-Orient arabe ait été beaucoup plus stable que sa domination des Balkans, les provinces administratives de l'Empire n'ont jamais eu de frontières fixes. Au Proche-Orient, les provinces arabes ont été gouvernées le plus souvent par des walis n'ayant aucune attache avec la population locale et préoccupés seulement de ramasser le tribut fiscal à travers une hiérarchie de notables locaux. Ce sont ces changements fréquents de frontières administratives qui sont à l'origine des contentieux historiques territoriaux, avoués ou refoulés, pouvant exister entre États arabes issus du démembrement de l'Empire ottoman ; celui de l'Irak avec le Koweït en est l'exemple le plus frappant.

En réalité, le Proche-Orient est bien cette zone de confluences de socles géographiques et historiques dont la continuité est brisée en apparence par la succession d'envahisseurs qui fondent de nouvelles dynasties et développent des civilisations formellement différentes, mais où cette continuité demeure dans la profondeur du vécu social. Ainsi, à la jonction de l'Antiquité et de l'ère chrétienne, l'Égypte des Ptolémées est tout à la fois pharaonique et grecque ; la Mésopotamie et le Croissant fertile, après les invasions arabes, sont à la fois marqués par la culture grecque byzantine, la culture syriaque et araméenne, la culture arabe, le zoroastrianisme perse ; au début de ce siècle, une ville comme Beyrouth est ottomane, arabe et française. Le plus ancien de ces socles est celui de la Mésopotamie et du Croissant fertile dont l'histoire garde vivant le souvenir des empires babyloniens et du premier grand roi législateur, Hammourabi. La Haute-Mésopotamie, aujourd'hui le nord de l'Irak peuplé de Kurdes, voit la constitution des royaumes assyriens, cependant que la côte méditerranéenne de cette région est soumise aux influences successives des Phéniciens, des Grecs et des Égyptiens. Après un long intermède où des dynasties perses contrôlent la Mésopotamie dont la langue et la culture restent largement dominées par l'araméen, cette dernière passe sous domination arabe avec la conquête au nom de l'islam ; les deux grandes dynasties arabes des Ommeyades à Damas et des Abbassides à Bagdad font briller de tous leurs feux la civilisation « musulmane » qui est alors en symbiose avec le vieux fonds de culture syriaque et chaldéenne. Après les invasions mongoles du XIIIe siècle, la région dévastée passe aux mains des Turcs.

Ces derniers ont succédé aux Grecs byzantins comme maîtres du plateau anatolien. C'est à partir de ce socle, et trois quarts de siècle après la conquête de Constantinople et d'une large partie des Balkans, que les Ottomans commenceront, au début du XVIe siècle, la prise de contrôle du Proche-Orient égyptien et mésopotamien. Ils se heurteront aux ambitions perses, en particulier à partir de la renaissance safévide. Ainsi, l'histoire des sociétés du Proche-Orient arabe est intimement mêlée à celle des Turcs et des Perses, mais elle n'en est pas moins différente. Ces derniers ont fait de nombreux emprunts dans leur langue respective à la langue arabe et ont adopté et adapté son alphabet, mais chaque langue et chaque culture, même irriguée par l'islam, a conservé sa propre personnalité. Les caractères nationaux sont aussi restés distincts. Mais les Arabes conquérants de l'Égypte et de la Mésopotamie ont à leur tour été influencés non seulement par ces deux civilisations, mais aussi par les cultures syriaque et araméenne dominantes au Proche-Orient pendant de longs siècles, sans oublier la culture grecque antique, puis celle de Byzance, qui marquèrent elles aussi profondément la région.

À partir du XIXe siècle, la France, l'Angleterre et accessoirement l'Italie (pour la Libye) s'emparent progressivement de l'espace proche-oriental et le modèlent au gré de leurs intérêts et des flux migratoires de l'Europe vers les villes et les ports de la Méditerranée. Des zones entières, urbaines et rurales, voient leur identité géographique et culturelle se transformer une nouvelle fois, après quatre siècles de stabilité ottomane. Les modernisations urbaines et agricoles qu'elles entraînent ont un coût humain élevé pour les populations locales pauvres, en termes d'exclusion et de marginalisation. Les vagues migratoires sont française, anglaise, espagnole, italienne et grecque et débutent au milieu du XIXe siècle avec la conquête de l'Algérie. À la fin du siècle, commencent les flux migratoires des juifs d'Europe orientale vers la Palestine qui changent totalement l'identité de ce territoire. Le Proche-Orient, au cours des deux guerres mondiales, est un terrain d'opérations militaires très important, pour des conflits auxquels il n'est pas partie prenante. Les mouvements militaires accroissent la maîtrise déjà grande de l'espace proche-oriental par les puissances européennes. À l'effondrement de l'Empire ottoman, ce sont ces mêmes puissances qui se sont attribué le contrôle politique et militaire du Proche-Orient et ont procédé à l'établissement de nouvelles frontières et d'entités étatiques gérées par elles.

Sitôt leur étreinte desserrée après la Seconde Guerre mondiale, la Guerre froide entre les États-

Unis et l'Union soviétique s'empare du Proche-Orient. Si la France et l'Angleterre se retirent de la région, les armées américaine et soviétique la quadrillent par des bases militaires et des facilités portuaires et protègent chacun un certain nombre d'États du Proche-Orient devenus leurs clients, sur le plan politique, militaire ou économique. Les frontières et les gouvernements d'États en pleine ébullition sont maintenus par l'équilibre de la terreur entre les deux grandes puissances, comme le montre la guerre de Suez de 1956 qui ouvre le récit des événements que retrace cet ouvrage. Une fois l'Union soviétique écartée à partir de la fin des années 1980, les États-Unis, à travers la crise du Golfe provoquée par l'action de l'Irak tentant de remettre en cause les frontières coloniales, acquièrent une maîtrise militaire et politique complète de l'espace proche-oriental.

Depuis la plus haute Antiquité, mis à part quelques rares cas où des entités politiques ont leurs racines dans la région même, l'espace n'est pas maîtrisé par les Proche-Orientaux eux-mêmes. D'où un sentiment de fragilité, de relativité de la chose publique, ainsi que l'attachement prédominant au milieu immédiat : village, famille, tribu, quartier urbain, église ou secte. Discontinuités historiques, discontinuités géographiques, fragmentation des mémoires et des patrimoines. Il n'y a pas au Proche-Orient de continuité de système de pouvoir enraciné localement et capable de construire une nation au sens moderne du terme. Il n'y a pas non plus d'empire qui ait marqué de façon définitive un patrimoine historique commun. Il n'en reste pas moins la langue dominante, l'arabe, avec son monde culturel et imaginaire (musical, culinaire, poétique et religieux), si décadente et éclatée que soit aujourd'hui cette « nation » arabe, dont nous définirons plus loin les contours modernes.

Comme nous le verrons, cela ne veut pas dire pourtant que la région ne soit qu'une agglomération hétéroclite de peuples, d'ethnies, de communautés religieuses. Il reste aussi, en effet, des comportements politiques, sociaux et intellectuels que l'on retrouve d'une époque à l'autre depuis la plus haute Antiquité : le statut de la femme, le poids de la famille élargie, les différentes formes d'art, en particulier en musique, la cuisine, la permanence et la similitude des modes de vie rurale dans les campagnes, le comportement des élites urbaines, le rapport à la tradition et le respect du patrimoine écrit ancien, la forme des querelles politiques, philosophiques et religieuses. On retrouve aussi de remarquables continuités et similitudes linguistiques entre les langues du Proche-Orient ancien, l'araméen, le syriaque et l'arabe. Que l'on s'informe sur la vie sociale et politique du Proche-Orient byzantin, babylonien, perse, arabe ou ottoman, on est frappé des ressemblances dans les grandes institutions sociales et politiques bien plus que par les contrastes et les différences. L'un des débats qui continuent d'agiter la réflexion sur le Proche-Orient est de savoir ce que l'islam a véritablement changé dans la région. La civilisation musulmane n'a-t-elle été qu'une synthèse habile du judaïsme prophétique et des complications de la théologie chrétienne, source de tensions permanentes dans les premiers siècles du Proche-Orient chrétien ? Les institutions dites islamiques ne sont-elles qu'un arrangement nouveau du matériau de base des institutions babyloniennes, perses, assyriennes et byzantines[1] ? Ou bien le génie de l'islam a-t-il transformé totalement la région, a-t-il innové et rompu avec les civilisations et les religions qui l'ont précédé au Proche-Orient ?

On trouve évidemment les deux tendances dans les réponses à ces questions. Pour l'une, l'islam ne serait qu'un pâle dérivé du judaïsme ou du christianisme et

1. Voir par exemple Falih Mehdi, *L'Irak, fondements et mécanismes de l'État en Islam*, L'Harmattan, Paris, 1991.

n'aurait rien construit en propre dans le progrès de la civilisation ; pour l'autre, l'islam a opéré une véritable révolution culturelle et permis l'émergence d'une civilisation remarquable qui a joué un rôle éminent dans le développement des sciences. Dans un cas, l'islam est vu comme un obstacle au progrès humain, une religion de stagnation intellectuelle, une entrave à la liberté ; dans l'autre, l'islam est un système de valeurs éminemment positif qui a su assurer le confort matériel et spirituel de ses adeptes, encourager la science et les arts ; c'est une perfection que rien ne saurait égaler, en particulier dans un monde désenchanté par le matérialisme philosophique et économique de la civilisation occidentale.

Ces vastes interrogations ne sont pas sans intérêt, car elles découlent des questions de base que l'on se pose sitôt que l'on interroge l'identité du Proche-Orient, sa consistance territoriale et civilisationnelle, sa position dans la géopolitique mondiale. En définitive, face aux instabilités chroniques, aux guerres civiles locales qui se multiplient ou aux guerres entre États voisins, se pose le problème aigu de la légitimité des systèmes de pouvoir qui règnent au Proche-Orient, qui est aussi celui de la légitimité des interventions externes permanentes dans les affaires de la région que le « vide de puissance » attire comme un aimant.

La résurrection et la consolidation de l'arabité constituent-elles la réponse adéquate à cet état de faits inquiétant, ou bien est-ce l'islam réformé ou radicalisé ou encore est-ce la modernisation-occidentalisation accélérée sur le modèle de l'expérience kémaliste en Turquie, expérience aujourd'hui ébranlée par la « réislamisation » de la région après l'échec des politiques d'occidentalisation ? Le nationalisme arabe à tendance laïque qui a dominé la scène du Proche-Orient depuis le début du siècle n'a-t-il été qu'une greffe éphémère de la culture européenne sur des sociétés rigidifiées dans une civilisation islamique décadente ? Ce nationalisme est-il définitivement mort, comme tant d'observateurs l'ont déclaré après les bouleversements créés par l'invasion du Koweït par l'Irak puis la guerre du Golfe (voir chapitre 16) ? L'islam réformé, conservateur ou radical, est-il la seule voie d'accès à une modernité jusqu'ici introuvable ? Autant de questions fondamentales et préjudicielles pour l'avenir du Proche-Orient et le bien-être des sociétés qui le composent, avant même d'être des questions essentielles pour l'avenir des relations de la région avec l'Europe et les États-Unis.

En réalité, il s'agit ici de répondre à l'interrogation posée en introduction de cet ouvrage : quelle est la source principale de la décadence qui frappe les sociétés arabes, sujet passionnel dans la culture de l'Europe comme dans celle des Arabes ? Pour les premiers, comme on le verra au chapitre prochain, la peur historique du danger d'un « réveil » suivi d'un retour de l'islam « envahisseur » de l'Europe provoque une agitation médiatique ininterrompue, en dépit de l'impotence des sociétés arabes. À la peur du péril jaune ou du péril bolchevique a succédé celle du péril islamique. Du côté des Arabes, les séries d'humiliations subies au cours du dernier demi-siècle provoquent l'éclosion de mouvements terroristes anti-occidentaux ainsi qu'une rétraction identitaire involutive, source de graves tensions internes dans les diverses sociétés du Proche-Orient.

Pour y voir plus clair, il faut maintenant examiner avec attention les modes de perception de l'histoire de la région qui sont évidemment façonnés par les données historiques et géopolitiques que nous avons esquissées à grands traits.

2

La perception du Proche-Orient et son histoire

Les données esquissées au chapitre précédent aident à comprendre pourquoi la région du Proche-Orient est l'objet d'une saisie contradictoire des événements et pourquoi les langages historiques employés, les conceptions de l'espace, du temps et du sujet historique sont hétéroclites.

Nous en avons déjà fait la constatation, il n'y a pas, pour l'Orient proche ou moyen, de traditions d'écritures de l'histoire sur le mode « national » européen. La connaissance du Proche-Orient ancien s'est développée au cours des deux derniers siècles grâce aux grandes découvertes archéologiques initiées en Égypte par l'expédition de Napoléon Bonaparte. Ces découvertes ont ressuscité aussi les anciennes civilisations sumérienne et babylonienne de la Mésopotamie ; nous les devons, cependant, au développement général des connaissances en Europe et non au Proche-Orient lui-même. Les traditions historiographiques européennes considéraient déjà tous les siècles d'histoire du Proche-Orient compris entre la conquête de la région par Alexandre le Grand et l'arrivée de l'islam au VIIe siècle, soit une période de dix siècles environ, comme une annexe de l'histoire européenne dans ses sources grecque et romaine. L'histoire du Proche-Orient pour cette longue période, dans l'optique de la culture européenne, est celle d'une région « hellénisée » puis

« romanisée[1] ». De plus, en raison de la rupture traumatisante entre Église d'Orient et Église d'Occident, l'histoire de l'Empire byzantin, qui joue pourtant un rôle fondamental dans celle du Proche-Orient, reste très marginale dans la mémoire collective européenne.

Dans la culture arabe, comme nous le verrons plus loin, en dépit des dix siècles d'hellénisation culturelle du Proche-Orient avant l'apparition de l'islam, les épisodes historiques grecs et byzantins sont eux aussi effacés des mémoires. Le domaine des Églises schismatiques, du point de vue du catholicisme romain, dites paradoxalement « orthodoxes », est évacué de l'histoire européenne qui dénomme la longue période de dix siècles de prééminence byzantine à l'est de la Méditerranée « Empire romain d'Orient » ; de même, l'histoire des Églises monophysites d'Égypte ou de Syrie ou celle des Églises nestoriennes de l'Irak et de la Perse est reléguée de

1. On remarquera que le patrimoine culturel de la Grèce antique a été entièrement annexé et monopolisé par la culture européenne qui l'a érigé en mythe fondateur. La culture hellénistique n'a pourtant pas été forgée uniquement à Athènes et en Macédoine, mais très largement dans toute l'Asie Mineure, ainsi qu'à Alexandrie, en Égypte. La culture syriaque du Proche-Orient conserve le patrimoine grec, qui est transmis en Europe, à travers les traductions vers l'arabe et à travers l'œuvre des philosophes musulmans arabes et perses. Sur ce point important, voir G. Tarabichi, *Nazariat el 'akl; nakd nakd al 'akl al 'arabi* (Théorie de la raison ; une critique de la critique de la raison arabe), Dar El Saki, Londres 1996, qui répond avec pertinence aux travaux du philosophe marocain Mohammed Al Jabiri sur les structures de la pensée arabe. L'auteur conteste vivement l'axiome implicite d'Al Jabiri d'un monopole de la culture européenne sur le patrimoine philosophique grec auquel l'esprit arabe se serait finalement dérobé après avoir été tenté de l'adopter. Tarabichi distingue l'héritage athénien et macédonien des origines, relativement restreint, de la culture hellénistique ou écrite en langue grecque par des Grecs ou des non-Grecs. L'hellénisme, de ce point de vue, est le produit de la culture des élites de tout l'est de la Méditerranée, l'Égypte et la Mésopotamie. À ce titre, Tarabichi considère qu'il est plus « oriental » qu'« occidental » et il convient de ne pas confondre le « mythe fondateur » de l'identité des nations européennes avec la réalité historique.

façon marginale dans les écrits érudits sur l'histoire générale du christianisme. En dépit du rôle majeur joué par les querelles christologiques dans tout le Proche et le Moyen-Orient, avant et après la conquête arabe, en dépit de la richesse de la culture araméo-syriaque et chaldéenne chrétienne qui perdure jusqu'à l'effondrement de l'Empire abbasside et l'arrivée des Mongols, aucune trace de cet important patrimoine ne subsiste dans les consciences historiques. Cette culture pré-islamique, qui n'est plus connue que de quelques très rares spécialistes en Europe, n'intéresse pas, en règle générale, les historiens arabes contemporains.

En fait, la perception chaotique et fragmentée du Proche-Orient dans la conscience de l'Europe, comme dans celle des sociétés du Proche-Orient, est prisonnière de deux types de contraintes. Celles qui découlent du vide de puissance politique et des fantasmes et peurs qu'il fait surgir des deux côtés de la Méditerranée, d'une part ; celles qui découlent de connaissances historiques partielles et fragmentées, comme nous avons pu déjà le constater, d'autre part. Ces deux séries de contraintes se renforcent l'une l'autre. L'absence de systèmes locaux de pouvoir politique homogènes et légitimes, capables de faire émerger un consensus historique sur l'identité des sociétés arabes dont la région est constituée, perpétue le vide de puissance politique et culturelle. Ce vide, à son tour, appelle la naissance de courants idéologiques animés par les puissances culturelles et politiques constituées, voisines du Proche-Orient, et qui tentent de lui donner une identité favorable à leurs intérêts géopolitiques : nationalisme moderne laïc à l'européenne, mais qui se retourne contre les intérêts impériaux de l'Occident et qui est donc combattu par l'usage de la religion comme contre-vecteur d'identité ; marxismes dans toutes leurs couleurs ; islams conservateurs favorables à l'Occident et au capitalisme néolibéral ou islams radicaux prônant le dirigisme économique qui lui sont hostiles, tels que l'Iran khomeyniste. La scène culturelle du Proche-Orient est une jungle qui engendre des perceptions et des sensibilités contradictoires et explosives, comme nous allons tenter de le montrer.

LES DÉTERMINANTS DE LA PERCEPTION EUROPÉENNE

La perception européenne du Proche-Orient est exclusivement axée sur l'islam. Les Maures, les Sarrazins, les Turcs sont les appellations sous lesquelles les peuples d'Europe, de la Péninsule ibérique aux Balkans et à l'Europe centrale, ont perçu un danger quasi permanent. Le danger est venu aussi bien d'Afrique avec la conquête de l'Espagne, que d'Asie avec celle des Turcs ottomans qui, par deux fois, arrivent aux portes de Vienne et soumettent durant de longs siècles les sociétés balkaniques. Il n'y a pas, dans la conscience européenne, de perception d'une région proche-orientale à l'identité affirmée. Si la reconquête de l'Espagne a pu faire oublier l'échec des croisades, il n'y a que le sentiment diffus d'un danger qui perdure et renaît quelques siècles plus tard, à travers l'image des redoutables conquérants turcs. Même après l'affirmation définitive de la suprématie militaire européenne sur l'Empire ottoman à partir du XVIIIe siècle, le sentiment d'hostilité et de peur reste prégnant : le Turc et l'islam, termes pratiquement synonymes, sont encore perçus comme des dangers ou un obstacle au triomphe de la civilisation européenne.

L'hostilité ne se manifeste plus au plan théologique, ainsi que cela avait été le cas jusqu'à la révolution industrielle ; désormais, elle est « sécularisée », de type civilisationnel, en fait plus globale et totale, comme le montrera le texte de Renan que nous évoquerons ci-dessous, où l'argument de la théologie a cédé la place à celui de la supériorité globale d'une partie de l'humanité sur l'autre. Paradoxalement, l'Orient devient aussi un lieu d'exotisme, de dépaysement, de retour aux sources, comme auraient pu l'être les contrées d'Amérique et l'état de nature « primitive » qu'elles ont représenté pour la culture européenne.

En fait, l'approche de l'Orient par la culture européenne moderne a été modelée par des motivations diverses, allant de la curiosité scientifique à l'ardeur coloniale, en passant par l'appel du romantisme européen au « retour aux sources », c'est-à-dire à l'Orient, berceau de la civilisation. C'est aussi en se créant une image de l'Orient « musulman » ou « sémite », comme terre du despotisme et de la barbarie, que la culture européenne a consolidé sa propre image comme modèle d'évolution politique et scientifique universel. Ces images n'ont pas été sans influencer la perception que les sociétés du Proche-Orient ont d'elles-mêmes ; les idées européennes modernes de nation et de démocratie n'ont pas manqué d'avoir un impact très profond sur l'ensemble des sociétés du Moyen-Orient, qu'elles soient arabe, turque ou iranienne.

C'est pourquoi tout travail de construction de l'histoire contemporaine du Proche-Orient exige un examen préalable de fonctionnement des grands clichés et des généralisations radicales de nature anthropologique que pratiquent les canons de la culture occidentale lorsqu'elle tente de saisir l'identité de l'Orient dit sémite. Un ouvrage récent nous informe de façon remarquable sur les grands courants intellectuels développés par les philosophes des Lumières puis ceux du XIXe siècle pour saisir et décrire l'altérité des peuples non européens ou les

« caractères nationaux » des différents grands pays d'Europe, leur « génie », leur « esprit » ou leur « âme[1] ». Le bilan qui en ressort est consternant. La caractéristique première des jugements portés sur les autres, selon l'auteur de l'ouvrage, est « leur violence ordinaire ». Ces jugements, le plus souvent expression de préjugés hostiles ou « dévalorisateurs », consistent, en effet, indépendamment des circonstances de leur formulation, dans une généralisation que, selon la distance qu'on voudra prendre par rapport à son apparente évidence, on saura ou non reconnaître pour abusive. « Ils font, ajoute l'auteur, d'un attribut qui qualifie habituellement, de façon subjective, un ou plusieurs individus (la fierté, la frivolité, le sérieux ou la légèreté, la ruse ou le mensonge), une caractéristique commune. Ils renvoient ainsi, de façon plus ou moins implicite, à l'existence de caractères visibles dans les mœurs des peuples en question, leurs religions, leurs institutions, et parfois même leurs langues, et réduisent l'ensemble des manifestations de cette existence commune à un ou plusieurs qualificatifs censés en résumer tout l'esprit[2] ».

Trois grands genres littéraires dans la culture européenne moderne ont contribué à forger la perception du Proche-Orient par l'Europe et ont marqué considérablement, jusqu'à nos jours, les écrits occidentaux sur l'Orient : le voyage en Orient, genre dans lequel se sont illustrés tous les grands écrivains romantiques, français ou d'autres nationalités européennes ; les grandes synthèses et réflexions sur l'histoire universelle et la place de l'Orient dans cette histoire par rapport à l'Occident ; enfin, les nombreux manuels diplomatiques sur la « Question

1. Marc Crepon, *Les géographies de l'Esprit, Enquête sur la caractérisation des peuples de Leibniz à Hegel*, Bibliothèque philosophique Payot, Paris, 1996.
2. *Idem*, p. 10 et 11.

d'Orient». Ces trois genres littéraires se sont renforcés et complétés mutuellement pour forger une vision figée et pessimiste du Proche-Orient. Cette vision comprend de façon simultanée deux types d'approches.

L'une opère un blocage total et absolu de l'identité complexe de la région sur une identité monolithique, religieuse ou raciale ; le texte de Renan, analysé un peu plus loin, est, de ce point de vue, un texte majeur qui continue d'être prégnant jusqu'aujourd'hui dans la culture européenne. L'autre approche est bâtie sur la vision d'une fragmentation kaléidoscopique des identités contradictoires et irréconciliables entremêlées sur ces territoires dénués d'unité historique. Ainsi, le Proche-Orient est à la fois la terre d'élection de « l'esprit sémite » incarné par l'islam « fanatique » et imperméable à la civilisation, et celle de nombreuses « nations » ou « quasi-nations » minorisées par l'islam. Le « Turc », le « musulman », l'« Arabe », le « Bédouin » ou le « nomade » sont d'ailleurs dans toute cette littérature des termes synonymes et interchangeables. Ils symbolisent une « majorité » oppressive opposée à des « minorités » souffrantes empêchées d'avoir accès à l'existence nationale pleine et entière, sur le modèle de la civilisation européenne.

Au XIXe siècle, si certains auteurs ont abordé le Proche-Orient sous l'angle d'une anthropologie de l'islam, incarnation de l'Orient, ou de « l'esprit sémite » suivant la terminologie de Renan, d'autres seront plus sensibles à l'existence de « minorités » chrétiennes ou même musulmanes et mêlent les deux genres, soit la perception négative de l'islam d'un côté, la valorisation des minorités, de l'autre. Il s'agit en général de diplomates ou voyageurs qui se voient investis de la mission de participer à la régénération de l'Orient par l'influence civilisatrice de leur pays. Les « minorités » leur paraissent être le meilleur canal d'influence de leur pays et leur tendance naturelle dans l'observation du Proche-Orient sera d'éprouver une sympathie exclusive pour ces communautés qu'ils estiment écrasées par la main lourde de la « majorité » musulmane.

En fait, face à des sociétés complexes et plurielles, l'observateur européen verra une majorité et une ou plusieurs minorités appelées à être libérées ou protégées du joug majoritaire ; il observera assez rarement les règles détaillées et séculaires qui régissent les relations entre musulmans et non-musulmans ou entre Arabes, Kurdes et Berbères ou entre Turcs, Arméniens et Grecs. Le clivage absolu qu'établit la distinction entre majorité et minorité est couplé immédiatement à des qualificatifs opposés, élogieux ou dépréciatifs, le plus souvent préjugés faciles et banals. Au Proche-Orient, où les sociétés sont plurielles et complexes, cette dichotomie majorité-minorité sur le mode de l'existence nationale est inconnue dans la conscience identitaire locale avant l'ouverture sur la culture européenne moderne. Nous verrons au chapitre suivant les problèmes posés par la permanence de cette approche dans l'étude du Proche-Orient.

En fait, la dichotomie majorité-minorité dans la littérature du siècle passé, que nous retrouverons sous d'autres formes au XXe siècle, est d'autant plus omniprésente que l'Europe elle-même est en pleine ébullition nationale et qu'elle perçoit tous les événements à partir des troubles révolutionnaires de 1848 et à travers l'idée du principe des nationalités. La mixité ethnique, linguistique ou religieuse apparaît comme désordre et promiscuité malsaine, infraction au principe de la nation moderne. De plus, le siècle du romantisme a tendance à rechercher l'âme nationale et ses racines dans de grandes origines mythiques, raciales ou tribales, avec des constantes supposées que l'accumulation des siècles ne saurait entamer. Peuple, ethnie, nation, religion ou race sont des termes interchangeables employés sans beaucoup de discernement, comme s'il s'agissait de sujets d'observation anthropologique et historique directe clairement délimités. Ainsi, les différentes Églises d'Orient, si longtemps oubliées, sont redécouvertes en Europe par les « voyages en Orient » comme autant de « nations » opprimées par le Turc fanatique. Pourtant, l'appartenance à une communauté religieuse est très loin, dans les canons de la modernité européenne, de constituer un critère de nationalité.

Comme une réplique en creux de la littérature sur l'Orient du XIXe siècle, la littérature actuelle est centrée sur les mouvements d'islam radical érigés en authentiques expressions de la culture musulmane exposée au choc de la modernité et défendant ses valeurs. Cette littérature, comme celle du siècle passé, fait trop souvent oublier la domination européenne subie par le Proche-Orient, écarte tout contexte régional et international, pour se focaliser sur le fonctionnement interne de la mentalité « islamique » ou celle des groupes dits minoritaires. Toute la complexité des événements du Proche-Orient est expliquée par l'essentialisme de l'islam que la modernité occidentale aurait violé en contribuant à la mise en place des dictatures du monde arabe, tel le régime nassérien mais aussi les différents régimes baathistes de Syrie et d'Irak. « Le voyage au bout de l'islam » auquel appelle Gilles Kepel, auteur de la première enquête exhaustive sur les groupes radicaux égyptiens se réclamant de l'islam, devient une nécessité fondamentale. Non seulement, selon les termes de l'auteur, elle est « un dépaysement intellectuel véritable », mais, pour lui, « il serait illusoire de croire pouvoir en faire l'économie : nul raisonnement n'est plus spécieux que celui qui, d'avance, réduit les manifestations de l'islam contemporain à on ne sait quelle forme abâtardie de phénomène analysé par les sciences de la société mais dissimulé par le manque de l'idéologie religieuse». Évoquant les «stéréotypes anti-juifs» que la culture arabe importe d'Occident, et ne considérant pas que le formidable tremblement de terre constitué au Proche-Orient par la création de l'État d'Israël en 1948 en soit une explication suffisante, Gilles Kepel affirme que «ce qui nous importe, c'est de comprendre comment et pourquoi ces stéréotypes sont réutilisés dans le Moyen-Orient contemporain, de quelle manière ils "font sens" dans la conscience islamiste, dans le système sémantique des militants aux longues barbes et aux gallabiehs blanches. Le découvrir, c'est restituer la grammaire et le lexique de ce système, c'est-à-dire la tradition culturelle musulmane d'où il est issu et le tiers monde contemporain où il fonctionne. La démarche de l'orientaliste — de l'arabisant — et celle du politiste sont ici nécessairement croisées[1] ».

Au XIXe siècle, les récits de voyageurs, parfois chefs-d'œuvre littéraires, comme sous la plume de Chateaubriand, Lamartine ou Gérard de Nerval, ne démentaient pas le contenu des essais politiques et diplomatiques sur la Question d'Orient. Au contraire, ils ont illustré de façon vivante et imagée ce que disaient les diplomates et hommes politiques sur le Proche-Orient. Au XXe siècle, où le tourisme de masse et les facilités de communication ont fait disparaître «l'exotisme» du Proche-Orient, l'enquête de terrain sur les mouvements islamistes radicaux constitue le «dépaysement» intellectuel qu'était le genre «voyage en Orient» du XIXe siècle. Elle devient la lecture obligée des diplomates et hommes politiques[2].

1. Gilles Kepel, *Le prophète et pharaon, op. cit.*, p. 20.

2. Le regretté Michel Seurat, chercheur au Centre d'études et de recherches sur le Moyen-Orient contemporain (C.E.R.M.O.C.), périt à Beyrouth en 1985, victime de ces mouvements qu'il considérait comme une expression authentique d'un salut possible du Proche-Orient face à la perte de légitimité des dictatures dites laïques de la région. Son article «Le quartier de Bab Tebbâné à Tripoli (Liban). Étude d'une 'assabiyya urbaine», publié en 1985, devint à son tour,

« Si le voyage en Orient, écrit Jean-Claude Berchet, a pris au XIXe siècle ce caractère rituel de célébration collective, c'est qu'il a une valeur initiatique, sociale : affirmer un ordre culturel occidental... Pour parvenir à la synthèse universelle qu'il juge avoir pour mission de réaliser, le XIXe siècle européen éprouve le besoin de revenir à la source... Une des images de prédilection du romantisme a été celle du palimpseste : le signe est enfoui, le sens est obscurci, mais il est accessible ; en réalité, il est *là*, derrière ou dessous. Il suffit de faire disparaître les écritures de surface, de ne plus les *voir*, pour exhumer notre passé, notre bien. Imaginer de la sorte un Orient palimpseste, cela signifie plus ou moins disqualifier un islam usurpateur, le considérer comme une simple parenthèse historique, afin de recouvrer notre *héritage*[1]. » À quelques exceptions près pour Berchet, la vision des voyageurs reste extérieure. « À se vouloir un pur regard, dit-il, on risque néanmoins de se complaire à une théâtralisation du réel qui le transforme en une "véritable statue de sel". Si le *Voyage en Orient* incorpore à plaisir le tableau des mœurs, des institutions, des races qui font du vénérable Empire ottoman une mosaïque chatoyante, il

---

après le travail de Gilles Kepel sur les mouvements islamistes égyptiens, un modèle d'enquête dépaysante en terrain « islamiste » où l'Occident retrouve l'image qui lui est familière de l'Orient à la fois exotique et inquiétant. La majorité de la population de Tripoli, quant à elle, chrétiens et musulmans confondus, ne semble pas avoir apprécié « l'exotisme » du nouveau chef de guerre « islamiste » qui prend le contrôle de la ville. Elle a massivement fui, votant ainsi, suivant l'expression familière, avec ses pieds. Voir le texte de cet article et les autres travaux de Michel Seurat dans *L'État de barbarie*, Esprit/Le Seuil, Paris, 1989.

1. Jean-Claude Berchet, *Le voyage en Orient. Anthologie des voyageurs français dans le Levant au XIXe siècle*, Robert Laffont, Paris, 1985, p. 12. Sur la fonction du voyage en Orient, on verra aussi Denise Brahimi, *Arabes des Lumières et bédouins romantiques — Un siècle de voyage en Orient 1725-1825*, Le Sycomore, Paris, 1982, et Claudine Grossir, *L'islam des romantiques 1811-1840*, Maisonneuve et Larose, Paris, 1984.

fragmente en une série de gros plans fixes, cadrés selon un code de peintre : cafés, bains maures, marchés, rencontres à la fontaine...[1] »

Concluant son analyse des textes qu'il présente, Berchet écrit : « Le rapport de forces en Orient a changé. Après des siècles de péril islamique, voici enfin venu celui de notre propre impérialisme, provoqué par la révolution industrielle, rendu par elle beaucoup plus efficace[2]. » L'auteur fait, à juste titre, remonter l'idéologie « orientale » de la culture européenne à la philosophie des Lumières et au texte célèbre de l'*Esprit des lois* de Montesquieu.

De nombreux travaux ont été consacrés, il y a quelques années, à saisir la fonction de la littérature européenne sur l'Orient. C'est ainsi que Maxime Rodinson, décrivant les étapes du « regard occidental sur le monde musulman », notait déjà en 1980 qu'il était frappant de constater « combien l'attitude du monde chrétien à l'égard du monde musulman en tant que structure politico-idéologique ressemble à celle du monde capitaliste occidental aujourd'hui vis-à-vis du monde communiste. Structurellement les analogies sont évidentes[3] ». La fin du bloc soviétique et la disparition de l'ennemi traditionnel de la Guerre froide a accru cette tendance, comme nous le décrirons dans la quatrième partie de l'ouvrage.

D'autres auteurs ont bien mis en valeur la fonction repoussoir du « despotisme oriental » pour mieux faire avancer en Europe même le régime constitutionnel et démocratique. Enfin, le désir de dominer, de coloniser, de réduire la spécificité orientale a lui aussi été analysé, aussi bien par le biais d'une approche par l'anthropologie religieuse proprement

1. *Ibidem*, p. 17.
2. *Idem*.
3. Maxime Rodinson, *La fascination de l'islam*, Maspéro, Paris, 1980, p. 24.

dite, que dans une optique profane et laïque. Dans le premier cas, il s'est agi, suivant une tradition remontant au Moyen Âge, de montrer la supériorité de la religion chrétienne sur « l'hérésie » islamiste ; dans le second, de prouver la nécessité, pour le bonheur de l'humanité, de « civiliser » l'Orient et de l'ouvrir aux progrès de la raison et des sciences [1]. Le texte de Renan que nous analyserons ci-dessous résume l'ensemble de ces approches.

La culture européenne n'est certes pas la seule à avoir développé ses préjugés sur les « autres », sur la diversité du monde, ses causes et ses raisons, la façon de les réduire ou de les apprivoiser. La dichotomie entre le « barbare » et le « civilisé », entre le peuple qui a trouvé ou inventé la « raison » religieuse ou laïque qui ordonne le monde et les autres sociétés qui demeurent dans les « ténèbres », l'« idolâtrie » ou l'« irrationalité », sont des caractéristiques de toutes les grandes civilisations de tous les temps. La civilisation musulmane, du temps de sa splendeur, tout en ayant une culture capable d'absorber de nombreux emprunts aux civilisations antérieures ou voisines, divisait ainsi le monde en deux : la partie noble qu'elle recouvrait, les autres peuples étant dans l'idolâtrie et l'ignorance.

Dans l'Europe romantique, les théories de Darwin, jointes au sentiment de supériorité et de puissance que la révolution industrielle apporte à la culture européenne, se conjuguent pour former les théories sur l'inégalité des races. Ainsi, certains peuples sont perçus comme ayant des caractères nationaux et

1. On verra Thierry Hentsch, *L'Orient imaginaire, La vision politique occidentale de l'Est méditerranéen*, Minuit, Paris, 1988, ainsi que Claude Liauzu, *L'islam de l'Occident — La question de l'islam dans la conscience occidentale*, Arcantère, Paris, 1989, et Youakim Moubarak, *Recherches sur la pensée chrétienne et l'islam dans les temps modernes et à l'époque contemporaine*, Publications de l'Université libanaise, Beyrouth, 1997, et l'on pourra se reporter à l'annexe bibliographique consultable sur mon site.

raciaux favorables au progrès et à l'établissement d'un ordre supérieur, mené par la raison et assurant la paix universelle et perpétuelle ; d'autres, au contraire, comme imperméables à l'idée de progrès et de développement et donc comme un obstacle à un avenir meilleur pour l'humanité. La culture européenne développe des idées complexes et des philosophies de l'histoire sur les lois de l'évolution de l'humanité. Dans ces lois, l'évolution est organisée autour du génie européen qui s'abreuve aux sources grecques et progresse grâce au génie aryen mythologisé et dont il se dit l'héritier. Au génie aryen s'oppose la lourdeur de l'esprit sémite dont Ernest Renan fait, en 1862, une description apocalyptique, dans un discours d'ouverture du cours de langue hébraïque, chaldaïque et syriaque au Collège de France.

Le texte du discours de Renan est charpenté comme une œuvre de combat, un jugement définitif, sans nuances ni recours, sur l'incapacité de l'esprit sémite à s'élever et à faire œuvre de progrès et de civilisation, monopole de la culture européenne, héritière du génie aryen[1]. Ce texte mérite que l'on s'y arrête quelque peu aux fins de l'analyse, car il a vraisemblablement forgé les bases des cadres de la perception européenne sur l'islam et l'Orient arabe, fondus tous les deux en un même sujet historique[2].

1. Le texte de Renan est repris dans Ernest Renan, *Qu'est-ce qu'une nation ?*, Agora, Les classiques, Press Pocket, Paris, 1992.

2. Il est d'ailleurs curieux que dans la culture européenne, la responsabilité d'une vision raciste du monde soit surtout attribuée à Arthur de Gobineau pour son *Essai sur l'inégalité des races*, alors que le texte de Renan sur l'esprit sémite est relativement peu connu ou cité. Gobineau, en effet, n'a pas eu la même vision apocalyptique de l'islam et a montré envers les Perses de la tendresse et de la sympathie (voir le récit de son séjour en Perse, *Trois ans en Asie [de 1855 à 1858]*, La Pléiade, Tome II, Paris, 1983) ; il est vrai que dans son système d'analyse, ce qui prime comme élément identifiant ce n'est point la religion, mais la race, aryenne dans le cas des Perses. Bien plus, Gobineau dénonce avec une certaine férocité le nombrilisme intellectuel européen et le comportement brutal de l'Europe dans

C'est aussi un texte qui fonde « l'effet de miroir[1] » suivant l'expression de Claude Liauzu, dans lequel perception européenne et perception arabe du monde vont se figer en une vision de l'Orient musulman théocratique et fanatique, ennemi du progrès, d'un côté, et celle de l'Occident athée, matérialiste, cynique et désenchanté, de l'autre côté[2].

Pour Renan, grâce au progrès de la philologie et de la mythologie comparées, on peut désormais infailliblement tracer la ligne de démarcation entre civilisations issues du rameau indo-germanique ou indo-européen et celles issues du rameau sémitique. Il y a là, pour lui, « deux individualités parfaitement reconnaissables qui remplissent en quelque sorte à elles deux presque tout le champ de l'histoire, et qui sont comme les deux pôles du mouvement de l'humanité ». Certes, Renan reconnaît qu'il y a eu mélange des deux « races », terme qu'il emploie volontiers, mais uniquement au point de vue des idées, des emprunts que la culture indo-germanique a pu faire à celles des peuples sémites, ainsi le monothéisme et l'alphabet. Mais, se hâte-t-il d'ajouter : « Les peuples indo-européens et les peuples sémitiques sont encore de nos jours parfaitement distincts. » Si pour lui, « les Juifs presque partout forment une société à part », il considère qu'ils ont

---

ses rapports avec les peuples asiatiques : « Les uns considérant les peuples de l'aurore comme des singularités rares oubliées dans quelques recoins perdus du monde, ne voient en eux que des sauvages avilis s'ils se soumettent à la rapine européenne, sanguinaires s'ils y résistent. Pour ce genre d'esprits, qui forme la majorité des juges, l'Europe représente l'ombilic de l'univers, et ce qui n'en est pas existe sans droits et vole sa part d'air et de soleil ; dans leur ignorance superbe, ce sont ces gens-là qui applaudissent à tous les abus de la force sans en comprendre l'odieux, et qui couronnent des victoires dont ils n'aperçoivent pas l'inanité » (dans *Trois ans en Asie, op. cit.*, p. 225).

1. Claude Liauzu, *L'islam et l'Occident, op. cit.*, p. 13.

2. Voir Noureddine Afaya, *L'Occident dans l'imaginaire arabo-musulman*, Toukbal, Casablanca, 1995.

une « place exceptionnelle dans l'humanité » du fait de leur « singularité et leur admirable destinée historique ». En revanche, « l'Arabe, du moins et dans un sens plus général, le musulman, sont aujourd'hui plus éloignés de nous qu'ils ne l'ont jamais été. Le musulman (l'esprit sémitique est surtout représenté aujourd'hui par l'islam), ajoute-t-il aussitôt, et l'Européen sont en présence l'un de l'autre comme deux êtres d'une espèce différente, n'ayant rien de commun dans la manière de penser et de sentir [1] ».

Dans le déroulement de sa démonstration, Renan procède à une série d'affirmations au vitriol, destinées à dissuader son auditoire qu'il peut exister un quelconque mérite dans l'esprit sémitique qu'il a exclusivement identifié au « musulman », après en avoir exclu le judaïsme au destin exceptionnel et les Phéniciens pour avoir inventé l'alphabet. Seuls les peuples indo-européens connaissent la liberté, comprennent l'État et l'indépendance de l'individu ; l'Orient sémitique, en revanche, « n'a jamais connu de milieu entre la complète anarchie des Arabes nomades et le despotisme sanguinaire et sans compensation... Théocratie, anarchie, despotisme, tel est, Messieurs, le résumé de la politique sémitique. Les peuples européens ne doivent donc rien à la culture sémite sur le plan de la politique », estime Renan [2].

Pour ce qui est de la religion, Renan affirme que

1. *Qu'est-ce qu'une nation ?*, *op. cit.*, p. 187.

2. Abordant ensuite l'industrie, les inventions et la civilisation matérielle, Renan oppose immédiatement les deux races, sémitique et indo-européenne : « Notre race, Messieurs, ne débuta point par le goût du confortable et des affaires. Ce fut une race morale, brave, guerrière, jalouse de liberté et d'honneur, aimant la nature, capable de dévouement, préférant beaucoup de choses à la vie. Le négoce, l'industrie ont été exercés pour la première fois sur une grande échelle par des peuples sémitiques, ou du moins parlant une langue sémitique, les Phéniciens. Au Moyen Âge, les Arabes et les Juifs furent aussi nos maîtres en fait de commerce. Tout le luxe européen, depuis l'Antiquité jusqu'au XVIIe siècle, est venu de l'Orient. Je dis le luxe et non point l'art ; il y a l'infini de l'un à l'autre... » (p. 192).

si le christianisme est bien issu de l'Orient sémitique, en réalité, il a été « absorbé par la civilisation grecque et latine » et il est devenu une « chose occidentale ». « En adoptant la religion sémitique, ajoute-t-il, nous l'avons profondément modifiée. Le christianisme, tel que la plupart l'entendent, est en réalité notre œuvre[1]. »

La conclusion de la conférence de Renan est un appel à la disparition de l'islam pour que l'Europe et la civilisation triomphent[2].

Ainsi, Renan a mis en place une vision fondatrice d'un ordre binaire du monde. L'Europe indo-européenne est la source du bien, du progrès, du raffinement et de la civilisation. L'esprit sémite, dont le modèle se trouve chez les Arabes, identifiés à l'islam, est l'incarnation de la brutalité, de la barbarie, de l'anarchie, de la lourdeur, bref de l'obstacle du mal face au triomphe du bien. Manifeste anti-arabe,

1. *Idem*, p. 196.

2. « À l'heure qu'il est, la condition essentielle pour que la civilisation européenne se répande, c'est la destruction de la chose sémitique par excellence, la destruction du pouvoir théocratique de l'islamisme ; car l'islamisme ne peut exister que comme religion officielle ; quand on le réduira à l'état de religion libre et individuelle, il périra. L'islamisme n'est pas seulement une religion d'État, comme l'a été le catholicisme en France, sous Louis XIV, comme il l'est encore en Espagne ; c'est la religion excluant l'État, c'est une organisation dont les États pontificaux seuls en Europe offraient le type. Là est la guerre éternelle, la guerre qui ne cessera que quand le dernier fils d'Ismaël sera mort de misère ou aura été relégué par la terreur au fond du désert. L'islam est la plus complète négation de l'Europe ; l'islam est le fanatisme, comme l'Espagne du temps de Philippe II et l'Italie du temps de Pie V l'ont à peine connu ; l'islam est le dédain de la science, la suppression de la société civile ; c'est l'épouvantable simplicité de l'esprit sémitique, rétrécissant le cerveau humain, le fermant à toute idée délicate, à tout sentiment fin, à toute recherche rationnelle, pour le mettre en face d'une éternelle tautologie : Dieu est Dieu… Dans tous les ordres, le progrès pour les peuples indo-européens consistera à s'éloigner de plus en plus de l'esprit sémitique. Notre religion deviendra de moins en moins juive… » (p. 198). On notera que Renan se trompe dans la formulation de la profession de foi musulmane qui ne dit pas « Dieu est Dieu », mais « il n'y a de Dieu que Dieu et Mohammed est son prophète », formule de lutte théologique contre le paganisme ambiant à La Mecque, à l'époque du Prophète.

plus qu'antisémite, ces paroles prononcées il y a un siècle et demi, à partir d'une chaire au Collège de France, n'ont pas pris une ride. Leur actualité reste entière, tant la culture européenne, en dépit de tous les progrès accomplis dans les sciences humaines, conserve une vision pessimiste ou négative de l'Orient proche. C'est qu'en réalité, comme nous l'avons déjà analysé au chapitre précédent, les événements dramatiques et violents des cinquante dernières années au Proche-Orient continuent de projeter l'image d'une région dangereuse, hostile au progrès, à la démocratie et à la solidarité humaine que nécessitent la perpétuation du progrès et sa généralisation. C'est dans cette optique que doit s'interpréter la véhémence du texte de Renan ou les autres images négatives que véhicule la culture européenne sur l'Orient arabe.

Les pages nuancées qu'écrit Fernand Braudel en 1987 sur l'islam, dans sa *Grammaire des civilisations*, ne sont pas susceptibles d'effacer la « violence » de la majorité des jugements portés jusqu'aujourd'hui sur le Proche-Orient et tels que modelés par le texte de Renan. En effet, Braudel parle lui aussi de l'islam comme d'un être collectif et totalisant ; simplement, beaucoup plus nuancé et moins passionné que Renan parlant des Sémites, il croit en une possibilité de réforme, totalement exclue par son illustre prédécesseur. Traitant de l'œuvre des grands réformateurs politiques qu'ont été Mustapha Kemal en Turquie, Kassem en Irak, Nasser en Égypte, Bourguiba en Tunisie, il estime qu'elle prouve « que le réformisme n'est pas une cause perdue d'avance, mais qu'il faut des avocats, des combattants décidés. La lutte qui s'engage sera multiple, ajoute-t-il. Le danger le plus grave serait de s'en laisser détourner par les attraits, les facilités ou les nécessités d'une actualité politique dramatisée à tout propos, et hors de propos[1] ». C'est

1. Fernand Braudel, *Grammaire des civilisations*, *op. cit.*, p. 133.

malheureusement ce que l'actualité politique du Proche-Orient, au cours des dernières années, a démontré et qui permet aux idées simples et directes de continuer à paraître plus proches du réel. Au demeurant, le véritable problème n'est pas l'image négative ou positive de l'islam ou des Arabes dans les médias occidentaux, mais la cohérence des systèmes de saisie des réalités et la pertinence des identifiants choisis pour décrire ces réalités. La dénonciation des images négatives ne changera rien à l'état de choses existant, d'autant que la culture arabe d'aujourd'hui évolue de plus en plus dans le même univers de concepts et d'identifiants que celui tant décrié de l'orientalisme accusé de noircir l'image de l'islam ou des Arabes.

LA PERCEPTION PAR LES SOCIÉTÉS DU PROCHE-ORIENT DE LEUR HISTOIRE

La perception par les sociétés du Proche-Orient égyptien et mésopotamien de leur propre histoire n'est, en effet, pas plus cohérente que celle de la culture européenne, à qui, comme on le verra au prochain chapitre, elle emprunte beaucoup de ses catégories, sans examen critique de leur pertinence par rapport aux réalités historiques. La culture arabe, dans la période de classicisme de la civilisation islamique, a certes produit de grandes œuvres historiques ainsi que des récits remarquables de voyageurs curieux. Au cours des derniers siècles, cependant, cette culture, figée depuis la domination turque du Proche-Orient, ne s'est plus préoccupée de son passé et de son devenir historique qu'en fonction des conjonctures politiques agitées organisées par les contextes successifs de la colonisation, de la création d'Israël et de la Guerre froide qui sont l'objet de notre récit. La renaissance des lettres et de la pensée arabes que nous évoquerons ci-dessous (chapitre 4) n'a pas donné lieu à un regain de recherches historiques, en dépit de l'émergence de sentiments et d'idées nationales que suscite le contact direct avec la culture européenne. Le souci des penseurs de la Nahda a été centré sur la nécessaire réforme religieuse et sociale, destinée à secouer des mœurs figées depuis la conquête ottomane, et sur la défense de l'islam face aux attaques ou aux jugements dépréciatifs portés sur cette religion par la culture européenne.

Dans ce cadre, des œuvres nombreuses, d'inspirations différentes, ont été écrites pour éveiller la conscience historique arabe, témoigner d'un patrimoine commun et spécifique aux Arabes. Cet éveil a été stimulé dans les sociétés du Proche-Orient, comme dans toutes les sociétés exposées au contact de l'hégémonie européenne, par l'impact des idées nationales véhiculées par la culture européenne, mais aussi de ses idéaux démocratiques. Toutefois, ce travail a été inscrit dans la pensée politique conjoncturelle, plus que dans une réflexion historique et philosophique. Il servira d'inspiration aux grands courants politiques qui, à partir des années cinquante, prêcheront le nationalisme et l'unité arabes. Nous les verrons à l'œuvre tout au long de notre récit. Ils ne parviendront pas cependant à surmonter la paralysie de la conscience historique et le dilemme qu'elle ne peut affronter face à la réalité des nouvelles frontières étatiques mises en place par les colonialismes français et anglais, successeurs de l'Empire ottoman.

Cette paralysie favorise à la fois une fossilisation de la mémoire accompagnée paradoxalement d'une fragmentation de cette mémoire en déchirements de natures diverses. La fossilisation peut être attribuée à l'hégémonie d'une forte tradition historiographique arabe basée sur l'histoire des grands empires ou des sultanats islamiques. Le récit de la prophétie musulmane, enracinée dans la Péninsule arabique, puis celui de la geste des grands califes, dits successeurs du Prophète, restent un épicentre de la mémoire collective[1]. L'appartenance arabe du Prophète, le choix divin de la langue arabe comme support de la prophétie nouvelle, continuatrice et sceau des prophéties monothéistes précédentes, sont au centre de la mémoire collective des sociétés du Proche-Orient vivant depuis de longs siècles à l'abri d'empires non arabes qui ont bâti leur légitimité sur la défense de l'intégrité de l'islam. Le nationalisme arabe, même lorsqu'il sera d'inspiration laïque, ne pourra pas ignorer cet aspect identitaire, dans sa mobilisation pour faire face à l'effondrement de l'Empire ottoman et au colonialisme européen ; ce faisant, il stimule le fonctionnement d'une mémoire collective qui reste repliée sur l'identifiant religieux, exploité par des courants politiques panislamistes qui sont très actifs depuis le développement des deux colonialismes français et anglais en Méditerranée et

1. Voir l'ouvrage de Tarif El Khalidi, *Arab Historical Thought in the Classical Period,* Cambridge University Press, Cambridge, 1994 ; ainsi que Abdel Aziz Al Douri, *'Ilm al tarikh 'inda'l 'arab* (La science de l'histoire chez les Arabes), Dar Al Machrek, Beyrouth, 1983. On pourra aussi se reporter à *Historians of the Middle East,* ouvrage collectif sous la direction de B. Lewis et P.M. Holt, Oxford University Press, Londres, 1962, ainsi qu'à J. Sauvaget, *Historiens arabes* (Pages choisies, traduites et présentées), Librairie d'Amérique et d'Orient, Paris, 1988 (édition originale, 1943). Toutefois, on ne manquera pas de signaler l'impact profond de la pensée d'Ibn Khaldoun (1332-1406) sur la culture arabe ; ce dernier, en effet, introduisant la notion d'histoire cyclique fondée sur des facteurs profanes relatifs à l'affaiblissement naturel des dynasties conquérantes que la richesse et le mode de vie urbain entraînent dans un cycle de décadence, quitte le domaine de l'histoire sainte caractérisée par les cycles des prophéties religieuses telles que racontées par la Bible et reprises par le Coran. Sa pensée aura un impact important sur la culture européenne. Voir aussi Nassif Nassar, *La pensée réaliste d'Ibn Khaldoun,* PUF, Paris, 1967.

dans la Péninsule indienne. De plus, l'expansion coloniale européenne est perçue par de larges secteurs de l'opinion arabe comme une nouvelle « croisade » chrétienne de l'Europe contre la « nation » musulmane.

Ainsi le nouveau fonctionnement de la mémoire historique au Proche-Orient, réveillée par l'affirmation de la suprématie européenne, est-il ambigu et contradictoire. Sous l'influence des idées européennes, la conscience collective tente de se réorganiser sur des fondations nationales modernes, et donc laïques. Toutefois, l'épicentre de la mémoire collective restant, de façon dominante, le récit du religieux de la prophétie coranique, c'est la mémoire religieuse qui est à son tour stimulée, alimentant aussi les courants panislamistes hostiles au nationalisme arabe moderniste et laïc. L'image des croisades que l'Europe chrétienne a organisées pour s'emparer du Proche-Orient, source originelle de la mémoire sacrée des sociétés monothéistes, est, elle aussi, un moteur important de la mémoire religieuse. L'œuvre abondante du mouvement des Frères musulmans en Égypte depuis les années vingt de ce siècle est le produit de cette perception, celle d'une lutte sans merci contre les forces de désagrégation et de corruption de la cité musulmane idéale. Depuis les agressions subies par le colonialisme européen, les penseurs intégristes des mouvements politiques activistes se réclamant de l'islam voient dans la pénétration des idées nationales laïques de l'Europe et leur influence sur les dirigeants et l'intelligentsia arabes le danger majeur qu'il faut affronter[1].

Le penseur fondamentaliste musulman indien Al Mawdudi, qui a célébré la supériorité de la loi de

1. On verra à ce sujet la description de l'idéologie du fondateur du Mouvement que fait Noureddine Afaya, *L'Occident dans l'imaginaire arabo-musulman, op. cit.*, p. 13.

Dieu révélée par le Coran sur la loi des hommes, a été lui aussi une source d'inspiration essentielle pour le mouvement des Frères musulmans[1]. En réalité, Al Mawdudi lutte contre le nationalisme indien d'inspiration séculière pour justifier la sécession des musulmans hindous et la création d'un État spécifique basé sur la chari'a islamique. Le penseur égyptien Sayyed Qotb, qui popularisera dans son œuvre les thèmes de la pensée d'Al Mawdudi, cherche lui aussi à dénigrer l'État national moderne qui s'appuie sur des lois positives et les théories du droit naturel. C'est le royaume d'Arabie Saoudite, fondé en 1925 sur la légitimation religieuse, qui assurera le rayonnement de l'œuvre de Qotb et de ses disciples.

Nous verrons tout au long du récit combien les différents acteurs des événements au Proche-Orient vivent dans des temporalités différentes et portent des jugements exclusifs les uns des autres sur la nature des évolutions en cours. Le temps régressif, déjà évoqué en introduction, est au Proche-Orient une caractéristique majeure des consciences collectives. Dans le cas spécifique d'Israël, la conscience de la temporalité joue sur les deux registres du temps « régressif » et du temps « progressif », décrits par Krzysztof Pomian. Elle est progressive, puisque Israël a tous les aspects d'un État postindustriel tourné vers l'avenir ; toutefois, elle s'appuie aussi sur une conscience régressive, mais sur le mode triomphant et non point malheureux, celui de la reconsti-

1. L'influence d'Al Mawdudi sur la pensée fondamentaliste arabe, en particulier celle de Sayyed Qotb devenue si populaire au cours des vingt dernières années, est mise en évidence par Mustapha Hogga, *Pensée et devenir du monde arabo-islamique*, L'Harmattan, Paris, 1997. En arabe, on se reportera à la critique de l'œuvre d'Al Mawdudi et de son influence sur les mouvements islamistes arabes que fait Mohammed J. Al Ansari, *Al Taazoum al siyassi 'inda'l'arab wa mawkif al islam* (La crise politique arabe et ses rapports avec les conceptions islamiques), Al Mouassassa al 'arabia lill dirassat wal nachr, Beyrouth, 1995.

tution réussie des royaumes bibliques hébreux à consonance hautement mythologique dans toute la culture des sociétés monothéistes. L'instauration de cette double temporalité encourage et permet la continuation de la colonisation des territoires palestiniens occupés à l'encontre de tous les principes du droit international. Chez les Arabes, au fur et à mesure de l'accumulation des défaites du dernier demi-siècle, la temporalité s'enferme dans une régressivité malheureuse et souffrante qu'exploitent les mouvements islamistes.

Un autre facteur fondamental de la fragmentation de la mémoire des sociétés arabes est celui qui a trait au fonctionnement contradictoire de la mémoire religieuse elle-même. Dès la mort du Prophète, ses disciples et les membres du clan des Koreichites auxquels le fondateur de l'islam appartenait se sont opposés sur la question de la succession et des moyens d'assurer un chef à la nouvelle communauté des croyants. Les prémisses du schisme profond qui allait secouer l'islam étaient semées. À partir de l'assassinat de Ali, cousin et gendre du Prophète et quatrième calife, puis avec le martyr de son fils Hussein du fait de la victoire ommeyyade sur les partisans de Ali, deux mémoires collectives distinctes se mettent en place, organisant le récit de l'islam : l'une propre aux sunnites, reconnaissant la légitimité des successions califales dont les sultans ottomans sont les derniers descendants, l'autre spécifique aux chiites, partisans de Ali, qui conteste cette légitimité et instaure un imamat de type eschatologique, prévoyant l'avènement du règne de la justice avec le retour de l'imam caché. Étouffées durant la lutte anticoloniale puis durant la période de triomphe du nationalisme arabe modernisant, ces deux mémoires contradictoires seront ravivées avec le regain d'identité religieuse que nous aurons l'occasion de décrire au cours du récit et, en particulier, avec l'avènement de la révolution iranienne en 1979 se réclamant d'une doctrine chiite militante, en rupture avec le « quiébisme » chiite traditionnel.

La fragmentation est d'origine arabe, mais elle s'est aggravée par l'extension de l'islam à d'autres peuples, en particulier sur le continent asiatique. Le conflit qui a déchiré l'Afghanistan pendant dix ans après l'évacuation des troupes d'occupation soviétiques est exemplaire de l'imbrication des facteurs ethniques et tribaux avec des rameaux de l'islam opposés, ce qui avive le contentieux non seulement entre groupes afghans, mais entre leurs protecteurs extérieurs, puissances « sunnites » tels le Pakistan, l'Arabie Saoudite, ou puissances « chiites », tel l'Iran. Il n'est pas sûr que l'invasion américaine de l'Afghanistan, suite aux attentats du 11 septembre 2001, ait mis fin aux tendances centrifuges qui déchirent ce pays convoité des puissances régionales et internationales. En revanche, il est clair que l'invasion américaine de l'Irak en 2003 a provoqué, voire orchestré, des désordres et violences entre communautés irakiennes qui ont achevé de déstructurer ce malheureux pays.

Tout aussi ancienne est la fragmentation de la mémoire des communautés chrétiennes du Proche-Orient, à laquelle nous avons fait allusion en introduction de l'ouvrage. En dépit de l'arabisation le plus souvent totale de ces communautés, elles ont gardé vivant dans leur patrimoine historique le souvenir des racines antiques spirituelles ou géographiques : Égypte pharaonique pour les coptes d'Égypte, Babylonie et Assyrie pour les chaldéens d'Irak, Byzance pour les Grecs-orthodoxes du Liban, de Syrie et de Palestine, la riche culture syriaque pour les maronites du Liban ou les Églises jacobites de Syrie et de Mésopotamie. Pour beaucoup de ces Églises, Antioche, aujourd'hui située en Turquie, est un haut lieu de la mémoire puisque les patriarcats administrant les différentes communautés de fidèles se disent encore d'« Antioche et de tout l'Orient » et non point patriarches d'Églises confinées à des frontières étatiques modernes.

Mais d'autres fragmentations s'ajoutent à celles-ci : les mémoires collectives des communautés d'islam hétérodoxe (druzes du Liban, de Syrie et de Palestine, et alaouites en Syrie). Ces mémoires, comme celles des Églises chrétiennes, sont bâties sur des martyrologes faits d'exclusion, d'oubli, de marginalité, d'oppression aux mains de pouvoirs à couleurs religieuses différentes. Tantôt mythologisés à l'extrême, tantôt réels, ces martyrologes ont structuré des sous-identités dans le cadre du fonctionnement général de la mémoire collective arabe ou arabisée des sociétés du Proche-Orient. Les événements sanglants du Liban qui se sont traduits par des affrontements communautaires féroces ont stimulé ce type de mémoire, à travers la publication de nombreux pamphlets à caractère historique, ouvrages et travaux académiques[1].

Enfin, la mise en place de l'État moderne au Proche-Orient, successeur de l'Empire ottoman puis de l'État colonial, aux formes nationales importées de la construction juridique de l'État-nation européen, a eu pour résultat de structurer des mémoires collectives et des identités qui n'existaient qu'à l'état latent ou en tout cas non conflictuel, comme chez les Kurdes et les Turcomans de Mésopotamie (ainsi que de l'Iran et de la Turquie) et les Berbères d'Afrique du Nord. Partageant avec la « majorité » arabe du Proche-Orient l'identité islamique, mais, à la différence des communautés chrétiennes du

1. Voir le bel ouvrage d'Ahmed Beydoun, *Identité confessionnelle et temps social chez les historiens libanais contemporains*, Publications de l'Université libanaise, Beyrouth, 1984, et notre commentaire dans *Machrek-Maghreb*, janv.-fev.-mars 1985, p. 109-114, où nous nous interrogeons sur la validité d'une méthode qui trop souvent focalise sur les écrits de type pamphlétaire destinés à stimuler de façon militante la mémoire collective communautaire et marginalise ou parfois ignore les travaux d'historiens libanais qui ont tenté de s'élever au-dessus de ces mythologies communautaires.

monde arabe, s'étant dérobées à l'arabisation, ces deux populations emprisonnées dans un espace étatique étroit, à l'identité linguistique officielle arabe, ont développé de façon spontanée, au fur et à mesure de l'échec de l'État à intégrer et à homogénéiser sa population dans un ordre national, une mémoire collective distincte.

Les États, une fois l'indépendance acquise, n'ont pas développé des programmes de soutien à la recherche historique et ne se sont guère préoccupés des mutations indispensables de la mémoire collective des différentes composantes de leur population pour prendre acte des transformations majeures. Cette démission grave a vraisemblablement pour cause le fait qu'en dehors de l'Égypte, entité politique et géographique bien individualisée depuis la plus haute Antiquité, les États issus du démembrement colonial n'avaient guère de substance propre pour faire des « coups d'État » en histoire, bâtir un récit « national » des origines à l'émergence de l'État moderne sur le modèle du kémalisme turc, lui-même fortement inspiré du modèle français. La présence écrasante, cœur de la mémoire commune, de l'histoire des Arabes, en tant que conquérants et bâtisseurs de la civilisation islamique, ne permet guère de justifier des histoires spécifiquement « nationales », propres à chaque nouvel État. Bâtir des histoires séparées pour justifier ce que les idéologues du nationalisme arabe appellent l'État de type provincial (*al daoula el qutria*) par opposition à l'État national unifié (*al daoula al quawmia*) des Arabes qui rétablirait un continuum historique entre l'âge d'or et l'âge moderne, est une entreprise impossible, voire suicidaire.

Aucun État, en effet, ne peut se prétendre seul héritier de l'œuvre des conquérants arabes, Omeyyades, Abbassides, Fatimides, sans parler des dynasties proprement maghrébines. Chacun peut se prétendre, dans sa recherche de légitimité, plus capable de préserver un héritage ; aucun n'est l'héritier unique. Certains peuvent tenter de se donner une spécificité pré-islamique, phénicienne (Liban), babylonienne (Irak), voire pharaonique pour l'Égypte, rien n'y fait : le bloc central de la mémoire collective au Proche-Orient est la gloire des empires arabes avant que Perses et Turcs ne s'emparent du pouvoir, ravissant aux Arabes l'originalité de leur patrimoine religieux, l'islam[1]. Aucun État moderne ne peut demander le partage du patrimoine collectif qui permettrait l'émergence d'histoires « provinciales » transformées en histoires « nationales » différentes et acceptables dans les cadres actuels du fonctionnement de la mémoire collective au Proche-Orient. Il faut, pourtant, soit mettre les découpages des États en accord avec la mémoire collective et la perception, historique, soit opérer une transformation de cette mémoire en la tronçonnant pour qu'elle épouse les nouvelles frontières. Mais une telle opération pourrait contribuer à accentuer le manque de légitimité des dirigeants ; elle mettrait en lumière les marchandages coloniaux et les manipulations auxquels les dirigeants actuels de ces États ou leurs prédécesseurs directs se sont soumis. L'État de type « provincial » n'a pas à son actif une affirmation claire d'une personnalité historique distincte et ne peut donc que fuir l'histoire et tenter de rester « immobile », figé dans la mémoire collective « arabo-islamique » de l'âge d'or.

Ce dilemme explique l'inexistence d'efforts de recherche historique, soutenus par les États. Ces derniers encourageront plus volontiers la recherche de type traditionnel, tendant à reproduire la même connaissance de l'islam et de ses œuvres islamiques

1. Les éléments de spécificité pré-islamique ont eux-mêmes été communs aux espaces actuels de plus d'un État arabe contemporain, qu'il s'agisse des civilisations sumérienne et babylonienne, de la civilisation phénicienne, de la culture araméenne et syriaque qui en est issue, voire de l'hellénisme oriental.

reconnues et acceptées, que des recherches sur l'histoire arabe proprement dite. La paralysie de la conscience collective favorise à son tour l'exaspération des consciences fragmentées que nous avons évoquées. Les nombreuses thèses d'étudiants arabes dans les facultés européennes se sont inscrites dans les problématiques et les conceptualisations de la culture occidentale et de ses visions du monde « arabo-musulman » sans parvenir à sortir du cadre tracé par des traditions intellectuelles fortes et respectées [1]. Beaucoup d'entre elles ont été traduites en arabe, contribuant de la sorte à mieux implanter le système de référents et d'identification de la culture européenne sur l'Orient musulman.

Aussi, on ne s'étonnera pas que les efforts, lorsqu'ils ont existé, aient été des efforts individuels. La production a donc été faible et les ouvrages de qualité, rares [2] : quelques Mémoires d'hommes politiques qui ne font l'objet d'aucun travail subséquent par les rares historiens de métier; des œuvres relativement nombreuses, mais de valeur inégale, inspirées de l'approche marxiste et des ouvrages de l'orientalisme soviétique, ont tenté de décrire et d'approfon-

1. Étudiants et chercheurs dans les facultés européennes ou américaines ont été dépendants de l'accumulation exceptionnelle de connaissances sur l'Orient réalisée par l'orientalisme européen et américain ; ils n'ont donc pas manqué de reproduire implicitement ou explicitement les problématiques de base, les modes d'organisation du savoir, ou de travailler en adoptant les grilles de lecture, les notions conceptuelles majeures, les catégories et sous-catégories de la perception employées par l'érudition européenne. Les résultats ont donné lieu parfois à d'excellents travaux, mais souvent ils ont été négatifs, en particulier ces dernières années où les thèses des étudiants sur les différents conflits affectant le monde arabe ont eu tendance à épouser sans aucun recul les problématiques « islamistes » ou « minoritaires » contenues dans les pamphlets de propagande de telle ou telle faction locale. Cela a été le cas surtout pour le conflit libanais où la propagande des milices communautaires a trouvé un écho complaisant dans les thèses de certains étudiants.

2. Ainsi, on signalera le travail encyclopédique de Jawad Ali, *Al Moufassal fi tarikh al 'arab kabla al islam* (Encyclopédie de l'histoire des Arabes avant l'islam), 7 volumes, Dal al Hadassat, Beyrouth, 1983.

dir la connaissance des bouleversements sociaux entraînés par l'impérialisme européen dans les différentes provinces arabes de l'Empire ottoman. De même, l'approche marxiste a inspiré des relectures de l'histoire des premiers temps de l'islam, en particulier du schisme majeur entre sunnites et chiites, à la lumière des stratifications sociales décelables au temps du Prophète et des premiers califes[1].

Depuis le reflux du marxisme, les études classiques sur l'histoire religieuse proprement dite sont de nouveau à l'honneur. Certains auteurs, depuis quelques années, se révoltent contre la fermeture de la problématique historique religieuse, le refus de la remise en cause des certitudes métaphysiques, et tentent des lectures modernes et audacieuses du Coran et de l'organisation sociopolitique des débuts de l'islam. Leurs travaux suscitent parfois la colère des autorités religieuses et ils peuvent être l'objet d'attentats perpétrés par les groupes islamistes violents, tel celui dont fut victime l'écrivain égyptien Farag Foda en 1994. Ces efforts sont ignorés y compris en Occident, même lorsque les auteurs peuvent connaître des succès locaux importants (voir chapitre 21).

Ainsi, la rigidité et l'immobilisme des imaginaires et des représentations collectives, maintenus par la force des appareils académiques et médiatiques, font un barrage efficace à tout renouvellement de l'univers culturel dans lequel vit le Proche-Orient. Par « effet de miroir », les travaux des penseurs arabes qui restent enfermés dans la problématique majeure de l'identifiant religieux renvoient à la culture occidentale l'image du Proche-Orient que sa perception a forgée, confirmant de la sorte la légitimité et la solidité de sa grille de lecture.

Un facteur additionnel a contribué à paralyser, du côté arabe, cette mutation indispensable de la cons-

1. Voir la bibliographie consultable sur mon site.

cience historique : le retour à la temporalité biblique au Proche-Orient, que symbolise la création de l'État d'Israël. Enfin, non moins sous-estimée que le facteur israélien, la consolidation de l'économie de rente au Proche-Orient, au cours du dernier demi-siècle, a contribué de son côté à figer toutes les structures sociopolitiques de la région. Ce sont ces deux facteurs qu'il nous faut maintenant considérer pour achever cette réflexion sur les déterminants de la perception de l'histoire et de l'identité du Proche-Orient.

LA CRÉATION DE L'ÉTAT D'ISRAËL ET SON IMPACT SUR LES MODES DE PERCEPTION DU PROCHE-ORIENT

On n'expliquera jamais assez combien la création de l'État d'Israël a pu influencer les divers modes de perception de l'histoire du Proche-Orient, qu'il s'agisse des notions de la temporalité, de l'espace ou du sujet historique. La complexité du mouvement de revendication de la Palestine par certaines personnalités européennes de confession juive, à la fin du XIXe siècle, sous l'étiquette de Mouvement sioniste, puis la création de l'État d'Israël au milieu du XXe siècle, ont contribué à solidifier des langages historiques contradictoires et à jeter encore plus de confusion dans les vocabulaires et les concepts employés. C'est ainsi que la revendication, puis la mise en place sur le sol palestinien, d'un État se réclamant de la religion et de la mémoire collective juives sont perçues dans la conscience historique européenne et la culture politique qui en découle comme un phénomène quasinaturel et biologique. Les deux mille ans de rupture et de discontinuité, le peuplement du territoire palestinien, y compris dans les temps bibliques, par d'autres communautés ou tribus que celle des antiques Hébreux, la disparition de l'hébreu en tant que langue vivante : toutes ces données objectives n'ont pas constitué un obstacle à l'entreprise de restauration de l'État d'Israël. Certes, et le récit le montrera, l'entreprise ne fut pas aisée, y compris au sein des communautés juives restées attachées à l'orthodoxie religieuse pour qui le retour en Terre promise doit obligatoirement se faire par l'intervention divine et non par celle des hommes.

Mais au fur et à mesure que le projet de retour juif en Palestine prenait consistance, puis que l'État d'Israël naissant parvenait, non seulement à se défendre avec succès contre ses ennemis, mais à conquérir de nouveaux territoires, les schémas d'histoire sainte biblique refaisaient surface dans la mémoire collective de l'Europe laïque. Temporalité antique, de nature biblique, confinée jusque-là dans la dimension religieuse et mystique de la conscience européenne, et temporalité moderne du XXe siècle, vécue sur le mode séculier d'un monde « religieusement désenchanté », entraient en collision, provoquant un dérèglement des catégories conceptuelles de saisie de la réalité historique et de la nature des événements se déroulant au Proche-Orient.

« Israël fait colonial ? », comme devait oser l'écrire Maxime Rodinson en 1967[1], ou Israël « accomplissement de l'Histoire », perfection de la volonté divine, telle que manifestée depuis l'origine des temps et que l'orgueil humain s'efforce de nier : cette collision des temporalités n'a pas fini de brouiller la lecture

1. Dans le numéro spécial de la revue *Les temps modernes*, n° 235 bis, juin 1967 ; l'auteur met en garde cependant de ne voir dans la création d'Israël qu'un seul fait colonial. Voir aussi l'article de Nadine Picaudou, « Sionisme et impérialisme dans l'entre-deux-guerres », *Revue d'études palestiennes*, n° 17, automne 1998, qui montre que le sionisme a été très encouragé par les puissances européennes durant cette période pour empêcher les communautés juives d'Europe orientale et de l'Union soviétique de sombrer sous l'emprise de l'idéologie communiste.

des événements contemporains du Proche-Orient, leur mise en contexte.

À nouveau, cependant, il s'agit de savoir si la religion fonde la nationalité, si des communautés, enracinées depuis des siècles dans des terreaux culturels et géographiques divers, sont de par leur seule appartenance à une origine religieuse commune, une même « race », un même « peuple », une même « nation », telle que décrite dans les histoires anciennes, livres de la Bible ou autres témoignages. Les Polonais, les Russes, les Allemands, les Irakiens, les Égyptiens, les Marocains ou les Yéménites de confession juive forment-ils une seule et même communauté dont les racines plongent dans l'Antiquité biblique ? Ces communautés sont-elles vraiment une descendance directe des « tribus d'Israël » décrites dans la Bible sans que deux millénaires d'histoire n'aient fait leur œuvre ? Le judaïsme est-il une nationalité ou ce que l'on peut appeler une « religion nationale » dont les limites ne dépassent pas un groupe ethnique donné ? À l'origine des deux autres monothéismes, le christianisme et l'islam, à vocation universelle, le judaïsme serait-il seul resté fixé sur un même groupe ethnique immuable par ses caractéristiques majeures depuis l'Antiquité[1] ? Ou bien le judaïsme serait-il le modèle de type universel où religion et nationalité se confondent, quels que soient les efforts modernes des rationalistes et des laïcs à séparer l'identité religieuse de l'identité nationale, à construire l'État moderne sur l'utopie positive d'une citoyenneté ouverte à tous ?

Dans ce cas, l'approche de l'observation du Proche-Orient à travers le prisme de l'anthropologie religieuse, focalisée jusqu'ici sur l'islam et les « minorités », devient à nouveau pertinent. L'accueil

1. On remarquera qu'en ce qui concerne l'islam, la tendance des spécialistes et chercheurs est d'en faire une religion de type « national », contrairement à l'aspect universel de cette religion, aussi bien dans sa théologie que dans son expansion sur la moitié du globe.

du judaïsme, comme sujet actuel de l'histoire au Proche-Orient, supprime la discontinuité historique, puisque le « peuple d'Israël », notion biblique, aurait conservé le lien spirituel avec la terre de Canaan ; mais, dans ce cas, c'est alors la continuité historique de la Palestine « arabe » depuis le VIIe siècle qui est effacée de la mémoire collective européenne. Dans cette optique où le sens originel et primitif des mots reprend sa force, l'islam devient lui aussi « nationalité », les Arabes du XXe siècle sont pareils à ceux du VIIe siècle, des nomades du désert où est né l'islam et qui ont conquis et « islamisé » des territoires qui n'étaient pas les leurs. Juste retour de « l'histoire », la terre d'origine du premier monothéisme, le judaïsme, revient au « peuple d'Israël ».

Ainsi les temporalités sont-elles totalement télescopées, la reconstitution historique de l'événement, que l'on pouvait croire sortie de ses origines mythologiques religieuses depuis le siècle des Lumières, quitte l'approche profane pour regagner le berceau de l'histoire sainte. Dans la culture européenne, la revalorisation du judaïsme, après les siècles d'antisémitisme et les horreurs de l'Holocauste qui permettent ces basculements historiques, marque une renaissance assez remarquable de la mémoire religieuse, refoulée par les derniers siècles de rationalisme et de développement de l'esprit laïc. L'antisémitisme est combattu avec vigueur ; le judaïsme, humilié et abaissé durant des siècles en Europe, est remis à l'honneur comme source essentielle du christianisme. Dans ce grand mouvement qui modifie profondément le fonctionnement de la culture européenne, et donc les modes de structuration de la mémoire collective, s'efface la perception autrefois si prégnante des racines gréco-romaines comme fondatrices de la Renaissance et de la modernité de la culture européenne. Elle cède la place à la perception nouvelle de racines dites « judéo-chrétiennes », là où durant des siècles la mémoire collective chrétienne n'avait construit que des images de rupture radicale avec le judaïsme, excluant tout patrimoine commun.

Jusqu'ici, dans l'histoire de la religion chrétienne, le terme « judéo-christianisme » servait à désigner les sectes orientales qui, durant les deux premiers siècles du christianisme au Proche-Orient, ont tenté la synthèse entre l'enseignement du Christ et le judaïsme. L'existence et l'histoire de ces sectes n'étaient connues que par les historiens spécialistes de la période des origines du christianisme ou par les théologiens. En fait, la culture européenne, même dans sa composante religieuse, s'est largement construite en opposition à la lecture de la Bible et de la Torah par le judaïsme et en opposition aux différents christianismes orientaux, qu'il s'agisse des doctrines byzantine, monophysite ou nestorienne. L'invocation de racines judéo-chrétiennes est donc un mode de saisie tout à fait nouveau dans cette culture, correspondant à un changement majeur de sensibilité lié aux événements dramatiques de la Seconde Guerre mondiale. Ce changement réintroduit, de façon paradoxale, l'espace proche-oriental dans la mémoire collective européenne, non point à partir du socle du christianisme oriental qui a fondé les premières Églises, mais à partir du seul judaïsme. La rupture de mémoire que nous avons constatée vis-à-vis du christianisme oriental reste donc entière. Cet acteur majeur de l'histoire religieuse et politique du Proche-Orient continue d'être absent de la vision historique européenne.

Bien que la Palestine soit le berceau du christianisme, la réintégration de l'espace proche-oriental dans la culture occidentale ne se fonde pas sur ce fait historique, mais bien sur la mémoire du judaïsme[1]. Le paradoxe n'est qu'apparent car, comme nous le

1. C'est bien ce que montre la conclusion d'une série d'articles de J.-C. Guillebaud dans *Le Monde* en 1993 qui a refait l'itinéraire des croisés de Clermont-Ferrand à Jérusalem, que nous avons cité *supra*, n. 1, p. 28.

verrons au cours du récit, le projet de « foyer national juif » en Palestine, conçu par la diplomatie britannique en 1917 sous l'influence des dirigeants sionistes, deviendra tout au long du siècle une entreprise dont les racines profondes se trouvent dans la vigueur des idées et philosophies nationalistes européennes (chapitres 12 et 22). Les grands acteurs du mouvement sioniste seront des hommes pétris de culture et d'idéaux européens et la consistance de plus en plus forte que prendra le projet de création d'un État pour les juifs en Palestine sera rythmée par le déroulement des grands événements de l'histoire européenne, en particulier la « destruction des juifs d'Europe[1] » aux mains du nazisme et de ses alliés.

Ainsi la saisie du temps, comme celle de l'espace, est-elle totalement transformée dans la perception du Proche-Orient par la culture européenne. Le projet de création d'un foyer national juif, puis la consécration d'un État se réclamant du judaïsme au cœur de l'espace proche-oriental, sont stimulés par l'évolution de la culture européenne, notamment dans l'aspect séculier dont se réclame à l'origine le mouvement sioniste, considéré pourtant longtemps comme hérétique par le judaïsme orthodoxe. Le succès de cette évolution entraîne, à son tour, au fur et à mesure de sa consécration, une mutation profonde de la sensibilité culturelle occidentale qui l'a portée. Histoire européenne et histoire proche-orientale, entraînées dans un mélange difficile de temporalités divergentes et d'espaces croisés, sont liées par une série d'ambiguïtés conceptuelles, donnant naissance à des langages historiques où le sens des mots n'est plus le même et où les catégories de l'entendement sont radicalement opposées.

1. Titre de l'ouvrage, devenu un classique, de Raul Hilberg, *La destruction des Juifs d'Europe*, 2 volumes, Gallimard, Folio Histoire, Paris, 1995.

De l'autre côté de la Méditerranée, en effet, le bouleversement palestinien et le basculement de l'identité de ce territoire ne produisent pas moins d'effets sur la culture arabe que sur la culture européenne. Les interprétations de cet événement majeur sont évidemment tout autres et notre récit tentera de les décrire avec une certaine précision. La pensée arabe qui s'émancipe progressivement de la pensée religieuse au XIXe siècle sous l'impact des idées européennes, puis le nationalisme séculier qui se développe au XXe siècle, stimulé par l'effondrement de l'Empire ottoman et l'abolition du califat en 1924, perçoivent d'abord le projet de foyer national juif comme un instrument, parmi d'autres, de l'offensive européenne en Orient arabe. La décolonisation en marche avec les indépendances, la liquidation des intérêts économiques si bien symbolisée par la nationalisation du canal de Suez, ainsi que la solidarité des pays nouvellement indépendants concrétisée par la création du Mouvement des non-alignés et l'appui de l'Union soviétique, dont l'influence et le prestige augmentent sur la scène internationale : tous ces facteurs contribuent à minimiser dans la conscience arabe l'importance de l'événement et sa complexité.

Le sionisme est classé comme une forme attardée d'impérialisme qui sera immanquablement vaincu par l'anti-impérialisme en pleine expansion dans le monde. Pour éviter toute accusation d'antisémitisme, la culture du nationalisme arabe prendra soin de distinguer entre antisionisme et antisémitisme. En 1975, dans une conjoncture diplomatique particulièrement favorable (que nous décrirons au chapitre 10) les pays arabes réussissent à faire passer à l'assemblée générale des Nations unies une résolution assimilant le sionisme à une forme de racisme. La création de l'État d'Israël est donc perçue, de façon générale, comme un événement incident, une attaque de l'impérialisme européen qui a pratiqué en Algérie, en Afrique du Sud, en Rhodésie des colonisations de peuplement similaires. Les changements de la scène internationale et le développement du droit des peuples à la souveraineté territoriale, qui leur a été ravie par les puissances européennes conquérantes, confirment la perception arabe que le phénomène israélien est passager.

La mémoire collective des sociétés du Proche-Orient garde vivace le souvenir des nombreuses invasions subies par la région au cours de sa longue histoire, dont certaines ont été éphémères. Les croisades sont évoquées, dès cette époque, mais plus de façon allégorique que dans le cadre d'une perception historique généralisée de type religieux. Il n'y a pas encore de mobilisation identitaire sur le mode du nationalisme religieux. Les mouvements de résistance palestiniens sont animés par un univers culturel anti-impérialiste et laïc. Le but recherché par la lutte armée est la réalisation d'une Palestine laïque et démocratique où juifs, chrétiens et musulmans palestiniens jouiront des mêmes droits.

Pourtant, divers facteurs feront glisser l'analyse de l'événement israélien d'une perception de type profane à une perception de type religieux. La mutation sera incontestablement accélérée par le chaos libanais où s'est enfermée la résistance palestinienne que l'armée israélienne vient cueillir en 1982 en assiégeant Beyrouth et en obtenant la dispersion de l'O.L.P. et de ses combattants aux quatre coins du monde arabe. Désormais, l'univers culturel de l'anti-impérialisme est mort. L'impact de la révolution religieuse iranienne sur les sociétés arabes, le choc de l'invasion de l'Afghanistan par l'Union soviétique, alliée traditionnelle des mouvements de libération nationale du tiers monde, les diverses formes d'instrumentalisation de la religion dans le cadre des efforts occidentaux pour freiner l'expansion de l'idéologie marxiste, sont autant de facteurs qui vont encourager cette mutation. Le livre à retentissement de Samuel Huntington sur le « choc des civilisations », puis les attentats terroristes du 11 septembre 2001 et l'invasion américaine qu'ils entraînent de deux pays musulmans, l'Irak et l'Afghanistan, ajoutent à la coloration religieuse que prennent tous les affrontements et conflits du Moyen-Orient. La montée du « désenchantement » en Occident même sur les grandes idéologies qui se sont voulues rationalistes et laïques ouvre aussi le champ au retour du « religieux » dans les cultures européenne et américaine qui dominent et orientent la culture universelle. Ce climat ne manque pas d'affecter l'humeur des sociétés du Proche-Orient si ouvertes depuis le début du siècle passé sur les influences intellectuelles occidentales.

Du côté arabe, l'effondrement de la perception profane des événements historiques facilite la montée de l'antisémitisme comme facteur de rationalisation d'un phénomène israélien qui se révèle de plus en plus comme un fait historique « lourd ». En effet, pour les Arabes, la capacité de l'État d'Israël à ignorer les principes du droit international et, en particulier, ceux liés à l'obligation de « décolonisation », que l'Occident lui-même a mis en œuvre, tend à créditer les croyances antisémites européennes. Aux yeux d'une pensée qui perd ses référents modernes nouvellement acquis, la conviction antisémite d'une « conspiration » juive contre les autres sociétés n'apparaît pas aussi mythologique et irrationnelle que le dit désormais la culture occidentale. Ainsi, au moment où l'Europe lutte avec vigueur contre l'antisémitisme et ses bases mythologiques, le monde arabe, qui en avait été jusque-là immunisé, ne trouve pas d'autre recours que de se saisir de ces bases pour tenter une rationalisation de ses échecs successifs à liquider ce qui est perçu comme un héritage du colonialisme européen, aujourd'hui massivement soutenu par les États-Unis. En réalité, c'est ce soutien qui fait d'Israël la plus grande puissance militaire du Proche-Orient pouvant se permettre de ne pas appliquer les lois internationales et les résolutions du Conseil de sécurité des Nations unies. Il sera alors aisé de penser que le gouvernement des États-Unis est lui-même aux mains des groupes de pression pro-israéliens qui agissent dans le cadre d'un « complot » permanent contre les Arabes et les Américains, complot visant à empêcher toute entente entre cette grande puissance et ses alliés arabes du Proche-Orient.

L'expansion des idéologies de type islamiste, stimulée par une conjoncture aussi favorable, appauvrit dangereusement l'univers culturel des Arabes qui bascule dans l'identitaire exclusif et hégémonique de type religieux. Ce basculement est d'ailleurs à la mode dans la culture européenne où la renaissance du judaïsme place Israël, son origine et son destin, au centre d'une préoccupation fondamentale du fonctionnement de la mémoire collective européenne, traumatisée par l'ampleur des horreurs à l'endroit des communautés juives européennes durant les années de barbarie nazie. Là où la culture européenne verra dans la création de l'État d'Israël un juste accomplissement de l'histoire, les mouvements islamistes ne verront qu'une croisade conjointe du judaïsme et du christianisme, autrefois ennemis irréductibles mais désormais alliés contre l'islam et les musulmans. La sauvagerie de la guerre du Golfe pour la population irakienne puis l'échec des accords d'Oslo à mettre un terme aux souffrances palestiniennes et aux occupations des territoires libanais et syrien, confortent cette nouvelle vision de l'histoire. La présence militaire américaine et occidentale massive qui s'est installée au Proche-Orient depuis 1990 et qui s'amplifie considérablement avec l'invasion de l'Irak en 2003, entame une dépossession de l'espace, après celle de la Palestine.

L'espace du Proche-Orient arabe est contrôlé et modelé par des puissances extérieures à la région. Plus que jamais, les indépendances peuvent apparaître factices, les sociétés arabes du Proche-Orient étant retombées sous la domination étrangère. Cette dernière peut ainsi sembler continue depuis l'installation de la domination mamelouke, puis ottomane et européenne. Le langage profane perdu, le vieux langage islamique renaît, celui de l'histoire religieuse, de la lutte sans merci entre les « infidèles », croisés de l'extérieur ou dirigeants corrompus de l'intérieur, et les « croyants » disposés au martyre pour faire triompher le règne de la loi de Dieu.

Plus que les États arabes, le sujet de l'histoire au Proche-Orient peut être aujourd'hui le tandem que forment les États-Unis et Israël qui contrôlent l'espace et sont les acteurs majeurs du destin de la région. La temporalité, elle, peut se jouer au niveau du développement spectaculaire des technologies militaires conventionnelles utilisées au Proche-Orient dans les successions de guerres où l'Europe et les États-Unis ont toujours été impliqués ; elle peut aussi être vécue dans une temporalité religieuse renouvelée par l'émergence d'un État se réclamant du judaïsme et d'un « réveil de l'islam » qui s'opposerait à ce renouveau dit judéo-chrétien de l'Occident dont la Palestine israélisée redevient un espace culturel privilégié.

Le récit historique est ici semé d'embûches et de pièges. L'historien, qu'il soit témoin ou archiviste consciencieux reconstruisant l'événement, se doit de prendre des précautions méthodologiques, d'expliciter ses notions d'espace et de temporalité, ainsi que l'univers mental à travers lequel il appréhende le sujet de son observation. Les prémisses de sa philosophie de l'histoire doivent être exposées au lecteur, de même que la cohérence des concepts et du langage employé pour saisir le sujet historique. Les structures économiques du Proche-Orient, encore largement tributaire de rentes improductives, compliquent encore la tâche de l'historien qui veut construire le récit des événements.

LE FACTEUR ÉCONOMIQUE DANS LA SAISIE DE LA TEMPORALITÉ, DE L'ESPACE ET DES SYSTÈMES DE POUVOIR

Nous avons constaté combien de facteurs internes et externes influaient sur la définition de la temporalité et de l'espace dans le récit historique. Nous avons cependant, jusqu'ici, ignoré le facteur économique dont l'impact est majeur, aussi bien sur la saisie du rythme de la temporalité vécu que sur la maîtrise de l'espace. En ouvrant notre récit par la nationalisation du canal de Suez, nous avons voulu montrer l'importance de cette maîtrise de l'espace au cœur des problèmes du Proche-Orient où aucun État national n'a émergé, parvenant à cette maîtrise telle que nous la trouvons dans l'histoire européenne, américaine, chinoise ou indienne. Certes, Immanuel Wallerstein et Fernand Braudel ont analysé le développement des différentes économies-monde[1]. Leurs travaux ont considérablement enrichi les perceptions historiques, en montrant le jeu complexe des acteurs, États, marchands et commerçants, banquiers, ainsi que les stratégies développées. Tout acteur économique, établi en un lieu donné, ne se contente pas d'un marché national. Le progrès économique échappe à ses initiateurs, circule ailleurs ; la richesse se conquiert souvent sur des espaces beaucoup plus grands que celui de la région ou de la nation. Les valeurs de temps et d'espace sont ainsi différentes suivant le groupe socio-économique auquel on appartient. La temporalité d'une société

1. Immanuel Wallerstein, *The Modern World-System*, Academic Press, New York, 2 volumes, 1974 et 1980 ; Fernand Braudel, *Civilisation matérielle, Économie et capitalisme, XVe et XVIIIe*, 3 volumes, Armand Colin, Paris, 1979.

maîtrisant l'information électronique et sa conception de l'espace ne sera pas celle d'une société restée largement rurale ou bédouine, même si les signes extérieurs de la modernisation économique la plus totale, telle que l'utilisation des téléphones portables, se sont généralisés.

Or l'économie du Proche-Orient est largement restée ce qu'elle était au XIXe et au début du XXe siècle, c'est-à-dire une économie rentière passive, rattachée à l'économie-monde, exclusivement par le biais de l'exportation de matières premières brutes ou ayant subi les premiers stades de transformation. Les découvertes pétrolières n'ont fait que renforcer ce caractère d'économie rentière, en remplaçant avantageusement le déclin qu'ont connu les matières premières agricoles du Proche-Orient dans le commerce mondial. Dans la mesure où la rente pétrolière au Moyen-Orient est, à la différence de qu'elle a été aux États-Unis, la propriété de l'État, on comprend quel enjeu fondamental constitue le contrôle de l'appareil d'État pour organiser la distribution de la rente, source principale de richesse. Dans les pays ne dépendant pas de la rente pétrolière, les réformes agraires, la création de monopoles étatiques pour la commercialisation des principaux produits agricoles, ont transféré la majeure partie de la rente agricole aux mains du gouvernement; l'enjeu socio-économique de contrôle de l'État est devenu un élément central de toute stratégie sociale.

En réalité, dans les sociétés où la vie économique est entièrement fondée sur les rentes de l'État, la tendance à la monopolisation du pouvoir par un groupe social devient un trait prédominant de la vie politique. Il n'est nul besoin ici d'avoir recours à l'anthropologie pour expliquer que les sociétés du Proche-Orient ne connaissent pas la démocratie. L'invocation du tribalisme, de l'islam ou de la 'asabiyya d'Ibn Khaldoun, comme le font tant d'ouvrages sur le Proche-Orient, n'est pas pertinente, car elle enferme le propos dans une analyse de type essentialiste; cette dernière voile les facteurs véritables de perpétuation des situations d'oppression. Parmi ces facteurs, l'économie offre une explication satisfaisante, en particulier lorsque toutes les sources importantes de rente sont concentrées aux mains de l'État. Lorsqu'elles sont totalement dépendantes de l'économie mondiale et de ses évolutions, la société et l'État qui les contrôle n'ont aucune prise sur l'évolution de l'économie locale.

Tel est le cas des sociétés du Proche-Orient où, malgré une ouverture forte sur la modernité depuis le XIXe siècle, les sources de l'industrialisation sont restées étrangères à la région. Nulle part, le coton, le phosphate ou le pétrole n'ont servi de moteur à un développement local. Depuis le début du XXe siècle, les bourgeoisies montantes ont été freinées par les révolutions, les coups d'État, les socialismes mis en place. L'État distributeur de rentes est devenu le seul enjeu économique, en dehors de tout désir de s'approprier la maîtrise des techniques industrielles et de rentrer de plain-pied dans l'économie-monde comme l'a fait le Japon puis, à sa suite, un certain nombre d'autres pays asiatiques. Dans cette lutte pour la mainmise sur la distribution des rentes, propriété exclusive de l'État, tout a été mis en œuvre : l'idéologie moderne comme les solidarités claniques ou le retour à la chari'a islamique.

Certes, comme on le verra, les performances économiques des différents régimes arabes ont été contrastées. Les rentes ont été plus ou moins bien investies et réparties entre le développement d'infrastructures économiques et sociales et les gaspillages et agiotages généralisés. Le bilan économique du dernier demi-siècle est cependant consternant. Le Proche-Orient arabe n'est pas entré dans l'industrialisation, sinon de façon très superficielle. Pétrole, tourisme, agriculture, exportation de main-d'œuvre à bon marché continuent d'être au centre d'une économie de rente sans productivité et créativité, en dehors des grandes filières technologiques qui structurent et animent l'économie-monde d'aujourd'hui. Avec un P.I.B. annuel de l'ordre de 500 milliards de dollars à la fin du siècle dernier, les pays arabes produisent moins de richesse que l'Espagne ; ils exportent moins que les Pays-Bas. Ce résultat catastrophique s'explique par un déphasage économique total par rapport au développement de l'économie-monde depuis le XVIe siècle, lorsque l'essor du commerce international a changé non seulement de maillage géographique, mais aussi lorsque l'habileté des négociants et marchands du Bassin méditerranéen n'a plus suffi et qu'il a fallu développer des techniques de transport maritime tandis qu'apparaissaient de nouveaux produits de consommation.

La perpétuation des rentes économiques et l'éclosion de nouvelles rentes, comme celles du pétrole et du gaz, n'ont pas stimulé, comme dans beaucoup de pays d'Asie dénués de ressource naturelle, le besoin de rentrer dans la compétition industrielle pour survivre. À ces rentes, se sont ajoutées celles produites par l'évolution de la géopolitique régionale. La rivalité russo-américaine au Proche-Orient a, en effet, permis aux pays clients des deux grandes puissances d'obtenir des aides massives. De plus, les régimes arabes ne possédant pas de rente pétrolière substantielle ont obtenu des financements des monarchies et émirats pétroliers de la Péninsule arabique. Notre récit montrera en détail comment ce partage de la rente pétrolière s'est effectué entre régimes arabes ; les modalités de ce partage sont à l'origine de l'un des éléments principaux du contentieux entre l'Irak et le Koweït qui mènera à la guerre du Golfe en 1990-1991.

Ces manœuvres sur les différentes sources de rente ont fait dépendre beaucoup d'États de la région de leurs modes de répartition pour assurer l'équilibre de leurs comptes, en particulier celui des budgets militaires ou pour assurer l'approvisionnement en produits alimentaires essentiels, qui garantit la stabilité sociale et le respect du pouvoir en place. Dépendance militaire et dépendance économique se sont ainsi renforcées mutuellement et ont, de la sorte, contribué au sous-développement actuel dans le cadre général du fonctionnement de l'économie de rente.

Dans ce type d'économie, les élites riches et occidentalisées du Proche-Orient peuvent vivre matériellement dans une temporalité moderne ou même postmoderne. Il est moins sûr que l'existence des paysans, ouvriers, petits fonctionnaires, mais aussi des familles régnantes ou militaires au pouvoir, s'inscrive dans la même temporalité de la production et de l'échange accélérés des biens matériels et immatériels. S'il ne fait pas de doute que les trépidations du monde moderne ont atteint tous les recoins du Proche-Orient, vraisemblablement plus qu'en Chine ou aux Indes, les sociétés arabes ne vivent cependant pas dans la hantise du futur, de la préservation de l'environnement, de la nécessité d'un taux de croissance élevé, de la peur de l'extension des espaces d'exclusion et de marginalité sociale. La quête du salut économique est essentiellement une quête individuelle et l'émigration une soupape de sécurité importante. L'angoisse collective n'est pas relative à l'incapacité économique des sociétés arabes, inaptes à créer suffisamment d'emplois ; elle est ancrée dans le poids du passé et de ses imaginaires, dans l'attente passive de l'événement politique ou de la venue d'une personnalité exceptionnelle qui changera le cours de l'Histoire. C'est une temporalité de la lassitude, de la survie au quotidien sans espoir d'amélioration possible du destin individuel qui domine la société. L'absence de conscience du poids de la temporalité économique moderne, que l'on peut attribuer à la perpétuation de l'économie passive de rente, profite à la résurgence toute-puissante d'une temporalité sur le mode de l'histoire sainte.

3

Quel est le sujet de l'histoire au Proche-Orient ?

Nous avons jusqu'ici évoqué les facteurs géopolitiques, économiques et culturels qui font obstacle à l'émergence du Proche-Orient comme région reconnue dans l'histoire et la géopolitique mondiales, avec ses traits distinctifs, ses frontières culturelles et politiques, ses systèmes de pouvoir légitimes et stables. En dépit de la présence massive de l'Égypte, entité politique que nul ne conteste, de l'importance fondamentale des civilisations mésopotamiennes préislamiques (babylonienne, chaldéenne, araméenne et syriaque), notre région apparaît plus tout au long de son histoire comme une marche d'empire ou un assemblage hétéroclite de marches d'empires successifs différents.

Cette perception brouillée, à notre sens, est le résultat de l'histoire même de la région et de ses problèmes plutôt que le reflet d'une réalité fragmentée par essence. La fragmentation est produite par les assauts de civilisations diverses et de puissances politiques sur une région épuisée, au confluent géographique et stratégique de trois continents. Elle n'est pas la seule réalité socioculturelle de la région. Au-delà des changements nombreux de civilisations qu'a connus le Proche-Orient dans sa longue histoire, l'homogénéité des modes de vie suivant les milieux géographiques, l'usage de l'arabe comme langue prestigieuse de culture et de communication sont des facteurs d'unité certains. Mais ils ne peuvent être actifs dans l'organisation et la structuration de la région, en raison des tourments géopolitiques auxquels elle continue à faire face. L'histoire du dernier demi-siècle est, à cet égard, exemplaire de l'impossibilité de stabiliser la région et de lui donner un cadre politique et sécuritaire efficace.

Ces données, exposées aux deux chapitres précédents, expliquent la difficulté du choix de catégories conceptuelles pertinentes pour saisir la réalité des sociétés du Proche-Orient. Le peuple, l'ethnie, la nation, la secte, la minorité, la communauté des croyants (Oumma) sont-ils des catégories pertinentes ? Peut-on écrire une ou des histoires nationales là où la fragmentation et la segmentation dominent ? Peut-on séparer l'identité arabe de l'identifiant par l'islam, si prégnant des deux côtés de la Méditerranée, surtout lorsque l'on garde présent à l'esprit que la religion musulmane a pris naissance au cœur de la Péninsule arabique ? Que faire des groupes ethniques et linguistiques différents, des communautés religieuses les plus diverses, islamique, chrétienne ou juive qui subsistent au Proche-Orient en dépit de l'islam sunnite dominant ? Abordera-t-on l'histoire de la région par les techniques de l'observation ethnique, l'anthropologie religieuse ou bien peut-on tenter les techniques de l'histoire nationale ou celles, plus récentes, de l'histoire des « mentalités » ? Quelle identité globale donner à une région et des territoires revendiqués de façon souvent contradictoire par tant de groupes avec leurs spécificités et leurs diversités réelles ou imaginaires ?

Pour y voir clair, il nous faut tenter un examen critique des catégories conceptuelles et des approches des différentes sciences humaines employées dans la saisie de l'histoire passée ou l'actualité de la région. Deux remises en ordre nous paraissent indispensables, l'une relative à la dichotomie implicitement ou explicitement présente dans les analyses de la région entre une majorité dominante et des minorités souffrantes au Proche-Orient, l'autre relative à la séparation entre l'histoire profane et l'histoire religieuse. Ces deux questions relèvent du même problème, à savoir la prégnance d'une méthode d'identification des sociétés de la région par l'élément religieux. Pour réfléchir sereinement sur l'identité de la région et sa place dans le monde en ce début du XXIe siècle, il convient de tester la pertinence des catégories conceptuelles les plus employées pour décrire le Proche-Orient.

PERTINENCE DES CONCEPTS ETHNIQUES ET ANTHROPOLOGIQUES APPLIQUÉS AUX SOCIÉTÉS DU PROCHE-ORIENT

Soulignant les ambivalences et les contradictions de l'ethnologie moderne dues aux séquelles du passé colonialiste, Jean Poirier explique, dans sa contribution à un ouvrage collectif sur l'ethnologie, qu'il y a un problème méthodologique dans l'usage de l'ethnologie et de ses concepts qui se situe sur le plan de la logique des sciences. Pour ce spécialiste, il convient de clarifier la définition de cette science, afin qu'elle ne reste pas confinée à l'étude des sociétés dites « primitives » ou « archaïques », avant de situer sa position par rapport à la sociologie et de refuser la séparation entre le champ des deux disciplines. En réalité, Jean Poirier refuse la logique du « fait social total » qui serait le champ de l'ethnologie, capable de saisir des sociétés à structurant identitaire unique, donc des sociétés perçues comme simples et primitives, par opposition à la complexité des sociétés industrialisées que seules pourraient saisir l'approche et les méthodes de la sociologie qui, dit-il, « quel que soit son désir d'approche holistique de la réalité, ne pourrait cerner que des segments ou des aspects partiels — du volume souvent démesuré — du réel ». Pour lui, « il ne s'agit que de contraintes nées des dimensions de champ, et non pas d'oppositions méthodologiquement fondées[1] ».

La plupart des auteurs spécialistes du Proche-Orient, en considérant l'islam comme le fait social total, l'élément identifiant et structurant de la société, ainsi que la clé majeure d'explication de comportements de tous ses adhérents, ne peuvent manquer de rester prisonniers de l'approche traditionnelle — on pourrait dire « archaïque » — que la culture occidentale a organisée sur son environnement oriental et, plus généralement, sur les sociétés dites « primitives ». Pourtant, l'ethnologie a aujourd'hui considérablement ouvert ses perspectives au point qu'elle se distingue de moins en moins de la sociologie, et la notion de fait social total, telle que Marcel Mauss et Durkheim l'avaient développée, est abandonnée au profit d'une plus grande modestie dans les méthodes d'approche de la réalité. « Le fait total, écrit Lévi-Strauss, ne réussit pas à être tel par simple réintégration des aspects discontinus : familial, technique, économique, juridique, religieux, sous l'un quelconque desquels on pourrait être tenté de l'appréhender exclusivement. Il faut aussi qu'il s'incarne dans une expérience individuelle, et cela à deux points de vue différents : d'abord dans une histoire individuelle qui permette d'« observer le com-

1. Voir Jean Poirier, « Programme de l'ethnologie », dans *Ethnologie générale*, sous la direction du même auteur, La Pléiade, Paris, 1960, p. 528-531 pour les citations. L'auteur opère ensuite une distinction utile entre « communauté » et « collectivité », susceptible de dépasser la coupure fausse entre sociétés primitives et sociétés civilisées ou évoluées. On verra aussi Edmund R. Leach, *Critique de l'anthropologie*, PUF, Paris, 1968, qui critique l'excessive généralisation que pratique l'anthropologie à partir d'un seul élément choisi de façon arbitraire pour expliquer toute l'organisation sociale de sociétés très diverses.

portement d'êtres totaux, et non divisés en facultés»; ensuite dans ce qu'on aimerait appeler (en retrouvant le sens archaïque d'un terme dont l'application au cas présent est évidente), une anthropologie, c'est-à-dire un système d'interprétation rendant simultanément compte des aspects physique, physiologique, psychique et sociologique de toutes les conduites: «La seule étude de ce fragment de notre vie qui est notre vie en société ne suffit pas[1].»

Aussi, les approches du Proche-Orient, en dépit de leur érudition, semblent encore prisonnières de l'ethnologie et de l'anthropologie traditionnelles. C'est ainsi que les problématiques s'organisent et que les champs de saisie de la réalité sont hiérarchisés à partir de l'identifiant religieux. Même lorsque l'analyse s'accompagne du croisement de disciplines différentes, comme la géographie ou l'analyse politologique, ou s'enrichit d'enquêtes de nature sociologique sur les mouvements islamistes ou d'enquêtes sur ce qui est désigné comme agitation des minorités ou «fait minoritaire», les problématiques de la région demeurent figées. Elles sont stérilisées, en définitive, par la fermeture axiomatique sur l'identifiant religieux qui prime dans l'analyse. Le Proche-Orient reste une construction introuvable. L'érudition accumulée, souvent précieuse pour la connaissance, ne débouche pas sur de nouveaux horizons, mais plutôt sur une quadrature du cercle. Les efforts intellectuels considé-

1. Claude Lévi-Strauss, *Introduction à l'œuvre de Marcel Mauss*, dans Marcel Mauss, *Sociologie et anthropologie*, PUF, 1977, p. XXV. «Le fait social total, ajoute l'auteur, se présente donc avec un caractère tridimensionnel.» Il doit faire coïncider la dimension proprement sociologique avec ses multiples aspects synchroniques; la dimension historique, ou diachronique; et enfin la dimension physio-psychologique. Or, c'est seulement chez des individus que ce triple rapprochement peut prendre place. Si l'on s'attache à cette «étude du concret qui est du complet», on doit nécessairement s'apercevoir que «ce qui est vrai, ce n'est pas la prière ou le droit, mais le Mélanésien de telle ou telle île, Rome, Athènes».

rables, investis par les chercheurs et spécialistes — qu'ils soient d'Occident ou des pays arabes — ne donnent pas toujours de résultats à la mesure des ambitions.

L'approche ethnologique est en fait très prégnante dans le système d'organisation de la perception ; en particulier, si l'on entre dans une problématique de construction de la « nation », en considérant l'islam ou le « fait minoritaire » au Proche-Orient comme des faits sociaux totaux, on aboutit rapidement à des problèmes insolubles, à une quadrature du cercle aussi bien théorique sur le plan de la consistance logique du questionnement que pratique sur le plan de l'évolution possible du réel.

Une nation définie par la religion ou par une caractéristique ethnique marquée, comme la langue ou une endogamie stricte à l'intérieur de la communauté considérée, peut-elle être une nation au sens moderne du terme ? Si l'islam est le structurant identitaire obligé d'une communauté musulmane s'étendant sur les trois continents, peut-il structurer des nations différentes, alors que ses valeurs sont décrites, en règle générale, comme des absolus contraignants et clairement définis ? Ou bien l'islam est-il, en définitive, appelé à dominer et à structurer un seul espace, à recréer l'Empire abbasside du xe siècle et cette guerre de civilisation future que prédit Huntington ? Ici encore, la logique de l'identification par la religion, assimilée à une nation, en tant que fait social total, aboutit à des impasses dans la logique même de l'approche.

L'islam, en effet, n'est pas une religion nationale, restreinte à une communauté de type ethnique, bien identifiée dans une langue, circonscrite à cette communauté, dans une région géographique précise, un groupe racial donné aux spécificités physiques évidentes. Au contraire, l'islam est une religion universelle, transethnique et transcommunautaire, qui n'a jamais aboli les frontières linguistiques, géographiques ou ethniques, y compris au sens tribal du terme. L'approche de cette religion par l'ethnologie et l'anthropologie ressemble donc, à s'y méprendre, à un contresens épistémologique, ce qui contribue aux impasses intellectuelles et réelles dans l'analyse de la vie de ces sociétés et dans leurs relations avec le monde extérieur. La multiplication des guerres civiles à l'intérieur des sociétés du monde musulman, comme entre ces sociétés au cours du dernier demi-siècle, en témoigne de façon éloquente.

C'est pourquoi l'abus des idées de nation et de minorité complique l'analyse du Proche-Orient et rend la perception de son histoire et de ses structures difficilement cohérente. Si toute « minorité » au Proche-Orient est une ethnie à vocation nationale et si l'islam sunnite majoritaire est le seul élément de structuration et d'identité des sociétés de cette région, la guerre civile perpétuelle est le seul destin politique possible pour le Proche-Orient. L'on ne s'étonnera pas d'ailleurs que ce soit là une vision que partagent Arabes et Européens face à une ou des nations introuvables ou impossibles et devant des institutions démocratiques aussi peu crédibles qu'efficaces. L'usage fréquent de notions conceptuelles mariant deux catégories différentes, employées dans des champs séparés des sciences humaines, ne résout pas le problème. Il en est ainsi des termes tels que « ethnico-national » ou « ethnico-religieux », chers à de nombreux spécialistes du Proche et du Moyen-Orient et qui sont pourtant passés dans le vocabulaire courant des ouvrages sur la région. En réalité, ces notions mixées ne font que cumuler les imprécisions qui s'attachent au contenu des catégories différentes qu'ils recouvrent, à savoir l'ethnie, la nation et la religion.

Si les spécialistes d'ethnologie, comme nous venons de le voir, mettent en doute les conceptions traditionnelles de l'ethnie, il en est de même pour les politologues qui mettent en garde contre l'usage abusif de l'idée de nation dans ses rapports avec les notions d'ethnie ou de peuple.

C'est ainsi qu'un ouvrage récent vient nous rappeler avec beaucoup d'à-propos que le concept moderne de nation n'est ni dans la race, ni dans l'ethnie, ni dans un peuple idéalisé et mythologisé, mais bien dans la « communauté des citoyens », institution essentiellement politique[1]. Dominique Schnapper affirme qu'il n'y a pas plusieurs conceptions de la nation, mais une seule et unique conceptualisation qui écarte toute catégorie ethnique. « Si l'on accepte ces analyses, on admettra qu'il n'existe pas deux idées de la nation, comme on le répète paresseusement en Europe depuis la Révolution française et les grands conflits entre la France et l'Allemagne, en opposant de manière rituelle la nation civique ou politique "à la française" au *Wolk* ou, en d'autres termes, à la nation ethnique ou culturelle "à l'allemande". La notion même de nation ethnique est contradictoire dans les termes. C'est l'effort d'arrachement aux identités et aux appartenances vécues comme naturelles par l'abstraction de la citoyenneté qui caractérise en propre le projet national. *Il existe une seule idée de nation*[2]. »

L'auteur n'hésite pas à critiquer le renouveau des modes de saisie de la réalité et de la perception ainsi que l'analyse des situations conflictuelles à partir du concept d'ethnicité, renouveau dû à l'influence de l'académisme américain dans l'évolution des sciences sociales. « La renaissance du concept d'ethnicité, écrit Schnapper, devenu le terme clé de la littérature scientifique contemporaine, en particulier aux États-Unis, a contribué à entretenir l'équivoque. En redécouvrant, à l'intérieur des États-Unis, la force des appartenances à des communautés particulières

1. Dominique Schnapper, *La communauté des citoyens - Sur l'idée moderne de nation*, Gallimard, Paris, 1994.

2. *Ibidem*, p. 24.

et en désignant par le terme de groupes ethniques à la fois les Noirs, les Irlando-Américains, les Italo-Américains, les Juifs, les Indiens, les sociologues pouvaient éviter de poursuivre la réflexion, toujours passionnée, sur la nature de l'appartenance de l'individu au collectif : raciale dans le cas des Noirs et des Indiens ? Nationale dans le cas des Irlandais et des Italiens ? Nationale ou/et religieuse pour les Juifs ? On pouvait ainsi négliger de soulever la question, devenue taboue, de la race — même si l'on affirme qu'il s'agit d'un concept socialement construit — ou de la culture — souvent devenue la manière socialement admise de désigner ce qu'on appelait autrefois la race — pour définir les groupes. Plus particulièrement, les sociologues juifs, nombreux parmi les théoriciens de l'ethnicité aux États-Unis, pouvaient s'abstenir de formuler le problème identitaire des Juifs, que la laïcisation et la construction des nations à l'époque moderne ont rendu brûlant : lorsque l'ordre politique est organisé en nations, les Juifs peuvent-ils constituer un simple groupe religieux ou culturel à l'intérieur des nations non juives en renonçant à disposer de droits politiques spécifiques, ou restent-ils un peuple à vocation essentiellement nationale, donc destiné à construire sa propre nation souveraine[1] ? »

Nous trouvons cette même critique salutaire dans un numéro récent des *Actes de la Recherche en sciences sociales*. « Dans un domaine plus proche des réalités politiques, écrivent Pierre Bourdieu et Loïc Wacquant, un débat comme celui de la "race" et de l'identité donne lieu à de semblables intrusions ethnocentriques. Une représentation historique, née du fait que la tradition américaine plaque la dichotomie entre Blancs et Noirs de manière arbitraire sur une réalité infiniment plus complexe,

1. *Ibidem*, p. 31-32.

peut même s'imposer dans des pays où les principes de vision et de division, codifiés ou pratiques, des différences ethniques sont tout à fait différents et qui, comme le Brésil, étaient encore récemment tenus pour des contre-exemples au "modèle américain". Conduites par des Américains et des Latino-Américains formés aux États-Unis, la plupart des recherches récentes sur l'inégalité ethnoraciale au Brésil s'efforcent de prouver que, contrairement à l'image que les Brésiliens se font de leur nation, le pays des "trois tristes races" (indigènes, Noirs descendant des esclaves, Blancs issus de la colonisation et des vagues d'immigration européennes) n'est pas moins "raciste" que les autres et que les Brésiliens "blancs" n'ont rien à envier à leurs cousins nord-américains sur ce chapitre. Pire, le *racismo mascarado* à la brésilienne serait par définition plus pervers, puisque dissimulé et dénié[1]. »

Beaucoup d'auteurs arabes feront de même pour la description des tensions et conflits dans la société à laquelle ils appartiennent. Pour trouver aisément le patronage d'une thèse de doctorat dans une université occidentale, puis un éditeur, le choix des sujets est orienté vers l'analyse des différences, bien plus que des similitudes[2]. Entre le poids des tendances récentes de la sociologie des conflits et les traditions plus anciennes d'écriture sur la Question d'Orient, ou de la littérature sur le voyage en Orient,

1. *Actes de la recherche en sciences sociales*, Pierre Bourdieu et Loïc Wacquant, « Sur les ruses de la raison impérialiste », Le Seuil, mars 1998, p. 111-112.

2. C'est ainsi que le thème des minorités est le plus souvent absent dans les maigres études historiques et sociologiques locales au Proche-Orient, les très nombreux universitaires proche-orientaux qui font leurs études en Occident sont encouragés, voire parfois obligés, de travailler sur leur propre appartenance communautaire ou ethnique pour mettre en valeur ces différences. Ils le font d'autant plus volontiers que la question des différences religieuses ou ethniques, trop sensible localement, est presque un tabou officiel dans beaucoup de pays, parce que susceptible de porter atteinte à « l'unité nationale ».

toute analyse des sociétés du Proche-Orient, comme celle des Balkans, débouche sur une vision apocalyptique de différences irréductibles et de conflits[1].

Le succès des méthodes de la « nouvelle histoire », qui ont su si bien émanciper l'écriture historique des canons traditionnels des histoires nationales de type événementiel, contribue paradoxalement pour le Proche-Orient à entretenir les approches de type anthropologique et ethnique. L'histoire des « mentalités », telle que pratiquée pour enrichir la connaissance de l'histoire des sociétés européennes, donne un nouveau souffle aux études sur les groupes marginaux pratiquant un islam de type radical ou sur les nombreux groupes classés sous les catégories de « minorités » ethniques et religieuses, voire sous la dénomination de « sectes », groupes qui avaient déjà fait l'objet de descriptions attentives et colorées des voyageurs et diplomates du XIXe siècle. Alors que l'histoire européenne s'enrichit du renouveau d'études sur les groupes religieux, tels les Cathares ou les autres groupes considérés comme hérétiques, ou sur les communautés linguistiques et régionales ou encore sur les cultures propres à certaines catégories humaines ou sociales (les femmes, les ruraux, les féodaux, les mendiants ou les sorciers), groupes délaissés par l'histoire officielle, l'histoire du Proche-Orient devient insaisissable sous l'impact de ces mêmes méthodes.

Face à la notion prédominante et globalisante du monde de l'islam avec ses catégories immuables et intemporelles, le Proche-Orient apparaît comme un agglomérat de groupes humains forcés de coexister dans la souffrance et la douleur. La description des mentalités et « identités » culturelles des groupes dits « minoritaires » ne relevant pas de l'islam offi-

1. C'est ce que nous avions tenté de montrer dans notre ouvrage, *L'Europe et l'Orient, de la balkanisation à la libanisation, histoire d'une modernité inaccomplie, op. cit.*

ciel devient un genre et s'impose comme modèle d'écriture historique ou d'analyse politologique [1]. La description de ces mentalités dans une temporalité immobile prend par la force des choses le caractère d'un tableau de type essentialiste et culturaliste, pourtant abandonné des ethnologues et des historiens des « mentalités ».

LA DICHOTOMIE MAJORITÉ/MINORITÉ OU LA QUADRATURE DU CERCLE

Le problème, ici encore, réside dans le système monolithique d'identifiant par l'anthropologie religieuse qui définit un groupe majoritaire dit sunnite et un pot-pourri de catégories et sous-catégories de type ethnique et religieux ou, pour certains termes employés, de dénominations modernes (la nation ou la quasi-nation), appliqués aux groupes dits « mino-

1. « L'une des conséquences pratiques à la fois de la sainteté du pouvoir et de la séparation historique de l'État et de la société, écrit Vatikiotis, a été le problème communautaire, au sens où il s'applique aux sectes religieuses et aux ethnies. Car il existe, au sein de la communauté islamique, provoqué par la rupture capitale entre sunnites (orthodoxes) et chiites (ou hétérodoxes). Une nouvelle prolifération de sectes se traduisit dans les multiples variantes de l'islam orthodoxe ou hétérodoxe : kharidjites, ou ibadites, zaidis, ismaéliens, alaouites, nusayris et druzes. Plus génératrice de problèmes et conflits a été la division entre communautés musulmane et chrétienne de la région, un sectarisme parallèle sévissant aussi dans la seconde. La fragmentation ethnique a également posé des problèmes (Kurdes, Turcomans, Circassiens et autres). » Voir *L'islam et l'État, op. cit.*, p. 45. On remarquera les différentes catégories conceptuelles employées dans cette phrase qui paraissent interchangeables (sectes, ethnies, rameaux, communautés), l'origine du problème pour l'auteur étant rapporté de façon axiomatique à « la sainteté du pouvoir » en islam ; nous retrouverons cette interchangeabilité des catégories chez d'autres spécialistes qui ont étudié les minorités du Proche-Orient.

ritaires ». Apparaît alors, sous la plume des chercheurs et des spécialistes, la notion de « fait minoritaire » abordée sous la même technique de la saisie du « fait social total ».

De la sorte, le Proche-Orient est décrit comme le cœur de « l'islamité », mais aussi comme un aggloméract d'ethnies disparates et antagonistes, dont on peut s'étonner qu'une islamité aussi forte — considérée même comme plus forte que l'État national moderne qui ne parvient pas à émerger au Proche-Orient — ait laissé subsister une telle diversité. Le plus souvent, les deux approches confondues, l'analyse reprendra comme technique d'observation principale la dichotomie entre majorité arabe et sunnite d'un côté, et minorités religieuses et ethniques, de l'autre.

Ainsi X. de Planhol, introduisant un nouvel ouvrage précieux d'érudition, affirme sans hésitation que les minorités religieuses sont des ethnies « s'individualisant avant tout selon les règles de la différenciation ethnique[1] ». La définition est celle de l'ethnologie classique et non les définitions plus larges qu'en donnent les sociologues et même les ethnologues, spécialistes des régions où la modernité industrielle n'a pas pénétré. En effet, pour cet auteur, l'ethnie est « un groupe qui a) se perpétue biologiquement de lui-même, au moins à l'échelle de quelques générations ; b) partage des valeurs culturelles fondamentales ; c) constitue un champ de communication et d'interaction ; d) s'identifie, et est identifié par les autres, comme constituant une catégorie distincte des autres groupes de même nature[2] ».

De son côté, Maxime Rodinson, pourtant peu suspect de vision européenne ethnocentrée de l'Orient, et qui a contribué de façon éminente à la formation intellectuelle de chercheurs arabes ayant fait leurs

1. X. de Planhol, *Minorités en Islam. Géographie politique et sociale*, Flammarion, Paris, 1997, p. 15.
2. *Ibidem*, p. 15.

études en France, n'hésite pas lui non plus à voir des « quasi-nations » dans les communautés religieuses du Proche-Orient, dont les communautés libanaises sont l'archétype. « Les communautés religieuses libanaises, écrit-il en 1972, ont pris un caractère qui en fait quelque chose comme des quasi-nations[1]. » Le même terme revient sous sa plume en 1985 dans une réflexion sur la notion de minorité en islam, où il distingue entre minorités ethniques et minorités religieuses dans le monde musulman[2].

Dans une optique plus traditionnelle de géopolitique des intérêts de puissance, deux spécialistes introduisant un ouvrage consacré aux minorités du Proche-Orient écrivent : « La virulence atteinte, ces dernières années, dans tout le Proche-Orient, par les antagonismes entre minorités ethnico-religieuses et majorités, ou encore entre minorités elles-mêmes, les répercussions internationales de ces conflits menaçant l'Occident dans ses intérêts stratégiques et économiques vitaux, ou dans la sécurité de ses ressortissants (prises d'otages, attentats terroristes), ont trop souvent alerté, choqué ou bouleversé le monde pour qu'il soit besoin de justifier de l'acuité des problèmes traités dans cet ouvrage. Pendant toute une période, la question minoritaire avait pu paraître se circonscrire au problème kurde, au drame libanais

1. Maxime Rodinson, « Sociologie du monde musulman », *L'année sociologique*, PUF, Paris, Volume 23, 1972, p. 338.

2. Maxime Rodinson, « La notion de minorité et l'islam », in *L'islam : politique et croyance*, Fayard/Agora, Paris, 1993, où l'auteur écrit : « On doit les distinguer en partie des "minorités" religieuses ou plutôt confessionnelles, plus simplement des confessions. Elles se différencient du groupe dominant en principe par les idées, par l'idéologie qu'elles professent et par les pratiques que celle-ci est censée inspirer. Pratiquement, pour les époques et la région qui nous préoccupent, il s'agit d'idées et de rites religieux et d'un groupement en communautés structurées présentant à bien des égards l'allure de petites nations, de quasi-nations » (p. 119). Voir aussi dans ce même recueil d'études : « Qu'est-ce qu'une communauté religieuse libanaise ? » où l'auteur insiste sur la notion de « communauté idéologique ».

et à l'effervescence yéménite. À partir de 1979, le renversement de la monarchie iranienne et le déferlement subséquent de la "vague islamique", contestataire ou subversive, ont démultiplié le phénomène en dotant la plupart des États arabes du Proche-Orient d'un alarmant problème chiite[1]. »

Pour ces deux auteurs, le clivage majeur expliquant ces violences est celui qui existe entre les groupes sunnites et arabes qui sont hégémoniques au Proche-Orient et les minorités. Pour cela, ils procèdent à un examen de « l'idéologie dominante arabo-musulmane », un examen qui éclaire selon eux « les manières dont l'Arabisme et l'islam ont traité les différences ethnico-raciales et religieuses ». Ils expliquent : « Ces deux systèmes de valeurs, l'un lié à l'héritage ethnique arabe et l'autre découlant de la religion musulmane, revêtent en effet une importance d'autant plus grande qu'ils font office aujourd'hui, à des degrés et selon des dosages variant bien sûr en fonction des régimes, de systèmes de législation du pouvoir politique. Ils ont donc acquis politiquement un statut quasi officiel. L'ensemble du corps social, dans ces sociétés traditionnelles, reste profondément attaché à ses traditions et aux valeurs héritées du passé et il s'affirme à travers elles ; en posant l'appartenance à l'Arabisme et à l'islam comme des plus valorisantes, elles représentent une

1. Laurent et Annie Chabry, *Politique et minorités au Proche-Orient, les raisons d'une explosion*, Maisonneuve et Larose, Paris, 1984, p. 9 ; un spécialiste américain écrit dans le même sens : « Bien que l'image que se fait du Moyen-Orient l'homme de la rue aux États-Unis soit celle d'une région composée de nombreux pays arabes, musulmans et un seul État juif, Israël, le Moyen-Orient, en fait, est peuplé de nombreuses minorités… Prenant acte du fait de la prédominance de l'Arabisme et de la branche sunnite de l'islam, on peut utilement grouper les minorités de la façon suivante : Arabes, non-sunnites ; non-Arabes, sunnites ; non Arabes, non-sunnites » ; voir R. D. Mc Laurin, « Minorities and Politics in the Middle East : an Introduction » dans *The Political Role of Minority Groups in the Middle East*, sous la direction de cet auteur, Praeger, New York, 1979, p. 7.

source importante du narcissisme collectif et individuel des majoritaires[1]. »

Le souci traditionnel du sort des minorités du Proche-Orient en raison de leur importance dans les enjeux de la géopolitique régionale, que l'on rencontre dans toute approche de la région, ainsi que la prégnance de l'identifiant par l'islam conduisent inévitablement l'analyse dans le confinement d'une problématique majeure opposant majorité arabo-sunnite à des minorités ethniques et religieuses. Mais cette approche du Proche-Orient par la relation majorité arabo-sunnite/minorités religieuses et ethniques nous ramène aux mêmes interrogations déjà évoquées mais sur une tonalité encore plus religieuse ou ethnique.

Le Proche-Orient est-il arabe, est-il musulman et judaïque, du moins dans sa province palestinienne, est-il sunnite ou chiite, est-il encore la terre du christianisme des origines ? Quelle place donner aux Kurdes répartis entre la Turquie, la Syrie, l'Irak et l'Iran ? Comment régler la question berbère au Maghreb et, plus particulièrement kabyle en Algérie ? Nous nous heurtons ici aux mêmes problèmes de logique interne. En effet, si l'islam est l'identifiant majeur et exclusif des sociétés du Proche-Orient, elles-mêmes sous-région de la catégorie dite « monde musulman », comment peut-on considérer que les Kurdes ou les Berbères, qui sont massivement musulmans sunnites, posent un problème catégorisé comme un problème de minorité ? Est-ce la spécificité linguistique seule qui dans ces deux cas serait si prégnante qu'elle paralyse l'omnipotence du système des valeurs musulmanes à qui est attribuée une vocation totalisante et globalisante par l'ensemble ? Les différents rameaux de l'islam non sunnite au Proche-Orient, le chiisme en tête avec ses nom-

1. *Ibidem*, p. 11.

breuses sous-dénominations, souvent catégorisés comme « sectes[1] », peuvent-ils vraiment être considérés comme des minorités au sens ethnique ou national du terme dans l'entendement commun, alors qu'ils partagent la même langue que la grande majorité sunnite et des valeurs d'origine commune, celles de l'islam ? Comment expliquer que la majorité chiite de l'Irak ait combattu l'armée iranienne dans les rangs de l'armée irakienne avec la même pugnacité que les sunnites de ce pays, malgré l'étendard du chiisme sous lequel s'est battu l'Iran « chiite » contre l'Irak « sunnite » et nationaliste arabe laïcisant[2] ?

1. Les rameaux du chiisme sont souvent dénommés « sectes », lorsqu'ils sont étudiés plus spécialement sous l'angle religieux. Ce qualificatif ne se justifie en réalité que lorsqu'il s'agit de communautés totalement fermées dont les croyances religieuses ont pris un aspect ésotérique et syncrétique, dont le contenu ne doit pas être divulgué hors de la secte et dont la connaissance à l'intérieur de la secte est restreinte à un groupe donné de « sages » (cas des druzes ou des alaouites). Le concept de « sectes » est parfois étendu à des communautés chrétiennes du Proche-Orient ; c'est ainsi que X. de Planhol, dans un résumé érudit et précis de l'histoire de la communauté maronite, parle du Liban septentrional comme ayant été dès le Xe siècle « le centre de gravité de la secte ». Au paragraphe suivant, cependant, il qualifie cette période de « décisive pour la formation du peuple maronite » (*Les minorités en Islam, op. cit.*, p. 61). On peut constater à nouveau l'emploi alternatif de notions différentes sur une même réalité historique qui n'est dans le cas des maronites ni une secte, ni un peuple, ni une ethnie, mais une Église.

2. Sur ce point X. de Planhol écrit : « Les Chiites d'Irak n'ont pas été transcendés par d'autres références, nationale comme en Iran, confessionnelle comme au Liban. À la différence des Chiites libanais qui avaient à se définir à l'intérieur d'un système confessionnel, ils avaient d'ailleurs affaire à un État unitaire et fort, qui a soigneusement proscrit toute exploitation du sectarisme. L'État irakien reste clanique, et les Chiites en sont exclus, mais à aucun moment ils n'ont réagi contre lui en tant que tels. La guerre irano-irakienne n'a pas modifié cette attitude. Bien que le clergé chiite des villes saintes fût très cosmopolite et comptât dans ses rangs les plus élevés de nombreux éléments d'origine iranienne, les Chiites restèrent accrochés à l'idée de l'État-Nation arabe et lui furent inébranlablement fidèles, bien qu'ils en fussent les victimes » (*Les minorités en Islam, op. cit.*, p. 391). On ne voit plus très bien, dans ce cas, en quoi consiste le « fait minoritaire » chiite en Irak, puisque le problème de base n'est plus une spécificité compacte de la communauté chiite, mais bien la nature dictatoriale et clanique du régime irakien.

Sur le plan des minorités chrétiennes du Proche-Orient, pourquoi la communauté religieuse maronite du Liban, seule Église d'Orient à afficher une allégeance à l'Église de Rome, mythique ou réelle — peu importe — est-elle souvent prise comme archétype du fait minoritaire ? Cette Église peut-elle vraiment être qualifiée de minorité au Liban alors qu'elle a constitué au début du siècle plus d'un tiers de la population du pays ? Elle était à l'époque la plus grande communauté du pays et en incluant à ses côtés les adhérents des autres Églises chrétiennes, elle a longtemps représenté plus de la moitié de la population. Aujourd'hui encore, elle reste en nombre, en tant que seule communauté maronite, la troisième communauté du pays et son importance politique et économique demeure significative. Aussi se pose la question de la pertinence de la qualification de minoritaire appliquée à cette communauté dans le cadre de l'État libanais.

En réalité, la perception ethnologique et anthropologique qui organise le regard de l'observateur ignore, dans ce cas, la réalité étatique du Liban, décontextualise géographiquement et culturellement l'Église maronite dont les adhérents ont été parmi les premiers groupes chrétiens à assumer une arabisation linguistique poussée. C'est le cadre référentiel implicite de « monde musulman » adopté par les spécialistes pour organiser l'observation qui rend les maronites minoritaires, alors que dans leur cadre géographique et institutionnel, leur évolution démographique interne, entre le XVIe et le XIXe siècle, les avait fait majoritaires et continue aujourd'hui de leur permettre de compter parmi les communautés importantes du pays en dépit d'une forte émigration[1].

1. Les descriptions du Liban sont un exemple type de cette approche. Du récit du voyageur européen en Orient au XVIIe siècle au récit de journaliste ou à l'ouvrage qui se veut savant, ce pays est immuablement décrit comme « une mosaïque » d'ethnies et de religions. Aucune précaution conceptuelle n'est prise pour distinguer

Il en est de même pour les minorités dites chiites. Ainsi, si la communauté chiite est « politiquement » minorisée à Bahrein par exemple, elle est numériquement majoritaire et l'emploi de la catégorie « minorité » dans cette sous-région du monde arabe s'appliquerait mieux aux chiites de la côte Est d'Arabie Saoudite véritablement minoritaires par le nombre et dénués de toute influence politique dans les affaires du royaume, au demeurant fortement concentrées dans les mains de la famille royale et de ses proches sous l'enseigne de l'intégrisme islamique d'État wahhabite. Le cas des chiites du Liban est lui aussi différent, aussi bien quant à l'importance numérique croissante de cette communauté libanaise, qu'à son importance politique en pleine extension du fait du soutien de la Syrie et de l'Iran, tout comme les maronites avaient été soutenus par la France puis par les États-Unis jusqu'à la fin des années soixante.

---

une communauté religieuse d'une ethnie, les deux termes étant pratiquement interchangeables. Le partage de la langue, de la littérature, de la musique, des formes d'habitat et de costume, par toutes les communautés, n'amène nullement l'observateur à tempérer l'usage des catégories anthropologiques destinées à marquer des différences absolues. Les Libanais eux-mêmes finissent par adopter les vocabulaires européens et à se voir comme le produit d'espèces différentes et antagonistes. En dépit d'une longue histoire commune, de l'usage de la même langue et de l'existence des mêmes modes de vie, c'est la description de la différence de type ethnique qui reste le mode majeur de saisie de la réalité. C'est ainsi, par exemple, qu'en 1933, soit treize ans après la création de l'État libanais moderne sous l'égide de la France, puissance mandataire, et de la Société des nations, un juriste libanais distingué n'hésite pas à désigner la communauté maronite, dont il étudie l'évolution du droit privé, comme « nation » ; voir Ibrahim Aouad, *Le droit privé des maronites au temps des Émirs Chihab (1697-1841)*, Librairie orientaliste Paul Geuthner, Paris, 1933 (réimpression en 1998) : « Dès les début de son existence et au milieu de tous les peuples d'Orient, la nation maronite a pu sauvegarder jusqu'à nos jours les deux caractères saillants et propres qui constituent son individualité : sa fidélité à l'Église catholique romaine et son amour pour la France, la fille aînée de l'Église » (p. 6-7). Malheureusement, dans certaines thèses récentes d'étudiants, on retrouvera ce qualificatif de nation pour d'autres communautés libanaises.

On peut donc s'interroger à cette occasion sur la pertinence d'une contextualisation qui ignore, dans certains cas, les réalités étatiques et géographiques comme pour les maronites ou les chiites, mais les prend en compte, dans d'autres, comme pour celui des Kurdes ou des Berbères. On se heurte ici, en fait, clairement à une nouvelle confusion, celle existant entre le sens ethnologique traditionnel attribué au concept de minorité et le sens politique moderne qui s'applique à l'existence d'une minorisation des droits politiques ou de la participation aux affaires de l'État où réside le groupe désigné comme minoritaire. Ainsi, les protestants en France sont bien une minorité numérique, une communauté religieuse spécifique, mais ils ne sont ni une minorité ethnique aux origines séparées du reste de la société française, ni une minorité politique. Il en est ainsi des juifs en France, même si une partie d'entre eux ont une origine ethnique différente qui n'est pas due à leur religion, mais à leurs origines maghrébines, et plus spécifiquement berbères.

Dans l'échelle temporelle de la modernité, il ne viendrait à l'idée de personne de considérer les Français protestants ou juifs comme des ethnies, encore moins des sectes, au sens traditionnel de ces termes. Pourtant, ces deux catégories conceptuelles sont indistinctement employées pour tous les groupes du Proche-Orient qui ont une spécificité partielle, religieuse ou linguistique, par rapport au groupe dominant dit « arabo-sunnite », dont l'idéologie est censée régler les systèmes de « légitimation politique du pouvoir ». Mais, dans ce cas encore, si cette idéologie arabo-sunnite est aussi cohérente et structurée que le supposent les spécialistes, puisqu'elle légitime les systèmes de pouvoir, comment expliquer les violences algérienne mais aussi égyptienne qui se déroulent dans des sociétés musulmanes exclusivement sunnites (à l'exclusion des coptes en Égypte qui n'ont plus aucun rôle politique) ? Comment expliquer les rivalités impitoyables entre États arabes sunnites qui dégénèrent parfois en guerres ouvertes ? Comment expliquer que des gouvernements ou des partis politiques transétatiques de masse qui marqueront si fortement l'histoire de ce demi-siècle au Proche-Orient, tel le Parti de la résurrection arabe (Baath) ou le Mouvement nassérien ou celui des nationalistes arabes, qui auraient dû incarner cette idéologie arabo-sunnite structurante, ne s'avèrent, en définitive, que des instruments additionnels de querelles et de divisions interarabes ?

L'apparition des mouvements islamistes, tous sunnites à l'exception du Hezbollah libanais, et leur développement spectaculaire dans tout le Proche-Orient, parallèle au déclin des idéologies nationalistes et laïques incarnées par les anciens partis nationalistes, ne parviennent pas davantage à jouer le rôle d'idéologie globale d'une majorité arabo-sunnite. Ces mouvements se réclamant de l'islam constituent, en effet, un facteur de divisions et de tensions accrues à l'intérieur et entre les sociétés du Proche-Orient. Quant aux minorités, groupes ethniques censés être compacts et homogènes, aucune ne développe de véritable projet national. Bien au contraire, les exemples abondent de violences graves à l'intérieur des groupes concernés ou entre ces groupes qu'une hostilité commune est supposée opposer dans chaque État à la majorité arabo-sunnite dite dominante. C'est ainsi, à titre d'exemple, que les maronites ou les chiites du Liban, mais aussi les Kurdes d'Irak, connaissent des guerres intestines sanglantes et des polarisations divergentes dans les objectifs politiques et les stratégies d'alliance régionale, sources d'affrontements meurtriers à l'intérieur de ces communautés. Au Maghreb, les élites « islamisantes » comprennent de nombreux adhérents de souche berbère et, en Algérie, kabyle, ce qui devrait amener à atténuer la vision d'une dichotomie implacable entre une majorité arabe, qui serait favorable à l'islamisme, et le milieu kabyle, supposé occidentalisé et laïc.

En réalité, partageant avec la majorité de très nombreuses caractéristiques «ethniques» et culturelles, les communautés dites minoritaires souffrent des mêmes problèmes de fragmentation, de division, de solidarité clanique et clientéliste traditionnelle, que le groupe dit arabo-sunnite dominant. En particulier, le clivage entre groupes urbains et groupes ruraux, le clientélisme vis-à-vis des puissances en place, locales, régionales ou internationales qui peut aussi prendre des formes idéologiques poussées, les luttes pour le contrôle des sources de rente économique, sont autant de facteurs qui agitent et dictent aux majorités comme aux minorités des comportements similaires.

En fait, on oublie trop souvent que les sociétés du Proche-Orient sont des sociétés plurielles, aussi bien du fait de la géologie complexe des cultures sur lesquelles elles ont bâti leurs structures sociopolitiques de base, que du fait d'une variété de milieux géographiques et de modes de vie que l'absence d'industrialisation réussie n'a pas permis d'intégrer dans un tissu cohérent d'intérêts économiques communs. De plus, comme nous l'avons souligné précédemment, le Proche-Orient arabe, ottoman durant cinq siècles, n'a pas opéré encore sa mutation institutionnelle, en dépit de tous les régimes politiques qui s'y sont succédé au cours des dernières décennies. Les institutions de base du système ottoman, en particulier des lois de statut personnel différentes, souvent même, des juridictions séparées, régissent le régime du mariage et de la succession, en fonction de la communauté religieuse des citoyens. Lois fiscales et statut de la propriété foncière restent eux aussi incohérents du fait du substrat juridique ottoman et de modernisations partielles et fragmentées.

De plus, d'autres identités que celles de l'islam,

de « l'arabo-sunnisme » et du « fait minoritaire » sont vivaces au Proche-Orient, celle des grands groupes familiaux dont nous verrons au prochain chapitre qu'ils établissent une filiation mythologique aux racines bédouines pré-islamiques pour affirmer leur aristocratie du sang ; celle des urbains opposés aux ruraux ou aux Bédouins ; celle des élites occidentalisées opposées aux classes moyennes appauvries et majoritaires ; celle des analphabètes encore très nombreux dans cette région du monde, sans parler d'autres catégories organisées par les structures économiques très peu étudiées.

En réalité, la notion même de société plurielle, non archaïque mais aussi non industrialisée, est ignorée comme facteur d'explication : la perception de l'existence d'une telle société est la grande absente des études sur le Proche-Orient. Les modèles implicites de référence restent ceux des sociétés occidentales industrialisées avec leurs variantes « nationale » et « laïque » à la française d'un côté, le multiculturalisme à l'américaine, à la suisse ou à la belge, protégé par des institutions de type démocratique, d'un autre côté. Il ne vient pas à l'idée qu'il y a un modèle proche-oriental, vieux de plusieurs millénaires, dont les fondements s'effritent au gré des évolutions chaotiques de la région, ni qu'un nouveau modèle puisse émerger du fait même des involutions identitaires qui caractérisent l'atmosphère du Proche-Orient depuis quelques décennies et des traditions de manipulations des communautés ethniques et religieuses de la région[1].

Du moins, la perception de ce pluralisme dans les études sur le Proche-Orient, et c'est ici le fond du

1. Voir sur cette question G. Corm, *Contribution à l'étude des sociétés multiconfessionnelles. Effets sociojuridiques et politiques du pluralisme religieux*, LGDJ, Paris, 1971, ainsi que « Géopolitique des minorités au P.O. », *Hommes et Migrations*, n°s 1172-1173, janv.-fev. 1994.

problème, est trop souvent annihilée par la croyance axiomatique en la primauté d'une dichotomie irréconciliable entre une majorité homogène et une pluralité de minorités. Quelle que soit l'érudition dont font preuve les chercheurs ou les analystes, les très nombreuses nuances qu'ils introduisent entre différentes catégories de minorités et la nature de leur spécificité, ou même leur prise en compte des exceptions où une minorité non sunnite domine la majorité sunnite, il n'en reste pas moins que la catégorie conceptuelle de base servant à la saisie de la réalité plurielle est celle de « minorité ». Celle-ci est considérée, implicitement ou explicitement, comme une minorité « nationale » au sens que la culture européenne du XIXe siècle a donné à ce terme. La différence, quelles que soient sa nature et son intensité, devient la clé majeure et unique d'explication des événements et des comportements. Que les communautés dites minoritaires partagent avec la majorité la religion ou la langue ainsi que les mêmes structures familiales et tribales et une longue coexistence, ne change pas pour la plupart des historiens le prisme de perception axé sur l'existence d'une dichotomie supposée irréductible.

Parmi les facteurs qui facilitent cette fermeture de la problématique sur un identifiant spécifique, plus ou moins intense par rapport à la majorité, il y a aussi le fait que la majorité elle-même n'est guère mieux définie que la minorité. Là encore, comme dans le cas de la minorité, il semble y avoir confusion entre majorité ethnique au sens traditionnel du terme et majorité dominante politiquement au sens moderne, ce qui rend la cohérence logique et l'adéquation à la réalité difficile à réaliser. Ainsi, l'Irak, à majorité numérique chiite, fut largement gouverné jusqu'en 2003, date de l'invasion américaine, par une minorité sunnite. Bien plus, le cœur du pouvoir dictatorial du régime de Saddam Hussein était restreint au dictateur et à ses proches issus de la région de Takrit ; ce fut donc un pouvoir militaire à l'intérieur même de la minorité sunnite — et qui plus est non kurde — d'Irak, qui dominait la majorité numérique chiite, minorité politique. On peut émettre des considérations aussi étranges pour la Syrie où un clan de la minorité alaouite, allié à une fraction importante de la majorité sunnite (plus particulièrement les éléments ruraux et commerçants) domine de façon dictatoriale l'ensemble de la population, toutes communautés confondues. Où est la majorité par rapport à la minorité et vice-versa dans cette problématique fermée qui ne précise pas ses prémisses logiques, le territoire de l'observation et le champ d'analyse (ethnologique, sociologique, politique, religieux) et l'échelle temporelle de l'observation ?

Le plus souvent, les chercheurs contournent la difficulté, de la même façon que dans l'usage de la catégorie « monde musulman », en multipliant les exceptions, en créant toujours plus de sous-catégories conceptuelles par le mixage des notions et dénominations (ethnico-national, ethnico-religieux, ethnico-racial, ethnico-culturel, quasi-nation, pré-national, etc.), mais aussi en amplifiant le mode érudit, le souci du détail, l'accumulation de références bibliographiques. Dans ce cas, quelle est la pertinence de l'approche par l'identifiant ethnique et religieux qui entraîne immanquablement la problématique rarement opérationnelle de la dichotomie majorité/minorité ?

Dans cette logique d'observation organisée par la primauté de la catégorie « monde musulman » ou celle de la « majorité arabo-sunnite », on peut s'interroger, comme nous l'avons fait au chapitre 1, sur l'absence de toute observation relative à l'islam indien. C'est en effet dans la Péninsule indienne que la civilisation islamique s'est perpétuée et que les musulmans, minoritaires démographiquement, ont vécu dans une situation de pluralisme religieux et ethnique encore plus riche que celle du Proche-Orient. Sur le plan religieux, ce n'est plus avec des communautés chrétienne et juive, reconnues par la parole coranique et le droit musulman, que l'islam a dû coexister, mais avec le polythéisme hindou, polythéisme condamné sans recours par le texte coranique. Certes, lors de la décolonisation, une grande partie des musulmans de l'Inde fait sécession suite aux politiques « d'ossification » des communautés religieuses du sous-continent pratiquées par l'Angleterre[1]. Il n'en reste pas moins que le chercheur, dont l'observation est axée sur l'islam, ne peut ignorer les très riches expériences de pratique du pluralisme religieux aux Indes dont un ouvrage récent nous donne un aperçu saisissant, faisant ressortir la capacité d'acculturation et d'adaptation, voire de syncrétisme de l'islam[2].

Les libertés prises avec la cohérence épistémologique dans l'observation du Proche-Orient doivent ici encore être attribuées à la prégnance implicite de l'anthropologie et de l'ethnologie traditionnelle sur la méthode des orientalistes et islamologues.

1. Voir *supra* (chapitre 1, p. 74) la citation que nous avons faite de Romila Thapar, historienne indienne, expliquant la politique britannique de séparation des deux communautés hindoue et musulmane. On notera aussi que dix ans après la création du Pakistan, les Bengalais font sécession et fondent le Bangladesh, preuve s'il en est que l'islam, si « insécable » soit-il, ne peut véritablement servir d'identifiant majeur et exclusif à une communauté humaine. Il n'est pas une religion nationale, comme nous l'avons déjà expliqué au chapitre précédent.

2. Jackie Assayag, *Au confluent des deux rivières. Musulmans et Indiens dans le sud de l'Inde*, Presses de l'École française d'Extrême-Orient, Paris, 1995. L'auteur, dans sa Préface, énonce les précautions méthodologiques que doit adopter le chercheur : la méfiance par rapport « aux discours qui sont loin de correspondre aux pratiques effectives » ; la méfiance vis-à-vis d'une approche sociologique « à cible unique » ; ouverture de la problématique sur d'autres données que la seule description des affrontements intercommunautaires sous peine d'être submergé par une littérature trop abondante et répétitive ; la méfiance vis-à-vis des considérations générales idéologiques, politiques ou économiques sur la « situation des musulmans en Inde », parce que, explique l'auteur, « ces représentations prennent pour donné ce qui reste justement à construire et à étudier » (p. 12). C'est ce genre de précautions méthodologiques qui manquent le plus dans les écrits sur le Proche-Orient.

Cette méthode est forgée par les déterminants de la géopolitique et les traditions culturelles fortes que nous avons décrites aux deux chapitres précédents ; elle est aussi la résultante des traditions de la culture européenne associées aux grilles de lecture de la sociologie des conflits telle que forgée par la sociologie et la politologie pratiquées par les universités américaines qui ont imposé leur vision dans les sciences humaines à l'échelle mondiale. La sociologie abuse, en effet, de la notion de conflit ethnique sur toute situation de tension entre communautés que peut séparer une différence de couleur, de langue, de religion ou même de doctrine religieuse à l'intérieur d'une même religion. Nous revenons au problème de base que nous avons défini en introduction, à savoir celui de la cohérence des identifiants de temps, de lieu et d'espace, pour saisir l'histoire du Proche-Orient et définir les problématiques pertinentes de son présent et de son avenir.

En réalité, l'appareil conceptuel pour saisir l'altérité et la différence n'a pas de pertinence suffisante pour observer le Proche-Orient où le classement en « peuples », « races », « ethnies », « sectes » ou « nations » n'est pas opératoire sur les sociétés plurielles qui composent cette région du monde depuis la plus haute Antiquité. Une approche de l'histoire de la région ayant pour cadre exclusif l'analyse de l'existence de minorités ethniques nationales ou religieuses n'a donc pas plus de pertinence qu'une approche par l'omnipotence et l'omniprésence de l'islam dans la vie des sociétés du Proche-Orient.

En fait, les observateurs, s'ils reconnaissent le plus souvent qu'il n'y a pas eu au Proche-Orient d'États nationaux au sens européen du terme (ou qu'il n'y a pas d'équivalent de l'institution ecclésiastique dans la religion musulmane), n'en tirent pas toujours toutes les conséquences sur le plan de la réorganisation indispensable des champs et des techniques d'observation. L'absence de structures unificatrices de l'État national entraîne automatiquement et spontanément la mise en application de la méthode ethnologique et de l'approche anthropologique essentialiste. On ne voit plus que ce qui divise et l'on ne peut même plus appréhender ce qui unit, en dépit de la dominance absolue de l'identifiant religieux sur les prémisses mêmes de la méthode d'observation. Le moteur de l'histoire au Proche-Orient devient cette fragmentation, les événements sont analysés par une clé d'explication unique, l'islam qui ne parviendrait pas à s'accommoder de la moindre dissidence par rapport à son idéal supposé de société globale et totale. « Pour l'islam, écrit P. J. Vatikiotis, cherchant à expliquer l'acuité du problème des minorités dans l'Islam, le pouvoir, dans la communauté et l'État, émanait à l'origine d'une foi ethnique. Aussi les musulmans n'ont-ils pas souhaité partager avec d'autres le pouvoir que Dieu leur avait confié[1]. »

Il en est de même de la justification donnée par les différents spécialistes du Moyen-Orient à la primauté de l'identifiant religieux pour saisir la réalité de ces sociétés plurielles. Le principe axiomatique central des anthropologues occidentaux de l'islam qui posent l'impossibilité d'une séparation du temporel et du spirituel dans la société musulmane trouve vraisemblablement son origine dans l'expérience européenne elle-même où la lutte contre les structures institutionnelles hégémoniques de l'Église catholique, qui a permis l'émergence de l'État national moderne, a laissé des traces douloureuses dans la mémoire européenne. Mais en islam, l'absence d'Église rend inopérante la problématique de distinction entre pouvoir temporel et spirituel, telle que vécue dans l'histoire européenne. En fait, il n'y a pas de pouvoir spirituel en islam, le pouvoir n'est que temporel et le recours à la contrainte pour faire respecter

1. P. J. Vatikiotis, *L'islam et l'État, op. cit.*, p. 42.

le dogme ou les rites religieux a toujours dépendu du bon vouloir des souverains, précisément du fait de l'absence d'institutions similaires à celles de l'Église. C'est la découverte par les sociétés dites musulmanes, au contact de l'Europe, de l'organisation et des structures de l'Église, qui a inspiré aux dirigeants, hommes de religion, et aux élites intellectuelles locales les efforts modernes d'institutionnalisation de la religion et de la manipulation de ces institutions. Cette acculturation tout à fait inconsciente, en règle générale, de la religion musulmane aux modèles des institutions du christianisme et institutions politiques modernes conduit à l'aberration intellectuelle de mise en place de « républiques islamiques », à l'adoption de l'islam comme « religion de l'État » dans les constitutions, notions parfaitement incohérentes sur le plan du droit public musulman, d'inspiration chiite ou sunnite.

Il ne s'agit évidemment pas de nier l'existence d'organisations communautaires fortes que l'histoire a forgées au Proche-Orient, en l'absence d'État national. Les structures politiques ottomanes qui ont régenté le Proche-Orient durant quatre siècles ont fortifié ces structures communautaires. Le système des *millet* avait consacré la différence de statut juridique entre musulmans et non-musulmans à l'intérieur de l'empire. Mais dès le milieu du XIXe siècle, le système a évolué, créant des tensions, des événements, des changements considérables d'élites et de conditions socio-économiques. La colonisation européenne, le jeu des influences géopolitiques des grandes puissances, la fin de l'Empire ottoman, l'émergence de nouveaux États, la décolonisation et les successions de révolutions ont totalement modifié la physionomie de la région et de ses sociétés.

Si la nation, au sens moderne et démocratique du terme, n'existe pas au Proche-Orient, c'est donc moins en raison de spécificités religieuses ou ethniques de type essentialiste qu'en raison d'évolutions historiques divergentes, en particulier l'évolution économique, ainsi que des jeux de la géopolitique toujours très agissante à l'intérieur même des sociétés du Proche-Orient. Car, les élites du Proche-Orient, appartenant à la « majorité » ou aux « minorités », ont toutes été soumises à l'impact des idées européennes. La question centrale toujours non résolue est bien celle de trouver « la nation », de l'identifier, de la structurer, de lui assigner des frontières et de pouvoir faire respecter un système politique légitime et consensuel. Nation islamique, nation arabe, petites nations « minoritaires », États « provinciaux » arabes : l'impact des idées de la modernité est forte, même si le substrat économique, base de cette modernité, est toujours manquant.

Si la nation n'existe pas, pourtant le sentiment d'oppression « nationale » est fort, que l'on se dise musulman appartenant à la « Oumma », arabe appartenant à la nation séculière arabe, arabo-musulman ou que l'on se réclame d'un groupe « minoritaire », les clés d'identification par la religion, par la nation ou par le « fait » minoritaire entraînent en réalité une conscience malheureuse, le sentiment d'inachèvement et d'oppression. Guerres civiles, terrorisme, manipulations et pressions des puissances extérieures alimentent cette conscience.

LA NÉCESSAIRE SÉPARATION DE L'HISTOIRE PROFANE ET DE L'HISTOIRE RELIGIEUSE

Une compréhension de l'histoire de la région, une remise en ordre des mémoires collectives exigent que l'histoire de la religion musulmane, en tant que religion, soit entreprise et développée, au même titre que les histoires de l'Église ou des autres grandes religions[1]. Comme nous l'avons constaté, si l'islam est bien issu, à l'origine, de la Péninsule arabique, le Proche-Orient ne reste pas très longtemps son centre de gravité principal. L'islam devient une religion asiatique majeure, non sans avoir été quelques siècles durant une religion de la périphérie européenne (Espagne, Sicile et sud de l'Italie et, plus tard, avec les Ottomans, les Balkans).

Pour y voir clair, en effet, l'histoire de l'islam doit devenir une branche de l'histoire religieuse et le Proche-Orient ne saurait être son centre d'observation hégémonique et permanent. De même qu'il n'y a pas un seul christianisme, un seul judaïsme, un seul bouddhisme ou même un seul brahmanisme, il n'y a pas un seul islam, mais des islams avec de nombreux rameaux, des structures théologiques et des jurisprudences très diverses. La connaissance de leurs variations dans le temps et dans l'espace, dans une approche visant à mieux appréhender le phénomène religieux lui-même, est une condition préalable à une remise en ordre des savoirs qui ouvre la porte à celle des mémoires et des patrimoines historiques.

Or, aujourd'hui, même lorsque les meilleurs connaisseurs arabes ou européens de l'islam décrivent l'évolution de la religion et des institutions islamiques, l'islam indien, malais, indonésien et africain est exclu de l'observation qui comprendra, tout au plus, l'islam andalou et l'islam turc et perse. Chez les penseurs arabes, la perception est le plus souvent celle d'un déclin irrémédiable qui affecte la

1. On notera que beaucoup d'ouvrages sur l'histoire du judaïsme, en particulier depuis l'affirmation du Mouvement sioniste et la création de l'État d'Israël, suivent la même tendance que les histoires de l'islam : continuum historique, exclusivisme et vocation globalisante au niveau d'une identité perçue comme immuable, qui n'exclut pas des descriptions érudites et pittoresques de la variété des judaïsmes de par le monde, sans que les cohérences conceptuelles soient mises en cause ou que l'histoire profane soit séparée de l'histoire religieuse.

religion musulmane à partir de la fin de l'Empire abbasside et de la fermeture des portes de l'exégèse religieuse. La responsabilité de ce déclin est attribuée à la domination turque, sans s'interroger sur cette affirmation ou étendre le regard aux autres zones géographiques où l'islam a continué longtemps encore d'être un vecteur important de civilisation. La perception arabe et la perception européenne, qui s'influencent réciproquement, se rejoignent et se recoupent dans ce domaine, même si les observateurs en tirent des conséquences différentes ou opposées. Il y a un effet de miroir que nous avons déjà évoqué.

La raison en est l'impossibilité dans les deux cultures modernes, européenne et arabe, de séparer l'histoire sociale, politique et profane des sociétés où l'islam est la religion dominante — ou une des religions principales —, de l'histoire de la religion et de la civilisation islamiques proprement dites. Sous le prétexte bien spécieux que le christianisme séparerait le temporel du spirituel alors que l'islam le confondrait d'une façon quasiment génétique, défiant les règles universelles de fonctionnement des sociétés et lui conférant une spécificité irréductible, personne ne songe à opérer, dans la connaissance des sociétés du Proche-Orient, la séparation des domaines distincts que sont ceux d'une histoire religieuse par rapport à une histoire politique, ethnique ou nationale. La prégnance de l'approche anthropologique traditionnelle, chez les Arabes comme chez les spécialistes occidentaux, est telle que les apports de la sociologie de la connaissance sont ignorés. En particulier, on ne décèle dans les recherches sur le Proche-Orient aucune influence des écrits de Maurice Halbwachs décrivant les différents modes de formation de la mémoire collective. Ce dernier, en effet, analyse de façon magistrale le fonctionnement spécifique des divers types de mémoire collective et des modalités de la reconstruction du passé par les groupes sociaux distincts ; il reconstitue, dans une description que l'on peut appliquer à plusieurs sociétés, le jeu des mémoires individuelles, mémoires familiales et mémoires historiques[1]. Sa description du fonctionnement de la mémoire collective religieuse en tant que reproduction mythique, sa distinction entre tradition dogmatique et courants mystiques dans le christianisme, constituent une grille de lecture qui pourrait être appliquée avec pertinence à la religion musulmane ou toute autre religion[2].

C'est ainsi, par exemple, que l'institution du califat, censée rassembler tous les musulmans dans une même structure politique, n'a plus fonctionné depuis la décadence abbasside du xe siècle. La jurisprudence islamique elle-même s'est fort bien accommodée de l'existence de pouvoirs temporels fonctionnant sans institution propre ou avec une institution purement nominale et sans pouvoir. Pourtant, les descriptions contemporaines de l'islam dans la littérature européenne, comme dans celle des mouvements islamistes musulmans, continuent de présenter les grandes notions de l'Oumma[3] et du califat comme toujours prégnantes dans les sociétés musulmanes. Elles supposent que chaque musulman, où qu'il se trouve,

1. Maurice Halbwachs, *Les cadres sociaux de la mémoire* (1925), ainsi que *La mémoire collective* (1950), deux ouvrages réédités chez Albin Michel, Paris, 1994 et 1997 respectivement.

2. *Les cadres sociaux de la mémoire, op. cit.*, p. 178-221.

3. Dans la culture musulmane, la notion de « Oumma » (mère, origine) est d'abord une notion religieuse, celle de communauté spirituelle des croyants ; c'est sous l'impact des idées européennes qu'elle sera infléchie vers une notion de nationalisme religieux et les formes modernes de panislamisme, cependant que les nationalistes arabes contemporains emploieront plus ce terme au sens d'origine ethnique commune, ou au sens révolutionnaire moderne de « mère-patrie » que dans le sens religieux proprement dit. La culture musulmane classique emploie le terme de « Jama'at » pour désigner la communauté religieuse politiquement organisée. En réalité, la culture arabe classique, dans sa composante religieuse ou profane, ne connaît pas à l'origine le couple majorité/minorité introduit par la culture européenne.

souffre dans sa psychologie profonde de l'absence de réunification de l'Oumma et de la disparition du califat ; que, de plus, la séparation du temporel et du spirituel que la modernité européenne a disséminée à travers le monde serait une autre souffrance, un sentiment additionnel de frustration dans les sociétés musulmanes. Il en est de même de la capacité de la religion musulmane à accepter le pluralisme religieux, non seulement avec les deux autres grands monothéismes, mais aussi avec le polythéisme zoroastrien en Iran, védique aux Indes ou bouddhique en Indonésie et en Malaisie, et cela en dépit des injonctions coraniques de lutter contre le polythéisme jusqu'à son extinction définitive.

Cette dichotomie entre une « cité musulmane » idéale et toujours unie par les liens de la foi, en quelque lieu que se trouvent les croyants, et la réalité des sociétés bien distinctes par l'histoire, la géographie ou les origines ethniques n'est pas vraiment reconnue. Lorsqu'elle est prise en compte, c'est plus pour confirmer la validité de l'identifiant par le religieux que pour l'infirmer. Comme nous l'avons vu au chapitre 1, pour les spécialistes de l'islam, l'écart entre le modèle idéal et la réalité fragmentée devient un argument additionnel dans la saisie de la région par l'analyse d'un système de valeurs religieux ; dans la problématique la plus courante, cet écart devient une clé majeure d'explication des instabilités, de la violence et du manque de légitimité politique des dirigeants locaux. Pour l'islamologie actuelle, ce ne sont pas les injustices sociales, le sentiment d'humiliation résultant de la décadence séculaire et de ses conséquences dramatiques en termes de guerres, de violences et d'interférences des puissances internationales dans la vie des sociétés du Proche-Orient qui servent d'éléments de contexte pour expliquer l'instabilité et le manque de légitimité des dirigeants ; c'est la tension de type théologique entre le modèle de la cité idéale, sacrée, et la réalité désacralisée qui éclairerait les tourments des sociétés du Proche-Orient. Le « monde musulman » devient ainsi une société intemporelle, vivant hors de la configuration de l'espace et de l'histoire, comme les sociétés archaïques ou primitives.

Pourtant, l'éminent historien du monde musulman au Moyen Âge que fut Claude Cahen ne manque pas de poser crûment la question de savoir pourquoi tant d'historiens musulmans célèbres ont plus centré leurs écrits sur les sociétés dont ils étaient directement issus que sur l'histoire globale des sociétés musulmanes. « Il est bien connu que les Musulmans ont toujours eu d'une certaine manière, même si elle se matérialise difficilement dans la vie politique, une conscience profonde de la ʻumma. Cette ʻumma est évidemment conçue sur un plan moral comme la communauté de tous les hommes qui adhèrent à la foi musulmane sans considération de race, de position géographique ni de moment historique. On pourrait néanmoins s'attendre, dans une civilisation qui a toujours eu le sens de l'histoire, à ce que la conscience de la ʻumma s'accompagnât d'un souci de connaître l'histoire effective de tous les peuples musulmans. Or force nous est de constater, étrangeté qui n'a peut-être pas été remarquée, la quasi-absence, ou en tout cas l'apparition seulement tardive, d'un tel souci[1]. »

C'est pourquoi ce sont les hypothèses mêmes de l'approche du Proche-Orient par le religieux, posées comme axiome à toute organisation de la connais-

1. Claude Cahen, *Les peuples musulmans dans l'histoire médiévale*, Institut français de Damas, Damas, 1977, p. 1 (« Réflexions sur la connaissance du monde musulman par les historiens »). L'auteur ajoute dans le fil de son interrogation : « Il paraît difficile d'échapper à la conclusion que l'histoire des divers pays musulmans, en raison de son aspect particulariste, intéressait moins que leurs apports à la commune civilisation ou même les images géographiques à additionner pour composer une vue globale du dar al-islam. Naturellement cette constatation, si elle existe, n'est pas encore vraiment une explication, mais là je m'avoue incompétent » (p. 5).

sance, qu'il conviendrait de remettre en cause. Cela au demeurant n'enlèverait rien à la grande valeur d'érudition que l'orientalisme et l'anthropologie religieuse de l'islam ont apportée. Mais, il faut bien, à un moment, codifier les savoirs, séparer les temporalités, reconnaître que les sociétés du Proche-Orient de cette fin de siècle n'ont pas plus en commun avec leur passé idéalisé que les Italiens de la Renaissance ou ceux d'aujourd'hui avec l'Empire romain ou que les Grecs depuis la chute de Constantinople avec les Athéniens et les Macédoniens du temps d'Alexandre.

La première démarche qui s'impose dans ce cadre est une séparation, au sens même d'une approche historique, entre histoire profane et histoire religieuse. Une séparation de ces deux types d'histoire conduirait à devoir délimiter le sujet d'observation historique, à sortir de l'anthropologie religieuse monotone sur l'islam, à redécouvrir des peuples et des sociétés avec leurs caractéristiques propres, leur histoire, leur vécu social, en dehors du seul prisme d'une société globale, intemporelle et imaginaire, exclusivement modelée et identifiée par la religion musulmane ou les « faits minoritaires ». Cela suppose qu'une autre distinction préalable soit faite, celle des domaines respectifs de l'histoire proprement dite et de l'anthropologie religieuse. La confusion qui continue d'être pratiquée dans les études académiques européennes ou américaines entre histoire et anthropologie religieuse sitôt qu'il s'agit du Proche ou du Moyen-Orient est source d'une méconnaissance permanente de l'histoire politique réelle ; de plus, elle entraîne une sous-estimation de l'importance capitale des problèmes économiques et sociaux des peuples du Proche-Orient.

Enfin, il conviendrait que l'histoire de la région marque les différences temporelles, sépare un « Moyen Âge », âge d'or — parmi d'autres — dans la longue histoire du Proche-Orient, pré ou postislamique. On ne peut continuer, pour mettre en contexte le Proche-Orient, de se contenter de décrire cet âge d'or comme s'il était à chaque instant, par l'effet de mots magiques, tels que Oumma, islam, Dar el islam, Jihad, toujours présent dans le réel vécu[1].

Cette approche équivaut, en fait, à traiter du Proche-Orient comme si les grands Empires abbasside ou ommeyyade étaient toujours en place et organisaient la vie des peuples. C'est d'ailleurs ce que soulignent deux spécialistes de l'histoire de la civilisation musulmane lorsqu'elle était effectivement à l'apogée de son rayonnement et unissait dans un même bloc culturel des peuples aussi divers qu'ils le sont aujourd'hui, en dénonçant «la tendance commune à parler d'une civilisation islamique originale et toujours semblable à elle-même» ; ces auteurs mettent en cause la notion «d'une civilisation islamique trop souvent considérée comme intemporelle[2]».

1. On verra l'ouvrage de Clifford Geertz, *Observer l'islam. Changements religieux au Maroc et en Indonésie*, La Découverte, Paris, 1992, qui constitue un des rares essais de séparer l'histoire profane de la pratique religieuse et veut observer cette dernière, en tant qu'«aspect général de la vie spirituelle». Geertz explique «le fossé considérable» qui a toujours existé entre «ce que révèle le Coran, ou que la tradition sunnite (donc orthodoxe) est venue à considérer qu'il révélait, et ce que croient effectivement des gens qui se désignent eux-mêmes comme musulmans. Ce n'est pas à vrai dire que ce fossé s'élargisse, continue l'auteur, il a toujours été considérable, et je serais bien en peine de montrer que le paysan javanais ou le pasteur berbère de 1700 auraient été plus proches de l'islam d'Al-Shafi'i ou d'Al Ghazali que ne l'est aujourd'hui la jeunesse occidentalisée de Jakarta ou de Rabat» (p. 29). Geertz met d'ailleurs en garde sur la nécessité de respecter les «séquences temporelles» ; sans elles, dit-il, «les descriptions du passé ne sont que des catalogues ou des contes de fées» (p. 34). Pour cet auteur, il convient de «bien isoler les principaux thèmes conceptuels, chercher leurs relations, décrire leurs manifestations symboliques, leurs vecteurs culturels d'expression, de manière assez précise pour que les idées ne restent pas à flotter dans un monde fantomatique d'objets platoniciens, mais soient localisées et nommées» (p. 34). Il faut aussi, pour lui, étudier «dans quelle sorte d'ordre social» ces thèmes conceptuels ont pu apparaître et se développer (p. 34).

2. D. et J. Sourdel, *La civilisation de l'Islam classique*, Arthaud, Paris, 1976, p. 13 et p. 467, pour l'expression de civilisation islamique «intemporelle». Explicitant dès les premières pages de leur

En réalité, cela revient à décrire la Grèce ou l'Italie comme si l'Antiquité grecque ou romaine avec leurs patrimoines étaient toujours agissantes au cœur de la psychologie quotidienne. Cela équivaudrait aussi à ne considérer les efforts d'unité européenne que parce que le souvenir du Saint-Empire romain germanique habiterait encore le fond des consciences.

Il est intéressant ici, de rappeler l'œuvre d'Henri Laoust qui, dans un ouvrage exceptionnel, aborde l'islam non par le champ classique de l'anthropologie orientaliste, mais par celui de l'histoire religieuse proprement dite dans une optique comparatiste. « L'absence dans la société musulmane, écrit Laoust, d'un véritable clergé, et la possibilité, pour tout membre de la communauté, d'ordonner le bien et d'interdire le mal, à la condition de disposer de l'instruction nécessaire, concourraient à faire de l'islam la plus laïque des religions[1]. » On réalise combien une telle affirmation, sous la plume d'un érudit tel Henri Laoust, va à contre-courant des affirmations axiomatiques sur l'impossibilité pour la religion musulmane de séparer le temporel du spirituel.

Laoust décrit les dissensions graves qui affectent l'institution du califat dès sa naissance, à la mort du Prophète, et n'hésite pas à affirmer : « Les quatre premiers califes et Mu'âwiya étaient tous des Quraishites. Avec le khârijisme s'affirmait, non seulement

---

Introduction leur démarche, ces auteurs écrivent : « Les traits de cette foi simple, qui s'accompagne d'obligations sociales et individuelles depuis longtemps codifiées, sont suffisamment marqués pour avoir modelé, et modeler toujours à l'époque actuelle, bien des aspects psychiques et bien des habitudes sociologiques des adeptes qui s'en réclament. D'où la tendance commune à parler d'une civilisation islamique originale et toujours semblable à elle-même que l'on retrouverait dans des régions géographiquement fort diverses et qui se serait constituée dès la proclamation de la révélation coranique par la bouche de Muhammad pour se perpétuer ensuite, sans modifications notables, après avoir fondu en une seule "communauté des Croyants" tous les représentants d'un monde islamisé » (p. 13).

1. Henri Laoust, *Les schismes dans l'islam. Introduction à une étude de la religion musulmane*, Payot, Paris, 1965, p. 370.

le droit pour les croyants de s'insurger contre l'imâm coupable d'une faute grave, mais encore celui de choisir librement leurs chefs, que ceux-ci fussent ou non de descendance quraishite. À la notion d'un califat unitaire qui avait eu tendance à prévaloir, faisait place un pluralisme politique qui s'inscrira le plus souvent dans les faits. Plus démocratique et en un sens plus égalitaire, le khârijisme pouvait aussi apparaître sous les traits d'un rigorisme moral plus fortement marqué, ennemi des concessions et des compromissions auxquelles accule l'exercice du pouvoir[1]. »

Toujours à propos du califat, Laoust rappelle : « La nécessité, pour la communauté, de se scinder politiquement en une multiplicité d'États, est aussi reconnue dans le khârijisme et on peut dire que le réformisme contemporain, dans la mesure où il a fait siens les impératifs des nationalismes dominants, a dû, en définitive, s'accommoder d'un pluralisme politique dont l'histoire musulmane, au cours des siècles, avait donné de constants exemples[2]. »

Parlant de sunnisme, considéré par la plupart des spécialistes du Proche ou du Moyen-Orient comme la base de l'idéologie structurante du monde arabe et, plus généralement du monde musulman, Laoust ne manque pas de remarquer : « Mais le sunnisme, si grand qu'ait été parfois son souci de réalisme et de compromis, n'a jamais réussi, tout en restant majoritaire, à réaliser la vaste unité communautaire vers laquelle il tendait et lui-même apparaît plus profondément diversifié que ses grands docteurs s'efforcent de nous le présenter[3]. » Nous sommes ici aux

1. *Ibidem*, p. 13 ; les kharidjistes désignent ceux parmi les Arabes qui refusèrent le compromis passé entre Ali, gendre, cousin du Prophète et quatrième calife, et Mou'awiya, gouverneur de Damas, prétendant au titre de calife et qui fondera la dynastie des Ommeyyades à l'assassinat de Ali.

2. *Ibidem*, p. 432-433.

3. *Ibidem*, p. 458-459.

antipodes de la perception actuelle de l'islam où, dans la plupart des analyses, la parole des « grands docteurs » ou la fièvre verbale virulente des chefs de mouvements islamiques radicaux est prise pour une réalité globale agissant à tous les niveaux de la société.

En fait, sitôt que l'islam est abordé en tant que religion et non plus en tant que « fait social total » à la mode de l'ethnologie traditionnelle ou même de certaines tendances de la sociologie, influencée par l'ethnologie, les réalités historiques peuvent apparaître et montrer un réel bien différent. La perspective comparative si enrichissante s'ouvre alors sur d'autres religions, d'autres sociétés, au lieu d'être enfermée dans un essentialisme et un culturalisme qui restreignent considérablement l'analyse. Dans ce cas, on peut voir à l'œuvre les fortes influences pré-islamiques qui ont forgé l'islam et sa « civilisation classique », dont on peut enfin reconnaître qu'elle a définitivement disparu.

Apparaît alors le problème de la pertinence des mises en question qu'appellent les problématiques de type islamophile ou islamophobe, qui n'envisagent le destin du Proche-Orient et sa modernisation qu'à travers le seul « réveil » de l'islam, incarné par la floraison de mouvements politiques locaux se réclamant de cette religion et dont les divisions, querelles et fragmentations sont patentes sitôt que l'observateur se dégage de « la fascination de l'islam ».

Ces problématiques de la modernisation par la voie obligée de l'islam s'inscrivent dans le cadre des règles et des méthodes de la sociologie fonctionnelle américaine[1]. C'est ainsi que l'analyse des mouve-

1. C'est dans ce même cadre d'analyse que la sociologie américaine, il y a quelques décennies, estimait que la modernisation et la sécularisation des sociétés occidentales étaient un succès ; voir, par exemple, les deux beaux ouvrages classiques de Daniel Lerner, *The Passing of Traditional Society; Modernizing the Middle East*, The Free Press New York, 1958, et *Religion and Political Modernization*,

ments politiques se réclamant de l'islam occupe tout le champ d'observation et qu'une continuité historique artificielle est établie entre eux et les institutions de l'islam classique des premiers siècles.

Les ruptures, les discontinuités, les fragmentations de la conscience collective, les grandes évolutions économiques et sociales, les bouleversements des structures et donc des cadres sociaux de la mémoire si bien décrits par Halbwachs, les contextes de rivalités géopolitiques régionales sont des phénomènes souvent absents de l'analyse centrée sur un modèle historique compact, idéal et intemporel, du VIIe siècle à nos jours. Si ces phénomènes de tensions et de fragmentations sont parfois évoqués, c'est pour justifier la permanence d'une personnalité de base, organisée par la toute-puissance de l'islam, ordonnant la vie de ces sociétés quels que soient les changements et les ruptures. Parallèlement, la conscience occidentale considère désormais, de plus en plus explicitement, qu'il existe une continuité historique entre les royaumes hébreux antiques et l'État d'Israël créé en 1948. La perception de la légitimité de l'État d'Israël par un continuum historique apparaît d'autant plus naturelle aux yeux de la culture européenne que le monde musulman est lui-même paré de cette continuité artificielle, que sa culture continue de revendiquer par ailleurs.

Il est intéressant de noter ici la polarisation de la haine des mouvements islamiques sur la laïcité occidentale ainsi que le discrédit que veulent jeter ces mouvements sur la pensée laïque arabe. Dans la littérature islamiste, en effet, la laïcité vient se confondre avec la notion de « perte d'identité » et

---

sous la direction de Donald E. Smith, Yale University Press, New Haven, 1974.

« d'agression culturelle » pratiquée par l'Occident à l'égard des musulmans. Intoxiqués par l'hégémonie de la notion de globalité de l'islam et employant les notions modernes de séparation du temporel et du spirituel, évidemment inconnues des docteurs de la loi à l'âge d'or de la civilisation islamique, les théoriciens des mouvements islamiques font du refus de la laïcité dont ils emploient pourtant la problématique d'origine, à savoir la dichotomie temporel/spirituel, un étendard de patriotisme anti-occidental[1]. Le « réveil » de l'islam (*sahoua* en arabe), terme fort à la mode, ne manque pas de résonner auprès de certains segments de l'opinion arabe qui y voient, enfin, après les échecs du nationalisme laïc, une revanche sur l'Occident par le refus catégorique d'acculturer ce qui est considéré comme une des valeurs majeures de la civilisation européenne.

Croyant œuvrer pour la consolidation de l'existence de leurs sociétés par une rupture avec la culture occidentale, les théoriciens de l'islamité ne font, en réalité, que perpétuer la dépendance intellectuelle de « l'Orient musulman » sur des grilles de lecture occidentales. La laïcité, en effet, n'est pas une caractéristique « nationale » ou « ethnique » propre aux peuples occidentaux, comme le laisse supposer implicitement la guerre qui lui est déclarée par les mouvements islamistes ; elle est une

1. Ainsi un pamphlet antilaïc, recueil d'articles d'un intellectuel égyptien islamisant polémiquant avec ses collègues rationalistes et laïcs, n'hésite pas à associer la laïcité avec la trahison ; voir Mohammed Mourou, *Laïcs et traîtres*, Dar el Rouada, Le Caire (sans date). La couverture porte de nombreux sous-titres : « Qui sont les laïcs ? Le devoir du musulman envers la laïcité ; la laïcité : les origines obscures... les effets pervers. » Mais il est parfois plus grave de voir d'anciens intellectuels arabes, ayant milité dans les partis laïcs, céder à l'effet de mode local et international sur le retour du religieux dans la vie des sociétés et confondre laïcité et dépersonnalisation nationale (voir *infra* note 1, p. 260).

forme d'organisation du pouvoir et de réorganisation des liens sociaux qui est née historiquement en Europe, non parce que le christianisme séparerait par essence le temporel du spirituel, séparation qui n'a même pas été concevable durant des siècles, mais justement pour trouver une solution pratique à des guerres de religion intestines qui menaçaient l'avenir des sociétés chrétiennes[1].

Par la dynamique même de décadence et d'échec des sociétés arabes, l'interdiction de l'instrumentalisation du facteur religieux dans l'arène politique, ce qui constitue l'essence même d'une pratique de la laïcité, est considérée comme anathème pour le bien-être des sociétés musulmanes. Pourtant cette interdiction, seule, pourrait ouvrir la voie à l'apaisement des conflits qui déchirent un peu partout les sociétés qui se sont enfermées dans des systèmes politiques prétendant faire de la défense de la religion l'élément central de la légitimité politique, comme forme de patriotisme négatif vis-à-vis de l'hégémonie de la culture occidentale. Sur ce plan, nous l'avons déjà dit, le « réveil » de l'islam, qui se traduit par une antilaïcité militante, est aussi le réveil des vieilles querelles politico-religieuses ayant leurs sources dans la succession politique du prophète Mohammed et qui ont déchiré les empires, les royaumes et sultanats à plusieurs époques de l'histoire. Le fait d'écarter toute possibilité de laïcité ins-

1. La culture européenne, en se posant comme un contre-modèle de la culture des sociétés primitives ou archaïques, a elle-même largement contribué à forger le mythe de son « génie » laïc qui serait inscrit au cœur de la théologie chrétienne, et cela à l'encontre de toutes les évidences historiques. Le contre-mythe pour la culture européenne est la faiblesse congénitale de séparer le temporel du spirituel dans les autres sociétés moins avancées dans l'échelle des civilisations. Ici non plus les échelles de la temporalité ne sont pas respectées. La laïcité européenne est une grande innovation qui ne s'est généralisée que depuis peu, particulièrement pour ce qui est de l'Europe du Sud ; de plus, on pourrait analyser la persistance de l'antisémitisme en Occident comme un échec particulièrement douloureux de l'essence de la laïcité.

titutionnelle, qui viendrait d'ailleurs sanctionner une laïcité des comportements, écarte toute solution durable au problème de la légitimité des dirigeants et de leur appartenance à tel ou tel rameau de l'islam[1].

Cette antilaïcité est la résultante du jeu des imaginaires collectifs, prisonniers des effets de miroir que se renvoient l'Orient et l'Occident ; elle est aussi le produit des catégories conceptuelles piégées et des problématiques inadéquates sur lesquelles se construisent ces imaginaires historiques enfiévrés par la conjoncture renouvelée de décadence du Proche-Orient.

La nécessité de ces remises en ordre épistémologiques sur le plan de la saisie historique apparaît en pleine lumière à travers la critique pertinente faite récemment à l'historiographie occidentale sur l'islam dans un ouvrage majeur[2]. Cet ouvrage tend à montrer la distance qui sépare les réalités de la naissance de l'islam du mythe et de l'histoire sacrée qui ont été construits par la suite par la tradition musulmane médiévale. C'est ainsi que l'auteur de cet ouvrage, qui a mobilisé toutes les techniques de la critique en matière d'analyse des documents historiques, n'hésite pas à écrire : « Depuis près de deux siècles que les savants d'Occident se penchent sur les origines du monde musulman, il y a eu de la naïveté à penser que l'histoire était celle que disaient les textes issus de ce monde et que l'on pouvait les lire directement et sans autre précaution de méthode pour obtenir les réponses que l'on chercherait. Il est vrai que la masse des documents que les philologues orientalistes du XIXe siècle spécialistes du monde

1. Cette laïcité des comportements qui tranche avec l'archaïsme du discours politico-religieux a bien été mise en relief par Aziz El-Azmeh, *Dunia al din fi hader al'arab* (L'univers de la religion dans le présent des Arabes), Dar el Talia't, Beyrouth, 1996.

2. Jacqueline Chabbi, *Le seigneur des tribus, l'islam de Mahomet*, Noêsis, Paris, 1997.

musulman eurent à traiter était tout à fait considérable. Le temps semble être venu aujourd'hui de soumettre ces données au crible de la méthode historique et aux rigueurs qu'imposent les sciences humaines. La première règle à appliquer et sans doute la plus fondamentale est celle de la mise en contexte. Il s'agit de ne plus continuer à traiter des faits de récits comme des faits advenus avant d'en avoir posé la possibilité d'existence dans un contexte donné. À négliger cela, on tombe invariablement dans l'extrapolation la plus débridée. L'histoire au sens où nous l'entendons ne saurait en tout cas se confondre avec l'histoire sacrée que les sociétés se racontent à elles-mêmes pour se doter de mythes de donation ou de supports d'identification et de croyance[1]. »

Jacqueline Chabbi distingue bien dans l'Avertissement qui introduit son ouvrage « l'advenu que l'historien cherche à reconstruire par l'hypothèse » du domaine du « sacré qui se pose comme une vérité intemporelle ». Aussi l'historien doit-il être « en principe prémuni contre la tentation du mythe », et, dit-elle, « il n'a donc rien à dire à un théologien sur la religion et surtout pas comment il doit croire[2] ». Cette approche critique pousse encore plus loin celle faite par D. et J. Sourdel qui avaient séparé la civilisation de l'islam classique de la réalité actuelle du monde musulman. L'auteur de *L'islam de Mahomet* sépare la réalité des origines de l'islam de la construction postérieure de l'histoire sainte qui en est faite à la période classique. Démarche que les historiens du christianisme ont effectuée il n'y a pas si longtemps et dont les écrits de Halbwachs montrent bien la nécessité pour éclairer le sens des luttes politiques et des stratégies culturelles des grands acteurs sociaux.

1. *Ibidem*, p. 19-20.
2. *Ibidem*, p. 21-22.

Ainsi sont recensées dans l'ouvrage de Jacqueline Chabbi les « translations » dans le temps coranique lui-même, car, dit l'auteur, d'un point de vue de la méthode historique, « il n'y a pas lieu de supposer que ce qui n'est pas nommé dans le texte coranique soit présent en position de sous-entendu si la lecture exégétique des textes califaux le fait apparaître ensuite[1] ». C'est ce que beaucoup de penseurs arabes de la génération des années trente ont tenté[2], et que tentent d'obtenir une nouvelle génération de chercheurs, sans pour autant parvenir à faire reconnaître dans les deux cultures arabe et occidentale la nécessaire séparation entre le mythe, la construction du sacré et la saisie du réel par la méthode de la critique historique[3].

1. *Ibidem*, p. 23

2. Notamment Taha Hussein, Ali Abdel Razik, Ahmad Amin, Mohammed Hussein Heikal qui ont dû se rétracter ou s'abstenir de continuer dans la ligne « rationaliste » et critique choisie, certains mêmes se reconvertissant par déception du rationalisme dans l'écriture sur le mode de l'histoire sainte, tel Mahmoud Al Akkad. Ces auteurs, tous d'Égypte, ont évidemment fait face à la colère de l'Azhar, grand collège des docteurs de la loi, le plus souvent soutenu par l'État dans les polémiques des années trente où le roi Fouad était candidat au califat que les fonctionnaires britanniques du Gouvernement des Indes tentaient de ressusciter. Sur le retour vers l'islam traditionnel, on lira avec profit le riche ouvrage de Mohammed J. Al Ansari, *Al fikr al 'arabi wa sira'al addade* (La pensée arabe et la lutte des contraires), Al Mouassat al 'arabia lill dirassat wal nashr, Beyrouth, 1996 ; cet ouvrage est doté d'un double sous-titre très explicite : « Comment le "concilianisme" (*al tawfikiah*) a contenu la lutte interdite entre le fondamentalisme et la laïcité et remis à plus tard l'issue de la confrontation entre l'islam et l'Occident — Un diagnostic du refus de trancher dans la société arabe et les techniques de résorption par la conciliation des dialectiques interdites. »

3. En particulier, Mohammed Shahrour en Syrie qui effectue une lecture du Coran à partir de l'usage des mots et de leur contenu à l'époque même du Prophète et non comme les commentaires coraniques de l'époque classique l'ont imposée. Voir en particulier *Al Kitab wal Koran ; kiraat mou'asirat* (Le livre et le Coran : une lecture contemporaine), Shirkit al matboua't lill tawzi' wal nashr, Beyrouth, 1994, mais aussi *Al islam wal Iman, Manzoumat al quiam* (L'islam et la foi, le système des valeurs), Al Ahali lill liba'at wal nashr, Damas, 1996 ; ainsi que d'autres auteurs qui seront évoqués longuement au chapitre 21.

Une remise en ordre s'impose sur le plan de la cohérence conceptuelle, des différents champs d'approche historique, en particulier la validité des croisements des problématiques (ethnologique, sociologique, politologique, anthropologique) sous le signe unique de l'identifiant religieux, tels que nous les trouvons mis en œuvre dans les deux cultures, occidentale et arabe, sitôt qu'il s'agit de saisir le Proche-Orient. Traditions européenne et arabe sont également en cause dans ce domaine. En particulier l'effet de miroir que nous avons vu à l'œuvre a une forte capacité de légitimation. Les intellectuels islamisants du monde arabe renvoient, en effet, à la perception occidentale et à ses grilles de lecture un flot d'écrits qui fortifient la croyance dans la validité de la grille, que ces écrits soient de type académique ou issus du militantisme politique radical se réclamant de l'islam. Plus ces écrits sont inspirés par un antagonisme à l'égard de l'Occident, une critique de son regard senti comme dépréciatif ou hostile, plus le chercheur occidental y trouvera une affirmation idéologique de la spécificité de l'islam de type essentialiste, un refus des valeurs de la laïcité. Il aura du mal à réaliser qu'il est prisonnier de cet effet de miroir qui lui interdit d'approcher la réalité sociale dans sa diversité et les problèmes d'analyse de l'évolution historique du Proche-Orient dans leur complexité.

On ne peut d'ailleurs s'expliquer cet intérêt porté par la culture occidentale à une religion qui n'est pas la sienne, l'islam, ainsi que la passion des débats sur cette religion entre Occidentaux eux-mêmes ou entre musulmans et Occidentaux, si la cause originelle de ce phénomène ne pouvait être retracée dans l'ampleur du problème géopolitique que pose le Proche-Orient et que nous nous sommes efforcé de faire ressortir au chapitre 1. Le fait que tant d'Arabes se prêtent avec complaisance à de tels débats où les Occidentaux jouent le rôle de caisse de résonance, de chœur comme dans le théâtre grec antique ou de provocateur pour relancer la polémique si elle venait à s'éteindre ou à être dépassée, s'explique lui aussi par des facteurs tenant à la géopolitique dans ses manifestations culturelles. En effet, la puissance des médias occidentaux, les moyens académiques structurés et organisés dont dispose la culture occidentale dans son rayonnement pèsent de tout leur poids dans les mêmes débats sans cesse recommencés depuis la fameuse leçon inaugurale d'Ernest Renan au Collège de France sur « l'esprit sémitique » au siècle dernier. Un penseur religieux médiocre tel que Sayyed Qotb peut devenir incontournable dans tout débat et ses œuvres être des références obligées pour tout observateur ou chercheur, en même temps que son inspirateur du Moyen Âge, Ibn Taymia, ou son inspirateur indien contemporain, Al Mawdudi. D'autres penseurs tel Mohammed Iqbal, originaire du Bengale, ou Ahmad Amin, d'Égypte, ainsi que d'autres encore qui ont su rétablir l'historicité du fait religieux et sa temporalité, séparer la foi et la théologie de l'univers politique, peuvent au contraire être marginalisés sur la scène culturelle locale, ignorés de la culture et des médias occidentaux si friands du moindre tract politique ou du moindre pamphlet de source « islamique ».

S'il en est ainsi, c'est bien en raison de ce vide de puissance au Proche-Orient qui est aussi bien militaire que culturel et économique. Un Proche-Orient éclaté, fragmenté, désuni, soumis à des hégémonies diverses et contradictoires ne peut, dans le contexte actuel de décadence renouvelée et d'impotence, faire l'objet d'une meilleure projection de lui-même. Les fantasmes culturels entrecroisés, les imaginaires figés et les effets de miroir aveuglants, les peurs réciproques du dominant et du dominé sont bien la réalité d'une région « vide » de toute puissance au sens fort du terme. Le problème est certes géopolitique, mais il est aussi existentiel. Une décadence peut-elle être permanente et définitive ?

Si la décadence d'un ensemble de sociétés se définit par rapport à la renaissance d'autres sociétés, elle n'est que relative et la courbe descendante peut être inversée. Bien des sociétés ont réussi cette gageure, que l'on songe aux principautés allemandes avant la venue de Bismark, à l'Italie fragmentée avant son unification, au Japon de l'ère du Meiji, à la Corée à l'issue de la Seconde Guerre mondiale. Si la décadence, en revanche, est aussi mesurée par rapport à un passé mythique, sacralisé dans le triomphe d'un identifiant religieux majeur, sinon exclusif, elle est alors condamnée à s'auto-entretenir, provoquant encore plus de fragmentation, de perte de légitimité des gouvernants, d'insatisfaction sociale et de mal de vivre.

Telle est la problématique de l'identité que véhicule la culture arabe depuis plus de cent cinquante ans, sans trouver d'issue consensuelle et dans des tensions permanentes, politiques et intellectuelles. L'action occidentale à l'endroit de cette région stratégique, qu'elle soit culturelle, militaire, économique ou politique, est partout présente dans ces tensions, comme s'efforcera de le montrer le récit. On ne saurait, cependant, lui faire assumer la responsabilité d'un vide de puissance vieux de dix siècles. Ce vide est dû aux Arabes eux-mêmes qui ont à entreprendre de rebâtir leur identité et donc à réussir enfin à maîtriser leur espace et à y construire les institutions politiques, économiques et militaires, qui protégeront cet espace. Cette refondation ne sera possible que si est accepté le fait douloureux qu'il n'y a pas de retour possible au passé, définitivement révolu. Seul ce pas fondamental, dont la responsabilité incombe aux élites culturelles, leur permettra de sortir des fausses problématiques historiques, religieuses et géopolitiques dans lesquelles ils se sont enfermés, comme le montre le récit des drames des cinquante dernières années. Il permettra aussi de trouver les moyens de surmonter les impasses historiques que nous avons analysées au chapitre précédent entre États « provinciaux », issus du démembrement de l'Empire ottoman, et l'État national qui a hanté la mémoire collective arabe au siècle passé.

L'Occident, mais en particulier l'Europe, « ennemi » historique et familier des Arabes, devrait tenter de freiner les interférences massives qui sont toujours pratiquées au Proche-Orient. Ces interventions, qu'elles soient d'ordre militaire aux côtés des États-Unis, ou qu'elles se traduisent par un investissement culturel massif dans un débat malsain et piégé sur la religion musulmane, ne font que compliquer et retarder la venue d'un apaisement des tensions et des fragmentations au Proche-Orient. Toutefois, les querelles sur la subjectivité et les intentions dépréciatives de l'orientalisme, ou les contre-orientalismes visant à améliorer l'image des Arabes ou des musulmans face à l'Occident ou vis-à-vis d'eux-mêmes, n'ont, dans ce contexte, aucune pertinence.

Si déformées ou si biaisées que soient les images de l'Orient, elles ne sont, malgré tout, que le reflet d'une réalité historique et politique.

4

Le choix d'une identité arabe comme sujet historique

L'IDENTITÉ COLLECTIVE ARABE ET SON ÉVOLUTION À TRAVERS L'HISTOIRE

Nous avons choisi de structurer notre récit sur l'observation d'une identité arabe au Proche-Orient, car, si imparfait ou peu satisfaisant que paraisse ce choix, compte tenu des nombreuses complications identitaires connues par les sociétés de la région, « l'arabité » reste le dénominateur commun le plus évident des sociétés de la région. Toutefois, cette arabité n'est en rien l'équivalent d'une culture nationale structurée par une continuité étatique, telle que seuls l'ont effectivement mise en place les grands États nationaux européens qui servent toujours, implicitement, de modèle de référence. L'arabité, telle que nous la décrirons ici, ne fait pas référence au religieux islamique comme identifiant exclusif, encore moins à une bédouinité nomade de ses lieux d'origine mythologisés dans la Péninsule arabique.

Il ne s'agit pas non plus dans ce choix de consacrer une approche ethnique, qui restreindrait l'espace d'observation à la Péninsule arabique, seul espace où on pourrait appliquer les techniques de recherche anthropologiques, encore que même dans ce cas les diversités sont très fortes entre les différentes parties de la péninsule, en particulier entre le Nord, le Centre et le Sud. Du fait de la prégnance de la culture arabe dans toutes les sociétés du Proche-Orient, nous avons choisi cette approche et tenté de cerner un sujet historique caractérisé par une identité dite arabe. Cette dernière, pour exister et être reconnue, ne peut être confondue avec une identité dite islamique qui devrait nécessairement englober comme sujet historique les sociétés turque et iranienne, sans parler de l'islam indo-pakistanais, malaysien et indonésien.

Il n'y a évidemment pas de race arabe, au sens de race jaune, de race noire ou de race blanche. Il y a encore moins une race ou une « nation » islamique, à laquelle appartiendraient les Arabes. Le peuplement d'origine de la Péninsule arabique et du désert syro-mésopotamien, est de souche sémitique ; son origine ethnique précise, comme pour la plupart des peuples, est mal connue ; elle est aussi sujette à diverses hypothèses qui sont affaire de spécialistes. On relève son existence dans des textes syro-babyloniens du IXe siècle avant l'ère chrétienne. Au sens strict du terme, le mot arabe désigne exclusivement les tribus nomades vivant de pastoralisme. En langue arabe, l'étymologie du mot *'arab* sert à désigner l'identité bédouine. Il peut être employé en deux sens différents par la culture arabe urbanisée, soit pour désigner avec un certain mépris les mœurs « primitives » des Arabes restés attachés à leur mode de vie bédouin, soit pour désigner l'origine ethnique et démarquer les sociétés gagnées par la culture arabe de celles appartenant à d'autres cultures (perse, grecque, turque) ; dans ce dernier cas, l'identité est valorisée, et de façon paradoxale, il est de bon ton de se trouver ou de s'imaginer des ancêtres dans les grandes tribus de l'Arabie pré-islamique. Les conquérants arabes, partis de la Péninsule arabique au VIIe siècle ont, en effet, constitué la nouvelle aristocratie des sociétés conquises et progressivement arabisées. L'identification du statut social par un rattachement mythique ou réel à l'une des tribus de la péninsule est devenu un élément central de la vie politique et sociale de ces sociétés, même si le terme *'arab* au sens de bédouinité continue d'être dépréciatif.

Une des explications à l'incapacité des Arabes à construire des institutions politiques stables et à mettre en place un État national dans des frontières clairement délimitées, dans le passé comme à l'époque contemporaine, se trouve dans la vitalité de l'élément nomadique et des structures tribales. Bâtisseurs de villes nouvelles lors des conquêtes, les Arabes n'auraient su cependant ériger des institutions politiques stables. Beaucoup d'auteurs s'appuient sur les analyses du grand sociologue Ibn Khaldoun, mais aussi sur de nombreux versets du Coran, qui mettent en garde contre la versatilité du monde bédouin et son incapacité à se plier à la discipline du monde urbain et civilisé[1]. Les vocabulaires arabes portent la trace du caractère éphémère des institutions politiques. Ainsi le sens originel du mot *daoulat* qui signifie aujourd'hui « l'État » est-il dans la notion de « changement » ou de situation tournante. L'État est celui d'une dynastie dont il porte le nom (Omeyyades, Abbassides, Fatimides, Toulounides, etc.), que la dynastie soit arabe ou turque. Pour désigner l'État territorial fixé de façon stable dans des frontières, l'arabe coranique a employé le terme de *moulk* (pluriel : *mamalik*) ou « royaume ». Cette appellation, dans la langue arabe contemporaine, ne sert plus qu'à désigner les États

1. On verra les très belles pages consacrées par Mohammed J. Al Ansari dans *Al Taazzoum alsiyassi 'indal 'arab wa mawkif al islam*, *op. cit.*, p. 75-86, mais qui prend ses distances par rapport à Ibn Khaldoun ; on se reportera aussi à Abdel Aziz Al Douri, *Al takouin al tarikhi, lill oumma al 'arabia. Dirasa fil hawia wal waua'yi* (La formation historique de la nation arabe. Étude relative à l'identité et la conscience), Markaz dirassat al wahda al 'arabiyya, Beyrouth, 1984.

monarchiques, cependant que l'État républicain est défini par le terme *joumhouria*. Ce mot n'est pas l'équivalent de la *res publica*, mais tire son origine de la notion de « foule » et de rassemblement de plusieurs personnes.

À l'origine composés de tribus nomades, sauf au sud de la Péninsule arabique où a fleuri une riche civilisation urbaine, les Arabes avant la conquête islamique avaient infiltré la zone mésopotamienne (Irak) et araméenne (Syrie-Palestine) et y avaient créé des petits royaumes tels celui de la reine Zénobie à Palmyre ou le royaume nabatéen à Pétra. À la veille de l'apparition de l'islam, les tribus arabes sont soumises à des influences culturelles et religieuses diverses. Certaines sont juives, d'autres chrétiennes, quelques-unes mazdéennes, mais un certain nombre sont restées païennes ; ainsi, La Mecque est un grand centre de cultes païens. Certaines tribus se trouvent dans l'orbite de la puissance perse, celle de l'Empire sassanide, d'autres dans celle de la puissance byzantine qui domine toute la région du Proche-Orient. L'Afrique du Nord est aussi à l'époque sous la domination byzantine, son peuplement d'origine est berbère, mais ses populations sont juive et chrétienne. L'hérésie donatiste y a sévi ; en Égypte, la population locale, bien que fortement hellénisée, pratique aussi un christianisme spécifique, le monophysisme, et a conservé la langue des pharaons qui, écrite au moyen de l'alphabet grec, s'appelle le « copte », nom qui s'applique aujourd'hui à l'importante communauté chrétienne égyptienne.

En Asie Mineure comme en Afrique du Nord, les particularismes des populations s'expriment à travers les différentes formes de christianisme et l'indépendance que cherchent à acquérir les Églises locales vis-à-vis de Byzance. On a trop souvent tendance, en Occident comme en Orient, à oublier que le christianisme s'est d'abord épanoui au Proche-Orient et que l'histoire des Arabes a été très marquée avant comme après l'islam par le christianisme oriental. En Occident, les impératifs de l'affirmation de la primauté de l'Église romaine ont conduit à rejeter le christianisme proche-oriental, y compris celui de Byzance ; chez les Arabes, la puissance de l'idéologie religieuse islamique a toujours cherché par la force des choses à faire tomber dans l'oubli le passé pré-islamique. Il ne s'agit pas ici d'une spécificité islamique, mais plutôt d'une caractéristique du monothéisme que l'on retrouve aussi bien dans le judaïsme que dans le christianisme, qui s'est efforcé de détruire tout vestige de la civilisation païenne. Il faudra attendre la Renaissance pour que la société européenne renoue avec les origines gréco-romaines.

Une connaissance du passé pré-islamique des Arabes est indispensable pour comprendre les évolutions contemporaines des États du Proche-Orient. Ce passé montre à l'œuvre des forces centrifuges diverses, témoignages de particularismes variés, que les grands empires qui ont toujours dominé cette région du monde n'ont jamais pu réduire. La diversité des Églises d'Orient, qui persiste jusqu'aujourd'hui, et à laquelle s'est ajoutée la diversité des communautés islamiques hétérodoxes, en est l'expression la plus frappante. Religion et pouvoir sont donc intimement mêlés au Proche-Orient, non pas tant en raison de spécificités islamiques, mais du fait de traditions historiques bien antérieures à l'islam. Historiquement, la religion a joué un rôle fondamental dans le développement des institutions sociales et politiques de toute société.

Région de haute importance géopolitique, le Proche-Orient a été, le plus souvent, dominé par des empires rivaux, les uns puisant leurs racines en Asie (Perses, Seldjouks, Mongols, Turcs, etc.), les autres dans le monde méditerranéen (Grecs, Romains, Byzantins), certains prenant appui sur l'unité de la vallée du Nil (Égypte pharaonique). Les populations locales d'Asie Mineure et d'Afrique du Nord, soumises à ces grands empires où la religion jouait un rôle prépondérant, ont souvent exprimé leur opposition au pouvoir central sous forme de particularisme religieux. Quant aux Arabes, tribus nomades souvent commerçantes, ou populations sédentarisées dans le cadre de petits royaumes sur les marches des grands empires, ils ont toujours été tiraillés entre les influences culturelles, politiques et religieuses diverses et contradictoires auxquelles ils étaient soumis.

Ces données de base expliquent notre vision du Proche-Orient comme une terre de schisme et d'hérésie dont les traditions et la géopolitique sont profondément gravées dans la psychologie collective. L'apparition de l'islam et les conquêtes arabes paraissent un moment, sous les Omeyyades puis sous les premiers Abbassides, unifier solidement le Proche et le Moyen-Orient dans une civilisation brillante à laquelle s'intègrent volontiers les peuples conquis, proches des Arabes par les origines ethniques et linguistiques. En réalité, le pouvoir arabe a été dès le départ d'une fragilité extrême. Il est d'abord menacé par les rivalités de succession à l'intérieur même de la famille du Prophète, qui donneront lieu plus tard au grand schisme entre chiites d'une part, les partisans de Ali, gendre du Prophète, ne reconnaissant pas la légitimité de la dynastie omeyyade, et sunnites admettant cette légitimité d'autre part. La domination arabe est ensuite mise en cause par les populations conquises ou périphériques, ethniquement et linguistiquement différentes des Arabes, perses, berbères et turques, que l'aristocratie des conquérants arabes a clientélisées.

Dans la civilisation islamique classique, la langue arabe a joué un rôle équivalent à celui joué par le latin dans la chrétienté romaine ; elle a été la langue culturelle de cette civilisation aujourd'hui disparue. En effet, si les Turcs et les Persans ont adopté l'alphabet arabe, ils ont conservé des langues distinctes, support au maintien de leur propre personnalité culturelle, bien que, durant la période classique de la civilisation islamique, le lien religieux ait semblé un moment effacer les particularismes. On trouve le même phénomène en chrétienté occidentale où le latin a été la langue culturelle de toute l'Europe durant le Moyen Âge et où le christianisme a été un élément d'identification transculturel, par-delà les spécificités locales, jusqu'aux guerres de Religion.

En fait, pour ce qui est des Arabes, dès le milieu du IXe siècle de l'ère chrétienne, le pouvoir abbasside s'effrite. Il tombe progressivement sous l'influence des éléments iraniens et doit s'en remettre pour sa protection aux mains de milices turques ou au bon vouloir de dynasties étrangères ; cependant, de plus en plus de royaumes et de sultanats non arabes se développent, ne reconnaissant l'autorité des califes abbassides que pour la forme. Dynasties, royaumes, sultanats vont désormais se faire et se défaire sur une double toile de fond de rivalités ethniques entre éléments arabes et non arabes et de rivalités religieuses entre d'une part différents rameaux du chiisme présentant souvent des aspects de radicalisme sociopolitique, tels les qarmates, et d'autre part le sunnisme représentant l'orthodoxie d'un pouvoir central de plus en plus faible. Seuls centres effectifs de pouvoir arabe au Xe siècle, les Hamdanites qui gouvernent la Syrie du Nord et les Fatimides en Égypte, dont l'origine dynastique est maghrébine. Ces deux centres de pouvoir sont chiites, manifestant ainsi la vigueur de cette doctrine opposée au sunnisme chez les Arabes eux-mêmes, alors que l'on considère aujourd'hui, à tort, que le développement du chiisme serait le fait exclusif de l'élément iranien. L'Andalousie, conquise au nom de l'islam par les Berbères d'Afrique du Nord, reste sous la souveraineté omeyyade jusqu'au XIe siècle, le pouvoir revenant alors officiellement à des dynasties berbères et se disloquant progressivement, ouvrant ainsi la voie à la reconquête espagnole qui sera achevée à la fin du XVe siècle.

À peine remis du choc des croisades, le Proche-Orient arabe connaît au XIIIe siècle les terribles invasions mongoles. Bagdad est prise et détruite en 1258. Plusieurs villes du Proche-Orient, riches d'histoire et de culture, subissent le même sort, portant ainsi un coup fatal à la civilisation islamique et au rôle des Arabes. Les Mamelouks, esclaves d'origine turque, abattent la puissance mongole et rétablissent l'ordre et la paix en Égypte, en Syrie et en Palestine. Ils seront à leur tour vaincus au début du XVIe siècle par la puissance des Turcs ottomans dont l'affirmation remonte à la fin du XIIIe siècle et dont le pouvoir ne disparaîtra qu'au XXe siècle. Toutes ces dynasties originaires d'Asie centrale pratiquent une orthodoxie sunnite rigoriste qui contraint à la clandestinité la plus totale les rameaux du chiisme qui ont fleuri et se sont multipliés du Xe au XIIIe siècle ; elles mettent aussi un terme au riche mouvement philosophique qui avait jusqu'alors caractérisé la civilisation islamique. Déjà avec les Ayyoubides (1175-1260), dynastie d'origine kurde, fondée en Égypte par Saladin qui chassa les croisés de Jérusalem, une restauration sunnite avait eu lieu en Égypte, en Syrie et en Palestine. Il faudra attendre l'émergence des Safavides en Iran au XVIe siècle pour assister à la renaissance d'un pouvoir chiite que cette dynastie, bien que sunnite à l'origine, favorise pour mettre en échec les prétentions ottomanes à gouverner l'Iran.

On voit donc à quel point l'histoire des sociétés arabes, ou plus précisément « arabisées », est chaotique, avant l'apparition de l'islam comme après. On voit aussi à quel point elle est imbriquée dans celle des autres peuples dont l'implantation encercle le Proche-Orient : Perses, Grecs byzantins, Turcs, Kurdes, Berbères. On réalise à nouveau à quelles influences culturelles et religieuses ils ont été soumis. Disparus de l'histoire politique depuis plus de dix siècles, on peut comprendre la difficulté de réinsertion dans le monde moderne des Arabes, sortis en ordre dispersé et en États distincts de siècles de domination étrangère. Cette domination a étouffé toute conscience d'identité collective arabe, mais a laissé intacts les particularismes de toutes sortes. Les empires ou royaumes islamiques non arabes qui ont gouverné le Proche et le Moyen-Orient, ainsi que l'Afrique du Nord, n'ont en réalité jamais été intégrateurs et assimilateurs. Contrairement aux apparences, l'islam lui-même n'a pas été une religion centralisatrice et nationaliste.

Tout d'abord, l'islam reconnaît la légitimité de l'existence des autres religions monothéistes, en particulier le judaïsme et le christianisme ; il reconnaît aussi la légitimité de la religion de l'Iran préislamique, le mazdéisme. Dans le continent indien, l'islam s'est accommodé sans problèmes de la coexistence avec le brahmanisme durant des siècles. En cela, il diffère du christianisme occidental qui, jusqu'à une époque récente, ne reconnaissait aucune légitimité aux autres religions. D'autre part, malgré ses origines arabes, que souligne le texte coranique, le caractère universaliste de l'islam est de loin prédominant : à l'intérieur de la communauté des croyants, il ne doit pas y avoir de différence entre Arabes et non-Arabes. Dans son contexte d'origine, le christianisme avait lui aussi refusé la différence entre juifs et gentils. C'est pourquoi on trouve dans la plupart des pays arabes des groupes ethniques non arabes ou des communautés religieuses non islamiques qui ont survécu à travers les âges malgré les bouleversements historiques, grâce notamment à la tolérance du pluralisme par l'islam. C'est à cette dernière que l'idéologie des mouvements fondamentalistes musulmans s'en prend. Elle tente d'assurer l'unité sociale par l'adoption de règles religieuses rigides attribuées aux temps des premiers califes et par un nationalisme dont le seul objectif est la défense aveugle et violente de ces règles et de leur stricte mise en application.

La période ottomane a marqué un affaiblissement supplémentaire, voire une disparition du sentiment collectif de l'identité arabe ; c'est aussi ce qui est advenu des autres peuples conquis, Grecs, Arméniens ou Albanais, par exemple, chez qui l'identité collective est affaiblie. En revanche, les indépendances, et l'épanouissement de différentes formes de nationalisme arabe qu'elles entraînent, vont redonner vie à ces identifications, créant de nombreux problèmes là où certains segments des sociétés arabes sont restés en dehors de ces mécanismes d'identification ou ont conservé des identifiants séparés. Ces problèmes ont été récemment décrits avec beaucoup de précision pour un pays comme l'Irak où de nombreuses communautés locales, préexistantes à la conquête arabe ou implantées par immigration, sont perçues avec suspicion par l'élite gouvernante, majoritairement « arabe » et musulmane sunnite, mais minoritaire sur le plan numérique. Cette dernière voit le plus souvent dans les autres communautés, sunnites non arabes comme les Kurdes ou les Turcomans, ou Arabes non sunnites, les risques de subversion et de pénétration de l'influence de pays voisins, tels que la Turquie ou l'Iran qui, dans la longue histoire de la Mésopotamie, ont souvent occupé ou contrôlé de larges parties de cette région[1].

Comme pour tous les peuples dont la vie sociale remonte à l'Antiquité, les Arabes du XXe siècle, mais également les Grecs, les Italiens ou les Iraniens, ont

1. Voir Salim Matar, *Al zat al jariha* (Le moi blessé, problématique de l'identité en Irak et dans le monde arabe oriental), Al Mouassassa al 'arabia lill dirassat wal nashr, Beyrouth, 1997. L'auteur, qui semble avoir été très actif dans sa jeunesse en tant que militant nationaliste et socialisant, éprouve cependant le besoin de se repentir pour sa « laïcité » et son antitraditionalisme passé. Ici, encore, « laïcité » est employé au sens de « dépersonnalisation » qui n'a aucun rapport avec le contenu du concept.

profondément changé sur le plan ethnique et culturel. Conquêtes et invasions ont donné lieu à des brassages de populations et à la formation d'une mosaïque de cultures dont nous avons esquissé les grands axes historiques ; c'est pourquoi la société arabe contemporaine repose en réalité sur un fonds ethnique et culturel extrêmement riche et diversifié, très différent de ce qu'il a pu être autrefois dans la Péninsule arabique, aux premiers temps de la naissance de l'islam. Cette stratification de la mémoire culturelle n'est pas toujours aujourd'hui bien assumée, ou ordonnée dans la conscience collective ; cependant, elle sert de catalyseur aux forces internes qui déchirent la société arabe.

Les États arabes issus de la décolonisation ne sont évidemment pas parvenus depuis leur indépendance à instaurer des identités collectives stables et intégratrices. Si le nationalisme arabe, dans ses différentes variantes, a conquis de larges segments de l'opinion depuis le début du siècle dernier, il n'est pas parvenu à entraîner une dissolution des États issus du partage colonial ou leur intégration dans une entité supranationale plus vaste, comme cela a été le cas pour la réalisation tardive de l'unité allemande ou de la Péninsule italienne. Les systèmes culturels et éducatifs de ces États n'ont pas réussi à trouver d'idéologie intégratrice des différents segments de la population et ont eu tendance à quadriller leur population soit par l'instauration d'un parti unique, soit par l'adoption d'une forme d'idéologie islamique d'État, sans parler du développement du culte de la personnalité autour du monarque ou du chef de l'État qui devient le symbole identifiant imposé à la population.

Comme tous les États issus de la décolonisation, — qui ne sont pas eux-mêmes les continuateurs de systèmes de pouvoir et de bureaucratie séculaires, tels l'Inde, la Chine ou la Turquie — les États arabes, mis à part l'Égypte et le Maroc, sont faibles. Comme l'écrit un observateur : « L'État arabe n'est pas la conséquence naturelle de sa propre histoire socio-économique ou de ses traditions culturelles et intellectuelles. C'est un État de "défis" qui a souvent recours à la coercition brute pour sa préservation, mais ce n'est pas un État "fort" car il lui manque, à des degrés divers, le pouvoir de base permettant à un État de pénétrer effectivement la société par des mécanismes tels que la taxation, par exemple ; il lui manque aussi l'hégémonie idéologique (au sens gramscien du terme) qui lui permettrait de constituer un bloc historique acceptant la légitimité de la couche dirigeante[1].» Le développement des dictatures peut s'expliquer comme une conséquence de cette situation ; il en est de même pour le recours des chefs d'État dictateurs à la solidarité de leur communauté religieuse, de leur clan d'origine ou des allégeances régionales séculaires.

De plus, comme nous l'avons déjà évoqué, la société civile n'étant pas directement productrice de richesses dans le système d'économie rentière prédominante, la prise de possession de l'État représente la source exclusive et unique de prépondérance sociale, de bien-être économique et d'influence politique. Il n'y a donc pas dans les phénomènes contemporains de « despotisme » arabe, comme on continue tellement de le rechercher dans la production intellectuelle occidentale sur le Proche-Orient, une spécificité dont les sources sont à trouver dans une anthropologie de la religion musulmane, de la mentalité tribale arabe ou de l'esprit sémite, ou même dans une 'asabiyya de type khaldounien.

En dépit de la fragmentation des sociétés arabes en plusieurs États et systèmes politiques rivaux et en dépit de la segmentation qui règne à l'intérieur de chaque société, l'arabité n'en reste pas moins l'identifiant commun des sociétés du Proche-Orient

1. Nazih N. Ayubi, *Overstating the Arab State. Politics and Society in the Middle East*, I.B. Tauris, Publishers, Londres, 1995.

et d'Afrique du Nord. Cela constitue un argument de poids pour adopter comme sujet d'observation les sociétés arabes prises dans leur communauté linguistique et historique. Il est intéressant ici de rappeler que la langue arabe a été adoptée par la plupart des communautés chrétiennes du Proche-Orient qui ont rejeté leur langue d'origine araméenne, chaldéenne, syriaque ou ptolémaïque (pour l'Égypte), grecque ou byzantine, dans le domaine de la seule liturgie religieuse ; en revanche, en dehors du Proche-Orient et de l'Afrique du Nord, la langue arabe ne s'est pas substituée aux langues nationales des autres peuples, très nombreux, qui se sont convertis à l'islam en Asie centrale ou dans la Péninsule indienne ; elle n'a pas non plus été adoptée par les Kurdes ou les Berbères, bien que certains rameaux se soient arabisés ou que le bilinguisme puisse être courant chez les lettrés du Maghreb et chez de larges segments de la population kurde d'Irak ou de Syrie.

En réalité, lorsqu'on parle d'identité arabe, l'existence de la langue, depuis l'Antiquité, est le critère historique distinctif et continu de l'arabité. Ce n'est donc pas la religion, comme on l'admet trop souvent implicitement ou explicitement en Occident mais aussi dans de larges secteurs de la société arabe elle-même. Les Arabes ont, en effet, été les adeptes de diverses religions ; jusqu'aujourd'hui tous les Arabes ne sont pas musulmans et, comme nous l'avons évoqué, l'islam comporte un bien plus grand nombre de fidèles dans la Péninsule indienne, en Asie centrale et en Asie du Sud-Est que dans le monde arabe[1]. En revanche, l'attachement et la fidélité à la langue sont incontestables. On peut même se poser la question de savoir si la fidélité des Arabes à l'islam n'est pas dans une large mesure, et pour certains de ses aspects les plus ostentatoires, due à la

1. Voir l'Annexe I sur mon site.

profondeur des liens historiques qui unissent les Arabes à leur langue. C'est à partir du récit coranique que les canons et la grammaire de la langue arabe ont été définitivement fixés et que la langue arabe est devenue le support d'une civilisation brillante adoptée par l'élite de nombreux peuples comme langue de culture et de sciences. La plupart des théoriciens modernes du nationalisme arabe feront d'ailleurs de la langue, et non point de la religion, le critère de l'appartenance à l'arabité[1].

Dans la recherche d'une définition de l'identité collective des sociétés du Proche-Orient égyptien et mésopotamien, plutôt que de parler de personnalité « arabo-musulmane », notion la plus répandue, il serait plus proche de la réalité de prendre acte de la diversité des patrimoines historiques qui fondent l'arabité avant comme après l'apparition de l'islam. Cette diversité se manifeste aujourd'hui par la division des sociétés arabes en deux sous-groupes que les spécialistes reconnaissent volontiers à partir des

1. On verra en particulier les œuvres nombreuses de Sati el Hosari, l'un des penseurs du nationalisme arabe les plus lus dans la génération des années 1930-1960. Au Maghreb, cependant, en raison de l'existence de nombreuses communautés berbères non arabophones, l'accent sera mis sur la religion, plus que sur la langue, puisque celle-ci unit, alors que celle-là divise. Par ailleurs, la perception maghrébine de la pluralité qui admet l'existence de communautés juives de souche arabe ou berbère n'a pas encore, cependant, intégré le fait qu'il puisse y avoir des « Arabes » chrétiens. Le christianisme est ici bloqué sur l'Europe colonisatrice et pour beaucoup de Maghrébins l'identité arabe ne saurait se décliner avec la religion chrétienne. Du côté du Machrek, nous avons une situation inverse ; bien que des communautés juives importantes et de souche arabe, en particulier yéménite, égyptienne et irakienne, aient toujours vécu sans problèmes majeurs au sein de ces sociétés à dominante musulmane, le traumatisme de la création de l'État d'Israël et le départ massif des membres de ces communautés qui en a été la résultante, ont amené la mémoire historique au Machrek à oblitérer cette coexistence millénaire. L'identité arabe au Machrek se décline donc de plus en plus mal avec le judaïsme, alors qu'elle peut encore être conciliée avec le christianisme local. Traumatisme colonial au Maghreb et traumatisme de la création de l'État d'Israël sont encore très agissants dans le fonctionnement des mémoires historiques et la reconnaissance des patrimoines communs aux différents groupes religieux.

catégories géographiques du Maghreb et du Machrek. Mais, comme nous l'avons vu, ces deux sous-groupes s'inscrivent également dans une identification globale dite « islamique » ou « arabo-islamique ». En fait, la diversité respective des patrimoines du Maghreb et du Machrek, pour être pleinement reconnue dans ses véritables dimensions, devrait dépendre d'un identifiant majeur commun aux deux sous-régions, soit l'arabité au sens culturel et historique donné à ce terme, cependant que le sous-ensemble Maghreb serait enfin reconnu dans son identité collective qui est « arabo-berbère », et celui du Machrek dans son identité « arabo-syriaque », et bien sûr égyptienne.

Dans le premier cas, l'apport berbère serait enfin reconnu et institué dans la mémoire collective des sociétés du Maghreb, supprimant une des causes essentielles de sa fragmentation que le poids accordé à l'islam dans la définition de l'identité collective comme facteur primordial d'identification nationale ne suffit pas à éviter ; les différentes communautés berbères verraient alors cesser leur sentiment de frustration linguistique et historique qui est un sujet de faiblesse sociale et de manque de cohérence culturelle. Dans le second cas, l'arabité élargie de cette sous-région permettrait d'intégrer dans le patrimoine collectif tout le substrat araméo-chaldéen et syriaque, ainsi que les influences grecque et byzantine qui ont contribué à sa formation, et le substrat culturel de l'Égypte ptolémaïque puis chrétienne dans la spécificité de l'Église copte. C'est ce substrat qui a si profondément contribué à forger la civilisation arabe des califats omeyyades et abbassides ; ainsi, les communautés chrétiennes du monde arabe pourraient sans hésitation se reconnaître dans une arabité élargie et plurielle où l'islam ne serait plus l'identifiant majeur. La langue kurde devrait voir son statut de seconde langue officielle en Irak reconfirmé.

Une telle réorganisation de la mémoire collective

ne pourra pas se réaliser facilement. Nous avons vu la pesanteur des perceptions et des imaginaires, ainsi que la solidification de l'univers conceptuel à travers lequel la région du Proche-Orient est analysée et instrumentalisée dans le cadre du vide de puissance qui la caractérise. Pourtant la cohésion des sociétés arabes, seule susceptible de mettre fin au vide de puissance, ne pourra se faire que si les modes d'identification évoluent. Les modes actuels d'identification par différents types de monolithismes identitaires que nous avons étudiés aux chapitres précédents devront progressivement accepter la pluralité de patrimoines historiques dans une même société. L'identifiant unique par le religieux « islamique », « minoritaire » ou « ethnique » devra céder la place à une hiérarchie d'identifiants dont le « religieux » ne serait qu'une composante. Les notions de personnalité « arabo-berbère », « arabo-syriaque » ou encore « arabo-égyptienne », si elles étaient acceptées et inscrites dans la culture arabe, remplaceraient avantageusement le concept de personnalité ou de civilisation « arabo-islamique » qui exclut effectivement de l'identité sociale globale tous les groupes ou communautés dont l'existence historique et l'apport culturel ne sont pas reconnus dans cette appellation.

On sait la sensibilité culturelle exaspérée des communautés berbères du Maghreb, négatives à l'endroit de l'arabité devenue pour elles synonyme de suppression de langue amazighh et de leur spécificité identitaire ; la reconnaissance de la berbérité dans la définition de l'identité maghrébine comme identité « arabo-berbère » pourrait mettre un terme à ce refus de l'arabité culturelle. La conscience malheureuse des communautés chrétiennes arabes au Machrek, qui s'estiment à nouveau dangereusement marginalisées par la réislamisation des sociétés arabes, qu'elles se reconnaissent dans l'arabité ou qu'elles la refusent, pourrait enfin être guérie par la reconnaissance du rôle fondamental joué, durant l'apogée de la civilisation islamique classique, par la culture syriaque et les Églises qui s'en réclament. Quel « chrétien d'Orient » refuserait de se reconnaître dans une arabité « arabo-syriaque » ou « arabo-grecque » pour celle des communautés chrétiennes arabes restées fidèles au patrimoine byzantin ? En Égypte, la reconnaissance de la personnalité copte, héritière du patrimoine pharaonique, en même temps qu'Église nationale qui opposa une farouche résistance à la domination de l'Empire byzantin, serait aussi un élément de cohésion sociale important.

Dans la Péninsule arabique, en revanche, le choix d'une identité qui ne serait que « arabo-islamique » est bien celle qui pourrait perdurer, sans entraîner trop de tensions. Encore faut-il, même dans ce cas, tenir compte des fortes spécificités du sud de la péninsule. Le Yémen a connu des civilisations préislamiques brillantes qu'il conviendrait de réintroduire dans la conscience collective, cependant que le sultanat d'Oman est le siège du kharidjisme qui a refusé la position des deux grandes branches de l'islam, les sunnites et les chiites. Même ici, l'identifiant religieux unique n'est pas sans poser des problèmes et, en réalité, dans la péninsule plus qu'au Maghreb ou au Machrek, c'est l'arabité qui est le véritable dénominateur commun et non l'islam dont la diversité ne peut pas nécessairement assurer le lien social.

Tout comme le christianisme, à son corps défendant, a dû entrer dans un processus de dissolution de la puissance de l'imaginaire religieux en tant qu'identifiant majeur pour la cohésion sociale, face à la multiplication des Églises rivales et opposées, les sociétés qui continuent de vouloir se définir par la religion musulmane devront prendre acte un jour de la fin du rêve religieux unitaire. Le Saint-Empire romain germanique tout comme l'Empire abbasside ou l'Empire ottoman sont définitivement morts. Les sociétés qui en sont issues doivent chercher des identifiants différents et plus complexes. C'est un long parcours. L'Europe de Charles Quint a mis plusieurs siècles pour y parvenir.

Reconnaître les leçons de l'histoire et accepter le comparativisme en matière religieuse, surtout dans le cadre relativement homogène des monothéismes du Bassin méditerranéen, constitue le premier acte d'émancipation vis-à-vis du totalitarisme de l'identifiant unique par l'imaginaire religieux. Le passage de l'imaginaire religieux à la mémoire historique restituée dans son intégralité, et donc dans sa complexité, est une tâche majeure qui attend les sociétés arabes. La renaissance culturelle que l'on avait pu croire en marche dans ce sens, du début du XIXe siècle jusqu'au milieu du XXe siècle, s'est gravement bloquée. Il faut maintenant examiner les difficultés de cette entreprise et les obstacles sur lesquels elle a butés dans la période qui précède celle que nous étudierons dans les deux parties suivantes de l'ouvrage.

LES COMPLEXITÉS DE LA DÉCOLONISATION DANS LE MONDE ARABE

Le récit de ce demi-siècle ne serait pas intelligible sans une évocation du contexte de la colonisation puis de la décolonisation qu'ont connu les pays du Proche-Orient. Ce contexte permet par ailleurs de mieux comprendre les limites de la renaissance culturelle arabe depuis les débuts du XIXe siècle et donc de prolonger les réflexions esquissées dans la précédente partie sur les faiblesses congénitales des États arabes modernes. Cela sera aussi l'occasion d'examiner la question du poids respectif des facteurs internes et externes dans la fragmentation et l'involution des sociétés du Proche-Orient. Il s'agit là d'une question majeure pour toute approche historique de la région.

L'histoire de la colonisation puis de la décolonisation des sociétés arabes n'est pas une affaire simple. Il ne s'agit pas, en effet, seulement de l'impact de l'Europe coloniale, en particulier de la France et de l'Angleterre, sur ces sociétés, mais de leur sortie du giron de dynasties et d'empires non arabes qui ont dominé ces sociétés durant de longs siècles, préalablement aux puissances européennes. Depuis 1516, les sociétés arabes ont été transformées en provinces de l'Empire turc ottoman, dernière grande structure impériale du Moyen-Orient, à l'exception du Maroc et du Yémen qui sauvegardent leur indépendance. Elles quittent l'Empire, quatre siècles après, à son effondrement en 1919, ou ne sont libérées de son emprise, à la suite de cet effondrement, que pour passer sous la domination européenne. Au Maghreb, celle-ci précède la défaite ottomane. L'Algérie est colonisée par la France à partir de 1830 ; les protectorats français sur la Tunisie et le Maroc sont établis respectivement en 1903 et 1911. La Libye est conquise par l'Italie en 1911 ; la Syrie et le Liban en 1919 par la France ; l'Égypte en 1882, puis l'Irak et la Palestine en 1919 par l'Angleterre.

Le remplacement d'une domination étrangère stagnante et décadente mais à caractère islamique, celle des Turcs ottomans, par une autre domination étrangère, européenne et chrétienne, mais à la civilisation en pleine expansion technique et matérielle, a imposé aux élites sociales arabes comme à la population une série de chocs et de contre-chocs culturels difficiles à maîtriser. Si l'on exclut le cas de l'Algérie, colonisée dès 1830, le triple mouvement de décolonisation par rapport aux Turcs ottomans, puis de recolonisation européenne (1882-1920), enfin de décolonisation à nouveau (de 1943 pour le Liban, le premier accédant à l'indépendance, à 1962 pour l'Algérie, si l'on ne compte pas les Émirats arabes unis accédant en 1970 à l'émancipation), toutes ces secousses auront été subies en l'espace de trois quarts de siècle.

À ces secousses politiques et culturelles majeures, il faut ajouter deux autres facteurs spécifiques qui, depuis le début du siècle, vont déstabiliser la région : le pétrole et le phénomène exceptionnel, dans tous les sens du terme, de l'émigration vers la Palestine des communautés juives d'Europe centrale. Omniprésent dans les événements politiques du monde arabe, mais aussi de l'Iran voisin, du début du siècle jusqu'à la guerre du Golfe, le facteur pétrolier est celui qui amène, à partir de la fin de la Seconde Guerre mondiale, les États-Unis à considérer le Moyen-Orient comme une région vitale pour ses intérêts stratégiques. La guerre du Golfe consacre l'implication directe des États-Unis dans la gestion de la région, armées à l'appui. Le pétrole est également le facteur interne qui aura le plus bouleversé la structure des relations socio-économiques dans le monde arabe, à l'intérieur de chaque société comme entre les différentes sociétés. L'explosion des prix pétroliers, en 1973, aura des effets littéralement « bouleversants », mais passés généralement sous silence dans les analyses des problèmes des sociétés arabes. Nous n'évoquerons ici que les effets politiques d'ensemble du facteur pétrolier au Proche-Orient pour revenir en détail au chapitre 8 sur les bouleversements sociaux provoqués par la circulation de richesse pétrolière dans le monde arabe.

L'émergence de l'État d'Israël, est, incontestablement, une composante majeure des profonds changements qui ont frappé le Proche-Orient entre la fin du siècle dernier et le milieu de ce siècle. De par ses origines historiques, le phénomène rattache l'Europe à la région de façon passionnelle, le destin d'Israël, après l'Holocauste, ne pouvant laisser l'Europe indifférente. Il en est de même pour les États-Unis, nation de croyants, pour qui le retour des Juifs en

Palestine, « Terre promise » des origines, est un accomplissement de la volonté divine, tout comme l'a été la conquête du continent nord-américain, terre promise nouvelle, par les colons protestants européens fuyant les désordres religieux qui agitent alors leur continent. Comme nous le verrons aux chapitres 12 et 22, le rôle culturel et politique éminent de la communauté juive aux États-Unis est un facteur additionnel de l'engagement de cette grande puissance au Moyen-Orient. Israël symbolise, en effet, un renouveau du judaïsme qui s'affirme alors comme le premier des trois monothéismes, qui se veut à égalité avec les deux monothéismes suivants, le chrétien et le musulman, qui en sont issus historiquement.

LE RÔLE RESPECTIF DES FACTEURS INTERNES ET EXTERNES

Il est évidemment aisé de plaider la thèse de l'inexistence d'une communauté culturelle arabe, en mettant en avant l'existence de nombreuses minorités ethniques ou religieuses, l'hétérogénéité des différentes sociétés qui composent le monde arabe, la variété des dialectes chez les arabophones eux-mêmes. À partir de cette position, on estimera naturelle l'incapacité des sociétés arabes à trouver, non seulement entre elles mais à l'intérieur de chacune d'elles, les éléments de consensus minimal permettant d'assurer la stabilité politique et sociale. De la sorte, des facteurs purement endogènes expliqueraient l'instabilité et les désordres du monde arabe, l'impact des facteurs externes, si complexes et si importants soient-ils, n'ayant pas de valeur d'explication ou de compréhension aux yeux des partisans de cette thèse. C'est évidemment la perception de base que l'on trouve comme grille d'analyse exclusive dans les nombreux ouvrages récents qui veulent sonder l'« islam », clé majeure supposée de compréhension du monde arabe, et sur laquelle nous reviendrons au chapitre 21.

Cette approche, pas plus que l'approche inverse consistant à nier les dynamiques internes de discorde pour attribuer la responsabilité du désordre et de l'instabilité aux seuls facteurs externes, ne permet de parvenir à une compréhension de l'évolution du Moyen-Orient, qu'il s'agisse des bouillonnements révolutionnaires entre 1950 et 1970 ou de la stabilité ultérieure des régimes pourtant soumis aux actions terroristes violentes de certains mouvements se réclamant du fondamentalisme islamique. Les analyses marxistes, qu'elles aient été de sources occidentale ou arabe, ont longtemps privilégié le facteur externe, et notamment l'impérialisme colonial, pour expliquer la déstabilisation du monde arabe ; le facteur pétrolier, tout comme le sionisme, n'a été perçu que comme une composante de la dynamique générale de l'impérialisme du capitalisme européen. Les traditions « orientalistes » de l'Europe du XIXe siècle, largement perpétuées au XXe siècle, ont eu tendance à nier l'impact des facteurs externes, ou plus simplement à les ignorer, pour concentrer l'analyse suivant les besoins, tantôt sur le fonctionnement d'un modèle de société islamique général et abstrait, imperméable aux influences externes et à l'évolution du monde, tantôt sur le détail des spécificités locales de telle ou telle société (communautés religieuses hétérodoxes, dialectes locaux, coutumes non islamiques, origine ethnique différente, etc.), pour mieux mettre en évidence les facteurs internes et autonomes de discorde.

En réalité, les sociétés arabes et moyen-orientales sont, à n'en point douter, ce que les sociologues appellent des sociétés « segmentées ». En termes moins savants, cela veut dire que ce sont des sociétés où l'industrialisation massive n'a pas homogénéisé la population encore perméable aux traditions lignagères (le rattachement à un groupe familial important dans le jeu historique des grandes tribus), régionales, ainsi qu'à certaines spécificités religieuses, ethniques ou linguistiques. L'émigration rurale et l'urbanisation n'ont pas été encadrées et soutenues par un phénomène d'industrialisation réorganisant la société sur des bases socioprofessionnelles fortes, comme ce fut le cas de l'Europe ou, plus récemment, des nouveaux pays industrialisés d'Asie.

Le monde arabe a donc abordé des changements historiques brutaux, rapides et complexes, qui ont engendré une volatilité sociale extrême, due à la fois à l'effondrement de la légitimité politique supérieure, celle de l'Empire ottoman, à la difficulté de trouver un consensus social de remplacement et à l'absence d'industrialisation active qui, comme dans le cas du Japon et des pays asiatiques qui ont suivi son modèle, aurait pu jeter les bases d'un tel consensus.

Paradoxalement, la lutte anti-impérialiste contre la colonisation européenne, loin d'aider à forger un consensus, sera un facteur de divisions additionnelles. En effet, les sociétés arabes ne seront pas réunifiées sous la domination unique d'une puissance européenne. C'est à des dates différentes que la France et l'Angleterre, et accessoirement l'Italie, se sont partagé les provinces arabes de l'Empire ottoman. Elles ont installé des régimes différents dans chaque province, tracé de nouvelles frontières, dû parfois partager entre elles certains aspects du pouvoir ou certaines richesses économiques. Elles ont quelquefois sauvegardé des structures locales de pouvoir, entièrement ou partiellement émancipé de la tutelle ottomane (Maroc, Égypte), d'autres fois elles les ont détruites ou ont empêché leur constitution (Syrie et Irak), ou encore elles ont fait naître des pouvoirs rivaux (Saoudiens contre Hachémites dans la Péninsule arabique), laissant à ces pouvoirs la possibilité de constituer des États nouveaux indépendants là où avait été prévue la constitution d'un grand royaume arabe unifié[1].

À la segmentation originelle de la société arabe que la domination ottomane avait gérée sans problèmes majeurs avant l'affirmation de la suprématie européenne en Méditerranée au XIXe siècle est venue s'ajouter une pluralité d'arrangements institutionnels. Cela à l'intérieur de frontières délimitées par des marchandages franco-anglais et le besoin naturel à toute puissance coloniale de diviser pour régner et non par les données naturelles de la géographie ou l'homogénéité humaine d'un territoire. Si, au Machrek, la Grande-Bretagne a considéré avec plus de sympathie l'aspiration des élites à la formation d'un royaume arabe unifié qu'elle aurait pu conserver sous contrôle, elle a appliqué, sur le terrain, en revanche, la politique du « diviser pour régner », qui lui permettait de tenir compte à la fois des ambitions coloniales de son allié français en Syrie et au Liban et des promesses faites à la communauté juive anglaise concernant la création d'un foyer national juif en Palestine. En revanche, la France, qui au XIXe siècle avait justifié ses ambitions coloniales en Méditerranée (Égypte et Afrique du Nord) par le désir d'aider à la résurrection de la civilisation arabe[2], développera au XXe siècle la phobie du

1. Nous avons largement traité de cette question dans *L'Europe et l'Orient*, *op. cit.*

2. Sur ce point, voir Henri Laurens, *Le Royaume impossible. La France et la genèse du monde arabe*, *op. cit.*, ainsi que *Le grand jeu. Orient arabe et rivalités internationales*, *op. cit.*, qui est une histoire détaillée et rigoureuse de la vie politique et des problèmes des pays arabes de 1945 à la guerre du Golfe. Sur la période précédente, on se reportera aussi à un ouvrage très clair du même auteur paru plus récemment : *L'Orient arabe. Arabisme et islamisme de 1798 à 1945*, Armand Colin, Paris, 1993. Sur les manœuvres des grandes puissances et les échecs arabes répétés à les déjouer, on lira l'ouvrage au vitriol de Charles Rizk, *Les Arabes ou l'histoire à contresens*, Albin Michel, Paris, 1992.

nationalisme arabe dans lequel elle ne verra qu'un complot britannique pour menacer ses positions stratégiques en Méditerranée[1].

La Grande-Bretagne sera un élément moteur de la mise en place de la Ligue des États arabes en 1944, visant à permettre un contrôle collectif de la politique étrangère des pays arabes ; la Ligue deviendra une enceinte de surenchères nationalistes et, de ce fait, elle sera un accélérateur puissant de l'accession à l'indépendance des pays du Maghreb. La méfiance et les antipathies françaises à l'égard du nationalisme arabe en seront renforcées. Lorsque les États-Unis prendront la succession de l'influence anglaise au Moyen-Orient, à partir du début des années 1950, les élites arabes continueront de subir de plein fouet les rivalités et les contradictions exaspérées entre traditions anglo-saxonne et française. Les Anglo-Saxons pourront apparaître alors comme moins « coloniaux », en particulier avec l'apport de l'héritage révolutionnaire américain ; mais ils seront imperméables à la question sociale dans le monde arabe, où ils ne verront que la main des bolcheviques. Les Français, en revanche, continueront d'être perçus comme « plus coloniaux » sur le plan des traditions étatiques, mais leur ouverture sur la question sociale et le développement des idées marxistes en France auront une forte influence sur la culture arabe, au Maghreb comme au Machrek.

Le dernier élément de perplexité des Arabes est, en effet, l'apparition du bolchevisme qui lie question nationale et question sociale et qui fait entrevoir la

1. Sur la politique coloniale française au Liban et en Syrie, on se reportera au travail très documenté de Gérard Khoury, *La France et l'Orient arabe. Naissance du Liban moderne 1914-1920*, Armand Colin, Paris, 1993, étude qui enlève toute crédibilité au cliché simpliste de la France en symbiose avec la communauté maronite qui ajusterait sa politique coloniale exclusivement pour plaire à cette communauté.

possibilité d'une universalité fraternelle entre sociétés colonisatrices et sociétés colonisées dans la lutte des classes commune. La séparation entre colonisateurs et colonisés n'est plus due à la religion, à la civilisation, au fait colonial lui-même, mais aux mécanismes d'exploitation du capitalisme à l'échelle mondiale. On peut ainsi sortir de la confrontation religieuse (islam/christianisme ou islam/judaïsme) pour trouver le vrai terrain de lutte politique, celui de la suppression des mécanismes d'exploitation économique entre nations et à l'intérieur des nations. Le nationalisme arabe se teintera alors de marxisme dans la plupart de ses expressions ; on n'y verra, du côté anglo-saxon, que la « main de Moscou » et de ses agitateurs, tout comme la France n'avait vu durant la première moitié du siècle que la main de la perfide Albion contre ses intérêts dans les aspirations à l'unité du nationalisme arabe de type constitutionnel et libéral dans les pays du Machrek.

Le marxisme sèmera la discorde dans — et entre — les sociétés arabes, car il fragmentera encore plus les perceptions divergentes des élites sur le contenu de la modernité politique. Il sera un élément important des bouillonnements révolutionnaires des premières années de l'indépendance ; la Guerre froide créera des blocs entre pays arabes, certains passant sous influence soviétique, d'autres s'abritant à l'ombre de la puissance américaine. La France gaulliste tentera d'être un tiers recours durant quelques années et encaissera des dividendes économiques importants de sa politique arabe, en particulier avec la guerre israélo-arabe de juin 1967 et l'interruption momentanée de l'alliance privilégiée entre la France et Israël, lorsque le général de Gaulle condamnera Israël, qui « a tiré le premier ».

LES LIMITES D'UNE RENAISSANCE ARABE TOMBÉE DANS L'OUBLI

On ne s'étonnera pas, dans un tel contexte politique et économique qui accompagne les indépendances arabes, que l'instabilité, les coups d'État ou tentatives de coup d'État à répétition, les discordes violentes entre États arabes aient été au rendez-vous. À l'aube des indépendances, les sociétés arabes baignent encore dans des structures que l'industrialisation n'a pas touchées. Le bagage intellectuel des élites est certes important ; depuis cent cinquante ans, elles pratiquent la culture européenne et ont mis en route des réformes modernistes inspirées des principes politiques et constitutionnels européens. Au début du XIXe siècle, en Égypte, qui s'émancipe de la tutelle ottomane, Mohammed Ali donnera l'exemple qui se propage à la Syrie et au Liban, qu'il occupe quelques années (1830-1840). L'Empire ottoman lui-même, bientôt, se réforme ; plus tard, le Maroc et la Tunisie ont à leur tour leurs réformateurs[1]. On tente de débarrasser la pratique de la religion islamique des superstitions, de faire évoluer la pratique juridique figée depuis de longs siècles, d'améliorer le sort de la femme, d'introduire l'enseignement des sciences dans les institutions religieuses. Cette renaissance (Nahda) est un mouvement important qui a produit des courants de renouveau littéraire, des textes fondateurs de « modernités », littéraires et poétiques, des essayistes prolixes, des réformateurs religieux éclairés. Son influence pour

1. Sur la réforme religieuse et la Nahda au Proche-Orient, on se reportera à l'ouvrage déjà cité d'Albert Hourani, *Arabic Thought in the Liberal Age, op. cit.*, ainsi qu'à Leyla Dakhli, *Une génération d'intellectuels arabes. Syrie et Liban (1908-1940)*, Karthala, Paris, 2010.

transformer la société en profondeur s'est heurtée, toutefois, à deux contraintes qui l'ont empêchée d'avoir le rayonnement global susceptible de forger un nouveau consensus philosophique, politique et social tel que le Japon l'a réussi au XIXe siècle à l'ère Meiji.

Tout d'abord, il n'y a pas au XIXe siècle, comme au Japon, une politique active à l'égard du monde rural pour alphabétiser les paysanneries ; même dans les villes, l'éducation moderne reste restreinte aux élites marchandes ou religieuses traditionnelles, aux riches familles terriennes qui voient leurs propriétés s'agrandir et être juridiquement consolidées, aux minorités chrétienne ou juive qui reçoivent des aides des puissances européennes et des missionnaires. Le mouvement de réforme ne touche ni le monde bédouin, ni le monde rural ; il reste un mouvement d'élites urbaines qui « s'européanisent ». C'est un nouveau facteur de segmentation sociale qui est créé, et non point le fondement d'un nouveau consensus social adapté aux exigences d'une modernité dominée par l'Europe et saisie par le progrès technique. Mais les idées d'émancipation humaine et nationale rendent désormais irrémédiable le déclin de l'Empire ottoman, protecteur des sociétés arabes.

Seule la richesse pétrolière permettra d'urbaniser le monde bédouin dans la Péninsule arabique comme en Libye, dans un contexte où l'instrumentalisation de la religion est à la base de la culture et du comportement social, pour maintenir la légitimité politique des pouvoirs de type patrimonial. Quant au retard du monde rural arabe, il reste jusqu'aujourd'hui une question fondamentale dans beaucoup de pays, qu'il s'agisse des revenus très bas de la paysannerie, comme nous le verrons au chapitre 21, ou du nombre d'analphabètes d'origine rurale pauvre, souvent émigrés dans les bidonvilles urbains. Les nouveaux pays industrialisés du Sud-Est asiatique, suivant l'exemple japonais, auront comme priorité de faire entrer le monde rural dans la modernité économique sur un pied d'égalité avec le monde urbain, et de faire en sorte que le surplus de main-d'œuvre dégagé par le monde agricole puisse être intégré sans retard dans les efforts massifs d'industrialisation. Aucun pays arabe, en dépit des efforts faits par certains d'entre eux en matière d'irrigation ou d'emploi des pesticides, n'aura visé comme objectif prioritaire la suppression des différences entre monde rural et monde urbain ou du moins leur intégration harmonieuse.

Il n'y a pas eu non plus dans le monde arabe, dont les élites ont été polarisées par la lutte anticoloniale, de politique visant à rendre les techniques industrielles familières à la population pauvre dans une optique volontariste d'indépendance économique à l'égard des grands pays industrialisés européens. L'aspect politique de la lutte contre l'hégémonie européenne, tout comme la question de la réforme religieuse de l'islam, a envahi tout le champ de la perception des élites arabes et des gouvernants, les amenant à délaisser complètement cet aspect vital de la modernité politique qui est l'appropriation des sciences et des techniques. Le marxisme arabe a contribué de son côté à simplifier cette question majeure, en pensant comme beaucoup de marxismes du tiers monde que le capitalisme « monopoliste » était seul responsable de l'absence du transfert des techniques vers les autres sociétés et que l'avènement du socialisme résoudrait spontanément le retard industriel et économique. C'est là une différence essentielle avec l'approche japonaise au XIXe siècle où cette question était prioritaire pour parvenir à desserrer l'emprise de l'hégémonie européenne et américaine. En Méditerranée, l'envahissement colonial européen a plus été perçu dans les consonances religieuses et historiques d'une perpétuation de la lutte entre l'islam et le christianisme et la diffusion des idéologies nationalistes et révolutionnaires de l'Europe que dans le défi économique qui modèle encore aujourd'hui les rapports de l'Occident industriel au monde asiatique.

C'est là qu'apparaît le second facteur qui limite l'impact de la Nahda. Les nouvelles idées, si séduisantes, proviennent de l'Europe qui elle-même succombe au colonialisme. Ses ambitions de domination ne font plus de doute et l'occupation de l'Algérie par la France en 1830 puis celle de l'Égypte par l'Angleterre en 1883 ne font que confirmer la réalité d'un colonialisme que la faiblesse des Turcs ottomans ne peut affronter avec succès. L'adoption des idées européennes pose donc un problème intellectuel insoluble, à multiples facettes. Quel crédit accorder à des idées et à des principes politiques nobles et généreux quand les États qui les ont adoptés ne les mettent pas en pratique dans leurs relations avec les autres sociétés, bien au contraire ? Ces idées, de plus, proviennent de sociétés chrétiennes avec qui existent de longues traditions d'hostilité et de guerres, de conquêtes et de reconquêtes, de croisades et de *djihad*. L'adoption de ces idées « chrétiennes » ne va-t-elle pas affaiblir le consensus social des sociétés musulmanes où Arabes, Turcs, Kurdes et Berbères vivent ensemble dans le lien social transcendant que l'islam est censé constituer ? Questions lancinantes, malheureusement aujourd'hui toujours d'actualité et qui fournissent aux différentes littératures islamistes un thème obsessionnel aux variations inépuisables.

Conscients de ces questions, les promoteurs de la Nahda ont dû être prudents. Ils ont parfois mis en sourdine l'appel au nationalisme arabe ou à un nationalisme local (Égypte) pour vanter le lien de « fraternité » religieuse devant perdurer entre sociétés musulmanes sous l'égide de la Sublime Porte, mais en réclamant alors une profonde réforme politique de l'Empire. Ils ont, d'autres fois, prôné au contraire la séparation entre Turcs et Arabes et le retour à la gloire passée des Arabes, mais en insistant sur la nécessité de garder un caractère islamique à la société arabe, voire de rétablir au profit des Arabes le califat usurpé par les Turcs, responsables de sa décadence. Lorsque l'effondrement de l'Empire ottoman et l'abolition subséquente du califat, en 1924, par la jeune république turque, permettent aux réformateurs de devenir plus radicaux dans leurs idées tant nationales que religieuses, le colonialisme européen resserre son emprise, consolidant l'occupation de l'ensemble des provinces arabes de l'Empire ottoman. La polémique fera alors rage, aussi bien sur l'existence d'une nation arabe pouvant vivre hors d'un cadre islamique que sur une modernisation des institutions politiques faisant perdre à la société arabe son caractère islamique et sa raison d'être puisque la gloire des Arabes dans l'histoire est la révélation coranique.

C'est donc dans un labyrinthe intellectuel redoutable que s'est retrouvée l'élite pensante des Arabes dès le début du XIXe siècle. Chaque événement historique majeur que cette élite a vécu est venu ajouter à la complexité du labyrinthe, qu'il s'agisse de l'inexorable montée du colonialisme européen, des couleurs différentes de ce colonialisme, de l'effondrement de l'Empire ottoman et de la fin du califat, du triomphe du bolchevisme, puis de la Guerre froide, sans oublier la création de l'État d'Israël. Entrée dans le labyrinthe, l'élite intellectuelle s'est elle-même fragmentée, partant en ordre dispersé dans des chemins différents à la recherche d'une porte de sortie, jusqu'aujourd'hui introuvable, cristallisant dans cette recherche des problématiques opposées qui soulèveront des passions dans les opinions arabes. Avec les indépendances, ces passions aggravent les déstabilisations politiques : la défaite des armées arabes en Palestine en 1948 qui permet la création de l'État d'Israël, l'attaque contre le canal de Suez par les armées franco-britanniques et israéliennes en 1956, la nouvelle défaite des armées arabes en 1967, qui permet à Israël d'achever en six jours la conquête du territoire palestinien et d'occuper le Sinaï et le Golan syrien ; par la suite, le traumatisme de la guerre du Golfe en 1991, puis de l'invasion de l'Irak en 2003.

Ces déstabilisations sont d'autant plus faciles que les pouvoirs supérieurs externes, turc ottoman puis franco-anglais, qui géraient ou contrôlaient directement la gestion des sociétés arabes, se sont successivement effacés. Sur quel consensus social et intellectuel asseoir la légitimité politique dans les sociétés arabes fragmentées en États distincts, à régimes politiques variés, depuis l'effondrement de l'Empire ottoman ? Question essentielle, toujours sans réponse, car les transformations économiques trop rapides, fondées sur le développement du commerce de type colonial, n'ont pas créé, durant ces périodes, de couches sociales suffisamment larges et homogènes, cependant que les batailles d'idées qui ont fait rage sont restées confinées dans un labyrinthe sans issue et dans des problématiques stériles.

Toutefois, il est étrange que cette période libérale si féconde se soit totalement effacée des mémoires au cours des dernières décennies du siècle passé, alors qu'elle avait été si riche en échanges intellectuels, en renaissance culturelle et en interactions avec la culture européenne, littéraire comme politique. Aujourd'hui, le monde arabe est considéré avoir toujours eu comme caractéristiques l'arbitraire et le despotisme ou n'avoir jamais connu les bienfaits de la liberté. Cette période est ainsi devenue la grande absente des ouvrages sur le monde arabe, qu'ils soient écrits par des Européens, des Américains ou par des Arabes. Pourtant, il y a cinquante ans seulement, les orientalistes européens et notamment français en faisaient grand cas, cependant que l'élite intellectuelle arabe était imprégnée des grands débats d'idées qui se déroulaient fort courtoisement en son sein depuis le voyage d'un clerc égyptien, Rifa'at Rafa'at al Tahtawi (1801-1873), envoyé en France en 1826 par Mohammed Ali pour s'informer des causes de la puissance de ce pays et de sa prospérité. Il y étudiera très attentivement toutes les institutions politiques françaises, le statut des femmes et les progrès de la société dans le domaine des arts et des sciences. De ce voyage naîtra sous la plume de Tahtawi, en 1834, le premier ouvrage phare de la renaissance arabe où il raconte avec beaucoup de spontanéité et de détails son séjour en France et tout ce qu'il y a vu[1]. Cette œuvre peut être considérée comme le premier manifeste « moderniste » du monde arabe, étonnant par son ouverture d'esprit pour un homme formé dans l'institution gardienne des traditions musulmanes, l'Azhar, qui est aussi une université dont on oublie qu'elle a été créée au Xe siècle sous la dynastie des Fatimides. Le voyage en France de Tahtawi ouvre une période d'une fécondité littéraire, philosophique et politique tout à fait remarquable. De nombreux cheikhs de l'Azhar y participeront avec éclat et une pensée éclairée, parfois même d'une radicalité surprenante, tel l'ouvrage de Ali Abdel Razik (1888-1966), *L'islam et les fondements du pouvoir*, publié en 1925[2]. Dans cet ouvrage très savant, l'auteur démontre que l'on ne peut en rien légitimer une théorie du pouvoir ou un système politique donné à partir du texte coranique qui est resté silencieux sur ce

1. Ouvrage traduit en français récemment seulement sous le titre *L'Or de Paris*, Édition Sindbad, Paris, 1988 (titre original arabe *Takhlis al-ibriz ila talkhis Bariz*, soit en français « de l'extraction de l'or à celle de Paris »). Malheureusement, Tahtawi n'a pas suscité de curiosité dans la nouvelle génération d'islamologues français, qui l'ont délaissé, ainsi que tous les auteurs de la Nahda. On signalera cependant l'ouvrage de Guy Sorman, *Les enfants de Rifaa, musulmans et modernes*, Le Livre de poche, Paris, 2005, où la pensée de Tahtawi est abordée sous l'angle des bienfaits de la mondialisation sur le mode néolibéral qui constitue le credo de l'auteur de cet ouvrage.

2. Ali Abderraziq, *L'islam et les fondements du pouvoir*, La Découverte, Paris, 1994.

sujet ; aussi, pour lui, toutes les théories théologico-politiques se réclamant de l'application de l'islam ne sont qu'une œuvre humaine qui ne trouve aucun fondement dans les prescriptions coraniques.

C'est pourquoi il est regrettable que la jeune génération d'Arabes ait été privée de cette mémoire collective et que de ce fait son environnement intellectuel et culturel se soit considérablement appauvri, les uns se polarisant presque exclusivement sur les thèses des fondamentalistes religieux ou sur ce qui s'écrit en Occident sur l'islamisme politico-religieux, toujours très rapidement traduit en langue arabe ; les autres se polarisant sur les idéologies des démocraties occidentales.

Cette période libérale est, en effet, marquée par la création d'organes politiques délibératifs qui sont installés très tôt, dès le XIXe siècle, mais aussi par un mouvement féministe important. L'Égypte jouera un rôle central dans cette renaissance à partir du règne de Mohammed Ali, qui a réussi à abattre le pouvoir des mamelouks turcs en 1805. Il crée en 1824 un Conseil de 24 membres, élargi par la suite à 48 pour y intégrer 24 docteurs de la loi de l'Azhar ; il y fut ajouté deux commerçants choisis par leurs pairs, deux comptables et deux notables de chaque province. Y fut ajouté en 1829 un autre Conseil dit de la « Shoura » — suivant l'expression issue du Coran[1] — de 156 membres dont 33 docteurs de la loi. Depuis ces dates, l'Égypte aura toujours été dotée d'institutions de type parlementaire et le Conseil créé en 1866 par le khédive Ismaïl sera élu. Cette vie parlementaire continuera de se développer, même de façon contrôlée par l'occupant britannique à partir de 1882, cependant que les élections ottomanes de

1. Un des rares versets du Coran qui évoque la gestion des affaires de la cité requiert que les musulmans se consultent entre eux sur les questions d'intérêt public, d'où l'on peut évidemment déduire que l'islam n'est pas hostile à la démocratie représentative.

1908 sont une autre expérience de libéralisme politique qui a contribué à cristalliser l'aspiration à la liberté des élites syro-libanaises, palestiniennes et irakiennes[1]. Durant la première moitié du XXe siècle, le pluralisme politique se développe, notamment avec la création du parti *Wafd,* ainsi que celui de Mustapha Kamel, nationaliste égyptien qui mène le combat contre l'occupation anglaise, mais aussi la constitution de l'organisation des Frères musulmans et d'autres partis. Au Liban, la première assemblée consultative est instituée en 1845, élargie en 1862 et le premier parlement est créé en 1922.

Bien plus, c'est en Égypte que se développe très tôt un mouvement féministe de grande ampleur sous l'action énergique de Hoda Charaoui (1879-1947), qui initie le mouvement de dévoilement des femmes et de demande de l'égalité avec les hommes. Elle fondera en même temps une revue féministe (*L'Égyptienne*). Son action sera suivie de celle de Doria Chafik (1908-1975) qui militera pour l'obtention du droit de vote pour les femmes égyptiennes, droit qui leur sera reconnu en 1956. Cette tradition se perpétue aujourd'hui avec la femme de lettres égyptienne, Nawal Sa'adawi, mais aussi avec Fatima el Mernissi au Maroc. Il convient en outre d'évoquer la remarquable personnalité de Qasim Amin (1863-1908) qui en 1899 écrivit un ouvrage sur « la libération de la femme », dans lequel il conteste que le voile soit une prescription coranique, et, en 1901, un autre sur « la nouvelle femme »[2].

Tout au long du XIXe siècle d'ailleurs, de nom-

1. Voir l'ouvrage de Leyla Dakhli, *Une génération d'intellectuels arabes..., op. cit.*, et, plus globalement, Nadine Picaudou, *L'islam entre religion et idéologie. Essai sur la modernité musulmane*, Gallimard, Paris, 2010.

2. Ces deux ouvrages ont été traduits en anglais, voir Qasim Amin, *The Liberation of Women and the New Women: Two Documents in the History of Egyptian Feminism*, American University of Cairo, Le Caire, 2000.

breuses personnalités arabes contribueront par leurs œuvres écrites ou, parfois, leurs réformes comme dans le cas de Khayreddine en Tunisie (1822-1890), à adapter leurs sociétés aux courants et institutions d'une Europe en pleine mutation et expansion industrielle, scientifique et militaire. Certains s'établiront même en Europe d'où ils publient des journaux et des ouvrages, et n'hésitent pas à engager un dialogue avec les intellectuels européens qui justifient les entreprises coloniales de l'Europe au nom de la supériorité de la civilisation qu'ont réalisée les Européens. On peut constater à la lecture de leurs œuvres que la vaste majorité de ces intellectuels arabes sont très sensibles aux bienfaits du développement de la liberté politique qu'ils constatent en Europe, car ils saisissent le lien entre la liberté de penser et la créativité intellectuelle, scientifique, littéraire et artistique. Certains d'entre eux dénonceront l'absence de cette liberté dans l'Empire ottoman et l'absolutisme des sultans, ainsi que l'arbitraire de l'Administration ottomane. Abdel Rahman el Kawakibi (1854-1902) sera le plus courageux. Son ouvrage sur les caractéristiques du despotisme[1] deviendra un classique, de même que celui sur la nécessité pour les Arabes de reprendre en main leur destinée et d'engager une renaissance scientifique[2]. Beaucoup d'autres auteurs marqueront la période s'étendant de 1825 à 1950 par le courage de leurs positions, en particulier le cheikh Mohammed Abduh (1849-1905), grand mufti d'Égypte, qui remaniera de nombreuses jurisprudences issues de la charia islamique pour les adapter aux exigences du monde moderne. Toutefois, son disciple Rachid Rida (1865-1935), après une visite au royaume d'Arabie Saoudite en voie de constitu-

1. *Taba'yi el istibdad* (Les caractéristiques du despotisme), publié au début du XXe siècle.

2. *Oumm el koura* (La mère des Cités), publié en 1878.

tion, se laissera influencer par la doctrine du wahhabisme et deviendra un conservateur « salafiste ».

Ces opinions « éclairées » et modernistes visant à permettre aux Arabes et aux musulmans de s'adapter aux conditions du monde moderne et ses progrès techniques et scientifiques seront affectées par la dichotomie entre le libéralisme qui se développe à l'intérieur de l'Europe et le développement du mouvement colonial européen au Proche-Orient. C'est ce qui explique que, par la suite, la mémoire de cette période libérale si riche en pensée politique nuancée et complexe sera ensevelie sous le déchaînement des événements qui font l'objet même de cet ouvrage.

On voit ainsi combien les débats théologico-politiques d'aujourd'hui ou ceux sur le statut de la femme et la nécessité de porter le voile marquent une étrange régression par rapport à cette renaissance oubliée. Pour réussir, tout nouveau mouvement de renaissance devra rétablir la mémoire de cette période, mais aussi celle des grandes heures de la civilisation arabo-musulmane, lorsque Damas, Bagdad, Bassorah, Le Caire, Cordoue, Grenade étaient des hauts lieux de culture cosmopolite. Car, entre le VIIe et le Xe siècle, a régné dans toutes ces villes une grande liberté de penser, d'interpréter le monde et la révélation divine, d'entrer en interaction culturelle avec les civilisations voisines, byzantine, syriaque chrétienne, perse ou même indienne. C'est ce qui a permis alors ce formidable essor des sciences, des arts, des lettres et aussi de la philosophie, avant que le centre de la civilisation musulmane ne se déplace en Asie centrale et dans la Péninsule indienne (ainsi que nous l'avons déjà évoqué au chapitre premier). Si la culture arabe, telle qu'elle s'est rétractée au cours des dernières décennies, ne reconstruit pas la mémoire de ces périodes, elle demeurera prisonnière des problématiques stériles dans lesquelles elle est enfoncée.

LE PROCHE-ORIENT : MONDE EN DÉSINTÉGRATION, MONDE EN CRÉATION

Le récit qui est présenté ici tentera de montrer comment, au cours du dernier demi-siècle, les sociétés arabes ont été entraînées dans des processus involutifs par une conjonction de facteurs externes et internes, de tendances lourdes de leur histoire et de conjonctures récentes très spécifiques liées à l'émergence du phénomène israélien, à la Guerre froide et aux transformations de l'économie mondiale qui aggravent l'aspect rentier des économies locales.

Saisir la réalité de ces sociétés ne sera pas une entreprise facile. Nous avons été animé par le besoin de déconstruire les discours historiques ambiants, d'origine locale ou occidentale, sur la spécificité de ces sociétés, leur difficulté à intégrer la modernité industrielle et, aujourd'hui, postindustrielle. Cette partie méthodologique a tenté d'expliciter les bases intellectuelles à partir desquelles nous avons cherché à construire différemment l'événement, à détecter ses causes proches ou lointaines, locales ou externes, mais aussi, de façon indirecte, à interroger l'avenir. Celui des régimes politiques ossifiés, de l'absence de légitimité sociale et idéologique des pouvoirs en place, de la conscience malheureuse de nombreuses communautés et couches sociales à qui la modernité n'a pas apporté un mieux vivre, non seulement matériel, mais aussi moral.

Crise de légitimité, crise d'identité : cela pourrait être le thème transversal implicite qui anime notre récit. Le Sultan est mort, maudit soit le Sultan : la chute brutale de Saddam Hussein le montre bien, mais aussi celle plus récente de certains despotes arabes, tels Hosni Moubarak en Égypte et Ben Ali en Tunisie, ou encore Moammar Kadhafi en Libye. Les sociétés arabes, à quelques exceptions mineures, sont orphelines de tout protecteur issu de leurs propres rangs. L'acceptation résignée des régimes dictatoriaux en place jusqu'en 2011 ne fait que confirmer ce diagnostic. Face à ce qui est vécu dans les consciences comme une série d'agressions externes, qu'il s'agisse du colonialisme européen, de la création de l'État d'Israël ou de l'omnipotente présence américaine dans la Péninsule arabique et, depuis 2003, en Irak, qui met le peuple irakien à rude épreuve, l'acceptation de régimes politiques usés mais habiles en politique internationale a été longtemps un pis-aller, jusqu'à ce que l'explosion des révoltes populaires au début de l'année 2011 entraîne enfin la chute de dictateurs honnis.

Il serait naïf, cependant, de penser que la société arabe du Proche-Orient débarrassée, à partir de 1956, des aspects les plus criants du colonialisme, aurait pu construire en un laps de temps aussi court une démocratie pluraliste, garantissant la liberté. La difficulté était d'autant plus grande que les Arabes, venus en ordre dispersé à l'indépendance, ont été déchirés entre l'aspiration à l'unité et les particularismes locaux, profondément ancrés dans l'histoire, même si quatre cents ans de domination ottomane les avaient provisoirement occultés. Il est important de rappeler ici que les sociétés du Proche-Orient arabe ont connu entre le début et le milieu du XIXe siècle des régimes politiques de type libéral, et donc des assemblées démocratiquement élues, des partis politiques, un desserrement de l'influence conservatrice et autoritaire d'une partie des hommes de religion et de leurs idéologies figées. Mais cet intermède démocratique entre la fin de la domination ottomane et les bouillonnements révolutionnaires du milieu du XXe siècle, s'est heurté d'abord aux limites que lui a assignées le protecteur-colonisateur européen, puis, après les indépendances, à la dynamique des bouleversements sociaux internes couplée à une dynamique d'événements internationaux ayant un impact majeur sur la zone du Proche-Orient.

Les années 1990 ont été caractérisées par de nouveaux assauts contre la liberté, d'un côté par la montée du fondamentalisme religieux, à droite comme à gauche, officiel ou populaire, sous-produit de l'indigestion de la richesse pétrolière ; de l'autre, par l'effritement de la base populaire de soutien aux partis Baath régnant en Irak et en Syrie, ainsi que par l'exercice d'un pouvoir personnel absolu au nom d'un parti unique, ayant autrefois incarné une certaine sensibilité politique désormais atrophiée par le cynisme des dirigeants, le despotisme politique et le désespoir de l'opinion. Aussi, en Irak, en Syrie, en Égypte et au Liban, a dominé le plus souvent, chez les anciennes élites révolutionnaires, la nostalgie des régimes politiques bourgeois et libéraux qui caractérisaient ces pays jusqu'au début des années 1950. Ce sentiment est d'autant plus fort que partout dans le monde arabe l'ère de la prospérité pétrolière a creusé à nouveau les écarts de revenus souvent bien plus profondément qu'ils ne l'avaient été du temps de l'ère bourgeoise. Ainsi, le pouvoir dictatorial est-il apparu partout comme un monstrueux échec, dont l'intégrisme islamique, aussi peu soucieux des libertés que le pouvoir qu'il dénonce, tente de prendre la succession.

Certes, de très rares espaces de liberté se sont développés au cours des dernières années. La monarchie marocaine a encouragé le développement de la vie parlementaire et permis le pluralisme idéologique dans l'allégeance au roi tout-puissant. L'Égypte, après la disparition du président Sadate, est retournée à une pratique minimale de pluralisme politique, restreinte par un système électoral peu crédible et la pratique de la prépondérance du parti du chef de l'État. La mort de Hafez Assad en Syrie, en juin

2000, n'ouvre pas la porte au chaos ; son fils Bachar lui succède et a tenté une timide ouverture politique qui n'a pas porté ses fruits. La monarchie jordanienne, confrontée à une grave crise économique et financière, et à son désengagement juridique et politique des territoires occupés, s'est elle aussi lancée en 1989 dans des élections véritablement libres, mais pour revenir ensuite à un contrôle plus étroit des élections et de la vie politique. L'Algérie, à la suite des tragiques événements d'octobre 1988, a institué avec célérité la liberté et le pluralisme des partis, permettant ainsi l'effondrement de l'hégémonie du parti unique historique, le F.L.N. Il ne s'agira pourtant que d'un intermède qui s'achève en 1992, lorsque face à une possible prise de pouvoir démocratique à partir des urnes du Front islamique du salut (F.I.S.), les militaires algériens annulent le résultat du premier tour des élections, procèdent à des emprisonnements sur une échelle massive et font, de la sorte, basculer le pays dans une guerre civile larvée.

Mais ces quelques changements cosmétiques dans l'autoritarisme général des systèmes politiques ne suffisent pas à effacer l'impression de pessimisme général qu'aggrave l'évocation de la dégradation générale de la vie culturelle dans la société proche-orientale, ainsi que celle du niveau de l'éducation universitaire et scolaire. Laissés-pour-compte de la richesse pétrolière, enseignants, écrivains, artistes n'ont eu le choix qu'entre la misère et l'oppression politique d'un côté, le mercenariat de l'autre, soit au service des monarques ou césars pétroliers, soit à celui du fondamentalisme religieux, soit encore à celui d'un parti unique corrupteur et discrédité. Quant aux systèmes scolaires et universitaires, croulant sous le poids du nombre et l'insuffisance des équipements, ils ne produisent plus qu'une éducation au rabais dans l'absence totale d'univers culturel cohérent. Partout dans le monde arabe, en dehors des monarchies pétrolières à faible démographie, les rythmes d'accroissement de la population continuent d'être extrêmement élevés et de requérir, pour maintenir les niveaux de vie et ceux de l'emploi, des taux de croissance économique bien plus élevés que ceux connus durant ces dernières décennies, en dépit de l'augmentation très importante des prix du pétrole au cours des dernières années (2005-2010) et des revenus massifs des émigrés transférés dans leur pays d'origine.

C'est pourquoi la société du Proche-Orient est apparue, jusqu'à l'éclatement généralisé en 2011 de révoltes populaires d'envergure dans pratiquement toutes les sociétés arabes, comme un monde en désintégration que seul avait maintenu l'exercice de plus en plus violent du despotisme politique. Nous verrons à l'œuvre au cours du récit les facteurs de cette désintégration : télescopage des époques et des sensibilités politiques qui reflète celui qui est intervenu dans la société industrielle, ainsi que dans les grands courants internationaux de circulation des idéologies politiques ; torrent destructeur de la richesse pétrolière qui a attaché à nouveau le Proche-Orient arabe aux sociétés industrielles occidentales dans une relation de dépendance et d'extraversion économique anormale ; échec dans la concrétisation des grandes aspirations de la société : l'unité arabe, la révolution salvatrice de la pauvreté, de l'exploitation et de l'oppression, la libération de la Palestine, l'intégration à la prospérité, à la puissance et à la stabilité de l'Occident si proche. Tous ces rêves ont été pulvérisés, les uns après les autres ; ils sont pourtant ceux de tous les penseurs arabes depuis le début du XIXe et ils ont irrigué la culture arabe contemporaine. Le terrorisme politique des mouvements religieux intégristes traduit sur ce plan la fin d'un univers ; de même que la déchirure libanaise, puis l'invasion du Liban par Israël et le siège de sa capitale Beyrouth en 1982, haut lieu de la culture politique arabe. L'invasion du Koweït par l'Irak a tenté peut-être en 1990 de faire revivre les rêves pulvérisés. Elle a entraîné en Orient arabe, sur le pays qui abrite les Lieux saints islamiques, comme un cauchemar, la plus grande expédition militaire de l'Occident depuis la Seconde Guerre mondiale. Treize ans plus tard, en 2003, les armées américaine et britannique et d'autres armées « alliées » envahissent l'Irak. Ainsi était achevée une désintégration du Proche-Orient que les guerres gigognes et hautement symboliques du Liban avaient annoncée à partir de 1975.

Dans ces conditions, le blocage de l'identité nationale sur l'identité religieuse a présenté bien des avantages. Et pour cause, car le fossé est immense entre les splendeurs de la civilisation arabe classique, animée du souffle de l'islam naissant, et la misère du sous-développement et de la dépendance multiforme vis-à-vis de l'Occident. Dans la rivalité des élites arabes au pouvoir dans les différents États, l'appel à la légitimité islamique a été au cours des dernières décennies et demeure encore dans le contexte des révoltes populaires arabes qui explosent en 2011 un élément de poids dans des querelles identitaires et théologico-politiques qui n'en finissent plus de se répéter.

Pourtant le sentiment unitaire arabe, et non point islamique, a été le moteur des grands événements liés à la décolonisation, en particulier durant la période nassérienne, même si aujourd'hui, cédant à la conjoncture, certains s'efforcent de visualiser cette histoire proche à travers un prisme islamique. Depuis le XIXe siècle, des courants de pensée se sont efforcés de faire éclore une identité nationale qui ne soit pas prisonnière d'un blocage sur l'identité religieuse. Ils ont trouvé leur apogée dans les années 1950 et 1960 et leur héros en Nasser. Ce sont les échecs de la société arabe face au défi israélien et aux exigences de la modernité et de l'indépendance économique, ainsi que l'incapacité à réaliser l'unité arabe, qui ont provoqué le reflux violent de la laïcité et la résurgence du fondamentalisme islamique. C'est aussi la formidable puissance financière acquise par l'Arabie Saoudite grâce à ses ressources énergétiques qui contribue, après la défaite des armées arabes face à Israël en 1967, à faire reculer le nationalisme laïc, voire à le marginaliser totalement, au profit de différentes idéologies identitaires islamiques. Il ne faut pas oublier qu'au cours des dix derniers siècles, de la décadence de l'Empire abbasside jusqu'à l'avènement de Mohammed Ali en Égypte au début du XIXe siècle, l'identité arabe a été oblitérée au profit de l'identité islamique, maintenue dans une position d'exclusivité par les conquérants étrangers pour asseoir la légitimité de leur domination. On n'efface pas facilement le poids séculaire des moyens idéologiques mis en œuvre pour assurer la permanence d'un système de domination politique que les marxistes, non sans outrance, ont appelé le « despotisme asiatique ». On ne s'étonnera donc pas que dans la vague de reflux des idéaux modernisants et laïcs, provoquée par les échecs de la société arabe contemporaine, on voit resurgir en force la nostalgie de l'Empire ottoman, c'est-à-dire celle du confort métaphysique et idéologique qu'assurait une unité « islamique » impériale, autrefois puissance mondiale. C'est dans cette nostalgie qu'ont abondamment puisé les mouvances islamiques de type radical, réclamant le retour à l'unité de tous les musulmans sous un califat ressuscité ou même le règne direct de la loi de Dieu. C'est ce qu'a prêché Oussama Ben Laden concernant la nécessité de rétablir le califat et Sayyed Qotb pour ce qui est du règne de la loi de Dieu. Le retentissement sans égal donné aux discours du premier et à la théorie théologico-politique du second dans les médias et travaux « académiques » ou journalistiques occidentaux n'a pas été sans contribuer à enfermer une partie du monde arabe dans cette involution identitaire et imaginaire. C'est ainsi que s'est développé le terreau fertile pour recruter de jeunes jihadistes ou, pire, des candidats à l'attentat suicide, qui au bout du compte tue bien plus de musulmans dans les sociétés arabes ou non arabes (comme au Pakistan, en Indonésie ou en Afghanistan) que de militaires des armées occupantes de certaines parties du monde arabe et musulman. En attendant, beaucoup de ces jeunes auront aussi aidé à la déstabilisation des Balkans ou du Caucase (en Bosnie, en Tchétchénie) dans le sillage de la même politique occidentale d'effacement total de la période soviétique de l'histoire de l'Europe et du monde.

Monde en désintégration, monde en création, pourrait-on dire aussi, ce que confirment bien les révoltes généralisées qui éclatent en 2011. Reste à savoir comment ce chaos, si dangereusement géré où les puissances occidentales s'impliquent à nouveau avec la plus grande vigueur, comme en Libye ou en Syrie, en dépit de la crise économique et financière qui sévit chez elles, pourra donner naissance à un monde plus cohérent et moins aliéné aux réalités de ce début du XXIe siècle. Sur ce plan, les révoltes arabes ouvrent autant d'espoirs que d'inquiétudes, comme on le verra au chapitre 28.

Souvent, au cours de notre récit, nous avons fait appel à la notion de déphasage culturel pour expliquer certaines des équations impossibles dans lesquelles la société politique arabe s'est placée. Perceptions insuffisantes des réalités géopolitiques, dans toute la complexité de leurs composantes, c'est incontestablement ce qui a caractérisé l'élite dirigeante arabe des années 1950 et 1960, de « l'extrême droite » du kaléidoscope politique symbolisée par le roi Fayçal d'Arabie Saoudite, à « l'extrême gauche » symbolisée par l'équipe dirigeante syrienne des années 1966-1969 et les divers mouvements gauchisants palestiniens et libanais.

Il ne faut pas oublier cependant que ces perceptions déformées sont aussi la résultante du monde manichéen de la Guerre froide dans un premier temps, de la guérilla en Amérique latine et de la révolution culturelle en Chine dans un second temps, puis enfin de la guerre au terrorisme, perçu comme essentiellement islamique, que les États-Unis déclenchent après les événements du 11 septembre 2001. Mais le terrain était ici particulièrement fertile, car le monde manichéen du bien et du mal a historiquement germé dans la région, puisque Manès naquit en Perse au début du IIIe siècle de notre ère et que sa doctrine fleurit longtemps au Proche-Orient et en Afrique du Nord, jusqu'en Mongolie et dans l'Europe des hérésies. Tentation du confort métaphysique, comment s'étonner que la société proche-orientale, en quête d'identité, déboussolée par les vicissitudes de son histoire, n'ait pas happé les idéologies modernes à travers un manichéisme dans la perception. Déçu par ces idéologies, le manichéisme sera exercé à leur encontre ; Khomeyni en Iran ne cessera de traiter les États-Unis de Grand Satan et d'accuser l'Union soviétique de promouvoir un athéisme pervers, dangereux pour le salut des peuples « croyants ». Comme nous l'avons vu, la laïcité sera désormais perçue par l'idéologie des mouvements islamiques comme un risque de grave dépersonnalisation des sociétés musulmanes et même une trahison de l'âme nationale[1].

Pour les Arabes polarisés sur l'aspect des relations malheureuses avec l'Occident, la tentation sera donc toujours grande de tomber à nouveau dans la perception géopolitique manichéenne que propose l'intégrisme religieux violent comme alternative aux idéologies modernisantes des périodes précédentes. L'Occident « matérialiste », sa civilisation, ses mœurs, son impérialisme incarneraient

1. Voir *supra* chapitre 3, p. 187.

alors le Mal, après avoir été cet objet de tous les désirs, mais que rien n'a pu appréhender.

Le déphasage culturel est donc aussi une caractéristique de l'évolution de la société arabe au cours de cette période. Entretenu par le despotisme, il vient à son tour le renforcer, surtout lorsque ce déphasage est produit par les mouvements de contestation violente, comme dans le cas du terrorisme pratiqué par les mouvements islamiques radicaux.

Plus expérimentée et mieux informée qu'elle ne l'était dans les années 1950 et 1960, l'élite dirigeante arabe aurait pu, au cours des années 1970 et 1980, échapper au déphasage culturel, si ce dernier n'était pas devenu un élément central du système de pouvoir politique, aussi bien que de l'opposition politique qu'il cristallise. D'où cette vie politique dans la société arabe (coupée du réel à tous les niveaux, idéologique, économique, culturel et social), d'où aussi tous les mauvais théâtres que sont les sommets des chefs d'État de la Ligue arabe, ceux du Front de refus, ceux de l'Organisation de la Conférence des États islamiques, sans parler de ces unités éphémères qui se font et se défont au niveau du discours entre l'un ou l'autre des pays du Proche-Orient, sans jamais avoir le moindre effet au niveau réel. Théâtre d'ombres que traversent les violences du terrorisme, mais qui n'est même plus une mauvaise et pâle projection de la société réelle, désormais cachée à l'observation raisonnée. Le chaos libanais entre 1975 et 1990, les erreurs majeures du chef de l'État irakien dans sa guerre contre l'Iran, puis l'occupation du Koweït qui entraîne pour l'Irak, entre 1990 et 2003, un embargo implacable et un isolement international total, ce qui a permis au régime de Saddam Hussein de commettre les pires abus contre sa propre population, mais aussi la situation de la Libye ou du Soudan, gouvernés de façon cruelle et fantasque, soumis aussi à des embargos divers, bien que moins sévères, enfin les convulsions algériennes entre 1992 et 2000 : tout cela a contribué plus que jamais à faire du monde arabe un théâtre d'ombres aux réalités fuyantes et insaisissables.

Prévisible jusqu'à la monotonie dans la conduite des discours politiques et idéologiques divers qui ont dominé la période de l'histoire étudiée ici, le Proche-Orient reste cependant aujourd'hui, plus que jamais, notamment avec l'ouverture d'un nouveau cycle révolutionnaire depuis le début de l'année 2011, une terre d'imprédictibilité au niveau de l'événement. Ce chaos avait été géré jusqu'à cette date par la convergence du despotisme interne et des forces externes qui avaient œuvré dans la région. Le canal de Suez et les oléoducs pétroliers qui ont poussé tout autour ont gardé jusqu'à aujourd'hui, pour l'économie des grands de ce monde, une valeur aussi stratégique que la fameuse route des Indes au XIXe siècle dont le Proche-Orient était l'avenue principale. Cependant que l'État d'Israël — qui continue toujours plus la colonisation des territoires occupés en 1967 — est devenu un bastion que les puissances occidentales protègent toujours plus étroitement.

Mal aimée et malmenée par l'Occident surpuissant au cours des deux derniers siècles, la société du Proche-Orient arabe ne peut cependant rien en attendre. Il est de la nature des choses que les riches et les puissants demeurent égoïstes. Toutes les imprécations possibles contre l'impérialisme et le « Grand Satan » ne changeront pas cette réalité. De même, c'est perdre une énergie précieuse que de chercher à démontrer à l'Occident la nature oppressive et réductionniste de sa vision de l'autre, dans l'espoir secret, en dernière analyse, de pouvoir enfin se faire aimer et respecter. Cette attitude est d'ailleurs une composante du déphasage culturel : haïr une société extérieure qui ne répond pas au désir d'être aimé confirme l'état de dépendance et de déphasage d'une société par rapport à une réalité qui se fait alors sans elle.

Le drame du Proche-Orient arabe est peut-être là, d'autant que les schismes perpétuels qui agitent et déchirent la société arabe tournent autour de la relation avec les grandes puissances. L'intensité du regard tourné vers l'extérieur laisse ainsi peu de place à l'analyse des maux internes de la société, en particulier l'impotence scientifique, technique et donc militaire. Cet élément à son tour est partie intégrante du système de despotisme qui gouverne la société arabe, car la permanence des tendances au schisme et au factionnalisme est un autre mécanisme qui renforce l'autoritarisme du pouvoir. Relation aliénante ou aliénée à l'Occident, détonateur des tendances centrifuges de la société proche-orientale : telle est une autre caractéristique majeure de la période historique étudiée et qui contribue à la stagnation de la société.

Il reste que le Proche-Orient ne peut être que partiellement appréhendé. Certes il est apparu tout au long du récit de la période étudiée comme ployant sous le poids d'un double despotisme qui se contente de gérer un monde en désintégration : despotisme externe, celui de la surpuissance militaire israélienne à laquelle s'est ajoutée la présence massive de troupes américaines au cœur de la Péninsule arabique et en Irak ; despotisme interne, celui de régimes politiques plus que jamais en mal de légitimité. Cette gestion s'est exercée à travers un déphasage culturel, caractérisé par un manichéisme aigu ainsi qu'une relation d'aliénation au monde industrialisé ; cette dernière, de par sa nature, a avivé les forces centrifuges génératrices de schismes, qui, à leur tour, ont renforcé l'autoritarisme du pouvoir. Mais derrière cette image d'elle-même qu'a projeté la société arabe, nul ne peut dire avec certitude quelles sont les forces en gestation qui seront actives pour les générations prochaines. La dégradation de l'univers culturel qu'a entraîné la grande misère des systèmes éducatifs est en effet compensée par les degrés d'aspiration économique et de modernité que la période historique passée en revue aura fait germer à tous les niveaux de la société. Cette aspiration s'est fort bien exprimée dans les révoltes populaires qui ont secoué l'ensemble du monde arabe à partir de janvier 2011 et où la jeunesse résidente ou émigrée, à travers les réseaux sociaux facilitant sa participation massive dans les manifestations géantes, a joué un rôle éminent.

Dans la lutte entre modernité et spécificité religieuse archaïsante qui vraisemblablement continuera de caractériser la vie politique et culturelle de la société arabe proche-orientale, deux facteurs risquent d'être déterminants : l'attitude de l'intelligentsia arabe, si elle parvenait à sortir de la fascination du pouvoir et de son orbite, et si elle affirmait le lien existant entre la liberté à l'intérieur de la société et la libération de l'oppression extérieure ; l'attitude de l'Occident chrétien vis-à-vis du conflit israélo-arabe et l'avenir de l'intégrisme islamique sécrété et financé par les monarchies du Golfe, notamment l'Arabie Saoudite, elles-mêmes protégées par la puissance américaine. L'accès au pouvoir des mouvances islamiques suite aux révoltes arabes, s'il inquiète les milieux libéraux, nationalistes et laïcs, semble toutefois être une voie encouragée par les puissances occidentales, qui invoquent un « modèle turc » où l'A.K.P., parti d'islam modéré, est arrivé pacifiquement au pouvoir. Comme on le verra, c'est oublier que le modèle turc a depuis longtemps séparé l'existence de l'État de tout référent religieux, ce qui est loin d'être le cas dans les sociétés arabes, rongées par le problème identitaire longuement décrit ici.

Mais c'est surtout l'avenir économique qui sera déterminant, en particulier celui de la richesse pétrolière. Incontestablement, la disparition de cette richesse artificielle, avec toutes les servitudes internes et externes qu'elle a créées pour la société arabe, assurera des conditions meilleures pour passer de la désintégration despotique à l'intérieur et aliénante vis-à-vis de l'extérieur, à la création d'un ordre nouveau dans la liberté interne et la libération extérieure. Le pétrole a en effet détruit les bases productives de l'économie du Proche-Orient, déjà fragilisées depuis le XIXe siècle par l'assaut de la production industrielle de l'Occident. Il a permis en revanche l'augmentation passagère des niveaux de vie, mais sans effort productif local, facteur puissant d'aliénation et de dépendance.

L'élite de la société arabe s'est occupée en effet exclusivement, depuis quelques années, de commerce, d'administration, de gestion de la fortune pétrolière à un niveau ou à un autre, d'entremise avec les grandes sociétés internationales, et cela dans l'orbite du pouvoir despotique qu'exercent les régimes politiques en place. Dans ce domaine aussi, les révoltes arabes qui éclatent au début de l'année 2011 ont dénoncé avec fureur les niveaux de gabegie et de corruption qui ont handicapé le développement social des pays arabes. Mais durant toutes ces décennies où les sociétés ne sont pas sorties de l'économie de rente improductive et corrompue, les tendances à la métaphysique manichéenne ont été renforcées, ce qu'ont su si bien exploiter les mouvements islamistes. C'est pourquoi le retour à la production, à la mobilisation de la société sous le coup des besoins pour engendrer des moyens autonomes de subsistance matérielle, est susceptible de changer de façon drastique le paysage historique actuel de la société arabe proche-orientale. En revanche, tant que l'élite arabe restera occupée à gérer une rente pétrolière en augmentation constante depuis trente ans du fait d'une demande croissante d'énergie dans le monde, il y a peu de chances pour le Proche-Orient d'échapper aux contraintes négatives évoquées jusqu'ici, sources de désintégration et d'imprévisibilité. Ces contraintes, en effet, sont de plus en plus susceptibles de produire des bouleversements à la fois d'origine interne, résultant de l'éclatement des tensions tel qu'il s'est enfin manifesté à partir de 2011 à l'intérieur des sociétés arabes, mais aussi des contradictions à l'œuvre au niveau régional, et d'origine externe, résultant de la permanence des politiques à courte vue des grandes puissances vis-à-vis du Proche-Orient. Ce sont là les défis majeurs que devront affronter les nouveaux régimes politiques issus des révoltes et chutes de dictateurs que l'on croyait inamovibles (voir chapitre 28).

Il reste qu'on peut difficilement concevoir à long terme le basculement de l'ensemble de la société arabe proche-orientale dans le rigorisme religieux et la fermeture culturelle au monde industrialisé. Certes, l'attraction de l'anti-impérialisme de l'Iran khomeyniste a pu être forte sur cette société d'abord bloquée par la colonisation européenne, puis noyée sous le poids d'une richesse pétrolière soudaine, mal répartie et trop rarement employée judicieusement. Mais l'attraction de la modernité reste, à notre sens, toujours aussi forte, même si les déceptions du dernier demi-siècle en ont affecté les expressions les plus marquantes, telles celles des aspirations que le discours des grandes figures politiques du monde arabe au cours des années 50 et 60 du siècle dernier avait pu cristalliser dans le sentiment populaire. Il faut cependant garder présent à l'esprit le poids des données historiques, en particulier l'oblitération de la personnalité arabe durant dix siècles dans des empires où le pouvoir reposait sur les éléments non arabes qui avaient immobilisé le mouvement de la pensée religieuse, pour faire de l'islam rigoriste un élément fondamental de légitimité politique. Le recul qu'a subi l'idéologie nationaliste arabe modernisante est donc potentiellement dangereux, si les blocages de la modernisation persistent dans la société arabe, et si le fondamentalisme religieux d'État pratiqué sous l'influence des pays arabes pétroliers continue d'être renforcé. Le danger est aggravé par le recul de l'idée nationaliste et laïque en Turquie qui a été avec l'Égypte un des bastions principaux de la modernité[1]. Les écrasantes victoires dues au renouveau du judaïsme, largement incarné par la puissance israélienne au Proche-Orient arabe, sont aussi un élément important dans cette problématique d'identité, de même que l'attitude passive des pays occidentaux face aux excès du phénomène sioniste.

La problématique de l'identité arabe s'articule en réalité sur un axe principal : la réappropriation par la société arabe de l'intégralité de son histoire après tant de siècles d'effacement de sa personnalité culturelle, et face à l'affrontement particulièrement difficile pour les Arabes de la modernité. La toute-puissance du pétrole qui est aussi celle de l'Occident au Proche-Orient, l'échec des efforts de solidarité arabe, à défaut d'unité, la défaite permanente face à l'État israélien ainsi que le développement de l'intégrisme islamique n'ont guère facilité la tâche au cours de tout le demi-siècle écoulé.

Dans cette optique, on peut même affirmer que si l'existence des sociétés arabes n'avait pas été aussi chaotique au cours du dernier demi-siècle, les événements dramatiques du 11 septembre 2001, la guerre

1. Dans le mouvement de dénigrement de la laïcité turque, une revue islamique paraissant à Londres, apparemment financée par des pays pétroliers arabes, se félicite dans un de ses numéros de la disparition de l'héritage laïc d'Atatürk dans la région (voir *Arabia, The Islamic World Review*, novembre 1981, n° 3 ; thème de couverture sous le titre « The crumbling edifice of Kemalism »). Nous verrons au chapitre 10 comment le fondamentalisme religieux d'État au Proche-Orient arabe joue en réalité le rôle de compensateur pour couvrir les aspects les plus choquants de la politique de ces États dans leur soumission aux intérêts des puissances occidentales qui les ont aidés à voir le jour à la suite de l'effondrement de l'Empire ottoman. On verra à ce sujet l'ouvrage de Saïd K. Aburish, *A Brutal Friendship. The West and the Arab Elite*, St. Martin's Press, New York, 1997, qui, en dépit de son ton excessif, dénonce souvent à juste titre et à partir d'une analyse impitoyable l'attitude des élites politiques arabes qui cherchent par tous les moyens à se gagner les bonnes grâces des puissances occidentales. La protection par l'affirmation d'identité islamique devient alors indispensable.

d'Afghanistan et l'invasion américaine ravageuse et déstabilisatrice de l'Irak, n'auraient vraisemblablement pas eu lieu. La faiblesse organique des sociétés arabes, sans identité clairement affirmée dans l'ordre international, que nous avons décrite ici, est incontestablement un facteur majeur des secousses auxquelles cette région du monde est exposée sans arrêt. Il reste cependant à savoir si les formes nouvelles prises par l'impérialisme américain, aujourd'hui toujours solidement implanté au Proche-Orient, en dépit du retrait militaire d'Irak, en alliance étroite avec l'État d'Israël, responsable du déracinement de la société palestinienne, seront susceptibles de mener le Proche-Orient vers la paix et la stabilité, ou si, au contraire, elles vont être la source de nouvelles désintégrations et de nouvelles violences. Le déclin de la puissance américaine depuis la déconfiture des deux aventures militaires en Afghanistan et en Irak, ainsi que la crise financière et économique d'envergure qui la frappe depuis 2008 et qui a gravement affecté aussi l'économie européenne, amèneront-ils à un désengagement de l'Occident dans les affaires du Proche-Orient ? Dans ce contexte, les révoltes arabes de 2011 déboucheront-elles enfin sur un apaisement des tensions et violences ou bien sont-elles annonciatrices de nouveaux problèmes dans les relations complexes et passionnelles des États-Unis et de l'Europe avec le Proche et le Moyen-Orient ? Nous n'avons pas encore d'éléments de réponse à cette interrogation.

5

L'organisation du récit : l'identification des dynamiques historiques à l'œuvre

Notre récit historique ne saurait échapper à la règle commune : s'il étudie une période relativement courte, il se doit d'identifier les événements qui ont marqué des ruptures dans le temps long de leurs effets, comme en amont repérer les logiques à l'œuvre qui, elles, dans leur durée, marquent des continuités. En conséquence, les quatre sous-périodes que nous avons découpées se chevauchent nécessairement, du fait des nombreuses dynamiques contradictoires à l'œuvre, entre les ébullitions révolutionnaires à partir de la nationalisation du canal de Suez en 1956 et ce que j'appellerai des facteurs d'assagissement — ce jeu conduisant paradoxalement à une stabilité étonnante des régimes politiques, après les déstabilisations et coups d'État des premières décennies des indépendances, puis à une série de révoltes populaires en 2011.

LA DIALECTIQUE DES ÉBULLITIONS « RÉVOLUTIONNAIRES » ET DES FACTEURS D'ASSAGISSEMENT ET DE STABILISATION (1956-1980)

La deuxième partie du livre, que nous avons intitulée « Des bouillonnements révolutionnaires à l'euphorie pétrolière », s'étend de 1956 à 1975. Elle est consacrée à la description des bouleversements du monde arabe. Ceux-ci commencent en 1952 avec le coup d'État contre la monarchie égyptienne et sont impulsés par la nationalisation du canal de Suez en 1956 par Gamal Abdel Nasser et la riposte militaire de la France, de l'Angleterre et d'Israël qui s'ensuit. Entre 1952 et 1967, le monde arabe semble avoir le vent en poupe. Traversé par des courants contradictoires et agité par une succession de coups d'État, son poids dans les affaires internationales se fait de plus en plus sentir. La forte personnalité de Nasser, héros incontesté de la décolonisation, figure majeure du tiers-monde et du Mouvement des non-alignés, domine cette période.

C'est au cours de cette période que nous voyons des chefs d'État, tribuns révolutionnaires, haranguer leurs peuples infatigablement du haut de leurs balcons, appelant à la lutte et à la vigilance : lutte contre la pauvreté et le sous-développement, contre le sionisme et l'impérialisme, lutte pour l'unité des Arabes, pour la justice, lutte contre la désunion des rangs, contre les exploiteurs, les féodaux, les bourgeois ; vigilance pour sauvegarder les conquêtes de la révolution, pour éviter que les ennemis de l'intérieur ou de l'extérieur ne s'infiltrent au sein de la révolution. Nasser, Ben Bella, Boumediene, Bourguiba, Kadhafi se seront particulièrement illustrés dans cet exercice ; mais aussi d'autres figures politiques, celles des chefs de parti comme Michel Aflak, l'un des fondateurs du parti Baas en Syrie, Georges Habache, en son temps chef adulé et respecté du Mouvement des nationalistes arabes puis du Front populaire pour la libération de la Palestine, ou Yasser Arafat, l'intarissable tribun du mouvement Fath (« Reconquête »), puis chef de l'O.L.P.

Entre 1948 et 1970, ce bouillonnement paraît enfler comme un torrent. Il va pourtant décroître rapidement par la suite pour céder la place à un

« assagissement » politique étonnant. Il y aura, certes, les attentats manqués contre le roi du Maroc au début des années 1970, l'assassinat du roi Fayçal en Arabie Saoudite en 1975, celui du président Sadate en Égypte en 1981. Les régimes politiques, en revanche, se consolident partout. À la mort de Nasser en 1970, le pouvoir passe sans heurts à Sadate, auquel succédera Hosni Moubarak. En Syrie, Hafez el-Assad prend le pouvoir en 1970. Il règne en maître incontesté de son pays dont il a fait une puissance régionale jusqu'à sa mort en juin 2000 ; son fils, Bachar el-Assad, lui succède alors pacifiquement et constitutionnellement deux mois après. En Irak, Saddam Hussein est aussi, depuis 1970, le maître incontesté du pays, même après l'énorme bévue de l'invasion du Koweït en 1990 qui coûtera si cher à son peuple. Il faudra l'invasion américaine de mars 2003 pour qu'il quitte le pouvoir. Quant au colonel Kadhafi en Libye, qui a pris le pouvoir par un coup d'État en 1969, en dépit de toutes ses turpitudes et méfaits, il reste au pouvoir jusqu'en 2011. Les monarchies arabes, qui avaient toutes pu paraître menacées au cours de la période précédente de bouillonnements révolutionnaires et républicains, survivent fort bien aux tempêtes : monarchie chérifienne au Maroc, hachémite en Jordanie, saoudienne en Arabie Saoudite ; elles ne connaissent ni révolutions de palais, ni tentatives de coup d'État militaire[1]. À l'exception de l'Algérie qui sombre dans la guerre civile en 1992, seuls le Soudan et le Yémen sont en proie à des changements et convulsions. Mais le Yémen réussit finalement en 1995 son unité entre le Nord et le Sud et l'État central résiste

1. Sur les nombreux coups d'État ou tentatives de coups d'État dans le monde arabe durant les années « révolutionnaires », voir Georges Corm, « Les coups d'État au Moyen-Orient et au Maghreb », *Études polémologiques*, n° 41, 1er trimestre 1987, numéro qui fait le bilan des coups d'État dans toutes les régions du monde entre 1945 et 1987.

aux pressions centrifuges ; le Soudan, en proie à la guerre entre le Nord et le Sud et à la fièvre islamiste, résiste lui aussi. Ces convulsions contrastent d'ailleurs avec la stabilité politique qui règne presque partout ailleurs au centre du monde arabe, en dépit de tous les facteurs de tension régionale qui persistent.

La troisième partie, intitulée « De l'euphorie pétrolière à la multiplication des conflits interarabes », s'étend de 1975 à 1990. Elle décrit comment les bouillonnements révolutionnaires et anti-impérialistes s'éteignent alors progressivement sous l'effet provoqué par la brutale défaite militaire des armées arabes contre Israël au cours de la guerre de juin 1967, la paix séparée conclue par l'Égypte avec Israël et la richesse grandissante qu'apporte à la région l'économie pétrolière à partir de 1973, mais aussi l'exil forcé de l'Organisation de libération de la Palestine (O.L.P.) hors du Liban où elle a trouvé refuge après sa répression en Jordanie et son expulsion de ce pays. En fait, les dynamiques à l'œuvre ont abouti à fixer les différents bouillonnements révolutionnaires sur le sol libanais où se déroule à partir du printemps 1975 la première phase d'un chaos sanglant, symbole des impasses et du déchirement de la région jusqu'en 1990. Toutefois, la guerre de 1973, qui est une demi-victoire contre Israël, puis l'augmentation spectaculaire des prix du pétrole, donnent encore un moment l'illusion d'une puissance arabe qui demeurerait un facteur important dans la géopolitique internationale. Mais, en même temps, le spectacle de la capitale libanaise, Beyrouth, assaillie par Israël en 1982, sans qu'aucune armée arabe ne vienne à la rescousse du Liban ni qu'aucune mesure de rétorsion même symbolique ne soit prise contre les États-Unis qui soutiennent Israël, contrairement à ce qui s'était passé lors de la guerre israélo-arabe de 1973, prouve que désormais une époque historique s'est terminée, qu'une autre s'est ouverte.

La donnée nouvelle est la consolidation des régimes politiques. Les républiques autoritaires semblent transformées en régimes monarchiques. En sorte que les monarchies arabes, qui avaient toutes paru menacées au cours de la période précédente, apparaissent avec le temps aussi légitimes, sinon plus, que des républiques où la famille des dictateurs est préparée à recueillir l'héritage du pouvoir.

En fait, le récit montrera que plusieurs facteurs vont se conjuguer qui peuvent expliquer la fin des bouillonnements et de l'instabilité politique dans le monde arabe à partir des années 1970 : l'explosion de la rente pétrolière qui fait de l'Arabie Saoudite la puissance locale dont l'influence devient un facteur majeur dans l'évolution du monde arabe ; le déclin puis l'effondrement de l'U.R.S.S. ; enfin l'affirmation de la suprématie militaire israélienne appuyée par le formidable déploiement de force des États-Unis à l'occasion de la guerre du Golfe en 1991, puis de l'invasion de l'Irak en 2003.

LE PÉTROLE ET L'AFFIRMATION DE L'HÉGÉMONIE POLITICO-RELIGIEUSE DE L'ARABIE SAOUDITE

La hausse spectaculaire des prix du pétrole entre 1973 et 1982 va entraîner un bouleversement total des rapports de force à l'intérieur du monde arabe, plus particulièrement du Proche-Orient. Comme nous l'avons vu, par des aides généreuses d'État à État, la monarchie saoudienne et les petits émirats pétroliers vont pratiquer ce que l'on peut appeler « la puissance douce » (*soft power*). Grâce à leur nouvelle fortune, ils vont importer des ressources humaines qualifiées et non qualifiées des autres pays arabes qui disposent de surplus de main-d'œuvre et de cadres administratifs et techniques prêts à s'expatrier. Cette émigration arabe dans la Péninsule arabique se familiarisera avec le mode de vie religieux puritain de ces pays ; certains émigrés y construiront des fortunes colossales qu'ils doivent à leurs bienfaiteurs des familles princières qui règnent dans ces pays. Outre les sommes que ces émigrés envoient dans leur pays d'origine, qui gonflent à chaque augmentation des prix du pétrole, les pays arabes pauvres bénéficient également d'aides de plusieurs milliards de dollars par an versées par les États de la Péninsule. Ces transferts massifs seront la base d'un « assagissement » général des sociétés arabes, ainsi qu'une soupape majeure au mécontentement social alimenté par une démographie en pleine expansion et l'absence d'industrialisation réelle.

Ces transferts, qu'ils soient dus aux envois des émigrés ou aux aides officielles, qu'elles soient bilatérales ou du fait de la création d'institutions régionales arabes de financement qui se mettent en place à cette époque, contribuent aussi à consolider la stabilité des régimes. Ils financent, en effet, l'élargissement de leurs capacités répressives, mais aussi des avantages matériels que les pouvoirs en place peuvent accorder aux membres des forces armées, aux cadres dirigeants des partis uniques, voire aux syndicalistes, aux ouvriers du secteur public ou à certaines catégories paysannes. La corruption qui se généralise et se banalise finit par cimenter les différentes factions des pouvoirs en place, factions qui apprennent à gérer et à contenir leurs rivalités pour éviter tout risque d'affrontement interne ouvert pouvant remettre en cause l'aisance matérielle provenant des mécanismes de partage et de circulation de la manne pétrolière.

La mise en place de l'hégémonie financière des

pays pétroliers du Golfe s'accompagne de la montée progressive de l'idéologie de la solidarité islamique que ces pays soutiennent pour faire face au nationalisme arabe radical, laïc et socialisant. De plus, les pays pétroliers orchestrent sur plusieurs registres des campagnes très actives de promotion de l'identité islamique (dans la culture, l'économie, l'éducation, la solidarité sociale, le statut de la femme)[1]. Ils financent partout les fondations pieuses, les instituts islamiques, le livre religieux, la construction de nouvelles mosquées[2]. En bref, pour consolider leur propre légitimité, jusque-là très fragile, en raison de modes de pouvoir archaïques, de la soumission active aux intérêts anglo-saxons et américains qui les protègent, les dynasties régnantes tentent de faire reculer les idées « modernistes » et « laïques » pour diffuser un consensus social fondé sur la promotion de l'islam comme ciment exclusif de l'identité des sociétés arabes (un ciment qu'elles doivent partager avec des sociétés islamiques non arabes — africaines, indo-pakistanaise, indonésienne, turque, perse, etc.). L'idéologie islamique est aussi mise au service d'un anticommunisme actif, encouragé par les États-Unis et destiné à battre en brèche l'influence soviétique au Moyen-Orient.

Bien plus, en pleine euphorie pétrolière, personne ne pense que le pouvoir du chah d'Iran vacillera en

1. Voir notre ouvrage, *La question religieuse au XXIe siècle...*, *op. cit.*

2. Le sujet est en général tabou lorsque les financements proviennent d'Arabie Saoudite, pilier de l'influence américaine au Moyen-Orient ; on verra cependant un dossier complet paru dans *Le Nouvel Observateur*, 19-25 juillet 1990, sous le titre « Islam : les financiers de l'intégrisme », avec en couverture du numéro un billet de un dollar à l'effigie du ministre saoudien des Affaires étrangères. On se reportera surtout à Abdel-Rahman Ghandour, *Jihad humanitaire. Enquête sur les ONG islamiques*, Flammarion, Paris, 2002. On verra aussi le chapitre 22, et l'ouvrage récent de Alain Chouet, entretiens avec Jean Guisnel, *Au cœur des services spéciaux. La menace islamiste : fausses pistes et vrais dangers*, La Découverte, Paris, 2011.

1979, sans crier gare, et que certaines formes d'islam chiite iranien, incarné par le khomeynisme, pourront tenter d'utiliser l'identité islamique à des fins subversives. La révolution iranienne, déclenchée au départ par l'alliance du parti communiste *Toudeh* et du mouvement islamo-marxiste des *Mojahidin Khalk*, devient rapidement une révolution religieuse, anticommuniste et anti-impérialiste tout à la fois. Elle vient compliquer considérablement les relations interarabes et devient aussi un acteur essentiel de la géopolitique complexe de la région. En prenant le relais de l'anti-impérialisme laïc, le discours iranien relance à l'échelle régionale une dynamique antimoderniste et une rétractation identitaire sur le référent religieux qui donnent une nouvelle vigueur aux mouvements islamiques arabes et créent des tensions communautaires fortes dans le monde arabe entre communautés chiites et communautés sunnites. La Syrie deviendra l'alliée privilégiée de l'Iran dans la région, cependant que l'Irak cherche à hériter de la position dominante de l'Iran sous le régime monarchique vis-à-vis des pays de la Péninsule arabique. De ce fait, le régime de Saddam Hussein se lance dans une guerre malencontreuse contre le nouveau régime iranien; il reçoit l'appui de l'Occident et des monarchies arabes pétrolières, qui ont le plus à craindre de l'intégrisme religieux de type révolutionnaire pratiqué par l'imam Khomeyni.

LE DÉCLIN DE L'UNION SOVIÉTIQUE

La perte d'influence du régime soviétique dans la région puis sa disparition vont permettre d'achever le renversement des équilibres sociaux, culturels, religieux et politiques du Proche-Orient arabe. La porte sera alors grande ouverte pour l'établissement de l'hégémonie américaine sur la région. La politique soviétique du temps de Staline et de Khrouchtchev et au début du règne de Brejnev avait été accusée de « déstabiliser » le Proche-Orient, en particulier par son influence très forte sur certains régimes arabes qualifiés de « radicaux » et son implication aux côtés des pays arabes « militants », dans le conflit avec Israël.

Du fait du vieillissement du régime soviétique sous l'ère Brejnev, sa diplomatie au Moyen-Orient se fait de moins en moins active ; les dernières forces de l'U.R.S.S. sont investies dans l'occupation de l'Afghanistan, contre laquelle les États-Unis et leurs alliés des États de la Péninsule arabique ainsi que le Pakistan monteront une coalition « islamique ». À la différence du conflit vietnamien, le conflit afghan ne se déroule pas comme une guerre de libération nationale, mais comme une guerre « religieuse » de l'islam contre le marxisme et l'athéisme ; les États-Unis vont entraîner alors de nombreux volontaires des pays arabes ou d'autres pays musulmans pour le *djihad* contre les mécréants. L'U.R.S.S., au Moyen-Orient, apparaît désormais comme la force du mal, et non plus comme un modèle et un soutien contre les intérêts coloniaux européens ou l'impérialisme américain. La mobilisation des énergies de larges franges de la jeunesse arabe fait presque oublier l'hostilité à l'égard d'Israël qui avait dominé jusque-là. Désormais, les *moujahid* ne se recrutent plus pour la libération de la Palestine, mais pour celle de l'Afghanistan ou d'autres communautés musulmanes considérées comme opprimées, comme aux Philippines, puis plus tard en Bosnie, dans le Caucase et en Tchétchénie.

L'AFFIRMATION DE LA SUPRÉMATIE MILITAIRE ISRAÉLIENNE

Un dernier facteur de stabilisation des régimes politiques arabes aura été le développement de la puissance militaire israélienne qui, grâce à son ancrage dans la relation privilégiée avec les États-Unis, devient une hégémonie qu'il n'est plus possible de contester. En réalité, depuis la guerre d'octobre 1973, aucun pays voisin d'Israël n'a songé à s'en prendre à l'armée israélienne, même quand celle-ci envahit le Liban en 1978 puis en 1982, lorsque trois mois durant elle assiège brutalement Beyrouth pour en déloger l'O.L.P.

C'est sous la présidence de Ronald Reagan aux États-Unis (1980-1988) que l'alliance militaire israélo-américaine sera ouvertement renforcée et institutionnalisée. Les déboires de l'aventure de la seconde invasion israélienne du Liban (1982), que les États-Unis ont cautionnée, ne feront que rendre plus étroits les liens militaires et de coordination des deux pays en matière de lutte contre le terrorisme et la présence soviétique et iranienne au Moyen-Orient[1]. On se souviendra aussi qu'en juin 1981 l'aviation israélienne avait détruit le réacteur nucléaire que la France avait livré à l'Irak pour un usage civil, établissant ainsi son droit à un contrôle permanent sur le développement de la capacité des pays arabes même non limitrophes à acquérir des technologies modernes. Un an après, son armée se rendait jusqu'à Beyrouth, capitale arabe qui abrite le siège

1. Ce développement des relations militaires et stratégiques est décrit en détail dans Camille Mansour, *Israël et les États-Unis, ou les fondements d'une doctrine stratégique*, Armand Colin, Paris, 1995, chap. 4, 5 et 7 ; on verra aussi Stephen Green, *Living by the Sword. America and Israel in the Middle East 1968-1987*, Faber & Faber, Londres, 1988.

opérationnel de l'O.L.P. Dans les deux cas, l'absence de réaction des pays arabes vaut acquiescement implicite non seulement à l'hégémonie militaire israélienne dans toute la région, mais aussi à l'abandon de toute velléité de recours à la force dans le contentieux israélo-arabe.

La Syrie, qui avait longtemps invoqué la nécessité d'obtenir une parité stratégique militaire avec l'État israélien avant de se lancer dans une confrontation militaire, s'abstiendra de tout acte de provocation, en particulier à partir de lignes de cessez-le-feu établies sur le Golan, occupé à la suite de la guerre d'octobre 1973. Pas un seul coup de feu, pas une infiltration de commando pour des opérations de sabotage derrière les lignes ennemies n'auront lieu en trente ans d'occupation israélienne d'une partie du territoire syrien. Malgré sa présence massive au Liban entre 1976 et 2005, destinée officiellement à assurer la sécurité de son petit voisin et à le préserver de ses démons communautaires, l'armée syrienne s'abstiendra de riposter aux bombardements de représailles de l'aviation israélienne, y compris aux deux opérations majeures menées au sud du Liban en 1993 et 1996[1]. C'est ce comportement qui a pendant longtemps conduit la diplomatie américaine, mais aussi l'État d'Israël, à considérer la Syrie comme un partenaire fiable et respectant les engagements pris, avant qu'elle ne tente à partir de 2004 d'infléchir la diplomatie régionale du régime, voire, quelques années plus tard, aide à un changement complet de régime dans le contexte des révolutions arabes qui éclatent à la fin de l'année 2010.

En fait, la suprématie militaire israélienne ne sera entamée, nous l'avons dit, que par le développement de la capacité militaire du Hezbollah au Liban, qui parvient par deux fois à faire reculer l'armée israé-

1. Sur ces deux opérations militaires au Liban, voir *infra*, chapitres 11 et 13.

lienne, en 2000 et en 2006. Les craintes occidentales et celles des régimes arabes dits « modérés » deviennent d'autant plus grandes que l'Iran, soutien majeur du Hezbollah, développe une capacité d'enrichissement de l'uranium afin de produire de l'énergie atomique.

Il est clair, en tout cas, quand on examine rétrospectivement les affrontements israélo-arabes des années 1948-1973, que tout a radicalement changé sur le plan politique et militaire : depuis la guerre d'octobre 1973, aucune armée arabe ne semble vouloir se mesurer à celle d'Israël. Bien plus, à la différence du passé, aucun coup d'État n'est tenté par une faction militaire en rébellion contre la passivité des dirigeants à l'égard de l'ennemi israélien et leur corruption ou leur soumission aux grandes puissances, comme cela avait été le cas en Égypte, en Syrie et en Irak durant les années de bouillonnements révolutionnaires. Gâtées et choyées comme jamais, les armées n'entendent plus remettre en cause leurs avantages matériels acquis. À cet élément d'explication s'ajoute, ne l'oublions pas, l'acquisition de la puissance nucléaire par l'État d'Israël[1], qui n'empêchera toutefois pas l'Irak, dans sa déroute militaire lors de la guerre du Golfe, d'envoyer quelques missiles Scud sur Israël. Sans oublier enfin le retrait militaire de l'Égypte, qui a signé la paix séparée avec Israël en 1978 et qui est désormais liée par les clauses très strictes du traité de Camp David, militairement garanties par les États-Unis ; la mise hors jeu de l'armée égyptienne n'est sûrement pas un facteur étranger à cet assagissement qui a contribué au changement drastique du paysage politique du monde arabe. À la fin des années 1980, tout est en place pour l'affirmation de l'hégémonie américaine

1. Sur l'acquisition de la bombe atomique par Israël, on verra Seymour M. Hersh, *Opération Samson. Comment Israël a acquis la bombe atomique*, Olivier Orban, Paris, 1992.

au Proche-Orient, qui tire profit également des derniers conflits interarabes.

LA MULTIPLICATION DES CONFLITS INTERARABES ET L'INSTALLATION DE L'HÉGÉMONIE AMÉRICAINE AU PROCHE-ORIENT (1975-1990)

À partir du début des années 1990, une présence militaire américaine massive est établie au Proche-Orient à la faveur de la guerre du Golfe en 1990-91 puis de l'occupation de l'Irak en 2003. L'installation de l'hégémonie américaine au Proche-Orient s'est faite en plusieurs étapes, notamment au cours de la phase historique que nous avons intitulée « L'établissement de l'hégémonie américaine et les paix manquées, 1991-2001 ». Mais elle a été facilitée par la multiplication des conflits interarabes, ainsi que par la guerre ravageuse qui éclate entre l'Irak et l'Iran en 1980, que nous décrivons dans la seconde partie du récit qui couvre la période 1975-1990.

Rétrospectivement, en effet, on peut voir clairement que la guerre israélo-arabe d'octobre 1973 a marqué un tournant incontestable dans l'évolution de la Guerre froide au Proche-Orient. L'Union soviétique continue certes de jouer un rôle dans la région après cette guerre et jusqu'à l'invasion de l'Afghanistan ; assurément, dans tout le Proche-Orient les mouvements de résistance palestiniens et leur rhétorique anti-impérialiste acquièrent une place d'importance ; mais la multiplication des conflits interarabes, dont la guerre du Liban est la scène privilégiée, ouvre une ère de fragmentation qui va favoriser l'avènement de la domination exclusive du tandem américano-israélien sur le Proche-Orient.

Le Liban devait son existence aux délicats équilibres entre les puissances occidentales et les autres pays arabes issus du démembrement de l'Empire ottoman. Il va sombrer dans une violence qui ne résulte pas seulement des problèmes et contentieux historiques internes existant entre communautés religieuses, mais tout autant des dissensions interarabes qui s'aggravent et qui viennent se vider au Liban à travers les milices locales et les divers mouvements armés palestiniens, tous sous influence de l'un ou l'autre des régimes arabes.

Cette dynamique des conflits interarabes, relancée, nous venons de le voir à l'occasion de notre analyse du déclin de l'Union soviétique, par la révolution en Iran et son cours religieux, est aussi largement responsable de la guerre dévastatrice entre l'Irak et l'Iran (1980-1988), suivie peu de temps après par l'invasion du Koweït par l'armée irakienne, comme de la décision de l'Égypte de Sadate, en 1978, de signer des accords de paix séparée avec Israël (dits accords de Camp David). Autant d'éléments qui préparent le terrain à l'invasion du Liban par l'armée israélienne en juin 1982. Cette invasion est décrite au chapitre 13.

Par une ironie de l'histoire, la guerre entre l'Irak et l'Iran dont on avait pu craindre qu'elle devienne un foyer majeur de déstabilisation et de confrontation politiques, en sus du déclenchement éventuel d'une crise pétrolière majeure, devient une guerre de routine de type périphérique entre deux puissances moyennes ; elle prépare cependant directement la voie à l'invasion du Koweït par l'Irak et donc à la guerre du Golfe, première expédition militaire « mondialisée » de l'après-Guerre froide. Toutefois, en dépit de tous ces événements majeurs qui affectent le monde arabe, aucun régime politique du Proche-Orient ne chancelle, aucun bouillonnement révolutionnaire ne met en cause l'apparente stabilité de la région.

Tous les éléments sont en place pour, le lecteur le verra, que s'installent l'hégémonie américaine sur le monde arabe et les mirages de paix israélo-arabe. C'est à la description de l'enchaînement et de l'enchevêtrement d'événements aussi disparates et éloignés géographiquement les uns des autres que s'attache le récit historique qui évolue entre Beyrouth, Bagdad, Téhéran, Damas et le Koweït, sur un échiquier bien compliqué. Un balayage événementiel et la liaison des événements entre eux sont entrepris avec une certaine minutie afin de rendre intelligible les complexités de la décennie des années 1980 qui entraîne le monde arabe dans une nouvelle phase de décadence accélérée.

LES MIRAGES DE PAIX QU'ENTRAÎNE L'HÉGÉMONIE AMÉRICAINE (1991-2000)

À la différence de la précédente période, où les guerres israélo-arabes (1948, 1967, 1973) avaient été un facteur majeur de changements de type révolutionnaire, les guerres de cette seconde période deviennent paradoxalement un facteur de stabilité. Elles font voler en éclats les différentes formes de solidarité entre États arabes qui avaient pu exister au cours de la première période. Elles leur ôtent toute capacité d'action conjointe militaire ou politique, similaire à celle qui a caractérisé la guerre d'octobre 1973, la dernière grande guerre israélo-arabe impliquant les armées régulières arabes. Après cette date, le Proche-Orient arabe demeurera éclaté, fragmenté, sans possibilité d'action commune. Les

États-Unis et l'Europe verront dans cette nouvelle conjoncture de vide de puissance une occasion d'inscrire enfin la paix généralisée entre Israéliens et Arabes et donc de consolider, définitivement, une stabilité si chèrement acquise.

Pourtant, la fin de la Guerre froide, la victoire des armées dites « alliées » dans la guerre du Golfe en février-mars 1991, les accords d'Oslo de septembre 1993, scellés par une poignée de main, mondialisée grâce aux médias, sur la pelouse de la Maison-Blanche à Washington, entre le chef de l'O.L.P. et les dirigeants israéliens, semblaient avoir constitué des événements considérés comme décisifs pour faire, enfin, régner la paix au Proche-Orient. L'opinion mondiale émerveillée avait cru vivre des moments cruciaux et émouvants de l'histoire de cette région, si vibrante de passions et de violence depuis le début du XXe siècle, et qui allait enfin pouvoir connaître la paix, après tant de guerres et de deuils. Entre février 1991 — libération de la ville-État de Koweït — et octobre 1994 — signature du traité de paix israélo-jordanien et tenue du sommet économique de Casablanca —, tout a semblé converger vers l'apaisement définitif des conflits du Proche-Orient, en particulier le conflit israélo-arabe, le plus lourd de rancœurs et de traumatismes, en Orient comme en Occident.

Cette nouvelle dynamique de l'histoire du Proche-Orient s'est ouverte par la disparition de l'Union soviétique, qui laissait orphelins plusieurs régimes politiques considérés comme turbulents et antioccidentaux. Ces régimes avaient autrefois formé un Front de la résistance et de la fermeté, à la rhétorique à la fois anti-impérialiste et antisioniste. La Syrie, la Libye, l'Irak, l'Algérie, le Yémen du Sud avaient été les fers de lance de ce front, même si des querelles vivaces existaient parfois entre eux, en particulier entre la Syrie et l'Irak. À des degrés divers, ils avaient été accusés de soutenir et de financer des organisations terroristes s'en prenant aux intérêts israéliens et occidentaux, voire parfois aux intérêts d'autres pays arabes jugés trop complaisants à l'égard d'Israël ou des États-Unis.

Le 2 août 1990, l'Irak envahit le Koweït. Les États-Unis, qui ont désormais les mains libres en raison du début de l'effondrement de l'Union soviétique, parviennent à rassembler autour d'eux une formidable coalition militaire internationale, symbolisant la fin de la Guerre froide. La puissance militaire irakienne, développée par huit ans de guerre contre l'Iran avec le soutien complaisant des puissances occidentales, est réduite à néant ; avec elle disparaît le dernier symbole de la « révolte arabe » qui depuis le début du xxe siècle, après l'effondrement de l'Empire ottoman, avait tant indisposé l'Europe, puis les États-Unis et Israël, en tentant par la violence de contrer leurs intérêts ou de s'opposer à leurs desseins géopolitiques dans la région. La nationalisation du canal de Suez en 1956 ou la mise en place des maquis « révolutionnaires » de toutes sortes, en Jordanie d'abord puis au Liban, décrites dans le récit des deux périodes précédentes, avaient incarné, pour la période étudiée, cette révolte arabe.

Deux ans après l'agression contre la principauté pétrolière de Koweït, en 1993, l'O.L.P., dernière-née de cette révolte arabe, vouée à l'oubli par sa réclusion forcée à Tunis et l'émergence de dirigeants palestiniens de l'intérieur, revenait avec éclat sur le devant de la scène mondiale. Yasser Arafat, le guérillero intrépide, le héros du siège de Beyrouth en 1982, le « terroriste » le plus recherché des services israéliens, était coopté par les grands de ce monde pour poser la première pierre de la paix dans le conflit israélo-arabe. Quelques mois après, le royaume de Jordanie signait la paix avec Israël. À Casablanca en 1994, puis à Amman en 1995, les États-Unis réunissaient dirigeants politiques et chefs d'entreprise arabes, israéliens et internationaux dans deux « sommets » dits économiques pour bâtir la paix et ouvrir la voie à des flux internationaux de capitaux qui pourraient enfin mettre en valeur cette région du monde, économiquement marginalisée par toutes ces années de guerre et d'instabilité. Pouvait-on alors douter de lendemains qui chantent au Proche-Orient ?

Pourtant, hors des écrans de télévision amplifiant le spectacle de la défaite de Saddam Hussein ou celui de la « réconciliation historique » entre Juifs et Arabes, les réalités sur le terrain étaient bien différentes en termes de souffrance des populations. D'abord la souffrance de dix-sept millions d'Irakiens, kurdes ou arabes, soumis à un embargo économique total et donc manquant de médicaments et de lait pour les enfants, ce qui entraîne une forte hausse du taux de mortalité infantile et une paupérisation exceptionnelle. Ensuite, la souffrance continue des Palestiniens dont les moyens d'existence sont rendus toujours plus précaires par le bouclage répété des territoires toujours occupés par l'armée israélienne, qui n'a fait que se redéployer hors des grands centres urbains. Enfin, au Liban, la résistance armée du Hezbollah à l'occupation israélienne du sud du pays, qui a remplacé celle de l'alliance révolutionnaire des mouvements palestiniens et des partis laïcs anti-impérialistes, entraîne des représailles permanentes de l'armée israélienne, qui se transforment à deux reprises (1993 et 1996) en châtiments collectifs massifs de toute la population de cette partie du Liban.

La triste réalité vécue par les peuples de la région ne s'arrête pas là : la guerre du Golfe a déstabilisé dangereusement les populations kurdes, non seulement d'Irak mais aussi de Turquie, sur lesquelles s'abat une féroce répression ; l'armée turque fait des incursions constantes dans la zone kurde irakienne, censée être protégée par les armes de la coalition alliée. Les monarchies du Golfe restent fragiles, en particulier l'Arabie Saoudite, qui subit la montée des oppositions ainsi que des attentats spectaculaires contre les troupes américaines présentes dans le royaume. Les Yémen du Nord et du Sud s'unissent puis s'affrontent dans une guerre fratricide, puis s'unissent à nouveau. Le Soudan est la proie d'un régime islamiste activiste. L'Algérie sombre dans le chaos sanglant où l'armée « laïque » affronte des maquis insurrectionnels islamistes. Enfin, les attentats du mouvement palestinien Hamas, qui font cinquante-cinq victimes israéliennes en janvier 1996, provoquent un profond émoi en Occident ; en réaction, les États-Unis prennent la tête d'une croisade antiterroriste pointant un doigt accusateur vers l'Iran, qui se concrétise par la tenue d'un sommet consacré à la lutte contre le terrorisme, à Charm el-Cheikh en Égypte en mars 1996.

Nous tenterons ici encore de comprendre les humeurs changeantes de l'opinion dans le monde arabe, en Israël et en Occident, les systèmes contradictoires de perception des opinions, arabes, israéliennes ou occidentales, les évolutions économiques et sociales locales et leur enchevêtrement avec les modulations d'idéologies et d'opinions, le poids des événements historiques passés enfouis dans la mémoire, mais agissant dans le comportement. Au cours de cette période, en effet, les déphasages et les contradictions dans les systèmes de perception déjà analysés pour les deux périodes précédentes ne font que s'aggraver entre l'opinion arabe et l'opinion occidentale. Seule la formidable puissance du système médiatique international, développée par les principaux pays industrialisés au cours de la dernière décennie grâce aux progrès techniques, permet d'ignorer cette donnée fondamentale. L'observateur a été amené à penser que les mouvements islamistes pratiquant la violence terroriste ne sont que l'expression d'un refus « résiduel » de l'ordre régional nouveau que la fin de la Guerre froide et la guerre du Golfe ont installé au Proche-Orient. Une abondante et répétitive littérature sur les spécificités des mouvements islamistes, leur rôle, leur nature et leurs objectifs, contraste avec l'indigence des informations sur le fonctionnement effectif des sociétés arabes, leur situation socio-économique, leurs modes d'insertion dans les jeux de la nouvelle géopolitique mondiale et régionale après l'effondrement du bloc soviétique et la guerre du Golfe.

Très vite, cependant, l'hypothèse d'un apaisement rapide des sources de conflit grâce au « nouvel ordre mondial » dirigé par les États-Unis est apparue, au fil de cette période historique, de moins en moins crédible. La continuation de la politique d'expansion des colonies israéliennes dans les territoires occupés, le maintien d'un embargo économique implacable durant plus de dix ans contre l'Irak, puis les attentats du 11 septembre 2001, la guerre d'Afghanistan, enfin l'invasion de l'Irak par les États-Unis en 2003, sous prétexte de la présence d'armes de destruction massive dans ce pays : tout cela a contribué à rejeter plus que jamais le Proche-Orient dans une zone de tempêtes qui n'en finissent plus de s'achever.

Nous nous attarderons sur le découplage entre les analyses des milieux dirigeants aux États-Unis, en Israël et en Europe, qui ont trop considéré que l'Union soviétique et ses régimes clients dans la région, pratiquant la surenchère nationaliste et le terrorisme, étaient les facteurs principaux des conflits et de l'instabilité au Moyen-Orient, et ce que ces milieux voulaient d'autre part ignorer : les réalités économiques et sociales des sociétés de la région.

Les États-Unis ont ainsi fait l'économie, dans leur conception de la paix, de toutes les tensions internes et des traumatismes subis par les sociétés arabes contemporaines, en particulier la création de l'État d'Israël sur le territoire de la Palestine et les défaites militaires successives des États arabes face à Israël, mais aussi le traumatisme constitué par l'implantation durable de l'armée américaine dans la Péninsule arabique, suite à la guerre du Golfe de 1990-91 qui se prolonge et s'amplifie par l'invasion de l'Irak en 2003. Ils ont aussi trop facilement fait abstraction des tensions, complexités et dynamismes de la société israélienne elle-même, très liée aux États-Unis et à l'Europe (chapitre 22).

Les dirigeants américains ont d'ailleurs été victimes d'une image simplifiée de la société israélienne, assimilée à une démocratie postindustrielle pacifique. Ils ont aussi voulu se convaincre que l'attitude complaisante, voire obséquieuse, de beaucoup de dirigeants arabes à leur endroit signifiait que tous les obstacles sociologiques et culturels étaient désormais levés dans les rapports entre Arabes, Occidentaux et Israéliens. Ce faisant, ils se sont interdit de penser les conditions objectives d'une paix stable et durable au Moyen-Orient.

LA DYNAMIQUE IMPULSÉE PAR LES ATTENTATS DU 11 SEPTEMBRE 2001 ET SES CONSÉQUENCES DRAMATIQUES (2001-2010)

Au lendemain des attentats du 11 septembre 2001 la guerre tous azimuts déclarée au terrorisme entraîne l'invasion de l'Irak en 2003 et l'affirmation d'une volonté de puissance ayant pour but de remodeler le Proche et le Moyen-Orient. Ces actions américaines ne contribuent pas à simplifier les problèmes de la région et à apaiser ses tensions, même si de nombreux régimes arabes les cautionnent. Bien au contraire, elles ne feront que relancer les passions et haines dans les relations conflictuelles de l'Occident avec l'Orient arabe et musulman, décrites dans le récit des périodes historiques précédentes. Les réseaux islamistes antioccidentaux vont trouver dans cette nouvelle agression contre un territoire arabe, hautement symbolique de la civilisation arabe et musulmane, une nouvelle vigueur, cependant que les partisans de la démocratie et de la modernisation se trouveront, une nouvelle fois, confrontés au comportement colonial de la plus grande puissance démocratique occidentale, les États-Unis.

Notre récit a été conduit ici sur le double registre de la représentation des événements, surtout médiatique, et des réalités du terrain. Il s'efforce donc de montrer la dichotomie qui s'installe entre un Proche-Orient «virtuel» modelé ou programmé par les médias, qu'il s'agisse de guerre ou de paix, et le Proche-Orient réel, celui de souffrances toujours plus grandes et d'inquiétudes silencieuses, troublées seulement par le bruit des violences et des attentats des «extrémistes». En même temps, le récit tente de relier les événements et les comportements diplomatiques qui les accompagnent aux grandes tendances et dynamiques de l'histoire du dernier demi-siècle en Occident comme au Proche-Orient.

La période s'ouvre par l'accession au pouvoir des néoconservateurs américains et de George W. Bush puis par les attentats du 11 septembre 2001 à Washington et New York, qui entraînent en représailles l'invasion de l'Afghanistan cette même année, puis celle de l'Irak par les États-Unis et ses alliés en 2003. La période est caractérisée par le désir de cette grande puissance, devenue «hyper puissance», de remodeler le Moyen-Orient de façon à y éradiquer le terrorisme, assurer la paix et ouvrir la voie à la démocratie. Le désir brûlant de George W. Bush, président des États-Unis de 2000 à 2009, d'inscrire son nom dans l'histoire comme celui qui aura réussi cette pacification du Moyen-Orient et assuré définitivement les intérêts de l'État d'Israël et de l'Occident, domine tous les événements de la période. Mais ce désir de remodelage du Moyen-Orient avorte. La nouvelle guerre menée en 2006 par Israël contre le Liban pour éradiquer le Hezbollah est un échec, tout comme l'est l'occupation américaine de l'Irak qui livre ce malheureux pays à des violences peu communes de caractère sectaire, à une corruption généralisée et accroît la paupérisation de la population.

La Syrie subit pressions et menaces pour changer de camp politique. Le Liban est déstabilisé suite à l'assassinat de Rafic Hariri en février 2005, imputé à la Syrie par les pays occidentaux, et à l'exploitation qui en est faite sur le plan international, sans oublier la nouvelle attaque israélienne de l'été 2006 et le blocage des institutions durant quelques mois en 2007-2008. Le seul résultat des souffrances nouvelles imposées à la population libanaise, notamment celle du sud du pays et de la banlieue sud de Beyrouth où est implanté le Hezbollah, sera un renforcement de la F.I.N.U.L. (Force intérimaire des Nations unies pour le Liban), présente au sud du Liban depuis l'invasion israélienne de 1978, et ce en vertu d'une nouvelle résolution du Conseil de sécurité de l'O.N.U. À la frontière du Liban avec Israël se déploieront d'importants contingents militaires européens, notamment français, italien et espagnol (environ 7 000 hommes), mais aussi indien et diverses autres nationalités, soit un total de 13 000 hommes. Que se passera-t-il en cas de nouveau conflit avec le Hezbollah, les contingents européens constituent-ils une avant-garde de l'O.T.A.N. qui viendrait aider Israël à se débarrasser cette fois avec succès du Hezbollah lors d'une prochaine ouverture de ce front ? La question mérite d'être posée, surtout à la lumière de l'intervention de l'O.T.A.N. en Libye dans la période suivante qui s'ouvre avec la vague de révoltes arabes, à partir de 2011.

Cette période se termine par le retrait des troupes américaines d'Irak et un plan de retrait de l'Afghanistan, qui témoignent de l'échec de la politique de lutte contre le terrorisme par le déploiement d'armées régulières comme de l'échec des tentatives de remodelage du Moyen-Orient.

2011 : L'OUVERTURE D'UN NOUVEAU CYCLE RÉVOLUTIONNAIRE ARABE

C'est dans ce contexte que survient l'explosion des révoltes arabes au cours de l'année 2011. Une nouvelle période historique commence-t-elle, entre ruptures et continuités ?

L'usure des régimes arabes qui est décrite au chapitre 21 finit par ouvrir la porte au changement. Cette fois, à la différence du cycle révolutionnaire initié par la nationalisation du canal de Suez, l'initiative de la rupture du *statu quo* politique et social n'est pas venue de militaires en quête de dignité nationale ou de changements révolutionnaires qui rompent avec la soumission de leur pays à la géopolitique régionale. Bien au contraire, une lame de fond s'étend à toutes les sociétés arabes, après une série d'immolations par le feu de citoyens désespérés par leur condition sociale : elle débute en décembre 2010 à Sidi Bouzid, en Tunisie, une petite ville dans l'est rural du pays. À partir de cette étincelle, la vague va s'étendre à tout le monde arabe. Le mois de janvier 2011 voit la chute de deux dictateurs honnis, celui de Tunisie et celui d'Égypte, mais qui jouissaient d'un soutien presque sans faille des milieux diplomatiques occidentaux. Le Yémen, la Libye, la Jordanie, le Maroc, l'Algérie, l'Irak, Oman, la Syrie, Bahreïn vont tous être atteints à des degrés divers. Le monde entier assiste médusé au spectacle de révoltes successives qui secouent le joug des tyrannies ou autocraties sous lesquelles ploient les sociétés arabes depuis des décennies. Mais les évolutions chaotiques de ces révoltes ne permettent pas de saisir les voies de l'apaisement régional. L'implication des puissances occidentales dans les révoltes arabes, par abstention en certains endroits ou par intervention directe, parfois militaire, dans d'autres, laisse penser que le tumulte des relations passionnelles entre l'Orient et l'Occident est loin d'être apaisé.

On nous permettra une dernière remarque. Notre volonté de donner au lecteur, sur cette région du monde, une perspective autre que celle du prisme martelé par les médias de l'Occident nous a valu nombre d'attaques[1]. À deux exceptions près, un peu

1. C'est le cas, en particulier, dans un ouvrage qui se veut une condamnation sévère et sans recours du nationalisme arabe contemporain et des penseurs ou politologues du monde arabe qui n'acceptent pas d'entrer dans la grille de lecture « islamique » de la réalité du Proche-Orient où l'Arabie Saoudite est considérée comme exerçant un « pouvoir discret et ferme » dans un style « néo-ottoman » sur l'ensemble du monde arabe pour en assurer la stabilité. Voir Olivier Carré, *Le nationalisme arabe*, Fayard, Paris, 1993. L'auteur y vante les bienfaits de la « réislamisation des institutions dans les pays arabes », car, dit-il, « cet islam politique [le wahhabisme saoudien] n'a pas d'ambitions révolutionnaires ». Toujours selon lui, « les islamistes actifs sont clandestins dans le royaume [saoudien], mais financés, il est vrai hors de lui, donc contrôlés ». L'auteur ajoute : « On pourrait revenir, sous la houlette saoudienne, aux grandes traditions musulmanes qui sont modérées en politique, afin, justement, d'éviter les extrémismes de type révolutionnaire et khomeyniste. » Mais, affirme-t-il, « le processus de réislamisation est sans doute irréversible, comme reprise de l'identité culturelle et religieuse ». L'affaire de Oussama Ben Laden, millionnaire saoudien qui échappe à ses patrons et qui construit le réseau Al Quaëda à qui sont attribués les attentats du 11 septembre, ne paraît pas confirmer la thèse ainsi développée, de même que les nombreux attentats perpétrés dans le royaume aussi bien contre la présence des troupes américaines qu'en 2003 contre des immeubles d'habitation où résident des étrangers. En conclusion de cette thèse principale et axiomatique, Olivier Carré, dans le sillage de l'académisme orientaliste américain, en particu-

plus loin dans ce chapitre et au cours du chapitre 21, nous n'avons pas jugé utile dans le cadre de cet ouvrage de réfuter de tels propos, souvent incohérents, ou d'y faire référence ; notre objectif de base, ici encore, étant de tenter de comprendre, derrière les simplifications abusives, les fantasmes et les clichés de toutes sortes, quels sont les ressorts réels des événements, les enjeux de puissance qui les animent, enfin les devenirs possibles du Proche-Orient[1].

---

lier la problématique de Leonard Binder et John Esposito (que nous évoquerons au chapitre 21), s'interroge sur l'avenir des sociétés arabes : « Arrivera-t-on à des formes plus élaborées et plus cultivées de la pensée politique post-islamiste, post-arabiste, et des sociétés arabes ? » (pp. 8-9). Par ailleurs, Carré accuse longuement l'auteur du présent ouvrage de défendre « des thèses sans références historiographiques sérieuses » et d'ignorer les persécutions subies par les Frères musulmans dans les régimes arabes, plus particulièrement l'Égypte nassérienne, dont cet ouvrage, d'après lui, donnerait l'image idyllique d'« un modèle d'occidentalisation démocratique et laïque » (pp. 223-225). Je ne pense même pas nécessaire de commenter ici ces jugements de valeur visant à dénigrer une approche multidisciplinaire sur l'histoire du Proche-Orient à contre-courant de celle que veulent imposer les nouveaux islamologues dont la culture historique sur le monde arabe est des plus pauvres.

1. Pour ne pas alourdir l'ouvrage, nous n'avons pas décrit avec minutie chaque événement politique ou chaque phénomène violent de terrain ni chaque pratique dictatoriale de tel ou tel chef d'État. C'est ainsi que les innombrables retards et péripéties de l'application des accords d'Oslo n'ont pas été décrits. Cela n'aurait ajouté aucun élément de réflexion sur la difficulté de concilier des aspirations historiques contradictoires dans la société israélienne elle-même, ce qui est longuement décrit au chapitre 22. Dans le même souci, nous avons omis les péripéties innombrables des rapports conflictuels entre factions kurdes au nord de l'Irak ; nous avons omis aussi certains événements rocambolesques qui ont été surmédiatisés, mais qui n'ont eu aucun impact réel sur le déroulement historique de fond, comme la fuite en Jordanie au cours de l'été 1995 des deux gendres de Saddam Hussein, hauts dignitaires du régime irakien. Les médias ont voulu y voir le début de l'effondrement du régime, alors que ces deux personnages finiront par rentrer en Irak et s'y faire tuer pour cause de « déshonneur » par des membres de leur propre tribu, à l'instigation du chef de l'État. Pour ce qui est de l'Irak, on aurait pu aussi épiloguer sur la révolte de certains généraux, les purges, les changements brutaux de ministres, la réélection de Saddam Hussein à la tête de l'État, les élections législatives. Rien de nouveau n'aurait été dit sur la dictature irakienne et ses

Nous avons donc insisté sur l'absence de légitimité et les pratiques dictatoriales de beaucoup de régimes arabes, et mis en évidence le caractère très relatif des mesures d'ouverture politique contrôlée. Plus important encore, notre récit a tenté de faire le lien entre l'autoritarisme politique et l'absence de légitimité politique et de consensus social qui caractérisent les sociétés arabes depuis la fin de l'Empire ottoman. Mais aussi le lien logique qui existe toujours à travers l'histoire de tous les systèmes de pouvoir entre une économie presque entièrement basée sur la rente et l'autoritarisme, voire le totalitarisme dans l'exercice du pouvoir qui

---

méthodes. Il nous a paru plus utile de montrer comment le maintien de l'embargo a renforcé la bureaucratie baathiste au pouvoir, maître exclusif de la distribution des cartes de rationnement. Il nous a paru important aussi de montrer l'aspect inhumain du maintien de cet embargo pour une population innocente et de tenter de comprendre l'anesthésie de la conscience occidentale dans ce domaine.

Dans le récit, nous n'avons pas non plus accordé d'importance, sinon marginalement, aux agitations « islamistes » du régime soudanais, sauf lorsque des événements précis, en rapport avec les dynamiques de paix ou de guerre, survenaient au Soudan. Pour les mêmes raisons, les péripéties monotones du régime égyptien avec les petits groupes islamistes pratiquant la violence armée n'ont pas fait l'objet de descriptions détaillées, ni son comportement erratique vis-à-vis du courant modéré des Frères musulmans, tantôt admis de façon limitée et contrôlée dans la vie politique, tantôt exclus de façon brutale. Quant aux événements d'Algérie depuis 1992, nous n'avons pas estimé utile d'en faire une description détaillée. Si pour beaucoup d'observateurs européens, plus particulièrement français, la dynamique de ces événements relève d'une nouvelle anthropologie de l'islam dont se réclament les mouvements armés issus du Front islamique de salut, nous pensons plus simplement qu'il s'agit d'un affrontement pour le contrôle de la rente pétrolière, même si les mouvements armés de contestation trouvent commode de se placer sous l'étiquette religieuse. Les querelles des dirigeants militaires entre eux n'ont fait que prolonger et compliquer le conflit, dans lequel la population est restée dans l'ensemble passive, penchant plutôt pour l'ordre et la paix que pour la poursuite des violences meurtrières et sauvages. Ce n'est sûrement pas, à notre sens, dans la lecture du Coran ou de ses exégèses que se trouve la clé de compréhension des événements dramatiques d'Algérie, pas plus d'ailleurs que celle des graves attentats anti-américains du groupe islamiste Al Quaëda en Afrique en 1997 ou à New York et Washington en 2001.

contrôle la distribution de ces rentes. Ce sont ces facteurs qui servent de toile de fond à l'instrumentalisation de la religion par les pouvoirs en place, comme par leurs oppositions. Cette neutralité méthodologique dans notre approche du facteur religieux dans le monde arabe, loin de cacher une sympathie déguisée pour des régimes arabes prétendant pratiquer la laïcité, comme l'ont soutenu certains « islamologues » pensant connaître l'Islam de façon privilégiée, est au contraire un effort de rigueur intellectuelle indispensable à une politologie qui ne soit pas engagée dans un *a priori* méthodologique simpliste, reflétant un *a priori* idéologique ou anthropologique.

L'instrumentalisation de l'islam par les puissances européennes et par les élites locales, à des fins de pouvoir et d'affirmation ou de contestation de la légitimité sociale et politique interne ou régionale et internationale, est une vieille « affaire » au Proche-Orient, depuis l'expédition de Napoléon Bonaparte et les réactions anglaises qu'elle a suscitées. L'approche essentialiste et figée à partir de l'existence supposée d'un *Homo islamicus* invariant, incapable de comprendre la modernité politique et son lien avec la neutralisation relative du religieux dans le fonctionnement du pouvoir, loin d'apporter une meilleure connaissance des sociétés du Proche-Orient, contribue au contraire à les rendre toujours plus opaques et plus exotiques. Elle participe au mouvement général d'instrumentalisation du religieux qui cache les enjeux réels de pouvoir localement comme sur le plan de la géopolitique régionale. Il en est de même de certaines tendances islamophiles de l'islamologie récente, qui ne voient d'accès à la modernité politique dans le monde arabe que par une instrumentalisation encore plus lourde de l'islam dans le champ du politique.

Si la paix est un long cheminement au Proche-Orient, ce cheminement nous paraît débuter par la lutte contre l'exploitation violente des mythologies « fondatrices » ou « refondatrices », qu'elles soient de source islamique ou judéo-chrétienne, et l'apparition progressive de langages nouveaux permettant un dialogue constructif qui ne soit pas piégé par la pesanteur des grands clichés historiques, faiseurs de guerre, beaucoup plus rarement de paix permanente[1].

1. C'est ce à quoi nous nous sommes efforcés dans notre ouvrage *Orient-Occident, la fracture imaginaire, op. cit.*, qui analyse et critique l'ensemble des clichés et mythologies qui règnent sur la pensée en ce qui concerne les rapports entre l'Orient et l'Occident.

PARTIE II

DES BOUILLONNEMENTS RÉVOLUTIONNAIRES À L'EUPHORIE PÉTROLIÈRE

1956-1975

6

De la nationalisation du canal de Suez à la mort de Gamal Abdel Nasser, 1956-1970 : une époque est morte, vive l'époque !

LA FIN D'UN HÉROS

La mort des héros est souvent plus significative que leur accession au pouvoir ; la réaction d'un peuple à la mort de son chef offre à l'histoire des moments de vérité précieuse, bien que partielle. Deux hommes ont marqué profondément le destin du Proche-Orient au cours des trente dernières années ; leur vie et leur mort ont rythmé le passage d'époques avec leurs atmosphères particulières, leurs engouements et leurs modes, leurs espoirs et leurs rancœurs. Les deux hommes sont égyptiens, de cette Égypte immobile mais vivante, éternelle mais si fragile, « mendiante » mais « orgueilleuse », « violente » mais « dérisoire [1] ». Pharaons du XXe siècle, ils auront tous deux voulu changer le cours de l'histoire. Le second semble y avoir jusqu'ici réussi, là où le premier avait apparemment lamentablement échoué.

Pourtant la réalité du Proche-Orient ne se laisse pas saisir aussi facilement. Car les obsèques insolites et sans faste d'Anouar el-Sadate, deuxième président de l'Égypte républicaine, assassiné à l'automne de

1. Ces termes sont empruntés aux titres de deux très belles œuvres en langue française du romancier égyptien Albert Cossery : *Mendiants et Orgueilleux*, Le Livre de Poche, 1977 ; *La violence et la dérision*, Jean-Cyrille Godefroy, 1981.

l'année 1981, auront remis en mémoire le grandiose des funérailles que le peuple égyptien avait faites onze ans plus tôt, à la même saison, à son premier président, Gamal Abdel Nasser[1].

Le « colonel Nasser », comme se complaisait à l'appeler une certaine presse occidentale, était cependant le grand vaincu de la troisième guerre israélo-arabe, catastrophique pour les Arabes. Guerre éclair qui, en l'espace de six jours du mois de juin 1967, permet à Israël de se rendre maître de toute la péninsule du Sinaï en Égypte, des formidables hauteurs du Golan en Syrie, et de cette rive occidentale du Jourdain si pleine d'histoire sacrée puisque certains n'y voient que la Judée et la Samarie bibliques ; sans parler de la vieille ville de Jérusalem qui regroupe les principaux lieux saints de l'islam, du christianisme et du judaïsme.

À l'automne 1970 les armées israéliennes n'ont pas reculé d'un pouce. Sous les quolibets de la Résistance palestinienne et de la gauche arabe, Nasser quelques mois plus tôt a accepté une initiative du ministre américain des Affaires étrangères, William Rogers, pour essayer de sortir de l'impasse politique et militaire qui caractérise le conflit israélo-arabe. C'est donc, semble-t-il, en allant à Canossa que meurt le président égyptien, manifestement épuisé, d'un arrêt cardiaque. Il s'efforçait alors en vain, au milieu d'un carrousel de chefs d'État arabes, d'arrêter l'effusion de sang en Jordanie. Le roi Husayn avait en effet décidé de ne plus tolérer la présence armée des organisations de la Résistance palestinienne, organisations qui symbolisent alors l'espoir des Arabes du Proche-Orient de retrouver la dignité perdue.

1. En réalité, Abdel Nasser est le deuxième président de l'Égypte républicaine. Son prédécesseur, le général Neguib (1953-1954), a si peu marqué les événements que c'est incontestablement Nasser qui apparaît comme le premier chef de la République victorieuse de la monarchie. (Sur Neguib, voir *infra* p. 311)

Et pourtant cet homme de la défaite, qui a aussi perdu une guerre au Yémen[1], a accepté la sécession de 1961 de la Syrie unie à l'Égypte en 1958 dans l'enthousiasme, connaît encore dans le voyage vers sa dernière demeure un ultime et déchirant bain de foule. Nasser sera porté en terre dans une douleur insupportable qui est celle d'enfants mal grandis, abandonnés d'un père adulé, même si beaucoup se demandent quel héritage ce père a laissé pour qu'il soit tant pleuré. En Occident, on pense que c'est là une éternelle manifestation de « l'âme orientale », mystique, mystérieuse, et peu portée sur le rationalisme. Les forces antinassériennes dans le monde arabe, et elles sont nombreuses, voient dans ces funérailles grandioses l'ultime geste d'un régime démagogique qui mobilise ses foules, dans le vain espoir d'éviter de rendre des comptes.

La droite arabe avait pourtant dit la même chose de l'extraordinaire journée du 9 juin 1967, premier voyage du président égyptien au pays des ombres. Ce jour-là en effet, vers six heures du soir, la voix brisée, le visage éperdu de douleur et brillant de larmes, Nasser, sur toutes les ondes et tous les écrans du monde arabe, avait annoncé l'ampleur de la défaite face à Israël. Tel un pécheur chrétien du fond de l'abîme, il s'était avoué coupable et prêt à expier. Aussitôt dans les rues du Caire, mais aussi de Damas, Bagdad, Amman, Beyrouth, Alger, la foule, des foules sans nombre remplissent les rues, pour appeler le héros à rester ferme à son poste, à ne pas plier devant l'adversité. On avait ici aussi voulu voir dans ces scènes grandioses comme il en existe peu dans l'histoire des peuples la manipulation d'appareils bureaucratiques aux abois.

1. Sur la guerre du Yémen, voir *infra* chapitre 7, p. 327.

À LA RECHERCHE D'UNE VOIX PERDUE

Mais s'est-on jamais donné la peine d'écouter un peuple d'Orient ? Comme si, par définition, les peuples en Orient n'avaient pas d'âme. L'Orient, l'islam, ces grandes abstractions, auraient une âme, les peuples eux ne seraient que le jouet de leurs potentats ou de leurs colonisateurs. Tout juste bons autrefois à présenter des suppliques à leurs sultans et des pétitions à leurs occupants, à descendre maintenant dans les rues sous la corruption de quelques piastres ou l'excitation de démagogues, manipulateurs de médias modernes. Telle est l'image qu'on se fait souvent des peuples d'Orient et qui permet de mieux se réfugier dans l'abstraction de schémas réducteurs, qu'ils soient ceux du préjugé ethnique ou religieux ou ceux de l'idéologie politique et du savoir codifié. Il est vrai que les peuples en Orient — à la différence de ceux d'Occident — sont privés de langage politique moderne organisé et institutionnalisé dans une périodicité rigoureuse. Raison de plus pour être à l'écoute des moments privilégiés où, le pouvoir absolu suspendu, la société s'exprime avec la violence d'un torrent contenu, et dit en quelques instants l'émotion envasée au fil de longues années de silence.

Dans le cas de la mort de Nasser, la douleur est d'autant plus vive que le peuple arabe perd en lui un magicien de l'émotion collective, qui pendant dix-sept ans a exprimé à travers son verbe certaines pulsions profondes de la société et s'est fait porter par elles. Grâce aux médias modernes, c'est une fête du langage, sans précédent depuis la prophétie coranique, qui prend abruptement fin pour les Arabes avec la disparition du héros. La douleur est aussi à la mesure du silence futur dans lequel la société arabe risque désormais de sombrer.

Comme cela a été remarqué, seule la disparition de la grande diva du chant arabe, Oum Kalsoum, suscitera un deuil présentant des aspects similaires à celui de Nasser. La comparaison ne s'arrête pas ici à l'importance du langage, ce qui ferait verser dans le cliché facile de la fascination que le verbe exercerait sur les Arabes. L'émotion parallèle soulevée par la mort de ces deux héros correspond en réalité à une double frustration historique de la société arabe, celle de la liberté et de la dignité politique d'un côté, celle de l'amour et du sexe de l'autre. Des siècles de domination et de despotisme politique d'une part, des millénaires de traditions patriarcales et de conformisme affectif et amoureux d'autre part : voici ce que le verbe de Nasser et le chant d'Oum Kalsoum ont traduit pour ces peuples silencieux, dont ils ont un instant incarné la voix.

Le verbe de Sadate, caractérisé par un bégaiement assez prononcé, malgré une voix chaude aux accents très populaires, ne pourra d'ailleurs qu'aviver la nostalgie du timbre métallique de la voix nassérienne, animée du souffle de cette émotion collective. En outre, Sadate parle rarement devant des foules, préfère des assemblées de notables politiques, ou des correspondants de presse occidentaux devant qui il aime tant fumer sa pipe, symbole rassurant de la civilisation anglo-saxonne. Il reste ainsi le plus souvent assis. Nasser parlait debout, à l'image d'un pharaon, dans des espaces ouverts, toujours en complet et cravate, symbole de la modernité non militaire. Sadate se déguisait : tantôt en amiral, tantôt en maréchal, tantôt en paysan égyptien (revêtu de la traditionnelle galabiyya), tantôt en gentleman anglais ; ce n'est point un hasard si son autobiographie s'intitule : *À la recherche d'une identité*[1].

1. Fayard, 1978.

Mais il n'est pas encore l'heure de procéder aux portraits comparés des deux hommes, devenus symboles de deux époques, apparemment si contradictoires, pourtant si complémentaires. Au-delà des différences frappantes dans leur personnalité extérieure, ils sont en effet les enfants d'une même impatience, issus de couches sociales voisines, formés à la même école militaire. Ils ont ensemble exercé le pouvoir depuis 1952.

C'est dire déjà la complexité des êtres et des forces sociales qui les véhiculent et qu'ils expriment. Car Sadate, c'est aussi une Égypte profonde, celle qui accueillera avec un enthousiasme populaire franc et massif le président américain Richard Nixon, quatre ans seulement après le grand deuil de 1970 ; le deuil de celui qui avait symbolisé si longtemps la résistance à l'impérialisme de l'Occident capitaliste que Nixon incarne alors si bien. Comportement incohérent, infantilisme, irrationalité : on est à nouveau tenté de le penser en l'absence d'une réflexion élargie sur la complexité et la profondeur de ces peuples sans langage politique organisé. Mais il faut remonter plus haut pour comprendre le passage du nassérisme au sadatisme et donc ce contraste complémentaire, cette rupture de continuation entre deux époques.

Pour cela, c'est encore à la voix de Nasser, le sublime archet de la société égyptienne et arabe, qu'il nous faut avoir recours. Car tout a commencé avec un discours, ou plutôt un rire, un rire qui plus d'un demi-siècle plus tard, retentit encore dans l'oreille de toute une génération d'Arabes.

À PROPOS D'UN RIRE ET D'UN CANAL...

Le XXe siècle de la société arabe a commencé avec ce rire. Il n'a pas débuté comme le disent les historiens avec l'écroulement de l'Empire ottoman en 1918-1919 ; il n'a pas plus commencé en 1945, à la suite du reflux européen causé par la Seconde Guerre mondiale qui libère politiquement une bonne partie de la société arabe de la domination coloniale, et qui fait naître la Ligue des États arabes. Non, le XXe siècle arabe, qui n'est que le XIVe siècle de l'hégire[1], début du calendrier islamique, s'ouvre en ce 26 juillet 1956 où, à Alexandrie, ville de haute histoire méditerranéenne, Nasser annonce aux Égyptiens que le canal de Suez a été nationalisé et que des techniciens égyptiens qui ont pris la relève des étrangers assurent avec succès le passage des navires. De joie et d'émotion, le président égyptien rit. A-t-on jamais vu des Arabes rire ? Le chef d'État césarien d'un peuple millénairement opprimé, qui rit au milieu d'un grand discours politique. Le fait est inouï, mais à la mesure de l'événement. La réintégration du canal de Suez dans le patrimoine national, c'est l'équivalent d'un paralytique qui retrouve brusquement l'usage d'un membre vital de son corps, c'est le malade qui se réapproprie sa santé. À travers le rire de Nasser, c'est donc la société arabe qui exprime sa jubilation.

On ne réalise jamais assez ce que les voies de transport sont à l'économie et la société d'un pays, et notamment d'un pays méditerranéen, charnière entre l'Asie et l'Afrique. Pour le passé, un historien

1. L'hégire est le jour où le prophète Mohammed quitte La Mecque pour s'installer à Médine, en 622 de l'ère chrétienne.

français prestigieux l'a merveilleusement décrit, en parlant justement de la Méditerranée du XVIe siècle, « espace-mouvement[1] ». Que dire de plus d'une voie de transport reliant l'Europe et le monde atlantique à l'Asie et l'Afrique, artère jugulaire du commerce international, qui traverse l'Égypte comme un corps étranger. Symbole de la dépossession géographique et économique, le canal de Suez fut pourtant construit au XIXe siècle sous les auspices d'un souverain, le khédive Ismaïl, qui rêva d'intégrer l'Égypte dans les circuits de l'économie mondiale et d'en faire un atelier saint-simonien du progrès technique. Ismaïl était albanais, il appartenait à cette aristocratie cosmopolite de l'Empire ottoman déclinant. Nationalisé, le canal de Suez devenait le symbole de l'entrée de l'Égypte, rendue à elle-même, dans le monde moderne ; ce monde de prospérité et de progrès, resté jusqu'alors un club fermé de grandes puissances.

La nationalisation du canal de Suez est d'ailleurs bien un événement incommensurable ; elle déclenche en cascade une série d'événements qui vont marquer durant trois décennies l'évolution de l'économie internationale. Elle fait de l'Égypte et du monde arabe le fer de lance des revendications du tiers monde. C'est vraisemblablement son rayonnement qui amène la création de l'O.P.E.P.[2], les nationalisations pétrolières, le quadruplement des prix du pétrole ; même si entre-temps le flambeau est passé des mains de Gamal Abdel Nasser à un autre César arabe, Houari Boumediene, l'Algérien, qui en 1974 oblige les grands de ce monde à discuter de la spoliation économique qui frappe les deux tiers de l'humanité.

Un même fil conducteur relie donc la nationa-

1. F. Braudel, *La Méditerranée et le monde méditerranéen à l'époque de Philippe II*, 2 vol., A. Colin, Paris, 1966, 2e édition.
2. Organisation des pays exportateurs de pétrole.

lisation du canal de Suez en 1956 à l'Assemblée générale extraordinaire des Nations unies sur « les matières premières et le développement », convoquée en 1974 à l'initiative du président algérien, et puis à la Conférence sur la Coopération économique internationale, tenue à Paris entre 1975 et 1977[1], ainsi qu'à la mise en place de différentes enceintes de négociations sur un nouvel ordre économique international destiné à permettre aux peuples opprimés et défavorisés de jouir d'un peu plus d'équité et de justice. Ces négociations que l'on appelle « Nord-Sud » ont leur filiation dans cette nationalisation, première manifestation éclatante du droit des peuples à disposer de leurs richesses naturelles, y compris les avantages de la géographie.

C'est bien de réappropriation nationale et de santé économique qu'il s'agit en tout cas, pour ce qui est du canal. Car Nasser, ce jeune président d'origine militaire, est fils de postier ; et les postes comme l'armée en Égypte, ou ailleurs dans ce monde du sous-développement, ce sont les symboles de la modernité et du progrès. Le nouveau président a pour obsession de sortir l'Égypte de son arriération, de la rendre à la vitalité économique, de l'intégrer sur un pied d'égalité dans le réseau de progrès et de prospérité du monde industrialisé. La nationalisation du canal doit justement servir à financer la modernisation de l'Égypte, et en priorité la construction d'un grand barrage sur le Nil, à Assouan, qui permettra de produire l'énergie nécessaire à l'industrialisation et d'irriguer les millions d'hectares indispensables à la survie d'une population en pleine explosion démographique.

1. Voir chapitre 10, « O.P.E.P. ou O.L.P., 1974-1975 ».

DE LA TRANSMIGRATION DES ÂMES : LE PACHA ET LE COLONEL

En cela, Nasser n'est qu'une réincarnation d'une autre très grande figure de l'histoire égyptienne, Mohammed Ali, pacha puis vice-roi d'Égypte, de 1805 à 1849, et dont la personnalité n'a pas été moins contestée que celle du président Nasser. Car Mohammed Ali aussi rêva, et réussit presque, à faire entrer l'Égypte d'alors, sommeillante et exsangue, en plein XIXe siècle. Il en fit en quelques années un grand chantier industriel, changea le régime des terres, construisit des barrages et des canaux d'irrigation, introduisit la culture du coton.

En même temps, il se bâtit un empire arabe, occupant la Syrie et le Liban, débarquant au cœur de la Péninsule arabique pour mettre à la raison les Bédouins récalcitrants, ceux mêmes qui un siècle et demi plus tard constitueront cette extraordinaire super-monarchie pétrolière, l'Arabie Saoudite, sur laquelle repose l'équilibre du monde occidental. Il menaça même la Sublime Porte[1], puisque ses armées parvinrent aux portes du Taurus. Et puis tout s'effondra, comme un château de cartes, à la faveur de changements de conjoncture diplomatique internationale, où l'Europe coloniale et réactionnaire avec la collusion de l'Empire des tsars décida qu'il valait mieux, à coup sûr, soutenir un Empire vermoulu, celui des Ottomans, qu'un pacha albanais qui ressemblait trop à un nouveau Bonaparte déguisé en Arabe.

Mohammed Ali réalisa d'ailleurs des choses inouïes en ce début de XIXe siècle, où seules l'Europe et l'Amérique du Nord, sur les quatre continents du

1. Nom donné à la cour des sultans ottomans à Constantinople.

monde, font preuve de vitalité et de dynamisme. En plus de ses réalisations économiques que n'auraient désavouées ni Colbert ou le Meiji japonais [1], ni Marx, ni Lénine ou Staline, ni même Keynes, il abolit les discriminations religieuses à l'encontre des minorités non musulmanes, développa une éducation sur le mode laïc, modernisa l'administration, nationalisa les biens religieux, destitua les oulémas [2] opposés à sa politique de laïcisation, supprima le traditionnel système ottoman d'affermage des impôts.

Il est vrai que le pacha d'Égypte appartient à la caste militaire de l'Empire où prédominent les origines balkaniques ; l'Europe et la chrétienté ne sont donc pas pour lui ces contrées mystérieuses et lointaines de l'infidélité religieuse ; il montra pour les Arabes chrétiens d'Égypte et de Syrie une sympathie ouverte et active. Il fut aussi le premier chef d'État musulman à intégrer les chrétiens d'islam dans ses armées, alors que la doctrine, la pratique et la jurisprudence islamiques, après la conquête musulmane, les avaient assez rapidement écartés des fonctions militaires et de la conscription. Sur ce plan, Mohammed Ali doit être rattaché à une lignée de réformateurs ottomans qui ont, dès le début du XVIIIe siècle, pris conscience du retard de l'Empire sur l'Europe.

Cette lignée donne naissance, à la fin du XIXe siècle, aux Jeunes Turcs, dont Mustapha Kemal fut un pur produit, et qui tournent résolument le dos à la solidarité islamique transethnique pour adopter le nationalisme laïc. Les premiers militaires arabes

1. Le Meiji est ce grand empereur japonais (1868-1912) qui brisa le Japon féodal, fit émerger son pays du sous-développement et le transforma, avec succès, en quelques années en une grande puissance industrielle.

2. Terme désignant dans les pays islamiques les spécialistes en sciences religieuses exerçant diverses fonctions dans la société, notamment les fonctions d'enseignement, de jurisprudence, de juridiction et de prêche dans les mosquées.

nationalistes au début du XXe siècle, qui rompent eux aussi la solidarité islamique avec leurs coreligionnaires turcs, pour rêver d'unité arabe, sont en réalité nourris aux mêmes sources ; Nasser, malgré ses particularités, en est aussi le produit.

À L'AIDE DE LA GÉOGRAPHIE ET DE L'OPÉRA

Mais la géographie, cet ancêtre délaissé des sciences humaines modernes, peut ici mieux nous faire entrer dans cette continuité de l'histoire que nous cherchons à retracer, au-delà des ruptures apparentes que provoquent les grands événements historiques. On ne redira en effet jamais assez combien l'Empire ottoman fut un empire méditerranéen [1], dont le centre de gravité fut toujours plus près de l'Occident que de l'Orient. C'est pourquoi l'islam méditerranéen ne pourra jamais se confondre avec l'islam de l'Asie continentale, pas plus que la chrétienté du Sud, catholique ou orthodoxe, ne pourra ressembler aux chrétientés du Nord.

L'histoire chaotique des Arabes du Proche-Orient au cours du XXe siècle, c'est aussi le résultat de cet affrontement souterrain, peu visible à travers les catégories de l'érudition abstraite, entre l'islam de la Méditerranée et l'islam de l'Asie continentale. Le président Sadate en fut une victime illustre, lui qui ne sut jamais très bien s'il était un paysan de l'Égypte continentale, proche du fondamentalisme islamique des Frères musulmans, ou un gentleman autochtone de cette merveilleuse Alexandrie cosmo-

1. F. Braudel, *La Méditerranée…*, *op. cit.*

polite si bien chantée par un très grand romancier anglais[1].

Le président Nasser n'eut, semble-t-il, jamais de doute. Tel Mohammed Ali, il voulait le progrès économique et l'indépendance politique, tourné vers le monde industrialisé, fût-il de l'Est à défaut de l'Ouest, si ce dernier le boudait. Soumis à des attentats répétés de la confrérie des Frères musulmans, il en fit rapidement disparaître toute trace dans la vie politique, sociale et culturelle de l'Égypte. Son successeur, au contraire, réintroduisit les Frères musulmans et leurs sympathisants dans la vie politique et laissa libre cours à leur influence. Il devait le payer de sa vie.

La dynastie que fonde en Égypte Mohammed Ali fut, à quelques exceptions près[2], résolument moderniste et européanisante. C'est avec les puissances européennes que le pacha d'Égypte a négocié la consécration de sa dynastie en contrepartie de l'abandon de son entreprise de construction politique et économique au Proche-Orient. Mais le khédive Saïd (1854-1863) et surtout son successeur Ismaïl (1863-1879), dans leur désir de donner à l'Égypte toutes les magnificences d'une monarchie européenne, mirent leur pays en banqueroute financière, ce qui accentua la tutelle des puissances, puis permit l'occupation anglaise. *Aïda*, de Verdi, fut créé au Caire ; l'opéra avait été écrit sur la demande du khédive Ismaïl pour fêter le percement de l'isthme de Suez. Peut-on rêver de plus belles noces entre l'Orient et l'Occident, de plus bel écho de baiser que celui du claquement amoureux des deux lèvres de la Méditerranée ? *Aïda* suffit à montrer la passion que

1. Lawrence Durrell a écrit une tétralogie romanesque célèbre (*Justine, Balthazar, Mountolive, Cléa*) décrivant le foisonnement de la vie culturelle et ethnique d'Alexandrie.

2. Notamment le court règne d'Abbas (1849-1854), petit-fils de Mohammed Ali, qui se caractérise par un abandon du modernisme laïc et un repliement sur le fondamentalisme islamique.

l'Orient et l'Occident peuvent avoir l'un pour l'autre. Mais on pourrait y ajouter *L'Enlèvement au sérail* de Mozart qui prête avec grâce à ses personnages ottomans les plus nobles sentiments, ainsi que mille autres chefs-d'œuvre musicaux et littéraires qu'il serait superflu de citer ici.

Amours morbides, amours dangereuses, diront beaucoup, car la partie est trop inégale pour que cette mante religieuse qu'est devenu l'Occident laïc et colonial ne dévore pas cette chair d'Orient alanguie par des siècles de sommeil. C'est bien ce que disent beaucoup, sous des langages divers, qu'il s'agisse d'imprécations contre l'impérialisme, ou d'invocations à la spécificité, savante et embellie ou brutale et fondamentaliste. Plus subtilement encore, comme l'a exprimé un Arabe d'Amérique, spécialiste de littérature anglaise, en dénonçant pêle-mêle tous les aspects de la relation Orient-Occident dans une démarche qui veut se placer sous l'autorité de Foucault, le maître disparu de l'analyse du pouvoir des mots. Depuis les imprécations de Dante contre le prophète musulman jusqu'aux décrets de cet implacable proconsul anglais d'Égypte que fut lord Cromer (entre 1883-1907), en passant par Flaubert, Nerval, Renan et bien d'autres qui se penchèrent sur le Proche-Orient : tout est coulé dans le moule d'un totalitarisme que le langage de l'Occident exercerait à l'encontre de l'Orient, et qui le figerait dans une caricature immuable[1].

Il fallait citer cette œuvre, succès de librairie en Orient comme aux États-Unis, car elle est exemplaire de la complexité des prismes, que nous avons évoquée en introduction, à travers lesquels Orient et Occident se regardent. Cette complexité se révèle

1. E. Said, *L'orientalisme. L'Orient créé par l'Occident*, Le Seuil, Paris, 1981 (original en anglais sous le titre *Orientalism*, Pantheon Books, New York, 1978).

surtout lorsqu'un Arabe en quête d'arabité parle à partir de ce qu'il croit être une grille occidentale, mais aussi lorsqu'un Occidental en mal d'exotisme parle à partir de ce qu'il tient pour une grille orientale[1]. Dans l'attaque de l'Occident ou dans la défense de l'Orient, on produit alors tous les excès et tous les jugements abstraits, succédanés de structures mentales emprisonnées par le carcan de l'excès d'idéologie. Sur ce plan, le livre d'érudition le plus sophistiqué peut souvent ne pas être différent du jugement hâtif de journaliste qui répond à un conditionnement simple à base de préjugés.

DÉVELOPPEMENT ET IMPÉRIALISME

C'est pourquoi, lorsqu'il nous faut apprécier les causes de la fragilité de l'œuvre de Nasser, nous sommes aussi embarrassés que pour juger celles de l'échec de Mohammed Ali. Le premier semble d'ailleurs avoir repris l'œuvre du second avec un parallélisme parfait. L'amour des barrages, preuve de la maîtrise sur la nature, la fascination de l'industrie ou l'attirance vers l'avenir et le progrès technique, la marginalisation de la religion dans la vie sociopolitique, qui ouvre la voie à la laïcité, ingrédient jusqu'ici indispensable à l'exercice de la liberté. En ce sens, les deux hommes sont incontestablement amoureux de l'idée de « développement », et donc fils du siècle européen des Lumières. Ils ne peuvent sur ce plan relever du modèle despotique à base religieuse qui a si souvent dominé l'Orient, mais qui fut aussi, il ne faut pas l'oublier, celui de l'Occident

1. Par exemple R. Garaudy, *L'islam habite notre avenir*, Le Seuil, Paris, 1981.

chrétien durant plusieurs siècles. Leur œuvre, tout comme celle d'Atatürk (Mustapha Kemal), va beaucoup plus loin que les réformes qu'entreprirent, au XIXe siècle, les derniers sultans ottomans. Celle de 1839 est manifestement une réponse tardive à tout ce qu'avait déjà réalisé Mohammed Ali en Égypte, Syrie, Liban, Palestine. Celle de 1856 qui réaffirme et élargit les principes de la première, n'a été obtenue qu'à la suite de vives pressions des puissances européennes, inquiètes des conséquences possibles sur l'équilibre européen d'une désagrégation trop rapide de l'Empire ottoman[1]. Elles ne furent jamais appliquées avec zèle et ferveur.

Mohammed Ali et Nasser visaient au contraire une révolution totale pour arracher définitivement leur pays à l'arriération et au sous-développement. Ils s'y engagèrent tous deux à corps perdu. Tous deux se heurtèrent aux puissances occidentales, devenues puissances mondiales et qui ne pouvaient tolérer que le contrôle du Proche-Orient, nœud stratégique de communications internationales, leur échappât. Dans les deux cas, l'explication de l'échec par les complots de l'impérialisme n'a donc pas besoin d'être sollicitée. Les faits sont là.

Mohammed Ali fut peut-être plus sage. Son expérience d'industrialisation chancelante, ses armées épuisées, il sut éviter le pire. Il se replia sur l'Égypte avant de subir une catastrophe militaire, et se soumit à la volonté des puissances, après avoir fait reconnaître sa dynastie. Il laissa démanteler ses fabriques d'État et abolit les monopoles et les protections douanières, respectant ainsi le traité de Balta-Liman imposé en 1838 par l'Angleterre à l'Empire ottoman, dans le but de couper la route aux velléités

1. Ces réformes publiées sous forme de décret impérial ont été appelées *Tanzimat* ; le mot *tanzim* signifiant régler, ordonner. Elles stipulent surtout l'égalité des musulmans et des non-musulmans, la suppression du système d'affermage des impôts.

d'industrialisation dans le Proche et le Moyen-Orient. Ses descendants, eux aussi en quête de modernisme, laisseront à l'Europe le soin de développer l'Égypte sur le mode colonial.

Sadate, l'héritier de Nasser, fera de même. La politique économique de la « porte ouverte » — *infitah* — qui lui sera tant reprochée par la gauche égyptienne et arabe, n'est que la réplique de celle de Saïd Pacha et du khédive Ismaïl, où capitaux et technologies occidentaux sont accueillis sans restrictions dans le pays. L'affairisme et les scandales qui en résultent ont été décrits avec précision dans un livre célèbre d'un grand historien de la révolution industrielle [1]. Cette description pourrait s'appliquer à la période sadatienne, mais aussi à la monarchie saoudienne, malade de pétrole, comme l'Égypte avait été malade de coton au XIXe siècle.

Mohammed Ali n'était après tout qu'un officier albanais qui avait réussi à devenir pacha puis vice-roi d'Égypte. Nasser était égyptien, fils de ce peuple gavé d'humiliation, étourdi de pauvreté. Il fut le premier souverain égyptien d'un peuple affermé à des dynasties étrangères depuis des siècles. Comment pouvait-il être sage ? Mohammed Ali évoluait au milieu de royautés et d'empires conservateurs : empires ottoman, russe, anglais, austro-hongrois, monarchies française, prussienne. Nasser vécut au temps des républiques, des maquis révolutionnaires, des humbles qui partout défiaient les puissants, du socialisme triomphant dans les masses chinoise, vietnamienne, coréenne de l'Orient extrême, mais aussi à Cuba à 200 km des côtes américaines ; il devint un des grands animateurs de ces fêtes du tiers monde que furent les rencontres des pays non alignés qui commencèrent sagement à Bandoung en 1955 et

1. D.S. Landes, *Bankers and Pashas : International Finance and Economic Imperialism in Egypt*, Heinemann, Londres, 1958.

qui culminèrent par une « samba » tricontinentale[1] géante à Cuba en 1966. Comment aurait-il pu être sage, ce président égyptien ? Faisait-il l'histoire ou était-il porté par elle ? Savait-il seulement où il allait, où le portaient ces événements grandioses ? À coup sûr, non.

ANATOMIE DU DISCOURS NASSÉRIEN : DÉPHASAGE CULTUREL ET AUTO-ÉDUCATION

Il était issu de cette toute petite bourgeoisie urbaine d'origine paysanne, si bien décrite dans l'œuvre du monstre sacré du roman égyptien, Néguib Mehfouz[2]. Son horizon culturel, son environnement social, l'état général du peuple égyptien divisé en une ploutocratie, souvent d'origine balkanique, turque ou caucasienne, insolemment riche et parfois très cultivée, et une masse de paysans en bordure de laquelle se formait cette mince frange de petite bourgeoisie de fonctionnaires : tout concourait à en faire ce personnage naviguant à vue dans un monde que ni lui ni l'entourage qu'il s'était choisi ne pouvaient dominer. Aurait-il pu d'ailleurs choisir un autre entourage, renvoyer à leurs casernes ces militaires de son milieu social pour la plupart, avec qui durant dix ans il avait rêvé de régénérer l'Égypte ?

1. Conférence des pays non alignés des trois continents (Afrique, Asie, Amérique) où sont présents aussi les délégués des mouvements populaires.

2. Né au Caire en 1912, il s'est surtout rendu célèbre par une trilogie romanesque aux titres empruntés à des noms de quartiers populaires, qui retrace l'évolution d'une famille égyptienne confrontée aux bouleversements que connaît la société urbaine d'Égypte au XXe siècle. (Son nom est aussi orthographié Mahfouz).

C'était le vœu du général Neguib, couverture de dernière heure, pour ces « officiers libres » qui forcent à l'exil, sans effusion de sang, en juillet 1952, le dernier descendant de la dynastie albanaise fondée par Mohammed Ali, le roi Farouk qui gouverne l'Égypte à la botte des Anglais, dans un luxe scandaleux et un laisser-aller libertin. Mais cette ploutocratie, en majorité terrienne, qui possède la culture et l'expérience du pouvoir, Nasser ne saura l'accepter, ni même tenter d'en tirer le bon grain de l'ivraie. Il la rejettera en bloc, la persécutera et l'humiliera. À la différence de Sadate, plus sensible aux valeurs traditionnelles de hiérarchie sociale des campagnes égyptiennes, Nasser incarne l'effronterie du petit peuple du Caire qui supporte mal, dans sa pauvreté et dans son isolement culturel, le faste et le luxe de ces pachas grands bourgeois, si bien dans leur peau face aux coloniaux avec qui ils partagent le pouvoir et la richesse.

Le débonnaire général Neguib écarté du pouvoir en 1954 commence alors entre Nasser et les foules urbaines, non seulement de l'Égypte, mais de tout le Proche-Orient arabe, cette invraisemblable histoire d'amour et de passion. Malgré toutes les avanies que ce peuple subira durant l'ère nassérienne de la main d'une bureaucratie déchaînée, assoiffée de pouvoir incontrôlé, un fil magique passa toujours entre ce chef, dans le fond si désemparé, et des millions d'Égyptiens et d'Arabes. Car les discours du président Nasser seront toujours une quadriphonie merveilleuse, superbes moments d'émotions collectives où une grande partie de la nation arabe se regarde parler.

Fascisme, clame l'observateur occidental pour qui le rapport des gouvernants et des gouvernés est une chose sérieuse, organisée, codifiée. Démagogie destructrice, accusent les forces sociales conservatrices du monde arabe qui pensent bien imprudent de braver de front la puissance occidentale et ne voient rien de bon dans la socialisation de la pauvreté. Pourtant, si nul n'a nié la fascination exercée par le discours nassérien sur les masses, on a rarement cherché à regarder au-delà de l'aspect spectaculaire du phénomène, qui reste jusqu'ici unique dans l'histoire contemporaine des Arabes.

Car le nassérisme n'est pas une doctrine politique, ni une philosophie sociale ; il est tout simplement ce mode d'expression où un jeune César inexpérimenté, issu d'un peuple déphasé culturellement, réfléchit à haute voix devant une foule dans le langage le plus simple, cherche une solution aux mille problèmes du sous-développement, de la dépendance et de la pauvreté, annonce au moment opportun la solution trouvée entre diverses alternatives. Discours démocratique qui contrebalance une pratique brutalement autoritaire du pouvoir, mais qui serait celle de ces milliers d'auditeurs populaires s'ils étaient à la place de leurs chefs, c'est-à-dire dans le vide institutionnel et culturel organisé par des siècles d'oppression.

Discours remarquables d'auto-éducation, car Nasser pendant des heures explique patiemment. Qu'est-ce que l'investissement, la nécessité d'épargner pour pouvoir investir, comment se divise la société suivant des critères sociaux et économiques ; qu'est-ce que l'impérialisme, comment il agit, s'infiltre dans la société ; comment industrialiser, comment financer les coûts énormes d'un haut barrage ; qu'est-ce que l'accroissement démographique et quel est son impact sur le développement économique ; qu'est-ce que le socialisme, sa différence avec le communisme, qu'est-ce que le nationalisme ; comment la religion ne doit pas être confondue avec l'expression nationale et ne doit pas interférer avec la vie civile et politique, etc. Il est clair que le président égyptien a dû faire lui-même des efforts énormes pour s'informer, développer ses connaissances et pouvoir ainsi les transmettre.

ANATOMIE DU DISCOURS NASSÉRIEN : DÉMOCRATIE DU LANGAGE, LAÏCITÉ DE LA PENSÉE

Mais le plus important, ce n'est pas seulement ce contenu éducateur du discours, c'est aussi sa forme, et peut-être surtout sa forme. Nasser, en effet, est le premier responsable politique arabe à parler en employant la langue courante, ou plus exactement une langue à mi-chemin entre la langue savante et rhétorique, difficilement accessible à des foules mal ou peu alphabétisées, et la langue populaire purement dialectale remplie d'idiomes locaux et qui est souvent incompréhensible aux Arabes non égyptiens. Loin des formules ampoulées et guindées de l'arabe littéraire, la distance entre le chef politique et l'auditoire est supprimée, le courant passe librement, et l'improvisation permet au tribun de mieux ajuster son discours à l'émotion qu'il provoque dans la foule.

Sur ce plan au moins, l'héritage nassérien est largement positif ; le président égyptien a achevé et consacré ce que la presse arabe avait commencé à la fin du XIXe siècle, à savoir abandonner une langue si savante qu'elle restait le monopole d'une mince élite de lettrés, pour en adopter une plus pratique, plus réelle, et donc à la portée de la moyenne des gens. Œuvre démocratique s'il en est, mais qu'il ne réalisa vraisemblablement pas de manière consciente. Certes, certains leaders d'Afrique du Nord, en particulier Bourguiba et Ben Bella, parleront en arabe populaire, mais ce sera de l'arabe dialectal maghrébin, difficilement compréhensible au Proche-Orient.

Le discours nassérien ne saurait cependant être la base d'une pensée politique et c'est pourquoi le nassérisme n'a pas survécu, en dehors de quelques partis libanais se réclamant de lui. Certes, il est l'expression d'une volonté continue, irrépressible, d'indépendance politique, d'industrialisation et d'amélioration des niveaux de vie. En cela, il est un discours tiers-mondiste exemplaire, dont d'ailleurs Nasser aura été le grand précurseur avec Nehru et Tito. Les choix philosophiques du discours nassérien sont cependant trop fragiles pour constituer un corps de doctrine : refus de choisir vraiment le socialisme avec toutes ses conséquences, affirmation utopique, surtout en milieu pauvre et opprimé, d'un capitalisme non exploiteur cantonné à la petite propriété, affirmation de la nécessité d'une « troisième voie » entre capitalisme et socialisme. Éléments de philosophie sociale et politique qui ont fait une carrière fulgurante dans le tiers monde. Nasser aura au moins évité le ridicule des « révolutions culturelles » (sans parler des livres rouges, verts, bleus) importés d'une Chine mystérieuse, l'affirmation incantatoire et stérile d'une spécificité arabo-islamique, ou celle, à la mode aujourd'hui, d'un islam politique renaissant se suffisant à lui-même pour assurer la prospérité des peuples.

Son discours, étudié avec tous les moyens de la linguistique moderne et de l'analyse de contenu[1], révèle d'ailleurs dans le langage sur la religion et la nation une remarquable structure laïque dans la pensée, et cela contrairement à une image très répandue en Orient ou en Occident qui le dépeint comme un conquérant islamique malheureux, manipulé, ajoutent les fanatiques de « l'histoire-complot », par la toute-puissance soviétique. On est même frappé, en sus de longues considérations économiques, par la récurrence du mot « bâtir » ou « construire » dans

1. M. Abou Chedid Nasr, *L'idéologie nationale arabe dans le discours de Gamal Abdel Nasser, 1952-1970*, thèse de doctorat de 3e cycle, Paris, Sorbonne, 1979.

l'ensemble de ses discours, corollaire naturel d'une pensée laïque tournée vers le futur dans une vision optimiste d'un progrès qui ne peut être arrêté.

OCCIDENT, Ô MON BIEN-AIMÉ !

En ce sens, Nasser est incontestablement un homme d'Occident, et non point un homme d'Orient enfermé dans la mystique d'une vision circulaire de l'histoire, exclusivement rythmée par la providence divine. Il s'en fut chercher à l'est de l'Occident, chez les Slaves, ce que l'Ouest ne lui accordait que parcimonieusement et dans une atmosphère encore trop teintée de la pesanteur du colonialisme de papa, que son peuple ne supportait plus. L'Occident le lui fit payer bien trop cher, alors qu'il aurait dû être son enfant chéri. Avec lui, c'est tout le peuple égyptien qui paya et souffrit. Comment ne pas comprendre qu'il fut tant pleuré, mais que ce même peuple délira de joie lorsque Sadate réussit ce que son prédécesseur n'avait pu accomplir, une grande accolade avec cet Occident, symbole si proche de progrès et de prospérité pour ce peuple démuni mais fier.

L'extraordinaire visite à Jérusalem en novembre 1977, manifestement approuvée sur le plan populaire, ne peut s'expliquer que dans ce contexte. Le canal de Suez ayant été traversé avec succès par l'armée égyptienne au cours de la guerre d'octobre 1973, l'honneur était sauf. Le canal sera d'ailleurs dès 1975 rouvert à la navigation internationale. Entre-temps, les prix du pétrole, ce sérum de l'industrie des pays développés, avaient quadruplé. Désormais riches, la honte effacée, les Arabes croient pouvoir retrouver l'Occident. Anouar el-Sadate, héritier de Nasser, sera l'homme de ces retrouvailles. Il mit le même panache et commit les mêmes excès que son prédécesseur, qui, par dépit de l'Occident capitaliste, avait jeté l'Égypte et, avec elle, une bonne partie du Proche-Orient arabe dans les bras de l'Occident socialiste.

En cela, les deux hommes se ressemblent comme des frères jumeaux. Nasser commit bien des excès dans la mise en œuvre d'un socialisme bureaucratique et corrompu. Sadate fit de même dans l'ouverture de l'Égypte à un capitalisme sauvage et affairiste, et donc non moins corrupteur. Mais ces deux politiques relèvent d'un même phénomène : l'angoisse insondable de deux hommes, fils du peuple, devant la pauvreté de leur pays et son humiliation, mais la chance historique de gouverner qu'il ne fallait pas perdre. Un aristocrate ou un grand bourgeois éprouvent rarement de telles angoisses. Ils ont en tout cas un langage organisé pour en canaliser l'expression et domestiquer l'émotion.

Aussi, la disparition de Nasser marque-t-elle bien la fin d'une époque, mais non celle d'un drame. En effet, le Proche-Orient arabe change rapidement de visage politique sitôt le chef charismatique enterré. Gouvernée à gauche durant la période nassérienne, la région va insensiblement, mais sûrement, prendre un virage à droite au cours des années 1970. À l'anti-impérialisme flamboyant, à la passion pour le modernisme socialisant et laïc, vont se substituer des politiques pro-occidentales avouées ou dissimulées, le fondamentalisme religieux, les spéculations et les agiotages d'une fortune pétrolière soudaine et brutale. Mais le drame est toujours le même : la pauvreté hors des cercles étroits de la rente pétrolière, l'humiliation devant la faiblesse et la fragmentation du monde arabe dans la géopolitique internationale des grands de ce monde qui continuent d'ignorer superbement les revendications arabes légitimes, historiques et économiques. En particulier, la cause palestinienne et la maîtrise harmonieuse des ressources naturelles.

Ce glissement politique est d'autant plus difficile à cerner lorsqu'il faut quitter l'Égypte, monde de la cohésion et de la continuité au Proche-Orient arabe, car on entre alors dans celui de la mouvance et de la centrifugité. Terres de schismes et de dissimulation qu'aucun conquérant, qu'aucune religion ou civilisation n'a pu assimiler durablement au cours de l'histoire, tout en y laissant des empreintes encore aujourd'hui indélébiles. Dans l'Antiquité, successivement gouvernés par les Babyloniens, les Égyptiens, les Assyriens, les Perses, les Grecs et les Romains ; au cours de notre ère soumis à Byzance, aux Perses, puis aux différents empires islamiques, les peuples du Proche-Orient et, dans une large mesure, ceux du Moyen-Orient arabe n'ont jamais abandonné leur diversité religieuse et tribale, dont l'Ancien Testament, comme le Coran[1], nous donne mille témoignages éloquents.

Cette diversité est compliquée dans certains cas d'une diversité ethnique que les conquérants étrangers y ont fait germer, et que les découpages résultant du démembrement de l'Empire ottoman ont parfois aggravée. Son aspect le plus visible demeure dans la pluralité des Églises chrétiennes orientales nées des différents schismes contre le dogme christologique byzantin, et dans celles des nombreuses sectes islamiques, schismatiques, telles les différentes sectes chiites, ou ésotériques en rupture totale de dogme, comme les Druzes, les Alaouites, les Yézidis. S'y ajoutent les contrastes entre mentalités urbaines et paysannes, montagnardes ou de plaine, nomades

1. Témoin, entre autres, ce beau verset coranique : « Ô hommes ! Nous vous avons créés à partir d'un mâle et d'une femelle et nous avons fait de vous des peuples et des tribus, afin que vous vous familiarisiez les uns avec les autres » (16,95 dans la traduction de R. Blachère, G.P. Maisonneuve C., 1949).

ou sédentaires, ainsi que les réminiscences toujours vivantes et agissantes chez les sédentaires d'origines tribales, si lointaines soient-elles[1].

Les différentes variantes d'idéologies modernes, en particulier le nationalisme et le marxisme, vont constituer pour ce monde mouvant et complexe une source abondante irriguant une société déjà fertile. C'est pourquoi le jeu politique revêt ici une complexité qui peut apparaître absurde à l'observateur habitué à travailler sur des entités nationales cohérentes, articulées en groupes sociaux aux découpages familiers, évoluant dans un monde idéologique aux règles définies. C'est pourquoi aussi l'analyse du glissement politique du Proche-Orient arabe des attitudes et des comportements anti-impérialistes et socialisants vers des positions conciliantes, sinon ouvertement favorables au monde capitaliste occidental, parfaitement visible dans le cas de l'Égypte, reste dans un clair-obscur savant pour le reste du Proche-Orient. Les événements du Liban en 1975-1976 en donneront un bon exemple. Des aspirations révolutionnaires radicales de certains mouvements palestiniens ou libanais au puissant conservatisme idéologique des monarchies pétrolières dont l'influence va se faire massive dans la région, tout contribue, d'ailleurs, au-delà d'une diversité de fait, à ce clair-obscur sociopolitique.

1. Sur les minorités, voir l'Annexe I sur mon site; le chapitre 11, consacré au Liban, permet de saisir dans toute sa complexité le fonctionnement de la diversité religieuse et tribale.

7

Du sommet de Khartoum à la guerre d'octobre, 1967-1973 : changement de décor

DU « SADATISME » OU LA POLARISATION DES CONTRADICTIONS

Les époques historiques comme les structures sociales s'enchevêtrent. Elles ne disparaissent pas d'une façon abrupte ; on ne peut jamais être sûr que leur effacement soit définitif. Seule l'accumulation des siècles en juge, et c'est pourquoi la modernité n'est jamais acquise définitivement. D'où la difficulté de l'analyse lorsque l'espace historique ne se chiffre qu'en courtes décennies ; d'où surtout l'imprévisibilité de l'événement aux points de rencontre des époques et des courants culturels, ainsi que la difficulté d'en interpréter la signification.

Sadate et Nasser symbolisent deux époques dont les éléments de continuité contrebalancent ceux de rupture. Du moins ceux-ci sont-ils exemplaires dans les apparences extérieures de la personnalité des deux hommes et dans celles des deux époques qu'ils ont incarnées, ceux-là plus souterrains et plus difficiles à déceler à l'œil nu. En réalité le président Sadate portait en lui les contradictions de ce Proche-Orient chaotique : c'est pourquoi il contribua à les exacerber et il en fut victime. Son époque n'est donc pas close, et l'imprévisibilité de l'événement est aujourd'hui plus grande que jamais. Elle n'est probablement qu'un intermède, qu'un entracte durant lequel le changement de décor s'opère dans la confusion la plus totale, une fois disparu le metteur en scène contesté.

Le « sadatisme » n'est-il pas d'ailleurs une « école » qu'un penseur marxiste égyptien de réputation internationale aura longtemps vantée dans une chronique hebdomadaire au journal *Al Ahram*, le plus prestigieux des quotidiens égyptiens[1]. Sadate ne fera-t-il pas appel à plusieurs marxistes pour leur confier des postes importants et parfois des portefeuilles ministériels, geste inconcevable au cours de la période nassérienne. En même temps Sadate, cet homme pieux, qui fut dans sa jeunesse admirateur des Frères musulmans et ami de leur grande figure Hassan el Banna, permit à la confrérie, que Nasser avait décimée, de se reconstituer. Il voulut aussi islamiser la législation égyptienne, reniant l'œuvre laïque de ses prédécesseurs depuis Mohammed Ali, en même temps qu'il prônait un retour à la démocratie libérale, aux libertés publiques et au pluralisme des partis[2].

Comment ce partisan d'un œcuménisme total entre les trois grandes religions monothéistes réussit-il à laisser éclater sous son règne, entre les fils de son propre peuple, les heurts les plus sanglants depuis des siècles entre coptes[3] et musulmans ? À prier à Jérusalem à la mosquée d'Al-Aksa, troisième grand lieu saint de l'islam, sous les drapeaux israéliens, mais à ne plus pouvoir se rendre à La Mecque, premier des Lieux saints de l'islam, au cœur de l'Ara-

1. Lutfi El Kholi, en 1975.

2. Sur le fondamentalisme religieux d'État, encouragé par les monarchies pétrolières, voir *infra* chapitre 8.

3. Terme désignant les chrétiens d'Égypte qui dans leur grande majorité sont séparés de l'Église de Rome, et forment l'Église copte autocéphale, dirigée par un patriarche. L'Église copte est monophysite, c'est-à-dire ne reconnaît en la personne du Christ qu'une seule nature, celle divine. Sur les minorités du Proche-Orient, voir l'Annexe I sur mon site.

bie ? Comment ce chef de l'Égypte, centre du monde arabe, siège de la Ligue arabe, cet héritier du non-alignement que Nasser, sous la pression des circonstances, avait cultivé à gauche, parvient-il à se couper de la quasi-totalité des pays arabes, à cultiver un antisoviétisme primaire et à permettre aux États-Unis d'entreprendre des manœuvres militaires en Égypte ? Comment cet homme d'origine sociale modeste, dont le nom est associé à toutes les mesures socialistes de l'Égypte nassérienne, en vient-il à favoriser le retour de son pays dans l'affairisme parasitaire branché sur l'étranger, de si triste mémoire dans l'histoire de l'Égypte ? Un affairisme qui en quelques années remet en cause les changements sociaux provoqués par le nassérisme dans le sens d'une meilleure distribution des revenus nationaux. Malhabileté politique seulement ? Certes non, car l'homme s'est révélé, autant que son prédécesseur, un « animal politique » d'envergure et un passionné de la grandeur de l'Égypte ; tout autant que Nasser, il a fait pour elle les gestes les plus éclatants, mais aussi les plus dangereux ; de même qu'il a voulu trouver une solution radicale au sous-développement et à la pauvreté.

Comme Nasser, Sadate agit sous le coup de l'intuition. Le premier avait senti souffler le vent de la révolte du tiers monde et l'avait considérablement avivé ; il avait pressenti les avantages de la guerre froide entre l'Union soviétique et les États-Unis ; il avait vibré au panache du socialisme idéalisé, encore intouché et intouchable. Il en fit son décor et n'en changera point, bien que sur sa fin, en acceptant de discuter d'initiatives américaines pour résoudre le conflit israélo-arabe, il se soit rendu compte, mais trop tard pour lui, qu'une époque s'en allait. Le second, de son côté, comprit que le socialisme n'était plus de bon ton, et cela n'était pas pour déplaire à ce fils de paysan de tempérament plutôt conservateur ; que les exigences de coexistence pacifique ne permettaient plus de tirer de la Russie plus que tout ce qu'elle avait déjà donné aux Arabes en matière d'armement et d'appui politique ; que l'idéologie islamique reprenait vie, après avoir été chloroformée par un demi-siècle d'atmosphère laïque et de ferveur nationaliste, ainsi que par les espoirs de modernité portés par les grands travaux de développement ; qu'une double impulsion monarchique et républicaine, ayant sa source dans la nouvelle puissance pétrolière et financière du royaume d'Arabie Saoudite et de la jeune République arabe de Libye, redonnait à cette idéologie de puissants moyens d'expansion. Un double islam, conservateur et puritain d'une part, révolutionnaire et gauchisant d'autre part, mais globalement fondamentaliste et donc éminemment politique : voilà qui ne pouvait que plaire à cet homme qui aimait tant ses racines rurales et donc une foi caractérisée par des manifestations régulières de piété ; voilà qui ne pouvait que fasciner ce musulman pieux, pourtant amoureux de l'Occident chrétien et qui risqua tout pour faire la paix avec une République judaïque qui avait infligé tant d'avanies aux Arabes.

Incontestablement, Sadate portait en lui toutes les contradictions de deux époques qui se télescopent et qu'il vivait intensément. Tout autant que Nasser pour la période précédente, il fut, à cet intermède central que nous vivons encore dans le destin du Proche-Orient contemporain, un homme clé, accélérateur des événements. Mais l'histoire n'aime pas être bousculée, elle l'a montré tant de fois, par ces terribles périodes de réactions qui succèdent invariablement aux époques tumultueuses de changement rapide. Une société, dans ses profondeurs, n'accepte jamais totalement le changement, quel que soit le mouvement que lui imprime durant une époque l'assaut d'une culture étrangère ou le dynamisme de ses élites, ou l'action combinée de ces deux facteurs. Elle ne supporte pas plus le mouvement naturel du temps qui passe sur les grands rythmes de son histoire et qui en ternit l'éclat. L'histoire de l'Europe, de la Chine, des Indes, du Japon en offre mille exemples. Le Proche-Orient, cette autre grande aire de civilisation à vocation universelle, ne fait pas exception à la règle.

L'Égypte nous a occupés jusqu'ici, car elle est par sa cohésion millénaire — géographique et historique — le pivot de cette région. Grâce à cette cohésion, elle a eu des chefs dont la stature domine de très haut tout ce que le reste du Proche-Orient a connu comme souverains, rois, princes, chefs d'État, chefs de parti, dans l'histoire contemporaine. Seul le Turc Mustapha Kemal, ou l'Algérien Boumediene auront marqué l'histoire contemporaine avec une telle envergure ; ils n'appartiennent cependant pas directement au Proche-Orient arabe.

Le spectaculaire de la geste sadatienne et sa fin tragique illustrent bien en tout cas le changement fondamental de visage que connaît le Proche-Orient arabe entre le milieu des années 1960 et celui des années 1970. En dix ans à peine, cette région qui, en 1966, sous l'impulsion nassérienne, avait l'allure d'une grande zone de progrès économique, de révolution progressiste, de modernisme et d'anticolonialisme, deviendra une terre de tension, de contradictions, de terrorisme et de fondamentalisme religieux, d'extrême richesse et de pauvreté toujours criante. Les malheurs du Liban, la perpétuelle errance du mouvement national palestinien à la recherche de son État le prouvent assez.

Ces changements dramatiques, pour être intelligibles, doivent prendre en compte l'émergence, au milieu des années 1960, du monde pétrolier arabe qui déjà commence à prendre forme et à être projeté sur le devant de la scène proche-orientale. Monde pétrolier qui a son centre chez les wahhabites, ces Bédouins puritains devenus gardiens de La Mecque, cœur de l'islam, mais aussi dépositaires du « sang » de l'Occident industriel, ce pétrole sans lequel l'Europe étoufferait. Nous voici à un nouveau point de rencontre difficile de l'Orient et de l'Occident, tel que nous l'avons décrit au chapitre 1. Quant au fil conducteur des changements, c'est à la cuisante défaite de 1967 que subissent les armées arabes face à Israël qu'il faut remonter.

LES IMPASSES DU SOMMET DE KHARTOUM : OUI À L'OCCIDENT, NON À ISRAËL

La défaite de 1967 n'est pas seulement celle des Arabes face à Israël. C'est aussi la déconfiture de la gauche arabe face aux forces conservatrices, c'est-à-dire essentiellement celle de l'Égypte nassérienne, tiers-mondiste, populiste, socialiste, nationaliste arabe, face à la monarchie saoudienne conservatrice, pro-occidentale, panislamique. Cet aspect des événements de 1967, aujourd'hui oublié, est au moins aussi important que l'occupation par Israël de nouveaux territoires. Il s'est concrétisé à Khartoum, à la fin d'août 1967, à un sommet des chefs d'État arabes, le quatrième depuis 1964, et où le président Nasser, tirant les conséquences de sa défaite sur le plan des relations interarabes, laisse triompher les thèses saoudiennes favorables aux puissances occidentales face aux thèses des « durs » de la ligne gauche extrêmement hostile à l'impérialisme des grands pays industrialisés capitalistes.

À la tête de cette ligne dure, la Syrie, dominée alors par une équipe gauchisante, dont il sera question plus loin, et l'Algérie, forte de sa propre expérience, qui ne comprend pas qu'un cessez-le-feu ait été accepté et qu'une guerre populaire ne soit pas déclenchée contre l'ennemi israélien. La Syrie boycottera complètement le sommet ; le chef d'État algérien, le président Boumediene, s'abstiendra d'y assister. L'Organisation de libération de la Palestine (O.L.P.) suit la ligne dure, mais ne peut se permettre une absence ou un boycottage de cette réunion capitale.

C'est à Khartoum en réalité que les pays arabes vont capituler, non pas devant Israël qui enrage, elle qui attend depuis le 9 juin que les Arabes vaincus et humiliés viennent lui proposer la paix, mais devant les pays occidentaux. Car si la bataille contre Israël a été perdue, la guerre contre les puissances occidentales qui ont suréquipé militairement cette république « spartiate » n'a pas commencé, et dans cette guerre le pétrole, arme redoutable, est aux mains des Arabes. Or les pays arabes exportateurs de pétrole, Arabie Saoudite en tête, ne veulent pas entendre parler d'interrompre les fournitures pétrolières aux pays occidentaux, ce qui pourrait constituer un « casus belli » auquel ils ne veulent pas s'exposer. Ces pays, mis à part l'Irak, république « socialiste », sont des monarchies ou des principautés ultra-conservatrices qui craignent l'Union soviétique comme le diable ; elles ont subi tout au long de ces années les avanies du nassérisme qui a permis en outre à l'Union soviétique de s'implanter solidement dans le monde arabe. Toute militante qu'elle soit par ailleurs, l'Algérie non plus n'est guère chaude dans le fond pour un arrêt des exportations pétrolières, car elle vient de se lancer dans une industrialisation intensive pour laquelle il lui faut mobiliser toutes ses ressources.

Les chefs d'État arabes réunis à Khartoum décideront que le pétrole ne sera pas employé comme une arme directe contre les puissances occidentales protectrices d'Israël[1] ; ces dernières pourront

1. L'embargo tout théorique, décidé le 7 juin par sept États producteurs (Irak, Algérie, Koweït, Arabie Saoudite, Libye, Bahrein et

désormais en toute quiétude permettre à la République juive de conserver ses conquêtes. À Khartoum, les Arabes se sont donc privés de leur seul atout face à l'Occident pour obliger Israël à se retirer des territoires occupés. Quant à l'Union soviétique, prise aux charmes de la coexistence pacifique qui lui assure de substantiels avantages économiques, elle se garde bien, à la différence de 1956, à l'occasion de l'expédition de Suez, de jouer les justiciers des peuples opprimés. Kossyguine, chef du gouvernement soviétique, rencontre le 23 juin 1967 le président américain Lyndon Johnson, à Glassborough, aux États-Unis. La rencontre intervient quelques jours seulement après l'humiliante défaite des amis arabes de l'Union soviétique, l'Égypte et la Syrie, d'ailleurs exclusivement armés par elle, sans que pour autant cette défaite indirecte des armes soviétiques affecte ce contact au sommet, qui semble s'être déroulé dans une atmosphère fort paisible.

Certes, au sommet de Khartoum, le refus d'Israël est consacré, puisque les pays arabes s'engagent à ne pas signer d'armistice, à ne pas reconnaître et à ne pas engager de pourparlers de paix avec l'État d'Israël. En revanche, la reconnaissance de la domination des intérêts des puissances occidentales dans le monde arabe y est totale. Renoncer à employer la seule arme dont soient dotés les pays arabes, à savoir le pétrole, pour faire pression sur l'Occident qui seul a le pouvoir d'obliger Israël à évacuer les territoires occupés, c'est en réalité contribuer à consacrer cette occupation. Le sommet de Khartoum crée donc une impasse lourde de conséquences, dont le président Sadate tirera toutes les leçons en se débarrassant des Soviétiques d'abord, en intégrant totalement

Qatar) sur les fournitures pétrolières à la Grande-Bretagne et aux États-Unis, principaux soutiens d'Israël, est donc « levé » au sommet de Khartoum.

l'Égypte dans le réseau des intérêts américains, puis en allant directement discuter avec les Israéliens. Oui à l'Occident, non à Israël, l'équation de Khartoum n'était pas tenable : la suite des événements au Proche-Orient le démontre.

LES IMPASSES DU SOMMET DE KHARTOUM : LE PÉTROLE, UN SYSTÈME DE SÉCURITÉ SOCIALE ET NON UNE ARME

En attendant, le sommet de Khartoum consacre la victoire totale des « modérés » arabes dont les chefs de file sont l'Arabie Saoudite, le Maroc et la Tunisie, face aux « extrémistes », essentiellement la Syrie, dans une moindre mesure l'Algérie, l'O.L.P., et l'Irak, futur « Front du Refus », en particulier lorsque Sadate signera la paix avec l'ennemi israélien en 1978. Les vrais arbitres de la situation dans le monde arabe sont désormais la monarchie saoudienne et les autres principautés pétrolières, Koweït en tête. Fait remarquable de l'évolution des temps, deux monarchies pétrolières conservatrices, l'Arabie Saoudite et la Libye (prékadhafienne), ainsi qu'une principauté, le Koweït, vont désormais verser régulièrement des subsides aux pays dits « de la confrontation », c'est-à-dire ceux qui ont eu des territoires occupés par Israël. C'est l'utilisation dite « positive » de l'arme pétrolière, une partie des recettes pétrolières servant à financer la reconstruction du potentiel économique et militaire des pays arabes ayant subi les assauts de l'armée israélienne, soit l'Égypte, la Syrie et la Jordanie.

Cette générosité a évidemment une contrepartie : le président Nasser à Khartoum a signé avec le roi

Fayçal d'Arabie Saoudite un accord en vertu duquel l'armée égyptienne doit se retirer du Yémen où elle est engluée depuis le coup d'État républicain de 1962 qui a renversé une monarchie obscurantiste. L'intervention égyptienne avait alors contribué à généraliser une guerre civile où, en réalité, Égyptiens et Saoudiens se battaient, par Yéménites interposés, pour dominer la Péninsule arabique. Le retrait égyptien du Yémen donne en fait le coup de grâce au jacobinisme nassérien ; il ne restera plus comme opposants à la toute-puissance de l'islam conservateur et pro-occidental des wahhabites d'Arabie Saoudite que le romantisme révolutionnaire de certains mouvements de la Résistance palestinienne, ainsi que le « gauchisme » des Syriens, mis au pas en 1970 par un coup d'État célèbre, celui du général Hafez el-Assad ; il restera aussi la ligne dure de l'Algérie, trop lointaine cependant pour exercer une action directe au Proche-Orient. Quant à l'Irak, comme on le verra, entre les Kurdes et les Iraniens, il a bien trop à faire pour que ses « refus » soient plus que des positions de principe. Au demeurant tout ce beau monde, grâce à une croissance fabuleuse de la richesse pétrolière, va se jeter à corps perdu au cours des années 1970 dans des modernisations « sauvages » où l'interlocuteur privilégié est encore l'Occident, au travers des grandes firmes industrielles multinationales[1].

Le sommet de Khartoum met d'ailleurs en place, outre un système de « sécurité sociale » par la distribution des subsides des pays pétroliers aux pays de la « confrontation », les premiers fondements d'une solidarité économique arabe qui se développera surtout après 1973 à la suite du quadruplement des prix du pétrole. En effet, la création d'un Fonds

1. Voir sur ce plan, *infra*, les chapitres 8 et 9, et l'Annexe V sur l'évolution économique du Proche-Orient consultable sur mon site.

arabe de développement économique et social y est décidée ; celui-ci ne verra cependant le jour qu'en 1973. La solidarité économique arabe est d'ailleurs une arme redoutable aux mains des pays pétroliers ; car c'est eux qui financent la majeure partie des institutions qui la concrétisent ; cependant que les pays bénéficiaires de cette solidarité s'habituent à vivre de subsides et à mener un train de vie que ne justifie pas le plus souvent l'insuffisance des efforts internes de développement.

Tout cela anticipe quelque peu sur les développements ultérieurs qui, pour être pleinement intelligibles, ont toutefois besoin de l'éclairage du sommet de Khartoum, tournant important de l'histoire du Proche-Orient arabe. C'est à Khartoum, en effet, que les conséquences effectives du conflit israélo-arabe et de la défaite de juin 1967 se sont fait sentir. C'est là que Nasser abandonne définitivement la force révolutionnaire et nationaliste arabe qu'il symbolisait jusqu'ici pour faire la paix avec ses ennemis d'hier, notamment la monarchie saoudienne et autres pays modérés du monde arabe. Les Israéliens attendaient à Jérusalem la venue des Arabes pour signer la paix. Elle se fait à Khartoum, sans eux. Ils en prendront d'ailleurs bien vite leur parti, s'installant dans l'occupation en annexant Jérusalem, colonisant le Sinaï, le Golan syrien et la rive occidentale du Jourdain.

Le président égyptien n'avait guère d'autre alternative. Le canal de Suez, ce grand pourvoyeur de devises, désormais fermé, le matériel militaire de son armée en grande partie détruit, notamment l'aviation et les blindés, son pouvoir ne peut survivre sans un appui financier. De plus, sur le plan intérieur, la situation est au pire. Le commandement de l'armée à la tête de laquelle se trouve le maréchal Amer, grand satrape du régime, est en dissidence quasi ouverte contre Nasser. C'est de justesse que le président égyptien rétablit la situation, en faisant arrêter le maréchal et ses principaux acolytes. Le lendemain de la clôture du sommet de Khartoum, le maréchal Amer se suicide, acte final d'une tragédie à l'antique, car Nasser et Amer sont des compagnons de toujours qui ont uni leurs destinées politiques, mais aussi familiales.

C'est donc un sursis, dans le cadre d'un repliement sur des intérêts devenus par la force des choses exclusivement égyptiens, que le président Nasser obtient à Khartoum, tant pour consolider son régime sur le plan intérieur que pour reconstruire son armée. Cela lui permettra de déclencher une « guerre d'usure » le long des lignes du cessez-le-feu sur le canal de Suez, qui redore son blason, mais coûte terriblement cher en destructions à l'économie égyptienne, en raison de l'ampleur des représailles israéliennes. De plus, les militaires soviétiques sont impliqués de façon grandissante dans le système de défense égyptien car, échaudés par l'expérience traumatisante de 1967 où des tonnes de matériel militaire russe sont tombées aux mains des Israéliens, ils entendent conserver seuls l'usage d'équipements sophistiqués. Sur le plan politique cependant, l'Union soviétique, en pleine coexistence pacifique avec les États-Unis, n'entend pas aller au-delà d'un appui verbal à la cause arabe, accompagné de livraisons de matériel militaire purement défensif. C'est donc à nouveau l'impasse qui, en 1970, amène le président Nasser à mettre un terme à la guerre d'usure et à accepter une initiative de paix américaine.

On est bien loin de la conjoncture de 1956 où l'atmosphère de guerre froide ainsi que l'énergie du président américain de l'époque, le général Eisenhower, avaient permis de transformer en défaite politique la facile victoire militaire des forces combinées d'Israël, de la France et de l'Angleterre contre une armée égyptienne sous-équipée. En réalité, la victoire avait été alors à l'Égypte qui, trois mois après l'agression qu'elle subit, obtient l'évacuation de tous les territoires occupés. Dans le cas de l'agression de 1967, qui est cette fois le seul fait d'Israël, la défaite est aussi bien militaire que politique, les trois pays occupés par Israël ne parvenant pas à obtenir l'évacuation, malgré une politique favorable aux intérêts occidentaux et un soutien de principe de l'Union soviétique à la position arabe. Même le royaume de Jordanie, ce pilier de l'influence occidentale au Proche-Orient, ne parvient pas à enclencher une négociation honorable qui lui permettrait de récupérer la rive occidentale du Jourdain, ce lambeau de la Palestine, échappé à l'occupation israélienne en 1948 à la fondation de l'État hébreu, et qu'elle a depuis administré jusqu'à son occupation en 1967 par l'armée israélienne.

Sur ce plan encore, le sommet de Khartoum consacre bien la défaite arabe et engage le Proche-Orient dans l'impasse la plus totale pour ce qui est du conflit palestinien. Ce sera le mérite du président Sadate de briser cette impasse, par le déclenchement de la guerre d'octobre 1973, puis la visite à Jérusalem et les négociations de paix à Camp David. Dans le sillage du sommet de Khartoum, avec toutes ses implications, Sadate n'avait guère d'autre choix. Ayant fait un baroud d'honneur avec Israël, il pouvait se permettre d'écarter l'équation impossible du « oui à l'Occident, non à Israël », pour entrer dans celle plus logique du « oui à l'Occident et à Israël ». Ce faisant, il devra quitter le système de « sécurité sociale » pétrolière initié à Khartoum, un sommet des chefs d'État arabes tenu à Bagdad en 1978 ayant fait de lui un hors-la-loi du monde arabe [1].

1. La politique de Sadate vis-à-vis d'Israël ainsi que les accords de paix de Camp David seront examinés aux chapitres 9 et 12.

UNE ALTERNATIVE AMBIGUË : LE GAUCHISME

Mais si Khartoum a été si négatif, n'est-ce donc pas, contrairement à tout ce qui vient d'être dit, qu'il y avait d'autres alternatives ? Ces Syriens gauchisants, qui n'ont pas voulu entacher leur pureté révolutionnaire en assistant au sommet de Khartoum, n'auraient-ils pas eu raison ? Ces Fronts de libération de la Palestine préconisant la guerre populaire et totale, et qui vont bientôt faire de la Jordanie, avant d'être exterminés en 1970 par les troupes du roi Husayn, un champ d'expérimentation spectaculaire, ne représentaient-ils pas une alternative valable ? Il faut ici évoquer une querelle et un débat qui ont longtemps été au centre des préoccupations arabes, sur le plan intellectuel et sur le plan politique, et qui seront vidés par les armes dans les années 1970, d'abord en Jordanie, plus tard au Liban, deux États aux structures particulièrement vulnérables.

Replacer cette querelle dans son contexte historique amène en premier lieu à jeter un regard sur le monde extérieur. Les années 1965-1970 sont en effet, sur le plan international, des années de grande excitation révolutionnaire. La Révolution culturelle chinoise brille de tous ses feux. La résistance vietnamienne à l'énorme machine de guerre américaine affiche un héroïsme qui fascine les foules des grandes capitales du monde occidental. En Amérique latine, Che Guevara a quitté Cuba pour ouvrir la voie à une guérilla populaire dans les jungles de Bolivie, où il sera tué à la fin de l'année 1967. À Paris, c'est le spectacle inouï de Mai 1968. En Tchécoslovaquie, en cette même année, c'est le Printemps de Prague. En 1970, au Chili, ce sera l'épopée d'Allende et de l'Unité populaire. En bref, avec ses hauts et ses bas, la fin des années 1960 voit souffler un vent puissant de contestation libertaire sur les quatre continents, qui partout cherche à remettre en cause l'ordre établi.

Dans le monde arabe, loin des compromis de Khartoum, beaucoup vivent à l'heure de cette exaltation « gauchiste ». Les forces de gauche traditionnelles, c'est-à-dire essentiellement les partis se réclamant du nassérisme et les partis communistes, sont désormais considérées comme « petites-bourgeoises », « révisionnistes », à la solde des intérêts de la « bourgeoisie d'État » soviétique qui sacrifie la cause révolutionnaire des peuples à la coexistence pacifique avec les États-Unis, superpuissance impérialiste. Un peu partout dans le monde arabe, des dissidences ont lieu à l'intérieur des partis communistes, qui se réclament des conceptions chinoises en matière de guerre de libération populaire. Dans les mouvements palestiniens, des scissions en cascade interviennent, démultipliant les organismes de résistance qui se livrent à la surenchère à gauche. Des partis nationalistes à l'idéologie plutôt de droite sont aussi atteints du virus gauchiste et découvrent avec émotion l'évangile marxiste.

Il est vrai que ces conversions « gauchistes » ne sont pas exclusivement le fruit immédiat d'une mode idéologique internationale. Les idées marxistes ont en effet connu, en dehors des cercles relativement restreints d'intellectuels appartenant aux partis communistes, un essor certain depuis le début de la décennie. D'abord par la révolution irakienne de 1958, qui amène au pouvoir le général Kassem ; ce dernier s'appuiera de façon grandissante et jusqu'à sa chute en 1963 sur le parti communiste irakien, particulièrement actif, qui connaîtra sous son règne une extension remarquable. Ensuite par la radicalisation du régime nassérien en Égypte, à la suite de la rupture de l'unité syro-égyptienne en 1961, radicalisation qui s'accentuera avec la guerre du Yémen qui met aux prises, ainsi que nous l'avons déjà signalé, le panarabisme tiers-mondiste socialisant et l'Arabie Saoudite, chef de file du conservatisme arabe pro-occidental et islamisant. Enfin, l'indépendance de l'Algérie prouve le succès de la guerre des partisans face à une armée régulière, cependant que le populisme socialisant et autogestionnaire du pouvoir algérien favorise aussi l'intégration des vocabulaires marxistes dans l'idéologie ambiante.

C'est, en fait, la déroute militaire de 1967 et le contexte international dans lequel elle s'inscrit qui font faire un double saut idéologique à la plupart des partis politiques palestiniens. Saut du nationalisme, coloré de préoccupations socialistes, au marxisme classique ; puis, aussitôt, saut du marxisme classique vers différentes variantes de marxismes ultra-gauche, vilipendant l'Union soviétique et les régimes arabes « petits-bourgeois » alliés à l'Union soviétique, ces derniers étant considérés comme responsables de l'écrasante défaite contre l'ennemi israélien. Témoins de l'importance du contexte international dans ces glissements idéologiques accélérés, les liens que nouent certains mouvements de la Résistance palestinienne avec les mouvements de libération d'Asie du Sud-Est et notamment du Viêt-nam, mais aussi d'Amérique latine et d'Iran ; mais plus importants encore les liens avec les mouvements gauchistes révolutionnaires des pays industrialisés, Brigades Rouges, Bande à Baader, Armée rouge japonaise qui effectuera même une opération de commando suicide sur l'aérodrome israélien de Lod[1]. Notons ici cette nouvelle rencontre de l'Occident et de l'Orient, dans la frustration commune cette fois, à travers l'action violente contre tous les symboles de l'ordre établi. On verra même en Irak, au début des années 1970, un

1. Le 30 mai 1972, opération revendiquée par le Front populaire pour la libération de la Palestine (F.P.L.P.), et exécutée par l'Armée de l'Étoile rouge, dont les liens avec l'Armée rouge unifiée n'ont cependant pas été établis.

groupe communiste dissident prendre le maquis dans le sud de l'Irak, dans l'espoir d'entraîner un soulèvement populaire. L'expérience fut quasiment mort-née.

C'est surtout en Jordanie que culmine cette vague de « gauchisme », lorsque, au cours de l'été 1970, le Front populaire pour la libération de la Palestine (F.P.L.P.) décrète « zones libérées » certaines parties du royaume de Jordanie contrôlées par ses guérilleros, puis détourne d'un coup quatre avions de lignes internationales. Abou Iyad, le numéro deux du Fath, organisation pourtant modérée, annonce qu'Amman, la capitale jordanienne, va être transformée en « Hanoï de la révolution palestinienne ». La mesure est comble. On assiste alors au fameux « Septembre noir » où les troupes régulières du monarque jordanien écrasent et font disparaître de Jordanie l'ensemble de l'appareil militaire de la Résistance palestinienne ; celui-ci sera reconstitué au Liban où le « gauchisme » arabe continue sa carrière dans une alliance bizarre à partir de 1975 avec un islam politique conservateur, alliance préfigurant celle des forces de la gauche marxisante iranienne avec le clergé islamique et qui abattra en 1979 le trône puissant des Pahlavi ; alliance dont les progrès seront d'ailleurs bloqués en 1976 par l'armée régulière syrienne.

L'ENFANT TERRIBLE DU PROCHE-ORIENT : LA SYRIE

Il faut revenir ici sur le rôle syrien, car la Syrie est depuis 1949, date du premier coup d'État militaire, l'enfant terrible du Proche-Orient. C'est le berceau du Parti de la Résurrection arabe (Al Baath), qui vraisemblablement détient les records de factionalisme interne, de purges, de sécessions donnant naissance à de nouveaux organes dirigeants se réclamant de la vraie légitimité.

On l'a déjà évoqué, nous sommes ici en pays de schismes. Les grandes querelles christologiques qui ont marqué la consolidation de l'orthodoxie byzantine se sont déroulées dans ces contrées dont les montagnes abriteront quelques siècles plus tard toutes les sectes islamiques que rejette l'orthodoxie sunnite dominante[1]. Mais Damas, paradoxalement, a été aussi aux VIIe et VIIIe siècles la capitale du premier grand empire arabe, celui des Omeyyades. Les Syriens du XXe siècle ne l'oublient guère, et forts de ce titre de noblesse prestigieux, ils sont ceux qui appellent avec le plus de force à l'unité arabe qui deviendra dans la doctrine du Baath une véritable mystique. À l'époque qui est ici évoquée, soit dans les années 1965-1970, ils sont aussi fortement imprégnés de gauchisme. Du moins, le groupe d'officiers qui domine alors, sous l'égide du général Salah Jédid, le parti Baath au pouvoir, est-il très sensible à la rhétorique de la « guerre populaire », au « rassemblement des forces populaires révolutionnaires » dans le monde arabe. Il est vrai aussi que les trois médecins civils[2] qui gouvernent officiellement ont fait partie d'une mission médicale qui a milité en Algérie dans les rangs du F.L.N.

Peu de temps avant le déclenchement de la guerre

1. Le sunnisme, qui se réclame de la Sunna ou de l'exemplarité des dires et des comportements du prophète Mohammed, représente le dogme orthodoxe de l'islam. 80 % des musulmans sont sunnites, viennent ensuite les chiites et les ismaéliens, puis, avec des attaches moins nettes avec l'islam, en raison de l'ésotérisme et du syncrétisme de leurs doctrines, les alaouites et les druzes (pour plus de détails, voir l'Annexe I sur mon site).

2. Le Dr Noureddine Atassi, chef de l'État ; le Dr Youssef Zuayyen, chef du gouvernement ; le Dr Ibrahim Makhos, ministre des Affaires étrangères.

de juin 1967, le Baath syrien a constitué le mouvement de la « Saïka », aile militaire de « l'avant-garde de la guerre de libération populaire », organisation regroupant les cadres palestiniens du parti. Ce sont les opérations de ces guérilleros qui font d'ailleurs dangereusement monter la tension avec Israël au printemps 1967. La Saïka jouera par la suite un rôle de plus en plus important au niveau de l'O.L.P., où elle représentera toujours les intérêts de l'État syrien. Sa participation aux événements du Liban sera constante. Son chef redouté, Zouhair Mohsen, finira assassiné en 1980 à Cannes sur la Côte d'Azur, ce qui dit assez les limites d'un romantisme révolutionnaire pratiqué par des appareils d'État ou leurs sous-produits.

Unité des forces populaires contre des régimes petits-bourgeois responsables de la défaite de 1967, guerre de libération populaire par des armées de partisans à l'image de Che Guevara, du Viêt-cong, des paysans du F.L.N., en lieu et place de ses armées régulières qui se sont laissé corrompre par l'exercice du pouvoir. Voilà en substance le message du « gauchisme » arabe en ces années de reflux du mouvement nationaliste arabe, qu'a déclenché la défaite de 1967. Ne jugeons pas trop vite un mouvement par définition ambigu mais qui, chez les Arabes, comme ailleurs, rassemble le fils de haute bourgeoisie avec l'intellectuel frustré et le fils de paysan ou d'ouvrier qui rêve de justice sociale après des siècles d'écrasement. Le fait que dans ce gauchisme, comme d'ailleurs dans les mouvements marxistes orthodoxes, on trouve de nombreux minoritaires, ne doit pas changer en réalité l'appréciation de ces courants, car le rêve de fraternité et d'unanimité de leurs idéologies reste toujours hautement respectable. Cela arrive pourtant chez beaucoup d'observateurs occidentaux, qui voient dans la présence aux niveaux dirigeants de ces mouvements de nombreux chrétiens, chiites, ismaéliens, alaouites et druzes, mais aussi des Kurdes, la preuve de marginalité sociale, et donc de non-représentativité ; opinion qui est partagée en outre par beaucoup d'Arabes conservateurs et notamment par les sympathisants des mouvements islamiques fondamentalistes. Les forces conservatrices arabes, en particulier les monarchies saoudienne et hachémite, ne se sont jamais privées d'ailleurs d'attaquer ces mouvements, en invoquant l'appartenance de leurs dirigeants au christianisme ou à des sectes islamiques non orthodoxes[1].

L'évolution du Proche-Orient à partir des années 1970 ne peut s'éclairer qu'en prenant en compte dans l'analyse les efforts constants des forces conservatrices et pro-occidentales de la région pour mettre fin à cette marginalité dangereuse. Le sommet de Khartoum avait déjà récupéré le régime nassérien qui dans sa fougue avait entraîné le monde arabe à gauche. Le régime baathiste syrien, dans son obsession d'être plus à gauche que le nassérisme, avait dès 1965-1966 ouvert la voie au « gauchisme » ; il ne sera donc pas aux retrouvailles de Khartoum. Quelques années plus tard cependant, il sera au rendez-vous des sommets de Riyad et du Caire en 1976, qui cherchent à mettre un terme au conflit libanais où extrême droite et extrême gauche arabes, par Libanais et Palestiniens interposés, se sont affrontées cruellement pendant dix-sept mois.

1. Georges Habache et Wadih Haddad, dirigeants du F.P.L.P. sont chrétiens ; Michel Aflak, un des fondateurs du Baath, est chrétien ; les officiers syriens qui s'emparent dans les années 1960 des rouages du parti sont en majorité alaouites, accessoirement ismaéliens et druzes ; Khaled Begdache, leader du P.C. syrien, est d'origine kurde ; son homologue du P.C. libanais, Georges Hawi, est chrétien, de même que Nayef Hawatmé, leader du Front démocratique de libération de la Palestine (F.D.L.P.) ; enfin Kamal Joumblatt, personnalité dominante du Mouvement national libanais et leader du Parti socialiste, assassiné en 1977, est druze.

LES AMBIGUÏTÉS DE L'UNITÉ ARABE : ORTHODOXIE NASSÉRIENNE ET SCHISME BAATHISTE

Au demeurant, il ne faut pas dramatiser la portée d'un certain « gauchisme » arabe. En dehors de l'expérimentation palestinienne en Jordanie, puis de l'abcès de fixation libanais, il est plus resté une mode idéologique dont se sont emparés des régimes arabes pour mieux s'affirmer vis-à-vis de la population locale et des autres pays frères qu'une réalité vécue en profondeur. Dans le cas de la Syrie et de l'Irak, au cours des années 1960, c'est une idéologie qui permet, sous l'étiquette de lutte populaire, de légitimer la mise en place de milices civiles armées, qui pourraient éventuellement venir au secours du parti (le Baath), si celui-ci venait à être menacé, ou insuffisamment épaulé par l'armée régulière. C'est surtout, pour ces deux pays, un moyen efficace de combattre le souvenir encombrant de l'unité arabe que Nasser a concrétisée avec la Syrie de 1958 à 1961, mais qui s'est terminée dans une rupture au goût amer pour tout le monde. On en arrivera ainsi, au milieu des années 1960, à cette situation absurde où les forces pro-nassériennes en Syrie et en Irak font figure de forces droitières conservatrices, tandis que les éléments baathistes apparaissent comme un vecteur de radicalisation sociale. En fait, dans ces deux pays, pour faire face à la montée du radicalisme marxiste ou gauchiste, une bonne partie des forces conservatrices en viendront à se réclamer du nassérisme, en particulier les représentants des forces religieuses traditionnelles qui craignent la laïcité du radicalisme social et l'athéisme de toute doctrine inspirée du marxisme ; il en est de même des forces bourgeoises du commerce et de l'industrie qui craignent la généralisation d'un socialisme nationalisateur et séquestrateur de biens.

Le nassérisme servira de point de rassemblement des forces de droite dans la lutte sourde qui les oppose aux partis communistes et aux tendances de plus en plus radicales qui se font jour dans le parti Baath. L'Égypte trouvera dans cette situation paradoxale le moyen de perpétuer une influence sur le reste du Proche-Orient arabe, que les échecs de l'unité arabe ont sérieusement entamée. Les forces locales opposées à la toute-puissance du parti Baath et au développement des partis communistes trouveront de leur côté une indispensable légitimité dans le parapluie nassérien. Élément d'appui à cette analyse, l'observateur ne manque pas de remarquer qu'à l'intérieur même du Baath la droite est beaucoup moins anti-nassérienne, cependant que la gauche l'est sans restriction.

Un gauchisme au service d'appareils de partis qui ont eux-mêmes investi l'appareil d'État n'est donc pas le seul paradoxe apparent de cette situation. Il s'y ajoute celui d'une idéologie unitaire arabe d'extrême gauche qui domine l'appareil du parti et de l'État, et qui est mise au service d'une politique anti-unitaire. D'où l'échec de ces nouveaux essais d'unité, telles les fédérations mort-nées entre l'Égypte, l'Irak et la Syrie au printemps 1963 ou, plus tard, celle entre l'Égypte, la Syrie et la Libye en avril 1971. D'où aussi cette rivalité implacable entre l'Irak et la Syrie à partir de 1968 où les baathistes irakiens reprennent le pouvoir à une équipe d'unionistes modérés qui les en a chassés à la fin de l'année 1963[1]. Le Baath irakien se réclame de la légitimité

1. De 1963 à 1968, l'Irak est gouverné par Abdel Salam Aref, puis par son frère Abdel Rahman, après que le premier fut mort dans un accident d'hélicoptère en avril 1966. En 1968, l'équipe Ahmad Hassan el-Bakr et Saddam Hussein prend le pouvoir.

panarabe représentée par l'équipe civile qui a été écartée du parti en Syrie en 1966 et qui a trouvé refuge en Irak, avec à sa tête Michel Aflak, fondateur du parti. Situation insupportable de deux frères ennemis, et qui se greffe sur un contentieux historique considérable, puisque Bagdad a été le siège de l'Empire abbasside qui a contribué à la chute de l'Empire omeyyade dont Damas était la capitale. Situation intolérable aussi parce que plus personne ne peut dire où est le schisme et où se trouve l'orthodoxie.

Il faut ici réaliser les limites de l'idéologie unitaire arabe, sitôt qu'elle est saisie par la pratique politique. Car ces jeunes États, héritiers de vieilles civilisations, et dont la souveraineté vient de s'affirmer dans l'ordre international, peuvent-ils si vite abandonner ce privilège, d'autant plus précieux après des siècles de domination étrangère ? L'expérience de l'éphémère union syro-égyptienne de 1958 à 1961 a été traumatisante pour tous. La lourde bureaucratie égyptienne, qui a tenté de faire de la Syrie une province homogène de l'Égypte devenue République arabe unie, a eu la main malheureuse. Mais le parti Baath n'a pas été plus habile en cautionnant la sécession syrienne, qui a surtout été l'œuvre des forces conservatrices. D'où les échanges d'accusations faciles entre l'Égypte et le parti Baath en Syrie et en Irak, compliqués par ceux qui se développent entre la gauche et la droite du Baath, la gauche accusant la droite d'être responsable de la sécession. La complexité du tableau s'amplifie lorsqu'on sait qu'en Syrie la droite du parti est surtout composée de civils d'origine urbaine et la gauche de militaires d'origine rurale pauvre, que les militaires deviennent progressivement manipulateurs du parti dans les années 1963-1966 et que le parti règne quasi en maître exclusif sur l'État depuis cette date.

En Irak, si l'aile civile du parti, avec l'aide d'officiers sympathisants, prend le pouvoir en 1963 puis le reperd quelques mois après, pour ne le retrouver qu'en 1968, les luttes internes tournent toutes autour de deux thèmes : l'unité avec l'Égypte, la radicalisation économique et sociale interne. Les unionistes sont plutôt conservateurs, les radicaux plutôt anti-unionistes. Comme toile de fond du tableau, la propagande nassérienne de la *Voix des Arabes*, la puissante station émettrice qui diffuse à partir du Caire de la propagande unitaire, radicale et anti-baathiste. Pour se sauver, comment échapper au « gauchisme » qui prêche l'unité des forces populaires contre celle des appareils d'État aux mains de la « réaction », et une socialisation autogestionnaire poussée de l'économie qui permette au « peuple » de s'approprier ses richesses ? Ainsi l'orthodoxie unitaire nassérienne est-elle défiée en permanence après 1961, sur la droite par les monarchies arabes islamisantes, sur la gauche par des républiques qui se disent populaires et qui sont gérées par des militaires jaloux de la très jeune souveraineté des États dont ils viennent d'hériter.

L'Égypte, Byzance arabe au XXe siècle, ne pourra empêcher de se reproduire ce qui s'était déjà passé aux débuts du christianisme, à savoir l'éclatement de schismes perpétuels dans ses provinces proche-orientales et moyen-orientales. Il en sera de même pour l'Afrique du Nord où la monarchie marocaine, la République populaire algérienne et la République tunisienne auront des conceptions très particularistes de l'unité arabe. Seul Kadhafi se voudra plus tard la synthèse de l'orthodoxie et des schismes ; il sera tout à la fois nassérien, et donc unitariste arabe, mais aussi gauchiste et panislamique.

La pratique des sommets des chefs d'État arabes inaugurée en 1964, dans une conjoncture de guerre froide totale entre régimes arabes, vise sans doute à s'entendre sur des plates-formes minimales pour ne pas laisser dégénérer des situations d'affrontement extrêmes, où l'initiative pourrait échapper aux dirigeants pour passer à des forces « populaires » qui deviendraient incontrôlables. Dans les années 1960, en effet, la foule des métropoles arabes, électrisée par les médias officiels et la généralisation du transistor, est hautement politisée. On a vu ce qu'il en a été en 1967 et en 1970, à la démission retirée, puis à la mort de Nasser.

Pour l'heure, dans les années 1960, les officiers arabes sont déjà très chatouilleux en matière de souveraineté ; ils ne le deviendront que plus, au fur et à mesure qu'ils consolident leur pouvoir sur l'État. C'est pourquoi, sur le terrain, le gauchisme arabe, qui est en fait surtout palestinien et libanais, ne pourra jamais effectivement fleurir en Égypte, en Irak ou en Syrie. Il ne s'expérimentera qu'en Jordanie et au Liban, pays où les officiers justement ne gouvernent pas, et où les traditions étatiques sont les plus faibles. Quant aux mouvements palestiniens, peut-être sont-ils si facilement gauchistes parce qu'ils n'ont pas d'État. En tout cas, en Syrie, en Égypte, en Irak, mais aussi en Algérie ou en Libye, jamais les guérilleros palestiniens ne parviendront, comme au Liban ou en Jordanie, à se fondre dans la population, à circuler en armes et à jouer un rôle politique direct. Bien plus, lors des affrontements de « Septembre noir » en Jordanie entre l'armée du roi Husayn et les mouvements palestiniens de résistance, les bataillons irakiens présents sur le sol jordanien pour appuyer le royaume dans sa confrontation avec Israël ne tireront pas un coup de fusil en faveur des Palestiniens, pourtant adulés en tant que « fer de lance » et « avant-garde » des forces révolutionnaires arabes. Quelques tanks syriens passeront bien la frontière jordanienne, mais devront vite se retirer en l'absence de protection aérienne que refuse le général Assad, ancien patron de l'aviation et ministre de la Défense. Ce dernier, quelques mois plus tard, écartera définitivement l'équipe « gauchiste » au pouvoir, au grand soulagement du reste des États arabes.

UNE CONTROVERSE AVORTÉE : ARMÉE DE PARTISANS OU ARMÉE RÉGULIÈRE

Les États arabes (à l'exception probablement de l'Algérie) n'ont d'ailleurs jamais cru à une possibilité de libérer la Palestine par une guerre populaire. Hassanein Heikal, un des plus grands noms de la presse arabe, le confident et porte-parole officieux de Nasser, consacrera après la défaite de 1967 de nombreux éditoriaux dans le grand quotidien cairote *Al Ahram* à démontrer la vanité d'une application de l'exemple vietnamien au conflit israélo-arabe. Le Moyen-Orient n'a pas de jungle protectrice, dira Heikal, mais des déserts où des unités populaires de partisans ne peuvent trouver aucun refuge et seraient immédiatement découvertes par l'aviation ennemie ; seules, affirme Heikal, des armées régulières convenablement équipées avec la technologie militaire sophistiquée peuvent affronter l'armée israélienne qui a bâti sa supériorité sur l'emploi efficace des technologies militaires les plus modernes. Raisonnement trop facile et parfaitement superficiel, que le Polisario[1] infirmera avec brio quelques années plus tard en menant avec succès en plein Sahara occidental une guérilla intense contre l'armée régulière marocaine. La guérilla du Dhofar, aux confins du Yémen du Sud et du sultanat d'Oman, avant de s'éteindre sous les coups de la prospérité pétrolière, administrera aussi la preuve que la jungle n'est pas une condition nécessaire pour le développement de la guerre de partisans. Les échecs de la guérilla en Amérique latine montreront de plus qu'elle n'est même pas une condition suffisante.

1. Mouvement de libération du Sahara occidental et du Río de Oro.

En réalité, la controverse sur le rôle respectif de l'armée régulière et de l'armée de partisans dans le conflit israélo-arabe est surtout une querelle d'ordre interne dans la société arabe. C'est pourquoi elle n'a jamais été au fond du problème sur le plan militaire. Dans la mesure où il n'y a pas de guerre de partisans qui à la longue ne remette en cause les valeurs et les structures sociales, ce qui est véritablement en jeu pour la société arabe, c'est le maintien ou le bouleversement de la hiérarchie sociale existante. Qui plus est, l'accent mis sur la nécessité de disposer de la technologie la plus sophistiquée pour affronter avec succès l'armée israélienne permet toujours à l'*establishment* politico-militaire arabe de rejeter sur les grandes nations industrialisées amies l'impuissance des armées arabes. Déjà Nasser, tirant les leçons de la défaite de 1967, avait souligné l'infériorité de l'équipement technologique des armées arabes comparé à celui de l'armée israélienne. Désormais, le sous-équipement arabe sera invoqué en permanence, non seulement comme facteur de sous-développement militaire, mais aussi économique et social.

L'argument est fort commode car son corollaire est que la responsabilité de cet état de choses retombe sur les grandes puissances et non sur la société arabe elle-même. Les États-Unis suréquipent l'armée israélienne avec les tout derniers raffinements de la technologie militaire ; l'Union soviétique sous-équipe les armées arabes avec du matériel technologiquement démodé. Après Nasser, Sadate usera et abusera de l'argument, rompant même avec l'Union soviétique, ce qui du coup donne une forte crédibilité à la position droitière dans la controverse. Les Algériens, quelques années plus tard, dans leur lutte pour une industrialisation accélérée, feront du mythe du sous-développement « technologique » d'origine purement externe un argument de choc dans leurs revendications à l'encontre du monde capitaliste, argument qui peut aisément faire tomber à droite les radicaux de gauche les plus véhéments.

Poussée à sa logique extrême, cette thèse légitime, sur le plan politique et économique, le rapprochement des pays arabes avec les États-Unis. Ces derniers garantissant toujours à Israël une supériorité qualitative sur les armées arabes par la livraison de matériel à très haute technologie, à la différence des Soviétiques vis-à-vis des Arabes, la seule porte ouverte pour les États arabes est le rapprochement avec les États-Unis. Un tel rapprochement doit permettre en effet de parvenir à une compréhension mutuelle qui rendrait sans objet la politique américaine exagérément favorable à Israël et préjudiciable aux pays arabes. Là aussi, les théorisations de Heikal, authentique représentant de la caste des officiers égyptiens au pouvoir, ont ouvert la voie à une politique progressivement mise en œuvre depuis la défaite de 1967 et qui se poursuit activement depuis la guerre israélo-arabe de 1973.

Pourtant, malgré son sous-développement technologique, l'armée égyptienne ouvre la guerre de 1973 par la traversée du canal de Suez, véritable prouesse de technique militaire, dont bien peu la croyaient capable. Ce seul fait aurait dû relancer la controverse, remettre en cause le mythe de la « technologie ». Or il n'en est rien. La controverse, sur le plan militaire, n'intéresse personne ; c'est son aspect politico-social qui a été important, et sur ce plan la cause est entendue depuis longtemps. Les forces sociales agissantes du monde arabe, pas très différentes en cela de ce qui existe ailleurs, même en Chine maoïste, n'aiment pas l'idée de « masses populaires » qui deviendraient une force agissante, renverseraient l'ordre militaire acquis, pour s'organiser en « soviets » et mener une guerre de partisans qui balaierait l'impérialisme et donc Israël son « protégé », ainsi que les forces réactionnaires arabes qui n'ont de vitalité que par l'impérialisme.

Cette thèse « gauchiste », si souvent répétée dans les discours, ne trouvera jamais de support social pour mettre en pratique ses implications en dehors des romantiques révolutionnaires de la gauche palestinienne, qui ont d'ailleurs partie liée avec la plus extrême des gauches d'Occident et du Japon pour réaliser des opérations plus spectaculaires que politiquement efficaces. Ainsi le nassérisme peut-il durant cette période sembler radical face aux forces d'extrême droite conservatrices, mais apparaître conservateur, face au discours gauchiste.

FIN DU RADICALISME ?

La fin des années 1960 et le début des années 1970 marquent non seulement l'effacement du gauchisme, mais aussi celui du radicalisme de gauche nassérien et marxiste. En novembre 1970, mis en minorité dans les instances du parti qui lui reproche notamment de n'avoir pas laissé l'armée intervenir massivement en Jordanie aux côtés des Palestiniens, le général Assad prend le pouvoir en Syrie. Il élimine toute la tendance d'extrême gauche du parti. Le nouveau dirigeant syrien pratique rapidement une politique modérée sur le plan intérieur et extérieur qui brise l'isolement de la Syrie au niveau arabe et international, isolement qu'avait provoqué le gauchisme d'État durant les années 1966-1970. C'est ainsi qu'en 1973-1974 la Syrie négociera avec Henry Kissinger, signera un accord de désengagement avec les Israéliens et recevra en visite officielle le président Nixon.

Sur le plan intérieur, le général Assad, de façon beaucoup plus discrète que le président Sadate en Égypte, relâchera certaines des réglementations économiques de la période précédente ayant complètement étouffé le secteur privé ; en particulier, le régime des importations sera libéralisé, ce qui permettra à la classe commerçante syrienne de prospérer. Il se gagne ainsi l'appui non négligeable de ce qui reste de haute bourgeoisie damascène, mais surtout du petit peuple des « souks » (le bazar). De même, les relations économiques extérieures sont réorientées vers l'Occident capitaliste. L'ouverture économique discrète et contrôlée est accompagnée au départ d'une ouverture politique non moins contrôlée, par la construction d'un front national, regroupant sous l'égide du parti Baath les forces nassériennes et le parti communiste.

Ailleurs, dans le monde arabe, le glissement politique général vers la droite prend parfois des allures spectaculaires. C'est en juillet 1971, grâce à la complicité active du président Sadate et du colonel Kadhafi alors violemment antimarxiste, qu'un coup d'État fomenté par des officiers marxistes au Soudan est déjoué. Il s'ensuit une répression terrible qui décapite le parti communiste soudanais, l'un des plus actifs du monde arabe. Le général Numeiry qui a pris le pouvoir en mai 1969, en écartant les civils qui avaient eux-mêmes réussi en 1964 à l'aide d'une révolte populaire à l'enlever aux militaires, consolide sa position. Il est déjà très proche des Saoudiens. Quant à Kadhafi, qui a renversé la monarchie libyenne en septembre 1969, son intervention aux côtés de Numeiry et de Sadate consolide sa réputation d'antisoviétique et d'antimarxiste actif[1]. Sadate de son côté a effectué un rapprochement avec les Saoudiens dès son accession à la tête de l'État. Il signe bien, du bout de sa plume, en mai

1. Kadhafi fait intercepter au-dessus de la Méditerranée, près de l'espace aérien libyen, l'avion de ligne commerciale qui amène de Londres à Khartoum les officiers putschistes. Ces derniers seront par la suite livrés par le chef de l'État libyen au chef de l'État soudanais qui les enverra au peloton d'exécution.

1971, après avoir écarté de l'appareil politique égyptien les personnalités considérées comme prosoviétiques, un traité d'amitié et de coopération avec l'Union soviétique, mais ce sera pour procéder un an plus tard au renvoi de tous les experts militaires soviétiques d'Égypte.

Ainsi, en ce début des années 1970, le paysage politique arabe a considérablement changé. Le gauchisme quasi disparu de Syrie et de Jordanie, c'est maintenant le marxisme qui est mis en accusation un peu partout en Égypte, au Soudan, en Libye. L'Irak aussi n'est pas tendre pour ses communistes ; la Syrie vire à droite. L'Algérie, qui s'est efforcée au cours des années 1967-1970 de radicaliser les Arabes d'Orient, de les pousser à ne pas accepter de cessez-le-feu, d'armer les Palestiniens, de combattre la réaction et le féodalisme arabe, est désormais désengagée. Elle est découragée par ce virage à droite entamé depuis le sommet de Khartoum, et ses énergies entièrement consacrées au succès de son expérience d'industrialisation accélérée.

S'ouvre d'ailleurs pour les régimes militaires arabes une ère de stabilité étonnante puisque, au début des années 1980, tous ces dirigeants sont encore en place : Hafez el-Assad en Syrie, Kadhafi en Libye, Sadate en Égypte, Numeiry au Soudan, Saddam Hussein en Irak. En Tunisie, Ben Salah, promoteur d'une certaine socialisation de l'agriculture, tombe en disgrâce en 1969, et le bourguibisme pro-occidental se consolide. En Algérie, le président Boumediene s'impose comme un homme d'ordre et de sérieux économique, à l'opposé du populisme désordonné de Ben Bella[1] toujours emprisonné. Incontestablement, la dynamique qui faisait des pays arabes la terre des coups d'État militaires à signifi-

1. Premier président de l'Algérie indépendante, renversé par un coup d'État militaire conduit par le colonel Boumediene le 19 juin 1965.

cation politique et idéologique est rompue. Mis à part des mouvements d'étudiants de gauche en Égypte jusqu'en 1973, l'opinion publique arabe et les mouvements de foule urbaine qui animaient la valse des officiers en quête de pouvoir disparaissent de la scène politique.

Seuls points d'ancrage à gauche d'un monde qui vire à droite, une certaine jeunesse libanaise adulant la résistance palestinienne, ainsi que la guérilla du Dhofar s'appuyant sur le Yémen du Sud, qui a accédé en 1967 à l'indépendance, grâce à une guérilla contre l'armée anglaise occupante. Ici, en tout cas, l'extrême gauche a triomphé puisque le Flosy[1] soutenu par l'Égypte est éliminé par le F.L.N.[2] de tendance nationaliste arabe radicale et qui virera de plus en plus à gauche dans l'exercice du pouvoir. Le F.L.N. fera du Yémen du Sud le Cuba du monde arabe, assiégé par l'ensemble des pays de la Péninsule arabique qui ne sauraient admettre une république marxiste populaire en plein cœur d'un islam monarchique et fondamentaliste.

Le pétrole, en réalité, a déjà fait irruption dans la vie de la société arabe, Khartoum l'a montré. Il va désormais devenir le véritable et exclusif tyran de la société arabe qu'il dévorera, lentement mais sûrement. Il ressuscitera les vieux démons du fondamentalisme religieux qu'on pouvait croire à jamais disparus, il brisera les reins à tout l'héritage révolutionnaire arabe, étouffera les classes déjà les plus défavorisées des sociétés arabes et corrompra cette intelligentsia éprise de radicalisme universalisant, qui ne sera plus qu'une caisse de résonance aux bizarreries intellectuelles et idéologiques des gouvernants de pays pétroliers, monarques de droit divin ou officiers républicains.

1. Front de libération du Sud-Yémen occupé.
2. Front de libération national.

Les héritiers de la période historique qui s'achève, celle de l'épopée nassérienne et du rêve gauchiste romantique, ne seront plus qu'une caricature le plus souvent sans humour des héros disparus. On les trouvera dans le Mouvement national libanais, les mouvements armés de résistance palestinienne reconstitués au Liban, et chez les dirigeants des pays qui se diront ceux de « la fermeté et du refus » aux compromissions avec l'impérialisme et le sionisme que symbolisent les accords de Camp David. Ils n'auront d'ailleurs plus de public au niveau de l'opinion profonde, car le jeu de masque ne fait plus illusion, et la société arabe est lasse, trop malade de pétrole, d'inflation, de spéculations et d'agiotages divers que le pétrole suscite, pour prétendre à un rôle politique quelconque. Mais peut-être aussi que ces héritiers n'ont reçu qu'un héritage fort mince ? Le discours nassérien est mort avec son auteur. Le gauchisme meurt, lui, en 1968-1969 dans les jungles d'Amérique latine, dans les rues de Paris et dans la sénilité de Mao-Zédong. Ce déphasage culturel que le discours nassérien s'efforçait de combler par auto-éducation, le pétrole désormais l'accélère à une allure vertigineuse.

8
L'irrésistible ascension de la tyrannie pétrolière : 1945-1973

La société arabe, jusqu'à la fin des années 1960, n'avait connu que la tyrannie de la pauvreté. Désormais, elle devra s'accommoder de celle de la richesse ; non point celle qui provient d'une révolution industrielle, de cet effort prométhéen que fait une société sur elle-même pour se soustraire aux déterminismes de la nature, mais celle même qui est le produit de la pauvreté et du sous-développement.

La découverte du pétrole au Proche et au Moyen-Orient débute avec la naissance du XXe siècle. Son exploitation sur une échelle significative ne remonte cependant qu'aux années 1940 ; son importance décisive pour l'économie des pays industrialisés ne se révèle pleinement qu'à la fin des années 1960 et au début des années 1970. À partir de cette époque, événements politiques et pétroliers vont se succéder à une allure vertigineuse, telle une machine en folie que personne ne parvient plus à arrêter. Mais si en Occident il ne s'agit que d'une crise économique, si grave soit-elle, en Orient les flux pétroliers prennent dans les années 1970 l'allure d'un fleuve dont les eaux gonflent dangereusement, menaçant de tout arracher sur leur passage.

Cette tyrannie pétrolière, nouveau fléau des Arabes, naît hélas de l'Occident qui se lie à nouveau à l'Orient dans une relation inégalitaire, où il n'est cette fois-ci guère simple de distinguer le maître de l'esclave. C'est pourquoi une enquête en pays de pétrole s'impose avant tout diagnostic. Elle heurtera sans doute bien des idées reçues et des clichés de propagande.

L'OCCIDENT PRIS EN DÉFAUT DE RATIONALITÉ ÉCONOMIQUE

Rien n'est compréhensible en matière de « crise de l'énergie » sans un rappel de quelques données de base. La révolution industrielle de l'Occident est symbolisée à juste titre par deux grandes découvertes, la machine à vapeur et l'électricité, qui établissent le lien fondamental existant entre la chaleur et l'énergie, cette dernière permettant d'animer des machines qui remplacent l'énergie humaine. Toute la puissance et la richesse de l'Occident contemporain viennent de cette relation. C'est incontestablement son mérite de l'avoir établie dans le sillage de cette avide curiosité scientifique qui s'est emparée de lui dès le XVIe siècle et qui ne l'a plus quitté.

Le XIXe siècle sera celui de l'énergie produite à base de charbon, qui abonde en pays d'Occident. Le XXe siècle est celui de l'énergie pétrolière, dont les Américains ont commencé l'exploitation dès la seconde moitié du XIXe siècle. À peine adolescent, le pétrole sent déjà le cartel, puisque la première loi antitrust est promulguée en 1890 et vise le démembrement pétrolier de l'empire des Rockefeller. Ce contexte historique permet facilement, un siècle plus tard, de faire porter aux Arabes le poids des péchés des fameuses « sept sœurs », les sept grandes sociétés pétrolières du cartel occidental[1].

1. Standard Oil of New Jersey (américaine), Royal Dutch-Shell (anglo-hollandaise), British Petroleum (anglaise), Gulf (américaine),

Les treize pays exportateurs de pétrole membres de l'O.P.E.P. [1], par une assimilation un peu facile et tout à fait abusive, seront considérés par l'opinion occidentale comme l'équivalent de ce fameux cartel des « sept sœurs » qui durant cinquante ans domina le marché pétrolier mondial, au grand détriment des utilisateurs d'énergie. En réalité, les nationalisations partielles ou totales qui interviennent au cours des années 1970 permettent aux pays pétroliers pauvres de réintégrer les puits dans l'espace juridique de leur souveraineté étatique ; elles ne font pas pour autant des pays exportateurs les souverains du marché mondial de l'énergie, et encore moins un cartel, mais uniquement les héritiers des erreurs historiques colossales des « sept sœurs » et, plus généralement, de celles des économies occidentales dont ces dernières ne sont qu'une émanation. Le pétrole, en effet, n'est pas seulement une affaire d'extraction, c'est aussi la recherche et le forage, le transport et la commercialisation, le raffinage et la distribution. Les pays arabes pétroliers, de concert avec les autres pays de l'O.P.E.P., ne contrôlent donc directement, après les nationalisations, que le rythme d'extraction. Ils ne parviendront jamais à coordonner les niveaux de production, et en réalité ne cherchent pas à le faire. La souveraineté étatique est ici en cause et nous avons vu combien elle est chatouilleuse.

Quant aux forages et aux recherches, aux transports et à la commercialisation, les pays de l'O.P.E.P. sont entièrement dépendants des sociétés pétrolières des pays industrialisés qui maintiennent une suprématie incontestable, et en fait incontestée par les

---

Texas (américaine), Standard Oil of California (américaine), Socony-Mobil Oil (américaine).

1. Algérie, Arabie Saoudite, Émirats arabes unis, Équateur, Indonésie, Gabon, Koweït, Irak, Libye, Nigeria, Qatar, Venezuela, Iran (pour plus de détails sur l'O.P.E.P., voir l'Annexe V sur mon site).

pays producteurs eux-mêmes. Le transfert de l'appellation « cartel » attribuée historiquement aux « sept sœurs » sur l'O.P.E.P. est donc un abus de langage facile, qui présente évidemment le grand avantage de rejeter sur les Arabes tous les malheurs économiques des pays industrialisés. Comment ne pas en profiter !

Pourtant le dossier de l'énergie est accablant pour l'Occident. Ce n'est pas seulement le dossier du pillage de la plus précieuse des ressources de l'Orient, c'est aussi celui du gaspillage et de la mauvaise gestion dans les pays industrialisés. Car le pétrole, comme le charbon, est une matière énergétique non renouvelable. Son gaspillage est l'équivalent d'un crime économique, dont les conséquences ne peuvent manquer à la longue de se faire sentir. Elles apparaissent d'ailleurs au grand jour dans les années 1970. Certes, un certain militantisme des pays de l'O.P.E.P. dans le cadre plus général de la montée des revendications économiques du tiers monde, ainsi que des ruptures partielles et provisoires des approvisionnements accompagnant en 1973 et 1979 les grands événements du Proche et du Moyen-Orient, ont accéléré la mise à nu des déséquilibres du marché mondial de l'énergie. Mais ces déséquilibres devaient inévitablement apparaître, car le rythme d'augmentation de la consommation pétrolière dans les pays occidentaux s'enfle démesurément au cours des années 1960, alors que la production s'essouffle, notamment aux États-Unis.

Le drame est qu'une politique d'énergie pétrolière à trop bon marché a obligé les pays européens à procéder à la fermeture de nombreuses usines de charbon, cette source d'énergie cessant d'être financièrement rentable. Au niveau de dix cents américains de coût d'extraction, le baril de pétrole moyen-oriental ne permet aucune compétition par d'autres sources d'énergie. À deux dollars en moyenne de prix de vente entre 1945 et 1970, les compagnies pétrolières faisaient des superprofits merveilleux. Dans cette euphorie, l'Occident ne se fait aucun souci pour l'avenir. Le tiers monde apparaît comme un énorme réservoir de ressources énergétiques à bon marché, notamment au Moyen-Orient. Personne ne s'occupe de prévoir l'avenir.

Il faut attendre la fin des années 1960 pour qu'enfin un groupe de personnalités occidentales lance un cri d'alarme sur les tensions à venir dans l'économie mondiale du fait de la croissance économique excessive et gaspilleuse de l'Occident, face à des ressources finies[1]. Il est cependant trop tard, la surchauffe des économies occidentales est telle, au début des années 1970, que des poussées inflationnistes majeures se manifestent déjà dans les pays industrialisés, et que le prix des matières premières flambe. L'embargo pétrolier partiel qu'imposent les pays arabes exportateurs de pétrole, à l'occasion de la quatrième guerre israélo-arabe d'octobre 1973, fait éclater le marché pétrolier, déjà déséquilibré par un niveau de demande trop élevé depuis plusieurs années[2].

En fixant unilatéralement le prix du baril successivement à 5,11 dollars le 16 octobre 1973, puis à 11,65 dollars le 23 décembre 1973, les pays de l'O.P.E.P. ne font que rétablir la vérité des prix dans le secteur énergétique mondial. Ils n'y seraient jamais parvenus sans ce déséquilibre grandissant au cours des années entre l'offre et la demande que la gestion irresponsable des compagnies pétrolières avait voilé.

1. Il s'agit du Club de Rome dont le premier rapport dit « Meadows » est publié en 1978 sous le titre évocateur de *Halte à la croissance ?*, Fayard.

2. Les détails sur cet embargo pétrolier et sa portée véritable se trouvent *infra*, au chapitre 9.

L'O.P.E.P. : SYNDICAT DE MILITANTS OU THERMOMÈTRE DU MARCHÉ ÉNERGÉTIQUE MONDIAL ?

L'O.P.E.P. au demeurant n'était jusque-là qu'un syndicat de pauvres, dont les revendications n'intéressaient guère les puissants de ce monde. Créée en 1960, à l'instigation du Venezuela, l'Organisation visait à freiner la baisse des prix pétroliers, provoquée par l'abondance grandissante des ressources découvertes et mises en exploitation par les sociétés pétrolières dans les pays membres. Elle voulait aussi améliorer le rendement de la modeste fiscalité pétrolière perçue par les États membres sur les profits des sociétés. Jusqu'à la fin des années 1960, l'action de l'O.P.E.P. reste stérile en l'absence d'une politique concertée de limitation de la production. Durant cette période, l'Organisation ressemble à un syndicat de petits rentiers de province qui cherchent à protéger leur maigre pouvoir d'achat, face au dynamisme et à la puissance des gérants et exploitants des ressources pétrolières que sont les sociétés pétrolières occidentales. Le marché ne s'est pas encore retourné et le militantisme économique du tiers monde n'a pas pris son nouvel essor.

C'est en fait la guerre israélo-arabe de 1967 qui ouvre la porte au bouleversement de la situation énergétique mondiale. Nous voici à nouveau en pays de connaissance, d'autant que nous retrouvons le canal de Suez, cette ancienne artère coloniale entre l'Orient et l'Occident, qui a déjà servi de catalyseur dans les années 1950 à l'éveil de l'Égypte et derrière elle des pays opprimés d'Afrique et d'Asie. Le canal fermé du fait de l'occupation israélienne, ce sont les coûts du fret pétrolier qui montent d'abord. De son côté, la Syrie en 1969 puis en 1970 ferme un des deux grands oléoducs, celui en provenance d'Arabie Saoudite, qui débouche à Sidon au Liban après avoir traversé les territoires jordanien et syrien[1]. Cela signifie un arrêt de l'écoulement vers l'Europe de 25 millions de tonnes par an, dans un marché où apparaissent déjà les tensions. Les prix montent, et la Syrie obtient coup sur coup des augmentations des redevances qu'elle perçoit sur le transport du pétrole à travers son territoire. Le « gauchisme » ici est payant.

D'autres facteurs vont jouer qui témoignent d'une prise de conscience grandissante de la spoliation que subissent ces pays exploités, riches en énergie mais pauvres en capacité économique. La Libye, où Kadhafi vient de prendre le pouvoir, adopte brusquement en 1970 une politique pétrolière véritable, et tout d'abord impose aux sociétés étrangères une réduction du rythme d'exploitation. Les sociétés ont en effet eu en Libye des rythmes nocifs d'exploitation qui nuisent aux gisements. Kadhafi nationalise en outre la distribution intérieure et réussit à augmenter le rendement de la fiscalité et le niveau des prix. Il y parvient sans difficulté, car l'exploitation pétrolière en Libye n'est pas dominée par les sociétés du cartel, mais par les nouveaux venus du monde pétrolier occidental, « les indépendants », notamment italiens, français mais aussi américains. Un mouvement est ainsi mis en route : la nécessité d'une meilleure conservation des gisements apparaît clairement ; de même le dossier des nationalisations est ouvert. Il avait été mis aux oubliettes depuis qu'un grand bourgeois iranien nationaliste, le Dr Mossadegh, avait tenté en Iran en 1951 une prise de contrôle de la production, qui avait provoqué une intervention directe de la C.I.A. pour rétablir l'ordre des choses, c'est-à-dire le pillage continu des ressources de l'Iran.

1. Le second oléoduc qui traverse la Syrie est en provenance d'Irak.

Dans ces prémices de l'émancipation pétrolière, il faut aussi mentionner les mesures de récupération des vastes concessions pétrolières non exploitées, décrétées en Irak par le général Kassem en 1961 ; cet acte avait aussi valu à l'Irak d'être mise en « quarantaine » par les sociétés exploitantes, qui se désintéresseront longtemps de développer les ressources pétrolières de ce pays. Autre avertissement aux pays pétroliers sous-développés qui auraient eu à l'époque des velléités de s'occuper de plus près de leurs ressources naturelles.

DEUX TÉNORS PÉTROLIERS : BOUMEDIENE ET LE CHAH D'IRAN, OU L'OBSESSION DE LA MODERNISATION ACCÉLÉRÉE

C'est à l'Iran et l'Algérie, ces deux extrémités du Proche et du Moyen-Orient, que l'O.P.E.P. doit cependant le souffle nouveau qui lui permet de sentir le retournement du marché, encore souterrain, et d'en tirer avantage au maximum. Le César algérien, le président Boumediene, et celui d'Iran, déguisé en monarque, car le chah n'est que le fils d'un officier qui a usurpé au début du XXe siècle le trône de la dynastie des Qajars, ont tous deux des rêves de grandeur et de modernisation accélérée. Une complicité active et positive liera les deux régimes qui joueront en étroite concertation non seulement le jeu pétrolier, mais l'ensemble du mouvement de réforme de l'ordre économique international. Il ne s'agit d'ailleurs pour eux, dans leurs revendications, que de parvenir plus rapidement à l'intégration aux circuits de prospérité de l'Occident par la modernisation accélérée de leurs peuples dont l'écrasante majorité, en cette seconde moitié du XXe siècle, est toujours paysanne.

Le chah rêve en plus de reconstruire dans toute sa gloire l'empire de Cyrus[1]. Il veut donc remplacer l'Angleterre en retrait, et plus généralement l'Occident affaibli, comme gardien et maître du Proche-Orient, carrefour stratégique international et grand réservoir de ressources énergétiques dont dépend l'avenir du monde. Boumediene, politiquement plus modeste, est non moins que le chah obsédé de modernisme, de technologie et d'industrialisation. Homme d'ordre et d'action planifiée, il a rejeté le populisme bruyant et bouillant de Ben Bella. Il vise à canaliser et à organiser efficacement la montée des revendications des pays du tiers monde à l'encontre des anciens colonisateurs. Le mouvement des non-alignés lui est incontestablement redevable de tous ces programmes à caractère économique pour lesquels il a milité et dont certains ont été progressivement ou partiellement intégrés dans l'ordre international.

C'est la guerre israélo-arabe d'octobre 1973 qui permettra à ces deux hommes de donner toute leur mesure, et de tenir un moment entre leurs mains, de concert avec l'Arabie Saoudite, troisième pilier de cette troïka pétrolière, l'avenir du Proche et du Moyen-Orient[2].

Pour l'heure, en ce début des années 1970, le chah d'Iran comme le président Boumediene ont bien compris que le seul instrument dont ils disposent pour accomplir leur rêve de modernisation accélérée, c'est le pétrole. Plus exactement les ressources financières que procure le pétrole. La nuance est de

1. Cyrus II le Grand, roi de Perse de 558 à 528 av. J.-C.
2. Voir les développements à ce sujet aux chapitres 9 et 10.

taille. Elle montre qu'on ne se débarrasse pas facilement de la logique du sous-développement. En effet, si l'importance du pétrole en tant que ressource énergétique pour la machine industrielle de l'Occident a bien été perçue avec acuité par ces deux personnalités, son utilisation comme instrument local de modernisation a été exclusivement appréhendée dans sa dimension financière. Cette erreur d'optique est celle même du monde du sous-développement et de la pauvreté, où seule la disponibilité financière apparaît importante, pour acheter aux riches les signes de la dignité et de la puissance. C'est pourquoi d'ailleurs l'O.P.E.P. restera prisonnière de cette logique financière et s'occupera surtout de maximiser les revenus des États membres. Sa réussite éclatante dans ce domaine tient tout autant au militantisme de certains de ses adhérents qu'à la vérité économique du marché énergétique mondial, qui éclate au grand jour grâce aux événements politiques dramatiques que vit le Proche-Orient. Maintenus anormalement bas durant vingt ans, sans que d'autres sources d'énergie à coût aussi réduit aient été développées, les prix pétroliers ne pouvaient que flamber aux premiers risques de pénurie.

L'O.P.E.P. a donc incontestablement défendu une cause juste en s'attaquant aux prix pétroliers, même si l'Occident, mauvais joueur, ne le reconnaît qu'avec des grincements de dents et en renvoyant les « coups », sous la forme d'une propagande déchaînée qui frappe surtout les Arabes, victimes faciles. Le chah d'Iran a été politiquement si favorable à l'Occident qu'il a été le plus souvent épargné par ces campagnes au fort relent raciste. Il n'est pas sûr cependant que dans le dédain avec lequel l'Occident l'oublie, lorsque la terre iranienne se dérobe sous ses pieds, certains « comptes » pétroliers ne soient pas réglés. C'est à Téhéran, en effet, en février 1971, que le cartel des sociétés pétrolières mord pour la première fois la poussière face à l'O.P.E.P. Les accords de Téhéran entérinent pour les producteurs du Golfe arabo-persique une hausse de prix de 33 cents par baril, une augmentation de la fiscalité pétrolière ainsi que des clauses d'ajustement des prix en fonction de l'inflation. Ceux de Tripoli, un mois plus tard, reconnaissent les mêmes avantages aux producteurs méditerranéens. C'est à Téhéran, de nouveau, que les prix du pétrole seront doublés par l'O.P.E.P. en décembre 1973 de 5,11 dollars le baril à 11,65 dollars. C'est en février 1971 que l'Algérie prend le contrôle des sociétés pétrolières françaises opérant sur son territoire. En juin 1972, l'Irak à son tour nationalise les intérêts pétroliers britanniques qui dominent chez elle, tout en épargnant ceux de la France avec laquelle se dessine une coopération accrue.

La libération des prix s'accompagne donc de la récupération de la souveraineté juridique. Réalité économique et vérité juridique se rencontrent enfin. Bientôt les émirats du Golfe et la monarchie saoudienne devront emboîter le pas aux militants de l'O.P.E.P. et négocier un rachat progressif des actions des compagnies pétrolières opérant sur leur territoire. C'est l'Arabie Saoudite qui traîne le plus les pieds, en matière de prix comme en matière de souveraineté. Elle ne finira d'ailleurs de négocier le rachat du consortium de sociétés opérant sur son territoire qu'en 1979. Ce géant pétrolier n'a que des pieds d'argile, mais c'est en définitive son comportement qui devient déterminant dans cette région du monde. Il n'est que temps de s'en occuper.

LE CROISSANT ET L'OLÉODUC : PETITE HISTOIRE DE L'INTÉGRISME RELIGIEUX EN ORIENT

Dans l'histoire des quatorze derniers siècles, celle de l'Arabie est marquée par deux grands faits : l'apparition du dernier prophète monothéiste, Mohammed, à La Mecque, à la fin du VIe siècle ; la découverte des ressources énergétiques pétrolières les plus gigantesques au XXe siècle. Entre les deux, un vide historique presque total, car peu de temps après la mort du fondateur de l'islam, l'histoire des Arabes déserte cette péninsule pour s'installer d'abord à Damas, puis à Bagdad et essaimer des royaumes islamiques tout au long d'un énorme croissant de lune qui va de la Castille en Espagne jusqu'aux extrémités de la Péninsule indienne.

L'épopée de la famille des Saoud, qui s'appuie sur la doctrine wahhabite d'islam fondamentaliste, commence à la fin du XVIIIe siècle ; elle serait restée un développement historique local n'intéressant que les spécialistes, si cette aventure de tribus bédouines, en mal de rigorisme religieux, ne s'était épanouie à l'heure où les Américains, sur ce même sol d'Arabie, découvraient une fabuleuse fortune pétrolière. Du coup, ces Bédouins vivant encore à l'heure du prophète arabe acquièrent un statut international sans équivalent dans l'histoire, mais aussi doivent-ils supporter le télescopage socioculturel le plus violent qu'on puisse imaginer. Le pétrole aurait-il eu cette importance pour l'économie triomphante de l'Occident au XVIIIe ou au XIXe siècle, les tribus d'Arabie auraient vraisemblablement subi le sort de celles d'Amérique.

La chance des wahhabites est en réalité d'avoir mis le point final à la construction de leur royaume avant que l'Occident ne transforme leur territoire en une immense pompe à pétrole, et d'avoir ainsi joui de la protection du puissant mouvement de décolonisation du tiers monde qui, dans les années 1950, dissuade les anciens colonisateurs d'entreprendre de nouvelles conquêtes. Cela pour la souveraineté juridique du moins, car le contrôle et la gestion sociale d'un royaume désertique et sous-peuplé, exposé au choc terrible de l'affrontement entre la modernité pétrolière et l'intégrisme religieux passéiste, représentent un défi gigantesque, sinon une entreprise désespérée. Tout jugement sur le royaume d'Arabie Saoudite, mais aussi sur les autres émirats pétroliers de la Péninsule, ne saurait être pertinent en dehors de cette donnée fondamentale.

L'histoire des wahhabites a d'ailleurs fasciné l'Occident. Aux intérêts matériels, s'est mélangée la double fascination culturelle exercée par l'islam et la bédouinité sur une des nombreuses facettes de l'esprit occidental, celle malade d'industrialisme et de progrès technique. Quel plus beau rêve sur ce plan que celui du wahhabisme, islam austère, dépouillé de tous ses emprunts à la piété des autres religions, rythmé seulement par la prière coranique à l'exclusion de toute autre forme de dévotion ? Quelle plus belle ascèse que cette vie bédouine dont la frugalité fait toute la grandeur ? Vues de Paris, de Londres ou de New York, ces métropoles universelles de la vanité, du gaspillage et de la richesse insolente, les prouesses militaires et religieuses des wahhabites dans ces déserts du silence, ou la simplicité attachante et l'esprit chevaleresque de ces hachémites, gardiens de La Mecque et descendants directs du Prophète, acquièrent une fascination irrésistible. La littérature européenne en a témoigné de façon illustre, qu'il s'agisse par exemple des *Sept piliers de la sagesse* de Lawrence ou de la trilogie de Benoist-Mechin [1]. Kho-

1. Nous avons décrit cette fascination de l'Occident pour l'islam intégriste et analysé l'œuvre de Benoist-Mechin dans notre ouvrage

meyni, plus tard, profitera largement pour s'emparer du pouvoir en Iran de ce capital de sympathie qu'un certain Occident déboussolé, en quête de spiritualité et d'exotisme, apporte à ceux qui dans le lointain et le flou de ces étendues asiatiques prétendent que l'esprit divin souffle sur eux, et qu'ils sont porteurs d'un retour aux sources.

Ces mouvements de « retour aux sources » sont d'ailleurs une constante de l'histoire des peuples et des civilisations. N'en déplaise aux amoureux d'exotisme ou aux fanatiques des spécificités, l'islam n'est pas unique dans cette quête périodique de pureté. L'histoire du christianisme ou du judaïsme est parsemée de ces mouvements rigoristes et fondamentalistes qui, sous la bannière du divin, veulent faire des hommes les colonnes identiques et immobiles d'un temple sacré. Du mystique au politique, il n'y a qu'un pas : Péguy l'avait déjà souligné, car les peuples d'Occident ont eux aussi connu ces phases de réaction passéiste et d'exaltation religieuse ou nationale, sources de conflits et de perturbations.

En réalité, le séoudo-wahhabisme est le premier des quatre grands mouvements intégristes qui secouent l'islam depuis le XVIIIe siècle. Si ce premier mouvement est purement endogène puisque aucune présence européenne n'a jamais touché le cœur de la Péninsule arabique à cette époque, les autres plus tardifs sont une réaction à l'assaut grandissant de la culture occidentale chrétienne que porte avec elle aux quatre coins du monde l'Europe conquérante de la Renaissance et de la révolution industrielle. Entre le wahhabisme et la réaction khomeyniste en Iran, il faut en effet prendre en compte deux grands mouvements de l'islam arabo-africain

---

L'Europe et l'Orient. De la balkanisation à la libanisation, histoire d'une modernité inaccomplie, La Découverte, 1989.

du XIXe siècle, celui de la Mahdiya[1] au Soudan et celui de la Sanusiya[2] en Libye. Tous deux sont des mouvements à la fois religieux et nationalistes. Religieux dans leur retour aux sources, visant à retrouver la pureté de l'islam, réduit au corpus coranique et donc débarrassé de toutes ses additions jurisprudentielles, doctrinales et philosophiques ultérieures. Nationalistes dans leur opposition à la pénétration coloniale de l'Europe en Afrique. Ainsi en 1885, les mahdistes assiègent puis occupent Khartoum, tuant Gordon Pacha, cet officier anglais à la tête de troupes anglo-égyptiennes, chargé de ramener l'ordre au Soudan en révolte. Le mouvement sanusite, de son côté, pénètre profondément en Afrique noire et s'oppose activement à la pénétration coloniale française, puis à l'occupation de la Libye par l'Italie. Ce n'est pas le cas du wahhabisme qui non seulement n'est pas né d'une conjoncture coloniale, mais qui saura parfaitement s'allier, comme nous le verrons, aux intérêts des États-Unis dans le monde arabe et islamique.

La montée du wahhabisme est due à l'alliance du sabre et de la religion. Mohammed Ben Abdel Wahhab (1703-1792) est un prédicateur qui cherche le retour à une pratique religieuse puritaine, telle qu'elle existait du temps du Prophète et donc débarrassée de tous les enrichissements culturels apportés par la civilisation islamique classique et ses dégénérescences en superstitions populaires diverses développées par le déclin de cette civilisation. Mohammed Ben Séoud est l'émir de la localité de Dar'iya dans le Najd en plein cœur de la Péninsule arabique ; il noue alliance en 1740 avec Mohammed Ben Abdel Wahhab pour répandre sa prédication.

1. Du mot mahdi qui signifie « messie » revenant sur terre pour rétablir l'ordre de Dieu ; le fondateur du mouvement, Mohammed Ahmed Ben Abdallah (1843-1885), s'était attribué le qualificatif de mahdi.

2. Dérivé du nom du fondateur du mouvement, Sidi Mohammed Al Sanusi (1787-1859).

C'est surtout son fils Abdel Aziz qui mena la conquête et qui parvint en 1802 jusqu'à Kerbala, le plus important des lieux saints chiites en Irak, après avoir conquis Riyad en 1773 et unifié le Najd en 1786. Séoud, le fils d'Abdel Aziz, continue l'œuvre de son père et conquiert en 1805 La Mecque et Médine, les deux premières villes saintes de l'islam. En 1810, il parvient aux portes de la Syrie. C'est Mohammed Ali, le vice-roi d'Égypte, et son fils Ibrahim qui détruisent ce premier royaume wahhabite pour le compte du sultan ottoman. Par des campagnes successives, les armées égyptiennes reconquièrent le Najd et le Hedjaz. En 1818, Dar'iya, le point de départ de la conquête wahhabite, est prise. Le roi Abdallah, fils de Séoud, est amené à Istanbul où il est décapité.

Un second royaume wahhabite, constitué par la branche cadette des Séoud, devait se reconstituer rapidement, sans cependant pouvoir atteindre l'étendue et la puissance du précédent ; il disparaît en 1884. C'est véritablement en 1901 que reprend l'épopée wahhabite, grâce à la forte personnalité de l'émir Abdel Aziz (1880-1953), qui reconquiert par étape le Najd et le Hedjaz d'où il chassera les hachémites, gardiens de La Mecque, dont le chérif Hussein espère avec l'aide des Anglais reconstituer un grand royaume arabe sur les débris de l'Empire ottoman. En 1928, l'existence du royaume d'Arabie Saoudite est définitivement rétablie. Elle sera internationalement consacrée en 1945 par la rencontre entre le président américain Roosevelt, rentrant du sommet de Yalta, et le roi saoudien sur un croiseur américain en mer Rouge. Au cours de cette rencontre, Roosevelt obtint l'extension des concessions pétrolières du consortium de sociétés américaines opérant en Arabie Saoudite à 1 500 000 km². L'Arabie Saoudite était désormais solidement ancrée au vaisseau américain [1].

1. Les concessions pétrolières portant sur 900 000 km² ont été négociées en 1939 par la Standard Oil of California ; elles ont été étendues

FAYÇAL D'ARABIE OU LE MARIAGE DU POUVOIR RELIGIEUX ET DU POUVOIR FINANCIER

Le roi Abdel Aziz meurt en 1953. Son fils Séoud lui succède. Il devra céder le trône en 1964 à son frère Fayçal, sa gestion ayant été lamentable pour le royaume, notamment sur le plan financier où, malgré l'augmentation de la production pétrolière, la gabegie amène constamment l'État au bord de la faillite. Avec l'accession de Fayçal au trône, l'Arabie Saoudite entre dans une ère prodigieuse, comme si cet ascète, au visage émacié et douloureux, avait été choisi par Dieu pour que sous son règne le royaume devienne cette superpuissance régionale sur laquelle repose la paix du monde. Fayçal est l'antithèse du « cheikh arabe » pétrolier qui joue par millions à la roulette au casino de Cannes ou de Nice et qui possède un harem d'épouses pour lesquelles il achète des devantures entières de bijoux à la place Vendôme à Paris. Cet homme strictement monogame mène une vie exemplaire d'austérité et conserve la simplicité des vrais aristocrates. Il est préoccupé d'islam autant par conviction et piété personnelles que par nécessité d'État. Il sera donc le grand catalyseur de la sainte alliance de la religion et du pétrole. Désormais cette région du monde, si fragile sur tous les plans, sera de plus en plus gouvernée d'une main de fer par cette alliance insolite. Fayçal orchestrera si bien la montée du pouvoir religieux

---

à 1 160 000 km^2 en 1939. Les premières découvertes de pétrole en quantités commercialisables remontent à 1938. En 1943, la production n'est que de 30 000 barils/jour ; elle passera à 500 000b/j en 1949, à 1,2 million en 1960, 8,2 millions en 1974 et 10,5 millions en 1980.

en parallèle avec le pouvoir du pétrole que même les esprits les plus froids et les plus laïcs dans ce monde arabe ne manqueront d'être ébranlés.

Il faut dire aussi que la personnalité du nouveau monarque saoudien, d'abord écrasée par la montée du phénomène nassérien qui a justement coïncidé avec la gestion falote et peu flatteuse de son frère, va donner toute sa mesure à partir du sommet de Khartoum. Fayçal est d'ailleurs à l'opposé de Nasser, mais aussi plus tard de Sadate. L'homme parle peu, ne fait jamais de discours fracassants, conserve la plus grande modestie dans le triomphe, garde le maintien le plus digne dans l'adversité. Dans son verbe comme dans son action politique, jamais de précipitation, mais une lenteur décidée et donc majestueuse. Il refuse le discours idéologique moderne, car ses valeurs sont celles du sacré dont il est le gardien, à travers La Mecque et Médine, les deux grandes villes saintes de l'islam, les joyaux de son royaume. Comme pour le récompenser d'ailleurs et prouver sa miséricorde envers cet inébranlable croyant, le ciel fait pleuvoir fortune et puissance à un rythme accéléré.

Les revenus pétroliers du royaume, qui sont de l'ordre de 0,5 milliard de dollars à l'accession de Fayçal en 1964, seront de plus de 1,1 milliard en 1970 et de 27,8 milliards en 1974. C'est donc sous le règne de ce roi pieux que les ressources financières de l'Arabie Saoudite auront augmenté de 55,6 fois. Ces chiffres restent modestes comparés à la puissance des pays occidentaux : le bilan de la Bank of America est de 57,4 milliards de dollars en juin 1974, les exportations allemandes de l'ordre de 90 milliards de dollars en 1974. Mais mis en relation avec le monde de la pauvreté auquel appartiennent les Arabes, les 27,8 milliards de dollars de recettes de l'Arabie Saoudite en 1974 représentent presque trois fois le revenu national des 37 millions d'Égyptiens de l'époque, pour une population saoudienne comprise, selon les estimations, entre 4 et 6 millions.

On ne s'étonnera donc pas que le phénomène saoudien laisse rêveurs les peuples arabes en ce début des années 1970. Car ce royaume de croyants intégristes, si décrié dans les années 1960 par le nationalisme arabe socialisant et laïcisant, devient une puissance internationale courtisée par les grands de ce monde ; parallèlement, les héros de l'aventure arabe radicale et gauchisante disparaissent, peut-être avec panache comme Nasser, mais le plus souvent dans le ridicule de ces cabales d'officiers en mal de révolution sur des terres que la providence continue de laisser sans ressources. De là à penser que Dieu récompense les siens et punit les pécheurs, il n'y a qu'un pas. Beaucoup le feront, même parmi ceux qui ne profitent pas directement de cette manne pétrolière, et qui ne sont pas nécessairement des esprits religieux. Il ne s'agit point ici de naïveté, si l'on songe seulement à toute une opinion occidentale, chrétienne ou juive, et souvent laïque par ailleurs, qui voit dans l'épopée israélienne et ses succès militaires un signe de l'assentiment divin. Tout simplement, on ne peut demander à l'opinion moyenne, en Orient comme en Occident, d'avoir des analyses exhaustives ainsi que la rigueur et le désintéressement de l'observateur extérieur. Nasser disparu, Fayçal sera donc le nouveau héros du monde arabe. Il en a tous les traits, d'autant que cet homme, qui parle peu et gravement, a affirmé à voix haute que son désir le plus cher était de pouvoir prier à Jérusalem libérée. Mais du coup, le problème palestinien et celui de l'occupation des territoires arabes, qui se présentaient jusqu'ici comme ceux des droits frustrés de l'existence nationale arabe et en particulier celle du peuple palestinien, prennent une coloration religieuse.

LA SOLIDARITÉ ISLAMIQUE CONTRE LE COMMUNISME ET LE NATIONALISME ARABE

Cet infléchissement est d'ailleurs dans la logique du système saoudien. Depuis les années 1950 et avec l'encouragement actif des États-Unis, l'allié privilégié, l'Arabie Saoudite s'efforce pour contenir la montée du nationalisme arabe jacobin de promouvoir la solidarité islamique au niveau international. Elle s'appuie pour cela sur deux autres régimes politiques dont la légitimité repose entièrement sur la religion : le Pakistan d'un côté, dont la sécession de l'Union indienne en 1948 avait pour justification exclusive le regroupement des Indiens musulmans dans un État garantissant un régime sociopolitique à base islamique ; le Maroc de l'autre, vieille monarchie à légitimité religieuse puisque la dynastie régnante se réclame de la descendance directe du Prophète. Ce « commonwealth » islamique est en fait surtout un regroupement anticommuniste et pro-occidental. Il ne s'en cache pas d'ailleurs, car pour ces chefs d'État qui se doivent d'être de bons musulmans, l'Union soviétique est le fer de lance de l'athéisme matérialiste, contraire à l'esprit même de la religion. Les pays occidentaux, au contraire, luttent contre l'expansion du marxisme et conservent chez eux un minimum de religion.

On imagine facilement quel nouvel élan peut apporter le pétrole à ce mouvement de « solidarité » islamique qui avait jusqu'ici piétiné face au triomphe du tiers-mondisme militant des Nasser et Soekarno[1], pour ne parler que de ces deux grands chefs poli-

1. Président de la République indonésienne (1945-1966), chassé par le coup d'État du général Suharto.

tiques régnant sur des pays à majorité musulmane. Cet élan pétrolier tombe à point car, en 1966, Soekarno, cet autre grand ténor du non-alignement et du radicalisme socialisant qui a gouverné jusqu'ici l'Indonésie, le pays musulman le plus peuplé, est écarté du pouvoir. Nasser est en retrait et sur le point de disparaître.

C'est donc en cette fin des années 1960 que ce mouvement réussit son institutionnalisation dans l'ordre international. Déjà en 1968, à La Mecque, se tient une Conférence des organisations islamiques mondiales. En 1969, l'incendie de la mosquée el-Aksa à Jérusalem fournit le prétexte à la convocation à Rabat de la première conférence au sommet des chefs d'État islamiques qui décide de la mise en place d'un secrétariat permanent, malgré l'opposition des pays islamiques laïcs et radicaux à une telle institutionnalisation de la Conférence. Mais désormais le vent a tourné, d'autant qu'en 1970, avec la mort de Nasser, Sadate effectue un rapprochement très marqué avec l'Arabie Saoudite et l'Iran ; il fait lui aussi étalage de piété et de solidarité islamiques. Le Commonwealth islamique est donc bien établi, ses piliers en sont des pays politiquement très proches de l'Occident. Le radicalisme laïc tiers-mondiste est en voie d'étouffement, l'influence de l'Union soviétique en pleine régression.

Bientôt, en 1973, sur l'initiative de l'Arabie Saoudite, une Banque de développement islamique au capital de 1,2 milliard de dollars[1] est créée à Jeddah ; ses activités vont permettre de consolider la solidarité islamique par des distributions de fonds qui viennent s'ajouter aux aides bilatérales qu'accorde généreusement l'Arabie Saoudite aux pays

1. Le capital de la banque est libellé en « dinar islamique » ; en réalité, ce dinar est égal à une unité des Droits de tirage spéciaux (D.T.S.) créés en 1969 par le Fonds monétaire international. Il ne s'agit donc que d'un habillage.

islamiques qui luttent avec efficacité contre l'influence soviétique. L'Occident dispose enfin en Orient d'un glacis protecteur pour ses intérêts pétroliers d'une part, mais aussi pour ses intérêts stratégiques globaux. Il ne se doute pas cependant, au début des années 1970, que l'islam pétrolier sème les ferments de bouleversements sociaux très graves qui risqueront de mettre en cause, quelques années plus tard, tous les efforts accomplis pour faire définitivement basculer le Proche-Orient arabe dans l'orbite des intérêts de l'Occident.

Pour l'heure, l'opération semble réussie. Fayçal a pris la succession de Nasser comme figure charismatique du monde arabe. Rabat, autre pilier de l'Occident en Orient, accueille en 1969 un premier Sommet islamique où le radicalisme et le gauchisme ne sont guère de bon ton et où les amis de l'Union soviétique sont en minorité. Des axes locaux se dessinent où la fortune pétrolière fait merveille. L'Arabie Saoudite, le Maroc et l'Égypte forment une troïka dynamique. C'est à Rabat, lieu de la première rencontre islamique, que seront pris en 1977 les contacts secrets entre Égyptiens et Israéliens[1]. L'Iran, le Pakistan, la Jordanie et Oman forment un autre quadrille important, car militaires pakistanais et jordaniens, ainsi que des aviateurs iraniens, s'efforcent de venir à bout de cette rébellion du Dhofar aux confins d'Oman et du Yémen du Sud. Cette œuvre sera accomplie en 1975. Quant à la Jordanie, elle a bien besoin de soutien pour continuer de constituer une alternative valable à une O.L.P. où des courants trop radicaux continueraient de prospérer. D'où un projet de Royaume arabe uni que lance le roi Husayn en 1972 qui regrouperait les deux rives du Jourdain sous sa souveraineté.

Malgré une antipathie certaine entre l'Iran du chah et l'Arabie de Fayçal, qui ont tous deux voca-

1. Voir *infra* chapitre 12.

tion à être la puissance régionale dominante, la troïka et le quadrille coopèrent et coordonnent leurs actions. Il y a des trônes à protéger, dans un monde de pauvreté, où la manne pétrolière est fort mal répartie. Mais cette communauté d'intérêts n'empêche pas la rivalité sourde, d'autant qu'entre Perses et Arabes existe un important contentieux historique et religieux, qui sera à l'origine du déclenchement des hostilités entre l'Irak et l'Iran en septembre 1981[1]. Fayçal sera donc poussé vers l'arabité pour mieux se hisser face aux prétentions du monarque iranien qui entend bien régenter le Golfe et qui fait occuper en 1974 par son armée quelques petites îles sous souveraineté arabe. Fayçal en réalité accomplit le rêve des wahhabites, à savoir devenir le centre de gravité et l'arbitre du monde arabe.

LE COW-BOY AMÉRICAIN ET LE GUERRIER WAHHABITE : PSYCHOLOGIE D'UNE AMITIÉ

Les ressources pétrolières croissantes et le bon fonctionnement du système de « sécurité sociale » interarabe mis en place au sommet de Khartoum assurent à l'Arabie Saoudite cette position de prestige, arabe, islamique et pétrolière. Dès sa prise de pouvoir, Fayçal a réformé la gestion étatique, séparé le budget de l'État de celui de la famille royale, fixé des pensions régulières aux cinq mille membres de cette famille, mis sur pied une banque centrale confiée à un Pakistanais délégué par le Fonds monétaire international, accéléré l'alphabétisation et l'édu-

1. Sur les rapports entre Arabes et Perses, voir les données de l'Annexe I, consultable sur mon site.

cation. À la différence de ses prédécesseurs, Fayçal est résolument moderniste. Il permet l'accession des femmes à l'éducation par la mise en place d'un système scolaire séparé ; il accepte la généralisation de tout instrument de progrès économique et social dans le royaume, ainsi par exemple la télévision, malgré une opposition sérieuse des milieux ultra-réactionnaires[1].

Dans sa tâche de grand modernisateur, il se fait assister à tous les niveaux par les États-Unis envers qui la famille royale saoudite maintient une estime à toute épreuve. Il envoie aussi aux États-Unis pour des études supérieures le plus gros contingent de l'élite du pays. Cette relation privilégiée n'a pas seulement pour cause l'activité du consortium de sociétés pétrolières opérant en Arabie, et qui constitue pour le pays un pôle colossal de modernisation et de prospérité. Elle repose sur une sympathie active et réciproque. Les Américains revivent dans ces déserts l'épopée de la conquête des vastes étendues américaines, pacifisme en plus, génocide des Indiens en moins. Les Saoudiens semblent se sentir à l'aise avec ces Européens d'outre-Atlantique, sans grandes traditions historiques, culturelles et sociales, sinon, comme eux, celle d'une grande aventure de conquête à cheval à l'échelle d'un continent.

Descendants respectifs des « cow-boys » et des « Ikhwan[2] » wahhabites, Américains et Saoudiens n'ont pas de peine à se sentir des affinités[3]. Ils partagent en

1. C'est dans la dispersion par les forces de l'ordre d'une manifestation contre l'introduction de la télévision dans le royaume que le frère du futur assassin du roi a été tué.

2. Milice religieuse créée par le roi Abdel Aziz Ibn Séoud au début du XIXe siècle pour faire régner le respect des prescriptions wahhabites dans le royaume au niveau de la pratique religieuse.

3. Témoignage de ces affinités, l'inquiétude de Kissinger lors de son premier voyage pour l'Arabie Saoudite : « Pendant le vol d'Amman à Riyad, racontent ses biographes, Kissinger n'arrêtera pas de faire des apparitions dans le compartiment de la presse et de lâcher des plaisanteries, apparemment pour soulager sa propre inquiétude

tout cas le même amour du puritanisme religieux et du progrès, la même simplicité et le même dynamisme, le même appétit à arbitrer et à orienter au niveau international. Ils partagent aussi et surtout la même antipathie pour le communisme athée et l'expansionnisme soviétique. Fayçal développera d'ailleurs avec le temps et l'âge une phobie bizarre contre l'Union soviétique. Il y a pourtant fait en 1932 un séjour en tant que ministre des Affaires étrangères. En dépit de cet épisode, il restera toute sa vie irréductible, refusant d'établir des relations diplomatiques avec l'Union soviétique et, de ce fait, privant son royaume d'un élément d'équilibre important au niveau de ses relations internationales.

Dans son esprit d'ailleurs s'est formée une nébuleuse idéologie, qu'il expose toujours avec le plus grand sérieux à ses visiteurs : le sionisme ne serait que le produit du communisme, et le communisme lui-même ne serait qu'un vaste complot du judaïsme international, visant à détruire la morale et les mœurs pour mieux dominer le monde ; la lutte contre le sionisme et l'État d'Israël passe donc d'abord par la lutte contre l'Union soviétique et toutes les forces se réclamant du marxisme. On se représente les limites de l'homme ainsi que le déphasage culturel dont il est à son tour victime, déphasage d'autant plus grave qu'il est chef d'État. L'islam ou l'arabité dans leurs aspects traditionnels ne sont cependant pas en cause ici, car le schéma qui lui est cher est directe-

quant à la réception qui l'attendait dans le royaume de Fayçal, où sévissait l'antisémitisme. À un moment il désigna trois journalistes qu'il savait être juifs et leur annonça pince-sans-rire : "Vous trois descendrez d'avion les derniers." À un autre moment, il plaisanta à demi : "Seuls les Wasps (protestants blancs anglo-saxons) peuvent débarquer ici." Ses yeux parcourent le groupe. "N'y a-t-il pas de Wasps parmi vous ?" Plusieurs mains se levèrent. "Bien, décida-t-il, vous descendrez les premiers." Il y eut des rires nerveux. » (M. et B. Kalb, *Kissinger, ses origines, sa formation, son ascension, son apogée*, R. Laffont, 1975, p. 491.)

ment importé des grandes traditions antisémites d'Occident, de ce fameux *Protocole des Sages de Sion*[1], produit de l'obscurantisme chrétien de la fin du XVIIIe siècle qui attribue aux juifs la responsabilité de la Révolution française et de l'esprit laïc, et donc corrupteur, qu'elle a semé.

L'islam n'a jamais connu ces excès, car si les juifs d'Arabie ont bien quelque peu combattu le prophète Mohammed au VIIe siècle, ils ne sont pas, comme pour la chrétienté, déicides. Les Protocoles des Sages de Sion sont donc en Orient un article culturel importé d'Occident au XXe siècle. Que la création d'Israël et la tragédie palestinienne qu'elle provoque créent en Orient un terrain fertile pour recevoir l'antisémitisme occidental, cela ne doit pas étonner. Orient et Occident se retrouvent ici dans un obscurantisme commun dont le Proche-Orient est victime, car il lui crée une myopie politique, source d'erreurs dans la prise de décision. En tout cas l'antisémitisme de Fayçal profite de façon scandaleuse aux États-Unis, qui n'ont point de soucis à se faire sur une possible percée de l'Union soviétique dans la Péninsule arabique, tant que la monarchie saoudienne continue d'être en place. Bien plus, le soutien accordé par les États-Unis à l'État d'Israël sera toujours considéré par le royaume saoudien comme une erreur pardonnable : elle est en effet attribuée à la toute-puissance imaginaire d'un judaïsme international, et non à une décision autonome des organismes dirigeants de la société américaine. Cette très grave erreur d'optique, Fayçal n'est pas le seul

1. Pamphlet antisémite aux versions différentes, mais qui accusent toujours les juifs de conspirer à l'échelle mondiale pour dominer le monde. Ces pamphlets mêlent intimement à l'antisémitisme la nostalgie du passé et la haine du changement, en accusant les juifs et la franc-maçonnerie de fomenter partout les révolutions violentes et les changements d'idées et de mœurs. Ainsi la révolution bolchevique russe comme la Révolution française ne seraient dans cette vision que le produit de la conspiration juive mondiale ! (Consulter sur mon site l'Annexe IV, sur le conflit israélo-arabe.)

à l'avoir faite. Beaucoup de personnalités arabes influentes, et pas nécessairement antisémites, considèrent que les États-Unis mènent au Proche-Orient une politique contraire à leurs propres intérêts, parce que le «lobby» juif surpuissant imposerait sa politique à l'administration américaine. Naïveté politique dictée par un fond d'admiration sans restriction pour la puissance américaine et ses réalisations économiques et technologiques.

Les États-Unis jouissent incontestablement de la faveur consciente ou inconsciente de beaucoup d'Arabes, et pas seulement des Saoudiens. Parmi les puissances occidentales, ils sont les seuls, avec les Allemands — d'ailleurs tout autant admirés — à n'avoir exercé aucun pouvoir colonial direct sur les pays arabes. Là où s'est exercée leur influence dans les pays pétroliers, ainsi qu'au Liban, en Jordanie, au Maroc ont régné la prospérité et une stabilité politique relative. En revanche, en Égypte, en Syrie, en Irak, au Soudan, aux deux Yémen, là où le socialisme est passé, les coups d'État successifs, les révolutions et les contre-révolutions ont secoué ces pays, sans pour autant les sortir du dénuement et encore moins de la honte de la défaite face à l'ennemi israélien. Que l'armement russe ait permis en 1973 à l'armée égyptienne le franchissement du canal de Suez, ou que la technologie soviétique ait assuré à l'Irak un développement sans précédent de sa production pétrolière, de même qu'à la Syrie dans des proportions plus modestes : rien n'y fera, le préjugé antisoviétique ira croissant dans le monde arabe. La vague de rigorisme islamique que l'Arabie Saoudite impose à la fin des années 1960, de pair avec sa prépondérance régionale ascendante, met un comble à la vague d'antisoviétisme dans le monde arabe. À cette époque d'ailleurs, même le président Kadhafi fait dans la région la chasse au marxisme athée.

DU BON USAGE DE L'INTÉGRISME RELIGIEUX ET DU PROCOLONIALISME

Mais les Saoudiens dans leur rapport psychologique avec l'Occident, États-Unis en tête, sont encore moins complexés que les autres Arabes. Leur territoire n'a jamais été violé par le colonialisme occidental. Les wahhabites ont dû faire face dans leur histoire à l'occupant turc et aux armées égyptiennes, jamais à des forces de puissances européennes, qui se sont contentées des bordures de la Péninsule arabique, notamment Aden et la fameuse Côte des Pirates. Tout concourt donc à renforcer ces liens privilégiés entre le géant américain et le royaume saoudien en passe de devenir un géant pétrolier.

Les dirigeants saoudiens sont d'ailleurs parfaitement conscients que pour assurer la stabilité de leur pouvoir, assis sur un îlot de pétrole dans un océan de pauvreté, au milieu des convoitises internationales, il leur faut deux ingrédients majeurs : la consolidation de la légitimité religieuse sur laquelle repose leur trône, et la bienveillance active de la plus grande puissance occidentale. Ce seront les deux axes permanents de la politique du royaume. C'est pourquoi la participation saoudienne de plus en plus importante aux subventions officielles versées aux autres pays arabes, comme les aides aux autres pays islamiques, sera adaptée au degré d'antisoviétisme déployé par les bénéficiaires de leurs générosités. C'est pourquoi aussi ils financeront généreusement dans tout le monde arabe, mais aussi islamique, officiellement ou officieusement suivant les situations, les mouvements religieux intégristes, la construction de mosquées, les œuvres de bienfaisance islamique, les journaux et revues à tendance fondamentaliste, les écoles et dispensaires gérés par des associations religieuses.

Le regain d'islam, en pays d'Orient, qui fascine tant l'Occident, est donc par beaucoup d'aspects un produit d'Occident, car la fortune pétrolière du royaume est bien celle que les États-Unis lui ont faite de toutes pièces. Il n'est peut-être pas exclusivement cela : la révolution iranienne pourrait le prouver, mais seulement dans la mesure où elle n'est pas elle-même le produit d'une conjoncture régentée par le pétrole. Car il reste justement à savoir si le regain du fondamentalisme islamique et le rejet du modernisme sont autre chose qu'un énorme malaise dû à une indigestion de richesses pétrolières mal assimilées et mal réparties dans le corps squelettique de ces sociétés historiquement encore privées de véritable industrialisation.

Les dirigeants saoudiens ont en tout cas prouvé que leur politique d'alliance du modernisme et de la religion leur a jusqu'ici conservé leur trône, alors que le chah, dans son seul modernisme nationaliste, a perdu le sien. Il est évidemment trop tôt pour juger du résultat final de ce mélange saoudien apparemment contradictoire entre modernisme et intégrisme religieux. La prise de la grande mosquée de La Mecque à la fin de l'année 1979 par un groupe d'intégristes antimodernisants prouve que la gestion saoudienne est aussi menacée[1]. L'intégrisme religieux wahhabite, désormais moderniste, peut en effet se faire doubler facilement sur sa droite, et ce sera le cas de l'Iran khomeyniste, ou sur sa gauche, et ce sera le cas de la Libye intégriste mais révolutionnaire et socialisante du président Kadhafi. D'où la raison qui s'allie au sentiment pour jeter plus que

1. En novembre 1979, en pleine période de pèlerinage, un groupe d'extrémistes musulmans s'empare par les armes de la mosquée de La Mecque. Il faudra plusieurs jours et l'assistance de la gendarmerie française pour les déloger et éteindre ce début de rébellion.

jamais l'Arabie dans les bras du géant américain, deuxième volet de la politique saoudienne.

En réalité, l'Arabie Saoudite ne refuse rien aux États-Unis depuis la fondation du troisième royaume par le père du roi Fayçal. Sa sécurité politique et militaire en dépend ; elle leur est redevable de sa richesse pétrolière. La modernisation accélérée du royaume leur sera donc confiée. Le pays sous-peuplé, ayant encore au début des années 1960 un peuplement composé en majeure partie de Bédouins non alphabétisés, ne dispose d'ailleurs guère des cadres nécessaires. C'est évidemment tout l'Occident qui profite de cette politique, puisque le rythme de production pétrolière est fidèlement ajusté aux besoins des pays industrialisés, au détriment d'ailleurs d'une bonne conservation des gisements ; que les surplus de capitaux sont sagement replacés de façon massive en bons du Trésor américains, accessoirement en bons japonais, allemands, français et italiens ; que les plans de développement saoudiens sont élaborés par des professeurs d'université américaine ; que la Saudi Airways est gérée par la Pan American ; qu'une société privée américaine sera engagée pour recruter des G.I. qui garderont les puits de pétrole, etc.

Tout cela peut paraître aberrant à plus d'un égard. Il ne s'agit cependant que de la résultante logique des structures sociopolitiques de la monarchie saoudienne dans le contexte historique et géopolitique qui est le sien en cette seconde moitié du XXe siècle. La grande dissonance de cette politique saoudienne se trouve évidemment dans ce « oui » franc et massif à l'Occident, et dans le refus d'Israël. Elle est atténuée au niveau de la doctrine saoudienne par la nébuleuse idéologique déjà décrite et qui attribue à l'Union soviétique la responsabilité de l'existence d'Israël. Elle reste cependant vivement ressentie au niveau politique, et c'est pourquoi la monarchie s'efforce par tous les moyens de régler dans les coulisses la question palestinienne, sans cependant saper sa légitimité de puissance arabe et islamique. Il lui faut donc un État palestinien et la Jérusalem arabe, troisième lieu saint de l'islam. La monarchie d'ailleurs sent bien le danger permanent de radicalisation que font peser sur le monde arabe les aspirations palestiniennes frustrées, ainsi qu'une O.L.P. au discours révolutionnaire et armée par l'Union soviétique qui s'en fait le champion, sans parler de l'impuissance des régimes qu'elle a récupérés depuis le sommet de Khartoum face à la permanence de l'occupation israélienne. Toutes ses récentes réalisations politiques à l'échelle arabe et internationale pourraient donc être remises en cause si l'abcès du conflit israélo-arabe n'est pas définitivement guéri. Kissinger et Sadate seront les deux hommes providentiels pour l'Arabie Saoudite qui officieront au cours des années 1970 sous la houlette saoudienne.

Tout faillit réussir à l'époque. La guerre de 1973, et la grande peur pétrolière de l'Occident qui s'ensuit, l'irruption des Palestiniens aux Nations unies, la mise en route d'un vaste dialogue Nord-Sud pour régler le contentieux entre riches et pauvres de ce monde, exploiteurs et exploités : autant d'éléments qui ont pu faire croire que le conflit israélo-arabe était en voie de résorption en ce milieu des années 1970, et qu'enfin tout le monde pourrait être à la grande fête de la tyrannie pétrolière.

L'histoire est-elle capricieuse ? Non, elle semble reculer parfois, se dérober, être imprévisible, mais seulement là où les hommes lui donnent à résoudre des équations sans solution, ou du moins dont les termes sont mal posés. La guerre de 1973 et les événements qu'elle suscite ont en réalité posé plus de problèmes, ouvert la voie à toujours plus d'ambiguïtés. La blessure toujours sanglante qu'elle provoque au point le plus délicat du Proche-Orient, le Liban, le prouve assez. La déchirure libanaise fera en 1974-1976 plus de victimes que l'ensemble des guerres israélo-arabes depuis 1948. Toutefois avant d'y arriver, il faut se pencher sur la guerre d'octobre 1973, point de passage entre les époques, lieu de confluence des courants contradictoires qui agitent le Proche-Orient arabe.

9

Une guerre, deux époques : octobre 1973

AU BORD DU GOUFFRE : LA PALESTINE MENACÉE DE DISPARITION

Tous les changements que le recul du temps permet de voir avec quelque clarté ne sont pas évidents au moment où ils commencent d'agir sur la marche des événements. C'est pourquoi les acteurs de l'histoire n'ont pas toujours clairement conscience des motivations de leurs décisions et de la portée effective de leurs comportements. Les événements, dans leur extériorité, peuvent de ce fait aussi ne pas correspondre sur le moment à l'intériorité d'une réalité qui échappe encore à la conscience politique. C'est bien ce qui se passe au Proche-Orient arabe en ce début des années 1970. Tout y donne une impression de stagnation lamentable, de répétitivité stérile. C'est, sans doute aucun, le cas du conflit israélo-arabe et celui des relations interarabes, les deux échecs les plus douloureux de l'existence des Arabes au XXe siècle. L'impuissance face à Israël comme l'introuvable unité arabe sont en effet les deux clous qui crucifient la société arabe. Rien n'indique au début de la décennie qu'ils pourront être arrachés.

Sur le plan du conflit israélo-arabe, Israël est confortablement campée sur son intransigeance, digérant paisiblement les énormes territoires conquis en 1967. Les Arabes impuissants ont le sentiment de revivre le cauchemar de la première conquête de la Palestine en 1948-1949, ou plutôt d'être les témoins honteux de la seconde conquête, celle de 1967, qui parachève la première. Déjà la défaite des armées arabes en 1948 avait permis à Israël de s'attribuer un territoire bien plus vaste que ce que lui avait accordé la communauté internationale à travers le Plan de partage des Nations unies, voté en 1947 dans une atmosphère douteuse, caractérisée par les intolérables pressions des États-Unis sur les petits États clients[1]. Les lignes d'armistice arrêtées par la suite devaient être transformées avec le temps en frontières internationales reconnues. Ce sont celles auxquelles font allusion tous les documents ayant trait à la guerre de 1967 et qui réclament le retour d'Israël aux frontières d'avant le 5 juin 1967, date du déclenchement des opérations militaires.

Les Arabes sentent donc avec acuité que plus le temps passe, plus les frontières du cessez-le-feu, instauré à la fin de la guerre de juin, risquent de se transformer en frontières définitives. Israël a d'ailleurs déjà annexé la partie arabe de Jérusalem ; ses dirigeants déclarent qu'ils n'évacueront jamais les hauteurs du Golan prises à la Syrie, qu'ils ne rendront pas Charm el-Sheikh dans le Sinaï, et, au mieux, que des lambeaux de la rive occidentale du Jourdain, la Judée et la Samarie, si chargées d'histoire biblique, seront restitués non pas aux Palesti-

1. Le Plan de partage de la Palestine attribuait à la communauté juive 14 500 km², pour une superficie totale de 26 323 km², soit 57 % du territoire palestinien. Par la conquête, Israël a établi en 1948-1949 son état sur 20 850 km², soit 80 % du sol palestinien. En 1948, la communauté juive installée en Palestine à la faveur du mandat anglais représentait tout juste 30 % de la population (7 % seulement vers 1920), et possédait moins de 6 % des terres (voir sur mon site l'Annexe IV pour la bibliographie). Grâce à la guerre de 1967, Israël achève la conquête de la Palestine par l'occupation de la rive occidentale du Jourdain et la bande de Gaza ; elle occupe en outre la péninsule du Sinaï ainsi que les hauteurs du Golan en Syrie.

niens, mais au monarque jordanien, client sûr des États-Unis. Joignant l'acte à la parole, les Israéliens stimulent par tous les moyens l'installation de colonies de peuplement juif sur les territoires conquis, font obstacle au retour des habitants arabes ayant fui la violence des opérations militaires, et poussent à l'émigration les Palestiniens qui sont restés.

Malgré tous les efforts de Nasser, la guerre d'usure sur le canal de Suez n'a pas donné de résultats, et le cessez-le-feu y règne depuis l'été 1970. Le front syrien est parfaitement calme depuis l'arrêt des hostilités en 1967. La médiation de Gunnar Yaring, entreprise sous les auspices des Nations unies, traîne lamentablement. Au demeurant, les Arabes ne sauraient se faire d'illusions, car le souvenir est encore trop vif de l'assassinat à Jérusalem, en 1948, par des terroristes juifs, du comte Bernadotte, médiateur des Nations unies à l'époque et qui avait été, semble-t-il, trop sensible à l'injustice subie par les Palestiniens. En 1972, une mission de bons offices du président Senghor du Sénégal ne donne guère de meilleurs résultats. Le grand espoir soulevé par le développement de la résistance palestinienne armée sombre dans le tragique de « Septembre noir » à Amman, où les excès « révolutionnaires » des mouvements de résistance ont amené le sursaut énergique et victorieux du roi Husayn. Restent les opérations palestiniennes à partir du territoire libanais, le seul qui demeure ouvert à l'action de la résistance.

L'État libanais a dû, en effet, en 1969, concéder aux Palestiniens, soutenus par l'enthousiasme d'une bonne partie de la population locale, le droit de porter des armes et d'opérer contre le territoire israélien à partir de certaines régions du Sud-Liban[1]. La petite armée libanaise ne souhaite ni ne peut résis-

1. Il s'agit des fameux accords du Caire, signés en novembre 1969 dans la capitale égyptienne sous l'égide du président Nasser, entre l'O.L.P. et l'armée libanaise. (Voir *infra* chap. 11.)

ter aux représailles massives de la toute-puissante armée israélienne ; elle se tient donc entièrement à l'écart des opérations qui se déroulent sur son territoire. En l'absence d'une politique arabe concertée de contre-représailles, les opérations à partir du Liban ne représentent donc aucun intérêt militaire ; en revanche, il est déjà clair qu'à la longue le Liban ne pourra supporter les débordements palestiniens et les coups de boutoir israéliens. C'est cependant le seul moyen pour les Palestiniens de continuer d'affirmer leur existence.

Il y a aussi les grandes opérations de terrorisme anti-israélien à l'étranger, notamment des détournements d'avion et les attentats contre la présence israélienne, telle la terrible opération de Munich, lors des jeux Olympiques, en septembre 1972, qui ne manqua pas d'ailleurs de frapper tous les esprits. Mais l'opinion arabe sent bien que les coups de main palestiniens en Israël à partir du seul Liban, isolé et si vulnérable, ou ces spectaculaires opérations, qui manifestent le dynamisme d'une identité palestinienne enfin retrouvée, peuvent avoir à la longue des retombées négatives, même si la première réaction spontanée et affective dans de larges secteurs de la population arabe (notamment chez les jeunes) est celle d'un incontestable soutien à ces manifestations de l'existence palestinienne.

Quant au président Sadate, il apparaît encore comme un personnage falot, qui affirme successivement en 1971, puis en 1972, que l'année sera décisive car il déclenchera des hostilités si Israël ne fait pas de concessions[1]. Or, non seulement il n'en fait rien, mais il renvoie, au cours de l'été 1972,

1. « Un imbécile, un clown, un bouffon... » : telle était l'opinion qu'Henry Kissinger se faisait de Sadate, d'après ses propres dires à Mme Meir, chef du gouvernement israélien (M. Golan, *Les négociations secrètes d'Henry Kissinger au Proche-Orient*, Laffont, Paris, 1976, p. 114).

18 000 experts militaires soviétiques[1], ce qui semblerait indiquer que l'armée égyptienne ne compte pas passer à l'offensive dans un proche avenir. Le président syrien Hafez el-Assad joue de son côté la modération, cherchant à faire oublier les années de gauchisme de son pays, responsables de l'isolement arabe et international de la Syrie. L'Irak, où le parti Baath consolide son pouvoir, peut bien parler haut et fort, et refuser la fameuse résolution 242 du Conseil de sécurité[2], elle n'a aucune frontière commune avec Israël et il est bien difficile d'oublier qu'en 1969, lors des événements de septembre en Jordanie, les troupes irakiennes présentes sur le territoire jordanien n'ont apporté aucun soutien aux mouvements de résistance palestiniens. La Libye, elle aussi, commence à parler haut et fort, mais le président Kadhafi semble plus soucieux de jouer les nouveaux zélotes de l'unité arabe, pour consolider sa position à l'intérieur de la Libye, que de s'occuper directement de la Palestine.

L'impression qui prévaut au cours de ces années 1971-1972 est bien en réalité que les pays arabes cherchent désespérément la paix ; que le gauchisme révolutionnaire et romantique vit ses derniers « excès » à travers les opérations palestiniennes à partir du Liban ou à l'étranger ; que le Proche-Orient arabe se rapproche insensiblement de l'Occident ; mais que l'Occident le rejette, parce qu'il est incapable d'exercer sur Israël une pression suffisante pour que les territoires occupés soient rendus à

1. Chiffre avancé par la presse internationale et les sources israéliennes. Le général Chazly, chef d'état-major de l'armée égyptienne à l'époque, cite le chiffre de 7 752 (dans un ouvrage sur la guerre d'octobre 1973, *The Crossing of Suez*, Third World Center, Londres, 1980, p. 113).

2. Résolution votée le 22 novembre et réclamant le retrait d'Israël des territoires occupés sans toutefois mentionner l'existence palestinienne, sauf sous le couvert d'« un juste règlement du problème des réfugiés ».

leurs propriétaires légitimes. On tourne donc en rond, comme cela a été le cas dans les années 1950, après la première conquête de la Palestine. Cette stagnation est évidemment très dangereuse pour la légitimité et en conséquence la stabilité des régimes arabes. Elle l'est d'autant plus qu'en cette même période aucune des tentatives de rapprochement interarabe ne débouche vraiment.

AU BORD DU GOUFFRE : LES MILLE ET UNE MORTS DE L'UNITÉ ARABE

Le bouillant officier libyen de vingt-sept ans, Moammar El Kadhafi, qui a renversé la monarchie sanousite en 1969, entend fonder sa légitimité sur la promotion et la concrétisation de l'idéal unitaire arabe. Nasser disparu, il est convaincu en être l'héritier spirituel. Sous l'effet de son dynamisme, une Fédération des républiques arabes est proclamée à Benghazi en Libye entre l'Égypte, la Syrie et la Libye au printemps 1971. Sa constitution est soumise à référendum à la fin de l'été dans les trois pays où elle est approuvée massivement. La Libye essaiera vainement d'inclure le Soudan dans cette éphémère Fédération ; ce dernier cherche à faire cesser l'état de quasi-sécession du Soudan-Sud, en majorité non musulman et non arabophone ; il fait donc la sourde oreille à une invitation dont l'acceptation pourrait compromettre tous ses efforts.

Face à l'avortement total de la Fédération, la Libye essaiera ensuite de s'unir bilatéralement à l'Égypte, mais sans plus de succès (août 1972). Il faut dire que le président Kadhafi est une autre illustration de déphasage culturel, non plus seulement entre la société arabe et la société occidentale, mais entre la société égyptienne et la nouvelle société libyenne qu'il incarne. Le chef de l'État libyen est en effet directement issu de la société bédouine ; son horizon culturel se réduit à une ethnicité simplifiée, faite d'arabité et d'islam puritain confondus ; pour tout contact avec le monde moderne, il a eu une formation militaire, non confortée par l'expérience en raison de son jeune âge. La richesse pétrolière donne évidemment à sa fougue les moyens d'une politique que ni les structures de la société libyenne ni son propre horizon culturel ou son expérience politique ne permettraient normalement.

L'Égypte, société de haute tradition, urbanisée depuis des millénaires, en voie de stabilisation politique après les années de remous nassériens, ne pouvait donc en aucun cas faire mariage avec ce jeune Arabe, de souche bédouine pauvre, qui vient brusquement avec son pétrole jouer aux nouveaux riches de la politique arabe. Les wahhabites d'Arabie Saoudite sont pour l'Égypte un partenaire d'une autre envergure et qui se sont forgé depuis longtemps leurs lettres de noblesse ; les essais unionistes du nouveau président libyen coïncident justement avec le grand rapprochement entre Sadate et Fayçal, entre l'Égypte postnassérienne, retrouvant sa dimension d'équilibre dans le Proche-Orient, et l'Arabie Saoudite réalisant enfin une percée panarabe solide. Le nassérisme « rétro » de Kadhafi et son islam puritain, en retard de cent soixante-dix ans sur celui des wahhabites, n'avaient guère de chances auprès de la nouvelle classe politique sadatienne. Peut-être d'ailleurs que le comble de l'horreur fut pour les députés de l'Assemblée nationale égyptienne d'entendre Kadhafi leur expliquer en séance publique ses conceptions sur la place de la femme dans la société arabe.

Pourquoi l'Égypte se prête-t-elle à cette farce d'une nouvelle fédération ? Malgré le changement d'orientation que Sadate commence de lui imprimer, il ne fait pas de doute que les derniers souffles du nassérisme passent sur l'Égypte, que Sadate, dont le pouvoir est encore tout neuf, peut difficilement refuser un élément de légitimité que son encombrant voisin libyen agite au-dessus de sa tête. Il y a de plus la perspective des richesses pétrolières libyennes pour une population locale d'à peine 2 millions d'habitants, face à l'énorme masse des 36 millions d'Égyptiens dont le revenu national est parmi les plus bas du globe. L'expérience est donc tentée en cet automne de l'année 1971, des organes fédérés sont mis en place ; elle tourne court bien vite cependant, sitôt qu'il s'agit de l'unification des armées où le président libyen entend jouer un grand rôle, ce qu'évidemment l'armée égyptienne ne peut accepter, et sitôt aussi qu'il est question d'unification des organismes bancaires et financiers, car le président libyen de son côté ne saurait laisser l'Égypte mettre la main sur ses réserves de change et ses revenus pétroliers, sources exclusives de sa puissance. Chacun des deux présidents pourra dire cependant qu'il a essayé de réaliser le rêve unitaire et qu'il est donc en règle avec l'idéal politique qui a régné jusqu'ici sur la société arabe.

Ce nouvel échec s'ajoute à celui de l'expérience ratée des trois années d'union syro-égyptienne (1958-1961) ainsi que celui de l'éphémère Fédération entre l'Égypte, l'Irak et la Syrie en 1963, sans parler de l'inconsistant Conseil présidentiel établi entre l'Égypte et l'Irak en mai 1964 en vue de promouvoir une unité égypto-irakienne. Il achève donc de discréditer l'idée unitaire auprès de l'opinion publique ; plus grave, il dépolitise la société arabe qui prend désormais conscience que ses dirigeants politiques sont des hommes de théâtre avant d'être des hommes d'État. L'opinion sait en tout cas maintenant que l'idéal unitaire est le prétexte de gestes politiques spectaculaires, pour des César en mal de claque populaire et de légitimité, mais que dans la pratique, seule domine avec violence une souveraineté politique implacable qui ne supporte aucune atteinte. Beaucoup d'ailleurs pensent que cela vaut bien mieux, car si l'unité arabe doit aboutir à cumuler des sous-développements, des déphasages culturels et les fantaisies des castes militaires au pouvoir, il vaut mieux y renoncer.

Du côté de la Syrie et de l'Irak, pays que la géographie devrait unir le plus naturellement, on a vu que la prise du pouvoir baathiste en Irak en 1968 ouvre plus une nouvelle ère de rivalité qu'un processus d'unification. Le Baath irakien se réclame en effet de la légitimité de l'équipe des fondateurs du parti (Michel Aflak et Salah Bitar) qui a été évincée de Syrie en 1966, et avec laquelle le régime du président Assad en Syrie n'entend pas se réconcilier. L'entrée de la Syrie dans une fédération aux côtés de l'Égypte et de la Libye sous le symbole d'une légitimité encore nassérienne peut d'ailleurs apparaître comme une façon de se préserver vis-à-vis d'une opinion incontestablement en faveur de l'unité du parti en Syrie et en Irak, mais qui n'en garde pas moins la nostalgie du nassérisme. Ce jeu politique stérile que nous avons déjà vu à l'œuvre dans les années 1960 augmente l'amertume de l'opinion arabe, et dans le fond rend encore plus fragile la légitimité des élites politiques arabes qui se croient de ce fait souvent obligées de chercher à réaliser des gestes spectaculaires, même s'ils sont sans lendemain. C'est bien ce qui arrivera plus tard avec les essais avortés d'union entre la Libye et la Tunisie en 1974, entre la Syrie et la Libye en 1980. C'est ce qui arrive aussi lorsqu'en 1972, Sadate se croit obligé, pour s'assurer du soutien palestinien, de rompre avec la Jordanie qui, par son projet de Royaume arabe uni visant à regrouper les deux rives du Jourdain, cherche à reprendre l'initiative des mains de l'O.L.P.

LA GENÈSE D'UNE DÉCISION : DÉFAIRE LE SOMMET DE KHARTOUM

Impuissance totale face à Israël, manipulation des aspirations unitaires de la société arabe dans des jeux politiques qui ne concernent que la survie de régimes, mais non l'épanouissement de la société : il est certain que le Proche-Orient, en ce seuil des années 1970, est au bord de la rupture. La logique du rapprochement total vis-à-vis de l'Occident, qui est un moteur puissant du comportement politique arabe, se heurte à l'intransigeance israélienne. Comme en 1948, Israël refuse en effet d'appliquer les résolutions des Nations unies, en particulier les résolutions concernant le retour des réfugiés palestiniens chassés en 1948 et en 1967 de leurs foyers et surtout la fameuse résolution 242 du Conseil de sécurité adoptée en novembre 1967, condamnant le principe d'acquisition de territoires par la force, et déjà acceptée par l'Égypte du temps de Nasser. Avec le temps, cette résolution risque de tomber aux oubliettes et de subir ainsi le même sort que le plan de partage de 1947, ce qui consacrerait les nouvelles conquêtes israéliennes, qui ont cette fois débordé le seul territoire palestinien. Les grandes puissances occidentales ne semblent pas se rendre compte de la gravité de la situation.

L'Occident est polarisé par la guerre du Vietnam, les mouvements d'étudiants contestataires et la montée d'un terrorisme qui frappe surtout l'Allemagne et l'Italie. Pour lui, du côté du Proche-Orient, rien ne menace les approvisionnements pétroliers ; la monarchie saoudienne et le chah d'Iran en sont des garants vigilants, eux dont le trône repose sur la bienveillance de l'Occident. Tant pis pour l'Égypte qu'il faut punir de tant de choses depuis la fameuse nationalisation du canal de Suez. Quant à la Syrie, voici longtemps que les chancelleries occidentales ont renoncé à comprendre les ressorts de ses coups d'État et de son action internationale. Même s'il apparaît clairement que le général Assad a donné un coup de frein à droite, personne ne peut dire quelle sera la durée de son règne.

Les États-Unis savent que cette situation d'impuissance des Arabes face à Israël cause un tort grave à l'Union soviétique qui a épousé la cause arabe, mais qui ne réussit guère à la faire progresser d'un pouce. On sait que Sadate s'énerve, et l'expulsion des experts militaires soviétiques d'Égypte en 1972 le confirme. La seule politique est donc d'attendre que le fruit soit mûr et qu'il tombe complètement entre les mains des États-Unis. C'est la politique de Kissinger qui triomphe contre les « lobbies » pro-arabes aux États-Unis, et notamment celui des sociétés pétrolières, évidemment très proches de la monarchie saoudienne, et influentes au Département d'État. Les liens entre l'extrême gauche européenne et certains mouvements de résistance palestinienne donnent raison sur un autre plan aux jeux de l'ordre établi en Occident, à l'intransigeance israélienne qui n'entend traiter les Palestiniens qu'en terroristes et n'accepte de discuter qu'avec la monarchie jordanienne pro-occidentale.

Les Arabes paraissent en fait si ridiculement faibles et désunis face à la toute-puissance de l'armée israélienne que personne n'imagine qu'une guerre puisse éclater, surtout que l'on connaît la profonde dégradation des rapports arabo-soviétiques d'une part, et la position très ferme de l'Union soviétique qui, en pleine élaboration de la politique de coexistence pacifique avec les États-Unis, semble ne pas vouloir entendre parler d'une nouvelle guerre au Proche-Orient. Celle-ci pourrait en effet, sous le coup d'une nouvelle défaite arabe, lui coûter ce qui lui reste d'influence dans la région.

En réalité, l'Union soviétique sait que l'Égypte va

jouer le tout pour le tout, car le régime est à bout de souffle. Afin de ne pas perdre définitivement un pays où elle a tant « investi », elle a livré un matériel militaire important après l'expulsion de ses experts en juillet 1972. Pour elle aussi, il n'y a guère de choix. Refuser d'appuyer l'ouverture d'un front militaire par l'Égypte, c'est se condamner définitivement aux yeux des Arabes et donc perdre le bénéfice des efforts énormes qu'elle a menés au Proche-Orient depuis vingt ans. Alors qu'un succès militaire des armées arabes, même très limité, ne peut que consolider une influence qui s'effrite dangereusement. L'Égypte de Sadate, malgré son antipathie active pour l'Union soviétique, n'a guère de choix : sans la coopération active de l'Union soviétique en matière militaire, elle ne peut aller très loin dans les hostilités militaires avec Israël. D'où ce dernier épisode de coopération égypto-soviétique avant et durant la guerre d'octobre, mais qui sonnera le glas définitif de la présence russe en Égypte, et donc celui de l'héritage nassérien.

La politique de Sadate réussit en effet à écarter les Soviétiques du processus de paix au Proche-Orient et ramène une présence américaine massive en Égypte, notamment la mise à disposition de facilités militaires. Le président égyptien réussit de la sorte cet exploit politique peu banal d'employer les armes soviétiques une dernière fois, mais avec efficacité à cette occasion, pour parvenir à un rapprochement enfin définitif avec l'Occident capitaliste. En cela, il poursuit ce grand rêve des souverains égyptiens depuis Mohammed Ali et qui fut aussi celui de Nasser, à savoir attacher fermement le Proche-Orient à l'Occident. Il n'est pas sûr que les moyens employés aient été adéquats, car si la fin justifie les moyens, surtout en politique, la crédibilité d'une nation ne peut être reconnue que si elle est établie sur une constance minimale dans les grandes lignes de sa politique extérieure. De plus, ce n'est jamais impunément qu'on peut se permettre de ridiculiser une grande puissance. Nasser avant Sadate l'avait pourtant appris à ses dépens. Sadate lui ressemblait beaucoup trop, nous l'avons déjà remarqué, et ne put tirer les leçons des expériences malheureuses de son prédécesseur.

Le déclenchement de la guerre en octobre 1973 dans une action parfaitement coordonnée entre l'Égypte et la Syrie va donc surprendre Israël et les États-Unis. Il ne déplaît cependant pas à ces derniers. À l'heure du réalisme kissingérien, on voit que la situation va être enfin débloquée et on le voit d'autant mieux que cette fois, à l'étonnement général, ce sont les Israéliens qui sont surpris et les Arabes en pleine maîtrise de leurs mouvements. Il y aura donc un espoir de venir à bout de l'intransigeance israélienne jusqu'ici assise sur la croyance inébranlable d'une supériorité militaire totale. Car, en ces premiers jours d'octobre 1973, l'impensable arrive. Une armée égyptienne parfaitement disciplinée, sûre de sa logistique, traverse en quelques heures le canal de Suez, obstacle naturel jugé pratiquement infranchissable. Elle s'installe confortablement sur l'autre rive, occupe sans coup férir la fameuse ligne « Maginot » israélienne, la ligne Bar-Lev, et met en déroute avec une facilité déconcertante les timides contre-attaques de l'ennemi. L'armée syrienne, de son côté, enfonce tout le dispositif de sécurité israélien sur le Golan et s'apprête à dévaler ces hauteurs abruptes pour déferler sur la Galilée, cette région de Palestine occupée en 1948 mais dont la majorité des habitants est toujours arabe. L'observateur croit rêver, assister à la guerre de 1967 à l'envers, où les Israéliens seraient déguisés en Arabes et les Arabes en Israéliens. Le Proche-Orient aurait-il donc changé de visage par un coup de baguette magique ? Ou bien s'y est-il passé des choses que la répétition apparente des événements qui viennent d'être décrits a cachées aux observateurs les plus perspicaces ?

Beaucoup penseront que cette guerre d'octobre a été planifiée par les ordinateurs de la C.I.A. pour permettre à l'Égypte de virer honorablement et définitivement à l'Occident, remettre quelque peu Israël à la raison tout en consolidant son existence par une reconnaissance des pays arabes. L'hypothèse acquiert une dimension supplémentaire, compte tenu de la personnalité du Dr Kissinger, cet obscur professeur de science politique, d'origine germanique et de confession juive, qui, en quelques années, se hausse au sommet de la puissance internationale. Elle est évidemment absurde, même si l'appartenance de Kissinger au judaïsme donne aux antisémites, généralement amateurs de complots internationaux, matière à fabuler. Il suffit d'ailleurs de penser au spectacle pathétique de ce ministre des Affaires étrangères de la plus grande puissance du monde s'épuisant quelques mois plus tard en innombrables navettes entre Jérusalem, Damas et Le Caire pour obtenir un accord de désengagement des troupes, puis de non-belligérance entre l'Égypte et Israël le 1er septembre 1975. On surprendra même Kissinger pleurant à un départ de Jérusalem où tout semblait perdu.

Aucun doute n'est possible, le déclenchement de la guerre d'octobre 1973 est bien la décision du président Sadate. C'est aussi une décision courageuse, car elle est prise contre l'avis de beaucoup d'officiers de l'état-major égyptien qui ne croient guère possible une aventure militaire visant à traverser le canal. Mais cette décision reste l'aboutissement logique de l'impasse où se trouvent les pays arabes. Que cette décision soit d'abord celle de l'Égypte, la Syrie ne faisant que suivre, ne doit pas étonner, car il faut ici prendre en compte le poids des facteurs économiques. La Syrie, sous-peuplée, possède des ressources équilibrées et un potentiel agricole encore sous-exploité. L'Égypte, surpeuplée, est sans ressources notables en dehors d'un territoire agricole étroit et surexploité ; la fermeture du canal de Suez, l'arrêt du mouvement touristique, l'occupation des puits de pétrole du Sinaï, la mobilisation d'un demi-million d'hommes sous les drapeaux, l'existence au Caire d'un million de réfugiés de la zone du canal : autant de facteurs qui ont mis l'économie égyptienne à genoux, malgré les subsides des pays arabes pétroliers qui compensent à peine, à cette époque, la perte de devises due à la seule fermeture du canal de Suez.

Dans cette décision historique, Sadate n'est pas seul : outre la coordination totale avec la Syrie, il jouit du plein appui de l'Arabie Saoudite, qui elle aussi veut à tout prix débloquer la situation ; il a la sympathie active du président algérien. Boumediene est en cela fidèle aux idéaux de la guerre de libération algérienne mais, tout comme Fayçal, ce fanatique de la modernisation accélérée cherche à lever les obstacles d'ordre politique qui entravent la relation avec l'Occident capitaliste, symbole de progrès industriel et de prospérité. L'Algérie, peu de temps après le désengagement des forces entre l'Égypte et Israël, rétablira ses relations diplomatiques avec les États-Unis, rompues à la suite de la guerre israélo-arabe de 1967.

La décision de reprise des hostilités avec Israël s'inscrit en réalité dans le prolongement de la situation créée au sommet de Khartoum qui met les pays arabes, comme cela a été auparavant décrit, dans la fausse situation d'accepter l'Occident, mais de refuser Israël. Or, c'est de cette impasse que souffre le monde arabe depuis 1967 et dont ses dirigeants prennent de plus en plus conscience. C'est pourquoi l'idée d'une « banalisation » de l'existence d'Israël au sein de la communauté des pays du Proche-Orient a fait son chemin depuis 1967. Mais, pour accepter Israël, il faut d'abord récupérer les territoires conquis en 1967 ; pour cela, il faut faire bouger l'Occident insensible au drame de l'élite politique arabe, créer une atmosphère de crise, une dramatisation et, provoquer des hostilités militaires qui impliquent évidemment l'Union soviétique, merveilleuse écharpe rouge qui suscitera enfin l'agressivité du taureau américain. C'est ce contexte qu'il faut prendre en compte pour saisir la signification de la guerre d'octobre et en comprendre les développements militaires.

SÉMIOLOGIE D'UNE GUERRE ET D'UN EMBARGO

Dans la continuité de la politique arabe dont on a saisi déjà plusieurs fondements, ce contexte, neuf dans la forme, ne l'est pas dans le fond. En 1967, Nasser, dans la montée de la crise qui va mener à l'ouverture des hostilités par Israël, hausse les enchères dans l'espoir de mieux négocier un règlement global pacifique du contentieux israélo-arabe. La fermeture du détroit de Tiran à la navigation israélienne, la demande de retrait des Casques bleus du Sinaï sont des gestes spectaculaires, mais aussi des signaux suffisamment clairs aux amateurs de sémiologie politique. D'autant plus clairs que le 28 mai 1967, à quelques jours de la foudroyante attaque israélienne, Nasser, dans la même conférence de presse où il menace Israël de destruction en cas d'agression de sa part, affirme que l'Égypte n'ouvrira en aucun cas les hostilités la première et propose une réactivation de la commission mixte d'armistice israélo-égyptienne ainsi qu'une négociation globale par l'intermédiaire des grandes puissances pour trouver une solution au problème palestinien. Le président égyptien, en récupérant à son profit politique la crise que le gauchisme syrien avait ouverte avec Israël au printemps 1967, cherchait donc déjà à trouver une issue à l'ensemble du contentieux israélo-arabe gelé depuis 1949 ; à l'époque, ce dernier est exclusivement celui des réfugiés palestiniens, puisque Israël n'a pas encore conquis des territoires des pays arabes autres que la Palestine.

Chez les puissances occidentales, seul de Gaulle, en France, a compris la signification de la politique égyptienne. Aux États-Unis, le président Johnson et son placide ministre des Affaires étrangères, Dean Rusk, ne jouissent guère de l'acuité du regard politique qu'aura plus tard, en 1973, le couple Nixon-Kissinger. Mais surtout Nasser est le mal-aimé de l'Occident. La grande presse « internationale », massivement favorable à la position israélienne, s'en donne à cœur joie contre le président égyptien, ce symbole haï de l'anticolonialisme économique du tiers monde. Il se crée donc une atmosphère d'hostilité à l'encontre des Arabes en général dans l'ensemble des pays occidentaux, qui n'incite guère les gouvernements à intervenir positivement. Comme si toute la rancœur de l'Occident riche et puissant contre la révolte des opprimés s'était cristallisée sur le Proche-Orient arabe où bons et méchants vont enfin s'affronter, pour que la « justice » puisse triompher.

Quel merveilleux triomphe pour l'Occident, en l'occurrence foncièrement et naïvement hypocrite, que celui du petit « David » contre le géant « Goliath ». Que de méprises et que d'amalgames en ces journées de 1967 où l'Occident, aux côtés de son miroir narcissique ambigu, Israël, savoure l'humiliation arabe. Inutile de s'attarder sur cet aspect si peu glorieux de la « psyché » occidentale, qui n'a rien à envier aux recoins les plus sombres de l'« âme » orientale. Rappelons seulement combien le général de Gaulle se fera vilipender à Paris même pour avoir émis une note discordante[1] à cette énorme

1. Le fameux qualificatif de « peuple d'élite, sûr de lui-même et dominateur » que de Gaulle emploie pour désigner Israël dans une conférence de presse du 28 novembre 1967.

ratonnade physique et psychique que subissent les Arabes, et adopté une ligne politique qui le singularisera des autres dirigeants occidentaux. Mais réaffirmons à cette occasion que morale et politique ne sont pas nécessairement antinomiques, puisque la France continuera longtemps de toucher les dividendes substantiels de la politique gaulliste au Proche-Orient.

Le contexte de 1973 n'a en fait pas beaucoup changé. Simplement le contentieux israélo-arabe est à la fois plus lourd et plus vaste. Plus lourd, parce que les rancœurs se sont accumulées et que les Palestiniens, hermétiquement enfermés jusqu'en 1967 dans leurs camps de réfugiés, se sont échappés et se manifestent bruyamment chez les Arabes comme chez les Israéliens, mais aussi en Europe. Plus vaste, parce que Israël en 1967 ne s'est pas contentée d'achever la conquête de la Palestine, mais qu'elle a occupé un énorme bout d'Égypte, et une petite région de grande valeur stratégique pour la Syrie. Forts de l'expérience de 1967, les Arabes cette fois-ci planifieront soigneusement leur dispositif signalétique à l'égard de l'Occident, aussi bien militairement que politiquement. Tout d'abord, bien sûr, le renvoi des experts russes d'Égypte, mais encore le virage à droite de Hafez el-Assad en Syrie, la chasse aux communistes un peu partout dans le monde arabe, la polarisation de tous autour des deux grandes monarchies que sont l'Arabie Saoudite et le Maroc, piliers de l'Occident en Orient. À Alger, à la quatrième conférence des non-alignés en septembre 1973, le président Kadhafi s'est fait le porte-parole du mécontentement des Arabes vis-à-vis de l'Union soviétique, attaquant avec virulence les pays du mouvement alignés sur la Russie et en particulier Cuba.

Pour les médias arabes, ces médias incroyablement stupides en 1967 qui ont alors tant facilité la tâche de la propagande israélienne, le style est maintenant différent, épuré de la monotonie des incantations contre l'impérialisme. S'y est ajouté un travail de base fait pour expliquer à l'opinion occidentale la cause palestinienne, chiffres et données à l'appui. Beyrouth est devenue un grand centre d'information sur la cause palestinienne, assidûment fréquenté par les correspondants de la presse internationale. Elle payera cher ce rôle si stratégique dans toute guerre de libération nationale, qui est autant celle de l'information que celle des armes.

Militairement, la conduite des opérations par l'armée égyptienne ne laisse aucun doute sur le caractère limité de la guerre qu'elle entreprend. Traverser le canal et ne plus bouger de sa rive orientale quoi qu'il en coûte. Durant les opérations et malgré l'aide massive des Soviétiques qui montent un pont aérien continu entre l'Égypte et la Syrie, aucune déclaration d'amitié prosoviétique, aucune effusion lorsque Kossyguine, en pleine guerre, passe trois jours au Caire.

Enfin, dernier élément de la signalétique, l'arme du pétrole. Ce pétrole dont l'Occident a abusé, comme de morphine, dont il ne peut plus se passer et dont il lui faut maintenant des quantités faramineuses ; pétrole dont les prix depuis 1970 commencent à monter, mais que même en 1967, dans le moment de la plus grande détresse, les Arabes n'ont pas osé retirer à l'Occident qui les écrasait de son hostile indifférence. Ici encore les gestes sont sans équivoque. Ils seront mal compris cependant, car la puissance de l'Occident est chatouillée dans son endroit le plus sensible, et des torrents de passions se déchaînent ainsi à nouveau. Personne ne pourra dire si Fayçal le majestueux, l'architecte des opérations pétrolières qui accompagnent la conduite de la guerre, ne paye pas son « impertinence » à l'Occident dans l'assassinat dont il est victime en 1975. Pourtant cet embargo de 1973 est clair, limpide, transparent. Il faut que l'Occident comprenne le geste, mais n'en souffre point vraiment, ce qui sera le cas. Les timides restrictions à la circulation automobile durant les fins de semaine dans quelques pays d'Europe au cours de l'hiver 1973 ne font pas vraiment mal ; les queues aux stations d'essence de certains États en Amérique sont dues plus aux bizarreries des différentes législations pétrolières américaines qu'à de graves ruptures d'approvisionnement.

L'Arabie Saoudite a clairement fait comprendre au consortium de sociétés pétrolières opérant sur son territoire qu'il fallait être prêt à affronter une conjoncture difficile du fait de l'entêtement israélien ; dès le mois de mai 1973, l'Aramco augmente considérablement la production saoudienne. De la sorte, les réductions de la production saoudienne dues à l'embargo ne font que ramener cette dernière à son rythme normal, qui est très élevé. Ainsi la production saoudienne a diminué de 19,5 % entre le troisième et le quatrième trimestre de 1973, mais elle avait augmenté de 36,4 % durant les neuf premiers mois de l'année 1973 par rapport à la même période de l'année 1972[1].

L'embargo n'est décidé que le 17 octobre, à Koweït, soit onze jours après le déclenchement des hostilités, par les pays arabes exportateurs de pétrole[2]. La date est importante car elle montre bien que cette décision dangereuse n'est prise qu'une fois le doute levé sur l'ampleur du pont aérien que les États-Unis mettent en place en faveur d'Israël à partir du 14 octobre et qui dépasse de loin ce que les Russes fournissent aux Arabes. Grâce à ce pont, les

1. John M. Blair, *The Control of Oil*, Londres, Mc Millan Press, 1977, p. 207.

2. Regroupés dans l'O.P.A.E.P. (Organisation des pays arabes exportateurs de pétrole) qui comprend l'Algérie, l'Arabie Saoudite, Bahrein, les Émirats arabes unis, l'Égypte, l'Irak, le Koweït, la Libye, Qatar, la Syrie ; à ne pas confondre avec l'O.P.E.P.

Israéliens vont pouvoir reprendre l'offensive dans le déroulement des opérations, franchir la rive occidentale du canal, réoccuper le Golan et y étendre leur ancienne zone d'occupation. La décision prise à Koweït vise clairement à sanctionner la partialité américaine. Le dispositif de l'embargo est, malgré cela, très modéré. Il ne s'agit que d'une réduction progressive de la production pétrolière de 5 % par mois jusqu'à ce qu'un début de règlement au conflit ait été trouvé et que son application ait commencé [1]. L'embargo ne s'applique pas aux pays amis soutenant la cause arabe : en Europe, la France et l'Espagne ; ailleurs, beaucoup de pays du tiers monde, en particulier les pays islamiques et africains. Le 18 novembre, la réduction est suspendue pour le mois de décembre vis-à-vis de la C.E.E. qui a adopté au début de novembre une position équilibrée sur le règlement du conflit. En décembre, elle est en principe rétablie, mais le Japon est inclus dans la liste des pays amis, cependant que l'Algérie renâcle et fait savoir tout haut qu'il faut rétablir toutes les livraisons à l'Europe qui n'est pas vraiment hostile à la cause arabe.

En fait, cet embargo n'en est pas un, car il est partiel et ne s'applique même pas à l'ensemble des pays occidentaux. Les pays arabes exportateurs n'ont, de plus, aucun moyen d'en contrôler l'application, puisque la commercialisation et la distribution de leur pétrole sont aux mains des Occidentaux, et notamment des grandes sociétés pétrolières. Ce n'est souvent qu'en cours de route qu'un pétrolier

1. L'Arabie Saoudite et les Émirats arabes unis annoncent immédiatement une réduction de 10 % de leur production. Certains pays parlent d'une interdiction d'exporter vers les États-Unis et les Pays-Bas, pays européen qui ne prend guère de précautions pour cacher ses sympathies envers Israël. En fait, toutes ces décisions sont confuses et personne ne connaît la réalité exacte de leur mise en application.

connaît sa destination finale. De plus, les très grands producteurs non arabes comme l'Iran, le Nigeria, l'Indonésie, le Venezuela ont continué d'exporter normalement. L'Irak, supposé être un pilier de l'intransigeance arabe, ne réduit pas sa production et ne se donne même pas la peine d'assister à la réunion du Koweït du 17 octobre où est décidé l'embargo. Ce pays, qui a déjà nationalisé son pétrole en 1972, plaide la cause de la nationalisation qui, d'après lui, frapperait plus durement les intérêts « impérialistes » qu'un embargo.

On ne s'étonnera donc pas que le niveau d'exportation de l'ensemble des pays pétroliers ait connu en 1973 le même rythme de croissance qu'en 1972, soit 9,5 %, rythme extrêmement élevé. Ce sont évidemment les compagnies qui jouent la pénurie et la hausse des prix qui leur assurent des profits inespérés. C'est aussi le gouvernement américain, dont la politique pétrolière absurde a mis les États-Unis sous la dépendance de l'étranger, et qui cherche maintenant une conjoncture propice lui facilitant, vis-à-vis du Congrès, l'abolition des législations freinant le développement du potentiel énergétique local.

Dès le début de l'année 1974, l'ensemble des approvisionnements semble rétabli, même si l'embargo n'est toujours pas levé officiellement. Pour dissiper toute ambiguïté, les deux grands ténors pétroliers du monde arabe, Bel Eid Abdessalam, ministre algérien de l'Industrie et du Pétrole, et Ahmad Zaki Yamani, ministre saoudien du Pétrole, entreprennent ensemble en janvier 1974 une grande tournée dans le monde occidental et au Japon pour expliquer la position arabe, politique et pétrolière. Car l'Occident gronde et rugit du fait du brutal réajustement des prix que facilite ce modeste et inefficace embargo.

UN BROUILLAGE INDÉSIRABLE : LE CHAOS DES PRIX PÉTROLIERS

Déjà au début du mois d'octobre 1973, à Vienne, les pays de l'O.P.E.P. n'avaient pas réussi à s'entendre avec les compagnies pétrolières pour ajuster les prix du pétrole à une inflation qui grossit à vue d'œil dans les pays industrialisés, principaux fournisseurs des exportateurs de pétrole. Le 16 octobre, soit la veille de la décision d'embargo, toujours à Koweït, les cinq producteurs arabes du Golfe et l'Iran décident d'augmenter le prix du baril de 70 %, le faisant passer de 3 dollars à 5,11 dollars. Ils ne font ainsi que s'aligner sur les prix déjà pratiqués par l'Algérie, le Venezuela et l'Indonésie. Cela montre que les décisions concernant les prix pétroliers ne sont pas liées aux décisions d'embargo malgré le rapprochement des dates. Il s'agit en fait de deux dynamiques tout à fait différentes. Quelques semaines plus tard, l'ensemble des pays de l'O.P.E.P. réunis à Téhéran le 23 décembre, sous la houlette du chah d'Iran, décide de doubler le prix du baril qui passe ainsi à 11,65 dollars. Le chah avait déjà patronné les fameux accords de 1971 relevant substantiellement les prix[1]. Les compagnies, de leur côté, poussent maintenant à la roue, puisqu'elles vont payer jusqu'à 17 dollars le baril et seraient prêtes à aller plus loin[2].

En réalité, le marché s'ajuste après des années de pétrole à bon marché. Cet épisode a été conté, inutile

1. Voir *supra* chapitre 8, p. 359-363.
2. Les revenus du consortium de sociétés pétrolières américaines opérant en Arabie Saoudite passent de 1,1 milliard de dollars en 1971 à 1,7 milliard de dollars en 1972 et 3,2 milliards de dollars en 1973. Au premier trimestre 1974, Texaco accroît ses bénéfices de 123 %, Shell de 178 %, B.P. de 277 %.

d'y revenir. Mais la signification politique de l'embargo, si bien mise au point par les pays arabes, s'effondre dans l'horreur du chaos du marché pétrolier. Il sera désormais facile, sur le plan de la propagande, de faire porter aux Arabes la responsabilité de la crise de l'énergie, de la récession qui s'installe dans les économies des pays industrialisés et des déficits généralisés des balances de paiement des pays importateurs d'énergie. Les Israéliens ne s'en priveront pas, en affirmant partout et sans relâche, face aux pressions dont ils sont l'objet pour assouplir leurs positions, que l'Occident a abandonné le courageux petit « David » pour quelques barils de pétrole arabe. Quant aux médias des pays industrialisés, ils se déchaînent contre les producteurs de pétrole, mais surtout les pays arabes. Kissinger lui-même prendra la tête d'une croisade anti-O.P.E.P. dans laquelle il veut embrigader tous les pays occidentaux, et qui conduira à la constitution de l'Agence internationale de l'énergie (A.I.E.), contrepartie occidentale de l'O.P.E.P. La France sera seule à s'y opposer et refusera d'ailleurs d'adhérer à l'A.I.E. Mais le mal est fait, le chaos pétrolier, dont l'Occident porte la responsabilité première, va désormais accaparer l'attention arabe et détourner ainsi les énergies de la solution du conflit israélo-arabe. Le chemin qui mène Sadate, seul, sous les quolibets des autres dirigeants arabes, à la paix séparée avec Israël est déjà ouvert en cette fin d'année 1974. Il faudra y revenir plus longuement.

Pour l'heure, terminons l'histoire de cet embargo qui débouche sur tout autre chose que ce pourquoi il avait été si soigneusement et prudemment mis en place, et qui aura des conséquences profondes sur l'évolution des politiques des pays du Proche-Orient. L'embargo brûle en effet très vite les doigts de ses planificateurs arabes. Toute leur prudence n'a servi à rien, devant l'horreur qu'inspire la spirale ascendante des prix pétroliers aux Occidentaux, mais aussi aux pays du tiers monde qui voient monter dangereusement leurs factures pétrolières. C'est pourquoi, rapidement, les auteurs de l'embargo, qui en ont immédiatement atténué la portée effective sur le plan des approvisionnements, cherchent par tous les moyens à le lever officiellement. C'est pourquoi aussi Kissinger s'active dans les négociations de désengagement et commence, dès le début du mois de janvier 1974, les fameuses navettes entre Jérusalem, Damas et Le Caire. En même temps, cependant, le secrétaire d'État met en place au niveau des pays occidentaux son dispositif de riposte à l'O.P.E.P. ; les autorités américaines font entendre des bruits de bottes aux États-Unis : entraînements spéciaux de troupes d'intervention rapide, menaces à peine voilées d'intervention militaire dans le Golfe arabo-persique.

Égyptiens et Saoudiens, les deux grandes forces pro-américaines du Proche et du Moyen-Orient, deviennent très anxieux devant ces développements qui bouleversent toute leur stratégie politique. S'aliéner politiquement l'Occident du fait de cet embargo, qui n'en est même pas un vrai, est absurde, puisque l'objectif premier est d'en terminer avec tout le contentieux israélo-arabe, pour asseoir sur des bases solides l'intégration culturelle et économique du Proche-Orient à l'Occident capitaliste. Pour la monarchie saoudite, l'hostilité du protecteur américain sape les fondements socio-économiques les plus profonds du régime. Pour l'Égypte, qui rêve de se débarrasser définitivement de l'alliance russe, cette hostilité la rejette dans les bras soviétiques. Dès le mois de décembre, le président Sadate fait savoir aux Américains qu'il se fait fort d'obtenir la levée de l'embargo. Au cours du mois de janvier, il ne cessera d'exercer à ce sujet des pressions de toutes sortes sur les pays pétroliers.

La levée ne sera annoncée officiellement que le 18 mars à une réunion des pays arabes exportateurs de pétrole tenue à Vienne, après l'accord de désengagement militaire israélo-égyptien signé le 18 janvier 1974, mais avant celui du désengagement syro-israélien qui intervient seulement le 31 mai 1974. La Syrie a donc été lâchée au milieu du chemin. Il lui sera évidemment difficile de l'oublier, d'autant qu'elle a cherché par tous les moyens d'empêcher ce geste uniquement symbolique vis-à-vis de l'Occident, mais qui rompt effectivement la solidarité arabe. La « tyrannie pétrolière » s'est déjà transformée en catastrophe politique pour les Arabes, elle va bientôt devenir aussi une plaie économique et sociale qui, en quelques années, ronge dangereusement les fondations de la société arabe. Même au niveau de l'O.P.E.P., et plus généralement des rapports entre pays industrialisés riches et pays du tiers monde, plus rien ne sera comme avant.

L'Arabie Saoudite est en effet traumatisée par l'hostilité occidentale qu'a déclenchée le quadruplement des prix du pétrole, et dont l'opinion publique attribue la responsabilité aux mesures d'embargo et aux Arabes. Elle adoptera désormais, au niveau de l'O.P.E.P. comme à toutes les grandes négociations économiques internationales, une ligne exclusivement favorable aux intérêts occidentaux. Compte tenu de sa nouvelle puissance pétrolière et financière, surtout depuis le quadruplement des prix du pétrole, cette attitude affaiblit considérablement la portée des efforts de l'Algérie et du président Boumediene. Ce dernier, pour dépasser le choc provoqué par le chaos pétrolier à la fin de l'année 1973, cherchera, pour mieux rencontrer l'Occident, à élever le débat en le portant sur le plan général d'une réforme de l'ordre économique international qui permette au tiers monde de prendre part de plain-pied à la prospérité et aux progrès techniques du monde industrialisé.

Ainsi le canal de Suez, objet de la troisième guerre israélo-arabe, est à nouveau le détonateur d'événements économiques remarquables dans l'histoire du XXe siècle. Il l'avait été au XIXe, puisqu'il est en grande partie responsable de l'occupation de l'Égypte par l'Angleterre, et donc de l'asservissement direct du Proche-Orient un peu plus tard par les puissances européennes. En 1956, sa nationalisation a servi de symbole mobilisateur à la première vague de libération économique du tiers monde. Il joue encore une fois fidèlement son rôle en 1973, puisque l'Égypte, à genoux économiquement depuis la guerre de 1967, a décidé de le libérer de l'occupation israélienne, pour qu'à nouveau ouvert il puisse remettre le pays dans le circuit du commerce international. L'embargo pétrolier arabe, de nature plus politique qu'économique, mis en œuvre le 17 octobre, est destiné à aider l'Égypte à conserver la rive orientale du canal qu'elle a reconquise sur les Israéliens contre toute attente et qu'elle risque de perdre à nouveau face à la contre-offensive israélienne sur la rive occidentale, avec l'appui massif des armes américaines.

Cette action pétrolière qui accompagne la libération du canal déclenche la deuxième vague de libération économique du tiers monde. Mais l'ambiguïté règne ici, tout autant que dans la période des années 1960. La tyrannie pétrolière des années 1970 peut faire basculer dans la révolution fondamentaliste d'extrême droite, tout comme le césarisme nassérien des années 1960 avait poussé au radicalisme gauchiste, qui aidait les forces de droite à se trouver des points de cristallisation. La guerre d'octobre 1973 est d'ailleurs bien une guerre « à droite » ; sa genèse et les motivations de ses protagonistes arabes l'ont clairement prouvé, même si elle se déroule encore à l'ombre des symboles politiques de la période précédente et avec les constantes sociologiques qui ont été dépistées, notamment au niveau de l'histoire de l'Égypte.

Au demeurant, l'important n'est peut-être pas seulement la coloration idéologique des événements, mais aussi les constantes de l'histoire des sociétés, qui limitent la signification des signaux idéologiques, sans cependant l'annuler. Cela est encore plus vrai dans les sociétés du tiers monde où l'organisation du langage politique moderne est faible et où le langage est souvent employé avec d'autant plus de volubilité qu'il permet de masquer la permanence des structures anciennes qui étouffent la société. Partout dans le monde, on peut opprimer sous couvert de changement à « gauche », ou de stabilité à « droite ». Sadate, ce polarisateur de contradictions, traverse le canal à « droite » ; il accomplit cependant un geste de haute signification historique à « gauche ». Les partenaires arabes, la Syrie qui se bat, ou l'Arabie Saoudite et l'Algérie qui soutiennent activement, cumulent toutes les couleurs du kaléidoscope idéologique. C'est pourquoi cette guerre de 1973 est ambiguë à tous les niveaux, celui des événements internationaux qu'elle déclenche, comme celui de son propre développement militaire et politique.

LES OPÉRATIONS MILITAIRES : PREMIÈRE VICTOIRE OU DERNIÈRE DÉFAITE

Les historiens de la prochaine génération pourront dire si la guerre d'octobre 1973 est la première victoire des Arabes face aux Israéliens ou leur dernière défaite. Fertile en rebondissements militaires, spectaculaire en retombées politiques, la guerre et la portée des événements qu'elle a déclenchés sont encore difficiles à appréhender dans toute leur ampleur. Des polémiques nombreuses caractérisent l'analyse du déroulement des combats, non seulement entre Israéliens et Arabes, mais aussi à l'intérieur de chacun des deux camps, en fait chez les Israéliens et les Égyptiens, où les controverses sont vives sur les causes des succès ou des revers. Le déroulement des opérations montre cependant avec clarté que les armées égyptienne et syrienne remportent un succès total dans leur offensive, contre des obstacles naturels et des dispositifs de sécurité considérés inviolables.

Excluant d'abord, aux premiers signes de mobilisation dans les armées syrienne et égyptienne, tout déclenchement des hostilités en raison des facteurs déjà cités, le gouvernement israélien ne réalise que quarante-huit heures à l'avance que le risque de guerre existe bel et bien. À la différence de 1967, une attaque préventive de son aviation est cette fois-ci exclue, d'une part parce que les États-Unis, alliés privilégiés et fournisseurs majeurs d'armements, y semblent opposés, d'autre part parce que les généraux israéliens ne croient guère que l'armée égyptienne puisse franchir rapidement le canal ; ils considèrent donc avoir largement le temps de tenir jusqu'à la mobilisation complète des réservistes, ne réalisent peut-être pas assez l'efficacité du dispositif de missiles antiaériens dont disposent l'Égypte et la Syrie et qui va paralyser leur aviation durant les premiers jours de la guerre. Le gouvernement israélien choisit donc en toute sérénité de ne pas mener une attaque préventive, qui pourrait lui aliéner l'opinion occidentale qui l'a jusqu'ici si bien soutenu dans son intransigeance en matière de territoires occupés. Pour lui, la guerre va ouvrir la porte à de nouvelles conquêtes territoriales et ainsi permettre de consacrer l'annexion de ceux parmi les territoires pris en 1967 qu'il compte bien absorber définitivement.

Mais la suite des opérations militaires montre aussi, sans doute possible, que l'armée israélienne, le choc passé, reprend l'initiative des opérations. Elle pousse ses troupes au-delà des lignes du cessez-le-feu de 1967, menaçant d'encore plus près que lors de la guerre de juin 1967 Damas et Le Caire ; le danger est d'autant plus grand que, comme dans les précédentes guerres, l'armée israélienne ne respecte pas le cessez-le-feu décrété le 22 octobre puis répété le 23 au Conseil de sécurité des Nations unies, et qu'elle continue d'occuper de nouveaux territoires. Il s'ensuit une escalade spectaculaire dans la confrontation entre l'Union soviétique et les États-Unis. À ce qui apparaît comme des préparatifs d'intervention de troupes soviétiques pour faire respecter le cessez-le-feu, les Américains décrètent dans la nuit du 24 au 25 octobre une alerte nucléaire de troisième degré[1] de la totalité de leur commandement aérien stratégique (S.A.C.). En réalité, face au non-respect du cessez-le-feu par Israël, les Russes, soutenus à l'O.N.U. par les pays non alignés, ont proposé la création d'une force américano-soviétique pour séparer les combattants. Nixon et Kissinger, dont toute la politique proche-orientale est axée sur l'éviction de la Russie de cette région pétrolière stratégique, ne veulent pas entendre parler d'un tel projet qui consacrerait la présence russe. Pourtant, même Sadate, qui partage l'obsession antisoviétique du gouvernement Nixon, soutient le projet. Il est vrai que l'armée israélienne approche des faubourgs de l'importante ville de Suez sur la rive occidentale du canal et qu'elle achève ainsi d'encercler la troisième armée égyptienne qui a victorieusement passé quelques jours plus tôt la rive orientale.

Après la victoire éclair des premiers jours, ainsi que la prouesse militaire et technique, non seulement de traverser le canal, mais de le faire si vite, les

1. L'alerte militaire comporte dans l'armée américaine cinq degrés par ordre décroissant. On a beaucoup dit que ce geste spectaculaire était destiné à détourner l'attention de l'opinion américaine du fameux scandale du Watergate qui s'amplifie et mènera quelques mois plus tard Nixon à la démission.

revers de l'armée égyptienne sont étonnants. En vingt-quatre heures en effet, à partir du 6 octobre, 100 000 hommes, 1 000 tanks et 13 500 véhicules sont passés sur l'autre rive, au nez et à la barbe des défenses israéliennes qui se sont écroulées comme des châteaux de cartes, montrant au monde entier que le concept de frontières sûres, si prisé des Israéliens, est un attrape-nigaud. Les revers égyptiens, après le franchissement victorieux du canal, sont cependant explicables d'une part du fait de la nature des objectifs politiques assignés par l'Égypte à la guerre, d'autre part du fait des problèmes traditionnels de l'armée égyptienne. Car les objectifs de cette guerre sont très limités : passer le canal et n'en plus bouger, objectifs que les Égyptiens considèrent déjà comme une tâche militaire formidable, d'autant qu'ils ne soupçonnent guère la faiblesse effective du dispositif adverse. Aussi quand leur traversée se passe sans encombre et que les premières contre-offensives israéliennes sont repoussées avec succès, l'armée égyptienne n'a plus d'autre scénario. Elle attend le cessez-le-feu, prête à passer la main au jeu diplomatique et politique. C'est pourquoi elle ne pousse pas son avantage en essayant d'atteindre les fameux cols de Mitla et de Gidi à une cinquantaine de kilomètres du canal et qui ont une importance stratégique fondamentale pour la domination militaire du Sinaï. Lorsque, le 14 octobre, l'armée égyptienne cherche à avancer, apparemment pour soulager l'armée syrienne qui est en retraite sur le front du Golan, il est trop tard. Le pont aérien avec les États-Unis fonctionne sur une grande échelle, les arsenaux israéliens ont été réapprovisionnés après les lourdes pertes des premiers jours. L'offensive égyptienne échoue. Dans la nuit du 15 au 16 octobre, l'armée israélienne s'infiltre sur la rive occidentale du canal de Suez, au lieu-dit « Déversoir ». Il faudra apparemment plusieurs jours au commandement égyptien pour réaliser l'ampleur irréversible de l'offensive.

En réalité, l'armée égyptienne, intensivement entraînée par les Russes à une guerre de position, ne peut suivre une guerre de mouvement où excelle l'ennemi israélien. Sa logistique est vite désorganisée. Unis dans les premiers jours de victoire intégrale, les officiers du haut commandement égyptien, confrontés aux premiers revers, retombent dans leurs querelles traditionnelles et ne parviennent guère à s'entendre sur la façon de repousser la poche israélienne sur la rive occidentale. Cela aggrave la situation du front égyptien, d'autant que l'armée israélienne, libérée de toute pression sur le front syrien, porte depuis le 13 octobre tout son poids sur le front égyptien où les avions militaires américains déversent des tonnes de matériel directement sur l'aérodrome d'El Arish au Sinaï.

En fait, le front syrien était au départ le plus dangereux pour les Israéliens en raison de sa proximité des territoires palestiniens sur lesquels ils ont érigé leur État en 1948. Aussi le dispositif de sécurité est-il beaucoup plus garni en hommes et en matériel que la ligne Bar-Lev sur le canal. Or les Syriens réussissent jusqu'au 9 octobre leur offensive et progressent de vingt kilomètres au-delà des lignes du cessez-le-feu de 1967. Les pertes en matériel de l'armée syrienne sont cependant tellement grandes que, le 10 octobre, elle se replie sur les lignes de départ. Du 11 au 13 octobre, les Israéliens contre-attaquent, faisant à leur tour une percée de vingt kilomètres sur le flanc nord-ouest de l'armée syrienne, sans cependant mettre en déroute leurs adversaires, renforcés par l'arrivée de forces irakiennes. L'armée syrienne s'est en effet retirée en bon ordre et ses nouvelles lignes de défense ne cèdent pas à la pression de l'ennemi. Aussi, le front syrien stabilisé, l'armée israélienne n'insiste pas, et s'occupe de rétablir l'équilibre militaire sur le front égyptien où elle a été jusqu'ici en déroute, perdant un matériel considérable au cours de vaines contre-offensives (plus de 600 tanks, contre des pertes égyptiennes réduites jusqu'au 13 octobre à 300 tanks). Elle jouit du plein appui américain non seulement militaire, mais diplomatique ; le gouvernement des États-Unis n'entendant pas qu'Israël entame des négociations avec les Arabes dans une position trop faible.

C'est à partir de cette situation que se développe l'escalade entre les deux grandes puissances. Derrière le sort des armes des belligérants, il y a le prestige des fournisseurs d'armes, qui sont en même temps « patrons » politiques des combattants. Or les armées arabes ont fait, aux premiers jours de la guerre, une démonstration éblouissante de l'efficacité du matériel soviétique qui provoque un carnage dans l'aviation et les blindés israéliens. Les États-Unis ne peuvent se permettre un tel succès qui risque de remettre en cause tous les acquis de leur politique. D'où l'ampleur du pont aérien américain et la livraison du matériel le plus sophistiqué, en particulier les systèmes électroniques de brouillage des trajectoires de missiles. Pont aérien qui est en lui-même, sur le plan de la logistique, un exploit, puisque les États-Unis sont à une dizaine de milliers de kilomètres du champ des opérations et qu'ils amènent en plein cœur du Sinaï, de façon ininterrompue à partir du 12 octobre, des milliers de tonnes de matériel, y compris des chars lourds. Les Russes, eux, ne sont qu'à trois mille kilomètres du Proche-Orient ; leur pont aérien, non moins spectaculaire ne présente cependant pas le même exploit logistique, encore qu'il faille dans leur cas approvisionner deux armées différentes. Il est aussi, en tonnage transporté, de moindre envergure que celui des Américains, 15 000 tonnes pour l'Égypte et la Syrie, contre 27 895 tonnes à Israël, dont 5 500 transportées par les avions de la ligne commerciale israélienne, El Al[1].

1. Chiffres extraits des Mémoires du général El Shazly, chef d'état-major égyptien au cours de la guerre d'octobre, peu suspect

Ces données permettent de mieux comprendre la politique israélienne qui fait fi du cessez-le-feu décrété le 22 octobre au Conseil de sécurité après avoir été négocié par Kissinger et Brejnev à Moscou les 20 et 21 octobre, journées durant lesquelles les deux protagonistes égyptien et israélien en arrivent au match nul sur le terrain des opérations militaires. Israël ne veut en effet à aucun prix d'un match nul qui la ferait entrer en négociation sans véritable gage nouveau à marchander chèrement. D'autant que cette fois, à la différence de 1967, il faudra doublement rendre des comptes. À l'opinion internationale qui, malgré tout, voit que si les Arabes ont attaqué, la responsabilité de la guerre incombe à la permanence de l'occupation par Israël de territoires conquis depuis plus de six ans, et à son entêtement à ne pas reconnaître l'existence d'une cause palestinienne. À l'opinion israélienne aussi, surtout en cette veille d'élections législatives prévues pour le mois de décembre ; le gouvernement travailliste d'Israël a-t-il vraiment fait des efforts suffisants pour trouver un arrangement avec les Arabes, et, dans l'affirmative, pourquoi une telle débâcle les premiers jours de la guerre, alors qu'il était facile de prévoir que les Arabes chercheraient à récupérer par la force leurs territoires perdus ? C'est pourquoi l'armée israélienne ignore les cessez-le-feu et ne s'arrête qu'aux faubourgs de la ville de Suez, encerclant ainsi la troisième armée égyptienne. Elle

---

d'antisoviétisme, d'autant que limogé par le président Sadate à titre de sanction contre la poussée israélienne victorieuse du Déversoir, et passé à l'opposition au régime de Sadate en 1978 (*The Crossing of Suez, op. cit.*, p. 186-187). Une autre précision donnée par le général Shazli, l'Union soviétique et les États-Unis fournissent, par un pont maritime à partir du 30 octobre, respectivement 63 000 tonnes à l'Égypte et la Syrie et 33 210 tonnes à Israël (*ibid*, p. 187). À cette date, rien n'est encore joué sur le plan de la paix ou même plus simplement d'un armistice quelque peu permanent. Les grandes puissances se doivent donc de réarmer leurs clients.

considère alors avoir des gages suffisants pour la négociation d'un arrêt effectif des hostilités et d'un désengagement des troupes imbriquées de façon inextricable et qu'il faudra donc séparer. Entre-temps, la paix du monde est ainsi mise en danger et c'est l'épisode célèbre de la colère russe provoquant l'alerte nucléaire américaine du 25 octobre.

Vraisemblablement démesuré, le signal américain du 25 octobre, lancé sans consultation avec les alliés des pays de l'O.T.A.N., a été perçu par les Soviétiques, qui renoncent le 26 à leur projet de force américano-soviétique pour séparer les combattants. Cela permet au Conseil de sécurité des Nations unies de voter le jour même une résolution instituant une force d'urgence des Nations unies, excluant les forces de ses membres permanents, destinée à assurer l'application effective du cessez-le-feu. Le 29 octobre, militaires israéliens et égyptiens commencent à discuter à la borne kilométrique 101, devenue depuis célèbre, sur la route du Caire à Suez. La quatrième guerre israélo-arabe est terminée[1].

LES AMBIGUÏTÉS D'UNE GUERRE : LE SANG DES PAUVRES, L'OR DES RICHES

Commencée dans un contexte ambigu à l'extrême du côté arabe, avec des objectifs militaires très strictement limités, surtout du côté égyptien, cette guerre se termine dans la confusion la plus totale. L'embargo pétrolier, partie importante du dispositif signalétique arabe à l'endroit de l'Occident, est une

1. Des combats auront cependant encore lieu sur le Golan syrien.

arme qui ne remplit guère son rôle et qui est détournée de ses objectifs. Le marché pétrolier international s'en est emparé pour corriger de façon abrupte un déséquilibre fondamental qui a trop duré. Désormais le problème des prix de l'énergie et l'avalanche des pétrodollars dans le système financier international vont accaparer l'attention du monde. D'abord celle des pays industrialisés chez qui ils suscitent un anti-arabisme d'autant plus pernicieux qu'il doit se voiler pour ne pas mettre en danger des intérêts économiques devenus trop importants. Mais tout autant celle des pays de l'O.P.E.P., et en particulier de l'Arabie Saoudite, la plus grosse caisse de pétrodollars parmi ses collègues pétroliers, ainsi que les autres pays du tiers monde pour qui le coût de l'approvisionnement énergétique crée à son tour un problème grave. Le pétrole devient ainsi une arme à double tranchant, que les Arabes n'ont jamais beaucoup aimée, puisqu'ils ne l'ont guère utilisée jusqu'ici. Elle risque en effet de leur aliéner l'Occident qu'ils cherchent avec tant de passion depuis Mohammed Ali.

Quant à leur avantage militaire durant la première semaine de la guerre, les armées arabes l'ont perdu. Certes, elles ont bien montré qu'elles étaient désormais différentes de ce qu'elles avaient été en 1967, et qu'un saut qualitatif important dans le maniement de matériel militaire sophistiqué a pu être réalisé. Mais les revers subséquents montrent aussi que ces armées sont loin de dominer les problèmes complexes de mobilité et de coordination entre unités militaires qu'exige une guerre de mouvement. Encore qu'il faille tenir compte dans ces revers, une nouvelle fois, de l'appui agressif dont jouit Israël de la part de son protecteur américain, ce qui lui permet de faire valoir sa supériorité dans la guerre de mouvement et de mettre en œuvre sa politique traditionnelle de non-respect des cessez-le-feu. Tandis que du côté arabe, la prudence du protecteur russe est grande dans le soutien apporté, surtout en ces années où Brejnev se veut l'artisan de la détente avec l'Occident capitaliste, ce qui lui permet d'élargir une coopération économique dont la Russie a un urgent besoin.

Tous ces facteurs défavorables qui frappent la démarche des Arabes, politique et militaire, vont-ils en faire disparaître la philosophie de base ? Le Proche-Orient va-t-il tomber, peut-être définitivement cette fois-ci, dans l'orbite russe ? Les élites vont-elles se radicaliser à nouveau ? La Résistance palestinienne, dont l'aile gauche mène depuis 1968 toutes ces opérations spectaculaires à l'étranger, comme en Israël ou dans les pays arabes eux-mêmes, va-t-elle pouvoir, à la faveur des ambiguïtés et de la confusion de la guerre d'octobre, faire basculer la société arabe dans une « résurrection » révolutionnaire, pure, dure et justicière de tant d'oppressions économiques, sociales et politiques ? Tels sont les enjeux qui vont désormais caractériser le Proche-Orient et dicter le rythme des événements.

Ces événements seront féroces et sanglants. Car si la guerre s'arrête en ce 29 octobre 1973, lorsque militaires égyptiens et israéliens commencent à discuter au kilomètre 101, le sang des Arabes ne fait que commencer à couler. La guerre d'octobre a certes vu se dérouler les plus grandes batailles de blindés de l'histoire contemporaine ; elle a cependant coûté très cher en ferraille, mais non en vies humaines, compte tenu de l'ampleur des combats. Le vrai coût en vies humaines de l'ambiguïté de cette guerre, les Arabes ne le connaîtront que plus tard. Ce sera la terrible guerre civile libanaise, mais aussi l'horreur des représailles israéliennes continues, qui n'ont pas arrêté depuis 1968, sur des civils innocents, palestiniens et libanais, de l'extrême sud à l'extrême nord du minuscule territoire libanais, qui a pour seul tort d'être géographiquement coincé entre la Syrie et Israël et d'avoir l'élite politique la plus décadente du monde arabe.

Pour l'heure, en cette fin d'année 1973, l'atmosphère est plutôt à une certaine euphorie, car on va enfin pouvoir parler, et pour les Arabes sur un pied de plus grande égalité, militairement et économiquement, et donc débloquer une situation qui était devenue intenable. Pour l'Occident aussi, malgré les préoccupations pétrolières aiguës, on pense qu'un dialogue sérieux va peut-être s'établir avec le Proche-Orient, si vital pour sa survie. Les Occidentaux sont conscients, et cela depuis 1950, qu'ils ont avec les Arabes une équation que l'intransigeance israélienne a jusqu'ici rendue impossible. Oui sans restriction à Israël, non à toutes les revendications arabes, y compris celles consacrées par des résolutions des Nations unies qu'ils ont approuvées et votées ; non à la présence soviétique au Proche-Orient qui appuie la cause arabe et palestinienne, et en conséquence la nécessité pour l'Occident de rechercher des liens privilégiés culturels, économiques et militaires avec les principaux pays de la région : la position n'est pas tenable.

L'évolution du contexte sociopolitique arabe de 1967 à 1973, le déroulement de la guerre de 1973, et le fait que l'armée israélienne ait reçu un énorme coup de massue : tout cela cristallise une conjoncture favorable à une normalisation de la situation au Proche-Orient. Pétrole aidant, cette région de haute importance géopolitique a acquis une dimension économique stratégique, encore plus importante que celle que lui avait conférée au XIXe siècle l'ouverture du canal de Suez. Plus que jamais renaît de ses cendres le vieux rêve américain d'unir Israël à ses voisins dans une alliance militaire pour contenir le géant russe. Ce rêve va rencontrer la phobie antisoviétique de deux des principaux chefs d'État arabes, le roi Fayçal et le président Sadate, phobie qui est stimulée par la profonde attirance des Arabes envers l'Occident chrétien capitaliste, attirance depuis si longtemps frustrée par l'existence d'Israël et le soutien massif dont elle jouit en Occident.

De cette rencontre, ainsi que des excès qu'elle entraîne, va naître une nouvelle histoire malheureuse des relations entre l'Orient et l'Occident. C'est celle de la paix séparée que signe en 1978 l'Égypte avec Israël et qui crée une cassure profonde à l'intérieur du monde arabe, alors que ce dernier croyait en 1973-1974 avoir enfin retrouvé une unité d'action, à défaut de celle des États et des territoires. Paix séparée d'autant plus grave, qu'elle jette les fondements, à travers les premiers accords cadres de Camp David, du « Bantoustan » palestinien dont rêve tant Israël, pour se débarrasser de son péché originel, l'existence d'une population arabe sur le territoire palestinien qu'elle conquiert en 1948 puis en 1967, en faisant semblant d'ignorer une telle existence. Ce rêve sera réalisé, quinze ans plus tard, par les accords d'Oslo signés à Washington en 1993, lorsque les États-Unis, suite à la guerre du Golfe, achèvent leur domination du Proche-Orient[1].

À cet aspect des choses, vient s'ajouter le déchaînement de la tyrannie pétrolière, en Orient aussi bien qu'en Occident. Comme un torrent furieux, les dollars affluent par milliards après la guerre d'octobre sur le Proche-Orient arabe, terre de déserts, de montagnes semi-arides et d'oliviers, ébranlant les fondements les plus profonds de la société, faisant germer les prévaricateurs et agioteurs de toutes sortes, semant le désordre social et l'anarchie économique. Un veau d'or va régner en maître sur ces contrées de mysticisme. Aussi, face à ce malheur, les trônes vont chanceler et les fous de Dieu, dont la présence a toujours jalonné l'histoire de cette région, berceau des religions, vont apparaître. Si l'intégrisme religieux va éclater surtout en Iran avec l'imam

1. Voir *infra* chapitre 16.

Khomeyni, en réalité, il gronde dans tout le Proche et le Moyen-Orient, s'appuyant sur des confréries religieuses populaires qu'une modernisation de façade a partout laissées intactes. Même la Turquie si laïque, la Syrie baathiste ou l'Égypte si méditerranéenne ne sont pas épargnées.

L'Occident, de son côté, adore aussi ce veau d'or du XXe siècle et ne fait rien pour aider l'Orient. C'est la course effrénée pour saisir ces milliards de dollars qui partent vers l'Orient, les « recycler », disent les économistes. Sous ce terme technique, se cachent les transactions les plus douteuses, les projets les plus fous qu'on vend aux Arabes et autres monarques pétroliers et qui ne font qu'accélérer la destruction du tissu social de ces sociétés rendues de plus en plus fragiles par des décennies de modernisations avortées. C'est aussi, de la part de l'Occident, les chantages les plus divers, les pressions les plus brutales qui sont exercées sur ces pays dont la surpuissance économique apparente n'est que le reflet de la profondeur du sous-développement. Cela ira jusqu'aux menaces d'intervention militaire que profère Kissinger avec éclat dans une interview à une revue économique américaine de renom international, porte-parole des milieux d'affaires aux États-Unis[1]. Auparavant déjà, un autre hebdomadaire américain d'envergure internationale, *Newsweek*[2], avait passé en revue, avec force détails, les moyens de faire rendre gorge aux « cheiks » du pétrole, y compris par l'intervention militaire. Ce sont aussi les pressions occidentales sur les alliés du pétrole les plus dociles pour augmenter les rythmes de production dans le vain espoir de faire baisser les prix, augmentations qui ne font que compliquer et aggraver les problèmes financiers posés par la démultiplication des dollars pétroliers.

1. *Business Week*, 13 janvier 1975.
2. Édition du 7 octobre 1974.

Enfin, dernière conséquence malheureuse de l'ambiguïté de cette guerre d'octobre : ce sont les plus pauvres parmi les Arabes qui se sont battus, ces paysans de la misère qui forment le gros des effectifs des armées égyptienne et syrienne, ces réfugiés prolétarisés à l'extrême des camps palestiniens qui, par leurs opérations suicides, ont maintenu la tension régionale et contribué à faire bouger ces régimes arabes immobiles ; ce sont les féodaux du monde arabe sur qui pleuvent les dollars et les honneurs. Cette donnée explique aussi quelque peu que le chef de l'Égypte, exaspéré de cette richesse nouvelle chez certains de ses pairs qui ne se sont point battus et dont il doit constamment solliciter la charité, ait préféré partir seul et par le chemin le plus court à la source de toutes les puissances et de toutes les prospérités, les États-Unis.

C'est Boumediene, l'Arabe d'Occident[1] par excellence, et peut-être pour cela grand amateur du langage de l'Occident industriel, qui cherchera à tirer le meilleur parti de la complexité des événements et des situations. Déçu, comme il l'avait été en 1967, par l'acceptation du cessez-le-feu par les armées arabes ainsi que par la prudence des Soviétiques, il se lancera à corps perdu, aux côtés du chah d'Iran, dans la concrétisation d'un programme de réformes économiques internationales. Il entend utiliser la nouvelle puissance pétrolière des Arabes de façon constructive, pour accélérer l'industrialisation du tiers monde et pour faire régner un minimum de justice économique internationale qui permette aux opprimés de relever enfin un peu la tête. De cette action, il pense que les Palestiniens ne peuvent que profiter. Il n'a pas tort. Le grand mouvement qu'il

1. Le vocabulaire géographique arabe distingue le Machrek, ou Orient, pour désigner la région du Proche et du Moyen-Orient, et le Maghreb, ou Occident, pour désigner l'Afrique du Nord. C'est pourquoi Boumediene est, pour les Arabes, d'Occident.

cristallise par sa forte personnalité, de même que la très haute tenue de ton du débat qu'il engage avec l'Occident amènent en 1974 dans l'enceinte de l'O.N.U., au milieu d'un enthousiasme indescriptible, le chef de l'O.L.P., Yasser Arafat. Un Palestinien qui revient de loin. À travers son discours, il tend pathétiquement au monde un rameau d'olivier d'une main, un fusil de l'autre, et rêve de démocratie, de laïcité et d'égalité entre Juifs et Arabes sur cette terre où la double tyrannie pétrolière et religieuse, judaïque et islamique, règne maintenant en maître.

Ainsi, celui que les Israéliens pourchassent avec un tel étalage de violence aveugle et appellent avec hargne le chef des gangs terroristes au Moyen-Orient siège aux côtés des grands de ce monde, un an seulement après la guerre d'octobre. Le résultat est appréciable. L'action a été fulgurante. Pourtant sept ans plus tard, Arafat, en passe de se transformer en chef d'État d'un instant à l'autre en 1974, n'est toujours qu'un habile coordonnateur de mouvements de résistance ne contrôlant pas un seul mètre carré du territoire palestinien. Son territoire est celui d'un autre État, la République libanaise, ses armées des troupes étrangères sur le sol d'un autre peuple, les Libanais. Quelles sont donc les forces qui pervertissent ainsi, et à un tel degré, le destin du Proche-Orient arabe ? Beaucoup ont déjà été identifiées. Il faut maintenant les voir à l'œuvre.

10

O.P.E.P. ou O.L.P. : 1974-1975

UN PARADIS ARABE OU L'ESPACE D'UN MATIN

Le recul permet aujourd'hui de réaliser qu'en ce début de l'année 1974, le Proche-Orient arabe entre dans une zone de turbulence aiguë. Turbulence causée par les ambiguïtés de la guerre d'octobre, qui sont elles-mêmes issues de nombreux facteurs évoqués au cours des chapitres précédents : déphasages culturels affectant les prises de décisions politiques majeures, télescopage des époques où points de divergence s'affrontent, équations de politiques extérieures insolubles. Le choc économique, financier et social que provoquent les réajustements violents du marché pétrolier dans les pays exportateurs va désormais s'ajouter à ces causes de tensions qui ébranlent la société du Proche-Orient depuis plus d'un demi-siècle.

Sur le moment pourtant, l'année 1974 semble s'ouvrir sous des auspices éminemment favorables. L'Égypte, dès la première visite de Kissinger au Caire en novembre 1973, a rétabli ses relations diplomatiques avec les États-Unis. Militaires égyptiens et israéliens ont longuement discuté au fameux kilomètre 101, premières discussions directes dans l'histoire des relations israélo-arabes, qui aboutissent à un accord en six points consolidant le cessez-le-feu.

Le 21 décembre se tient enfin à Genève une séance de la Conférence sur la Paix, en application de la résolution 338 du Conseil de sécurité des Nations unies, votée le 22 octobre pour enjoindre aux belligérants de cesser le feu, et cela « en vue d'établir une paix juste et durable dans le Moyen-Orient », ainsi que le stipule le texte de la résolution. La Conférence regroupe aussi, pour la première fois officiellement, des Arabes (Égyptiens et Jordaniens) et des Israéliens. La Syrie s'est abstenue d'y participer, mais, en revanche, elle a assisté au sixième sommet des chefs d'État arabes qui s'est tenu à Alger à la fin du mois de novembre et que l'Irak et la Libye ont cru bon de bouder, dénonçant les tendances à la « capitulation » qui se feraient jour au sein des pays arabes. Le sommet était en effet destiné à coordonner l'action arabe en vue des pourparlers de paix.

Le 18 janvier 1974, à la suite des navettes de Kissinger, un accord de désengagement est signé par Israël et l'Égypte, qui équivaut à un armistice en bonne et due forme. Aux termes du texte de l'accord, ce dernier « constitue un premier pas en avant vers une paix durable, juste et définitive, conformément aux dispositions de la résolution 338 du Conseil de sécurité et dans le cadre de la Conférence de Genève ». Le 31 mai 1974, c'est au tour de la Syrie de signer un accord équivalent, après des affrontements violents entre les armées syrienne et israélienne sur les hauteurs du mont Hermon au cours du mois d'avril. En vertu de ces deux accords, l'armée israélienne accepte d'évacuer pour la première fois depuis la naissance de l'État d'Israël (à l'exception de l'occupation du Sinaï en 1956) des territoires conquis par la force. Même s'il ne s'agit pour le moment que de retraits partiels et mineurs par rapport à l'ensemble des territoires occupés, le geste n'en symbolise pas moins un début de changement dans le rapport des forces, jusqu'ici si défavorable aux Arabes.

Ainsi, les troupes israéliennes quittent la rive occidentale du canal de Suez pour se replier à une trentaine de kilomètres à l'est du canal, derrière les troupes égyptiennes. En Syrie, elles évacuent la ville de Kuneitra, capitale du Golan, non sans l'avoir entièrement dynamitée avant de la remettre aux troupes syriennes. La Syrie qui n'a pas négocié, à l'instar de l'Égypte, directement avec les Israéliens, signe l'accord de désengagement à Genève, dans le cadre de la Conférence de la Paix qu'elle avait boycottée en décembre 1973.

En juin, quelques jours après avoir rétabli ses relations diplomatiques avec les États-Unis, la Syrie accueille le président Nixon à Damas. Ce dernier effectue une tournée triomphale au Moyen-Orient qui l'amène aussi au Caire, à Jérusalem, à Amman et en Arabie Saoudite. Coupés psychologiquement du monde arabe depuis la mort de Kennedy en 1963, les États-Unis refont ainsi surface avec vigueur dans cette région. Un des objectifs majeurs de la guerre de 1973 semble de ce fait atteint.

Du reste, les Arabes, en ce début d'année 1974, apparaissent transformés. Comme si le cauchemar de la honte et de l'isolement dus à l'écrasante défaite de 1967 était enfin terminé. À la fortune partielle des armes s'ajoute désormais la fortune matérielle, grâce au quadruplement des prix du pétrole. Les Arabes, objet de dénigrement raciste et de rancœurs coloniales durant si longtemps, sont brusquement projetés dans les feux de l'actualité internationale. Le pétrole et les pétrodollars en font désormais des partenaires indispensables de l'ordre international, qu'il faut donc respecter.

L'Occident peut menacer de temps à autre — et il ne s'en prive pas, on l'a vu — il n'est plus question d'envisager sérieusement des expéditions militaires punitives. Les États-Unis vivent encore le traumatisme du Vietnam et sont victimes du scandale du Watergate qui paralyse le pouvoir présidentiel.

L'Union soviétique campe solidement encore au Proche-Orient à travers la Syrie, l'Irak et le Yémen du Sud ; ses armes ont permis la victoire de 1973, et sa présence ne peut que dissuader les États-Unis d'entreprendre une nouvelle aventure coloniale. Quant à l'Europe, prise à la gorge par la dépendance pétrolière pour son approvisionnement énergétique, il n'est pas question pour elle de se mettre à dos le monde arabe.

Cette conjoncture permet aux pays arabes une fulgurante percée diplomatique entraînant, avec l'aide de l'Iran, l'ensemble du tiers monde. Ce mouvement débouche sur des assises uniques dans l'histoire, celles du dialogue Nord-Sud, où pays riches et pays pauvres tiennent à l'échelle planétaire des palabres interminables sur la nécessité de réformer la distribution des richesses dans le monde. La locomotive de cette action, nous l'avons signalé, c'est l'Algérie de Boumediene, cet Occident de l'Orient. Ce que l'idéal marxiste dans toutes ses incarnations n'a pas réalisé, qu'il s'agisse du bolchevisme, de la guérilla guévariste en Amérique latine, de la Révolution culturelle chinoise ; ce que le credo libéral de la démocratie et de la libre entreprise avec les énormes progrès techniques qu'il a suscités dans l'Occident capitaliste n'a pas pu concrétiser ; le pétrole des pauvres, mis au service des idéaux de modernisation et de libération, doit enfin pouvoir le réussir, à savoir assurer un minimum de justice économique internationale qui permette aux opprimés de ce monde, les deux tiers de l'humanité, de mener enfin une existence digne, intégrée dans le grand courant de progrès scientifiques et techniques que mène l'Occident depuis quatre siècles.

Telle est la vision du président algérien qu'il exprime dans un discours prononcé à une Assemblée générale des Nations unies le 10 avril 1974, vibrant appel à l'émancipation économique des peuples du tiers monde qui serait « non point la revanche des pays neutres sur les pays nantis, mais la victoire de l'humanité tout entière».

LE PÉTROLE DES PAUVRES AU SERVICE DE LA JUSTICE INTERNATIONALE

L'Assemblée a été convoquée à l'initiative de Boumediene, agissant en tant que président en exercice du Mouvement des non-alignés. Ses débats sont consacrés au pétrole, aux matières premières et aux problèmes de développement du tiers monde; ils ouvriront la porte à l'élaboration progressive d'un nouveau droit économique international dont la philosophie de base est celle des monstres sacrés de l'économie politique classique, Ricardo et Smith. Car Boumediene est avant tout un homme d'Occident, ayant une conscience aiguë du retard historique des pays sous-développés que la colonisation aurait aggravé par rapport aux pays développés. Pour lui, ce retard ne peut se combler que par une ouverture intensifiée au monde industrialisé, une coopération internationale «dans toute l'acception du terme, fondée sur l'égalité des droits des parties, le respect mutuel des souverainetés et la réciprocité des avantages à accorder[1]».

Il est hostile à toute autarcie, à tout retour intégriste aux sources qui nierait l'évolution des sociétés et les acquis de la modernité. Quelques jours avant les débats des Nations unies, il n'a pas mâché ses mots au deuxième sommet des chefs d'État de

1. Discours prononcé à l'inauguration de la deuxième foire internationale d'Alger, le 4 septembre 1965, soit neuf ans avant l'Assemblée spéciale des Nations unies.

pays islamiques, tenu à Lahore, affirmant que les versets du Coran ne sauraient nourrir un peuple qui a faim. Car ce musulman pieux est avant tout un fanatique de libération et d'émancipation qui ne pourraient, selon lui, se réaliser sans les acquis de la science moderne. Une analyse rapide de ce discours de Lahore témoigne de l'intensité de l'islam moderniste chez les Arabes, aujourd'hui quelque peu étouffée sous la spectaculaire renaissance du fondamentalisme religieux. Pour Boumediene, en effet, l'islam est avant tout un « lien spirituel » ; une coopération islamique n'a de sens que sur le plan de la libération économique, car « les hommes ne veulent pas aller au paradis le ventre creux », et l'expérience démontre que la spiritualité religieuse ne résiste pas « aux coups de boutoir de la pauvreté et de l'ignorance ». Il est inutile, pour le leader algérien, de philosopher sur l'islam, d'affirmer sa globalité dans l'ordre social et sa validité universelle, « le pouvoir dans le monde est aujourd'hui, qu'on le veuille ou non, fondé sur l'économie et l'énergie ». Refuser de reconnaître cette situation, c'est se condamner à rester toujours « assujettis et soumis ».

Nous sommes ici aux antipodes du discours fondamentaliste de l'islam des profondeurs incarné autrefois par le wahhabisme saoudien, le mahdisme soudanais ou la sanussia libyenne et dont le flambeau sera repris par le khomeynisme iranien. Il est vrai que Boumediene est porté par le vent de fraternité et de libération universelles qui souffle sur le tiers monde depuis la nationalisation du canal de Suez ; il est porté par Adam Smith, Ricardo et Hegel tout autant que par Marx, Lénine et Frantz Fanon, ces grands rationalisateurs et théoriciens du progrès de l'humanité. La grande aventure pétrolière ne fait que commencer, elle est porteuse de tous les espoirs, et personne ne réalise encore les drames que sa tyrannie va entraîner en si peu d'années.

Le fondamentalisme qui va lui répondre quelques années plus tard, affirmant la différence sauvage, la spécificité irréductible et l'antimodernité, est le produit de cette aventure pétrolière qui va si mal tourner. Aventure qui entraîne l'Égypte isolée dans des retrouvailles équivoques avec l'Occident, où Sadate perd la vie ; qui provoque des émeutes à La Mecque, fait chanceler le trône iranien, la plus vieille royauté du Moyen-Orient ; qui poursuit d'un terrorisme sans fin, à travers les groupes de Frères musulmans, l'héritier de la laïcité du parti Baath, le président Assad en Syrie, et entraîne dans une guerre malheureuse son homologue en Irak, le président Saddam Hussein, qui se veut le dernier survivant du nationalisme arabe unitaire, moderniste et laïcisant. Comble de l'ironie, même cette Algérie, si occidentale, que Boumediene, terrassé par la maladie, abandonne en 1979, voit se multiplier les groupes fondamentalistes, qui ont déjà montré leur force à l'occasion des discussions qui ont eu lieu en 1975 sur l'élaboration d'une Charte nationale.

En parallèle à ce tableau monstrueux, et non moins ubuesque, la perpétuation de l'errance palestinienne, sur une terre de traditionnelle coexistence islamo-chrétienne, le Liban, que les armes d'un État se réclamant officiellement de la loi judaïque labourent de bombes, gratifient de destructions, et occupent ou évacuent dans l'indifférence générale.

Conter cette chute brutale du Paradis en Enfer, c'est d'abord évoquer l'échec de la dynamique internationale sur laquelle les Arabes ont tout joué, dont l'Occident porte une grande part de responsabilité. C'est aussi parler à nouveau du déphasage culturel, celui de la richesse soudaine dans un milieu de grande pauvreté, ainsi que du déracinement économique qui s'ensuit.

L'IRRÉSISTIBLE ASCENSION DE LA DIPLOMATIE ARABE

Durant toute l'année 1974 et le début de 1975, la dynamique internationale semble réussir pleinement. La stratégie de Boumediene paraît donner ses fruits : maximisation à travers l'O.P.E.P. de l'effet de levier que procure sur le plan diplomatique international le quadruplement des prix du pétrole, accompagnée d'une dynamisation de la solidarité du tiers monde dans laquelle s'insère la reconnaissance internationale de la Résistance palestinienne, et cela dans le but d'établir un dialogue constructif avec le monde industrialisé capitaliste. O.P.E.P. égale O.L.P. apparaît bien à ce moment comme une équation tout à fait adéquate.

La reconnaissance de l'O.L.P. comme seul représentant légitime du peuple palestinien se fait d'abord au niveau arabe. Un sommet des chefs d'État réunis à Rabat en septembre 1974 intronise officiellement l'O.L.P., déchargeant ainsi la monarchie hachémite de toute prétention à une succession éventuelle dans la souveraineté juridique sur les territoires palestiniens occupés par Israël. L'erreur de 1948, par laquelle le grand-père du roi Husayn, le roi Abdallah, assassiné pour ce fait en 1952, s'est emparé des territoires palestiniens non inclus dans l'État d'Israël, est ainsi réparée. L'Égypte est aussi concernée par cette décision, puisqu'elle a administré de 1948 à 1967 le territoire palestinien de Gaza.

Le mois suivant, l'O.L.P. est invitée par l'Assemblée générale des Nations unies à participer au débat sur la question palestinienne, en tant que représentant du peuple palestinien. La décision est acquise à une énorme majorité, 105 voix contre 4 (États-Unis, Bolivie, Israël et République Dominicaine), et vingt abstentions, dont six pays de la C.E.E., la France, l'Italie et l'Irlande ayant voté pour. La solidarité du tiers monde, mais aussi la sympathie de quelques pays occidentaux ont permis cette décision historique. La diplomatie arabe a fait un travail remarquable, notamment auprès des pays africains qui ont pour la plupart rompu leurs relations diplomatiques avec Israël, grâce à l'action dynamique de l'Algérie et de la Libye. Le tiers monde solidaire disposera désormais d'une majorité automatique dans les grands organes des Nations unies. Les pays occidentaux, États-Unis en tête, se plaindront par la suite sans arrêt de cette majorité, lorsque des résolutions hostiles à Israël seront adoptées systématiquement, ou lorsque des positions trop dures seront prises en matière de réformes économiques internationales.

C'est par exemple le cas de la fameuse résolution de l'Assemblée générale des Nations unies du 10 novembre 1975 qui assimile le sionisme à « une forme de racisme [1] », ou celui de la Charte des droits et des devoirs économiques des États qui consacre le droit à la nationalisation des ressources naturelles, votée le 14 décembre 1974 par l'Assemblée générale à une majorité de 120 voix pour l'adoption de la Charte mais de six voix contre (États-Unis, Allemagne de l'Ouest, Grande-Bretagne, Belgique, Luxembourg, Danemark) et dix abstentions (France, Japon, Pays-Bas, Autriche, Canada, Irlande, Italie, Norvège, Espagne, mais aussi Israël). C'est également cette solidarité agissante qui conduit en 1977 les États-

1. Il est vrai que la majorité obtenue pour cette résolution (72 voix pour, 35 contre et 32 abstentions) est nettement plus faible que celle du 14 octobre 1974 invitant l'O.L.P. à participer aux débats de l'Assemblée. L'annulation de cette résolution aura lieu en 1994 dans le contexte du triomphe américain au Proche-Orient à la suite de la guerre du Golfe (voir troisième partie).

Unis à retirer leur soutien à l'Organisation internationale du travail (O.I.T.), qu'ils considèrent comme trop politisée par les résolutions qu'y fait adopter le tiers monde, notamment à l'encontre d'Israël.

La diplomatie arabe a réussi à déclencher un remarquable mouvement d'hostilité à l'encontre de l'État d'Israël dans la plupart des instances internationales, notamment à l'Assemblée générale des Nations unies et à l'Unesco, faisant assimiler le sionisme, doctrine politique de base de l'État israélien, au colonialisme et au racisme. Ce qui ne manque pas de provoquer un raidissement dans l'opinion des pays occidentaux. Cette dernière commence effectivement à réaliser le drame palestinien ; elle n'est cependant guère prête à accepter que l'entreprise de création d'un État juif, qu'elle a soutenue à bout de bras et dont elle accepte sans hésitation la légitimité, soit entachée du péché colonial ; encore moins peut-elle envisager que les victimes traditionnelles du racisme soient elles-mêmes accusées de cette pratique honteuse. Il n'est point temps, à ce stade, de parler des relations ambiguës du monde chrétien occidental avec l'entreprise étatique du sionisme politique [1]. Il fallait simplement signaler cette atmosphère de confrontation, peu propice à une solution sans passion du drame palestinien que Yasser Arafat, président du Comité exécutif de l'O.L.P., vient exposer le 13 novembre 1974 au monde entier à travers la tribune de l'Assemblée générale des Nations unies.

1. Voir *infra* chapitre 2.

DES MÉFAITS DE L'IDÉALISME EN MATIÈRE DE DIPLOMATIE

L'ampleur de l'événement a déjà été soulignée, il n'est point besoin d'y revenir. Il est cependant utile de rappeler le contenu du discours palestinien à l'O.N.U., de mettre son idéalisme utopique en parallèle avec celui du discours sur la justice économique internationale qu'a prononcé Boumediene à l'O.N.U. quelques mois plus tôt. Le discours de Sadate à la Knesset israélienne, trois ans plus tard, non moins retentissant que celui de Boumediene puis celui d'Arafat aux Nations unies en 1974, met à nouveau en relief l'idéalisme politiquement naïf de ces personnalités du monde arabe. Trois grands discours, chefs-d'œuvre d'éloquence politique articulée sur les idéaux humanitaires et universels des plus nobles, mais qui ignorent superbement la réalité des rapports de forces régionaux et internationaux, politiques et économiques.

Boumediene veut une meilleure distribution des richesses dans le monde qui soit « la victoire de l'humanité tout entière » et non la revanche des pauvres sur les riches ; il ignore que le développement économique d'une nation doit s'arracher à la force du poignet et ne s'obtient pas autour d'une table de négociations internationales où les riches céderaient de plein gré un peu de leur confort aux peuples opprimés.

Arafat rêve d'une Palestine laïque et démocratique, débarrassée de tout esprit sectaire, où juifs, musulmans et chrétiens, ethniquement arabes ou non, vivraient dans l'amitié ; il méconnaît la nature profonde du mouvement sioniste, son mode d'insertion dans la conscience occidentale ; plus grave, il fait abstraction des rapports de forces effectifs sur le terrain, aussi bien ceux des mouvements de résistance dans leurs relations avec les diverses souverainetés arabes, que ceux entre Arabes et Israéliens, et à plus forte raison entre Palestiniens isolés et Israéliens.

Sadate, enfin, qui brisant tous les tabous, les rancœurs et les haines, part avec courage embrasser les ennemis d'hier dans Jérusalem occupée que pleurent depuis 1948 mais surtout depuis 1967 tous les Arabes. Il fait au Parlement israélien un merveilleux plaidoyer de raison, de paix, d'amitié et de justice, mais comment pense-t-il obtenir satisfaction d'un État guerrier et conquérant, vivant sur la mystique religieuse ? Il ne s'est même pas réservé une porte de sortie en cas d'échec, ou n'a pas évoqué face à l'interlocuteur israélien le prix de l'intransigeance. Car si « le fusil révolutionnaire » qu'évoque Arafat dans son discours comme alternative au « rameau d'olivier » qui serait refusé n'a guère de quoi donner à réfléchir sur le plan militaire aux Israéliens, en revanche la force militaire égyptienne pourrait le faire. Mais Sadate a déjà annoncé qu'il n'y aurait plus de guerre avec Israël et a pris plusieurs mesures tendant à le prouver clairement, en particulier l'ouverture du canal de Suez en juin 1975 et la reconstruction des villes détruites, avant même tout accord sur l'évacuation du Sinaï par l'armée israélienne[1]. Son discours en 1977 est donc celui d'un idéaliste, loin des réalités amères de la lutte pour la survie que doivent affronter les peuples.

Le caractère similaire de ces trois discours dans l'utopie politique absurde est frappant. La naïveté qu'ils expriment est cependant le témoignage poignant d'une soif de dignité que ressentent les peuples humiliés, restés à l'écart du progrès et de la modernité intériorisée dans le corps social. Sadate le dit

1. On remarquera que le gouvernement syrien n'a pas reconstruit la capitale du Golan, Kuneitra, évacuée par les Israéliens après avoir été dynamitée par eux en 1974.

clairement, lorsque, rentré au Caire après son voyage historique à Jérusalem, il s'adresse au Parlement égyptien, affirmant à plusieurs reprises la nécessité de régler les problèmes «en tant que gens civilisés[1]». Mais dans le cas des Arabes, il y a plus. Il existe une relation ambivalente avec l'Occident, que n'ont pas les peuples d'Extrême-Orient; la distance ainsi qu'une spécificité culturelle plus totale ont vraisemblablement mieux préservé ces derniers du complexe vis-à-vis de la puissance technique et culturelle de l'Occident.

Ce complexe est surtout celui du Proche-Orient, ainsi que celui du Maghreb, cette Afrique du Nord si proche de l'Europe. Ce n'est donc pas un accident que ces trois discours qui rêvent également d'intégration aux valeurs de l'humanisme rationalisateur de la culture occidentale soient ceux de chefs d'État arabes en bordure de la Méditerranée. Jamais un roi wahhabite ne tiendrait un tel langage, encore moins un souverain iranien. Le chah d'Iran admirait l'Occident peut-être, mais se voyait comme son égal, et se projetait déjà comme une grande puissance militaire, arrogance que n'ont jamais eue les Arabes. Khomeyni, son successeur, tourne le dos à l'Occident pour se retrancher dans la profondeur d'un islam continental qui croit encore, en plein XXe siècle, pouvoir vivre replié sur lui-même.

Les Arabes du Proche-Orient et d'Afrique du Nord semblent en revanche condamnés à une relation d'ambivalence avec l'Occident si proche. Du nationalisme jacobin nassérien au romantisme révolutionnaire gauchisant, à la civilité de gentilhomme d'un certain sadatisme, à l'aquinisme économique de Boumediene: tout est ici conçu pour ou en fonction de l'Occident, dans le dépit comme dans l'amitié, car le Proche-Orient, il ne faut jamais l'oublier,

1. Discours du 20 novembre 1977.

partage sa culture avec l'Asie, mais autant sinon plus avec l'Occident, en particulier à travers l'héritage grec, romain et byzantin. De Mohammed Ali à Nasser et à Sadate, les fils conducteurs de cette relation ont été évoqués. Ils atteignent en ce milieu des années 1970 une complexité peu commune, dont l'Occident, vraisemblablement, ne se doute guère.

COMMENT SE DÉFENDENT LES VRAIS RICHES

Pour l'heure, le souci des pays industrialisés se résume à colmater les brèches qui se sont ouvertes dans l'édifice de la domination et de la puissance. Les riches n'aiment jamais qu'on porte atteinte, de quelque façon, à leurs privilèges. Dans les palabres des interminables conférences internationales, les pays occidentaux excellent bien plus que ceux du tiers monde. Fractionnement des débats, création de commissions et de sous-commissions, renvoi à des instances spécialisées, compromis boiteux qui ouvrent la porte à de nouvelles controverses : tout est mis en œuvre pour éviter une discussion globale et approfondie de la cause de l'inégalité économique des nations et des moyens d'y remédier.

La complexité de la bureaucratie onusienne se prête d'ailleurs à ce jeu. La France réussit la première grande manœuvre de diversion, en invitant une Conférence sur la coopération internationale à se tenir à Paris, et en imposant une répartition des invités par groupe de pays, qui crée d'elle-même des éléments de discorde à l'intérieur du tiers monde. En effet, les invitations à la Conférence sont lancées à trois catégories de pays, les pays industrialisés, les pays du tiers monde exportateurs de pétrole et les pays du tiers monde importateurs de pétrole. Bien mieux, la globalité du problème du sous-développement que Boumediene et, derrière lui, le Mouvement des non-alignés ont voulu poser est évitée par un fractionnement des travaux de la Conférence en cinq commissions spécialisées. Le dialogue Nord-Sud tiendra des assises durant deux ans (1975-1977) sans parvenir au moindre résultat concret.

Le dialogue euro-arabe qui est mis en place dès 1974 entre la C.E.E. et la Ligue arabe, dans la foulée de diplomatie économique internationale déclenchée par les Arabes, ne donnera pas plus de résultats tangibles. Il en sera de même au niveau des autres grandes réunions internationales dont l'énumération serait fastidieuse, et où le tiers monde investit de grands espoirs, mais où les pays industrialisés résistent avec succès, par « une guerre de position » comme par les actions continuelles de « guérilla ».

Le noyau dur de cette résistance est le trio des trois plus grands pays industrialisés, les États-Unis, le Japon et l'Allemagne, cependant que la France et l'Italie, par exemple, ont des positions plus souples, et que la Norvège, la Hollande ou la Suède, qui ne pèsent malheureusement pas d'un grand poids économique, prêtent une oreille plus sympathique aux revendications de justice économique internationale. Seule réalisation de ces milliers d'heures d'énergie des meilleurs cerveaux du tiers monde, la création d'un Fonds de développement agricole, dont les pays de l'O.P.E.P. ont dû avancer presque la moitié du capital, alors que l'ensemble de leurs produits nationaux bruts n'équivaut pas à celui d'un pays comme le Japon.

L'Occident a réussi à mettre l'O.P.E.P. sur la défensive vis-à-vis de l'opinion internationale, à faire prendre à ses pays membres le relais des aides des pays industrialisés aux pays en voie de développement. L'O.P.E.P. est accusée, en effet, de tous les crimes de l'humanité : le chômage, l'inflation, les déficits de balance des paiements, l'aggravation des maux du sous-développement. Ses pays membres sont pourtant eux aussi sous-développés, pauvres, déséquilibrés par la violence des flux pétroliers. Mais cette réalité est évidemment oubliée dans le vacarme que font les médias occidentaux sur les pétrodollars, et les fantaisies de certains de ces pauvres qui pensent brusquement être devenus riches.

Les pays de l'O.P.E.P. seront ainsi amenés, à travers divers mécanismes, à donner en moyenne environ 6 à 7 % par an de leur produit national aux autres pays du tiers monde, là où l'Occident riche et puissant en donne à peine 0,30 %. Ce nouveau flux d'aide se traduit évidemment par des commandes de produits finis et de biens d'équipement aux pays industrialisés. Non seulement les pays donateurs n'en profitent guère, mais encore on les voit toujours rester au banc des accusés, quelle que soit leur générosité, du fait du matraquage des médias occidentaux. Dans cette atmosphère, la solidarité des pays de l'O.P.E.P. s'effrite rapidement, alors qu'elle était l'élément fondamental de la stratégie de Boumediene qui mène le jeu arabe sur le plan international.

Dès le milieu de l'année 1976 s'opère un clivage qui ne fera que s'élargir entre « modérés » et « faucons » et qui est consacré à la fin de l'année 1976, lorsque l'Arabie Saoudite ne suit que partiellement une hausse des prix de 10 %. Dès lors, le royaume wahhabite, dont les capacités de production ont été considérablement élargies, fera cavalier seul, entraînant dans son sillage deux autres émirats du Golfe, le Qatar et Abu Dhabi. Sa politique épousera fidèlement les intérêts de l'Occident pour des raisons qui ont été expliquées ailleurs[1]. En 1979, l'O.P.E.P. sera complètement paralysée par les divergences entre

1. Voir *supra* chapitres 8 et 9.

ses principaux membres. Le conflit irako-iranien empêchera en 1980 que se tienne un sommet des chefs d'État des pays de l'O.P.E.P., prévu à Bagdad.

Ici encore, quelle différence avec le succès du premier sommet des chefs d'État de l'O.P.E.P., tenu à Alger en mars 1975, où l'unité des rangs est complète, et où l'O.P.E.P. affirme sa disposition à assurer une « contribution positive pour résoudre les problèmes majeurs qui affectent l'économie mondiale et à promouvoir un processus de coopération véritable qui est la clé de l'établissement d'un nouvel ordre économique international [1] ». C'est au cours de ce sommet que le président algérien réussit un nouvel exploit, celui de réconcilier l'Iran et l'Irak, qui ont pourtant un lourd contentieux historique et géographique. Le chah d'Iran renonce à soutenir l'irrédentisme kurde qui gêne l'expansion économique et politique de l'Irak ; la frontière iranienne verrouillée, la révolte des Kurdes d'Irak s'effondre. En contrepartie, l'Irak reconnaît à l'Iran la souveraineté sur les eaux du Shatt el-Arab. L'accord n'est pas un modèle de moralité politique, la guerre irako-iranienne qui se déclenche en 1980 le prouve assez. Il est censé assurer cependant une cohésion entière des pays de l'O.P.E.P., entre eux d'une part, vis-à-vis de l'extérieur d'autre part.

L'O.P.E.P. PRISE EN OTAGE : UNE STRATÉGIE QUI DÉRAPE

Partie du paradis en 1974-1975, l'O.P.E.P. glisse rapidement vers l'enfer. C'est aussi une chute dan-

1. Déclaration solennelle adoptée à l'issue du sommet, le 6 mars 1975.

tesque, qui se déroule parallèlement à l'écroulement de la solidarité arabe et de l'aggravation du drame palestinien. Le moment le plus fort et le plus symbolique se déroulera en décembre 1975, lorsqu'un groupe de guérilleros, conduit par le célèbre Carlos, prend en otages l'ensemble des ministres du pétrole des pays exportateurs réunis à Vienne. Le groupe se dit le « Bras de la Révolution arabe », cherchant à faire échec aux tractations internationales visant à cautionner les annexions sionistes. Décidément, ces pétroliers pauvres sont des mal-aimés. Matraqués par l'Occident capitaliste et sa propagande, pris en otage par ces désespérés farfelus et cosmopolites, prétendant exprimer par leur action l'oppression des déshérités de ce monde. Tout se conjugue pour faire échouer la stratégie arabe en œuvre depuis le début des années 1970.

Les signes de dérapage de cette stratégie sont d'ailleurs nombreux. Il y a d'abord la démission du président Nixon en août 1974 à la suite du scandale du Watergate et la relative paralysie de la politique extérieure américaine. Mais il y a surtout, avant même le déclenchement de la guerre d'octobre, la recrudescence du gauchisme arabe dans les mouvements palestiniens et libanais. Ce ne sont plus seulement les objectifs israéliens en Palestine ou à l'étranger qui sont visés par les opérations terroristes, ce sont aussi des objectifs arabes. Ainsi en mars et en septembre 1973, respectivement à Khartoum et à Paris, des commandos palestiniens s'attaquent aux ambassades de l'Arabie Saoudite, prenant des otages. Les organisations palestiniennes de gauche entrent en dissidence avec l'O.L.P., activement soutenues par l'Irak qui refuse toute solution pacifique au conflit israélo-arabe. Il ne faut jamais oublier qu'en Irak et en Syrie règnent deux frères ennemis se réclamant de la même légitimité baathiste. Que la Syrie passe à droite, l'Irak ne peut qu'aller à gauche, et vice versa.

À Beyrouth aussi se multiplient des attentats à la dynamite et des opérations de guérilla urbaine. Le 18 octobre 1973, le siège de la Bank of America est attaqué ; quelques mois plus tard, c'est le tour d'une autre banque américaine, la First National City Bank of Chicago, puis du Centre Kennedy, de l'Iran Air, etc. Deux mouvements signent la plupart de ces attentats, une Organisation révolutionnaire socialiste au Liban et une Organisation communiste arabe. Cette dernière, en septembre 1974, se manifeste à Damas par des attentats contre le centre d'information américain et le pavillon des États-Unis à la Foire de Damas. Ce gauchisme, qui semble tenir du trotskisme et des Tupamaros d'Amérique latine, n'est pas tendre pour l'Union soviétique que Georges Habache, leader du F.P.L.P., critiquera ouvertement en août 1974, ce qui lui vaudra l'accusation de « pseudo-révolutionnaire » de la part de Moscou.

De son côté, la Lybie boudée par les autres Arabes, se rapproche de Moscou, elle qui avait été jusqu'ici le plus violent contestataire de l'influence soviétique au Proche-Orient[1]. Car Kadhafi cherche dans un premier temps à rester fidèle à lui-même, à conserver l'héritage unioniste nassérien. La Fédération des républiques arabes en 1971, puis l'Union égypto-libyenne de 1972 ayant échoué[2], il se tourne vers la Tunisie à qui il s'unit l'espace de quarante-huit heures en janvier 1974. Nouvelle farce, d'autant plus choquante que Bourguiba a signé les accords d'unité, mais se renie aussitôt après, renvoyant son ministre des Affaires étrangères, artisan de ces accords. Le président libyen est décidément mal aimé de ses pairs, alors qu'il brûle de s'illustrer pour la patrie arabe. L'évolution postérieure de cet homme jeune, idéaliste et ambitieux, ne peut s'expliquer sans prendre en compte les avanies qu'il a

1. Voir *supra* chapitre 7.
2. Voir *supra* chapitre 9.

subies de ses pairs arabes. Déçu, un mois après ce dernier essai malheureux d'union, il prend une retraite, laissant la direction de l'État à son second, le commandant Jalloud. Sa vraie aventure idéologique et politique commence alors sur le plan intérieur comme sur le plan extérieur. On y reviendra. Mais pour l'heure il est sûr que le président libyen a définitivement basculé dans le «refus» de l'ordre établi.

Bien plus, en cette même année 1974, qui regarderait vivre le Liban avec quelque peu d'attention comprendrait vite que les nuages s'amoncellent sur le Proche-Orient. Noyée dans la prospérité pétrolière, cette porte de l'Orient commence à craquer un peu partout. Si les banques y poussent à un rythme accéléré, si le luxe et la richesse s'y étalent avec insolence, la vie politique et économique s'oriente déjà vers le chaos: grèves, mouvements d'étudiants, instabilité ministérielle, inflation, enlèvements, agitation dans la communauté chiite, la plus déshéritée du pays, qui s'organise, polarisée par le charisme d'un homme de religion à l'étrange destin, l'imam Moussa el-Sadr[1]. Ce chaos est couvert par le déchaînement des représailles que l'aviation israélienne effectue sur le territoire libanais, à chaque fois que des Palestiniens opèrent contre des objectifs israéliens. Plusieurs centaines de victimes libanaises et palestiniennes au cours de cette seule année 1974. Aucun des grands pays arabes directement impliqués dans le conflit avec Israël ne vient au secours de ce martyre palestino-libanais. Depuis le printemps 1974, les canons se sont définitivement tus sur les fronts syrien et égyptien. Libanais et Palestiniens nagent tragiquement seuls dans le sang, la boue, le luxe et la pauvreté, dans leurs rancœurs et leurs chimères, leurs diversités et leurs factionnalismes respectifs.

1. Voir *infra* chapitre 11 p. 506 et suivante.

Les grandes puissances occidentales, protectrices traditionnelles du Liban, sont de leur côté bien trop occupées par la nouvelle donne pétrolière pour jeter un regard quelque peu attentif sur ce pays témoin qui part à la dérive. Au mieux le Liban garde-t-il une importance pour venir y faire des gestes symboliques, plus qu'effectifs, sur le plan palestino-arabe ; ainsi M. Sauvagnargues, ministre des Affaires étrangères français qui vient à Beyrouth en octobre 1974 pour que la presse internationale puisse le photographier serrant la main de M. Arafat. Vraiment, il n'était pas besoin d'être doué de perspicacité aiguë pour voir à travers le prisme libanais toutes les contradictions de la société arabe, les impasses de son action politique.

L'ENFER : L'AVALANCHE DES PÉTRODOLLARS

En réalité, la tyrannie pétrolière en ces années 1974-1975 a brouillé tous les esprits. L'activisme diplomatique qu'elle a déclenché cache encore plus les données profondes qui agitent la société arabe. Car cet activisme permet une fuite vis-à-vis du réel dans l'idéalisme universalisant, et c'est le cas du plus grand nombre ; ou constitue l'occasion d'un retour au gauchisme aventureux du « refus » pour les minorités agissantes et les schismatiques impénitents. Pour les Occidentaux, cet activisme est une merveilleuse machine à gagner du temps face à la montée de ces nouveaux syndicalistes que deviennent les pays membres du Mouvement des non-alignés sous la houlette des ténors de l'O.P.E.P., dont un ancien fellagha, Boumediene, et un monarque perse, le chah d'Iran. Tout cet activisme a un aspect quelque peu irréel, car la réalité sociale et historique, régionale et internationale, se fait hors des enceintes diplomatiques.

Le drame réside justement dans le fait que cet activisme qui sent si fort le pétrole et les pétrodollars polarise l'attention des élites politiques et accélère la déstructuration des entités sociales, en Orient comme en Occident. C'est pourquoi Khomeyni, qui apparaît d'abord comme un fou de Dieu, fera si bien un moment l'unanimité de l'Orient et de l'Occident déboussolés, lorsque sous sa tente de Neauphle-le-Château ses imprécations phénoménales contre tout ce que la royauté iranienne symbolise d'arrogance matérielle trouveront un écho démesuré dans les médias occidentaux et chez tous les laissés-pour-compte de la tyrannie pétrolière en Orient.

Depuis 1974, en Orient comme en Occident, la vie officielle bat au rythme du pétrole. Sur ces déserts désormais solidement attachés à l'Occident par l'écoulement pétrolier, défilent à une cadence insensée chefs d'État, ministres, directeurs de banque, entrepreneurs, cadres de firmes multinationales. Dans leur foulée, les agioteurs, intermédiaires, aventuriers de toutes sortes. Certains États pétroliers, ceux à population faible, ne savent guère que faire de ces « cent millions de dollars par jour [1] » qui déferlent sur leurs bureaucraties squelettiques, sinon inexistantes.

C'est surtout le cas des pays de la Péninsule arabique, qui n'ont pas toujours une banque centrale (Qatar, Émirats arabes unis, Oman). Lorsqu'ils en ont, c'est le cas de l'Arabie Saoudite et du Koweït, elles sont embryonnaires, comptent à peine quelques dizaines de fonctionnaires. Aussi, les recettes pétrolières sont-elles parfois confiées aux ministères des

1. Titre d'un ouvrage célèbre en langue anglaise, devenu un classique de la littérature journalistique sur les pétrodollars. (Consulter l'Annexe V sur mon site.)

Finances (Koweït, Émirats arabes unis), mais ceux-ci, comme la Banque centrale saoudienne (Saudi Arabian Monetary Agency) doivent aussi s'appuyer sur des institutions et des experts étrangers. Les pétrodollars sont alors automatiquement et directement recyclés en Occident.

Les pays à population importante (Algérie, Irak pour le monde arabe, Iran pour le Moyen-Orient) sont mieux placés pour tirer profit immédiat de ce flux financier. La capacité d'augmenter les importations est quasi illimitée, en biens de consommation pour des populations pauvres, en biens d'équipement pour les chefs d'État amateurs de modernisation accélérée. Dès 1975, l'Algérie et l'Iran connaissent de gros déficits de balance de paiement, un an seulement après le quadruplement des prix du pétrole. Ils doivent emprunter sur le marché international des capitaux des sommes importantes pour faire face à ces déficits. C'est dire assez l'ampleur des besoins insatisfaits. Il est vrai que pour l'Iran les commandes massives d'armement sont en partie responsables de cet état de choses. Mais ce n'est pas le cas de l'Algérie, ni celui du Nigeria, de l'Indonésie, du Venezuela, tous gros producteurs, mais qui s'endettent à tour de bras, malgré la nouvelle richesse pétrolière.

Chez les pauvres, elle déclenche en effet une gloutonnerie de consommation, souvent dans l'ostentation. Cette gloutonnerie se traduit chez tous par l'élaboration de plans de développement farfelus où sont inscrits des projets démesurés par rapport aux capacités de réalisation de ces « économies léthargiques[1] » et squelettiques. Il s'ensuit le déchaînement d'une inflation violente, la création de goulots d'étranglement à tous les niveaux, notamment des

1. Selon la belle expression due à la romancière Doris Lessing (*Les Carnets d'or*).

pénuries de matériaux de construction. Évidemment les classes défavorisées sont frappées de plein fouet, de même que les classes moyennes à revenus fixes, fonctionnaires, instituteurs, employés. Pour le monde arabe, ce ne sont pas seulement les pays exportateurs de pétrole qui en souffrent, mais aussi bien les autres. Le système de sécurité sociale qui a été mis en place à Khartoum est élargi considérablement après la guerre de 1973, ce qui augmente en conséquence le flux de capitaux que reçoivent les autres pays arabes. De plus, la Syrie, le Soudan et l'Égypte libéralisent leurs contrôles des changes et assouplissent leurs économies.

En Égypte et au Soudan surtout, le chemin est ouvert à l'implantation directe des entreprises étrangères. C'est l'ouverture économique si chère à Sadate. Du coup, toutes les spéculations sont possibles. C'est la ruée des riches personnalités du Golfe et des banques étrangères pour acheter les plus beaux immeubles, les meilleurs terrains. Il n'est pas rare que les prix soient multipliés par cent lorsqu'un appartement est loué à un étranger. La pression est terrible aussi sur les salaires, car les meilleurs techniciens ou employés sont happés par les sociétés étrangères, lorsqu'ils n'émigrent pas vers le Golfe à la recherche de la fortune ou d'emplois lucratifs. Dans ces pays caractérisés par une très grande stabilité des prix et des salaires qui a garanti jusqu'ici l'ordre social, c'est en réalité la porte ouverte à toutes les aventures. Cette évolution est d'autant plus grave que la situation des campagnes, déjà guère brillante, ne fait que s'aggraver ; l'exode rural s'accélère. Tout se conjugue pour déstabiliser l'ordre social.

Le Liban est frappé le premier. Ce sont dans les ceintures de pauvreté de Beyrouth que commencent les événements sanglants de 1975-1976. Mais on se souviendra aussi des terribles émeutes du Caire en janvier 1977, face au relèvement des prix du pain et d'autres denrées de première nécessité, imposé par le Fonds monétaire international. Sadate devra faire marche arrière et renoncer aux augmentations.

Dans les déserts de la Péninsule arabique, c'est la ruée vers l'or. Depuis la décadence de l'Empire abbasside, le monde arabe n'a pas connu de déplacement de population de cette ampleur. Car les pays exportateurs du Golfe, de même que la Libye, n'ont guère la main-d'œuvre, les cadres, les techniciens, les employés, les professeurs pour faire face aux besoins et aux projets qui naissent de la nouvelle richesse pétrolière. Les autres pays arabes sont brusquement vidés de la partie la plus dynamique de la population active, ce qui ne manque pas d'aggraver l'effritement des structures sociales. Ces émigrés gagnent bien leur vie et renvoient au pays leur épargne, ce qui grossit encore le flux des capitaux et la boulimie de consommation et donc stimule l'inflation.

Partout dans le monde arabe, flux de richesse et flux humain provoquent des changements accélérés, non seulement dans la profondeur des structures économiques et sociales, mais aussi au niveau du paysage urbain et rural. Dans les pays à forte démographie (Syrie, Égypte, Irak, etc.), ces changements sont souvent en contradiction avec l'héritage d'étatisme socialiste de la période précédente, ce qui ajoute à la complexité des problèmes. Dans les pays de désert, à faible démographie, le paysage traditionnel est assassiné à une rapidité fulgurante. Ainsi Jeddah et Riyad, en Arabie Saoudite, dont le très bel habitat en pisé disparaît sans laisser de traces au profit de blocs de béton et de panneaux de vitres qui transforment ces villes, déjà chaudes, en un enfer. Bien plus, les immigrants arabes ne suffisent pas à faire face aux besoins. C'est alors le déferlement des Coréens, des Pakistanais et des Philippins. Aux postes de commande les plus sensibles, des Européens et des Américains. Le paysage humain devient à son tour insupportable.

Cette situation n'est pas propre aux Arabes, c'est celle de l'Iran bien sûr pour cette région du monde, mais aussi du Venezuela et du Nigeria, avec leurs spécificités. À y réfléchir avec un peu de recul, on peut se demander comment le désordre social provoqué par l'irruption du fondamentalisme religieux ne s'est pas manifesté ouvertement plus tôt, plus intensément et de façon plus généralisée. Face à ces mutilations de structures sociales et économiques, reste-t-il autre chose que le fondamentalisme religieux ultraréactionnaire ou le gauchisme systématique ? La révolution iranienne cumulera de façon spectaculaire la double ambiguïté de ces deux modes idéologiques, qui répondent à la détresse profonde de sociétés martyrisées par des changements chaotiques, brutaux et continus.

PUISSANCE ET ÉGOÏSME DE L'OCCIDENT

L'Occident, bien sûr, peut mieux se défendre. La société développée est en effet celle qui, par son accumulation de savoir et de pouvoir, intériorisée dans l'ordre social tout entier, sait transformer les épreuves qu'elle doit affronter en nouvelles sources de savoir et de pouvoir. La société sous-développée, au contraire, est celle dont même les avantages et les sources potentielles de puissance deviennent des causes de faiblesse additionnelle, de dépendance accrue et de déséquilibres nouveaux. C'est pourquoi, en Occident, la « crise » pétrolière est à l'origine de nouveaux progrès techniques dans tous les domaines énergétiques, de réajustements industriels, rendus nécessaires du fait des changements profonds dans la compétition technique et économique que se livrent les grands pays capitalistes. En Orient, la « richesse » pétrolière détruit dans le désordre le tissu social, crée des déficits alimentaires graves[1] et une dépendance quasi totale vis-à-vis de la production pétrolière, mettant des économies squelettiques dans une situation d'extraversion totale envers les pays développés, en particulier occidentaux, et donc dans une position de vulnérabilité absolue.

Pour l'Occident, et faute de nouvelles percées technologiques dans le domaine de l'énergie, le pétrole ne pouvait pas rester à si bas prix dans un monde allant à la pénurie énergétique. La hausse des prix était donc un impératif de survie pour l'Occident industrialisé, aussi bien pour économiser l'énergie que pour en créer de nouvelles sources. En fait, l'O.P.E.P. lui a rendu un fameux service. Que les ajustements de l'Occident soient douloureux aussi, personne n'en doutera — le nombre de chômeurs en témoigne —, encore que des pays comme le Japon ne souffrent ni du chômage ni de l'inflation que connaissent les pays industrialisés, car il est justement pionnier dans plusieurs grands créneaux technologiques. Il est aussi d'autres exemples dans le monde industrialisé. En tout cas, il n'y a ni chaos ni effondrement. Le sort d'un chômeur en Occident ne saurait se comparer à la marginalité sociale et économique sans filet, qu'accélère le pétrole dans les pays sous-développés, pour tous ces ruraux, petits artisans, petits fonctionnaires, qui ne peuvent suivre ni le rythme de l'inflation ni les changements brutaux et chaotiques que connaît leur paysage culturel, économique et social.

Le drame de la crise pétrolière réside en réalité dans l'absence de tout dialogue sérieux sur le plan du développement, dont l'Occident porte une grande

1. Le monde arabe était jusqu'au milieu des années 1960 exportateur net de produits alimentaires. En 1980, il importe plus de la moitié des produits alimentaires qu'il consomme.

part de responsabilité. Boumediene avait raison dans son approche, mais dans son idéalisme il a mésestimé l'égoïsme des riches. Car les pays pétroliers sont bel et bien enfermés dans un cercle vicieux. S'ils réduisent leur production, pour mieux conserver l'énergie, condition de toute industrialisation véritable pour le futur, l'Occident hurle à l'étranglement et en fait un « casus belli ». L'alternative que pratiquent tous les pays sous-développés, exportateurs de pétrole, c'est la maximisation des ressources financières et donc l'amplification de la richesse au sein de la pauvreté et du sous-développement, source de tous les désordres. On en voit le résultat, lorsque des gratte-ciel sont achetés à New York ou des tours à Paris cependant que pour l'Arabe moyen se loger chez lui est devenu un casse-tête et peut demander plus de la moitié du revenu mensuel ; ou encore lorsque le prix d'une voiture reste prohibitif pour des dizaines de millions d'Arabes, cependant que certains de leurs gouvernements ont des participations substantielles chez Mercedes ou Fiat. Comme en Irak ou en Algérie, lorsqu'on dispose des plus modernes équipements industriels en aciérie ou pétrochimie, mais que le pays manque d'épingles ou de jouets en plastique pour les enfants. Sans parler des mille autres absurdités de ce « développement » recyclé au seul profit des multinationales, autre symbole de la puissance de l'Occident.

Pour les pauvres, le pétrole est bien une voie sans issue. Les théoriciens de la révolution iranienne l'avaient compris ; le reste du tiers monde le sait à peine. L'Occident en profite, car le Proche ou le Moyen-Orient peuvent avoir aujourd'hui le plus fort taux de millionnaires dans le monde, ces derniers ont pignon sur rue à Paris, Londres, New York ou Genève, et se contentent de courts séjours chez eux ; car ces riches ressemblent étrangement à leurs frères d'Occident et ont mis en lieu sûr ce qui fait leur puissance.

L'INTROUVABLE GOUVERNEMENT PALESTINIEN : RETOUR AU GAUCHISME ARABE

La voie de l'O.P.E.P. ainsi bloquée, celle de l'O.L.P. a-t-elle des chances d'avancer ? En réalité, aucune. Certes, Arafat a été triomphalement reçu à l'Assemblée générale des Nations unies. Mais nous avons vu ce qu'il en est de l'efficacité des palabres dans les enceintes internationales. L'Assemblée générale est sans pouvoirs effectifs ; ceux-ci résident au Conseil de sécurité où les Américains montent la garde et veillent aux intérêts de leurs protégés israéliens. Au demeurant, Israël se moque totalement des résolutions des Nations unies et le dit tout haut. Pour elle, la réalité se fait sur le terrain et, accessoirement, en consultation avec le grand frère américain.

Reçue aux Nations unies, l'O.L.P. a aussi et enfin été intronisée par les chefs d'État arabes réunis à Rabat comme seule représentante légitime du peuple palestinien, mais elle ne possède toujours pas un kilomètre carré de territoire palestinien, alors que le roi de Jordanie, silencieux, reste un concurrent redoutable qui possède un État et un capital de sympathie important auprès de l'Occident et même des Israéliens. L'O.L.P. ne deviendra membre à part entière de la Ligue arabe qu'en septembre 1976, deux ans après le sommet de Rabat ; jusqu'ici elle n'était qu'un observateur au sein de l'organisme arabe.

La formation d'un gouvernement en exil, à l'exemple du G.P.R.A. algérien, aurait pu changer la situation au début de cette conjoncture exceptionnelle. L'Égypte, l'Union soviétique, l'Algérie et bien d'autres ont pressé Yasser Arafat de le faire. Un tel gouvernement aurait alors reçu la reconnaissance de tout le tiers monde, du bloc socialiste et d'une partie au moins des pays occidentaux, sinon de tous. Son existence en 1975 et 1976, lorsque la population de Cisjordanie est en rébellion ouverte contre l'administration militaire israélienne, aurait à coup sûr fortement contribué à réduire l'intransigeance des prétentions israéliennes sur cette dernière province — avec Gaza — de la Palestine. Mais évoquer cette solution rationnelle et rassurante, qui aurait vraisemblablement évité la sanglante déchirure libanaise, c'est justement ignorer que l'O.L.P. est elle-même traversée par toutes les déchirures de la société arabe.

Fédération de mouvements de résistance, soutenus par les forces centrifuges qui paralysent la vie politique des Arabes, l'O.L.P. maintient sa cohérence en partie grâce à l'habileté de son chef et l'appui dont jouit le Fath, le mouvement d'Arafat, auprès de l'opinion palestinienne. Mais si le Fath est le mouvement pivot de l'O.L.P., il est lui-même agité par les courants les plus divers, par ce kaléidoscope idéologique arabe qui va du fondamentalisme islamique au gauchisme bon teint. À l'intérieur de l'O.L.P., autour du Fath, il y a un mouvement continu de groupes d'importance très variable. Ils évoluent de façon désordonnée au gré des conjonctures, des intérêts des États arabes qui les soutiennent, des humeurs idéologiques de leurs dirigeants. Les alliances se font et se défont, les scissions et les schismes réduisent ou augmentent à plaisir le nombre de ceux qui siègent au comité exécutif de l'O.L.P.

Certes, la Résistance palestinienne s'est affirmée sur le terrain ; surtout depuis 1968, ses opérations constantes contre les objectifs israéliens le prouvent assez. Son unité et sa cohérence politiques restent cependant précaires. C'est pourquoi l'habileté de Yasser Arafat est jusqu'ici un ingrédient majeur pour l'O.L.P. dont la représentativité reste encore menacée dans l'ordre juridique international où elle est niée par l'ennemi israélien d'un côté, menacée d'éclatement par les divergences des frères arabes de l'autre.

En 1974-1975, les partisans du « refus » à tout « compromis » ont le vent en poupe à l'intérieur de l'O.L.P. Ce sont eux qui ont effectué la plupart des grandes opérations à l'étranger, en particulier les détournements d'avions, que le Fath désapprouve ouvertement. Ces opérations ne s'arrêteront qu'après celle d'Entebbe en juin 1976 où les Israéliens récupèrent en Ouganda, par un raid militaire, les otages israéliens pris au cours d'un détournement d'avion. Ce sont eux aussi qui entreprennent les opérations les plus audacieuses en Israël à partir du territoire libanais. La grande figure de cette intransigeance et de cette pureté révolutionnaire, c'est le Dr Georges Habache, un chef dont le charisme réside dans la simplicité de vie au service des humbles. Il est alors soutenu par l'Irak, devenu le bastion du « refus » et de la non-compromission, et par la Libye bien sûr.

À sa création en 1964, l'O.L.P. est une émanation des gouvernements arabes, en particulier de l'Égypte, et non un véritable mouvement de résistance. L'Armée de libération de la Palestine qui est créée à la même époque, sous l'égide de la Ligue arabe, est faite de bataillons dispersés, sous contrôle des armées arabes. Son premier chef, Ahmad Choukeiry, est une figure typique de ces bureaucrates de la Ligue arabe, hommes de sérail.

Les mouvements de résistance naissent à la même époque, mais dans la clandestinité, en dehors des circuits arabes officiels. Ce sont des mouvements qui sont pourchassés par presque tous les pays arabes, qui y voient un risque de subversion interne, mais aussi un potentiel de provocations inutiles à l'encontre d'Israël. C'est pourquoi leurs chefs ont pour la plupart connu les geôles des régimes arabes à un moment ou à un autre[1].

1. « Nous savions combien nous étions devenus arabes dans les prisons israéliennes ; nous savions combien nous étions devenus

Ce n'est qu'en 1968 que les mouvements de résistance investissent l'O.L.P. La défaite de 1967, discréditant les régimes arabes, leur met le vent en poupe, donne raison à leurs thèses révolutionnaires. Choukeiry n'est pas réélu à la présidence de l'O.L.P. et, en 1969, Arafat en devient le chef porté par une vague populaire extraordinaire, palestinienne et arabe, qui se met à aduler le Fath comme idéal révolutionnaire et à détester l'impuissance et les compromissions des régimes arabes. C'est la grande aventure du gauchisme arabe.

Il faut garder en mémoire ces données pour saisir le comportement de l'O.L.P. Comprendre l'absence de programme tenant compte de la réalité. Car pour maintenir sa représentativité internationale, l'O.L.P. doit arriver à une quasi-unanimité dans ses prises de position. Si le Fath, que domine la personnalité d'Arafat, recherche depuis 1974 un règlement pacifique et rapide, il n'en est pas de même à cette époque des autres mouvements. Ils restent maximalistes et s'abstiennent d'assister aux réunions du comité exécutif de l'O.L.P., sitôt qu'il faut parler de négociations et de concessions, et donc d'un amendement de cette fameuse Charte palestinienne de 1968 qui nie à l'État d'Israël le droit d'exister, mais reconnaît la légalité de l'existence des juifs en Palestine avant la création de l'État.

Ce n'est qu'en mars 1977, au treizième Conseil national palestinien — le parlement palestinien qui fonctionne depuis 1964 et élit les membres du comité central de l'O.L.P. —, qu'Arafat parvient à faire adopter le principe de la création d'un État palestinien sur toute partie du territoire palestinien libérée. C'est la première défaite des maximalistes, en bonne partie le résultat des troubles libano-

palestiniens dans les prisons arabes» (Mahmoud Darwich, poète palestinien).

palestiniens de 1975-1976. Déjà, en décembre 1976, le comité central de l'O.L.P. réuni à Damas avait accepté la création d'un État palestinien, sans en définir les frontières, c'est-à-dire en renonçant à l'intégrité du territoire palestinien et à l'idéal d'une Palestine laïque et démocratique érigée en lieu et place de l'État d'Israël. Les organisations se réclamant du Front du refus avaient boycotté cette séance. Mais en 1977 il est déjà trop tard; c'est en effet la veille de la visite à Jérusalem de Sadate, qui va brouiller les cartes et redonner vigueur aux couleurs du refus. Il est trop tard aussi parce que la déchirure libanaise des années 1975-1976 a permis à Israël de prendre de nouveaux gages territoriaux et politiques dans ce pays arabe frontalier, au territoire jusqu'ici intact.

Les partisans du refus sont de plus en plus les enfants de l'amertume et donc des représentants authentiques du gauchisme arabe. Pour eux, la perte de la Palestine, l'absence d'unité arabe, l'injustice sociale et la faiblesse politique et militaire qui caractérisent si bien la société arabe du XXe siècle ne sont que le résultat des compromissions de l'élite politique arabe avec l'impérialisme. La lutte pour l'unité arabe est inséparable de la lutte pour la Palestine. La libération ne peut se faire que par un même combat intérieur et extérieur, celui contre les régimes capitulards, monarchies réactionnaires ou césarismes petits-bourgeois, alliés objectifs de l'impérialisme dont le sionisme n'est qu'une émanation. Dans ce contexte s'éclaire la logique d'une stratégie étrange qui fait passer la route de Tel-Aviv par Damas, Amman, Beyrouth et Le Caire. On ne s'étonnera pas non plus que l'Irak et la Libye soient les piliers étatiques de ce refus.

L'Irak, en effet, a été le seul pays arabe qui a permis aux Palestiniens de continuer d'exister, alors que ce peuple mourait de silence et d'étouffement. En 1959 le général Kassem le premier a parlé de gouvernement palestinien à Gaza et en Cisjordanie, a entraîné des volontaires palestiniens et a créé un impôt palestinien. C'est donc d'Irak qu'est déclenchée la seconde vague de nationalisme palestinien après celle des années 1919-1939 qui a lutté contre l'implantation juive en Palestine, mais a été trahie par les compromissions de ses dirigeants. Vague nationaliste que l'Égypte et la Jordanie récupèrent en 1964 en instituant l'O.L.P. et l'A.L.P., émanations des bureaucraties politiques et militaires arabes. Dans les années 1970, l'Irak est baathiste, fort de la légitimité de l'équipe des membres fondateurs, chassée de Syrie et réfugiée à Bagdad, du moins pour Michel Aflak. Le pays a du pétrole et une idéologie intransigeante, nationaliste arabe, anti-impérialiste, alors que l'équipe rivale de Damas vire à droite et se rapproche de l'« impérialisme ».

Quant à la Libye, nous avons vu les affronts subis par la pureté unitaire et révolutionnaire de Kadhafi aux mains de ses pairs arabes, en particulier ses deux voisins africains, Sadate et Bourguiba. La Libye a aussi du pétrole et donc des ressources ; rien ne l'oblige à se compromettre avec l'impérialisme. Si le monde arabe se ferme à la pureté révolutionnaire et à l'idéologie du « Livre vert », l'Afrique peut permettre une mouvance islamique et « progressiste », sans compter les nombreuses portes qui restent ouvertes dans le monde par intérêt matériel (Malte par exemple) ou par besoin politique et idéologique. Désormais, la Libye se rapprochera de plus en plus de Moscou, après avoir été un détracteur passionné de l'influence soviétique dans le tiers monde.

Tout cela montre clairement qu'une voie algérienne pour l'O.L.P. était difficilement praticable dans le contexte proche-oriental. La création d'un gouvernement sur le modèle du G.P.R.A. aurait supposé une unité de rangs que les mouvements de résistance palestiniens n'ont jamais eue. Le F.L.N. algérien l'avait réalisée avant la constitution du

Gouvernement provisoire établi à Tunis, non sans que cette unité ait coûté beaucoup de sang dans les rangs des militants. Les Palestiniens, de leur côté, aiment bien leur diversité, craignent de faire couler le sang pour supprimer le factionnalisme. Cette action pourrait permettre des ingérences encore plus poussées des États arabes dans les affaires de l'O.L.P. L'émergence d'un gouvernement palestinien en 1974 ou en 1975 aurait signifié l'acceptation de négocier et donc de compromettre, et ainsi de renoncer aux idéaux de la récupération totale de la patrie dans une unité arabe révolutionnaire enfin trouvée. Les partisans du refus, minoritaires certes, mais agissant et disposant de puissantes protections, ne l'auraient pas accepté. Leur absence de participation à un gouvernement en exil en aurait diminué la représentativité, et aggravé la profondeur du schisme. Yasser Arafat, à cette époque, n'a jamais voulu prendre ce risque et entacher sur le plan international sa propre légitimité politique et diplomatique, en tant que chef de l'O.L.P., du moindre soupçon de non-représentativité.

On se trouve ainsi en face d'une nouvelle équation impossible que sécrètent les tensions, les contractions ainsi que les déphasages culturels et économiques de la société arabe du Proche-Orient. L'O.L.P. en paiera le prix, lorsque, douze ans après son échec jordanien, elle sera éjectée de Beyrouth au cours de l'été 1982 par l'armée israélienne.

Afin de régler cette équation impossible du front palestino-arabe le Liban sera déchiré. La guerre de 1973 a voulu changer les termes de l'équation impossible du sommet de Khartoum. On en a vu toutes les ambiguïtés et les limites. C'est désormais sur la scène libanaise, ouverte à tous les vents, que ces ambiguïtés vont chercher à se clarifier en débloquant, au niveau palestinien, la paralysie que crée la permanence des schismes, héritage historique profond du Proche-Orient, et en repoussant les limites que la guerre d'octobre et l'échec de la diplomatie arabe en 1974-1975 ont imposées à la solution du conflit israélo-arabe. C'est la clé de la guerre civile que se livrent les Arabes au Liban, en parallèle à un éclatement des tensions entre communautés libanaises, et à une percée fulgurante de la Syrie, jusqu'ici marginale et en proie à l'instabilité chronique, sur la scène arabe et internationale. Tout comme la guerre de 1973, dont elle n'est que le prolongement, la guerre libanaise fait perdre aux Arabes bien des chances. Lorsque les habitants de Cisjordanie bougent massivement plusieurs mois durant en 1975-1976, non seulement il n'y a pas de gouvernement palestinien reconnu par la communauté internationale, pour parler en leur nom, mais l'O.L.P. est engluée au Liban dans la plus ambiguë de toutes les situations. L'attention du monde se porte alors non pas sur ce premier soulèvement de lycéennes palestiniennes dans les territoires occupés, mais sur un chaos libanais d'autant plus spectaculaire que nul ne peut vraiment dire qui se bat contre qui et pourquoi. Chrétiens contre musulmans, droite contre gauche, Palestiniens contre Libanais, Libanais entre eux, Palestiniens entre eux : la mêlée est effroyable, à la mesure du désordre qui agite en profondeur toutes les structures socioculturelles du Proche-Orient.

Goguenards, les Israéliens regardent s'effondrer au Liban les rêves onusiens de l'O.L.P., la démocratie, la laïcité, le dialogue. Dans le désordre qui s'est installé, ils prennent au passage des gages qui vont encore renforcer leur intransigeance, à laquelle l'Égypte, pivot du Proche-Orient, succombe en 1977.

Deux guerres pour rien, une externe, celle de 1973, l'autre interne, celle du Liban en 1975-1976. La société arabe est-elle donc vraiment bloquée ? Il faut, pour y répondre, décrypter les messages des violences qui déchirent le Liban.

PARTIE III

DE L'EUPHORIE PÉTROLIÈRE À LA MULTIPLICATION DES CONFLITS INTERARABES

1975-1990

11

La déchirure libanaise : 1975-1976

LE LIBAN, MICROCOSME DE LA SOCIÉTÉ OTTOMANE

La désintégration de la société et de l'État au Liban à partir de 1975-1976 apporte à l'observateur un ensemble complexe de messages sur la situation du Proche-Orient. Certes, l'ampleur des violences et la nature des atrocités commises captent d'abord le regard de l'observateur. La surprise est en effet d'autant plus grande que le Liban offrait une physionomie paisible et bonhomme, contrastant avec l'aspect rude et souvent dramatique de l'histoire des sociétés voisines. Mais l'apparence était trompeuse ; les horreurs qui se sont déroulées dans ce pays, que certains faisaient passer à tort pour la « Suisse du Moyen-Orient », l'ont suffisamment prouvé. Rarement une société a pu donner d'elle-même au monde extérieur une image aussi distante de sa réalité profonde. Si la couche superficielle d'occidentalisation du Liban a contribué à occulter les réalités de la société libanaise, l'élite politique et culturelle du pays a, de son côté, fait preuve d'une myopie peu commune. Orient et Occident ont à nouveau, dans le cas du Liban, une rencontre d'autant plus malheureuse qu'elle a été trop souvent louée comme un modèle parfait d'échanges culturels.

Ce n'est point un hasard de l'histoire si le Proche-

Orient, bloqué encore une fois dans le conflit israélo-arabe, se déchire en 1975 dans son flanc le plus mou, le Liban. De toutes les sociétés du Proche-Orient, celle du Liban est en effet la seule qui soit restée immobile, dirigée par une même ploutocratie politique et culturelle depuis la proclamation du Grand Liban en 1920 par la France, alors puissance mandataire. C'est pourquoi la déchirure libanaise est exemplaire, car elle montre la société arabe dans sa réalité profonde, telle qu'elle reste intouchée dans ses structures par l'évolution du monde contemporain. D'où la difficulté de l'analyse de ses paradoxes. D'un côté, le Liban apparemment « moderne », démocratique et pluraliste, économiquement avancé ; de l'autre, les pays voisins, notamment l'Égypte, la Syrie, la Jordanie, encore très en retard au plan économique et donc conservant des secteurs sociaux entiers dans le traditionalisme, sans parler des régimes politiques autoritaires et refusant tout pluralisme.

Pourtant, la société libanaise tombe dans l'anarchie et la violence généralisée, alors que les autres sociétés du Proche-Orient résistent apparemment à toutes les épreuves, défaites militaires, coups d'État, défis posés par le développement des mouvements de résistance palestinienne, déséquilibres économiques. La « modernité » libanaise n'a donc été qu'un « trompe-l'œil » à qui l'on attribuait un peu facilement la stabilité du pays et la démocratie apparente de ses institutions. Cependant que les coups d'État dans les pays voisins, les changements d'élites au pouvoir, les bouleversements successifs d'institutions sociopolitiques, préservaient la stabilité sociale, tout en donnant l'image de l'incohérence et de l'instabilité dans le refus apparent de la rationalité moderne.

Certes, à cette époque, les ravages du pétrole dans la société arabe ainsi que la perpétuation du conflit israélo-arabe ont miné la société des autres pays du Proche-Orient. La montée du fondamentalisme religieux et le terrorisme pratiqué par certains de ses adhérents, notamment en Égypte et en Algérie, en sont la manifestation la plus évidente. Aussi la désintégration libanaise doit-elle s'interpréter dans ce contexte plus large, ce qui renforce encore son exemplarité au niveau régional et en justifie une analyse attentive et complexe. Car la violence qui se déchaîne au Liban en 1975 n'est qu'un signe avant-coureur de la déstabilisation générale des structures socioculturelles et politiques du Proche-Orient, bloquées entre un traditionalisme toujours vivant et une modernité non intégrée en profondeur dans la société, bousculées par l'irruption d'une richesse pétrolière incontrôlable dans son volume et dans sa répartition. On ne s'étonnera pas dans ces conditions que la violence libanaise soit exercée avec un arsenal militaire considérable, un vocabulaire idéologique hétéroclite, dans un cadre revenu aux traditions profondes de la société.

Le Liban est en effet resté un microcosme de la société ottomane qui a recouvert de ses institutions la société arabe durant quatre siècles. Il n'a connu ni les coups d'État, ni les changements d'élites et de régime socio-économique qui ont affecté les principaux pays du Proche-Orient[1]. Il a aussi conservé intactes les traditions ottomanes de tolérance et de pluralisme dans les conjonctures de stabilité, de violence et de fanatisme, dans celles de danger et de difficultés. L'imagerie facile de l'Occident sur

1. Pour le Liban, il faut mentionner toutefois les troubles de 1958, résultat de la grande vague populaire de panarabisme nassérien qui touche tout le Proche-Orient, secoue le trône jordanien, abat la monarchie irakienne, réalise l'Union syro-égyptienne. Miniguerre civile, accompagnée d'un débarquement américain de « marines » à Beyrouth, plus symbolique que véritablement guerrier, et à laquelle un général réformateur, Fouad Chéhab, mettra un terme. Élu président de la République en juillet 1958, il déjoue une tentative de coup d'État menée le 31 décembre 1961 par un groupe d'officiers adhérents du Parti populaire syrien, dont l'idéal est la réalisation de l'unité de la Grande Syrie (englobant le Liban et la Palestine).

l'Orient a souvent montré l'Empire ottoman sous les traits les plus sombres du fanatisme religieux et du règne de la soldatesque. Pourtant cet Empire peut compter parmi les grandes réussites de l'histoire, et le plus souvent un modèle de tolérance et de pluralisme. Dans son ombre, vécurent en bonne entente et sans la moindre contrainte toutes les communautés ethniques ou religieuses que sa souveraineté englobait, Arméniens, Kurdes, Berbères, Serbes, Bosniaques, Croates, Roumains, Hongrois, Grecs, Arabes musulmans, chrétiens ou juifs. Les traditions de tolérance sont fortement enracinées dans la politique des grands conquérants turcs depuis le temps des Seldjoukides (XIe siècle) ; elles ont aussi leurs antécédents dans celles des Arabes de la conquête islamique, notamment celles des quatre premiers califes de l'islam, dits califes « justes ».

La poussée de l'Occident en Orient à partir du XVIIIe siècle, mais surtout au XIXe siècle, met l'Empire ottoman sur la défensive et l'oblige à abandonner sa politique traditionnelle de tolérance ethnique et religieuse. Les puissances européennes cherchent en effet à miner l'Empire de l'intérieur, en se créant des « clientèles » dans les différentes nationalités et minorités religieuses sous souveraineté ottomane et qu'elles encouragent à la dissidence. C'est ainsi que naît au XVIIIe et au XIXe siècle la « Question d'Orient », dont un grand historien anglais, Arnold Toynbee, finira par dire qu'elle n'est qu'une question d'Occident, indiquant par là que la question d'Orient n'existait que du fait des rivalités des grandes puissances européennes en Orient[1]. Le Liban sera d'ailleurs, entre 1840 et 1860, une victime de cette rivalité des puissances en Orient. Cette déchirure libanaise au Proche-Orient, au XIXe siècle, ressemble étrangement à celle de la fin du XXe siècle, témoi-

1. Consulter sur mon site l'Annexe II : la question d'Orient.

gnant ainsi de la permanence de certaines données, en particulier de l'aspect malheureux des relations entre l'Orient et l'Occident qui se cristallisent sur cette région charnière entre les deux mondes.

Déjà au XIXe siècle, l'Angleterre, inquiète des progrès de l'influence française au Proche-Orient, attise les éléments de discorde qui secouent la société libanaise. Depuis Bonaparte, la France a réussi dans cette région du monde une forte percée culturelle, commerciale et politique : au Liban, grâce à la protection qu'elle exerce sur la communauté maronite au nom de la protection des communautés chrétiennes d'Orient rattachées au catholicisme ; en Égypte, par l'importante œuvre culturelle entreprise sous l'égide de l'expédition du général corse et qui lui vaut les sympathies ouvertes de Mohammed Ali, vice-roi d'Égypte. L'Angleterre craint de ce fait de perdre le contrôle de la route des Indes, vitale dans la gestion de son empire. Il en résulte un surcroît de rivalités, de tensions et d'intrigues dont le Liban est la victime. À cette époque, naît au sein de la bureaucratie impériale anglaise le premier projet sioniste ; ramener en Palestine les juifs d'Angleterre et du continent européen pour se créer une clientèle locale, faisant contrepoids à celle de la France chez les maronites du Liban. Le projet à l'époque ne suscite aucun enthousiasme auprès des communautés juives d'Europe qui, émancipées par les acquis de la Révolution française, ne rêvent que d'intégration et d'assimilation. Les Anglais devront alors se contenter de soutenir les Ottomans dans leurs efforts pour reprendre en main l'Égypte et le Liban qui, en étroite alliance, s'efforcent de sortir de l'orbite de l'Empire.

DES MONTAGNES ET DES MINORITÉS AU PROCHE-ORIENT

Au demeurant, la montagne libanaise a toujours été difficile à gouverner et à unifier. Pan de mur escarpé en bordure directe de la Méditerranée, elle est depuis des siècles le refuge des communautés religieuses persécutées par l'orthodoxie du pouvoir central[1]. Ainsi, les maronites y trouvent refuge au VIIe siècle contre la persécution byzantine et celle de la puissante Église jacobiste de Syrie ; plus tard, sous l'islam, elle abritera les chiites et les druzes ; au nord du Mont-Liban, en Syrie, une autre chaîne de montagnes deviendra le bastion des alaouites. Ces châteaux forts naturels sont mis au cours de l'histoire en état de siège permanent par les représentants locaux du pouvoir central, installés dans les principaux centres urbains de la région, Damas, Tripoli, Alep, Beyrouth, Saïda, Saint-Jean-d'Acre en Palestine. Si le pouvoir central islamique se doit de respecter l'autonomie culturelle et religieuse des communautés chrétiennes (et juive) ainsi que le prescrit le texte coranique lui-même, il n'en est pas de même des sectes islamiques hétérodoxes, chiites, druzes, ismaéliennes, alaouites. D'où des expéditions punitives constantes, qui atteignent aussi les communautés chrétiennes vivant en symbiose socioculturelle avec les sectes islamiques hétérodoxes, et non moins turbulentes qu'elles. Ces montagnards du Liban, maronites, druzes, chiites, sont des fiers-à-bras, encadrés par une aristocratie qui doit sa puissance à l'affermage des impôts par le pouvoir

1. Pour un aperçu sur les minorités religieuses au Proche-Orient, voir l'Annexe I sur mon site, « Données anthropologiques et historiques ».

central et qui a conservé profondément vivantes les valeurs tribales de l'Arabie préislamique. On se battra férocement jusqu'au début du XVIIIe siècle dans la montagne libanaise, entre féodaux libanais, non point pour des questions théologiques ou d'appartenance religieuse, mais pour affirmer la prépondérance d'une vieille origine tribale sur une autre. En ce sens, la société libanaise dans sa diversité et ses contradictions impose jusqu'à l'époque contemporaine «l'image même de la famille arabe, de sa structure originale», ainsi que le dit un des meilleurs observateurs français de la réalité libanaise[1].

La lutte interne pour le pouvoir a toujours eu au Liban un caractère tribal accusé, dont le pouvoir central ottoman a tiré profit pour empêcher toute velléité d'émancipation. Mais, à leur tour, les aristocraties locales, dans leurs incessantes querelles intestines, n'ont jamais hésité à faire appel aux gouverneurs des provinces voisines, aussi bien qu'à l'Europe à partir de la Renaissance. Deux grandes familles d'aristocratie libanaise surent s'élever au-dessus de la mêlée à partir du XVIe siècle et imposer leur gouvernement sur la montagne: ce furent d'abord les émirs druzes de la famille Maan (1516-1697), puis les émirs Chéhab (1697-1841), musulmans sunnites à l'origine, alliés par le sang aux Maan, convertis par la suite au milieu du XVIIIe siècle au christianisme, ce qui devait contribuer à faire passer la prépondérance politique au Liban des mains de l'aristocratie druze à celles des maronites. Encore faut-il ajouter que le pouvoir de ces émirs était en permanence menacé; de l'intérieur d'abord, et le plus souvent même par des prétendants rivaux de leur plus proche famille; de l'extérieur ensuite, par les gouverneurs ottomans des provinces envi-

1. Dominique Chevallier, *La société du Mont-Liban à l'époque de la révolution industrielle en Europe*, Paris, Geuthner, 1971, p. 219.

ronnantes ; enfin, de façon indirecte, par les visées européennes sur le Proche-Orient.

C'est en définitive l'Europe qui, au XIXe siècle, contribue peut-être le plus à la disparition de l'Émirat libanais. L'influence grandissante de la France provoque en effet des perturbations graves dans l'équilibre des communautés. Au plan des structures économiques, la concurrence des soieries lyonnaises favorise le déclin de la principale activité de la montagne, l'élevage du ver à soie ; cependant qu'une offensive commerciale d'ensemble de la France contribue au déclin général de l'artisanat. Cette révolution précipite la décadence de l'aristocratie, appauvrit considérablement la paysannerie. Chez les maronites où elle s'exerce avec le plus d'intensité, l'influence française, culturelle et économique, renforce le clergé, jusque-là bridé par l'aristocratie, et fait naître l'embryon d'une bourgeoisie qui s'inscrit dans les nouveaux courants de puissance que véhicule la France. Conséquence logique de cet état de faits, la naissance d'un sentiment de distanciation chez les maronites vis-à-vis des druzes et des chiites, laissés-pour-compte de cette vague de « modernisation ». Sentiment que la politique française attise en faisant miroiter, notamment au clergé maronite qui se recrute en bonne partie dans la masse paysanne, l'éventualité d'un État chrétien au Proche-Orient, dirigé par les maronites et protégé par la France. De plus, les maronites ont connu depuis le XVIIIe siècle une forte expansion démographique et territoriale par rapport aux autres communautés, expansion qui culmine au milieu du XIXe siècle.

Ces facteurs expliquent la période de troubles sanglants que connaît le Liban entre 1841 et 1861 où révolte sociale, troubles et violences intercommunautaires, rivalités des grandes puissances européennes et efforts ottomans pour résister aux pressions sont intimement mêlés. Cette époque s'ouvre avec le retrait des troupes égyptiennes de Mohammed Ali de Syrie et du Liban en 1840, en vertu de l'accord conclu avec les puissances européennes qui garantissait au pacha le gouvernement de l'Égypte en contrepartie de l'abandon de ses prétentions sur le Proche-Orient ottoman[1]. L'Émir Béchir Chéhab II qui avait lié son sort à la présence égyptienne au Liban, est contraint d'abandonner le pouvoir ; avec lui disparaît la dernière grande figure de l'aristocratie libanaise traditionnelle. Il laisse cependant un Liban au bord de la rupture, aussi bien du fait de sa politique qui l'a conduit à profiter de l'occupation égyptienne pour décimer la puissante aristocratie druze, que du choc culturel et économique provoqué par l'influence occidentale, déstabilisant les trois grandes communautés religieuses qui peuplent le Mont-Liban.

Trois vastes mouvements de violences communautaires interviennent durant cette période entre druzes et maronites (1841-1845-1860), mais aussi une révolte de la paysannerie maronite au Kesrouan contre son aristocratie (1858), précédée un an auparavant (1857) d'une rébellion de la population de Zahlé, gros bourg chrétien de la plaine de la Bekaa, contre les autorités constituées. De même, les scènes de fraternisation entre druzes et maronites alternent durant cette période avec les massacres, déclenchés souvent pour les motifs les plus futiles (un différend d'ordre individuel sur un droit de chasse pour les massacres de 1841).

1. Voir *supra* chapitre 6.

DE L'INFLUENCE DE L'OCCIDENT SUR LES « MINORITÉS » AU PROCHE-ORIENT

Derrière tout ce chaos, il apparaît clairement que la poussée de l'Occident dans le Proche-Orient arabe sous domination ottomane se cristallise sur le sort du Liban. La complexité des structures socio-religieuses du Liban offre à la rivalité des puissances européennes entre elles un terrain de prédilection qui permet à l'Empire ottoman de récupérer l'administration directe du territoire libanais qu'il avait jusqu'ici concédée avec plus ou moins bonne grâce à l'aristocratie locale. Cette administration directe est cependant étroitement surveillée par les consuls des puissances européennes en poste à Beyrouth, qui veillent sans cesse à ce qu'aucun d'entre eux n'acquière une influence prépondérante sur le sort de cette montagne malheureuse.

Le règlement de la question libanaise intervient en 1861 après un débarquement des troupes françaises à Beyrouth, au nom des puissances européennes, pour protéger les chrétiens du Liban. Ce règlement est élaboré par une commission internationale où sont représentés l'Empire ottoman et les cinq grandes puissances européennes (France, Angleterre, Autriche, Russie et Prusse). Le protocole du 9 juin 1861, auquel est attaché en annexe le statut organique du Mont-Liban, laisse la montagne libanaise, territorialement amputée de la plaine de la Bekaa et du Sud-Liban, sous souveraineté ottomane, mais consacre le contrôle des puissances européennes signataires du protocole sur la gestion du gouverneur ottoman, à travers la présence de leurs consuls en poste à Beyrouth. Fait notable, confirmant à la fois la prépondérance chrétienne au

Liban et le caractère exclusivement communautaire du pouvoir politique dans le pays, le gouverneur ottoman doit être, aux termes du protocole, de confession chrétienne.

Il faut signaler qu'entre 1843 et 1861 le Liban est soumis à un statut juridique intenable, divisant le pays en deux préfectures (caïmacamat), l'une druze et l'autre maronite. Ce statut permet évidemment à l'Empire ottoman de consacrer la rupture de la symbiose maronito-druze qui a fait les beaux jours de l'Émirat libanais, et donc de mieux consolider son emprise directe sur cette montagne si convoitée par l'Occident. Mais il permet aussi aux puissances européennes de trouver un champ plus fertile à leurs menées et à leurs intrigues, la préfecture maronite étant sous influence française, celle druze sous influence anglaise.

Le tableau de ces troubles libanais du XIXe siècle ne serait pas complet sans l'évocation des massacres de chrétiens qui ont lieu en 1860 à Damas, ancienne capitale de l'Empire omeyyade qui vécut les plus beaux jours de la symbiose du christianisme et de l'islam arabe au début de la conquête islamique[1]. La mosquée des Omeyyades à Damas, ce haut lieu de la civilisation arabe, fut longtemps un double lieu de culte où chrétiens et musulmans priaient côte à côte, chacun suivant sa foi. Les causes de cette violence communautaire sont nombreuses et complexes. Elles peuvent cependant se ramener à une seule : l'agression économique et culturelle de l'Occident industrialisé triomphant de l'Orient assoupi et qui se sert des communautés chrétiennes locales pour accroître sa pénétration[2].

1. Les massacres de Damas seront arrêtés par l'intervention de l'émir algérien Abdel Qader, exilé par la France dans la capitale syrienne.

2. Le malaise socio-économique profond, qui crée la pénétration des produits européens à Damas prépare le terrain aux massacres.

Comme au Liban, des bourgeoisies émergent dans les communautés chrétiennes de Syrie qui doivent leur prospérité à leur rôle d'intermédiaire commercial des puissances européennes. La fortune de ces chrétiens se bâtit sur le dépérissement des structures socio-économiques traditionnelles. On assiste alors à une vague de fondamentalisme islamique qui se polarise sur les chrétiens arabes, symbole facile de la puissance de l'Occident et de la dépossession de l'Orient. Dans ce mouvement d'intégrisme, sont rejetées toutes les idées nouvelles d'égalité, de liberté et de fraternité que l'Europe a portées en Orient depuis Bonaparte, que Mohammed Ali a mises en pratique au Proche-Orient et que les sultans ottomans ont finalement reprises à leur compte à travers les réformes de 1839 et de 1856[1].

Boucs émissaires, les chrétiens d'Orient, qui ont servi de prétexte à l'Occident pour pénétrer l'Orient sur le mode colonial, le seront à nouveau en Irak dans les années 1920, où les Anglais les emploient sans scrupules à réprimer les soulèvements locaux. L'Empire ottoman s'écroule au début du XXe siècle dans des massacres tristement célèbres d'Arméniens et de Grecs, dont les puissances européennes portent une grande part de responsabilité. Tout cela bien sûr marque l'inconscient collectif des communautés chrétiennes, et ce n'est point un hasard si l'apparition d'un christianisme arabe musclé au Liban, qu'incarne le parti des Phalanges, coïncide avec l'émergence au XXe siècle d'une nouvelle vague de fondamentalisme islamique.

Ce qui frappe rétrospectivement l'observateur dans ces événements du XIXe siècle, au-delà de l'aspect traumatisant des violences communautaires, c'est la récurrence des modernisations avortées qui provoquent un sursaut social s'exprimant à travers

1. Sur ces réformes, voir *supra* chapitre 6.

le retour en force de l'intégrisme religieux. Ce que dit du Proche-Orient notre observateur averti du Mont-Liban à l'époque de la révolution industrielle en Europe au XIXe siècle pourrait aussi bien s'appliquer au monde arabe du XXe siècle confronté à la révolution énergétique qui l'enrichit brutalement et soudainement: «La révolution industrielle l'atteignant de l'extérieur lui resta extérieure[1].» Décidément, la rencontre de l'Occident et de l'Orient se fait dans la douleur et le malheur du Proche-Orient. L'Occident surpuissant, déjà cause importante des grands troubles du Liban au XIXe siècle, le sera à nouveau au XXe siècle. Car la Palestine qui renaît de ses cendres dans les années 1960 et 1970 et qui étouffe le Liban, c'est en effet l'Occident qui l'a ravie pour la remettre, à la faveur des conjonctures coloniales, à d'autres de ses victimes, les juifs.

Certes, l'élite politique libanaise démérite le plus souvent du pouvoir qu'elle détient. Le tableau historique qui vient d'être esquissé le montre assez. Chez elle sont ancrées des traditions de tribalisme et de provincialisme d'autant plus profondes que cette montagne est petite; plus grave, pour conserver son pouvoir, elle n'hésite pas à faire appel à l'étranger dans ses querelles intestines. Au XXe siècle, l'élite libanaise n'a guère changé. Si le poids de l'aristocratie traditionnelle y a diminué considérablement au profit de la bourgeoisie d'affaires devenue toute-

1. D. Chevallier, *op. cit.*, p. 259. Même remarque chez un philosophe réformateur libanais écrivant au début du XIXe siècle, à propos des réformes dans l'Empire ottoman sous la pression des officiers Jeunes Turcs: «La nation n'a pas participé substantiellement au changement... C'est que notre révolution jusqu'ici a été militaire, le changement qu'elle a entraîné est resté confiné à la forme du pouvoir, cependant que nos mœurs n'ont en rien été transformées par elle, et qu'elle n'a guère touché nos sciences, nos industries et notre commerce.» (Shibli Scmayyel, cité par R. Khoury, *La pensée arabe contemporaine. Influence de la Révolution française dans ses orientations sociales et politiques* (en arabe), Beyrouth, Dar Al Makchouf, 1973, p. 134.)

puissante, surtout depuis l'indépendance de 1943, son comportement est toujours le même : corruption, querelles de clocher et clientélisme vis-à-vis de l'étranger. À cela s'ajoute un vernis brillant mais superficiel de modernisme qui cache aux plus avertis la permanence du poids des traditions. Or celles-ci sont faites d'insécurité, de changements violents, d'interférences des puissances locales ou étrangères, de gouvernements arbitraires. Elles ne sont pas le monopole de l'élite libanaise, loin de là, car il ne faut pas perdre de vue le caractère exemplaire de la situation libanaise au Proche-Orient, qui sert justement de loupe pour mieux déceler la réalité arabe. Mais au Liban le poids de ces situations historiques est aggravé dans la psychologie individuelle et collective par le sentiment fort d'une condition de minoritaire qui affecte l'ensemble des communautés libanaises sous l'impact de la culture et des politiques européennes ainsi que des comportements désordonnés de l'Empire ottoman à l'agonie[1].

LES PSYCHODRAMES DES COMMUNAUTÉS LIBANAISES

Le Liban fou qui prend feu en 1975 est un pays qui meurt sous le complexe du minoritaire. Les maronites ont peur de la montée de l'islam qui remettrait en cause leur pouvoir sur le Liban. Les druzes qui, aux XVIe et XVIIe siècles, avaient brillamment gouverné la Montagne, ont perdu tout poids politique et démographique, hormis la grande figure

1. Pour une analyse détaillée du comportement des élites libanaises, voir notre *Liban : les guerres de l'Europe et de l'Orient 1840-1990*, Paris, Folio Actuel, 1992.

aristocratique de Kamal Joumblatt, personnage central et principale victime du drame de ces années de troubles violents. Les chiites, laissés-pour-compte de l'histoire libanaise et groupe social écrasé de pauvreté, se rebellent contre une telle condition ; un imam au regard perçant et à la belle prestance, originaire du sud du Liban mais ayant vécu en Iran, à Qom, haut lieu de la théologie chiite, galvanise la communauté par la création d'un « Mouvement des déshérités » qui mobilise une grande partie de la jeunesse chiite pauvre[1]. Enfin, il y a les sunnites, marginalisés par la prépondérance maronite, l'émergence chiite, le charisme et le dynamisme de Joumblatt, cet authentique représentant de la haute aristocratie druze.

À vrai dire, le système mis en place au Liban par la France, puissance mandataire de 1920 à 1943, que l'élite politique libanaise n'a pas su aménager après l'indépendance, ne pouvait que mener à cette exaspération du sentiment de minoritaire[2]. La répartition des plus hautes fonctions de l'État et de l'administration entre les communautés, dans une stricte hiérarchie, ne pouvait que rendre le système précaire et aggraver les tendances à la corruption et au clientélisme[3]. Toute la démocratie libanaise n'a été qu'une

1. Il s'agit de l'imam Moussa el-Sadr, personnalité remarquable et contradictoire elle aussi, puisque, après avoir contribué à l'échauffement du climat social libanais, il œuvra sans relâche pour l'apaisement politique. Son destin étrange se termine en Libye en 1978, où il disparaît au cours d'une visite officielle, sans qu'il soit possible de comprendre pour quelles raisons les autorités libyennes l'auraient ainsi brutalement supprimé. Vivement regrettée par les chiites du Liban, la disparition de l'imam a donné lieu à des détournements d'avion pacifiques, à titre de protestation.

2. Les réformes effectuées par le général Chéhab durant son sextennat à la tête de l'État (1958-1964) n'ont concerné que le domaine économique, laissant pratiquement intacte la structure de base du système politique, et renforçant même ses aspects communautaires à l'échelle administrative.

3. Les maronites ont la présidence de la République et la direction de l'armée, en sus de plusieurs hauts postes administratifs. Les sunnites ont la fonction de Premier ministre et la direction de la gen-

illusion face à cet élément fatal qui mine le corps social le plus sain. Non seulement la lutte pour le pouvoir pourrit les rapports entre communautés, mais à l'intérieur des communautés tous les moyens deviennent bons pour s'affirmer comme le plus « authentique » représentant. La démagogie atteint dans ce cas de telles proportions qu'elle oppose un barrage très efficace à l'accès au pouvoir d'élites de rechange qui ne soient pas polarisées ou motivées par le système de promotion à base communautaire.

Aussi le pouvoir au Liban est resté depuis 1920 le monopole d'un club fermé où sont alliées par la force des choses les oligarchies des principales communautés religieuses. C'est pourquoi les troubles qui s'ouvrent en 1975, dans leur composante locale, sont tout autant un affrontement à l'intérieur des communautés pour un renouvellement des élites au pouvoir qu'un conflit entre communautés. C'est même la logique de l'affrontement interne qui pousse à l'extrémisme communautaire, et amplifie en conséquence le contentieux historique entre communautés.

Ainsi, chez les maronites, le Parti phalangiste, étant lui-même le monopole d'une famille, lutte souvent avec violence pour écarter de la vie politique les autres partis dirigés par des familles maronites concurrentes. Deux opérations militaires audacieuses et sanglantes en 1978 (à Ehden au Liban-Nord

---

darmerie ; les chiites, la présidence de la Chambre des députés ; les chrétiens grecs-orthodoxes, la vice-présidence de la Chambre et du Conseil des ministres. Les druzes sont les laissés-pour-compte de cette répartition ; le chef d'état-major de l'armée appartient traditionnellement à la communauté druze. Les accords de Taïef de 1989, destinés à rééquilibrer les pouvoirs entre les communautés, ne toucheront pas formellement à cette répartition, mais renforceront considérablement les pouvoirs du Premier ministre et du président de la Chambre au détriment des pouvoirs du président de la république (voir *infra* chapitres 11 et 13).

contre la famille Frangieh) et en 1980 (à Safra, non loin de Beyrouth, contre la famille Chamoun) contre des familles maronites qui ont gouverné le Liban indépendant le prouvent avec éclat. Malgré son aspect « entreprise de famille », le succès du parti traduit l'aspiration au pouvoir d'une classe moyenne chrétienne, récemment urbanisée dans une sous-culture difficilement identifiable, car elle n'est plus une culture arabe, mais n'est pas non plus une véritable culture occidentale[1]. Dépassée par les événements locaux et régionaux, cette classe moyenne a été fortement insécurisée d'abord par l'ascension spectaculaire des mouvements politiques prônant des idéologies révolutionnaires, au premier rang les mouvements palestiniens si actifs au Liban, ensuite par la montée du fondamentalisme islamique et les revendications des autres communautés religieuses, qui ont un caractère social autant que politique.

Du côté islamique, on trouve le même phénomène. Ainsi, chez les chiites, « Amal », organe politique et militaire du Mouvement des déshérités créé par l'imam Sadr, a œuvré sur un double plan : d'un côté, discréditer et ôter toute représentativité aux grandes familles chiites d'aristocratie terrienne qui monopolisaient à la fois le pouvoir à l'intérieur de la communauté et les fonctions attribuées à la communauté chiite dans le fonctionnement de l'État au profit exclusif de leur clientèle directe ; d'un autre côté, pour agrandir la part du pouvoir de la communauté dans la société libanaise et le fonctionnement de l'État.

Chez les sunnites, divers partis politiques se réclamant du nassérisme ont pris les armes dès le début

1. On serait tenté ici de parler de culture « pied-noir » ou « petit-blanc » d'Algérie ; à l'évidence, cependant, aucune assimilation ne saurait être faite entre les colons français en Algérie et les maronites dont l'authenticité du rapport historique à la société proche-orientale s'articule sur une présence millénaire, sans discontinuité. Voir notre ouvrage *Le Liban contemporain. Histoire et société*, La Découverte, Paris, 2012.

des événements, autant pour contester l'influence des notabilités traditionnelles de la communauté que pour ne pas être en reste avec la militarisation dans le parti des Phalanges. De plus, on peut constater que dans le mouvement chiite Amal, comme chez les partis nassériens, ce sont les jeunes qui prédominent à la base, et des hommes d'âge moyen, n'ayant jamais pu être intégrés au club fermé des familles gouvernantes, à la direction des partis. À un moindre degré, la même remarque pourrait s'appliquer au parti des Phalanges.

Le phénomène de Kamal Joumblatt est en revanche spécifique. Son ascendant sur la communauté druze n'est pas contesté. Par contre, la toute-puissance qu'il acquiert sur la scène politique libanaise et arabe inquiète et dérange au Liban et dans le monde arabe. Il devient en 1972 secrétaire général du Front de soutien à la révolution palestinienne, qui regroupe tous les partis dits « de gauche » dans le monde arabe ; à la même époque, il polarise autour de sa forte personnalité une alliance des partis libanais de « gauche » se réclamant des idéaux du panarabisme et du progressisme tiers-mondiste. Cette alliance sera formalisée en 1975 dans la constitution du Mouvement national libanais, allié à l'O.L.P. Joumblatt devient ainsi, durant quelques mois, un homme clé de la situation au Proche-Orient lorsque, au printemps 1976, les troupes du Mouvement national, dont la logistique et les approvisionnements dépendent en majeure partie de l'O.L.P., partent à la conquête des fiefs maronites de la Montagne.

Ainsi cet héritier désespéré d'une grande aristocratie en voie de disparition, frustrée de pouvoir depuis plus de deux siècles, réussit-il durant quelques mois à régner à nouveau sur le Liban et à jouer un rôle régional prépondérant. Il paiera de sa vie ce moment fugitif de gloire. Assassiné en 1977, le Liban a perdu en lui un des rares hommes qui, par sa culture et son charisme, auraient peut-être pu y bâtir un État moderne, laïc et militairement fort.

La disparition de Kamal Joumblatt symbolise la fin du rêve jacobin dans la gauche arabe. C'est au Liban, en effet, que vient mourir une nouvelle fois la révolution arabe, incarnée un instant dans l'alliance d'une jeunesse libanaise avec les mouvements de résistance palestiniens. Car à Beyrouth, en ce printemps 1975, se sont donné rendez-vous Marx, Lénine, Che Guevara, Mao-Zédong, Gamal Abdel Nasser pour faire face aux «complots» de l'impérialisme, du sionisme et de la «réaction» arabe contre la résistance palestinienne qui incarne la «volonté révolutionnaire» de la «nation arabe». À l'heure où Égyptiens et Syriens ont déjà signé des accords de désengagement militaire avec les Israéliens, où Nixon a été reçu en Égypte et en Syrie, fiefs traditionnels de l'anti-impérialisme, où le pétrole lie pieds et poings à l'Occident monarchies et émirats du Golfe; à l'heure où seule domine comme base de règlement international du conflit israélo-arabe la résolution 242 du Conseil de sécurité qui ne parle des Palestiniens que comme réfugiés et non comme peuple souverain: comment la gauche arabe réfugiée au Liban, seul pays où l'idéologie s'exprime librement, pourrait-elle ne pas se mobiliser?

LES PALESTINIENS AU LIBAN, OU LE COMPLEXE DE «SEPTEMBRE NOIR»

Les Palestiniens, ces autres minoritaires du monde arabe, vivent eux aussi, à l'instar des communautés libanaises, une aggravation de leurs peurs. Depuis les massacres de 1970 en Jordanie s'est créé chez eux le complexe de « Septembre noir ». Ils sont convaincus que leur liquidation en tant que résistance armée doit arriver tôt ou tard au Liban, leur dernier retranchement. Les mouvements « durs » surtout se sentent menacés, ceux qui se réclament du marxisme et du panarabisme socialiste. Ce sont effectivement eux que l'ordre établi supporte mal partout dans le monde arabe ; ce sont eux qui ont entrepris toutes les opérations de terrorisme aérien ou autres actes spectaculaires, parfois en liaison avec les organisations terroristes européennes ou japonaises. Ce sont eux encore qui, en 1973, ont pris d'assaut l'ambassade d'Arabie Saoudite à Khartoum, d'abord en mars, lors d'une réception où sont tués trois diplomates occidentaux, dont l'ambassadeur des États-Unis et son chargé d'affaires, puis à Paris en septembre. Sans parler de la prise en otages des ministres du pétrole des pays de l'O.P.E.P., réunis à Vienne en décembre 1975, ainsi qu'une prise d'otages à l'ambassade d'Égypte à Madrid le 15 septembre 1975.

Le Fath, mouvement principal de la Résistance, de tendance centriste, inquiète moins les dirigeants arabes. Il n'a jamais revendiqué ce genre d'opérations qu'il condamne au contraire systématiquement. Le parti des Phalanges a parlé souvent des « bons » mouvements de résistance qu'il oppose aux « mauvais », ceux liés au « communisme » et à la « subversion » internationale. Jusqu'au début des événements, il affirme n'en vouloir qu'aux seconds qu'il veut extirper du Liban. Ce n'est point un hasard si, le 13 avril 1975, tout commence par une embuscade meurtrière que le parti a tendue à un autobus transportant des adhérents d'un des mouvements du refus, le Front de libération arabe, soutenu par l'Irak.

Les Palestiniens ont une autre raison d'angoisse : la chasse implacable que leur livrent au Liban les Israéliens depuis 1968. Bombardements intensifs des camps de réfugiés qui font souvent des centaines de victimes innocentes, incursions de l'armée israélienne au sud du Liban pour anéantir les bases de commandos que l'État libanais a concédées imprudemment en 1969 aux mouvements de résistance[1]. En avril 1973, en plein quartier résidentiel de Beyrouth, les Israéliens sont venus par mer assassiner en pleine nuit trois chefs palestiniens, dont le poète Kamal Nasser, homme de dialogue et d'apaisement s'il en fut.

Au cours de tous ces coups de main israéliens en territoire libanais, l'armée nationale ne tire pas un coup de fusil. Même en décembre 1968, lorsque durant les fêtes de fin d'année une unité israélienne débarque en pleine nuit sur l'aérodrome de Beyrouth et détruit en trente minutes toute la flotte commerciale libanaise, elle n'est nullement dérangée par les forces de l'ordre qui gardent l'aérodrome, encore moins par les unités de l'armée libanaise stationnées dans une caserne voisine de quelques centaines de mètres. L'armée a probablement pour conseil de ne pas intervenir lors des incursions israéliennes sur le territoire national. Les notables maronites, qui ont la haute main sur elle, n'ont guère réalisé qu'ils signaient ainsi l'arrêt de mort de l'État. Leur peur de l'idéologie palestinienne à couleur radicale a été plus forte que le sens de l'État et l'appréhension de

1. Il s'agit ici des accords du Caire, signés en 1969 par le général en chef de l'armée libanaise et le chef de l'O.L.P., entérinés par le Parlement libanais, qui ont légalisé la disposition d'armes et de bases opérationnelles au sud du Liban pour les mouvements de résistance. Concession qu'aucun État arabe n'a jamais accordée aux réfugiés palestiniens dont les camps et les activités politiques sont surveillés avec la plus grande rigueur. Les accords sont signés après une première confrontation entre l'armée libanaise et les mouvements palestiniens, qui provoque une crise ministérielle de six mois. Les dirigeants maronites affirment avec raison que c'est sous la pression de la communauté sunnite qui détient la présidence du Conseil qu'ils ont été amenés à cette concession exorbitante, donnant aux Israéliens un prétexte « légal » à leurs opérations de représailles. En fait, céder en 1969 a été une solution de facilité qui a retardé les échéances, tout en les aggravant considérablement.

la réalité du pouvoir national. Une armée qui ne défend pas l'intégrité du territoire perd en effet toute légitimité et ne peut plus protéger efficacement le pouvoir politique.

LE POUVOIR LIBANAIS, OU L'EXERCICE DU DÉPHASAGE CULTUREL

La réalité de l'exercice du pouvoir au Liban durant cette période ne manque pas d'étonner, témoignant à nouveau du déphasage culturel déjà rencontré au Proche-Orient sous d'autres formes et dans d'autres circonstances. Non seulement l'armée libanaise ne tente pas de présenter une résistance aux incursions israéliennes, mais elle se laisse employer de plus en plus par le pouvoir politique pour réprimer les manifestations de mécontentement social qui grondent depuis le début des années 1970. Les secteurs traditionnels de l'économie libanaise souffrent des manifestations grandissantes du capitalisme financier et pétrolier régional ; le secteur des services a polarisé une partie de la manne pétrolière, faisant de Beyrouth une place bancaire et commerciale, objet d'admiration. Le pouvoir libanais, politique et militaire, s'use quant à lui à une allure rapide entre 1968 et 1975. Mollement, l'État essaye par trois fois entre 1969 et 1973 de contenir les mouvements de résistance palestinienne devenus omniprésents, vers qui les armes affluent puisque l'insécurité règne et qu'Israël pénètre comme bon lui semble sur le territoire libanais. Partagé entre la peur d'un débordement politique et celle d'une atteinte à la grande prospérité des secteurs dynamiques de l'économie, le pouvoir politique n'osera jamais aller jusqu'au bout dans la confrontation avec les mouvements de résistance. Cet excès de prudence est sans doute responsable et du débordement politique et du chaos économique, ainsi que de l'effondrement de l'armée libanaise, qui interviennent en 1975-1976.

En fait, les dirigeants de l'État libanais n'ont jamais compris que pour contenir avec succès la résistance palestinienne, à l'instar des autres États arabes, il fallait que l'armée nationale ait acquis une légitimité dans le combat contre Israël. Or depuis 1948, elle est restée neutre, en dehors des conflits de 1956, 1967 et 1973 ; elle s'est définitivement condamnée à l'impuissance lorsqu'elle a laissé opérer l'armée israélienne en toute impunité sur le territoire libanais. Comble de la dérision, éclate au grand jour en 1973 une affaire de corruption dans les achats d'armement qui se termine par une demande du Liban à la France de mettre en place un système de défense du ciel libanais par des missiles « Crotale ». Les dirigeants libanais ont, il faut le dire, très peur que la toute-puissante armée israélienne ne détruise en quelques instants la petite armée nationale (15 000 hommes) qui est surtout considérée comme une force de police intérieure ; ils savent aussi que les Israéliens voient d'un mauvais œil tout renforcement du potentiel défensif libanais. Comble de la dérision encore, un projet de service militaire traîne depuis des années au Parlement sans être voté, car l'élite politique libanaise a peur d'une armée enrôlant une jeunesse qui rêve de révolution et de mise à mort du dragon impérialiste. Comble de dérision enfin, qui résume l'aspect pathétique des hommes au pouvoir, cette phrase-slogan répétée pendant des années par le chef du parti phalangiste : « La force du Liban est dans sa faiblesse. »

Cet aveuglement du club des notabilités politiques est dû aussi en bonne partie à une confiance naïve dans les puissances occidentales, et à la protection dont elles étaient censées entourer le Liban. Mal recyclés, dépassés par les événements régionaux, les « princes » qui gouvernaient le Liban n'ont pas saisi à temps que le Liban des années 1970 avait cessé d'être un élément important du dispositif de l'Occident au Proche-Orient, comme il avait pu l'être dans les années 1950. La sécurité des régions pétrolières, la récupération de l'Égypte et de la Syrie face à l'Union soviétique : voici ce qui, en ce début des années 1970, intéresse l'Occident. Non point le respect des hiérarchies communautaires sur ce petit territoire sans ressources, ou le renforcement de la présence chrétienne, qui étaient des enjeux hautement politiques de la pénétration coloniale dans les provinces proche-orientales de l'Empire ottoman au XIXe siècle.

Les États-Unis eux-mêmes, comme le fait savoir une indiscrétion calculée du Département d'État en 1976, ne croient plus que le régime libanais soit viable dans sa forme traditionnelle. Enfin, quel répit gagné par Israël dans son refus de reconnaître l'existence palestinienne que ce chaos qui s'installe au Liban et y fixe les mouvements de résistance. Quel soulagement aussi pour l'Occident qui n'aime guère brusquer les Israéliens.

En réalité, en cherchant à liquider la gauche palestinienne au Liban, le régime politique joue sa dernière carte vis-à-vis de l'Occident et des régimes arabes favorables à l'Occident. Cette carte lui échappe bien vite dans le chaos total qui s'installe dans le pays. Libanais et Palestiniens, dominés par leurs angoisses respectives, commettent une double erreur. Généraliser les combats et le chaos, c'est pour les Palestiniens se priver du seul État arabe où ils jouissaient d'une totale liberté militaire et idéologique. Pour les Libanais, c'est régler une nouvelle fois par le sang les contentieux historiques que l'influence coloniale européenne a créés entre communautés qu'il sera bien difficile ensuite d'intégrer à nouveau dans un tissu social harmonieux. Comment raisonner lucidement lorsque tous les groupes socio-politiques jouent avec le feu ? D'où cette foire d'empoigne sanglante, où toutes les angoisses et toutes les frustrations de la société arabe se donnent libre cours.

LES SALAIRES DE LA PEUR

La peur des Palestiniens a déjà été évoquée. Fondus dans la population des régions à prédominance musulmane, ils ont distribué largement des armes à tous les partis, les soutenant et se réclamant du jacobinisme arabe. Cette peur attise celle des maronites qui voient dans cette alliance des Palestiniens, en majorité musulmans sunnites, avec les autres communautés musulmanes, une menace grave à leur existence politique au sein de l'entité libanaise. Comble de l'horreur, un aristocrate druze qui tient de Mirabeau et de La Fayette, redoutable adversaire politique et idéologique, mène le jeu de cette alliance. Mais la droite maronite oublie qu'au XIXe siècle l'émir Béchir Chéhab II, avec l'aide de la communauté maronite, a ouvert le pays aux armées de Mohammed Ali et que cette alliance lui a servi pour écraser les grandes familles d'aristocratie druze, dont celle des Joumblatt. Cette fois la situation est renversée, puisque forts de l'appui palestinien, c'est au tour des vaincus d'hier de prendre leur revanche.

À la peur confessionnelle se mêle la peur idéologique de la gauche palestinienne, symbole de la subversion et du communisme international aux yeux de cette petite bourgeoisie dont les acquis sont tout neufs et qui est matraquée par la propagande d'extrême droite, vraisemblablement financée par certains régimes arabes. Aussi les milices des partis conservateurs s'attaquent-elles indifféremment dans les régions qu'elles dominent aux musulmans sans affiliation politique, aux partis de gauche à composante chrétienne (les communistes, le Parti populaire syrien), aux Palestiniens. Tout cela n'est pas beau et cette droite aura mauvaise presse pendant longtemps en Occident où il est enfin loisible de faire étalage de bonne conscience palestinienne sans avoir mauvaise conscience vis-à-vis des Israéliens.

Il aurait pourtant fallu y regarder de plus près, car les horreurs ne sont pas moins grandes dans le camp opposé où très vite on ne sait plus si cette alliance des partis de gauche libanais et des mouvements de résistance palestiniens est une vague révolutionnaire panarabe et socialisante ou un mouvement de fondamentalisme islamique imprégné des traditions tribales de la Montagne libanaise et qui fait la chasse aux chrétiens. Des villages entiers, souvent sans armes, sont massacrés ; y périssent parfois des familles traditionnellement de gauche. S'il n'y a pas au cours de cette période de déplacements forcés de population chrétienne, notamment dans les grands centres urbains à Beyrouth, Tripoli et Saïda, comme il y en a eu pour la population musulmane encastrée dans les quartiers chrétiens urbains, les enlèvements de chrétiens sont nombreux et répétés ; les victimes disparaissent le plus souvent sans laisser de traces.

À ces crimes sur les personnes se sont ajoutés les vols, destructions et pillages. Institutionnalisés et bien gérés à droite, tel le célèbre pillage du port de Beyrouth ou la destruction des anciens souks, plus artisanaux en général à gauche, encore que la prise des chambres fortes de certaines banques dans le centre de Beyrouth en plein combat ait prouvé la possession de moyens techniques sophistiqués ; cependant que les destructions d'archives d'État jalousement préservées à droite prouvent à gauche une composante anarchique ou peut-être plus simplement le dégoût d'un État qui a été si pleutre.

Dans ses conversations avec un journaliste français quelques mois avant sa mort, Kamal Joumblatt, le parrain de l'alliance dite « palestino-progressiste » exprimera avec amertume et sans ménagement sa nausée devant ce gâchis dans la pratique de l'alliance palestino-progressiste[1]. Il en attribuera toutefois la plus grande part de responsabilité aux organismes de résistance palestiniens.

Les détails de cette guerre qui commence par l'embuscade d'un autobus palestinien le 13 avril 1975, déjà évoquée, sont sans intérêt. Ils pourraient être synthétisés sur le mode romantique révolutionnaire par trois phases: une révolution au bout du fusil d'abord, lorsque l'alliance palestino-progressiste a le vent en poupe et réalise des conquêtes militaires visant à encercler les zones chrétiennes tenues par les milices maronites de droite (avril 1975-avril 1976); une révolution trahie ensuite, lorsque l'intervention de l'armée syrienne ôte définitivement l'espoir d'une conquête du pouvoir par les « révolutionnaires » et facilite la chute du camp palestinien de Tell el-Zaatar, forteresse des organisations palestiniennes de gauche en pleine région chrétienne: c'est la mort arabe de Che Guevara (mai-novembre 1976); une révolution banalisée enfin, lorsque l'armée syrienne, avec la bénédiction de l'Arabie Saoudite, de l'Égypte et l'aide symbolique des contingents de « casques verts » (d'Arabie Saoudite, du Yémen, des Émirats arabes unis, de Libye), opérant sous couvert de la Ligue arabe, pénètre dans Beyrouth martyrisée par des mois de canonnades intensives entre quartiers.

Encore un rêve arabe pulvérisé par l'horreur de la réalité. Front libanais regroupant les partis chrétiens conservateurs, Mouvement national, fédération des partis de gauche, mouvements de résistance

1. *Pour le Liban* (propos recueillis par Philippe Lapousterle), Paris, Stock, 1978, p. 247 et suiv.

palestiniens : personne ne peut être fier du gâchis qui vient de secouer le Proche-Orient. 50 000 à 70 000 morts, 100 000 blessés ou invalides, des milliers d'obus tirés entre les quartiers de la capitale libanaise. Des milliards de destruction. Cette énergie guerrière stupéfiante n'a pas été employée contre Israël, mais entre Arabes, pour tenter de se mettre d'accord sur la meilleure façon de régler le conflit israélo-arabe, et pour « aider » les Libanais à maintenir ou à changer les hiérarchies communautaires et les oligarchies qui en tirent profit.

GUERRE CIVILE CHEZ LES ARABES, NOUVEAUX GAGES POUR LES ISRAÉLIENS

La signification profonde de la déchirure libanaise sur le plan du Proche-Orient arabe est en effet à chercher dans l'aggravation des tensions à l'intérieur de la société politique arabe entre les partisans d'un règlement rapide et définitif du contentieux avec Israël, dans la mouvance de l'Occident, et ceux qui, pour des raisons diverses et parfois opposées, restent à l'heure du neutralisme tiers-mondiste, ou du romantisme révolutionnaire, ou de l'alliance inconditionnelle avec l'Union soviétique. Sur ce plan, les troubles libanais sont d'abord une guerre civile arabe. Tout le monde y a joué son cheval, certains plusieurs chevaux à la fois ou successivement, au gré des conjonctures et des humeurs, à travers la mosaïque compliquée des groupes de combattants (environ trente mouvements différents).

Dans la bataille, Israël a réussi à s'emparer de nouveaux gages. Aux droits de poursuite et de représailles qu'elle exerçait déjà librement sur le sol libanais depuis 1968, elle ajoute la bonne vieille cause coloniale, la protection des chrétiens dont elle va désormais user et abuser. Notamment à l'extrême sud du pays, sur ses frontières, où elle se gagne les faveurs de villages chrétiens, isolés par les troupes palestino-progressistes, et que prennent en charge, sous l'égide israélienne, des officiers de l'armée libanaise décomposée, originaires de ces villages[1]. Ce sera la « bonne frontière », montrée à titre de propagande sur toutes les télévisions du monde, comme un exemple de « fraternité » israélo-arabe.

La bonne frontière sera élargie par la suite pour devenir une bande de 700 km² que ces mêmes officiers que le ridicule ne tue manifestement pas proclameront « Liban libre » en avril 1979. Ils ont auparavant empêché en 1978 des contingents de l'armée libanaise, en partie reconstituée sous l'égide de l'autorité légale, de reprendre possession, de concert avec des forces des Nations unies, de cette bonne frontière. Le nouvel empiétement israélien intervient à la suite de l'invasion du Sud-Liban par l'armée israélienne au printemps 1978. Les troupes ennemies sont alors forcées d'évacuer le territoire conquis au profit d'une force de paix des Nations unies, venant s'interposer entre elles et les mouvements de résistance palestiniens dont la guerre du Liban n'a pas entamé la combativité. Toutefois, aucune injonction ne parvient à faire abandonner aux Israéliens la bande frontalière qu'ils tiennent sous couvert de ces officiers libanais en rupture de légalité.

Israël a de plus réussi à interdire toute la zone du Sud-Liban aux Forces arabes de dissuasion (F.A.D.), en majorité syriennes, dont la Ligue arabe a cautionné la présence au Liban. C'est la fameuse « ligne

1. Le premier chef de ce groupe d'officiers a été le major Saad Haddad qui refera parler de lui durant l'invasion du Liban par Israël au cours de l'été 1982 (voir *infra* chapitre 13).

rouge» que l'armée syrienne ne peut franchir au Liban sous peine de déclencher les foudres de l'armée israélienne. Les Palestiniens sont ainsi à découvert au sud du Liban où la population civile libanaise continue plus que jamais d'être victime des opérations de représailles israéliennes qui suivent les attentats palestiniens en Galilée sur la frontière libanaise. Le Liban reste ainsi une blessure d'où coule abondamment le sang arabe.

Après la fin des combats généralisés à l'hiver 1976 avec l'entrée des troupes syriennes ayant reçu l'aval de la Ligue arabe, ce n'est pas seulement au sud que coule le sang au Liban. Dès le printemps 1978, l'entente est rompue entre les composantes principales du Front libanais et la Syrie, ce qui déclenche des hostilités de grande envergure à Beyrouth surtout ; les troupes syriennes quitteront alors les quartiers chrétiens de la capitale. Les affrontements entre unités syriennes et milices chrétiennes reprendront au printemps 1981 et seront surtout concentrés sur la ville de Zahlé dans la plaine de la Bekaa et ses hauteurs environnantes. Dans les deux cas, Israël jette de l'huile sur le feu, s'érigeant en défenseur des partis chrétiens.

En été 1981, c'est la «crise des missiles» dans la Bekaa, la Syrie ayant introduit des fusées soviétiques Sam 7 aux alentours de la ville de Zahlé pour mettre fin aux incursions de l'aviation israélienne qui a même été jusqu'à abattre des hélicoptères syriens. C'est aussi le déchaînement de la violence aveugle par Israël au sud du Liban qui frappe encore durement les populations civiles ; l'action israélienne est alors couronnée par un raid particulièrement meurtrier (300 victimes) sur les quartiers populaires de la capitale où certaines organisations palestiniennes ont des bureaux administratifs. Tout cela ne sera cependant qu'un avant-goût du déluge de fer et de feu qu'Israël fera pleuvoir sur le Liban, en particulier Beyrouth-Ouest, au cours de l'été 1982.

Il est vrai qu'à cette époque les Palestiniens, dont l'armement est devenu qualitativement un peu plus sophistiqué, ont encore fait preuve de vitalité au sud du Liban contre les objectifs israéliens de l'autre côté de la frontière. En fait, depuis la guerre d'octobre 1973, le monde arabe impavide, gavé de pétrole, d'armements et d'immeubles de luxe dans les capitales de l'Occident, regarde mourir les Libanais et les Palestiniens comme si le sud du Liban était situé au pôle Nord. Le président Sadate, au cours de ce même été 1981 si meurtrier, rencontre M. Begin au Sinaï, et lui donne l'accolade, geste familier depuis les accords de Camp David qui ont établi la paix entre l'Égypte et Israël. La situation ne sera guère différente à l'été 1982.

JEU DE POKER OU JEU D'ÉCHECS: LES CONTRADICTIONS SYRO-ÉGYPTIENNES

En réalité, la déchirure libanaise saigne au rythme de l'impuissance arabe et de l'intransigeance israélienne. Laissons de côté pour l'instant la politique israélienne, objet du prochain chapitre, et regardons de plus près ce qui se passe sur le plan arabe. Deux hommes jettent leur ombre sur la scène arabe depuis 1975: le président égyptien Anouar el-Sadate et le président syrien Hafez el-Assad. Deux tempéraments opposés qui ont de plus en plus de mal à trouver un terrain d'entente au fur et à mesure que leurs pas s'affermissent et que les événements les projettent en pleins feux de l'actualité du Proche-Orient. Il faut dire qu'au-delà de la personnalité différente des deux hommes, le contentieux entre l'Égypte et la Syrie est extrêmement lourd depuis la rupture de l'union entre les deux pays en 1961. C'est le « gauchisme » d'État syrien qui, dans les années 1963-1966, a poussé l'Égypte dans la guerre désastreuse de 1967. La Syrie, encore, jusqu'en 1970 fera de la surenchère dans l'intransigeance.

L'arrivée de Hafez el-Assad au pouvoir à la fin de l'année 1970 rompt l'isolement de la Syrie. Désormais, sous la conduite de son nouveau président, cet autre pays clé du Proche-Orient entre dans le jeu discret du virage à droite qui doit permettre des retrouvailles avec l'Occident, et donc une solution rapide du conflit israélo-arabe, bloqué par les résolutions du sommet de Khartoum en 1967. Mais si le président égyptien est un homme de panache et de coups d'éclat qui le mènent en quelques courtes années à faire la paix avec Israël et à lier son sort à la présence américaine au Proche-Orient, le président syrien est à l'opposé de son homologue égyptien.

D'apparence modeste et calme au premier abord, il se singularisera déjà par ce seul trait de beaucoup de ses pairs arabes, et en particulier d'Anouar el-Sadate, égocentrique, volubile et fébrile. Hafez el-Assad préfère écouter que parler. Il passera des heures interminables, durant les années 1975 et 1976, à recevoir les hommes politiques libanais et à écouter leurs doléances et le récit de leurs obsessions.

À cette époque, le président syrien agit exclusivement par petites touches, il n'aime pas bousculer ; son intervention au Liban se fera au cours des premières années par un demi-pas en avant, trois huitièmes de pas en arrière avant de se faire brutale et sans pitié après l'invasion du Liban par Israël ; il en est de même de la réorientation de sa politique extérieure. D'ailleurs, à la différence d'Anouar el-Sadate, il n'a pas la phobie de l'Union soviétique et continue d'entretenir de bonnes relations avec les deux grandes puissances. À la différence de Sadate, il ne semble pas un homme pressé.

Sa conquête du pouvoir en Syrie est une lente

mais irrésistible ascension, où il apparaît plus comme un joueur d'échecs aux mouvements très lents que comme un amateur de coups de poker. C'est incontestablement à lui que la Syrie doit d'être devenue au cours des années 1970 une véritable puissance régionale au Proche-Orient, alors que jusque-là seuls l'Égypte et Israël pouvaient s'honorer de ce titre. C'est peut-être pour cela qu'il déroute et inquiète ses pairs arabes, qui ont appris que rien ne peut désormais se faire au Proche-Orient sans son accord. Tout, dans sa personnalité, devait l'opposer à Sadate.

De fait, la guerre d'octobre 1973, loin de clore le contentieux syro-égyptien, ne fait que l'aggraver. Sur le plan des opérations militaires d'abord où les Syriens reprochent aux Égyptiens de n'avoir pas poussé à fond leur avantage des premiers jours, ce qui a permis à l'armée israélienne de porter le plus gros de son poids sur le front syrien et de stopper rapidement la percée syrienne ; de même les Syriens reprochent aux Égyptiens une acceptation trop rapide du cessez-le-feu, le 22 octobre 1973, alors que les opérations militaires tournaient à la faveur d'Israël, mais que les Syriens, confortés par des renforts irakiens, pensaient pouvoir tenir et même contre-attaquer.

Sur le plan des négociations ensuite, la précipitation égyptienne sera toujours considérée par les Syriens comme un élément de faiblesse dans un règlement global du conflit israélo-arabe, qu'Israël exploite pour mieux diviser le front diplomatique arabe. Sur ce plan, les craintes syriennes ne sont que trop bien fondées. L'Égypte signe seule, le 18 janvier 1974, un accord de désengagement militaire avec Israël. De plus, le président égyptien se donne rarement la peine de consulter son allié syrien avant de prendre ses décisions spectaculaires. L'embargo pétrolier arabe, pourtant plus symbolique qu'effectif, est levé sous la pression égyptienne, avant même tout accord de désengagement militaire syro-israélien. Ce n'est que le 31 mai 1974, après de sérieux combats sur les hauteurs du Mont-Hermon qui dominent le plateau du Golan, qu'Israël et la Syrie signeront un accord de désengagement militaire beaucoup moins généreux pour la Syrie que l'a été celui du 18 janvier pour l'Égypte. Il est déjà clair qu'une tendance se dessine, sur le plan international, pour écarter la Syrie — qui continue d'avoir de bonnes relations avec l'Union soviétique — du règlement du contentieux israélo-arabe.

DES EXCÈS D'AMOUR ENVERS L'OCCIDENT

Cette tendance se confirme lorsque, le 1er septembre 1975, l'Égypte signe avec Israël un accord sur le Sinaï en vertu duquel « le conflit existant entre ces deux pays au Proche-Orient ne sera pas résolu par la force militaire mais par des moyens pacifiques[1] ». Les prémices d'une paix israélo-égyptienne séparée sont posées au Proche-Orient. La visite à Jérusalem deux ans plus tard et les accords de Camp David en 1978 et 1979 n'en sont que le prolongement logique. Pour arriver à l'accord sur le Sinaï, le président égyptien, toujours unilatéralement, a fait un grand geste sans contrepartie, l'ouverture du canal de Suez au mois de juin 1975 et la mise en route de la reconstruction des villes détruites du canal. C'était déjà envoyer un signal sans équivoque à Israël, qui bloquait tout progrès dans les négociations, que l'Égypte, principale puissance militaire arabe, n'entendait plus se battre. La Syrie est ainsi bel et bien lâchée par l'Égypte.

1. Article premier de l'accord.

Dans le même temps, les inconditionnels de l'Occident au Proche-Orient, l'Arabie Saoudite, l'Égypte, le Maroc et le Soudan, semblent vouloir mener le jeu tout seuls. Le roi Fayçal est assassiné en mars 1975, quelques semaines seulement après une visite officielle à Damas ; lui succède comme homme fort du royaume, avec l'accession du roi Khaled au trône, le prince Fahd, nouveau prince héritier, dont les sentiments pro-occidentaux sont sans restriction. Un axe se met alors en place entre les pays cités ci-dessus, qui semblent plus préoccupés de faire la chasse à l'Union soviétique au Moyen-Orient et en Afrique que de parvenir à un règlement global du conflit palestinien. C'est ainsi que l'Égypte enverra en 1977 sans sourciller une aide militaire importante au Zaïre menacé par la rébellion du Shaba, le Maroc des troupes aéroportées par la France, alors que l'armée israélienne continue de s'acharner sur le Liban.

Le Maroc est une pièce importante du lobby pro-occidental dans le monde arabe. C'est le roi Hassan II qui, en 1977, patronnera les rencontres secrètes à Rabat entre Moshe Dayan, ministre israélien des Affaires étrangères, et des responsables égyptiens. C'est le Maroc aussi qui, fort de l'appui occidental, fait éclater le conflit sur le Sahara espagnol que ses troupes occupent, de concert avec la Mauritanie, à l'évacuation de l'administration espagnole à la fin de l'année 1975. L'Algérie ne pouvait manquer de réagir et de soutenir la rébellion des tribus sahraouies, revendiquant l'autodétermination.

Tout va mal en cette année 1976 dans la partie arabe de l'Afrique, car l'Égypte et la Libye, au mois d'août, sont sur le point d'en arriver à un conflit armé généralisé. Sadate traitera alors le président Kadhafi de « fou de Libye ». En fait, la Libye, en butte à une hostilité égyptienne et marocaine très vive, s'appuie de plus en plus sur l'Union soviétique ; elle se rapproche aussi de l'Algérie.

C'est ce même « occidentalisme » sans nuances qui finit en 1980 par conduire la Syrie, isolée, désespérant de toute solution équilibrée au conflit israélo-arabe, à signer un traité de coopération et d'amitié avec l'Union soviétique. Il est vrai aussi que l'opposition interne en Syrie a pris des proportions dramatiques, que les actes de terrorisme commis par les organisations islamiques fondamentalistes sont en augmentation constante et que les bases du régime syrien apparaissent de plus en plus fragiles.

Le Front de refus arabe, qui se met en place à la suite de la visite de Sadate à Jérusalem et qui regroupe l'Algérie, la Libye, la Syrie, le Yémen du Sud et l'O.L.P., existe virtuellement depuis 1975. Il est en partie le produit des excès des pays arabes regroupés officiellement en un lobby pro-occidental de façon inconditionnelle, et qui voudrait voir éliminée toute trace d'influence soviétique au Proche-Orient. Ces pays voient d'un mauvais œil la constitution d'un État palestinien, tant que la Résistance jouira du soutien de l'Union soviétique et que certains de ses mouvements se réclameront de l'idéologie marxiste, sous une forme ou sous une autre.

De ce point de vue, la guerre civile libanaise n'est que le reflet des tensions politiques que vit la société arabe tout entière, au niveau des engagements idéologiques excessifs des élites politiques arabes, qui semblent ressentir le soutien actif de l'une des deux grandes puissances comme un élément majeur de succès politique. La Syrie de Hafez el-Assad évite cet alignement total sur l'une des deux grandes puissances, ou un engagement dans une ligne idéologique stricte. Le président syrien est avant tout un homme de prudence et de pragmatisme sur le plan de ses relations extérieures ; c'est probablement ce jeu de bascule et d'équilibre qui en définitive mécontente les forces politiques arabes du Proche-Orient, forces contradictoires et passionnées, vivant dans un monde politique manichéen, où le déphasage culturel fait tant de ravages. Il en va différemment sur le plan interne, où son image autrefois positive a été ternie par son alliance avec l'Iran dans le conflit avec l'Irak et surtout par les violences et les répressions de plus en plus graves qu'a exercées l'armée syrienne au Liban contre les milices chrétiennes et les mouvements armés palestiniens fidèles au chef de l'O.L.P., en Syrie contre un fondamentalisme religieux redoutable[1]. L'image du président syrien est aussi ternie, comme celle de la plupart des chefs d'État arabes, par le rétrécissement très grand de la base de son pouvoir au fil des années, par la répression violente de toute forme d'opposition et par la corruption de la bureaucratie dirigeante dans l'administration, le parti et les forces armées. Toutefois, le refus de la Syrie de céder aux manœuvres israéliennes lors des négociations de Madrid en 1991-1993 puis d'approuver les accords d'Oslo contribuera à redorer le blason du président syrien.

La Syrie de Hafez el-Assad sera aussi discréditée au début des années 1980 par la perpétuation de l'occupation du Liban et les troubles constants qu'elle entraîne, en particulier dans la ville de Tripoli, capitale du Nord-Liban, sans que cette présence ne protège le pays des attaques israéliennes. L'échec syrien prendra sur ce plan toute son ampleur lors de l'invasion du Liban par Israël en 1982. Cependant, comme la suite des événements le montrera, la Syrie parviendra à reprendre le contrôle du Liban et à consolider son hégémonie sur son voisin à la faveur de la guerre du Golfe en 1990.

1. Au printemps de 1982, l'armée syrienne ira même jusqu'à raser la vieille ville de Hama, place forte des Frères musulmans qui avaient alors appelé à la rébellion généralisée à Hama et dans les autres grandes villes syriennes. Le nombre de victimes aurait été de l'ordre de 10 000 à 30 000 dans la population de la ville !

DES MAUVAIS CALCULS DE LA GAUCHE ARABE

C'est la politique syrienne à l'égard du Liban qui a suscité le plus de critiques, car elle a indigné les forces se réclamant d'une idéologie de gauche dans le monde arabe, sans pour autant se gagner celles où dominent des idéologies de droite. Il semble en fait que la gauche révolutionnaire au Liban, issue de l'alliance entre partis libanais radicaux et mouvements de résistance palestiniens, n'ait pas réalisé en 1975-1976 quel était l'équilibre des forces dans le monde arabe et quel rôle y jouait la Syrie. Se croyant encore à l'heure de la révolution et de l'action enthousiaste des « masses », comme dans les années 1960, la gauche arabe au Liban a cru que les régimes arabes « réactionnaires », prêts à vendre la Palestine pour un sourire de l'Occident, allaient s'écrouler à l'annonce d'une prise de pouvoir au Liban. Le pari était aussi que le régime syrien, s'il osait s'opposer à la victoire de la révolution au Liban, s'effondrerait sans tarder.

C'était faire preuve de naïveté politique ; c'était aussi raisonner sur des peuples abstraits, visualisés pour les besoins de la cause comme des masses révolutionnaires en mobilisation perpétuelle, et cela à l'heure où la tyrannie pétrolière, avec toutes ses conséquences économiques et sociales ainsi que les désillusions profondes sur l'unité arabe, la modernité et le progrès jettent les Arabes, soit dans une indifférence politique totale, soit dans un intégrisme religieux réactionnaire. C'était de plus méconnaître la nature du pouvoir au Proche-Orient où, au-delà des querelles idéologiques modernes, les allégeances régionales, tribales et sectaires restent vivantes. Un modernisme de façade, cachant une ignorance des données réelles, a ici contribué à condamner la gauche arabe à courir à l'échec.

À cette ignorance, s'est ajouté un opportunisme du discours politique qui a consisté à flatter les allégeances religieuses, sectaires et tribales pour se défendre ou contre-attaquer. Ainsi la défense des masses islamiques est-elle invoquée abusivement par des mouvements radicaux d'idéologie laïque, qui ont vraisemblablement eu quelque peu partie liée avec les mouvements fondamentalistes cherchant à déstabiliser la Syrie et voyant dans le visage chrétien du Liban une aberration. Mais aussi la dénonciation d'un pouvoir sectaire en Syrie, du fait que le président syrien et beaucoup de cadres civils et militaires du parti Baath appartiennent à la minorité alaouite, communauté défavorisée et opprimée s'il en fut au cours de l'histoire.

La perception des réalités politiques par la gauche arabe au Liban a été affectée dès le départ par le déphasage culturel. En effet, à l'heure où l'Égypte traite directement avec Israël et signe un premier accord de paix en 1975, à l'heure où la puissance pétrolière et financière du Golfe est remise aux mains de l'Occident, c'est la petite communauté maronite du Proche-Orient que la gauche arabe désigne à la vindicte « populaire », comme responsable de l'échec arabe face à Israël. La situation est d'autant plus piquante que c'est chez les maronites que se sont recrutés depuis le milieu du XIXe siècle certains des grands ténors de l'arabité.

Les analyses de la gauche deviennent proprement ubuesques lorsqu'elle parle de lutte de classes entre les maronites en tant que « bourgeoisie » et les masses islamiques en tant que « prolétariat ». C'est oublier du coup l'existence d'une féodalité agissante chez les druzes et les chiites et d'un patrimoine foncier d'envergure chez les sunnites. C'est oublier que la féodalité maronite a sombré dans les événements du XIXe siècle, que la grande majorité des maronites est d'origine rurale pauvre, que la constitution de leur petite-bourgeoisie urbaine est relativement récente et qu'elle compte une grande partie d'ouvriers et d'employés syndiqués ; qu'enfin beaucoup de maronites riches ne doivent pas leur fortune à une exploitation des « masses » islamiques, mais à leur émigration aux quatre coins du monde, notamment en Afrique, en Amérique latine et en Australie.

Le déphasage culturel par rapport aux réalités est ici à nouveau total. Il se manifestera encore lorsque, au cours de l'été 1976, la Syrie bloque désormais sans équivoque les mouvements militaires de la gauche libano-palestinienne ; le président Assad sera alors dénoncé sans ménagement sur la base de son appartenance confessionnelle à la communauté alaouite. On ne peut s'empêcher ici de relever qu'un grand nombre des dirigeants de la gauche libanaise, Kamal Joumblatt en tête, appartiennent à des communautés musulmanes non sunnites ou aux communautés chrétiennes, sans parler des dirigeants des mouvements palestiniens du refus, en particulier Georges Habache[1]. Il est d'ailleurs troublant que Kamal Joumblatt, cet homme qui semblait jusqu'ici parfaitement mêler tradition et culture moderne, ait pu être victime à ce point de ce déphasage culturel qui fait avorter tant de beaux rêves au Proche-Orient.

Le mélange de tradition et de modernité faisait de Joumblatt ce personnage qui a tant fasciné. Il n'aimait probablement ni l'une ni l'autre, puisqu'il était un adepte fervent de sagesse hindoue, et qu'il se rendait souvent aux Indes pour acquérir de nouveaux degrés d'initiation. Il reste certain que son comportement au cours de ces années dramatiques fut caractérisé par une juxtaposition détonante de tradition et de modernité. Tradition, lorsque cet homme, en général généreux et grand seigneur, fut

1. Sur ce point, voir *supra* chapitre 7, p. 332 et suivantes.

pris dans un sentiment implacable de revanche historique sur l'élite politique maronite qui, au XIXe siècle, avait abaissé sa famille et celle de bien d'autres clans d'aristocratie druze. Modernité, lorsque cet homme prêchait avec une sincérité évidente et une conviction inébranlable une social-démocratie pour le Liban et le monde arabe où justice sociale, laïcité et liberté auraient permis à la société arabe de sortir de son déphasage culturel.

Il eut le grand tort de s'en ouvrir longuement au président syrien qui sait si bien par ses silences attirer les confidences. Il le fit durant un entretien de près de neuf heures qu'il eut avec lui le 27 mars 1976 dans l'espoir de le gagner à ses vues. Le président syrien, dans deux discours restés célèbres, l'un en avril, l'autre, le plus véhément, en juillet, dénoncera une guerre, qui sous couvert de révolution, visait à abaisser les chrétiens arabes. Il se pose alors en défenseur de l'égalité entre tous les Arabes, sans distinction de confession. Pour se concilier en Syrie un islam en révolte, Hafez el-Assad dénonce aussi la laïcité de Joumblatt et du Mouvement national libanais, comme contraire à l'esprit et à la lettre de l'orthodoxie islamique. Comment ne pas rappeler ici toutefois que Hafez el-Assad lui-même, héritier de la Syrie laïque, dut faire front en 1973 à une vague de protestation des milieux intégristes contre une nouvelle constitution à forte coloration laïque, ne mentionnant même pas l'islam comme religion d'État. Mais en 1976, l'intégrisme religieux submerge le Moyen-Orient, à droite comme à gauche, et les mouvements fondamentalistes sont utilisés par des forces politiques contradictoires. Pour ne pas se les aliéner encore plus, Hafez el-Assad s'efforce alors de se présenter comme respectant l'orthodoxie islamique la plus stricte.

LES MILLE ET UN COMPLOTS AU LIBAN

Les affrontements politiques virulents en cet été 1976, où les principaux héros sont des « minoritaires », remuent l'opinion politique arabe. On parle alors beaucoup de complot international, dont Israël et les États-Unis seraient l'âme, visant à balkaniser le Proche-Orient en mini-États découpés suivant la carte des confessions religieuses. Ainsi serait définitivement annihilé le sentiment national arabe, turbulent et révolutionnaire, qui menace l'avenir d'Israël et dérange l'Occident. Il n'est pas sûr, disent les partisans de cette thèse, que Moscou ne trouve pas son compte dans l'opération, car elle pourrait toujours se tailler une clientèle particulière dans cette mosaïque de confessions religieuses.

Tout le monde parle de complot pour ce qui est de la désintégration libanaise, à commencer bien sûr par les parties combattantes elles-mêmes. Chacun choisit une thèse de complot adaptée à ses tendances idéologiques et accuse la partie adverse de se faire l'instrument de la conspiration. À gauche, on parle beaucoup du complot visant à liquider la Résistance palestinienne, soustraire le Liban de son environnement arabe et maintenir la prépondérance d'une communauté, les maronites, sur toutes les autres ; dans ce contexte, les milices chrétiennes de droite sont accusées d'« isolationnisme », terme inventé durant la période du mandat par les chrétiens réclamant l'unité de la Grande Syrie géographique englobant le Liban et la Palestine, pour désigner leurs coreligionnaires partisans d'un Petit Liban chrétien. À droite, on dénonce un complot islamique cryptocommuniste financé par Moscou pour faire disparaître les chrétiens d'Orient, attachés par la communauté de religion à l'Occident capitaliste.

Des deux côtés par contre, on évoque une autre thèse, celle-ci moins invraisemblable, à savoir l'implantation définitive des Palestiniens au Liban. La réalisation de cette hypothèse permettrait de faire l'économie d'un État palestinien dont Israël ne veut entendre parler à aucun prix et dont beaucoup de régimes politiques arabes craignent qu'il soit un nouveau canal d'influence soviétique au Moyen-Orient. La droite chrétienne en parle d'autant plus volontiers qu'elle se sent abandonnée des puissances occidentales qui, durant toute la crise, semblent tendre avec complaisance l'oreille aux thèses « palestino-progressistes ».

Autre thèse très en faveur chez les chrétiens à tempérament de droite, celle des ambitions territoriales séculaires de la Syrie au Liban. En vertu de cette thèse, les événements de 1975-1976 ne seraient que le couronnement d'une savante déstabilisation pratiquée par la Syrie au Liban pour pouvoir mieux annexer le pays ou du moins certaines de ses régions autrefois rattachées aux provinces syriennes de l'Empire ottoman, notamment dans le cadre du régime de 1861.

Les partisans de cette thèse avancent deux arguments principaux. Le premier serait que les musulmans du Liban n'ont jamais accepté l'entité libanaise issue du mandat français, à preuve leur engagement dans les mouvements nationalistes arabes, revendiquant l'unité arabe, en particulier le nassérisme et le parti Baath. Le second fait ressortir que la Syrie indépendante depuis 1945 s'est toujours refusée à établir des relations diplomatiques classiques avec le Liban. Arguant de la fraternité étroite liant les deux peuples et de la proximité des deux capitales, distantes de 120 km seulement, les responsables syriens n'ont cessé de faire la sourde oreille aux demandes libanaises d'ouvrir des ambassades.

La Syrie a toujours eu un aspect inquiétant pour

le Liban. D'abord en raison de son poids géographique (300 000 km^2 contre 10 400 km^2 au Liban) et humain (8 millions d'habitants au seuil des années 1980 contre 3 millions au Liban), mais aussi du fait de ses régimes politiques successifs, turbulents, gauchistes et au vocabulaire panarabe, qui ont tant effrayé le club de notabilités traditionnelles et de grands hommes d'affaires gouvernant le Liban.

Les Syriens, de leur côté, n'ont jamais été tranquilles sur leur flanc libanais. Nationalistes ombrageux, sentant leur société tiraillée par les courants les plus divers en raison de la position géographique de leur pays et de la complexité de son peuplement, les dirigeants syriens, vivant dans une instabilité politique chronique, ont souvent ressenti le Liban comme un centre des « complots » hostiles à la Syrie. Aligné sur l'Occident, ouvert à tous les vents, pays à presse libre, accueillant sans distinction les réfugiés politiques, grand centre d'espionnage régional, le Liban a non moins inquiété la Syrie qu'il n'était inquiété par elle. Même sur le plan communautaire, on note une antipathie parfois assez vive entre Syriens chrétiens et Libanais chrétiens, du moins la nouvelle bourgeoisie maronite que représente le parti phalangiste. Les premiers ont toujours été convaincus de leur arabité et de leur enracinement ethnique dans une Grande Syrie que l'impérialisme aurait artificiellement divisée. Les seconds, s'ils ont joué un rôle éminent dans la renaissance des lettres arabes et parfois dans l'idéologie de l'arabité, ont été entraînés avec le temps à un sentiment de distanciation de plus en plus grand vis-à-vis de leur enracinement ethnique et culturel régional.

À GAUCHE COMME À DROITE, LA ROUTE DU PROCHE-ORIENT PASSE PAR DAMAS

Pour ce qui est du rôle de la Syrie dans les événements de 1975-1976 au Liban, il ne semble pas que la motivation première des dirigeants syriens ait été celle d'annexions territoriales, mais plutôt celle d'un contrôle politico-militaire. Seul pays à abriter une résistance armée palestinienne effective et de plus en plus importante, jouissant sur le plan militaire d'une double position stratégique par rapport aux lignes de cessez-le-feu israélo-syriennes (le Sud-Liban et la plaine de la Bekaa), le Liban a acquis une position clé pour la Syrie dès la fin de la guerre de 1973.

L'importance de cette position n'a fait qu'augmenter au fur et à mesure que l'État libanais s'affaiblissait sous le poids des tensions internes. Lorsqu'il devient clair en 1975 que l'Égypte lâche définitivement son allié syrien pour s'orienter vers une paix séparée avec Israël, et que l'État libanais est au bord de la rupture, l'intervention syrienne s'avère inévitable. Le chaos « révolutionnaire » libano-palestinien est en effet une porte ouverte sur l'inconnu que ni la Syrie ni les principales forces politiques arabes à l'œuvre durant cette période ne peuvent se permettre de laisser sans « gardien », à l'heure où tant d'efforts ont été déployés pour régler le conflit israélo-arabe.

Dans un premier temps (jusqu'en janvier 1976), la Syrie interviendra à travers la Saïka, organisation palestinienne d'obédience baathiste, dont les effectifs gonflent. Durant cette période, elle intervient plutôt du côté palestino-progressiste, car un affaiblissement de la résistance palestinienne au Liban et une victoire de la droite libanaise acquise au lobby arabe pro-occidental affaibliraient considérablement la Syrie dans toute négociation globale sur le contentieux israélo-arabe. En janvier 1976, les trois brigades de l'Armée de libération palestinienne intégrées à l'armée syrienne pénètrent au Liban, sans que le sens de ce geste soit très clair sur le moment même.

Pourtant, la Syrie travaille déjà à une stabilisation politique. C'est sous l'ombrelle syrienne que le président de la République libanaise présente au mois de février 1976 une réforme constitutionnelle à caractère très conservateur. Elle consacre en effet la répartition des trois plus hautes fonctions de l'État entre les trois communautés principales, et n'accorde que des aménagements secondaires dans l'équilibre entre communautés chrétiennes et islamiques. Désormais, entre Damas et l'alliance révolutionnaire palestino-libanaise, plus rien ne sera comme avant.

S'ouvre alors la seconde phase des événements (mars-novembre 1976) où la Syrie, face à la désintégration complète de l'armée libanaise et à une poussée militaire de l'alliance palestino-libanaise, fait progressivement entrer au Liban des unités régulières syriennes[1]. Ces dernières vont s'interposer entre parties adverses, bloquant définitivement la poussée militaire de la gauche déjà considérablement freinée par les milices de droite au printemps 1976, lorsqu'une attaque sur les régions de montagne tenues par la droite échoue[2]. Les mois de mai et de juin

1. Épisode rocambolesque de cette guerre civile, une tentative de coup d'État d'un général de l'armée libanaise, de confession sunnite, en mars 1976, qui réclame la destitution du président de la République. Grâce à la coopération palestinienne, l'auteur de cette tentative, qui dispose à peine d'une centaine d'hommes, parvient à lire ses communiqués à la télévision libanaise. Le mouvement, qui jouit apparemment du soutien saoudien, suscite l'hostilité de la Syrie, la perplexité des partis de droite, et ne fait qu'accélérer la désintégration de l'armée.

2. Il est vrai que la logistique palestinienne indispensable au succès

voient des affrontements sanglants entre la Saïka sous contrôle syrien et les forces de gauche. Le 22 juin, le siège est mis par les milices chrétiennes au camp palestinien de Tell el-Zaatar, bastion des organisations du refus, enclavé en zone chrétienne. Il tombera le 12 août.

C'est à cette époque, curieusement, que se matérialise enfin une médiation de la Ligue qui a échoué en 1975 ainsi que l'envoi de premiers contingents de casques verts[1]; de même, un rapprochement entre l'Égypte et la Syrie, dont les relations sont au plus mal depuis l'accord sur le Sinaï de septembre 1975, intervient dans le cadre d'une conférence tenue à Riyad en Arabie Saoudite les 23 et 24 juin entre les Premiers ministres d'Égypte et de Syrie, le prince héritier d'Arabie Saoudite et le ministre des Affaires étrangères du Koweït.

La situation tend vers la stabilisation, mais il faudra encore des milliers de victimes pour que finalement, en octobre, un sommet arabe restreint, tenu à Riyad entre le Liban, l'Arabie Saoudite, l'Égypte, le Koweït et l'O.L.P., puis élargi quelques jours plus tard au Caire à l'ensemble de la Ligue arabe, confirme et légalise la solution syrienne à la crise libanaise. La Syrie peut alors achever de faire pénétrer ses unités régulières sous couvert de la Ligue arabe dans l'ensemble du Liban, à l'exception du sud du pays au-delà du fleuve Litani, en vertu d'un accord implicite avec l'État d'Israël que les États-Unis ont patronné (accord dit des « lignes rouges »).

---

d'une telle attaque semble avoir volontairement fait défaut, la résistance contrôlée par M. Arafat cherchant à ne pas trop disperser ses forces à une époque où il devient déjà clair que la Syrie ne suit plus du tout la logique de l'alliance du Mouvement libanais avec l'O.L.P.

1. Contingents de divers pays arabes dépêchés au Liban sous couvert de la Ligue arabe.

LE FONDAMENTALISME RELIGIEUX AU SERVICE DE L'OCCIDENT

L'été aura été chaud en Syrie aussi, où l'opposition gronde, à droite par une recrudescence des activités terroristes des mouvements fondamentalistes, à gauche par une dénonciation virulente de l'action syrienne au Liban. Les 26 et 27 septembre font vivre Damas à l'heure du terrorisme palestinien : un commando s'empare d'otages à l'hôtel Semiramis en plein centre-ville, faisant plusieurs victimes. Le pouvoir syrien réagit brutalement, pendant les membres du commando sur la place publique. En octobre, les ambassades syriennes à Rome et islamabad (Pakistan) sont attaquées par des commandos palestiniens. Sur le plan extérieur, la Syrie doit faire face au mécontentement de l'Union soviétique qui est exprimé ouvertement dans la *Pravda* en septembre. En revanche, les États-Unis, d'abord réticents à l'égard de l'action syrienne au Liban, semblent l'accepter, tout en marquant bien à la Syrie l'importance de la « ligne rouge » arrêtée par les Israéliens au Sud-Liban.

Ailleurs encore au Moyen-Orient l'inquiétude règne, notamment dans les pays du Golfe, où existe une importante diaspora palestinienne. Pour contrer le fondamentalisme religieux à base populaire ainsi que le « gauchisme » des idéologues radicaux, l'Arabie Saoudite redouble de zèle dans l'exercice d'un fondamentalisme religieux d'État ; elle fait pression sur ses voisins pour qu'ils en fassent de même, en particulier le Koweït et les Émirats arabes unis où règne un « laisser-aller » libéral dans le mode de vie (disposition d'alcools et mixité dans les endroits publics, enseignement à caractère laïc, vie nocturne, travail des femmes, etc.). En août 1976, le Parlement koweïtien est dissous[1] ; la presse du pays, pro-palestinienne dans son ensemble, est rappelée à l'ordre.

En Égypte, le président Sadate fait feu de tout bois pour encourager le fondamentalisme, particulièrement dans les universités où les mouvements intégristes s'implantent au détriment de la gauche et des nassériens qui pourtant y régnaient en maîtres dans une opposition active au sadatisme. Le président égyptien encourage aussi l'islamisation de la législation égyptienne, provoquant la colère de la communauté chrétienne, les coptes, et choquant un pays qui vit largement sur le mode laïc depuis Mohammed Ali. Il est clair qu'à l'heure de ces retrouvailles difficiles avec l'Occident, où il faudra céder beaucoup à Israël, le fondamentalisme religieux d'État apparaît à ces gouvernements, pro-occidentaux sans nuance et antisoviétiques sans restriction, comme la meilleure carte à jouer sur le plan interne pour paralyser en même temps l'opposition de la droite et celle de la gauche.

LA STABILISATION : EN ATTENDANT JIMMY CARTER, UNE ÉPHÉMÈRE UNITÉ

Après la mise au pas des forces de gauche, les perspectives de négociations fructueuses qu'apporte l'élection de Jimmy Carter à la présidence américaine en novembre 1976 ramènent le calme au Liban. C'est aussi le facteur fondamental qui rapproche un moment le président Sadate du président Assad. Dans la capitale américaine, les idées libé-

1. Il ne fonctionnera à nouveau qu'en 1981.

rales soufflent sur le plan du Proche-Orient. Elles sont développées dans le rapport d'une importante fondation, la Brookings Institution, et font leur chemin dans l'opinion dirigeante. Ce rapport exprime clairement la nécessité pour les États-Unis d'avoir une politique plus équilibrée au Proche-Orient, prenant en compte les aspirations légitimes des Arabes, et en premier lieu le droit des Palestiniens à l'autodétermination sur les territoires palestiniens conquis par Israël en 1967. Rompant avec la politique kissingérienne de mise à l'écart de l'Union soviétique au Proche-Orient, le rapport préconise sa participation à tout règlement global du conflit israélo-arabe. Le président Carter va d'ailleurs endosser la plupart des conclusions de ce rapport, au grand dépit des Israéliens[1].

La stabilisation provisoire de la situation au Proche-Orient, concrétisée par les sommets de Riyad et du Caire, culmine avec un rapprochement syro-égyptien, dans les plus mauvaises traditions politiques arabes. En effet, les deux présidents, que tout sépare sur le plan psychologique et politique, se rencontrent au Caire du 18 au 21 décembre 1976 pour jeter un nouveau «jalon historique» en vue d'unir les deux pays. Un commandement politique unifié est donc créé entre les deux États, ainsi qu'une série de commissions mixtes pour étudier les moyens d'accélérer l'unité dans tous les domaines (constitutionnels et législatifs, défense et sécurité, diplomatie, information, économie).

Le point significatif de cette rencontre est en réalité la demande conjointe que font les deux présidents Sadate et Assad aux États-Unis et à l'Union soviétique de convoquer la Conférence de Genève dont les deux puissances sont coprésidentes avant la fin du mois de mars 1977 en vue d'activer un règle-

1. Voir *infra* chapitre 12.

ment global de la situation au Proche-Orient. Le reste est plus un écran de fumée, destiné à masquer le fossé qui sépare les deux pouvoirs égyptien et syrien qu'une nouvelle tentative de réaliser l'unité entre les deux pays. C'est aussi un attrape-nigaud, sans effet sur les opinions publiques arabes, à travers lequel chaque pays peut mieux rejeter la faute sur l'autre en cas d'échec ou de dégradation soudaine de leurs relations. En 1975, la Syrie a conclu le même genre d'accord avec la Jordanie dans le cadre d'efforts pour créer un front commun incluant la Syrie, la Jordanie, l'O.L.P. et le Liban, front commun qui, face au lâchage égyptien, aurait un certain poids pour négocier dans de meilleures conditions le règlement de la question palestinienne. Elle conclura d'autres accords unitaires, toujours sans lendemain, avec l'Irak en 1978 après la visite de Sadate à Jérusalem, avec la Libye en 1980. Ces démarches sont, certes, rationnelles en théorie, mais irréalistes compte tenu de l'individualisme des régimes en place ; leur habillage politique est tel qu'il leur ôte dès le départ toute crédibilité auprès d'une opinion politique que ces chefs d'État s'obstinent à traiter de manière infantile.

SCHISME, QUAND TU NOUS TIENS...

Ainsi se termine un épisode particulièrement sanglant de l'histoire du Proche-Orient. Les troubles ont coûté bien plus cher en vies humaines que la guerre israélo-arabe d'octobre 1973, dont ils ne sont par certains côtés qu'un prolongement. La stabilisation de la situation en cette fin d'année 1976 n'est que provisoire. Un an plus tard, en effet, en novembre 1977, Sadate part pour Jérusalem afin d'effectuer ce que certains percevront comme le voyage de la paix, d'autres celui de la honte.

Pour les Israéliens, ce sera la preuve que l'intransigeance soutenue et entêtée est payante.

Les combats au Liban n'ont rien réglé sur le fond. Certes, les organisations palestiniennes du refus sortent affaiblies de cet épisode, mais elles continuent d'avoir de puissants protecteurs, notamment l'Irak et la Libye que le pétrole a dotés de moyens financiers considérables. Entre l'Irak et la Syrie, c'est toujours la lutte impitoyable des deux partis, frères ennemis. Au contentieux de légitimité idéologique s'est ajouté un lourd contentieux économique. Le barrage construit par la Syrie sur l'Euphrate priverait l'Irak d'une partie de ses droits sur les eaux de ce fleuve et augmenterait de façon catastrophique la salinité des sols irakiens. La Syrie, de son côté, s'est vu refuser par l'Irak, après la nationalisation des sociétés pétrolières, une forte augmentation des droits de transit du pétrole syrien vers la Méditerranée. Le pipe-line reliant les puits pétroliers irakiens au port syrien de Banias a été fermé ; en représailles, l'Irak s'est entendu avec la Turquie et a fait installer en un temps record un oléoduc évacuant le pétrole irakien sur le port d'Iskanderun.

Tout au long de l'année 1977, de sérieux combats ont lieu au Liban, dans les régions d'implantation palestinienne, entre organisations du refus et mouvements plus modérés. À ces troubles, s'ajoutent des opérations militaires d'envergure à l'extrême sud du Liban, entre Palestiniens et milices libanaises de droite encadrées par des officiers de l'armée passés sous contrôle israélien. L'enjeu est de taille puisqu'il s'agit du contrôle des villages frontaliers. Déjà évoqués, ces combats, souvent meurtriers, finissent par une véritable guerre au printemps 1978 entre Israéliens et Palestiniens, où l'armée israélienne envahit et occupe quelques semaines le Sud-Liban. Peu après, à Beyrouth, la situation dégénère entre milices de droite et forces syriennes. L'alliance entre les maronites, que contrôle de plus en plus étroitement le parti des Phalanges, et la Syrie, semble rompue. Ce sont les Israéliens qui s'érigent en protecteurs des chrétiens.

Israël s'apprête peut-être à cette époque à rendre par étapes le Sinaï aux Égyptiens, mais elle se taille au Liban des gages politiques et territoriaux redoutables[1]. Syriens et Palestiniens sont à nouveau isolés sur la scène internationale où les accords de Camp David, véritable paix séparée entre l'Égypte et Israël, polarisent l'attention du monde et vont bientôt susciter chez les Arabes un nouveau et dangereux schisme. L'Égypte est en effet exclue de la communauté arabe en 1978 par les décisions d'un sommet des chefs d'État arabes réunis à Bagdad sous la houlette du président irakien, Saddam Hussein.

Quelle est donc cette puissance israélienne qui réduit ainsi en pièces le Proche-Orient ? C'est ce qu'il faut maintenant essayer de déterminer. Les épisodes précédemment contés, qui culminent dans la déchirure libanaise, ont montré que le Proche-Orient arabe, si riche en histoire, en pétrole, en hommes politiques aux personnalités complexes, a une cohésion sociale et nationale de plus en plus faible, de plus en plus fragile sur le plan économique. Société pluraliste à l'excès qu'aucun pouvoir central n'a jamais homogénéisée, et que le pétrole détruit, le Proche-Orient arabe est un beau vase qui se ternit rapidement et qui se fêle de partout. C'est pourquoi le marteau israélien n'est peut-être qu'en bois, il suffit cependant pour tout briser ; d'autant que nulle force en Occident ne semble vouloir ou pouvoir freiner ses coups répétés. Narcissique jusque dans le remords, la chrétienté occidentale reste fascinée par l'État d'Israël, produit étrange de ses propres violences historiques.

1. En 1982, elle ne se contentera plus de gages ; ce sera l'invasion des deux tiers du territoire libanais et le siège dramatique de Beyrouth (voir *infra* chapitre 13).

12

La morsure israélienne : du premier congrès sioniste aux accords de Camp David, 1897-1978

« COW-BOYS » ISRAÉLIENS, « INDIENS » PALESTINIENS

Parler d'Israël et du mouvement politique et idéologique qui a présidé à sa création, le sionisme, est une entreprise dangereuse. L'ombre terrifiante des victimes juives de la folie nazie est là toujours présente, dissuadant ceux qui envisagent le problème juif sur un autre mode que celui du conformisme intellectuel qui règne en la matière. Qui mieux que les victimes de ces persécutions séculaires, culminant en génocide, peuvent en effet savoir ou seulement tenter de penser ce que pourrait être une autre Palestine que celle fabriquée par les Israéliens, ces spartiates du Proche-Orient, venus de l'Extrême-Occident ?

Certaines personnalités juives l'ont cependant tenté, depuis la naissance du sionisme à la fin du XIXe siècle. Elles n'ont guère eu de prise sur la masse du mouvement, même lorsqu'elles y jouaient un rôle important, ainsi le Dr Chaïm Weizmann, premier président de l'État d'Israël, ou le Dr Nahum Goldmann, président du Congrès juif mondial durant de nombreuses années. Car reconnaître la présence des Arabes palestiniens, leur enracinement, œuvrer pour le compromis, c'était briser la force du mouvement en y introduisant les scrupules moraux et des considérations de justice. C'était aussi réagir contre une trop grande pesanteur historique, celle de l'antisémitisme dont l'exclusivisme raciste des immigrants juifs en Palestine tout au long de ce XXe siècle est un pur produit.

L'ironie du sort est que ceux parmi ces immigrants qui auraient pu être les plus sensibles à des considérations de morale et de justice, les dirigeants socialistes du mouvement sioniste, sont ceux mêmes qui, au nom de leurs idéaux, rejetaient tout contact avec la population arabe. Refusant l'exploitation de l'homme par l'homme et glorifiant le travail et le retour à la terre du « peuple juif », ces dirigeants interdisaient strictement tout emploi de main-d'œuvre arabe dans un pays où la population d'origine était massivement paysanne[1]. Quant aux notables, féodaux ou dignitaires religieux, comment des socialistes pouvaient-ils se compromettre avec eux ? Aussi, s'il y eut quelques contacts avec des dirigeants arabes entre 1918 et 1948, notamment et presque exclusivement ceux de Weizmann et de Goldmann, ceux-ci restèrent sans lendemain, car les laboureurs-guerriers, qu'incarne si bien la personnalité de Ben Gourion, le véritable fondateur de l'État d'Israël, ne voulurent jamais se laisser détour-

1. On lira sur ce point avec profit la biographie de David Ben Gourion, Michel Bar-Zohar, *Ben Gourion le prophète armé*, Paris, Fayard, 1966. « Pendant ces années, écrit l'auteur de cette biographie, sa passion du socialisme se renforce, il croit à la lutte des classes et mène le combat contre les propriétaires et les employeurs juifs, soit pour améliorer la condition des ouvriers, soit pour empêcher l'emploi de la main-d'œuvre arabe qu'on obtient pour des prix dérisoires » (p. 56). Résumant l'attitude de Ben Gourion envers les Arabes, son biographe écrit : « Ses relations avec les Arabes sont assez extraordinaires, du fait qu'elles sont inexistantes. Sauf le court flirt avec Moussa Alami, il n'a presque pas de relations avec les Arabes ; certains de ses collaborateurs, tel Shertok, ont vécu longtemps parmi eux et ont gagné leur confiance. Mais dans le monde de Ben Gourion, dans son État, il n'y a pas de place pour les Arabes, il n'en a pas connu et ne veut pas les connaître. Il ne fera jamais de discours exaltant l'amitié de la communauté d'intérêts judéo-arabes ; il veut bien la paix, l'alliance entre État juif et États arabes, mais pas plus. »

ner de leur objectif principal : « Une Palestine aussi juive que l'Angleterre est anglaise[1]. »

On connaît « l'épopée » israélienne ; point n'est besoin de la conter. Dans l'immense mouvement de « voyeurisme » culturel, religieux, littéraire qu'a déclenché le traumatisme des pratiques nazies, rien n'a été laissé de côté qui touche à l'existence juive, et donc, dans la foulée, à l'État d'Israël. Longtemps Zorro du Proche-Orient, suscitant l'enthousiasme des foules d'Occident, Israël a vu son image quelque peu ternie après la guerre de 1967. Car il fallut bien se rendre à l'évidence qu'après tout ces pauvres « Indiens » du Proche-Orient arabe, que décimaient les vigoureux et bons « cow-boys » venus d'outre-mer, avaient droit à leur « réserve ». Face à ce léger glissement de l'Occident, les Israéliens ont d'abord crié à la honte pétrolière, à l'adoration des barils de pétrole par l'Occident. Il y eut aussi 1973, où les tribus indiennes montrèrent qu'elles pouvaient encore se battre et faire mal ; il y eut enfin ce grand chef sioux, Sadate, qui vint fumer le calumet de la paix dans le camp retranché des cow-boys, montrant qu'un accommodement était possible. Avec l'aide technique des Américains, ces suprêmes experts en matière de « réserve » pour Indiens, fut donc conçue à Camp David une « réserve » pour Palestiniens, que ces derniers eurent d'abord le mauvais goût de refuser.

Mise ainsi en bande dessinée, cette histoire pourrait faire rire, si la réalité n'était pas aussi dramatique, et si le sang ne continuait pas de couler avec

1. On doit cependant évoquer ici la grande figure de Martin Buber, disparu en 1965, qui s'est efforcé tout au long de son existence d'œuvrer pour une intégration économique et spirituelle des deux communautés arabe et juive ; mais il s'agit ici d'un cas isolé dans le sionisme avec celui d'Ahad Haam (1856-1927) qui eut aussi toute sa vie le souci de la bonne entente judéo-arabe. On verra en particulier le remarquable article sur « Une conception binationale du sionisme (1947) » dans Martin Buber, *Une terre et deux peuples. La question judéo-arabe*, Paris, Lieu Commun, 1985, p. 270-280.

tant d'abondance. Peut-être le plus affligeant est-il de constater que rien ne peut venir, dans un horizon certain, mettre un terme à ces histoires affreuses de cow-boys israéliens et d'Indiens palestiniens même après les accords d'Oslo de 1993, comme nous le verrons dans la suite du récit. Car la profonde morsure israélienne du Proche-Orient arabe est le résultat de logiques condamnées à ne pas se rencontrer dans le cadre des données actuelles du conflit. Il est vrai que les points de coïncidence possibles ont semblé se multiplier au cours des dernières années. Comme les événements postérieurs le montreront, ils restent éminemment fragiles, menacés par le pourrissement des situations et la permanence des événements sanglants. Le temps ne joue ici pour personne. Pas plus pour les Arabes que pour les Israéliens et leurs soutiens dans la Diaspora, ou encore que pour les puissances occidentales du « monde libre », qui tous trois se trouvent pris dans une relation triangulaire dont les zones de tension peuvent à tout instant déborder et étouffer les zones d'apaisement.

Nous n'aborderons dans ce chapitre que les grandes lignes du conflit, réservant pour la dernière partie de l'ouvrage, consacrée au processus de paix de Madrid et à la négociation des accords d'Oslo de 1993, une réflexion plus approfondie sur la dynamique israélienne et les nouveaux mirages de paix créés par la guerre du Golfe.

UNE RELATION TRIANGULAIRE CONDAMNÉE À LA CONTRADICTION

Il paraît important d'étudier, à ce stade, le fonctionnement de la relation triangulaire explosive toujours à l'œuvre au Proche-Orient entre l'Occident, l'État d'Israël et les sociétés arabes. Ici, plus qu'ailleurs, il s'agit de problèmes de perceptions idéologiques et culturelles contradictoires qui ne font qu'aviver les heurts géopolitiques au cœur du conflit triangulaire qui lie de façon explosive et malsaine les Arabes, l'Occident, Israël et les communautés juives de la Diaspora. Le conflit israélo-arabe est tissé de malentendus historiques accumulés, religieux et culturels avant tout autre chose. Sa véritable dimension ne peut être saisie qu'en se pliant à l'exercice de regarder à travers les prismes déformants qui ont donné naissance à ces malentendus et qui les entretiennent jusqu'aujourd'hui.

Quant à la solution du conflit, elle passe par une prise de conscience de la puissance des courants idéologiques et culturels qui entretiennent ces perceptions déformées de la réalité, source de permanence du conflit, et donc par la nécessité de les réduire. Ce n'est qu'ainsi que les éléments de normalisation de la situation pourront émerger. Il ne manque pas d'esprits calmes et lucides, aux trois pôles du triangle, qui ont clairement montré le chemin de la raison et de l'accommodement. Leurs voix restent cependant perdues dans le flot débridé des passions et des délires qui survolte constamment les pôles conflictuels du triangle. Des médias irresponsables achèvent ici de faire obstacle à l'avènement des solutions, car tous les manipulateurs d'idéologie, d'information et de culture, projettent dans ce triangle du conflit israélo-arabe leurs propres fantasmes.

Il faut avouer que tout s'y prête. Pour l'Occidental moyen, en effet, quoi de plus excitant que des Arabes et des Juifs, ces cibles traditionnelles du racisme européen culturel et religieux, se battant jusqu'à ce que mort s'ensuive, dans un Proche-Orient transformé en arène de gladiateurs, pour la plus grande joie des foules en quête de loisirs sortant de la banalité. Pour l'Arabe moyen, qui est aussi un musulman, comment ne pas ressentir l'invasion israélienne et la conquête de Jérusalem, au nom du judaïsme et avec l'appui massif de la chrétienté, comme un retour des « infidèles », soit pour rejeter les Arabes et l'islam dans les déserts ancestraux, soit pour accomplir quelque nouvelle abomination impérialiste. Chez ce peuple, autrefois féru d'histoire, le souvenir des croisades ne saurait disparaître, encore moins celui du colonialisme moderne ; l'invasion de la Palestine est là pour le raviver. Chez les juifs enfin, croyants ou agnostiques, quel enivrement et quelle exaltation de retrouver enfin le « temps perdu » : la « Bible », la « Nation » et la « Démocratie », mais aussi la conquête, la colonisation, la domination directe ou indirecte sur les « gentils », chrétiens ou musulmans, après des siècles de marginalisation, de souffrances, voire d'extermination.

Jérusalem, archétype universel de la guerre ou de la paix. Voici l'enjeu plus vaste du conflit israélo-arabe. Aux sources des trois grandes religions monothéistes, cette ville, symbole du sacré et de la violence que la sacralisation peut engendrer lorsqu'elle recouvre l'ordre politique, pourrait-elle enfin émerger dans la modernité ? Pourra-t-elle se passer de l'ordre sacré dans lequel le judaïsme sioniste l'a enfermée, à l'ordre spirituel, pluraliste, et donc laïc, des valeurs contemporaines ? Pourra-t-elle aussi cesser d'être ce symbole de dichotomie entre développement et sous-développement, car nul n'ignore que le niveau de vie et d'intégration à l'économie et à la technologie modernes des Palestiniens, Égyptiens, Syriens, Jordaniens qui entourent les Israéliens est celui du sous-développement, alors que leurs voisins ennemis sont bien insérés dans le développement, même si leur situation reste acrobatique[1] ?

1. « Obsidionale » disait avec élégance en parlant de l'économie israélienne, un remarquable professeur français d'économie politique

On voit mal comment le malentendu de base aurait pu être évité. Car dans cette histoire de Palestine, comme dans bien d'autres grands événements historiques du Proche-Orient depuis Mohammed Ali, les Arabes n'ont pas eu le temps de dire « ouf » avant que l'affaire ne soit bouclée. Au demeurant « l'affaire » était une « transaction » sur un contentieux historique particulièrement lourd où les Arabes n'ont jamais été partie prenante : celui des relations entre le judaïsme et la chrétienté occidentale. Chez les Arabes, notamment chez les Omeyyades d'Espagne, puis dans les empires musulmans et jusqu'à celui des Ottomans, les juifs d'Europe persécutés ont toujours trouvé un refuge sûr. Il devait même arriver parfois que le pouvoir islamique les protège des persécutions de la chrétienté orientale, restée vivante en terre d'islam, mais non moins antisémite que celle d'Occident. Il est certes facile pour les besoins d'une cause de noircir le tableau de la protection dont les communautés juives ont traditionnellement joui dans l'État musulman, et les propagandistes d'Israël ne se privent pas de le faire. Toutefois, les historiens du judaïsme ont largement fait justice à l'islam sur ce plan[1].

Ce n'est pas sans raison que les premiers animateurs du mouvement sioniste, dans leur quête pathétique d'un lieu où puissent se réfugier les victimes des pogroms slaves, ont un instant fondé leurs espoirs sur la bienveillance du dernier sultan ottoman, tout en envisageant aussi le Sinaï et l'Ouganda. L'affaire pour eux pressait, car le rythme de ces

---

à la Faculté de droit de Beyrouth, aujourd'hui disparu ; avec une vision non moins incisive, il parlait de la « double morsure extérieure du capitalisme pétrolier et israélien », subie par l'économie arabe. E. Telhac, *Économie politique pour les Arabes*, Annales de la Faculté de droit et des sciences économiques de Beyrouth, Paris, L.G.D.J., 1960.

1. Sur les minorités au Proche-Orient, voir l'Annexe I sur mon site.

pogroms slaves devenait alarmant et l'affaire Dreyfus en France, à la fin du XIXe siècle, venait jeter des doutes sur la qualité de l'assimilation des juifs d'Europe occidentale, qui pourtant paraissait jusque-là si solide. Mais la position du sultan ottoman, qui devait être plus tard aussi celle des dirigeants palestiniens et arabes, fut limpide : oui à l'émigration individuelle, même en nombre important, non à la colonisation collective visant à l'édification d'un État. Seul le roi Fayçal, fils du chérif Hussein, roi du Hedjaz, qui régna un moment sur la Syrie (1919), avant de devenir roi d'Irak, ira plus loin en signant avec Weizmann à la Conférence de la Paix à Paris en 1919 un accord reconnaissant la validité de la célèbre Déclaration de Balfour (1917) attribuant aux juifs un « foyer national en Palestine ». Accord conditionné par la reconnaissance par les puissances européennes de l'indépendance des Arabes, désormais libérés de la tutelle ottomane, mais menacés par les visées colonialistes de l'Occident.

1917 : UNE DÉCLARATION COLONIALE DE DÉCÈS DU PEUPLE PALESTINIEN

Il faut s'arrêter un instant sur cette Déclaration de Balfour, texte remarquable d'ésotérisme raciste où s'inscrit déjà tout le drame palestinien, mais dont seuls les trop rares historiens du Proche-Orient de cette période connaissent les péripéties. Qu'il suffise ici de rappeler que, par ce texte, un gouvernement, celui de la Grande-Bretagne, disposait d'une terre, la Palestine, sur laquelle il n'exerçait aucune souveraineté de droit ou de fait, au profit d'une communauté religieuse, les juifs, vivant dans sa quasi-totalité hors de cette terre.

Dans la Palestine du début du xxe siècle, malgré les efforts du mouvement sioniste, la population juive représente à peine 9 % de l'ensemble des habitants, y compris les juifs de pure souche palestinienne, soit 60 000 âmes, une proportion infime de l'ensemble de la population juive de par le monde. Et pourtant, ô merveille ! la Déclaration se voulant « respectueuse » des droits et de l'équité parle des Arabes, 91 % de la population, en les qualifiant de « communautés non juives en Palestine », pour prescrire de ne pas porter préjudice à leurs « droits civils et religieux » ; pas un mot dans le texte sur les droits politiques de ces bizarres « communautés non juives », le peuple palestinien, qu'on se refuse déjà à nommer, mais dont on supprime ainsi toute possibilité d'existence collective, en le privant de tout droit politique.

Dans la même veine, le texte prescrit, dans une asymétrie détonante, de ne pas porter préjudice « aux droits et au statut politique dont jouissent les juifs dans n'importe quel autre pays ». Texte futuriste s'il en fut, la Déclaration s'est inscrite dans la mémoire arabe comme un monument de perversion, célébré annuellement dans le deuil. Lue à l'envers, elle est pour les juifs le couronnement d'efforts « séculaires » de réintégration d'une identité étouffée par la férocité de l'histoire.

Vraiment, pour les Arabes, l'affaire était mal partie, d'autant que le texte du mandat que la Grande-Bretagne obtient sur la Palestine incorpore la création du foyer national juif prévu par la Déclaration. Le mandat était déjà lui-même une « rupture de contrat » entre Britanniques et Arabes, puisque la révolte armée arabe contre l'Empire ottoman en 1916 est déclenchée par Hussein, le roi du Hedjaz, sur la promesse formelle d'une reconnaissance de l'indépendance arabe par l'Angleterre. Au lieu de cela, et en sus de la Déclaration de Balfour, ce seront les accords Sykes-Picot, du nom des deux ministres des Affaires étrangères français et anglais qui en cette même année 1916 se partagent le Proche-Orient : la Palestine et l'Irak pour la perfide Albion, le Liban et la Syrie pour la République des droits de l'homme en pleine euphorie coloniale. Au passage, les Kurdes et les Arméniens, à qui l'Europe « civilisatrice » a promis l'indépendance inscrite dans l'éphémère traité de Sèvres de 1920, et qu'elle a aussi armés contre les Ottomans, en seront pour leurs frais au sortir de la guerre. Abandonnés des armées alliées, ils seront taillés en pièces par les troupes d'Atatürk, non sans s'être allégrement massacrés entre eux auparavant pour la possession de territoires qui leur échapperont pour être partagés entre la Turquie, la Perse et l'Irak, contrôlés par les Anglais.

Mieux vaut ne pas s'attarder sur ces bavures de l'histoire coloniale de l'Occident. La création de l'État d'Israël s'inscrit dans son sillage, hélas, et c'est pourquoi elle en porte jusqu'aujourd'hui les stigmates aux yeux des victimes de ces combines coloniales[1]. Au prisme du sionisme bon teint, qui se doit

1. « L'entreprise de colonisation juive en Palestine, écrit Martin Buber, entamée pour sauver la personnalité spécifique du peuple juif — et qui représente sur les plans économique, social et culturel une œuvre d'importance mondiale — comportait un défaut fondamental qui a empêché les avantages qu'elle présentait de prendre l'ampleur qu'ils auraient pu déployer : les dirigeants politiques étaient sous l'emprise de la politique coloniale traditionnelle qui était, en Palestine plus que partout ailleurs, inadéquate et convenait certainement moins au peuple juif qu'à aucun autre ; ils se laissaient donc pour l'essentiel guider non par le point de vue intranational, mais par le point de vue international. Ils confrontaient leur orientation propre à la situation internationale, dont la problématique est variable, et non à la réalité géographique dans laquelle cette orientation devait se réaliser. Ils isolaient la Palestine en la situant dans un contexte de conflits internationaux et de tentatives de négociations, au lieu de l'intégrer dans le réseau organique d'un Proche-Orient renaissant avec ses vastes projets spirituels et sociaux. Lorsqu'on désignait cela comme un facteur politique déterminant pour l'avenir, on se heurtait dans l'opinion publique sioniste à un aveuglement face à la réalité qui ne pouvait qu'avoir des conséquences fatales. Si la conscience d'elle-même et le désir de s'autodéterminer de la population arabe de Palestine a pris la forme militante qu'on lui connaît, c'est dû pour

de refuser le scrupule moral et les considérations d'équité au nom de l'impératif de la survie juive, il n'y a dans ces origines rien qui puisse faire rougir. Surtout pas l'indignation des juifs antisionistes, et leurs accusations répétées d'avoir mis les formidables énergies du mouvement sioniste plutôt au service de la colonisation de la Palestine qu'au service de la survie juive, notamment durant les années terribles du nazisme[1].

---

une grande part à l'influence de cet aveuglement face à la réalité et à ses conséquences pratiques.» (*Une terre et deux peuples*, *op. cit.*, p. 271-272).

1. Le judaïsme antisioniste considère que l'État d'Israël est un État impie «fondé sur la rébellion contre Dieu et sa Torah», car le retour d'exil en Terre promise ne peut se réaliser que par la seule volonté de Dieu et non par celle des hommes et «sans aucune forme de haine, d'hostilité ou de guerre contre quelque peuple ou nation que ce soit»; Herzl, théoricien de l'État juif, est considéré comme «un prophète de mensonge et un faux messie», et l'Holocauste comme un châtiment divin pour les actions sionistes. On lira à ce sujet le livre de Ruth Blau, *Les gardiens de la cité. Histoire d'une guerre sainte*, Paris, Flammarion, 1978, d'où sont extraites les expressions entre guillemets ci-dessus. Celle-ci écrit à propos des contacts des dirigeants sionistes avec le régime nazi : «Ainsi, pendant que, encore étrangère à l'époque, je parcourais la France occupée par les nazis pour voler au secours des juifs, les chefs sionistes, dans le but de fonder un État, aidaient les ennemis de leur peuple à les détruire. Ils n'étaient pas seulement des révolutionnaires contre le Ciel, mais des assassins dont la cruauté dépassait celle de Pharaon qui, voici quelques milliers d'années, avait fait construire les pyramides par les esclaves juifs et mêlé aux briques des murs les corps de leurs enfants mâles. Au XXe siècle, le sang de 6 millions de victimes juives, hommes, femmes, enfants, vieillards, avait été échangé contre un État par ses fondateurs et dirigeants. Existe-t-il un être humain normal capable d'imaginer telle monstruosité ?» Ruth Blau appartient à la communauté ultra-orthodoxe Netoure-Karta vivant à Jérusalem dans le quartier Mea Sharim qu'habitent les juifs religieux respectant scrupuleusement toutes les injonctions de la Torah, notamment celles relatives au respect du Sabbat, ce qui ne manque pas parfois de susciter l'exaspération des juifs laïcs. Sur les controverses déclenchées dans la communauté juive de Palestine avant la création d'Israël par les contacts des dirigeants du mouvement sioniste avec les dirigeants nazis, puis, après l'effondrement du Reich, par les négociations de l'État d'Israël avec la République fédérale allemande pour obtenir des compensations financières pour le sort fait aux juifs par l'Allemagne nazie, on verra Tom Segev, *Le septième million*,

Il est vrai que la folie nazie apportait tant d'eau au moulin sioniste qui n'existe et ne vibre que par l'antisémitisme, que les faiblesses de certains dirigeants sionistes et leurs négociations macabres avec les chefs nazis, pour faciliter ici ou là l'émigration en Palestine, ont quelque chose de morbide. Le dossier reste certes ouvert de savoir si en s'occupant moins de Palestine et plus d'aide efficace aux communautés martyrisées d'Allemagne et d'Europe orientale, soit directement, soit par une action beaucoup plus vive sur les dirigeants des pays démocratiques, le mouvement sioniste n'aurait pas mieux contribué à éviter la grande saignée de ces années d'horreur et de folie.

Mais ce sont là des affaires d'Occidentaux auxquelles l'Arabe du Proche-Orient est bien étranger. Pour lui, cette Palestine dont le visage change si vite entre 1919 et 1947, en plus d'un quart de siècle, est une machine infernale que l'Occident colonial lui fait éclater à retardement en pleine figure. Si, en 1947, les méfaits de la « transaction » entre le judaïsme et la chrétienté d'Occident pouvaient encore apparaître limités aux yeux des Arabes, la situation s'aggrave très vite. L'écrasante victoire de 1948 où sont défaites toutes les armées arabes, ce qui permet de porter à 80 % la conquête du territoire palestinien, alors que la décision de partage des Nations unies n'en accordait que 57 %, la guerre de Suez en 1956 où Israël envahit le Sinaï, de connivence avec les colonialismes moribonds de France et d'Angleterre cherchant à « punir » Nasser de la nationalisation du canal ; la guerre de 1967 enfin, où sous l'œil impavide de l'Occident, Israël achève la conquête de la Palestine, occupe le Sinaï et les hauteurs du Golan syrien : en vingt ans, les Arabes voient l'irrésistible

---

Liana Levi, Paris, 1993. Voir aussi sur mon site l'Annexe IV, consacrée au conflit israélo-arabe.

ascension du militarisme et de l'expansionnisme israéliens, sous le regard complice des puissances chrétiennes d'Occident qui alimentent le sionisme en armes et en argent.

COMMENT L'OCCIDENT FAIT DE L'ANTISÉMITISME À L'ENVERS

La conscience occidentale est de son côté traumatisée par le problème juif. La souffrance, l'injustice que subissent les Arabes, ces lointains indigènes, ne peuvent guère la toucher. Il faudra malheureusement l'attentat terrible des jeux Olympiques de Munich en 1972 ainsi que la série d'opérations terroristes palestiniennes en Europe pour que l'existence du malheur palestinien commence à se frayer un chemin dans l'opinion publique occidentale.

La souffrance juive, en revanche, est inscrite au cœur de l'histoire européenne ; son ampleur éclate au lendemain de la guerre de 1939-1945, lorsque les horreurs nazies enfin étalées au grand jour, la culture européenne reçoit le choc et constate que le génocide n'a été que le point culminant de persécutions séculaires. La culpabilité se déchaîne alors. Mêlée au fonds immémorial de racisme à l'égard des juifs, elle produit cet appui aveugle au mouvement sioniste. À la persécution indiscriminée, morale ou physique, succède désormais l'adulation sans nuance aucune. L'appui aveugle au mouvement sioniste se transforme en antisémitisme inversé. Toujours catégorie à part, la judéité, autrefois méprisée, est maintenant hors d'atteinte de la critique. C'est bien le message que cherchent à faire passer de nombreux juifs modérément sionistes, qui veulent garder la tête froide, sans parler des juifs antisionistes. Rien n'y fait, la « sioniphilie » est comme un torrent qui renverse tout sur son passage. Lorsque les États-Unis prennent en charge la question juive et l'institutionnalisation solennelle de la mémoire de l'Holocauste, à la fin des années 1970, la sioniphilie devient un élément central de la culture historique de l'Occident. Cette évolution s'est faite d'autant plus facilement que l'aventure représentée par la colonisation de la Palestine puis la construction de l'État d'Israël et ses guerres victorieuses devient un thème répandu de la littérature romanesque occidentale, dont Arthur Koestler et Joseph Kessel sont les noms les plus connus et les plus talentueux[1]. Le récit de la création d'Israël à cette époque est cristallisé dans une série d'images d'Épinal, faisant des Israéliens des héros sans tache et des Arabes un groupe de fanatiques[2].

1. Parmi les œuvres romanesques les plus connues et relatives à l'épopée de la création d'Israël de ces deux romanciers, on citera pour Koestler *Analyse d'un miracle. Naissance d'Israël* (1949), *L'ombre du dinosaure* (1956), *La tour d'Ezra* (1974), tous parus chez Calmann-Lévy, et pour Kessel, *Terre d'amour et de feu. Israël 1925-1961* (Plon, 1965). Ces œuvres ont connu des rééditions successives. On mentionnera aussi le célèbre roman de Dominique Lapierre et Larry Collins, *Ô Jérusalem*, Paris, Robert Laffont, 1971, et les romans de Marek Halter, tels *La mémoire d'Abraham* ou *Les fils d'Abraham*, publiés tous deux chez Robert Laffont, respectivement en 1983 et 1989. On mentionnera aussi le grand succès du film *Exodus* dans les années 1950 qui retrace l'épopée de rescapés de l'horreur nazie qui ne trouvent d'autre refuge que la Palestine où les autorités anglaises tentent de les empêcher de débarquer pour ne pas déplaire à la population palestinienne.

2. Ce n'est qu'au cours des dernières années qu'un groupe peu nombreux d'historiens israéliens a remis en cause le récit « angélique » de la création d'Israël, en particulier pour ce qui concerne la responsabilité de la Haganah, l'embryon de la future armée de défense israélienne, dans la fuite d'une large partie de la population palestinienne des zones conquises par la Haganah. (Voir Dominique Vidal, avec Joseph Alzary, *Le péché originel d'Israël. L'expulsion des Palestiniens revisitée par les « nouveaux historiens » israéliens*, Paris, Les éditions de l'Atelier, 1998.) En dépit du fait que ces historiens ne remettent nullement en cause la légitimité de la création de l'État

Dans le torrent de la sioniphilie viennent en fait se jeter, sur le plan de la culture et de l'idéologie de l'Occident, tant de confluences hétéroclites ! Dans le monde anglo-saxon d'abord, où l'héritage biblique des différentes Églises réformées ne peut manquer de vibrer à ce retour en « Terre promise », annonciateur d'eschatologie. Dans les milieux socialistes d'Europe occidentale ensuite, où le sionisme est longtemps perçu comme un produit dérivé de la social-démocratie ; le Parti travailliste israélien, qui règne sans interruption sur les destinées d'Israël de 1948 à 1977, est membre du « club » des sociaux-démocrates européens. Dans les milieux de droite et d'extrême droite enfin, où l'on applaudit les exploits d'Israël « superstar » contre les indigènes arabes prosoviétiques, et où le judaïsme, même s'il est toujours ouvertement ou secrètement méprisé, sert au moins depuis la création d'Israël à protéger la civilisation occidentalo-chrétienne de la barbarie islamique ou islamo-communiste. Il faut se rappeler, ici, combien les médias occidentaux étaient convaincus à l'époque d'une alliance entre Moscou et les Arabes « musulmans » contre les intérêts occidentaux au Moyen-Orient.

À tout cela s'ajoute dans l'Europe chrétienne un autre héritage historique : la peur de l'islam et le souvenir des invasions par lesquelles Arabes en Espagne, sur le flanc ouest de l'Europe, Turcs en Autriche sur le flanc est, ont fait trembler l'Europe. Comment ne pas mentionner aussi, dans cet amalgame de facteurs hétéroclites, la guerre d'Algérie et ses séquelles, notamment le retour en France des pieds-noirs traumatisés.

---

d'Israël et sa nécessité historique, ils ont été qualifiés de « révisionnistes » (allusion aux négateurs de l'Holocauste en Occident) par de nombreux médias et cercles académiques israéliens. On signalera aussi la contribution d'universitaires français à une connaissance plus objective des conditions dans lesquelles s'est réalisée l'édification de l'État d'Israël en Palestine (voir aussi sur mon site les annexes).

Aussi ne faut-il pas s'étonner que les groupes de pression en faveur d'Israël évoluent en Occident comme un poisson dans l'eau, culturellement et politiquement. Surtout aux États-Unis où le « lobbying » politique est parfaitement admis dans les mœurs et sert de profession à de nombreuses firmes ou à des personnalités de tous les secteurs de la société. Les Arabes sont souvent abasourdis par ce phénomène, donnent parfois de ce fait dans l'antisémitisme, en parlant de la toute-puissance internationale du judaïsme ou du sionisme. Ils ne peuvent évidemment réaliser l'ampleur et la complexité des données de la relation judéo-chrétienne en Occident que nous analyserons en détail au chapitre 21.

Tout s'est conjugué pour que l'Occident libéral ne puisse, à aucun moment de ces années de malheur au Proche-Orient, exercer un jugement rationnel, équilibré, et donc une politique qui aurait permis une autre histoire. L'attitude des grandes puissances occidentales au Proche-Orient traduit bien ce malentendu général. Loin de freiner la dynamique sioniste dans l'intérêt des trois pôles du triangle, elle lui donne tous les moyens de débordements. La hantise de l'Union soviétique, d'un accroissement de sa présence au Proche-Orient, région de haute importance stratégique sur le plan international, fait le plus souvent perdre, aux États-Unis surtout, toute adhérence à la réalité de la société arabe. Ainsi ce vieux rêve de Truman, poursuivi par Eisenhower, repris par Nixon et encore une fois remis sur le tapis par Reagan, de marier juifs et Arabes dans une sainte alliance contre la présence soviétique au Moyen-Orient, avant même un règlement global du contentieux palestinien et israélo-arabe[1]. Ou encore

1. Nous verrons que le rêve renaîtra sous une autre forme, à la suite de l'effondrement de l'Union soviétique et de la guerre du Golfe, lorsque les États-Unis, devenus seuls maîtres du jeu au Proche-Orient, penseront pouvoir favoriser la concrétisation de la

le rêve de parvenir à un règlement du contentieux, avec l'Union soviétique tenue à l'écart, ce qui est oublier que Moscou n'est qu'à 3 000 kilomètres de Beyrouth, alors que Washington en est éloigné de 11 000. S'il faut parler froidement d'intérêts géopolitiques de grandes puissances, ceux de la Russie apparaissent si évidents pour une région qui lui est pratiquement frontalière que s'obstiner à les ignorer paraît relever de la plus grande légèreté[1].

Il faut dire que les Arabes, de leur côté, pendant longtemps n'ont pas pu offrir des points d'appui évidents à l'Occident traumatisé par ses souvenirs historiques, d'une part, par la Guerre froide d'autre part, incapable d'appréhender la réalité socioculturelle arabe dans sa complexité et dans sa mouvance. À l'incompréhension culturelle réciproque s'est ajoutée l'incompréhension géopolitique. Les malentendus de la période nassérienne ont été suffisamment analysés au début de cet ouvrage. Les messages arabes vers l'Occident à l'occasion de la guerre d'octobre ont aussi été expliqués. Lorsque l'Occident parvient dans les années 1970 à saisir le changement de décor de la scène arabe, que le pétrole attache de nouveau le Proche-Orient à l'Occident, la précipitation et les excès des forces politiques

---

paix dans le conflit israélo-arabe en créant une zone de libre-échange économique au Moyen-Orient avant le règlement des problèmes de fond du conflit (voir troisième partie).

1. Il faut rappeler que l'Union soviétique a été, en 1948, un partenaire fervent de la création d'Israël, et la Tchécoslovaquie un important fournisseur d'armes au mouvement sioniste. Aux yeux de l'Union soviétique à cette époque, la création d'Israël, sous l'égide d'un socialisme juif, au milieu du proche-Orient arabe dominé par des monarchies « féodales » ou des bourgeoisies « réactionnaires » alliées du colonialisme, pouvait constituer un foyer « révolutionnaire » de poids. La montée des bourgeoisies « nationales » arabes puis l'instauration de régimes « progressistes » d'une part, l'alliance étroite d'Israël avec les puissances occidentales d'autre part, ont évidemment poussé l'Union soviétique à appuyer de plus en plus les États arabes et à prendre ses distances vis-à-vis d'Israël.

arabes pro-occidentales, ainsi que l'idéalisme naïf de certains dirigeants font avorter un dialogue qui aurait pu être constructif.

C'est alors la déchirure libanaise, puis le geste spectaculaire de Sadate se rendant à Jérusalem, brisant ainsi la solidarité arabe à peine retrouvée à l'issue des événements du Liban. Lui qui avait effectivement des canons, des tanks, une armée d'envergure, il ne brandit qu'un rameau d'olivier, à l'exclusion du fusil, donnant ainsi une partie facile à l'ennemi d'hier. Dans son anxiété d'arrimer la barque égyptienne au navire américain, le président égyptien bouscule le délicat équilibre interarabe, consacre la morsure israélienne, et fait à nouveau saigner abondamment la plaie palestinienne, dont le Liban paie désormais les frais.

LES ACCORDS DE CAMP DAVID OU COMMENT SE NÉGOCIENT LES TRAITÉS INÉGAUX

C'est la triste histoire des accords de Camp David, établissant le cadre pour la paix au Proche-Orient, nouveau traité inégal qui lie l'Égypte, pivot du Proche-Orient, à l'Occident à travers Israël. Plus grave, les accords sont une version mise à jour de la Déclaration de Balfour. L'Égypte et Israël y disposent en effet seuls des restes de la Palestine, la Cisjordanie et Gaza, tout en invitant un troisième gouvernement, toujours non palestinien, celui de Jordanie, à s'associer à de futures négociations sur le statut juridique de ces territoires ; statut que l'accord laisse indéterminé pour une période de cinq ans, ce qui permet aux Israéliens de maintenir leurs prétentions de souveraineté sur la Cisjordanie et Gaza.

Pour les Israéliens, l'autonomie palestinienne signifie l'autonomie administrative des habitants, les accords ne prévoyant qu'une « autorité autonome », le texte précisant même entre parenthèses « conseil administratif ». Rien dans tout cela qui ressemble de près ou de loin à l'ébauche d'un exercice souverain de la volonté collective d'un peuple. Menahem Begin a bien fait préciser par Jimmy Carter dans une lettre annexe aux accords que, pour le gouvernement israélien, l'expression « rive occidentale » (Cisjordanie) est « interprétée et comprise » comme « Judée et Samarie », les termes bibliques sur lesquels Israël fonde ses prétentions juridiques. Dans la même lettre, le président américain précise qu'il a pris bonne note que les expressions « Palestiniens » et « peuple palestinien » « sont et seront interprétées » par la partie israélienne « comme Arabes palestiniens ». La nuance est de taille, elle maintient et consacre la fiction sioniste par laquelle il n'y a pas de peuple palestinien en tant que tel, c'est-à-dire susceptible d'exprimer collectivement une volonté politique autonome.

Il est curieux qu'aucun juriste en Occident n'ait exercé ses talents pour analyser la bizarrerie de ces accords qui, autant que la Déclaration de Balfour, sont un chef-d'œuvre de perversité juridique et morale. L'enthousiasme suscité par les embrassades israélo-égyptiennes dans l'opinion occidentale, ainsi que la permanence des données de la psychologie de cette opinion sur le plan du conflit israélo-arabe, explique vraisemblablement cette nouvelle perte de raison et d'équité.

Certes, le président Sadate a lui aussi, dans une lettre adressée au président Carter et annexée aux accords, pris soin de préciser sa position sur la partie arabe de Jérusalem. On sait en effet que cette partie de ville que les Israéliens n'ont pu conquérir en 1948 a été mise sous la souveraineté israélienne par une loi de la Knesset, le Parlement israélien, peu de temps après sa conquête durant la guerre de juin 1967. Sadate réaffirme les droits arabes sur cette partie de la Ville sainte, déjà avalée par les Israéliens « de façon éternelle » au dire des déclarations officielles. En revanche, pas un mot du côté égyptien, dans les lettres annexées aux accords, sur la nature de cette « pleine autodétermination de la Cisjordanie et de la bande de Gaza », laissée vide de tout contenu et mentionnée une seule et unique fois dans le texte des accords, alors que le « statut définitif » des territoires appartenant à la population palestinienne devra être « négocié » entre l'Égypte, Israël, la Jordanie et les représentants élus des territoires.

Sur le plan arabe, les initiatives du président Sadate ont dès le départ mis en émoi la société politique. Quelques semaines après que le chef de l'État égyptien s'est immolé dans la Jérusalem israélienne sur l'autel de l'amour à l'Occident, à Bagdad, cette capitale du refus, les chefs d'État arabes, réunis en novembre 1978 en grande pompe pour la circonstance, décident « de ne pas reconnaître » les accords de Camp David, ou leurs « résultats », et « d'en refuser toutes conséquences politiques, économiques, légales ou autres ». Réédition du sommet de Khartoum de 1967, puisque là aussi l'Occident n'est pas sanctionné. Quelques mois plus tard, suite au traité de paix signé en mars 1979 à la Maison-Blanche à Washington entre l'Égypte et Israël, des sanctions économiques et politiques sont prises à l'encontre de l'Égypte au cours d'une réunion des ministres des Affaires étrangères arabes tenue à nouveau à Bagdad.

Péripétie pathétique de ces moments historiques, durant le sommet de Bagdad, une délégation est envoyée au Caire pour rencontrer le président Sadate afin de le dissuader de continuer sur le chemin tracé par les accords de Camp David, et lui proposer une aide annuelle de 5 milliards de dollars. La délégation sera éconduite à l'aérodrome du Caire, et Sadate fera savoir par la voix de la presse locale que l'Égypte n'est pas à vendre. La sécurité sociale pétrolière n'a pas fonctionné, comme elle avait si bien fait merveille à Khartoum. L'offre arrive trop tard pour ce nationaliste égyptien, amoureux de l'Occident, haineux de l'Union soviétique ; il a maintenant décidé que, pour guérir la terrible pauvreté égyptienne, il valait mieux aller directement chez le médecin occidental, source de toutes les richesses, plutôt que de se faire traiter à petite dose par les infirmiers pompistes du pétrole arabe.

Les retrouvailles égypto-syriennes qui ont clos la première grande phase des troubles libanais, au moment de l'élection de Jimmy Carter à la présidence des États-Unis, en novembre 1976, sont restées éphémères. Le président Sadate, pressé d'en finir avec le conflit israélo-arabe, s'énerve vite face à la prudence de son homologue syrien et aux valses hésitations de l'O.L.P., qui reflètent les tensions entre groupes modérés et groupes du refus dans les mouvements palestiniens. Il est clair cependant, au début de l'année 1977, que l'O.L.P. est favorable à la négociation, car la bonne volonté américaine est évidente. En mars, au treizième Conseil national palestinien, les factions diverses des mouvements de résistance se réconcilient, et admettent le principe de la création d'un État palestinien sur toute partie des territoires qui seraient évacués par Israël.

C'est la première fois qu'une administration américaine est aussi ouverte aux problèmes arabes. Carter parle de « foyer national » palestinien, de retrait total d'Israël des territoires occupés, et mène la vie dure à l'intransigeance israélienne. « Vous êtes plus entêté que les Arabes et vous faites obstacle à la paix », aurait dit le président américain à Moshe Dayan, alors ministre des Affaires étrangères, en visite à Washington, au mois de septembre 1977[1].

1. M. Dayan, *Paix dans le désert*, Fayard, 1981, p. 81.

Moshe Dayan, qui rapporte ces propos, ajoute en parlant de l'attitude de Carter au cours de cette réunion orageuse: «Ceux qui se trouvaient de mon côté de la table voyaient l'hostilité qui glaçait ses yeux bleus; la voix était contenue mais le langage violent, et par moments le visage rougissait de colère[1].» Scènes qui se répètent souvent dans les rapports israélo-américains de cette période.

En tout état de cause, le président égyptien mène un double jeu, puisque, dès le mois de septembre 1977, des contacts sont établis avec les Israéliens par l'intermédiaire du roi du Maroc, derrière le dos des Syriens. Il est clair qu'il cherche à aller vite, car la situation économique de l'Égypte, malgré la politique de libéralisation et d'ouverture sur l'Occident, n'est guère brillante. En janvier 1977, il a dû faire front à trois jours d'émeutes au Caire, à la suite de l'augmentation du prix du pain et de quelques autres denrées alimentaires vitales, décidée sous la pression du Fonds monétaire international. Politiquement, la situation n'est pas plus brillante; le chef de l'État a accusé les groupes marxistes et les nassériens d'être responsables des émeutes du mois de janvier, mais c'est l'extrême droite fondamentaliste qui frappe durement le régime. En juillet, des militants de la secte intégriste Al Takfir Wal Hijra enlèvent puis exécutent un ancien ministre des Biens religieux, le cheikh Hussein el Zahabi.

Le 1er octobre, l'Administration américaine fait un nouveau pas de raison, rompant avec la tradition kissingérienne, en signant une déclaration commune avec l'Union soviétique sur le Proche-Orient. Le geste met en fureur Israël, car la position syrienne et palestinienne dans les négociations qui doivent s'ouvrir à Genève est ainsi renforcée. Sadate, dont l'Union soviétique est la bête noire, n'est guère plus

1. *Ibid.*, p. 82.

heureux d'un tel geste. Quelques jours plus tard, le 26 octobre, il suspend le paiement de ses dettes à l'Union soviétique.

Pour couper court aux interminables palabres de procédures, préalables à l'ouverture de la Conférence de Genève, mais reflétant les divergences entre Syriens et Palestiniens d'un côté, Israéliens et Égyptiens de l'autre, Sadate décide d'abattre les barrières psychologiques séparant Israéliens et Arabes et offre d'aller à Jérusalem. Les Mémoires du président égyptien rendent compte de cette décision de façon quelque peu confuse, mais il en ressort clairement ce besoin d'en finir, d'en terminer avec l'intransigeance israélienne, et de régler une affaire qui n'a que trop coûté. Ainsi, dit Sadate, « il nous fallait trouver une méthode complètement nouvelle, propre à court-circuiter toutes les formalités et les techniques procédurières, en abattant la barrière de la défiance réciproque. C'est seulement alors que nous pourrions espérer rompre le cercle vicieux et sortir de l'impasse d'autrefois[1]. » Il a cependant pensé à un geste qui aurait pu accélérer le démarrage de la Conférence de Genève, une rencontre des dirigeants des cinq grandes puissances à Jérusalem avec toutes les parties arabes en cause ; mais les difficultés d'un tel projet le découragent vite.

Il ira donc au plus spectaculaire et au plus rapide : cette visite en solitaire à Jérusalem. Il travaille alors sans filet et il faut à tout prix réussir ; la pente des concessions deviendra de la sorte de plus en plus glissante. Face à l'hostilité de ses pairs arabes, à la montée de l'opposition, son sort politique est lié à la « réussite » de son initiative, quelle qu'en soit la qualité. Les Américains, qui n'ont plus en face d'eux un front arabe uni, mais un lobby israélien toujours surpuissant aux États-Unis mêmes, se laisseront

1. *À la recherche d'une identité*, *op. cit.*, p. 438.

aussi aller à la facilité. D'autant plus que Jimmy Carter fait face à de graves problèmes chez lui sur tous les fronts et que sa popularité baisse. Un grand succès de politique étrangère lui est indispensable : quoi de plus rêvé que Begin et Sadate se donnant l'accolade à la Maison-Blanche et signant, sous son patronage, un traité de paix en bonne et due forme. L'émotion enthousiaste soulevée par ces retrouvailles dans la conscience de l'Occident fait que personne ne s'occupe sérieusement de relever l'ambiguïté de ce qui vient d'être accompli, et la qualité douteuse des nouveaux équilibres qui viennent ainsi d'être créés au Proche-Orient. Dans cette confusion, l'intransigeance israélienne a pu se frayer un chemin facile pour imposer toutes les revendications que lui dictent ses fantasmes et sa dynamique d'expansion territoriale.

Le traité de paix entre l'Égypte et Israël, signé en mars 1979, est non moins pervers que les accords-cadres pour la paix au Proche-Orient, signés en septembre 1978, qui ont créé le Bantoustan palestinien, dont personne ne voudra, à la grande joie des Israéliens, mais qu'une O.L.P. en fin de carrière et épuisée acceptera, quinze ans plus tard, en signant les accords d'Oslo, très proches par leur facture du volet palestinien des accords de Camp David. Le traité impose en effet à l'Égypte une neutralisation militaire totale vis-à-vis d'Israël, en quelque circonstance que ce soit, sans qu'Israël fournisse la moindre contrepartie, en dehors de la remise du Sinaï par étapes. La souveraineté militaire de l'Égypte sur les territoires ainsi récupérés est en revanche strictement limitée par le traité, de façon à ne pouvoir en aucun cas présenter un danger militaire pour Israël. Plus grave encore, les États-Unis par mémorandum séparé garantissent à Israël le maintien de ces limitations de souveraineté égyptienne, et s'engagent à soutenir Israël dans toute « action appropriée » que cette dernière prendrait en cas de violation du traité.

Toujours dans ces sommets de perversion juridique, caractéristiques du drame palestinien depuis 1917, Jimmy Carter reconnaît à nouveau, en 1979, dans un texte annexe au traité, qu'il a été informé que l'expression « rive occidentale » s'entend pour le gouvernement d'Israël comme étant « la Judée et la Samarie ». Il porte en effet cette mention sur une lettre commune qui lui est adressée par Sadate et Begin concernant la mise en application des accords-cadres de septembre 1978. À tout cela s'ajoutent les engagements américains vis-à-vis d'Israël en termes de fournitures militaires, d'aide économique et de fournitures pétrolières pour récompenser Israël du « sacrifice » fait sur le plan de sa sécurité en rendant le Sinaï quasi démilitarisé sous le contrôle légal des grandes puissances, à une Égypte devenue militairement inoffensive.

RETOUR AUX REFUS ET AUX SCHISMES

Une bonne partie de l'élite politique arabe aime certes l'Occident, beaucoup de chefs d'État en sont amoureux pour une raison ou pour une autre. Mais un traité qui lie ainsi de façon inégale le plus grand pays arabe à l'État des colons juifs, qui n'a été jusqu'ici, aux yeux de l'opinion arabe, que spoliateur et destructeur, c'est plus que ne peuvent accepter les plus liés à l'Occident parmi ces chefs d'État. C'est pourquoi la monarchie hachémite, la monarchie saoudite et la monarchie chérifienne du Maroc, qui a pourtant patronné les premiers contacts directs entre officiels égyptiens et israéliens, s'abstiendront d'appuyer la paix israélo-égyptienne et seront au rendez-vous de Bagdad où l'Égypte est solennellement condamnée.

Ces piliers de l'Occident au Proche-Orient ne sont évidemment pas d'un autre sommet de chefs d'État, celui qui s'est tenu un an plus tôt à Tripoli en Libye, où se met en place de façon officielle et institutionnelle le Front du refus arabe, dit « Front de la fermeté et de la confrontation[1] ». Le sommet regroupe la Libye, l'Algérie, le Sud-Yémen, la Syrie, l'O.L.P. L'Irak n'y participe que du bout des doigts et refuse de s'associer au communiqué final, signe d'un basculement vers le groupe des États pro-occidentaux, déjà perceptible à travers un rapprochement avec les monarchies et émirats du Golfe. Ce pays n'assistera plus jamais aux réunions du Front, se préparant à jouer le rôle de dénominateur commun des Arabes.

Le bouillant vice-président irakien, Saddam Hussein, rêve d'un regroupement de ce qui reste des Arabes après la défection de l'Égypte, dont l'Irak serait le chef de file. L'Égypte ostracisée du Proche-Orient, le pétrole, les succès d'une politique grandiose de développement, la modernité républicaine et laïque du pouvoir irakien, ainsi qu'une position stratégique au centre du golfe Arabo-Persique, mettent l'Irak en position adéquate pour assumer une telle position.

Le sommet de Bagdad est un pas vers cette ascension irakienne sur la scène arabe, ascension qui s'inscrit aussi dans la logique de celle, plus irrésistible encore, de la tyrannie pétrolière. Bagdad est de plus en plus courtisée par l'Occident, cependant que les relations de l'Irak avec l'Union soviétique se dégradent et que le Parti communiste irakien, qui a toujours joué un rôle éminent dans la vie politique locale, est de plus en plus réprimé par les autorités.

1. Il s'agit de la traduction usuelle par la presse internationale de la dénomination arabe du Front ; en réalité, le terme arabe *tassadi*, traduit par « confrontation », reflète l'idée de résister à quelque chose, y faire obstacle, l'empêcher, ce qui ne correspond pas exactement à la notion de confrontation.

Du coup, les facteurs d'isolement jouent contre la Syrie, dont les atouts si soigneusement constitués au cours des dernières années sont de ce fait dévalorisés. Après la sécession égyptienne, la montée brutale de l'Irak sur la scène internationale, en étroite coordination avec l'Arabie Saoudite, marginalise à nouveau la Syrie et dans son sillage l'O.L.P. L'Occident se paye ainsi le luxe d'avaler l'Égypte, de conserver l'Arabie Saoudite et la quasi-totalité des pays de la Péninsule, de voir l'Irak, devenue puissance pétrolière, se rapprocher de lui.

L'O.L.P. et la Syrie, qui a toujours son Golan occupé, peuvent désormais attendre ; à plus forte raison le sud du Liban où l'on se bat férocement depuis 1977 et où le sang n'a jamais autant coulé ; les affaires vont en effet trop bon train ailleurs au Proche et au Moyen-Orient pour s'inquiéter et sur le plan pétrolier la Syrie n'offre aucun intérêt majeur puisqu'elle ne produit que 7 à 8 millions de tonnes de pétrole trop lourd en soufre. Le Liban a été jeté en pâture aux « querelles » arabes, et quant aux Palestiniens on peut faire confiance à l'efficacité de la soldatesque israélienne, s'ils sont trop bruyants. C'est bien ce qui sera démontré avec l'invasion du Liban en juin 1982. Décidément, en matière de Proche-Orient, l'aveuglement de l'Occident surpuissant est toujours sans limites.

Sur cette terre semble régner une fatalité. Déserté par les grands prophètes depuis des siècles, abandonné au début du XXe siècle par les grands empires qui ont fait sa gloire et l'ont protégé de la turbulence de ses peuples, le Proche-Orient arabe se dessèche et se fragmente au rythme des ébranlements politiques et économiques qui le secouent et à l'intensité de la morsure israélienne.

Après la colonisation puis la décolonisation qu'a si bien incarnée Nasser, ce pharaon malheureux des temps modernes, le choc pétrolier irrigue avec une violence inouïe une terre assoiffée, achevant d'étouffer le malade. Quant à la morsure israélienne, elle est de plus en plus douloureuse ; la richesse pétrolière malsaine des Arabes n'est qu'un baume sur une plaie qui continue d'être purulente.

Les accords de Camp David et le traité de paix israélo-égyptien sont loin d'être un outil permettant de desserrer l'emprise israélienne sur le Proche-Orient. Contrairement aux apparences, ces textes juridiques qui ont l'aval de la plus grande puissance internationale, les États-Unis, s'inscrivent dans la ligne même de la dynamique sioniste au Proche-Orient arabe depuis le début du XXe siècle. Une dynamique que rien ne semble pouvoir arrêter, dans une région dont la société est plus malade que jamais. C'est ce que montreront les événements des années 1990, lorsque l'invasion du Koweït par l'Irak achèvera de briser toute solidarité interarabe et permettra aux États-Unis, en association avec son allié israélien, d'étendre une hégémonie désormais totale sur tout le Proche-Orient.

LA PAIX : « FIN » DU PEUPLE JUIF OU BANALISATION D'ISRAËL ?

Au cours de cette période, l'image d'Israël de par le monde s'est ternie, en particulier à la suite de l'invasion du Liban en 1982. L'opinion occidentale réalise désormais l'existence d'un problème palestinien. De même, l'image des Arabes n'est plus aussi négative que par le passé. Ce n'est pas le pétrole qui est responsable de ce glissement d'opinion, encore limité. Au contraire, la richesse pétrolière arabe nourrit plutôt la permanence du racisme antiarabe, qu'il s'agisse du ressentiment à l'égard de ce qui est perçu comme une dépendance économique et une amputation du niveau de bien-être, ou qu'il s'agisse de l'image des cheikhs et émirs envahissant la Côte d'Azur ou achetant la tour Manhattan à La Défense à Paris.

Le glissement d'opinion est dû, en réalité, au dynamisme qu'a su prouver l'existence palestinienne depuis 1967, malgré tous ses avatars ; la geste sadatienne a par ailleurs incontestablement modifié l'état d'esprit de l'opinion occidentale en qui était profondément gravée l'image du « couteau entre les dents ». Il reste malheureusement que l'opposition à la « paix » israélo-égyptienne a été mal comprise dans un milieu socioculturel restant largement conditionné par les facteurs évoqués tout au long de ce chapitre. L'Occident garde du président Sadate l'image d'un homme de la paix exceptionnel, mais isolé au milieu de ses pairs arabes ; il n'a évidemment pas encore pris la peine de regarder ce qu'il y a d'explosif dans cette « paix » qui n'est pas celle des braves, et de la mettre en perspective historique.

Le Premier ministre israélien de l'époque, Menahem Begin, a pu indisposer par son arrogance et ses entêtements, mais il est resté aussi l'homme de la « paix » qui a obtenu un prix Nobel. La critique qui s'est exercée à son encontre a porté sur la forme plus que sur le fond. Au prisme de la légitimité du sionisme, Begin agace peut-être, et son passé de terroriste d'extrême droite dans le mouvement sioniste lui-même a aggravé son image de marque ; il reste toutefois sur le fond dans la ligne de la plus pure orthodoxie sioniste. On ne réalise guère en effet que céder à la moindre revendication exprimée collectivement par le peuple palestinien, c'est enlever la première pierre de l'édifice bâti au cours du XXe siècle, à la force des bras, par le mouvement sioniste. Car la Galilée ou le Néguev sont aussi palestiniens que Gaza ou la Cisjordanie, la fameuse rive occidentale du Jourdain, dont Begin a pris bien soin de préciser sur les textes annexes aux accords-cadres et au traité de paix signés avec l'Égypte, que cette dénomination géographique doit être « interprétée et comprise comme « Judée et Samarie ». Sans Bible, pas de sionisme, ou du moins pas de base idéologique pour une prétention juridique bien fragile. Céder aujourd'hui sur la « Judée et Samarie », c'est peut-être demain ouvrir la voie aux droits palestiniens sur la Galilée, sur Haïfa, sur Bethléem, sur Saint-Jean-d'Acre, etc., régions et villes encore entièrement arabes en 1948. Et que dire alors de Jérusalem ! Nous reverrons à l'œuvre cette dynamique perverse et complexe dans le contexte du processus de paix de Madrid qui finit par dégénérer — dans un contexte dramatique — dans l'assassinat en 1995 du Premier ministre israélien, Itzhak Rabin, par un jeune colon fanatique.

Il en est de même, à l'époque, du refus de l'État palestinien et du rejet de toute négociation avec l'O.L.P., ce gouvernement palestinien potentiel, dont la légitimité et la représentativité sur le plan palestinien et arabe ne font aucun doute. La moindre faiblesse israélienne dans ce domaine signifierait la reconnaissance d'un peuple chassé de sa terre, et l'existence d'une spoliation à réparer. Ce sera donc admettre un droit au retour ou à des compensations, droit consacré par de nombreuses résolutions des Nations unies, aujourd'hui oubliées et recouvertes d'une épaisse couche de poussière du fait du dédain israélien et de la complicité passive de l'Occident. C'est ouvrir ici encore la porte à la remise en question des fondements mêmes du mouvement sioniste, pour qui il n'y a jamais eu de peuple palestinien ; au mieux, y a-t-il des « Arabes palestiniens », pour reprendre la terminologie israélienne, que les autres Arabes, aux yeux de l'opinion israélienne, se refusent à intégrer sur leur propre territoire.

La relation dans ce domaine prend un caractère dialectique implacable : reconnaître l'existence d'un peuple palestinien ayant vécu en Palestine jusqu'en

1948, c'est défaire le sionisme dans ses fondations profondes ; ou au moins en briser l'élan, le démoraliser et permettre au mouvement palestinien d'amplifier son dynamisme. La férocité de la guerre que mènera le gouvernement Begin contre l'O.L.P. au Liban en 1982, les destructions massives et les pertes de vies civiles libanaises et palestiniennes qu'elle occasionne, ne peuvent s'inscrire que dans ce contexte.

Il est symptomatique que le Parti travailliste ne se soit pas désolidarisé de l'action du gouvernement de la coalition des partis religieux. Comme nous le verrons plus loin en détail, peu de différences en effet séparent sur le plan de la reconnaissance du fait palestinien la droite de la gauche israélienne. Moins « rétro » que les partis religieux, et donc moins « biblique », le Parti travailliste a toujours été inflexible sur le plan de la non-reconnaissance des droits du peuple palestinien. Au pouvoir jusqu'en 1977, ce parti était aussi intransigeant que la droite religieuse sur le plan des territoires : beaucoup plus dur sur le Sinaï, il aurait peut-être cédé des bouts de rive occidentale du Jourdain, mais exclusivement à la monarchie jordanienne, qu'il a plusieurs fois contactée après la guerre de 1967 dans l'espoir d'une entente.

Cet entêtement à traiter avec la Jordanie, que l'on retrouve dans les accords de Camp David où ce pays est inclus comme partie négociante au statut futur des territoires palestiniens occupés en 1967, et cela sans même qu'il y ait donné son accord, s'explique par la phobie israélienne de l'existence palestinienne. La droite religieuse qu'incarne Menahem Begin a certes accepté par les accords de Camp David de rendre à l'Égypte le Sinaï par étapes progressives jusqu'en avril 1982 ; ce faisant, elle rend un territoire en majeure partie démilitarisé à une Égypte qui reconnaît et légitime la conquête sioniste et qui est neutralisée militairement et politiquement sous la garantie directe des États-Unis ; en contrepartie, Israël peut maintenir ses prétentions à une souveraineté sur le reste de la Palestine historique conquis en 1967, et cela avec la bénédiction de l'Égypte, principale puissance arabe.

Dans l'optique de l'orthodoxie sioniste, l'affaire est parfaite, car elle consolide la conquête sur le plan militaire et sur le plan de la « légitimité » idéologique et juridique, sans rien céder aux droits palestiniens, qui ont pourtant acquis depuis 1967 une dynamique nouvelle et une reconnaissance internationale.

Il ne faut pas s'étonner dans ces conditions que, sur le terrain, la légitimité palestinienne n'ait toujours pas pu s'exercer sur un kilomètre carré de la Palestine. Sa dynamique n'a pu de ce fait que se traduire à cette époque par le renforcement de son potentiel militaire au Liban, en particulier dans le sud, grâce à la bonne volonté syrienne et russe, et par le succès des efforts de l'élite politique palestinienne pour conserver le moral du mouvement et son autonomie de décision. C'est, entre autres, ce potentiel qu'Israël détruira au cours de son invasion meurtrière du Liban en 1982. L'Occident impavide assiste depuis des années à cette tragédie où un peuple, aux droits désormais reconnus et affirmés par la communauté internationale, n'est toujours pas en mesure de les exercer, du fait de l'état d'impuissance politique et militaire qui affecte la société du Proche-Orient arabe, mais aussi du fait d'une légitimité tacite reconnue par les puissances occidentales à l'intransigeance israélienne.

C'est une situation explosive que dénoncent beaucoup de bons esprits, jusque dans la société israélienne, mais leurs voix restent étouffées par la permanence des facteurs culturels, religieux et géopolitique à l'œuvre dans l'histoire profonde du conflit israélo-arabe. Ce sont d'ailleurs les facteurs culturels et religieux qui sont le plus en cause à l'intérieur de la société occidentale, car ce sont eux qui déforment à ce point la perception des réalités géopolitiques en jeu dans une solution sérieuse et donc équitable du conflit israélo-arabe. Il est vrai que ces facteurs ressortissent aux profondeurs de la psyché occidentale et que leur évolution ne peut être que lente. Ce qui est en cause en effet, c'est la nature de l'existence juive et de ses rapports avec l'univers non juif ; c'est, dialectiquement, la nature et la qualité du regard non juif sur le judaïsme. « Unique » ou « universel[1] », le débat est ample sur le destin du judaïsme à l'intérieur même de la pensée juive ; mais aussi, dans une moindre mesure, à l'intérieur du mouvement sioniste lui-même, du fait de l'importance acquise par l'État d'Israël dans l'existence juive. Nous y reviendrons plus longuement dans la dernière partie de l'ouvrage.

À notre époque, beaucoup de personnalités juives pensent, tel Arthur Koestler, qu'il faut banaliser le judaïsme sur le plan religieux et étatique, car sa spécificité aurait perdu toute raison d'être, surtout depuis la création de l'État d'Israël. La permanence d'un « séparatisme » juif perpétue inutilement pour Koestler « la question juive », source de racisme et d'antisémitisme[2]. C'est la thèse des juifs libéraux, à l'intérieur et à l'extérieur du mouvement sioniste. Pour eux, la création de l'État d'Israël a été une nécessité du fait des persécutions nazies qui ont par ailleurs remis en cause, par leur ampleur, l'assimilation progressive des juifs dans les sociétés chrétiennes. Mais pour autant, Israël ne doit pas devenir un État spécifique, à la recherche de conquêtes superflues désormais dénuées de toute légitimité, et réclamant une allégeance aveugle de toutes les com-

1. Termes empruntés au titre d'un ouvrage d'un philosophe et historien juif, récemment décédé : J.-L. Talmon, *Destin d'Israël, l'Unique et l'Universel*, Calmann-Lévy, 1967.
2. Voir, en particulier, *La quête de l'absolu*, Calmann-Lévy, 1981, p. 274 et suiv.

munautés juives de par le monde. Israël et le mouvement sioniste, pour les libéraux du judaïsme, ont accompli leur mission; il leur faut maintenant se normaliser, en laissant les juifs de la Diaspora s'assimiler s'ils le désirent, et en accommodant le monde arabe pour qu'Israël puisse vivre en paix avec ses voisins et devenir un État «comme les autres».

Cette perspective libérale de l'existence juive est évidemment dérangeante. Un grand sociologue français, lui-même libéral, en a autrefois rendu compte dans un essai au titre évocateur et inquiétant à la fois: *Fin du peuple juif?*[1]. Un État normalisé, débarrassé de ses complexes d'encerclement, inscrit dans la texture socioculturelle du Proche-Orient; des communautés de la Diaspora en voie d'assimilation pour beaucoup et qui constitueraient une confession religieuse parmi d'autres: que resterait-il alors du judaïsme et de son épopée historique? La destinée juive achevée de la sorte, il s'agirait d'une autoliquidation de l'existence juive dans ses spécificités historiques.

Le sionisme orthodoxe ne peut que rejeter une telle perspective. Pour lui, l'antisémitisme est inscrit au plus profond de la conscience du monde chrétien et islamique. Le nazisme est susceptible de se reproduire sous d'autres formes en n'importe quel endroit. Le rassemblement de l'ensemble des juifs de la Diaspora en Palestine est donc une nécessité historique de longue haleine, dont seuls les premiers fondements ont été jusqu'ici posés. La colonisation des territoires occupés en 1967, après la première guerre israélo-arabe de 1948 qui a permis la création de l'État, est un devoir sacré; les communautés de la Diaspora se doivent de soutenir moralement, politiquement et financièrement ceux qui l'accomplissent en Israël.

1. Georges Friedmann, Gallimard, coll. «Idées», 1965.

Pour ce sionisme, toute vision libérale et optimiste de l'existence juive est une imprudence que l'histoire de l'antisémitisme démontre largement ; c'est un facteur d'affaiblissement certain de la force du sionisme lui-même, et donc de l'État d'Israël qui lui doit son existence et sa légitimité. C'est pourquoi, dans cette optique, la relation avec le monde arabe environnant doit aussi rester une relation inégalitaire, assurant la permanence de la surpuissance israélienne. Nouveau ghetto, transplanté de Varsovie en Palestine, d'Europe orientale au Proche-Orient, Israël doit rester un bastion imprenable, en expansion constante afin que se réalise un jour le grand dessein de ramener au « bercail » toutes les communautés de la Diaspora, brebis égarées par le mirage de l'assimilation possible. Toute transaction sur cette position ouvre la porte à une disparition progressive du sionisme et à terme de l'État d'Israël.

Accepter en effet l'assimilation comme une perspective raisonnable, et donc reconnaître que le nazisme est un accident de l'histoire, c'est une autre façon d'ouvrir le dossier palestinien dans toute son ampleur, de légitimer le rêve de Yasser Arafat à cette époque d'une Palestine démocratique et laïque où juifs et Arabes, musulmans ou chrétiens, ne formeront plus qu'un seul peuple. Les modérés du sionisme pensent que l'essentiel du programme a été réalisé et que le maximalisme mènera à la catastrophe. Ils estiment qu'il faut négocier avec l'O.L.P., rendre la rive occidentale et Gaza, ce qui permettrait ainsi l'émergence d'un État palestinien. Pour eux, le temps ne travaille pas pour Israël, et l'arrangement qui est possible aujourd'hui pourrait ne plus l'être demain. Mais la voix de ces sages, tout comme celle de Martin Buber ou Ahad Haam quelques décades plus tôt, est restée étouffée par la dynamique d'une situation où la faiblesse de la société arabe et la passion nouvelle de la société occidentale concernant « l'existence juive » ont permis à toutes les audaces du sionisme orthodoxe de légitimer avec le temps les faits accomplis.

Il est évidemment des causes que le bon sens et la raison ne parviennent pas à appréhender dans le vécu historique. Seul le temps peut alors se permettre d'y apporter sa solution. La complexité du conflit israélo-arabe, relation triangulaire passionnelle entre la société du Proche-Orient arabe, l'Occident chrétien et le judaïsme est encore loin d'avoir épuisé ses effets. Au cours de cette période, l'opinion occidentale a pu croire que les accords de Camp David allaient immanquablement amener un certain apaisement au Proche-Orient.

La renaissance du judaïsme qui s'affirme aux États-Unis et en Europe à cette même époque va compliquer énormément l'avènement d'une détente dans le triangle complexe que nous avons décrit et dont les frictions alimentent toujours plus le conflit israélo-arabe. Tout comme pour les accords de Camp David, les accords d'Oslo, applaudis à tort par l'opinion occidentale comme la solution définitive du conflit israélo-arabe, n'ont fait que raviver les tensions régionales dans un contexte toujours plus caractérisé par la désintégration et l'instabilité à l'échelle régionale.

L'IMPACT DE LA RÉVOLUTION IRANIENNE DANS LES SITUATIONS CONFLICTUELLES DU PROCHE-ORIENT

Déjà, à la fin des années 1970, un événement nouveau va compliquer considérablement la situation du Proche-Orient. La révolution iranienne aura, en effet, des retombées multiformes et durables sur le

Proche-Orient arabe. Commencée comme une révolution nationale et anti-impérialiste classique contre la dictature du chah, elle se termine avec le consentement manifeste de l'Occident, qui craint une mainmise communiste sur l'Iran, par la prise de pouvoir des religieux. Ces derniers se lancent alors dans une fuite en avant anti-impérialiste par la prise en otages des diplomates américains à Téhéran destinée à consolider leur pouvoir interne et à exporter la révolution devenue « religieuse » dans le monde islamique. L'idéologie de l'imam Khomeyni, que les médias occidentaux auront largement aidé à se répandre dans un premier temps, en raison de son caractère anticommuniste aigu, révèle aussi son aspect hostile à la modernité laïque. À tous les déçus du nationalisme arabe séculier ou du marxisme à la soviétique, mais qui restent hostiles à la politique occidentale au Moyen-Orient caractérisée par l'appui que nous avons décrit à la politique israélienne, le khomeynisme offrira une porte de sortie commode.

Il contribuera de la sorte au changement radical d'atmosphère idéologique et culturelle que l'intégrisme islamique « bon teint » et pro-occidental de l'Arabie Saoudite et de ses alliés principaux (en particulier le Pakistan) avaient entamé dix ans auparavant avec la mise sur pied de l'Organisation de la conférence des États islamiques. Le tournant pris par la révolution iranienne, sa coloration subversive, aura un effet déstabilisateur profond sur les États arabes. Sous peine de se voir débordés par la nouvelle couleur radicale de l'intégrisme islamique iranien, à la fois antisoviétique et antiaméricain, ces derniers devront désormais accélérer le mouvement de « réislamisation » de leurs sociétés, que nous décrirons plus en détail à la fin de l'ouvrage.

En effet, l'Iran sous la direction de Khomeyni, tout autant que précédemment sous celle du chah, cherche à s'imposer comme puissance hégémonique au Proche-Orient. Son étendard n'est plus un modernisme inspiré de l'Occident, soit un nationalisme laïc tel que Mustapha Kemal en Turquie, Nasser en Égypte ou le Baath de Syrie et d'Irak ont pu le pratiquer, mais un nationalisme panislamique qui dénonce l'hypocrisie de l'intégrisme saoudien, principal soutien de l'impérialisme américain dans la région. La libération de Jérusalem et de la Palestine, la lutte contre la laïcité des régimes arabes ou le faux panislamisme des régimes locaux clients des États-Unis deviennent les thèmes majeurs de la politique de puissance iranienne[1].

Désormais, le Proche-Orient est étouffé sous l'impact des passions religieuses d'État. Les accords de Camp David sont contestés, les partis de la droite religieuse en Israël accélèrent la colonisation de la Cisjordanie sous le seul étendard d'un « droit » biblique, les régimes islamiques des pays arabes exportateurs de pétrole ou la dictature dite « laïque » de l'Irak sont menacés par un nouveau style révolutionnaire « religieux », celui de l'Iran, qui en quelques mois acquiert dans la région une influence que le chah d'Iran n'avait jamais réussi à affirmer. Alors que l'Irak, imprudemment, va se lancer dans une guerre sans merci contre l'Iran avec le soutien des pays occidentaux et celui des pays de la Péninsule arabique les plus menacés par la subversion iranienne, la Syrie, plus prudente, établit au contraire un partenariat politique régional avec le nouveau régime iranien. Ce partenariat lui permet de continuer de museler ses oppositions internes, en particulier celles des Frères musulmans qui a failli renverser le régime en 1981 ; il permet à la Syrie, face à l'Occident et ses alliés arabes, d'élargir son rôle régional et de consolider son influence sur le

1. On trouvera une analyse fouillée de la diplomatie de la révolution iranienne chez Mohammed Reza-Djali, *Diplomatie islamique. Stratégie internationale du khomeynisme*, PUF, 1989.

Liban d'où elle a réussi, comme on le verra au chapitre 13, à écarter toute influence israélienne et occidentale.

C'est sur la scène libanaise que ces nouvelles données régionales auront les retombées les plus spectaculaires. L'invasion du Liban par l'armée israélienne puis le temps des otages et un regain de terrorisme sous des formes diverses vont marquer la décennie des années 1980 qui s'ouvre au Proche-Orient. La guerre entre l'Irak et l'Iran rythmera les désordres de cette décennie mouvementée. Israël pourra affirmer qu'elle n'est pas la véritable cause de la déstabilisation de la région et que l'agressivité irrationnelle de ses voisins est confirmée par cette guerre majeure entre deux puissances musulmanes qui lui sont également hostiles.

13

L'invasion du Liban ou la machine à détraquer le temps : 1982

UNE CONJONCTURE IRRÉSISTIBLE

Dans le contexte des forces que nous avons vues jusqu'ici à l'œuvre au Proche-Orient arabe, cette nouvelle guerre israélo-arabe — qui est en réalité la première guerre israélo-palestinienne — ne fait que consacrer la désintégration de la solidarité arabe d'un côté, le dynamisme et la puissance militaire débridée du sionisme de l'autre, que l'Occident se refuse toujours à freiner. Il est vrai que pour Israël tout se prêtait à ce nouveau coup de force. C'est pourquoi on voit mal comment un sioniste aussi orthodoxe que Begin aurait pu laisser échapper une telle occasion d'effacer par la force ce que l'appareil de propagande israélien et la sensibilité internationale ne réussissaient plus à accomplir : l'oblitération de l'existence palestinienne qui avait été presque totale depuis la création de l'État d'Israël en 1948 jusqu'à la consécration de l'O.L.P. dans l'ordre international en 1974.

La conjoncture régionale d'abord : en janvier 1982, les pays arabes au sommet de Fès au Maroc ont montré leur désunion une nouvelle fois ; un plan, préparé par l'Arabie Saoudite, dit « plan Fahd », du nom du prince héritier saoudien, est torpillé à la dernière minute par les pays dits « du Front de la fermeté » : la Libye, la Syrie, le Yémen du Sud, l'Algérie. L'O.L.P., pourtant favorable à ce plan, se voit obligée de s'abstenir. Le plan Fahd ne vise en réalité qu'à assurer une nouvelle fois la bonne volonté des Arabes à l'égard de l'Occident, et cela en reconnaissant Israël à travers l'acceptation des résolutions de l'O.N.U. garantissant le droit de tous les États de la région à vivre en paix dans des frontières sûres ; le plan ajoute à cette reconnaissance celle des droits légitimes du peuple palestinien que les résolutions du Conseil de sécurité des Nations unies ont jusqu'ici laissée de côté. Le sommet, à peine commencé, est ajourné à une date ultérieure non précisée.

Profondément divisés sur l'attitude à l'égard de l'Occident, les pays arabes ne le sont pas moins à l'égard de la guerre irako-iranienne qui prend des proportions inquiétantes pour la stabilité des régimes conservateurs de la Péninsule arabique. La guerre avait pourtant commencé dans l'euphorie, en septembre 1980, par l'invasion des troupes irakiennes de l'Arabistan (Khouzistan) et d'autres provinces iraniennes limitrophes, pour mettre un terme aux menaces de déstabilisation politique que profère l'Iran khomeyniste à l'encontre de ses voisins du Golfe, ainsi qu'aux accrochages frontaliers entre troupes irakiennes et iraniennes. Au printemps 1982, c'est le désastre pour l'Irak qui, à la fin du mois de mai, doit retirer toutes ses troupes du territoire iranien, et se préparer à une contre-offensive iranienne. Dans ce conflit, l'Iran a reçu l'aide active de la Syrie et de la Libye, y compris sur le plan militaire. Pour le régime syrien, la chute du Baath irakien représenterait enfin la victoire si activement recherchée entre les deux partis « frères » qui se disputent depuis longtemps la légitimité hégémonique sur l'arabité « militante » et « révolutionnaire ». Du coup, la Syrie pourrait devenir le facteur fondamental d'équilibre de la Péninsule arabique, malgré son absence de pétrole et de moyens financiers ; les

États-Unis ne pourraient plus l'ignorer et les monarchies pétrolières du Golfe seraient obligées de renflouer enfin de façon substantielle et régulière les caisses de l'État syrien.

L'hostilité au régime irakien va si loin que la Syrie, en avril 1982, au moment où l'armée irakienne craque, ferme l'oléoduc qui conduit à travers son territoire le pétrole irakien vers la Méditerranée, privant ainsi l'Irak, dont le potentiel économique est déjà très atteint, de précieuses ressources financières. Au même moment, le monde stupéfait apprendra qu'Israël a livré du matériel militaire à l'armée iranienne.

Le schisme provoqué par la rupture entre l'Égypte et les autres pays arabes, à la suite des accords de Camp David, avait déjà affaibli politiquement et militairement le Proche-Orient arabe ; désormais, la rupture totale entre la Syrie et l'Irak ainsi que la paralysie militaire de ce dernier dans une guerre sans issue avec l'Iran ne peuvent que laisser les mains libres à l'armée israélienne dans l'ensemble du Proche-Orient ; cette dernière a déjà prouvé au cours de l'été 1981 qu'elle comptait bien en profiter, en effectuant en toute impunité le raid aérien sur la centrale nucléaire de Tamouz en Irak, et un raid particulièrement meurtrier sur Beyrouth, accompagné d'actions de violence aveugle dans tout le Sud-Liban[1]. Sans solidarité militaire minimale entre l'Irak et la Syrie et du fait d'une armée égyptienne neutralisée par les accords de Camp David, l'armée israélienne, suréquipée par les États-Unis, est maître du Proche-Orient. Ainsi est anéanti tout ce que les pays arabes ont accompli depuis le début des années 1970, diplomatiquement, économiquement et militairement, pour sortir de la défaite de 1967 et des impasses du sommet de Khartoum, régler le

1. Voir *supra* chapitre 11.

problème palestinien et retrouver l'Occident sur un pied d'égalité.

C'est ce qui ressort du spectacle affligeant de Beyrouth, la capitale politique et culturelle la plus importante du monde arabe, assiégée, assoiffée, martyrisée, détruite sans pitié par l'artillerie et l'aviation surpuissantes de l'État hébreu sur la tête de centaines de milliers de civils désarmés. La volonté implacable d'assassiner l'O.L.P. sous prétexte de lutte contre le terrorisme et de « paix en Galilée », sous les regards impavides du monde entier et, bien sûr, des régimes arabes, c'est aussi l'expression d'une dernière scène dans le drame de l'échec du nationalisme arabe anti-impérialiste. L'invasion du Liban complète, sur ce plan, ce que la défaite de 1967 n'avait pas totalement produit, à savoir l'écrasement peut-être final du nassérisme, dont l'O.L.P. et ses alliés du Mouvement national libanais, encerclés à Beyrouth-Ouest, apparaissent comme la dernière manifestation.

FIN DU NASSÉRISME

Il faut dire que le nassérisme qui meurt à Beyrouth au cours de l'été 1982 n'a guère su conserver le moindre capital de sympathie, aussi bien auprès de la population libanaise que sur le plan international. Érigée en État dans l'État, l'O.L.P., elle-même soumise au contrôle syrien sur le Liban, ne s'est préoccupée au cours des dernières années que du maintien de son emprise sur la population libanaise dans les zones de son implantation, c'est-à-dire au sud et à Beyrouth-Ouest. En réalité, prises entre l'enclume syrienne et le marteau israélien, les organisations de résistance palestiniennes ont été insensiblement amenées à ne plus avoir pour raison d'être que leur présence armée au Liban, s'enfonçant par là même, et de façon irrémédiable, dans la situation d'otage des uns et des autres. Les mouvements de résistance seront ainsi de plus en plus coupés de ce qui devrait être leurs vraies bases, la rive occidentale du Jourdain et la zone de Gaza, où la population est occupée, surtout dans le premier cas, à résister contre la colonisation sauvage et l'accaparement des terres et des eaux qu'y pratique l'État d'Israël en infraction avec toute légalité internationale.

Sur le plan international, la position de l'O.L.P. n'a pas bougé depuis les grandes victoires de 1974 ; en écartant à ce moment l'option de création d'un gouvernement palestinien[1], la résistance palestinienne s'est condamnée à rester confinée dans une représentation extérieure limitée, qui ne peut acquérir aucun caractère étatique. Un rapport militaire défavorable face à Israël ainsi que le désenchantement de l'Occident vis-à-vis des causes du tiers monde ne pouvaient que contribuer à limiter le rayonnement international de l'O.L.P.

Quant aux mouvements de la gauche libanaise, ils étaient depuis longtemps discrédités aux yeux de la population. Leur gestion anarchique des zones sous leur contrôle, dans la dépendance totale des protecteurs syriens et palestiniens, en sus des querelles intestines continuelles se traduisant par des combats répétés de rues et de quartiers entre miliciens rivaux : tout cela a achevé de discréditer les idéologies et les symboles politiques que ces mouvements ont affichés depuis 1975, à savoir : la révolution, l'unité arabe, le socialisme et l'anti-impérialisme. Depuis 1980, Beyrouth-Ouest est devenu un champ clos de la violence et de l'insécurité : voitures piégées, assassinats, attentats à la dynamite, enlève-

1. Voir *supra* chapitre 10.

ments, combats de rues incessants entre organisations rivales, pour les motifs les plus futiles ou les plus éloignés des préoccupations de la population ; ce sera par exemple le cas pour les séries d'attentats meurtriers et de combats reflétant les tensions irako-syriennes, déchaînées par le déclenchement de la guerre irako-iranienne ; ou encore les attentats contre la présence diplomatique française. En revanche, Beyrouth-Est et les zones chrétiennes tenues par les milices de droite, unifiées depuis 1980, sous le commandement de Bachir Gemayel, apparaissent de plus en plus comme une oasis de paix et de prospérité. Certes, le pluralisme d'opinion et de comportement a presque disparu des régions chrétiennes, mais cette perte est compensée pour la population par l'ordre et la sécurité qui y règnent. Ce n'est pas sans envie que la population des zones « islamo-progressistes » regarde les bienfaits de l'ordre « phalangiste ».

Israël, en envahissant le Liban, sait qu'elle vient cueillir un fruit plus que mûr, car la population libanaise, épuisée par l'anarchie et la violence que la présence palestino-syrienne a entraînées au Liban depuis les fameux accords du Caire en 1969 et surtout depuis 1975, est prête à tout, pourvu qu'on la sauve par le rétablissement de l'ordre et de la sécurité. Israël et les États-Unis se présentent de la sorte comme les seuls susceptibles de sortir le Liban de son état d'agonie, après que la révolution palestinienne et les États arabes eurent largement fait la preuve de leur rôle déstabilisateur et surtout de leur impuissance.

La population de Beyrouth-Ouest, devant l'intransigeance d'Israël et sa brutalité au cours du siège de la capitale, se serrera les coudes, défendra dignement la ville et fera ensuite un adieu grandiose aux combattants palestiniens : dernier effort surhumain d'un parcours épuisant. Tout comme la population égyptienne portera encore en triomphe en 1967, après l'écrasante défaite du mois de juin, puis en 1970 à sa mort, un Gamal Abdel Nasser défait, laissant un pays en ruine après l'inutile guerre d'usure sur le canal de Suez, les Beyrouthins de l'Ouest, compagnons malheureux des derniers feux de la « révolution » arabe, offriront au monde un ultime et fugitif spectacle de solidarité et de résistance à la puissante machine de guerre israélo-américaine. Ce sera ensuite la folle et bien courte épopée de Bachir Gemayel, ce mélange libanais de nassérisme et de sadatisme, qui ne rêve lui aussi que de grandeur pour son pays et d'amitié retrouvée avec l'Occident.

LES VINGT-DEUX JOURS DE BACHIR GEMAYEL

La geste de Bachir Gemayel mérite ici d'être évoquée, car elle témoigne du drame du Proche-Orient depuis 1956. Tel un météore, ce jeune homme de trente-quatre ans, symbole de « l'irrédentisme » chrétien au Liban, ainsi que de l'extrémisme de droite pro-occidental, condamné par toute la gauche arabe pour sa collaboration avec Israël, tente de devenir en quelques jours le chef charismatique d'un peuple jusqu'ici orphelin, livré des années durant aux contradictions douloureuses du Proche-Orient. Élu dans une caserne militaire à l'ombre des tanks israéliens, le 23 août, une fois achevée l'éviction des Palestiniens de Beyrouth, le président libanais parvient en vingt jours à commencer de conquérir le cœur de toutes les communautés libanaises. Dans ses apparitions quotidiennes à la télévision, Bachir parlera un langage simple et direct — loin des formules savantes et ampoulées de l'arabe classique —, de son rêve : celui d'un peuple uni et fort, celui d'une administration d'où la corruption aura été chassée, celui d'une société où la promotion ne se fera que par la compétence et non plus par la fortune ou l'allégeance familiale et confessionnelle, celui d'un pays que l'étranger devra respecter parce qu'il aura enfin une armée forte et une diplomatie musclée.

Stupéfaite, la population de Beyrouth-Ouest qui, la veille encore, saluait dans les larmes le départ d'une révolution introuvable, trouve enfin un possible héros libanais. Du coup brille à l'horizon la possibilité d'effacer toutes les humiliations qu'a fait subir à la population libanaise un pouvoir politique impotent, sinon émasculé ; de même s'estompe l'image partisane et sanguinaire que le jeune chef d'État avait donnée de lui au cours des années de troubles de 1975 à 1981. En bons termes avec les Israéliens et les Américains, proche de l'Arabie Saoudite, héros antihéros du gauchisme arabe, Bachir Gemayel apparaît alors peut-être comme le sauveur charismatique que tout un peuple a si longtemps attendu.

Comme pour confirmer cet événement providentiel, le nouveau président, qui s'est fait convoquer en Israël par Menahem Begin au début du mois de septembre, tient tête à l'allié de la veille, refuse de signer immédiatement un traité de paix sous la pression. Du coup son image grandit encore plus. Assassiné le 14 septembre, neuf jours avant son entrée officielle en fonction, il est pleuré par toute la population. Beaucoup, même du côté chrétien, se refuseront à croire à sa disparition. Le jeune président est en effet mort dans un attentat à la dynamite, spécialité des divers services secrets sévissant sur le territoire libanais, qui frappe l'immeuble où il tenait une dernière réunion avec des lieutenants de son parti. Certains affirment l'avoir vu sortir vivant de l'immeuble après l'explosion, cependant qu'une ample rumeur politique accusera Israël d'avoir liquidé un allié dont elle pensait avoir le contrôle absolu, mais qui sitôt arrivé à ses fins s'était révélé peu docile.

En vingt-deux jours, dans une trajectoire météorique, Bachir Gemayel aura peut-être failli changer le destin du Liban ; mais tels Kamal Joumblatt, puis l'imam Moussa el-Sadr, cet homme à la destinée plus violente mais non moins étrange disparaît, laissant à nouveau un peuple en quête de chef.

Loin de créer un vide constitutionnel, la perte du jeune président amène cependant les Libanais à se serrer les coudes une nouvelle fois. Israël aura beau exploiter cette mort pour pénétrer enfin à Beyrouth-Ouest, après que la Force multinationale d'intervention, rembarquée en toute hâte le 13 septembre, en aura déminé les accès, provoquer le massacre de Sabra et Chatila, les Libanais restent de glace, ne donnant aucune prise à la manipulation. Le 21 septembre, deux jours avant l'expiration du mandat du président sortant, le Parlement élit à la quasi-unanimité des députés présents le frère aîné du président assassiné, Amine Gemayel. Ainsi est consacrée la prépondérance phalangiste au Liban, symbole de la restauration de l'ordre et du retour au bercail occidental.

L'INÉVITABLE BASCULEMENT VERS L'OCCIDENT

L'accession au pouvoir de la droite libanaise, que provoque de façon fulgurante l'invasion israélienne, n'est qu'une nouvelle étape dans le jeu de bascule vers l'Occident en œuvre au Proche-Orient depuis 1967. C'est ainsi que nous avons vu le décor politique et idéologique de cette région changer, et constaté le basculement inéluctable de l'élite politique arabe vers l'Occident libéral qu'elle a toujours recherché depuis les temps de Mohammed Ali. Mais si, en 1973, le basculement avait conservé une certaine subtilité, un décor de dignité, il n'en est plus de même en 1982, où les régimes arabes du Moyen-Orient se tournent tous vers les États-Unis pour arrêter la machine de guerre israélienne qui détruit implacablement le Liban. De la majesté de Fayçal décrétant en 1973 l'embargo pétrolier partiel, aux appels téléphoniques répétés du roi Fahd[1] au président Reagan pour rétablir l'eau coupée par l'armée israélienne à Beyrouth qui meurt de soif, la dignité des Arabes a disparu. À sa place s'est installé un clientélisme total vis-à-vis de la puissance américaine, qui trouvera son expression la plus cruelle, huit ans plus tard, lors de l'invasion du Koweït par l'Irak en 1990.

Bien plus, en cet été 1982, les ministres des Affaires étrangères d'Arabie Saoudite et de Syrie, ce pilier du Front de la fermeté, rencontrent le président américain, au nom de la Ligue arabe. Dans le même temps, la presse dénonce la « passivité » de l'Union soviétique face aux événements du Liban. Cette dernière, qui n'a guère eu de chance dans sa politique arabe après les coups de boutoir de l'Égypte sadatienne, l'ambiguïté de la Syrie d'Hafez el-Assad et le virage de l'Irak de Saddam Hussein, a beau jeu de répondre que, si aucun pays arabe ne se porte au secours de Beyrouth assiégée, elle ne saurait être plus royaliste que le roi. La très courte bataille qui a lieu dans la Bekaa durant l'invasion, entre armées israélienne et syrienne, au cours de laquelle les batteries de missiles de fabrication soviétique sont détruites et plus de 70 Mig syriens abattus, relance le thème de la supériorité écrasante des armements américano-israéliens sur

1. Le roi Fahd, prince héritier, succède à son demi-frère, le roi Khaled, qui meurt en juin 1982.

ceux de l'Union soviétique. On se trouve sur ce plan encore dans l'atmosphère créée par la guerre de 1967.

Côté israélien, les objectifs de la guerre visent à faire revenir l'horloge en arrière, en ramenant le Proche-Orient à l'état d'impuissance qui l'a frappé à la suite de la défaite de 1967. Par l'extermination de l'O.L.P. et de toute son infrastructure politico-militaire, ils visent surtout à ramener l'expression collective du nationalisme palestinien au point mort, comme cela avait été le cas en 1948. Le général Sharon, ministre israélien de la Défense, ne s'en cache pas ; pour lui, l'invasion du Liban et la destruction de l'O.L.P. ont pour but de régler le problème de la Cisjordanie et de Gaza dans un sens favorable aux intérêts d'Israël, c'est-à-dire à terme l'annexion, hypothèse qui est loin d'être exclue par les accords de Camp David[1]. La concrétisation de ces objectifs vise aussi à montrer qu'Israël est la grande puissance régionale, politique et militaire. Le général Sharon n'hésitera pas à déclarer que le rayon d'intervention de l'armée israélienne s'étend jusqu'au Pakistan. Comme en 1967, les intérêts israéliens et américains ne sont guère divergents. Les États-Unis n'ont jamais eu de sympathie pour l'O.L.P. et son discours révolutionnaire, ses liens avec les mouvements radicaux et gauchistes européens, ou les régimes du tiers monde anti-impérialistes. L'idéologie de guerre froide « tous azimuts » que prônent Ronald Reagan et son équipe ne peut que conduire à l'élimination d'un mouvement qui est considéré comme un chaînon important dans le circuit de la « subversion » communiste internationale. Beyrouth, centre de terrorisme international, sera le thème commun des États-Unis et d'Israël, pour justifier le bombardement de la moitié ouest

1. Voir, *supra*, l'analyse des accords de Camp David au chapitre 12, p. 535.

de la capitale libanaise. Avec son idéologie ultra-conservatrice, l'Arabie Saoudite peut difficilement ne pas sympathiser avec une telle approche ; elle ne prendra donc aucune mesure de pression symbolique, pétrolière ou financière, vis-à-vis des États-Unis, avec lesquels, en tout état de cause, elle ne veut pas se mettre en contradiction.

DE LA VIOLENCE AU PROCHE-ORIENT ET DE SA PERCEPTION PAR L'OPINION INTERNATIONALE

Douze ans plus tôt, sous Nixon, les bombardements américains de Hanoi ainsi que des sanctuaires viêt-congs au Cambodge n'avaient pas eu d'autre but que de réduire le « terrorisme » communiste. Des manifestations massives et répétées de protestations aux États-Unis comme dans les principales capitales européennes avaient alors contribué à arrêter la machine de guerre américaine. En 1982, le pilonnage de Beyrouth soulève l'émotion dans le monde, mais rien qui soit comparable à l'indignation provoquée par les actions américaines dans la Péninsule indochinoise au début des années 1970. En dix ans, les sensibilités politiques internationales ont bien changé ; Libanais et Palestiniens au sud du Liban et à Beyrouth-Ouest paient ce retournement de conjoncture idéologique internationale. Celui-ci peut être attribué en partie aux suites peu reluisantes de la guerre du Viêtnam, ainsi qu'à la politique de force et d'expansion de l'Union soviétique. C'est ainsi que la protestation contre l'invasion de l'Afghanistan ou contre le coup d'État militaire en Pologne polarise l'attention de l'intelligentsia occidentale avec une tout autre ampleur que la destruction de Beyrouth-Ouest. En revanche, les horreurs du siège de Beyrouth donneront lieu surtout à des polémiques oiseuses visant soit à banaliser la mort à Beyrouth, soit au contraire à lui offrir une résonance spécifique en invoquant Varsovie, Stalingrad ou Oradour : comme si la mort collective de civils désarmés pouvait avoir des degrés différents dans l'horreur, suivant la religion, la conjoncture historique ou la cause idéologique. Décidément, en matière de Proche-Orient, tout est perverti, même le jugement moral le plus simple, portant sur la mort des innocents.

Comme pour confirmer cette situation, en France, une série d'attentats terroristes, dont celui de la rue des Rosiers, en plein quartier juif de Paris, vient à point occulter le sens des événements, au moment où Beyrouth-Ouest agonise. La France paye cher la conciliation qu'elle s'efforçait de réaliser entre son amitié pour Israël et la défense des droits du peuple palestinien en faveur duquel elle a essayé en vain à la fin du mois de juin 1982 d'arrêter la machine de guerre israélienne ; un projet de résolution française au Conseil de sécurité a d'ailleurs été l'objet d'un veto américain.

La brutalité israélienne ne sera arrêtée que par les États-Unis, après soixante-dix jours de siège. Contrairement aux efforts français, le plan Habib, du nom du médiateur américain installé à Beyrouth depuis le début de l'invasion israélienne, ne prévoit aucun retrait israélien du Liban, ou même des environs de Beyrouth. Le document ne porte en effet que sur l'évacuation des Palestiniens armés et des troupes syriennes de Beyrouth. Une Force multinationale d'interposition est constituée avec l'appui de la France, qui doit veiller à l'évacuation des combattants palestiniens et à la protection des populations civiles. Cette force d'environ 4 000 hommes comprend des bataillons américains, français et italiens qui se retireront dès la fin du mois d'août, sitôt l'évacuation achevée. En revanche, dans le plan Habib, pas un mot sur l'occupation par Israël des deux tiers du territoire libanais. Comparée à ce plan, la fameuse résolution 242 du Conseil de sécurité votée en novembre 1967, condamnant le principe d'acquisition des territoires par la force et demandant le retrait des forces israéliennes des territoires occupés, apparaît bien sévère pour Israël, alors qu'elle était déjà d'un laxisme inquiétant concernant les intérêts palestiniens.

Les autorités libanaises, en l'occurrence, ne semblent guère s'être émues de cette lacune majeure du plan Habib, pas plus que les autres pays arabes. Leur silence semble être un acquiescement à cette chirurgie israélienne qui « diasporise » entre plusieurs pays arabes les combattants et les cadres de l'O.L.P. Cette lacune permettra à Israël, au lendemain de la mort de Bachir Gemayel, d'entrer à Beyrouth-Ouest afin d'opérer un ratissage systématique de cette ville déjà traumatisée. C'est aussi cette lacune qui laissera Israël mener en toute tranquillité la traditionnelle politique des occupants du Liban, diviser pour mieux régner en jouant une communauté contre une autre. Dans le Liban central, au Chouf, Israël organise des troubles confessionnels, en poussant à tour de rôle druzes et maronites, par milices locales interposées, à s'entre-tuer. Du coup, l'autorité légale libanaise se trouve dans l'impossibilité de faire régner l'ordre et la loi. Au sud, en revanche, le major Haddad est plus que jamais l'homme d'Israël dont le gouvernement exige qu'il soit réintégré dans l'armée officielle libanaise avec tous les hommes de sa milice. L'invasion du Liban par Israël a supprimé la présence armée palestinienne au sud et à Beyrouth, et de ce fait détruit provisoirement les partis et milices de la gauche libanaise ; elle crée en revanche de nouveaux problèmes non moins redoutables. Israël détient désormais officiellement les gages libanais dont elle jouissait déjà depuis 1975. Dans sa dynamique proche-orientale elle ne peut manquer d'en user.

Dans tout ce gâchis, seules les tueries de Sabra et Chatila soulèveront sans équivoque l'émotion du monde entier. Cette fois-ci, la dose est trop forte. Non contente d'avoir déjà rasé les camps palestiniens, emprisonné dans les conditions les plus douteuses 8 000 Palestiniens et Libanais soupçonnés d'appartenir aux mouvements de résistance, Israël a en effet clairement poussé certains éléments de la milice phalangiste, qu'elle contrôle directement, à perpétrer le forfait de Sabra et Chatila. Même en Israël, une certaine opinion publique, qui soutient l'entreprise sioniste, émue de la dégradation de l'image de son pays à l'étranger manifeste dans les rues de Tel-Aviv. Il ne s'agit pourtant ici que d'une indignation sélective. Si atroces que soient Sabra et Chatila, ces massacres s'inscrivent dans une violence continue, conséquence directe de la conquête de la Palestine. De Deir Yassine[1] en 1948 à Sabra et Chatila en 1982, en passant par la destruction totale des villes du canal de Suez durant la guerre d'usure entre l'Égypte et Israël, ainsi que par toutes les violences collectives infligées par l'armée israélienne depuis 1968 à la population civile libanaise qui abrite la résistance palestinienne, une seule et même violence a frappé l'environnement arabe de l'État d'Israël. Reconnaître cet enchaînement, c'est évidemment ouvrir le dossier du sionisme politico-militaire. La sensibilité occidentale n'est pas encore prête à le faire[2]. Il est donc facile de s'indigner contre cette «bavure» particulièrement gênante,

1. Nom d'un village de Palestine où les milices de l'Irgoun, mouvement sioniste extrémiste dirigé par Menahem Begin, massacreront indistinctement durant la guerre de 1948 femmes, enfants, vieillards. Dans la mémoire palestinienne et arabe, le nom de Deir Yassine est devenu symbole de la terreur pratiquée par le sionisme dans la conquête de la Palestine.

2. Voir *supra* chapitre 12.

tout en rejetant la responsabilité exclusive sur le compte du tandem Begin-Sharon, de toute façon peu sympathique aux yeux de l'opinion internationale.

LE PLAN REAGAN ET LE PLAN FAHD : UNE NOUVELLE ÉQUATION IMPOSSIBLE

Paradoxalement, Sabra et Chatila laissent indifférents les pays arabes. Plus que jamais, en effet, la société arabe est lasse. Au matraquage de la puissante machine de guerre israélienne qui a déjà neutralisé l'Égypte et s'empare maintenant du Liban, s'ajoute l'angoisse de la guerre irako-iranienne qui pèse sur tous les pays de la Péninsule arabique ; le spectre du fondamentalisme religieux chiite et de ses armées qui commencent à s'enfoncer dans le territoire irakien est un facteur puissant de paralysie ; s'y greffe une conjoncture pétrolière particulièrement mauvaise et un krach boursier d'importance au Koweït, résultat des désordres et spéculations d'une fortune pétrolière mal assumée. Quant aux pays dits « du Front de la fermeté », leur déroute est complète. L'armée syrienne s'est battue seule, durant quelques jours seulement ; la Libye est surtout intéressée à jouer la grande puissance africaine, mais le sommet de l'O.U.A., qui doit se tenir à Tripoli au cours de cet été 1982, échoue lamentablement. L'Algérie enfin, après la mort du président Boumediene, sombre dans la grisaille d'un régime qui ne parvient pas à trouver sa personnalité.

Trop de déboires depuis 1956 conduisent la société arabe à un immobilisme politique absolu. La fête révolutionnaire que la nationalisation du canal de Suez avait ouverte paraît si bien terminée en cet été

1982, que c'est avec un énorme soupir de soulagement que le plan Reagan sera accueilli par tous les chefs d'État arabes. Annoncé le 1er septembre par le président américain, ce plan ne fait pourtant que ramener l'état de la question palestinienne quinze ans en arrière. La Jordanie est en effet invitée à négocier avec Israël la récupération des territoires palestiniens occupés en 1967, dans un cadre se référant à la fois à la résolution 242 du Conseil de sécurité et aux accords de Camp David ; au mieux, dans ce cas, l'O.L.P. pourrait être une composante de la représentation palestinienne, chapeautée par la Jordanie, dans le processus de négociation, et cela uniquement au cas où elle reconnaîtrait ouvertement le droit d'Israël à l'existence. D'un trait de plume, le silence arabe et la dynamique américaine ont annulé tout ce qu'avait obtenu l'O.L.P. au cours des années 1970, en particulier l'exclusivité de la représentation palestinienne, consacrée par le sommet de Rabat en 1974, et l'admission de l'O.L.P. à titre d'observateur à l'O.N.U.

Le plan Reagan, si « réactionnaire » soit-il, met cependant en fureur le gouvernement israélien. Le président américain a en effet précisé dans son discours du 1er septembre que « si la paix ne peut être réalisée par la formation d'un État palestinien indépendant sur les territoires (de Cisjordanie et Gaza), elle ne peut pas plus l'être sur la base de la souveraineté israélienne ou de (son) contrôle permanent sur la Cisjordanie et Gaza ». C'est évidemment aller contre tous les acquis qu'Israël a obtenus dans les accords de Camp David concernant la reconnaissance d'un droit à la souveraineté sur les territoires palestiniens conquis en 1967.

L'annonce du plan Reagan est faite à quelques jours du sommet des chefs d'État arabes qui se tient à Fès, au Maroc, du 6 au 9 septembre. Vainement, depuis le début de l'invasion du Liban des tentatives ont-elles été faites pour réunir un sommet. Seules ont eu lieu des réunions orageuses de certains ministres des Affaires étrangères, telle celle tenue à Taïef en Arabie Saoudite à la fin du mois de juin. En réalité, les chefs d'État attendaient la fin de la chirurgie israélienne au Liban pour retrouver une plate-forme d'entente minimale. Ce sera chose faite à Fès, là où le précédent sommet avait tourné court sur le plan Fahd. Cette fois, le Plan est adopté sans discussion majeure ; témoin des préoccupations arabes, le sommet se penche sur la guerre irako-iranienne pour réaffirmer la solidarité arabe à l'égard de l'Irak, nouvelle victoire des « modérés » sur les « durs » du Front de la fermeté, sympathisants plus ou moins ouvertement déclarés de l'Iran qui avaient jusqu'ici empêché toute discussion de la guerre irako-iranienne dans les enceintes officielles arabes.

Le plan Fahd est cependant loin de coïncider avec le plan Reagan. Il prévoit en effet la création d'un État palestinien après une période transitoire de quelques mois au cours de laquelle le peuple palestinien exercerait son droit à l'autodétermination sous la conduite de l'O.L.P., son « seul représentant légitime ». Ainsi, ce plan Fahd, qui pouvait apparaître en janvier 1982 comme une concession démesurée à Israël, devient quelques mois plus tard, après l'invasion du Liban et le plan Reagan, comme une porte de sortie de dernière minute pour un aréopage de chefs d'État en déroute. Comble de la dérision, des photos du sommet montrent ces chefs d'État se tenant par une main et faisant de l'autre le V de la victoire, cependant que tout en adoptant le plan Fahd, bénédiction est donnée au plan Reagan qui s'inscrit en faux contre la principale disposition du plan saoudien, la création d'un État palestinien.

En réalité, le plan Reagan, tout comme le plan Fahd, n'est qu'un attrape-nigaud, visant simplement à affirmer un intérêt de principe pour la question palestinienne sans pour autant que soit entreprise effectivement du côté arabe, comme du côté américain, la moindre démarche pratique pouvant déboucher sur la création d'une entité palestinienne. Les Israéliens, avec leur superbe coutumière, sont les premiers à dire que le plan Reagan doit être jeté à la poubelle ; pour eux, en effet, il est en contradiction avec les accords de Camp David, signés sous l'égide des États-Unis, qui laissent ouverte la question de la souveraineté définitive sur la Cisjordanie et Gaza. Seuls les Palestiniens et le roi Husayn de Jordanie, dont le Plan sollicite l'intervention, cherchent à en tirer parti. Au Conseil national palestinien de février 1983 réuni à Alger, le premier qui se tient depuis la sortie de l'O.L.P. de Beyrouth, les discussions sont vives concernant l'attitude à prendre vis-à-vis du Plan. On ne l'acceptera certes pas, mais on ne le rejettera pas non plus ; on ne condamnera pas ouvertement Yasser Arafat pour ses nouveaux contacts avec le roi de Jordanie visant à s'inscrire dans le processus qu'a théoriquement ouvert le plan Reagan ; on ne le félicitera cependant pas. Byzantineries superflues, car au seuil de l'année 1983, trois mois après son annonce, la déclaration solennelle du président américain sur la question palestinienne est déjà aux oubliettes. Les Israéliens ne veulent pas en entendre parler et par ailleurs c'est au Liban que se concentre toute l'attention de la diplomatie américaine. Reagan cherche en effet à s'y tailler un grand succès de politique étrangère : marchant sur les pas de son prédécesseur, Jimmy Carter, il compte parvenir à normaliser les relations israélo-libanaises. Après l'Égypte, voici venu le tour du Liban ; le reste du Proche-Orient suivra à n'en point douter ; plus rien alors ne menacerait la suprématie américaine au Proche-Orient.

LE LIBAN SOUS LE PARAPLUIE AMÉRICAIN ET LA GESTION ISRAÉLIENNE

Cette tactique, si prometteuse pour les États-Unis, s'avérera pourtant déboucher sur une débâcle sans précédent depuis l'affaire vietnamienne. Un an et six mois à peine après l'instauration de l'ordre phalangiste au Liban sous l'œil vigilant du gouvernement américain qui a fait revenir à Beyrouth la force multinationale après les massacres de Sabra et Chatila, le Liban est enfoncé dans le chaos et les soldats américains rembarquent en toute hâte, immédiatement suivis des Italiens, et quelques semaines plus tard des Français. Le président libanais, pour pouvoir conserver sa fonction, doit se rendre à Damas et faire allégeance au président Assad. Que s'est-il donc passé en si peu de temps, pour que l'Occident qui croyait avoir presque achevé sa domination du Proche-Orient, avec le consentement tacite de la quasi-totalité des pays arabes, soit ainsi bouté hors du Liban, un de ses fiefs traditionnels au Proche-Orient depuis le règne de l'émir Fakhreddine ?

Une nouvelle fois malheureusement, un aveuglement peu commun a frappé l'opinion, aussi bien en Occident que dans les pays arabes. Côté arabe, y compris dans de très larges secteurs de la population libanaise épuisée par sept ans de troubles terribles, on n'aura guère été plus clairvoyant. En Orient comme en Occident soufflera un grand vent d'optimisme quant à la fin des malheurs du Liban grâce à l'invasion d'Israël, et quant à un apaisement du conflit du Moyen-Orient du fait de l'affaiblissement de la Syrie, de la passivité de Moscou, et de la nouvelle initiative américaine à travers le plan Reagan. Aveuglement inouï qui prédomine au cours de l'automne et de l'hiver 1982 ainsi que durant le premier semestre de l'année 1983, à tous les niveaux de l'opinion et bien sûr dans les cercles gouvernementaux des grandes capitales occidentales et arabes. Aveuglement qui aboutit à la débâcle que l'on sait et à de nouvelles souffrances pour le Liban, déjà tant martyrisé depuis 1975 par l'incurie arabe et occidentale et la pusillanimité de ses chefs locaux.

Comment a-t-on pu penser en effet qu'Israël, ce redoutable guerrier du Proche-Orient, insensible de par la genèse de son existence à tout aspect de moralité et de légalité internationale — comme cela a déjà été expliqué[1] —, pourrait envahir le Liban sans achever de désintégrer le fragile équilibre de ce pays profondément entamé par sept années de conflit ouvert, ayant pris la relève de la guerre de 1973 ? Ici encore a joué une sionophilie inconsciente, d'autant plus vive que l'horreur du siège de Beyrouth avait été l'occasion de pouvoir enfin critiquer ouvertement l'État d'Israël, phénomène impensable jusque-là. Ce mouvement de critique devait rapidement engendrer un retour de balancier en faveur d'Israël, encouragé par plusieurs actions israéliennes. Tout d'abord, l'impact dans l'opinion des manifestations du Mouvement de la paix en Israël : soucieux de l'image internationale de leur pays, de sa réputation démocratique, beaucoup d'Israéliens manifesteront devant les médias du monde entier leur désapprobation des massacres de Sabra et Chatila. Ce sera ensuite l'enquête de la commission Kahane pour établir le degré de responsabilité des dirigeants civils et militaires israéliens dans les massacres. Du coup, Israël est plus que réhabilitée dans l'opinion occidentale, à nouveau adulée pour son admirable « démocratie ». Begin n'est qu'un grand mystique à qui son grand âge ne permet pas de

1. Voir *supra* chapitre 12.

suivre dans le détail les affaires de son gouvernement : oublié l'anniversaire de mauvais goût de l'été 1982 où le gâteau qui supporte les bougies a la forme d'un tank merkava israélien ; Sharon n'est qu'un baroudeur turbulent, grand chef militaire sans finesse politique, que la Commission sanctionnera légèrement.

Pour qui connaît la topographie des lieux à Sabra et Chatila et donc les monticules surplombant les camps où s'est tenue l'armée israélienne tout au long de quatre jours de massacres ; de même pour qui connaît les liens étroits unissant les chefs de milice locale, qui n'ont été que les bras d'exécution de l'opération, à l'appareil militaire israélien : les conclusions de la commission Kahane ne relevant qu'une responsabilité israélienne indirecte dans les massacres, saluées par les applaudissements de tout l'Occident, ne peuvent qu'apparaître surréalistes. D'autant qu'au moment où la Commission enquête, cette même armée israélienne encourage directement dans la région libanaise du Chouf d'atroces massacres entre villages druzes et chrétiens qui culmineront au mois de septembre 1983 par l'éviction de toute la population chrétienne de cette région, sitôt que les troupes israéliennes s'en retireront. Plus personne évidemment ne veut regarder du côté d'Israël. On dira simplement, comme on l'a tant dit à propos de Sabra et Chatila, que décidément ces Libanais sont des « sauvages » dont toute l'histoire n'est faite que de massacres !

La respectabilité d'Israël vient aussi sans doute du succès pour l'Égypte des accords de Camp David. Israël n'a-t-elle pas rendu le Sinaï à l'Égypte à la date prévue par les accords, bien qu'elle ait conservé illégalement un petit kilomètre carré, celui de la bourgade de Taba ? Israël annexionniste ? Ce n'est qu'une fantaisie de l'imagination et de la haine des Arabes pour les juifs. Certes, il y a bien la Cisjordanie (et Gaza désormais), mais peut-on faire de la peine à ce frêle vieillard mystique qu'est Begin qui croit dur comme fer que la Bible fonde le droit des gens et non point le sens de la justice et de l'équité pensé par saint Thomas, Grotius et Spinoza ? Demain, les travaillistes israéliens au pouvoir, laïcs et démocrates, finiront par en redonner un petit bout au roi Husayn, comme le préconise le plan Reagan.

C'est ainsi que raisonne l'opinion occidentale en ce début d'année 1983 et avec elle une bonne partie de l'opinion arabe dont nous avons vu l'incorrigible passion de l'Occident. Aussi, lorsque sous l'égide américaine le gouvernement libanais entame officiellement des négociations avec Israël puissance occupante, aucune voix — ou presque — ne s'élèvera pour dénoncer un processus explosif. Bien au contraire, l'affaire est vue comme un prolongement presque naturel du processus de Camp David qui vient de faire ses preuves puisque le Sinaï est retourné à l'Égypte avec laquelle Israël est désormais en paix. Après l'Égypte, le Liban ; ensuite la Jordanie remise en selle par l'élimination militaire de l'O.L.P. et l'affaiblissement de son chef, encouragée par les données du plan Reagan ; quant à la Syrie, elle se tient coite, digérant sa défaite au Liban, et elle finira par suivre, alléchée par des perspectives d'aides financières massives en provenance de l'Arabie Saoudite, cependant que l'Union soviétique empêtrée en Afghanistan, et en Pologne, menacée par l'installation de missiles américains en Europe, paralysée par le problème de la succession de M. Brejnev, n'aura pas le temps de dire ouf ! Peut-on ainsi refuser une « pax americana » à portée de main, ou plutôt depuis 1967 à portée des tanks de l'armée israélienne ? Bien sûr, le Conseil de sécurité des Nations unies a voté au début de l'invasion israélienne deux résolutions n°s 508 et 509 demandant le retrait inconditionnel de l'armée israélienne du Liban : pas de prime à un envahisseur, principe élémentaire de bon sens. Ces résolutions rejoindront aux oubliettes toutes les autres concernant le conflit israélo-arabe. Puisque l'on tient enfin un autre gouvernement arabe disposé à signer la paix avec Israël, on ne peut pas lâcher une telle occasion.

L'ACCORD ISRAÉLO-LIBANAIS DU 17 MAI : UNE VICTOIRE DIPLOMATIQUE DE LA MYOPIE AMÉRICAINE

Les États-Unis, en faisant signer au gouvernement libanais l'accord du 17 mai 1983 entre Israël et le Liban, croient tenir une grande victoire de politique étrangère. Ils ne voient pas bien sûr qu'il ne s'agit pas, dans ce cas comme dans celui de Camp David, d'une paix des braves, d'une paix juste et donc susceptible de durer, mais au contraire, comme pour l'Égypte, d'une paix obtenue sur un peuple épuisé par la violence et les ravages que la machine militaire israélienne lui a fait subir. Plus grave, le gouvernement américain ne voit pas la différence existant entre l'Égypte et le Liban : la première, un grand pays, homogène, disposant d'un État millénairement fort, capable d'encadrer la population ; le second, un petit pays, ouvert à tous les vents, avec une population épuisée, certes, mais surpolitisée, hautement manipulable du fait de ses peurs et de ses chefs de guerre corrompus et prisonniers des protections extérieures.

Les États-Unis ne voient pas que permettre la domination de l'extrême droite du vieil *establishment* politique libanais solidement encadré par le parti phalangiste, c'est définitivement condamner le Liban à sombrer à nouveau dans la déstabilisation. Pays d'équilibre et de compromis, il ne peut être gouverné qu'au centre : toute l'histoire politique libanaise le prouve, car à chaque fois qu'une faction libanaise a cherché l'alignement en politique étrangère et a pratiqué une politique partisane localement, le pays a connu de graves secousses. Certes, les Libanais sont à la recherche de l'ordre et de la paix après tant d'années de tourments : la folle aventure de Bachir Gemayel l'a bien prouvé, et le rêve était que par son charisme et son autorité, ce jeune président mettrait au pas ses propres troupes et liquiderait l'influence israélienne qui s'y exerce directement. Lui disparu, son parti reste plus puissant que jamais, guère enclin au compromis intérieur, et directement soumis aux diktats israéliens.

Le plus grave, dans toute cette affaire, c'est que le gouvernement américain ne voit guère dans quelle galère Israël l'embarque au Liban ; déjà sûr de sa victoire libanaise, il n'est pas sensible à tous les signes de déstabilisation du Liban qu'Israël elle-même encourage. Le plus évident de tous est incontestablement le maintien des milices phalangistes dans les zones chrétiennes, mais aussi et surtout dans le Chouf, zone mixte, druzo-chrétienne, où déjà au XIXe siècle avaient eu lieu d'horribles massacres, sous-produits de la rivalité franco-anglaise au Proche-Orient[1]. Puissance occupante, Israël non seulement laisse les milices phalangistes, qu'elle contrôle largement, faire monter la tension, mais encourage le réarmement à grande échelle des milices druzes du Parti socialiste progressiste que dirige le fils de Kamal Joumblatt. À Beyrouth-Ouest même, où des éléments des forces phalangistes font de nombreuses incursions, les armes affluent de nouveau en dépit de la présence de 6 000 hommes de la Force multinationale et de l'armée israélienne qui continue effectivement de camper sur tous les

1. Voir *supra* chapitre 11.

abords de la ville. Bientôt la banlieue sud de Beyrouth, à prédominance chiite, devient, comme le Chouf, une poudrière.

Au printemps 1983, tout est prêt pour un nouvel embrasement, cependant que diplomates et militaires libanais et israéliens négocient en grande pompe, sous l'œil attendri et fier des diplomates américains, et dans le silence le plus absolu des gouvernements arabes, les clauses d'un traité de paix qui donne à Israël des droits de contrôle militaire sur le Liban et qui prévoit une normalisation des relations entre les deux pays dans un délai de six mois à travers de nouvelles négociations. Spectacle surréaliste : on fait semblant de négocier la paix, alors que ce sont tous les éléments de la guerre, une guerre dont les Libanais paieront encore une fois les frais, qui sont mis en place. Rien n'est d'ailleurs plus symbolique que les obus qui s'abattent autour de Khaldé, un des lieux où se tiennent les négociations de « paix », en provenance du Chouf, zone que l'armée israélienne occupe encore totalement, sans que les États-Unis ne semblent émus outre mesure. Le dynamitage de leur ambassade à Beyrouth, à la même période, ne semble guère les pousser à mieux regarder ce qui se passe autour d'eux. En fait, il s'agit d'abord d'arracher un nouveau traité de paix israélo-arabe, coûte que coûte, et M. Shultz, ministre des Affaires étrangères américain, viendra singer M. Kissinger, faisant une navette entre Beyrouth et Tel-Aviv, pour emporter les dernières « réticences » libanaises et les indispensables « compromis » israéliens.

Le 17 mai, le traité israélo-libanais est enfin signé, mais Israéliens et Américains, machiavélisme pour les premiers, aveuglement pour les seconds, en feront la goutte d'eau qui fait à nouveau déborder le vase. En effet, par lettre séparée, nouveau rappel des bien vilaines procédures de Camp David pour la Cisjordanie, le retrait des troupes israéliennes, en exécution des clauses du traité, est lié au retrait simultané des troupes syriennes du Liban. « Faute du trop malin », dit un proverbe arabe, répétition de l'erreur de Camp David. Les gouvernements arabes sont certes désireux de voir la paix s'installer entre Israël et ses voisins pour jouir enfin sans trouble de la relation avec l'Occident, ils ne peuvent cependant reconnaître à Israël le droit d'être officiellement et légalement le régulateur des affaires du Proche-Orient. C'est ce que fait cette lettre séparée qui met sur le même pied la présence militaire syrienne au Liban, entérinée par la Ligue arabe en 1976, et l'occupation israélienne d'un nouveau territoire arabe.

Du coup, la Syrie, qui s'était faite silencieuse et qui semblait même avoir encouragé le Liban à négocier avec Israël, redresse la tête et s'indigne à haute voix, mettant en garde ses pairs arabes contre ce nouveau Camp David. Ces derniers recevront les émissaires officiels que le gouvernement libanais enverra pour expliquer que le traité du 17 mai est moins grave pour les intérêts arabes que celui de Camp David ; ils se sentiront tous obligés d'exprimer leur sympathie au refus syrien d'être assimilé au Proche-Orient à l'envahisseur sioniste dans un document patronné par les États-Unis. La Syrie pourra parler d'autant plus haut à ce moment que l'Union soviétique, qui a trouvé une direction énergique en la personne de Youri Andropov, lui fournira à nouveau du matériel militaire sophistiqué, destiné à remplacer celui perdu en 1982 durant l'attaque israélienne dans la Bekaa ; l'Union soviétique, quant à elle, tire à boulets rouges dans sa propagande contre la présence militaire américaine au Liban qui vise à permettre à Israël de légaliser ses conquêtes libanaises. Collusion militariste et impérialiste américano-sioniste qui vise à aggraver l'asservissement arabe.

NOUVEAUX MASSACRES
ET RETOUR AU « TERRORISME »

Désormais tout ira très vite sur le plan libanais. Les armes afflueront plus que jamais aux druzes du Chouf et aux chiites de la banlieue sud de Beyrouth, en provenance de Damas, et que l'armée israélienne laisse passer. De son côté, le pouvoir libanais continue d'agir comme si rien n'avait changé, alors que les milices phalangistes d'un côté, druzes et chiites de l'autre, armées jusqu'aux dents, occupent le terrain partout. Les bateaux de la VIe flotte américaine en rade de Beyrouth et les déclarations tonitruantes de Ronald Reagan quant à sa volonté de faire respecter le traité du 17 mai aveuglent les responsables libanais, pourtant lâchés par les gouvernements arabes les plus pro-occidentaux sur la question du traité. En septembre 1983, lorsque les forces israéliennes replient leurs troupes sur le Sud-Liban, c'est la boucherie dans la région du Chouf. Les milices druzes, surarmées par la Syrie et disposant de la bienveillance logistique des Israéliens, balaient en trois jours les milices phalangistes dans un carnage atroce, forçant l'ensemble de la population chrétienne du Chouf à quitter la région. L'armée officielle libanaise intervient alors de peur de voir les miliciens druzes déferler sur le palais présidentiel vers lequel convergent plusieurs routes de la région. Les canons de la flotte américaine tonnent eux aussi, puisqu'il y a au sol 2 000 marines américains qui pourraient être menacés par cette poussée guerrière qu'ils perçoivent avant tout comme une riposte syro-russe à leur victoire diplomatique au Proche-Orient qu'est le traité du 17 mai.

Mais l'atteinte à la présence américaine et occidentale viendra d'ailleurs, le 22 octobre, par les camions piégés suicides sur les Q.G. des forces américaines et françaises ; attaques réussies qui feront des centaines de victimes parmi les militaires visés. Un raid maladroit de représailles de l'aviation française sur le camp d'entraînement, à Baalbeck dans la plaine de la Bekaa, de dissidents chiites à l'organisation Amal (pro-iraniens et contrôlés par la Syrie) achèvera de survolter l'atmosphère. « Terrorisme » islamique fanatique, manipulé par l'Union soviétique à travers la Syrie contre l'Occident « démocratique » et « civilisé » : telle est la façon dont se présente désormais le conflit israélo-arabe aux yeux de l'opinion internationale. On ne pouvait mieux brouiller les cartes et pratiquer l'amalgame : les actes de résistance à l'occupant israélien au sud du Liban seront désormais traités sous la rubrique « terrorisme ». Israël démocratique et pacifique, ayant signé un traité de paix avec un second État arabe sous l'égide des États-Unis, leader du monde libre, en butte avec ses alliés d'Occident aux attaques aveugles du « fanatisme » islamique : oubliés plus que jamais la Cisjordanie et les droits palestiniens, les résolutions des Nations unies depuis la 242 du Conseil de sécurité demandant la restitution des territoires occupés en 1967, jusqu'à la 508 et la 509 exigeant le retrait inconditionnel du Liban-Sud ; quant au plan Reagan, les États-Unis eux-mêmes ont désormais d'autres chats à fouetter, en particulier le prestige de leurs armes et de leur diplomatie dont toutes les batteries ont été mises en action pour faire du Liban, après l'Égypte, un allié d'Israël et un inconditionnel de l'Occident.

Pour faire face au danger, réflexe classique dans le conflit du Proche Orient, les États-Unis resserrent encore leurs liens avec Israël à la grande consternation des pays arabes pro-occidentaux, Arabie Saoudite en tête, qui avaient tant misé sur l'intelligence américaine pour mettre un terme aux prétentions israéliennes et pour récupérer définitivement la

Syrie des mains de l'Union soviétique. C'est d'ailleurs le moment où la Syrie envoie aux pays d'Occident des signaux clairs, mais qui apparaissent aberrants à l'opinion internationale.

ARAFAT ASSIÉGÉ DANS TRIPOLI OU COMMENT LA ROUTE DE LA PALESTINE PASSE PAR DAMAS

Ces signaux, les Palestiniens fidèles à M. Arafat, ainsi encore une fois que tous les civils libanais présents sur les lieux, en feront les frais. Car à Tripoli, capitale du Liban-Nord, le spectacle est lui aussi surréaliste en cette fin d'année 1983. Des dissidents palestiniens, en rupture avec la direction officielle de l'O.L.P. et appuyés par la Syrie, encerclent au Liban le dernier carré des fidèles de M. Arafat enfermés dans la ville de Tripoli.

Les relations entre Yasser Arafat et le régime syrien ont connu une dégradation constante depuis la sortie de l'O.L.P. de Beyrouth. En réalité, rien de neuf dans tout cela, l'antagonisme entre le mouvement Fath que dirige le chef de l'O.L.P. et la Syrie remonte loin, en particulier aux affrontements entre l'armée syrienne et les mouvements palestiniens au Liban en 1976. La Syrie n'a jamais apprécié l'indépendance et les louvoiements politiques du chef de l'O.L.P. Toute sa politique extérieure a été bâtie, depuis que l'Égypte a fait cavalier seul après la guerre de 1973, sur la constitution d'un front qu'elle dominerait, constitué par le Liban, l'O.L.P. et la Jordanie, lui donnant ainsi un poids international qu'elle ne peut avoir lorsqu'elle est isolée. Or, le plan Reagan qui remet en selle la Jordanie comme interlocuteur dans une négociation éventuelle avec

Israël, et le rapprochement entre l'O.L.P. et la Jordanie après la sortie des mouvements palestiniens de Beyrouth en 1982, rejettent la Syrie dans l'isolement et le tête-à-tête avec l'Union soviétique, l'écartant par là même de tout règlement éventuel au Proche-Orient.

Aussi, le mouvement de dissidence palestinien contre la direction de M. Arafat éclate-t-il dans la Bekaa dans les zones où les troupes syriennes demeurent maîtresses du terrain. Le grignotage des positions militaires palestiniennes tenues dans ces zones par les fidèles de M. Arafat se fera suivant les bonnes vieilles traditions syriennes: un demi-pas en avant, trois huitièmes de pas en arrière. M. Arafat, qui cherche à mettre fin à l'offensive des dissidents appuyés par la logistique des troupes syriennes, sera expulsé à l'automne de la capitale syrienne en quelques heures. Ainsi, après Beyrouth, c'est Damas; ce sera bientôt Tripoli où le chef de l'O.L.P. viendra se mettre à la tête de ses fidèles encerclés et où le monde assistera stupéfait à une réplique du siège de Beyrouth, où les Israéliens auront passé la main aux Syriens. Dans la ville assiégée, les Palestiniens nettoient toutes les poches de résistance prosyriennes possibles; les communistes, en particulier, feront les frais de l'opération, cependant qu'une milice islamique locale est déployée par l'O.L.P. dans la ville, signe de défiance supplémentaire au régime syrien dont un des ennemis principaux est le fondamentalisme islamique[1].

Jeu d'échecs proche-oriental subtil et cruel que l'opinion internationale a du mal à suivre, mais qui ne reflète que les complexités du conflit du Moyen-Orient telles que ses principaux intéressés les ont

1. C'est le chef de cette milice, le cheikh Chaaban et son carré de fidèles reconvertis du nationalisme arabe laïc à l'islamisme qui ont fait l'objet de l'article célèbre de Michel Seurat sur le quartier de Bab Tebbané à Tripoli, cité *supra* p. 121, note 2.

tissées, en particulier Américains et Israéliens qui en détiennent la plus grande partie des pions, surtout depuis la guerre de 1973.

Le siège de Tripoli durera plusieurs semaines à la fin de l'année 1983. M. Arafat y refera des prestations télévisées remarquées, bien que moins glorieuses que celles de Beyrouth ; l'assiégeant est cette fois une puissance arabe appuyant des dissidents palestiniens. Heureusement, Israël viendra mettre son grain de sel, redorant ainsi le blason du chef de l'O.L.P., par le blocus qu'elle fera plusieurs jours durant du port de Tripoli, assaisonné de canonnades intermittentes, ce qui retardera la sortie des combattants de l'O.L.P. et de leur chef, négociée par la France. Cette dernière réussit une opération spectaculaire d'échange de milliers de prisonniers libanais et palestiniens du camp d'Ansar contre une poignée d'Israéliens détenus par les Palestiniens fidèles à Yasser Arafat.

Ainsi, comme en 1975-1976, la Syrie en 1983 aura démontré par le siège de Tripoli et l'encouragement à la dissidence palestinienne que la route de la paix au Proche-Orient doit inévitablement passer par Damas[1]. M. Arafat, désormais en rupture de ban avec le régime syrien, essaiera de prouver le contraire : sorti de Tripoli, il se rend directement en Égypte pour y rencontrer le successeur de Sadate, Housni Moubarak.

Autre geste spectaculaire, puisque l'Égypte est toujours exclue de la Ligue arabe et que les accords de Camp David ont participé à la spoliation continue des droits palestiniens. Spectaculaire autant qu'inutile, cette action, trop habile pour être vraie, s'inscrit dans les retournements sans lendemain d'alliances qui ont caractérisé la vie politique arabe des dernières décennies. Les données de la géopolitique et du cynisme

1. Voir *supra* chapitre 11.

d'État sont bien plus fortes que ces manœuvres politiciennes dont l'opinion arabe est si lasse.

Il en sera de même, comme nous le verrons au chapitre suivant, lorsque le chef de l'O.L.P. renouera avec la monarchie jordanienne, passant l'éponge sur les événements de 1969-1970 qui avaient abouti à l'éviction des mouvements armés palestiniens de Jordanie.

L'invasion israélienne du Liban a bien été une machine à remonter le temps. Tout ce que le nationalisme arabe anti-impérialiste pensait avoir construit au cours des vingt années dans sa lutte contre l'ennemi israélien et les forces « impérialistes » qui le soutiennent, et contre les « forces » arabes réactionnaires, se défait comme un château de cartes en ce début des années 1980.

TOUJOURS PLUS AU BORD DU GOUFFRE

Est-ce pour autant la voie ouverte à la stabilisation du Proche-Orient, à une nouvelle donne régionale qui ramènerait la paix, ferait cesser les conflits dévastateurs ? Rien n'est moins sûr. Le temps des otages va arriver, brouillant encore plus les cartes d'un dialogue plus que jamais impossible avec les puissances occidentales pour mettre un frein à la politique israélienne au Liban où l'État hébreu occupe toujours la bande frontalière du Sud, ainsi qu'en Cisjordanie et à Gaza. La présence iranienne trouvera dans ces situations les prétextes rêvés pour s'infiltrer toujours davantage à travers ses réseaux de subversion. Au Liban, certes, mais aussi dans tous les pays arabes, où les blocages socio-économiques et politiques font prospérer le fondamentalisme islamique.

Dix ans après l'éphémère printemps arabe de 1974[1], l'année 1984 s'ouvre pour le Proche-Orient sur un gouffre de plus en plus noir. Envolée la prospérité pétrolière, car la consommation s'est effondrée, les prix sont en recul. L'Iran et le Nigeria en particulier bradent leur pétrole à n'importe quel prix en dépit des efforts de l'O.P.E.P. de les maintenir et d'imposer des quotas d'exportation à ses membres. Un syndicat de pauvres, tel que l'O.P.E.P., n'a aucune chance, dans les temps difficiles, d'imposer une quelconque discipline à ses membres. L'Iran révolutionnaire qui avait fait monter vertigineusement les prix en 1979-1980 par une réduction drastique de ses exportations les fait maintenant baisser en augmentant fortement ses exportations sans se préoccuper de prix, afin de financer son effort de guerre contre l'Irak. En ce début d'année 1984, une nouvelle offensive iranienne cherche, à l'intérieur du territoire irakien, à couper la route stratégique qui relie Basrah à Bagdad. Des actes de sabotage ont lieu au Koweït, contre les symboles de la présence occidentale, vraisemblablement d'inspiration fondamentaliste iranienne, cependant qu'une crise boursière sans précédent secoue le frêle émirat. Des spéculations effrénées sur des titres d'actions de sociétés ayant des activités plus ou moins fictives aboutissent au cours de l'année 1983 à une catastrophe financière dont le gouvernement doit venir débrouiller l'écheveau complexe, ce qui lui coûtera plusieurs milliards de dollars, en sus des aides énormes qu'il doit fournir à l'Irak aux côtés de l'Arabie Saoudite et des autres pays pétroliers du Golfe. Si l'Irak était balayé par l'armée iranienne, l'ensemble des pays de la Péninsule arabique tomberait comme un fruit mûr aux mains de l'idéologie khomeyniste et de ses nombreux agents.

1. Voir *supra* chapitre 10.

Partout ailleurs dans le monde arabe, la situation économique se dégrade du fait de la crise internationale et de la fin abrupte de la prospérité pétrolière. Au Maroc, comme en Tunisie, des augmentations de prix de produits essentiels provoquent des émeutes sévèrement réprimées. En Algérie même, le blocage de la croissance favorise le développement des mouvements religieux intégristes. Cependant qu'en Égypte, ni la politique d'ouverture économique ni les accords de Camp David n'ont eu les résultats économiques escomptés.

Envolés aussi les fruits de la demi-victoire de 1973 sur Israël. Plus puissant que jamais, cet État occupe désormais un bon tiers du Liban, encerclant ainsi progressivement la Syrie, accélérant la colonisation sauvage de la Cisjordanie. Repliés sur eux-mêmes et leurs problèmes insolubles, ou lancés dans des aventures extérieures, tels la Libye au Tchad ou l'Irak enlisé dans la guerre avec l'Iran, les États arabes n'ont plus le moindre ressort pour regarder vers la Palestine ou le Liban. L'avancée iranienne constitue même pour les pays de la Péninsule un danger bien plus immédiat. En Syrie, la santé chancelante du président Assad et les rivalités de plus en plus aiguës de factions à l'intérieur du régime pour la succession fragilisent ce pays qui a pourtant réussi à obtenir le départ des Américains du Liban.

Entre l'expédition de Suez en 1956 et l'invasion du Liban en 1982, le Proche-Orient arabe aura connu une trajectoire chaotique. Brisée mille fois depuis 1967 par les chocs militaires, économiques et idéologiques que nous avons décrits tout au long de ces pages, cette région se trouve à nouveau, comme au début du XXe siècle, lors de l'écroulement de l'Empire ottoman, en proie au jeu des grands de ce monde. Chefs charismatiques disparus, aspirations nationalistes laïques envolées, développement économique et technologique introuvable, le Proche-Orient arabe est plus que jamais éclaté et enfoncé dans le marécage des équations impossibles et du temps non maîtrisé ; figés et immobiles, les Arabes assistent, tel un chœur antique, au glissement progressif au chaos et à l'anarchie de leur société, dénuée d'avenir semble-t-il.

14
Le temps des otages : 1985-1986

Les pages précédentes expliquent que tout est prêt en ce milieu des années 1980 pour que vienne le temps des otages et du terrorisme qui, pour l'Occident, témoigne d'un retour du Proche-Orient à la barbarie. Les années 1985 et 1986 vont en effet être placées sous le signe de grandes opérations terroristes en Europe et de prises en otages de citoyens européens et américains au Liban — depuis le détournement de l'avion de la T.W.A. sur Beyrouth au cours de l'été 1985 (suivi de divers autres détournements ou tentatives de détournements, tous sanglants) jusqu'aux attentats meurtriers des aéroports de Rome et de Vienne à la fin de l'année 1985, et à ceux de Paris et de Berlin en 1986, sans oublier le détournement du navire *Achille Lauro* en octobre 1985, ni celui d'un avion des lignes égyptiennes en novembre de la même année, à Malte, qui se solde par des dizaines de morts, ainsi que la tentative rocambolesque de faire exploser un avion de ligne israélien, prétexte à monter une campagne d'intimidation des puissances occidentales contre la Syrie.

Signées des étiquettes les plus diverses — islam chiite militant, factions de l'O.L.P. dissidentes, telle celle d'Abou Nidal, ou non, chrétiens radicaux pan-syriens ou panarabes du Liban —, toutes ces opérations sont autant de messages violents issus des blocages de la situation moyen-orientale que l'invasion du Liban et le développement du conflit irako-iranien n'ont fait qu'amplifier. Cependant, comme à l'accoutumée, opinion et gouvernements occidentaux ne font pas de distinctions entre les différentes étiquettes brandies pour justifier ces opérations. Pour eux, il s'agit de lutter contre « la barbarie » de l'Orient, source d'un complot terroriste visant à déstabiliser le camp des démocraties occidentales, au cœur duquel Israël.

On parle plus que jamais de violence atavique chez les Arabes, de résurgence du fanatisme islamique. Un raid américain spectaculaire sur Tripoli, en Libye, au printemps 1986, représailles de l'Occident, fait de nombreuses victimes civiles. Il est vrai qu'il n'est que la réplique du raid israélien meurtrier effectué à l'automne 1985 sur les quartiers généraux de l'O.L.P. à Tunis, en représailles d'un attentat qui coûta la vie à trois Israéliens à Chypre. Tripoli, Tunis, deux capitales arabes pourtant bien éloignées des vrais abcès de fixation du terrorisme que sont le Liban, la Palestine et l'Iran.

À la fin de l'année 1986, l'administration américaine déclare qu'il faut mettre Beyrouth en quarantaine ; devant de nouvelles prises d'otages de citoyens américains dans la capitale libanaise, elle envisage même des bombardements. L'aéroport de Beyrouth sera d'ailleurs fermé quelques jours plus tard, suite à des bombardements des milices du Front libanais. Mais, peu de temps après, à la stupéfaction générale, éclate le scandale des ventes d'armes américaines à l'Iran, grâce aux bons offices de l'État d'Israël. Le délire n'est donc pas le fait du seul Orient, il est aussi celui de l'Occident, d'autant que, grâce à ces livraisons d'armes, l'armée iranienne commence à enfoncer les défenses du grand port du Sud irakien, Basrah.

Ainsi l'invasion du Liban et le siège de Beyrouth qui devaient débarrasser le monde « civilisé » de la « gangrène » terroriste n'auront réussi qu'à créer les conditions d'une déstabilisation encore plus grande de la région. Et ce avec d'autant plus de facilité que la puissance iranienne s'affirme à l'échelle régionale et qu'elle trouvera bien des complaisances auprès des grands acteurs régionaux d'abord, Israël et Syrie en tête, et, enfin, des États-Unis eux-mêmes. C'est sur le territoire libanais que cette percée iranienne sera le plus spectaculaire à partir de 1985, complétant le travail de désintégration du Liban réalisé par l'invasion israélienne.

LE PARTI DE DIEU (HEZBOLLAH) OU LA PERCÉE IRANIENNE AU LIBAN

Sous le regard insensible des puissances occidentales, protectrices traditionnelles du Liban, Israël, après avoir déjà provoqué les massacres de Chouf en 1983, récidive dans le sud du Liban, dont il se retire par étapes au cours de l'hiver 1984 et du printemps 1985, conservant toutefois la bande de sécurité qu'il s'est constituée à la faveur de l'invasion de 1978. L'armée israélienne, occupante du sud du Liban de 1982 à 1985, a en effet permis, sinon favorisé, le développement des milices chiites ainsi que le réarmement des Palestiniens dans cette région.

Irrité par l'abrogation du traité du 17 mai 1983, qu'il a pourtant lui-même torpillé, Israël pratique dans le sud du Liban la même politique que dans le Chouf : diviser pour régner, affaiblir ses adversaires comme ses alliés, politique de la terre brûlée qui fait couler tant de sang innocent. Quand ses armées se retirent, on assiste au même spectacle : massacres et déplacement forcé des populations chrétiennes, villages pillés et brûlés, réfugiés chrétiens errant par dizaines de milliers… Et comme dans le Chouf, la milice druze, la milice chiite devient prépondérante au sud du Liban.

La milice chiite d'Amal s'est déjà imposée comme force dominante à Beyrouth-Ouest, depuis février 1984, quelques jours avant le départ de la Force multinationale affolée par les attentats du 23 octobre 1983. Du coup, de son côté, à Beyrouth-Est, la milice chrétienne, qui avait été affaiblie par les événements du Chouf, reprend du poids. Le contrôle de Beyrouth-Ouest par Amal a pu se réaliser à la suite d'un bombardement massif, durant plusieurs jours et plusieurs nuits, de la banlieue sud de Beyrouth par l'armée libanaise, ripostant à des provocations. L'ampleur inhabituelle du bombardement a amené la désintégration de la VIe brigade de l'armée libanaise dont les éléments de confession chiite ont rejoint la milice d'Amal.

Dans les bagages d'Amal, arrivent immanquablement les Hezbollah, milice ouvertement financée par l'ambassade d'Iran à Beyrouth et organisation sœur d'Amal islamique à Baalbeck, directement encadrée par les Gardiens de la révolution iranienne que la Syrie a introduits dans la Bekaa en 1982. Mais alors que, dans la Bekaa, l'armée syrienne contrôle les mouvements d'Amal islamique, à Beyrouth et dans le sud du Liban, où règne une absence totale de sécurité, les Hezbollah ont désormais la voie libre et peuvent enfin établir des lignes entre le sud du pays et la banlieue sud de Beyrouth où ils ont installé leurs quartiers généraux.

En quelques mois, la moitié du pays située au sud de la route Beyrouth-Damas, qui avait été au cours des décennies précédentes un haut lieu du nationalisme panarabe laïc et socialisant, se transforme en une quasi-république islamique, à la mode iranienne, où, de plus en plus, fleurissent les turbans. Bientôt commence la chasse aux communistes, en même temps que s'élèvent les premières revendications pour l'instauration d'une république islamique au

Liban, légitimant de la sorte les appels de la milice chrétienne à une division du pays sur une base communautaire[1]. Sous la poussée islamique des Hezbollah, les velléités laïques du mouvement Amal ne tardent pas à s'effondrer. Les enlèvements de chrétiens vivant dans la partie ouest de la capitale se multiplient, engendrant l'exode de milliers d'habitants vers l'autre secteur. Les attentats aux voitures piégées achèvent d'aggraver l'insécurité de ce secteur, qui se videra de toute présence occidentale diplomatique et culturelle au fur et à mesure que se répéteront les enlèvements de diplomates et de journalistes occidentaux[2].

Sous les diverses étiquettes de Jihad islamique, l'ambassade d'Iran à Beyrouth a trouvé le meilleur moyen d'infléchir la politique des puissances occidentales vis-à-vis de l'Iran. Les prises d'otages seront un levier ultrapuissant dont les résultats seront spectaculaires. La France exilera l'opposition iranienne au régime de Khomeyni installé à Paris, acceptera de discuter du vaste contentieux financier avec la république islamique, et versera un acompte de 300 millions de dollars ; des livraisons d'armement discrètes interviendront aussi. Quant aux États-Unis, les révélations de l'*Irangate* montreront l'importance des livraisons et l'ampleur des contacts politiques pour une normalisation des relations. Le Liban aura été pour l'Iran un tremplin de premier choix, comme il l'avait été pour les Palestiniens quelques années auparavant.

L'Iran ne limitera pas sa pression sur les pays occidentaux à partir du Liban aux seules prises

1. Rappelons que dans les zones tenues par les milices chrétiennes les éléments communistes avaient été chassés dès 1976, trouvant alors refuge dans les zones sous contrôle « palestino-progressiste ».

2. En octobre 1985, il y aura même trois diplomates soviétiques enlevés, dont un sera exécuté. Les milices druzes du Parti socialiste progressiste, très lié à l'Union soviétique, parviendront à faire libérer rapidement les deux survivants.

d'otages. Au cours de l'automne 1986, au sud du Liban, les Hezbollah s'en prennent au contingent français de la F.I.N.U.L., mis en place à la suite de l'invasion de 1978. Ils prennent ainsi le relais de nombreuses tentatives israéliennes visant à faire partir la F.I.N.U.L., qui a pourtant le mérite d'atténuer les malheurs de la population civile dans les zones où elle est implantée[1]. En France : l'opinion publique, déjà chauffée à blanc par le sort des otages français, réclame le retrait de son contingent ; le gouvernement saisit le Conseil de sécurité de l'O.N.U., demandant à Israël de laisser la F.I.N.U.L. se déployer, suivant son mandat originel, jusqu'à la frontière, de façon à pouvoir remplir sa mission avec efficacité. Ainsi, une puissance occidentale souligne officiellement huit ans après — mieux vaut tard que jamais — que la mission de la F.I.N.U.L. a bien été entravée par Israël. La crise se calmera et la France, après avoir regroupé les éléments de son contingent dans une zone sûre, en rapatriera la majeure partie.

L'épisode montre que l'Iran et Israël sont désormais associés dans la déstabilisation du Liban. À l'occasion des révélations de l'*Irangate*, les responsables israéliens ont d'ailleurs formulé très clairement les avantages qu'ils gagnent à la collusion avec l'Iran — le but est d'affaiblir encore davantage les pays arabes, pourtant déjà tous chancelants. Le fondamentalisme islamique ne semble pas déplaire à Israël, d'abord, bien entendu, parce qu'il casse la seule revendication arabe dangereuse à l'encontre de l'existence de l'État hébreu, celle de type nationaliste laïc, mais aussi parce qu'il fracture encore plus en profondeur le Liban et menace les autres

1. Rappelons entre autres l'enlèvement, en juin 1985, de vingt-cinq casques bleus par la milice dite « Armée du Liban-Sud », financée et encadrée par Israël, enlèvement officiellement couvert par les autorités israéliennes.

pays arabes ; en outre, si des États communautaires (sunnite, chiite, druze, alaouite et chrétien) s'instituaient au Proche-Orient, alors comment en exclure un État juif ?

Enfin, le développement d'un terrorisme islamique, qui frappe des ressortissants de pays occidentaux et s'entrecroise avec les sinistres opérations d'Abou Nidal en Europe ou celle de l'*Achille Lauro*, provoque une crispation de l'opinion tout au bénéfice d'Israël.

Pour l'Europe et le Proche-Orient, jamais le gâchis n'aura été si grand. Le tandem américano-israélien, par ses actions ou ses omissions, a vraiment fait du Proche-Orient une zone de tempête dont les turbulences atteignent l'Europe. Mais c'est au Liban que le chaos sanglant continue d'être le plus spectaculaire.

LES MILLE ET UNE GUERRES DU LIBAN

Le retrait de la Force multinationale en février 1984 puis les retraits israéliens du sud du pays laissent le territoire libanais plus que jamais aux mains de milices sauvages, armées et équipées par l'étranger, qui pratiquent le mercenariat au service des diverses causes qui agitent le Proche-Orient. Nous avons déjà évoqué les massacres et les déplacements forcés de la population chrétienne dans le Chouf et au sud du pays. Malgré la responsabilité directe d'Israël dans ces crimes contre l'humanité, les milices chrétiennes continuent d'entretenir des rapports étroits avec l'armée israélienne ; elles auront toujours pignon sur rue dans les capitales occidentales. Au printemps 1985, un coup d'État interne à la milice amène les éléments ouvertement pro-israéliens sur le devant de la scène ; un bureau de liaison sera ouvert à Jérusalem par les Forces libanaises, suite à la fermeture du bureau de liaison israélien à Beyrouth après que le gouvernement libanais eut renoncé à la ratification de l'accord du 17 mai 1983.

En fait de gouvernement, c'est celui des milices qui est consacré par les conférences dites de « réconciliation nationale » qui se tiennent successivement à Genève et à Lausanne, à l'automne 1983 et au printemps 1984, sous la double houlette syrienne et saoudienne. Farce de mauvais goût, où anciens politiciens, véreux ou rongés par l'extrême vieillesse, et jeunes chefs de milice violents et cruels discutent du sexe des anges dans le luxe feutré des palaces suisses, pendant qu'à Beyrouth les canons fauchent des milliers de victimes[1]. Entre l'est et l'ouest de Beyrouth, c'est en effet un déluge de fer et de feu tel que la capitale n'en a plus vu depuis 1975-1976.

Un cabinet est formé le 30 avril 1984 par Rachid Karamé, ce même notable de Tripoli, qui, Premier ministre en 1969, a paralysé toute la vie politique libanaise en refusant de gouverner mais en s'abstenant de démissionner, ce qui devait mener aux accords du Caire, une des principales sources de la déstabilisation du pays. Le cabinet comprenait les principaux chefs de milices ou leurs représentants : c'était officialiser la division du pays en ghettos confessionnels ; désormais, chaque ministre milicien allait utiliser l'appareil d'État pour consolider son emprise sur le territoire qu'il se taillait.

De fait, ce nouveau gouvernement n'apporte qu'un répit très provisoire, discutant vainement des

1. Exemple de ces palabres, les heures passées à discuter de l'appartenance du Liban au monde arabe. S'agissant d'un pays qui a donné au cours du dernier siècle les plus beaux chefs-d'œuvre de la littérature arabe, notamment grâce aux écrivains de la communauté chrétienne et plus spécialement des maronites, on peut juger de l'inanité du dialogue politique libanais.

réformes constitutionnelles nécessaires pour que chaque communauté ait sa juste part de pouvoir. Manifestement, aucune force politique sur le terrain ne désire un dialogue véritable. Celui-ci est impossible tant qu'on liera pouvoir et communauté religieuse. En attendant, chaque milice consolide ses positions en vue des grandes manœuvres de l'année 1985. Dès septembre 1984, la tension est forte entre la milice d'Amal et les mouvements palestiniens désormais reconstitués. Au printemps 1985, c'est une guerre généralisée entre Palestiniens et miliciens chiites qui fait monter les tensions entre miliciens druzes et chiites. Cette tension perdure tout au long de 1986 et dégénère encore en 1987 où la guerre des camps prend une tournure de plus en plus dure à Beyrouth, comme à Saïda et à Tyr, dans le Sud, les miliciens d'Amal faisant partout le blocus alimentaire des camps.

Tout cela pour aboutir à une guerre généralisée à Beyrouth-Ouest entre miliciens druzes et miliciens chiites, qui rend inévitable, en mars 1987, l'entrée des troupes syriennes dans le secteur de la capitale devenu « musulman », pour soulager une population civile terrifiée par tant de violences et de destructions. L'invasion du Liban aura bien été une machine à remonter le temps, puisque cinq ans après le siège de Beyrouth par les troupes israéliennes, destiné à nettoyer les ghettos « terroristes » du Liban, les troupes syriennes y reviennent pour tâcher de mettre un terme à la violence et à la terreur qui n'auront jamais autant régné sur la capitale libanaise.

Bien sûr, l'ombre syrienne s'est profilée derrière les terribles combats entre la milice chiite d'Amal et les mouvements palestiniens reconstitués. En juillet 1985, la Syrie a livré à Amal 42 tanks afin de renforcer le potentiel militaire de sa milice cliente. Mais, derrière ces combats, il y a aussi une hystérie meurtrière contre la présence palestinienne armée, qui n'est pas sans rappeler celle qui s'était emparée de la milice phalangiste en 1976, lors du siège non moins meurtrier des camps palestiniens situés en zone chrétienne, en particulier le fameux camp de Tell el-Zaatar. Comble de l'horreur, la présence armée palestinienne au Liban n'a pu se reconstituer après l'invasion israélienne, contre la volonté de la Syrie, que parce que Israël et les milices chrétiennes ont laissé hommes et armes affluer dans les camps pour y reconstituer une présence armée. En janvier 1987, la télévision des milices chrétiennes invitera même Yasser Arafat à plaider sa cause pendant de longues heures. Politique du pire dont pâtissent toujours les populations civiles, qu'elles soient palestinienne ou libanaise, musulmane ou chrétienne.

L'ombre de la Syrie se retrouve dans les combats violents qui opposent les factions rivales de la milice chrétienne des forces libanaises en janvier, puis en juillet 1986. En effet, l'un des dirigeants de la milice, qui s'était rendu célèbre lors des massacres de Sabra et Chatila en septembre 1982, opère en septembre 1985 un retournement spectaculaire en faveur de la Syrie. Reçu en grande pompe à Damas, il acceptera de signer aux côtés de Walid Joumblatt, chef de la milice druze, et de Nabih Berri, chef de la milice chiite, un accord définissant une répartition nouvelle des pouvoirs politiques entre communautés, ainsi que l'établissement de liens privilégiés entre le Liban et la Syrie dans les domaines militaire, éducatif et de l'information.

Les Libanais retiennent leur souffle : est-ce la fin de leur martyre, la solution d'une crise qui depuis plus de douze ans secoue les fondements de toute une société avec une violence peu commune ? Hélas, non ! En janvier 1986, quelques jours après la signature de l'accord, à l'est de Beyrouth et dans la montagne, où dominent les milices chrétiennes, des batailles rangées éclatent entre miliciens prosyriens et antisyriens — au bénéfice de ces derniers qui ont déclenché les hostilités et en sortent victorieux. La

Syrie, d'ordinaire si prudente dans ses mouvements, semble s'être trop précipitée pour recueillir les fruits de sa politique contre l'occupation israélienne du Liban et le traité israélo-libanais du 17 mai 1983, qu'elle a fait avorter. Pourquoi, en effet, les Israéliens ou les Américains, encore puissants sur la scène libanaise, auraient-ils laissé faire la Syrie et accepté d'entériner sa prédominance sur un Liban traditionnellement pro-occidental ? Les Syriens n'ont pas vu non plus qu'au-delà de l'immense désir de paix de la population civile de toutes les communautés leur accord consacrait du côté chrétien la prépondérance d'un chef de faction milicienne trop jeune et inexpérimenté, ayant de surcroît un passé peu reluisant ; en l'absence d'un consensus international sur cet accord, les autres factions des milices chrétiennes, le président de la République et d'autres politiciens manœuvriers de la communauté maronite ne se priveront pas de faire avorter le projet syrien qui les ignorait. Pour l'Iran et ses Hezbollah libanais, par ailleurs, l'accord de Damas aurait signifié la fin d'une influence trop payante pour être abandonnée.

Tout s'est conjugué pour faire avorter le projet syrien de pacification du Liban — projet conclu dans une hâte peu coutumière aux dirigeants de ce pays, qui n'est pas sans rappeler la précipitation américano-israélienne à faire adopter le traité israélo-libanais du 17 mai 1983. Échec et mat donc sur le Liban, côté américano-israélien comme côté syro-soviétique. Cette partie d'échecs sanglante au Moyen-Orient n'en finit plus de se jouer sur le sol libanais, fauchant tous les jours plus de civils. Car la partie continue aussi à se jouer sur le plan palestinien, comme on l'a vu lors des combats violents entre miliciens chiites et mouvements palestiniens reconstitués.

L'ERRANCE DIPLOMATIQUE ET MILITAIRE DE L'O.L.P.

Sorti de Beyrouth en août 1982, puis de Tripoli en décembre 1983, le chef de l'O.L.P., dont le quartier général s'est déplacé à Tunis, n'aura de recours que dans un rapprochement avec l'Égypte et la Jordanie, dans l'espoir d'une hypothétique négociation avec Israël que patronneraient les États-Unis. Du coup, les schismes qui ont déjà déchiré l'O.L.P. dans les années 1970 resurgissent plus fort que jamais[1]. Les organisations maximalistes, qui ont gardé leurs quartiers généraux à Damas, font sécession, dénonçant Yasser Arafat pour sa ligne capitularde. Celui-ci a en effet signé, en janvier 1985, avec le roi de Jordanie, une déclaration commune par laquelle l'O.L.P. s'engageait à entrer dans un processus de négociations avec l'État d'Israël, sous l'égide des États-Unis, dans le cadre d'une délégation jordano-palestinienne. Il est alors question que cette déclaration soit suivie d'autres déclarations de l'O.L.P. visant à accepter les résolutions 242 et 338 du Conseil de sécurité des Nations unies et à renoncer aux opérations de guérillas[2].

Un Conseil palestinien se tient peu de temps après à Amman, boycotté par les organisations palestiniennes de gauche, cependant que Yasser Arafat, non content de réinstaller des bureaux de l'O.L.P. à

1. Nous avons évoqué ces schismes au chapitre 10, « O.P.E.P. ou O.L.P. : 1974-1975 », en particulier les p. 455 et suivantes.

2. Résolutions qui parlent de la restitution des territoires occupés par Israël en 1967 contre sa reconnaissance par les pays arabes, mais qui omettent de reconnaître le droit palestinien à un État indépendant ainsi que le droit au retour sur les territoires conquis par l'État d'Israël en 1948, d'où la réticence de l'O.L.P. à accepter ces deux résolutions seules, sans les résolutions de l'Assemblée générale reconnaissant explicitement ce droit.

Amman, renforce ses liens avec l'Égypte. Ici encore, les aiguilles de l'horloge seront revenues en arrière. Toute l'équipée libanaise de l'O.L.P. n'aura servi à rien si ce n'est contribuer aux souffrances des populations civiles libanaises et palestiniennes présentes au Liban. Oubliés donc Septembre noir[1] et les accords de Camp David si violemment dénoncés par l'O.L.P., puisque voici le chef de l'O.L.P. enfermé dans un tête-à-tête avec la Jordanie et l'Égypte, deux pays arabes franchement pro-américains avec lesquels l'O.L.P. n'avait plus de relations depuis des années.

Mais ce zigzag de l'O.L.P. ne débouchera sur rien. D'abord parce que l'année 1985, comme nous l'avons vu, est une année de grandes opérations palestiniennes violentes sur la scène européenne (détournement de l'*Achille Lauro,* opérations de Rome et de Vienne, assassinats de trois Israéliens à Chypre) qui entachent la crédibilité de l'option négociée, dans un cadre jordano-palestinien, dans laquelle Arafat a engagé l'O.L.P. Ensuite, parce que l'O.L.P. refusera en dernière minute d'endosser les résolutions 242 et 338 des Nations unies. Ce qui causera un grand embarras diplomatique : en effet, des membres de l'O.L.P., inclus dans une délégation jordano-palestinienne qui devait être reçue par le Premier ministre britannique, devaient faire à Londres une déclaration en ce sens ; or, si l'un des membres l'a faite, l'autre l'a refusée — à la consternation des parrains diplomatiques de la visite. Du coup, la tension monte entre le roi de Jordanie et l'O.L.P. En janvier 1986, ce sera la rupture, au soulagement des Israéliens, dont le Parlement vote une loi interdisant tout contact entre citoyens israéliens et membres de l'O.L.P.

Décidément, la paix est mal aimée au Proche-

1. Événement de septembre 1970 où les organisations palestiniennes présentes en Jordanie sont violemment chassées hors du pays.

Orient. L'effondrement de ce fragile espoir entraîne une dégradation sensible de la situation dans les territoires occupés, où vingt ans d'une mainmise de fer ont mis la population palestinienne à genoux. Des attentats contre les colons ou les membres des forces armées suscitent des réactions violentes de la part des autorités et de la population israéliennes. Mais l'opinion internationale ne saurait s'émouvoir, le terrorisme polarise une hostilité qui va puiser dans le tréfonds du racisme européen antiarabe et anti-islamique. Il faut remonter à la guerre de juin 1967 pour trouver dans l'opinion occidentale un tel mépris de tout le « genre » arabe. Les rodomontades des radios arabes avaient alors entretenu cette opinion. Cette fois-ci, bien sûr, il s'agit d'actions violentes, mais il y en a eu d'autres dans les années 1970, en particulier celle des jeux Olympiques de Munich.

Pour redorer son blason et refaire son unité, l'O.L.P. n'aura plus que le malheureux Liban. C'est avec l'énergie du désespoir que tout est misé sur un retour en force sur la scène libanaise, retour facilité par la bienveillante neutralité des Hezbollah pro-iraniens et l'active coopération des milices chrétiennes. La population civile des camps en paiera le lourd tribut.

Tout va donc se conjuguer dans les années 1985-1986 pour assombrir les relations entre l'Occident et l'Orient. Les otages à Beyrouth, le militantisme « chiite » et, de façon plus générale, l'épouvantail du fondamentalisme islamique, les opérations palestiniennes, les attentats de Paris de septembre 1986 imputés à des chrétiens libanais marximisants et panarabes : tout cela va exciter l'opinion occidentale contre la « barbarie » orientale. D'autant plus facilement que les prix du pétrole se sont effondrés et qu'il n'y a plus aucune raison de tenir compte par opportunisme économique, comme après la guerre de 1973, des droits arabes sur les territoires occupés ; Ronald Reagan et Margaret Thatcher, les champions du néoconservatisme triomphant, prendront la tête d'une croisade antiterroriste qui se substitue ainsi aux velléités déjà bien faibles de rechercher les voies d'une véritable paix israélo-arabe au Proche-Orient. Le monde arabe est revenu à l'heure de 1967.

La machine à remonter le temps, mise en route par l'invasion israélienne du Liban de 1982, fonctionne avec une telle efficacité que bientôt, en ce début d'année 1987, à la faveur des révélations du scandale de l'*Irangate,* l'Union soviétique refait surface avec force au Proche-Orient comme aux plus beaux jours des années 1960. Dynamique et fringant, Gorbatchev s'active après la longue nuit boréale de Leonid Brejnev. L'Union soviétique est soudain partout ; d'abord au Conseil national palestinien qui se tient à Alger en avril 1987 et où les schismes prennent fin — Yasser Arafat se réconcilie avec Georges Habache et Nayef Hawatmé, fleurons un peu fanés du gauchisme arabe des années 1960 ; la Syrie doit s'incliner, qui semble perdre la carte palestinienne qu'elle a tant convoitée. La tête basse, Hafez el-Assad part pour Moscou rendre compte de sa politique qui n'a plus l'heur de plaire aux Russes.

À Alger où il tient ses assises, le Conseil national palestinien dénoncera les accords de Husayn et Arafat de janvier 1985, déjà récusés par la Jordanie depuis plus d'un an ; il condamnera les contacts avec l'Égypte, suscitant la colère du gouvernement égyptien qui ferme les bureaux de l'O.L.P. au Caire. La diplomatie palestinienne aura ainsi fait, en l'espace de deux ans, un aller-retour diplomatique spectaculaire qui l'aura amenée au Caire et à Amman, capitales les plus pro-américaines et anti-palestiniennes, pour revenir au point de départ sans que l'on puisse savoir quelle direction prendra à l'avenir le mouvement palestinien ni comment sa crédibilité pourra être rétablie. Car, pour l'heure, il est clair que l'Union soviétique est la force motrice qui a permis la réunification du mouvement.

L'Union soviétique est aussi très active dans les affaires du golfe Arabo-Persique, prêtant son pavillon aux pétroliers koweïtiens attaqués par la flotte iranienne, soutenant l'Irak avec force et poussant la Syrie à s'en rapprocher ; enfin, des contacts s'établissent avec les Saoudiens qui semblent, pour une fois, avoir pris peur devant l'ineptie de la politique américaine. Avec Israël et le Congrès juif mondial, ce seront aussi « cris et chuchotements », cependant que Shimon Pérès, dans une course préélectorale absurde avec le Likoud, plaide pour une conférence internationale sur le Moyen-Orient où seraient associés les cinq membres permanents du Conseil de sécurité, c'est-à-dire, bien entendu, avec l'Union soviétique, qui encadrerait des négociations directes arabo-israéliennes. Le gouvernement américain, en pleine déroute de l'*Irangate,* ne peut dire non, revenant ainsi sur un des fondements les plus sacrés de sa politique moyen-orientale, à savoir la mise à l'écart de l'Union soviétique.

RÉVOLUTION DES PIERRES, GUERRE DES MISSILES

Ces grandes manœuvres de la diplomatie régionale et internationale se trouvent stimulées par deux événements qui remettent en cause les *statu quo* fragiles régnant en Palestine occupée et sur le front irako-iranien. Le soulèvement généralisé de Cisjordanie et de Gaza, qui avait pourtant eu des signes précurseurs dans les heurts individuels entre les colons israéliens et les Palestiniens, semble prendre de court l'ensemble des acteurs du jeu diplomatique régional. Cependant qu'à l'autre bout du Moyen-Orient, l'Irak, qui semblait au bord de l'effondrement militaire face à l'Iran et qui avait réclamé en vain l'application de la résolution 598 du Conseil de sécurité[1], se révèle brusquement comme un géant militaire : tirs de missiles à longue portée qui sèment la terreur sur les villes iraniennes, sans parler d'un tir d'Exocet français qui, par erreur, coule un des navires de guerre américains patrouillant dans le golfe Arabo-Persique. Le refus iranien d'appliquer la résolution 598 et l'obstination de l'Iran à faire pression par divers moyens sur l'émirat du Koweït ont entraîné la constitution d'une flotte de patrouilleurs des puissances occidentales pour protéger la liberté de navigation dans cette zone d'intense commerce pétrolier. Bientôt, les forces terrestres du gouvernement irakien pourront reprendre l'offensive, dégager le port de Basrah encerclé, puis faire reculer l'armée iranienne sur tous les fronts au cours de l'été 1988, parvenant même à entrer à nouveau en territoire ennemi.

Aussi, en ce printemps 1988, assiste-t-on aux deux extrémités du Proche-Orient à deux formes extrêmes de guerre : celle des pierres en Cisjordanie et à Gaza où, à mains nues, des milliers d'hommes, de femmes et d'enfants affrontent l'armée israélienne et les bandes déchaînées de colons, offrant tous les jours plusieurs victimes à la brutalité d'un occupant qui se considère, comme toujours depuis 1948, « injustement » agressé ; celle des missiles et de la haute technologie en Irak et dans les eaux du golfe Arabo-Persique.

Cependant, au Liban, les mouvements de protes-

1. Résolution votée le 10 juillet 1987 réclamant un cessez-le-feu immédiat entre les belligérants, le retour aux frontières internationales ainsi qu'une enquête sur les responsabilités dans le déclenchement du conflit pour satisfaire aux exigences iraniennes de condamnation de l'Irak. L'Irak, encore très menacé militairement, avait alors sans hésiter accepté la résolution ; l'Iran avait atermoyé, l'estimant pour sa part insuffisante dans la dénonciation des responsabilités irakiennes.

tation de la société civile contre l'action sauvage des milices prennent un essor important. Déjà en octobre 1987, les handicapés de la guerre avaient organisé une marche du nord au sud du pays que les milices n'avaient osé braver et qui avait polarisé le sentiment populaire contre la guerre. Au printemps 1988, les syndicats bougent de façon concertée à travers tout le pays pour demander à l'État de recouvrer ses droits bafoués par les milices depuis 1975.

Si la diplomatie américaine n'est pas fâchée des revers iraniens, elle s'émeut par contre de la « guerre des pierres ». Face à l'inertie de la classe politique israélienne et à la montée d'une violence où, sans aucun doute possible, les Arabes désarmés apparaissent comme des victimes innocentes, les États-Unis s'efforcent, à travers une série de navettes du secrétaire d'État George Shultz, de pousser Arabes et Israéliens à parler de paix. Mais, de leur côté, les régimes arabes ne voient pas sans inquiétude monter un mouvement qui, par ses jets de pierres, met en accusation de la façon la plus éloquente qui soit leur impuissance à exercer la moindre pression militaire sur l'État d'Israël en dépit de leurs impressionnants arsenaux militaires, ou diplomatique sur l'Occident qui n'a jamais su mettre un frein à l'intransigeance israélienne.

Aussi, pendant que George Shultz évolue entre Amman, Damas, Le Caire et Tel-Aviv, les États arabes, sur invitation de l'Algérie, s'efforcent-ils de préparer un sommet extraordinaire de la Ligue arabe pour « appuyer » le soulèvement palestinien. Les chefs d'État arabes se sont réunis quelques mois plus tôt, en novembre 1987, à Amman. Mais il ne s'agissait alors, sous la pression de l'Arabie Saoudite, que de condamner les différentes formes d'agression iranienne contre l'Irak et les pays du Golfe (missiles contre la ville de Koweït, émeutes des pèlerins iraniens à La Mecque, refus de l'Iran d'accepter la résolution 598 de l'O.N.U., entraves à la libre navigation dans les eaux du Golfe). En particulier, l'exercice avait pour but d'amener la Syrie, grand allié de l'Iran, à se désolidariser solennellement des actions iraniennes.

La Syrie, acculée par une situation économique désastreuse, se rendra au sommet d'Amman, y gagnera de nouveaux subsides pétroliers, signera la déclaration mettant en accusation l'Iran. Elle n'en continuera pas moins d'entretenir des relations intensives avec l'Iran, ce qui apparaîtra en toute lumière lorsque la Syrie ne parviendra pas, en mai 1988, à faire sortir les Hezbollah de leurs retranchements dans la banlieue sud de Beyrouth suite à de violents combats entre la milice chiite prosyrienne d'Amal et la milice pro-iranienne des Hezbollah, chiite elle aussi. Les pressions politiques de l'Iran empêcheront alors un nettoyage complet de cette banlieue tristement célèbre puisqu'elle sert de geôle aux otages occidentaux de l'Iran. Si la France obtient la libération de ses otages, à la veille de l'élection présidentielle, ce sera bien plus par une négociation directe avec l'Iran, qui aboutit au rétablissement des relations diplomatiques rompues depuis l'affaire Gorji, que par les efforts syriens.

Au sommet d'Amman, l'affaire palestinienne avait été mise aux oubliettes, tout autant que la situation libanaise. À Alger en juillet 1988, le sommet extraordinaire est plus spectaculaire pour ses grandes retrouvailles maghrébines, en particulier algéro-marocaines, que pour les décisions prises en matière d'action pour la récupération des territoires occupés par Israël. Quelques millions de dollars pour le soulèvement palestinien, réaffirmation du plan Fahd adopté au sommet de Fès, appui verbal à l'O.L.P. En coulisse, une réunion sans lendemain d'Amine Gemayel, président phalangiste du Liban, et de Hafez el-Assad, président syrien, qui boycottait son collègue libanais depuis l'échec de l'accord tripartite de Damas de décembre 1985.

Ni les navettes de George Shultz ni les deux sommets arabes successifs n'ont raison des inerties diplomatiques. Tous les acteurs du drame israélo-arabe continuent dans leurs aveuglements, et la révolution des pierres, sans s'essouffler, finit par tomber dans la routine médiatique internationale. Encore une violence banalisée : le sang des Palestiniens, comme celui des Libanais, peut couler quotidiennement, l'Occident n'est guère ému. L'intégrisme islamique peut continuer de prospérer sur ce blocage politico-militaire qui ne fait qu'exaspérer les blocages de croissance économique et la suppression de tout espace de liberté au Proche-Orient.

Seul élément positif en cet été 1988, la déconfiture militaire de l'Iran résultant de l'aggravation des querelles internes au régime islamique. Mais l'acceptation par l'Iran de la résolution 598 de l'O.N.U., fin juillet, ne signifie pas nécessairement le retour à la stabilité régionale. Bien des comptes devront encore se régler à l'intérieur de l'Iran comme à l'intérieur de l'Irak, et dans leurs relations avec leurs voisins ; que l'on songe simplement au contentieux entre l'Irak et la Syrie qui fut tout au long de huit années de guerre l'allié le plus fidèle de l'Iran, faisant fi de toute la solidarité arabe, sans parler de la fraternité idéologique qui aurait dû lier les deux régimes baathistes. Quant à Israël qui a tant contribué à faire perdurer le conflit irako-iranien pour consolider sa prépondérance régionale, il estimera sans doute impératif de trouver de nouveaux moyens de déstabilisation régionale. Aucune stabilisation véritable ne pourra se faire jour tant qu'un règlement régional global, qui assure le respect des droits de chaque peuple de la région, rétablisse la solidarité arabe sur de nouvelles bases, et mette un terme à l'expansionnisme israélien et à la subversion de l'intégrisme islamique, ne sera pas intervenu.

Les événements qui suivent le cessez-le-feu irako-iranien montrent que la désintégration du Proche-Orient prend des aspects d'apocalypse.

15

Le Proche-Orient éclaté : de la guerre de libération au Liban à l'invasion du Koweït

LES GOUVERNEMENTS ILLÉGITIMES DU LIBAN

Les signes avant-coureurs de la désintégration du Proche-Orient se manifestent, comme toujours, au Liban. Le mois de septembre 1988 est celui d'une échéance constitutionnelle d'importance : l'élection présidentielle. Certes, depuis l'éclatement de la crise libanaise en 1975, ces élections ne sont qu'un simulacre, un théâtre de bien mauvais goût. Les canons syriens ont imposé à un Parlement libanais terrorisé l'élection d'Elias Sarkis en 1976 ; les chars israéliens, en 1982, feront élire à ce même Parlement successivement Bachir Gemayel, puis, après son assassinat, son frère Amine. Ces simulacres sinistres maintiennent cependant la fiction d'une continuité constitutionnelle et d'un éclatement qui n'est pas consommé.

Si la Syrie en 1976, Israël en 1982, ont été les puissances régionales ayant fait élire par la force brutale le candidat de leur choix, dans les deux cas contre la volonté de la majorité de la population, en 1988 leurs influences semblent se neutraliser. De plus, des facteurs externes additionnels vont venir compliquer le déroulement des scénarios échafaudés dans les chancelleries. L'Irak fait une apparition remarquée sur la scène libanaise en envoyant chars et munitions à la milice des Forces libanaises, traditionnellement hostile à la Syrie. Les envois d'armes seront ensuite élargis pour que l'armée libanaise en profite aussi. L'O.L.P., de son côté, entretient les meilleures relations avec le camp dit « chrétien », car pour contrer le retour en force de l'influence syrienne au Liban, ce dernier a autorisé les combattants palestiniens à revenir au Liban par les ports sous contrôle des Forces libanaises. L'Iran ne peut être en reste sur la scène libanaise et la milice du Hezbollah, à la dévotion de la puissance chiite iranienne, développe son contrôle sur les zones chiites du pays, en particulier dans l'ouest de la Bekaa, aux alentours de la ville de Saïda et dans le sud du pays. Désormais, un état de guerre interchiite quasi permanent va se développer au Liban entre le Hezbollah et la milice d'Amal qui se veut plus « laïque », plus autonome et plus libanaise que ses concurrents pro-iraniens qui réclament un régime de république islamique au Liban. Depuis 1988, les victimes des combats pour la domination de la communauté chiite entre ces deux factions seront nombreuses, en dépit des interventions répétées de l'Iran et de la Syrie pour obtenir et consolider des trêves toujours fragiles. Non loin de la ville de Saïda où des combats particulièrement meurtriers interviennent au printemps 1990, l'O.L.P. joue les arbitres et tente de s'interposer, car les mouvements armés palestiniens, grâce à la complicité active du camp « chrétien », ont reconstitué leur hégémonie d'avant 1982 sur la ville et ses environs.

Face à tous ces développements, la Syrie durcit sa position sur l'échiquier libanais. En 1988, comme en 1976, elle tente d'imposer un candidat de son choix à la présidence de la République. C'est d'abord Soleiman Frangié, vieux féodal maronite du Liban-Nord, ancien président de la République de 1970 à 1976, qui est un allié sans faille du régime syrien. Ce sera ensuite Mikhaïl Daher, député du Liban-Nord.

L'été 1988 sera mouvementé : d'intenses négociations régionales et internationales tenteront de trouver un consensus sur une personnalité libanaise qui puisse rassurer les nombreuses forces locales, régionales et internationales qui, depuis quinze ans, broient le Liban. Les États-Unis semblent avoir favorisé, à partir de 1986 et jusqu'à l'été de cette année, une candidature du général Michel Aoun. Ce dernier a remplacé en 1984 à la tête de l'armée le général Ibrahim Tannous qui a payé de son poste les bombardements particulièrement meurtriers de l'armée libanaise en février 1984 sur la banlieue sud de Beyrouth, fief des milices chiites d'Amal et du Hezbollah. L'homme apparaît modeste et effacé, et personne ne peut soupçonner qu'il prendra plus tard la responsabilité d'hostilités militaires de grande envergure pour tenter vainement de chasser la Syrie du Liban. Il apparaît à beaucoup comme le candidat le plus crédible, même si Raymond Eddé, député de Jbeil, vivant en exil à Paris depuis 1976, reste de loin le seul candidat vraiment populaire et en faveur de qui les très nombreux partisans dans toutes les communautés osent faire cet été-là ouvertement campagne grâce au soutien de l'ensemble de la population.

Le bras de fer sur l'élection se déroulera à coup de quorums manqués pour les réunions du Parlement libanais. Lorsqu'il deviendra clair que le général Aoun bloque toute élection qui ne lui serait pas favorable ou qui n'aboutirait pas à évincer un des candidats de la Syrie, cette dernière amène le président de la Chambre des députés à décider du retour du Parlement à son siège d'origine, à Beyrouth-Ouest sous la domination des troupes syriennes. Du coup, l'ensemble des députés chrétiens refusera de se rendre à la Chambre dont le siège avait été transféré depuis plusieurs années à la limite des deux zones de Beyrouth, permettant de la sorte aux députés de jouir d'un libre accès à la Chambre à partir de leur zone de résidence. Un député chrétien présent à l'ouest de Beyrouth sera même séquestré dans cette partie de la ville pour augmenter les chances d'un quorum favorable à l'un des candidats syriens.

À la surprise générale, l'action d'éclat viendra des États-Unis. En dépit de tout ce qui a pu violemment opposer la Syrie aux États-Unis au cours des dernières années au Liban, un envoyé américain se rend à deux reprises au Liban puis en Syrie au cours des mois d'août et de septembre pour tenter de débloquer le processus de l'élection. En réalité, la seconde fois il viendra donner un ultimatum aux députés réticents à voter pour le candidat de la Syrie en menaçant le Liban du chaos dans le cas contraire[1]. Jouissant du soutien de l'Irak, le « camp chrétien » ne se laisse cependant pas faire. La fin du mandat présidentiel d'Amine Gemayel, échéance fatidique, arrive le 22 septembre, sans que le Parlement ait pu élire un nouveau président. Au cours de ces derniers jours, le président sortant, plutôt que de tenter sérieusement de renflouer le cabinet existant ou de constituer un nouveau gouvernement, s'efforce de négocier avec la Syrie un prolongement de son propre mandat. À dix minutes de la fin de son mandat dans la nuit du 22 au 23 septembre, il nomme un gouvernement de cinq ministres militaires (deux chrétiens et trois musulmans), sous la présidence du général Aoun. Les trois officiers musulmans refuseront de prendre en charge leurs fonctions, cependant que ce qui reste du ministère précédent se proclame autorité légitime du Liban.

Le pays se trouve ainsi doté, le 23 septembre, de deux gouvernements l'un plus illégitime et surréaliste que l'autre. Le premier est constitué des

1. Il s'agit de R. Murphy, secrétaire d'État adjoint pour le Moyen-Orient. Sur la dynamique de cette crise, voir notre article « Liban : l'impact de l'échéance présidentielle », dans *Maghreb-Machrek*, n° 122, oct.-déc. 1988, La Documentation française, Paris.

maigres restes du cabinet d'Union nationale constitué en 1984. En effet, son Premier ministre, M. Rachid Karamé, a été assassiné en juin 1987, peu de temps après qu'il se fut déclaré démissionnaire, et M. Salim El Hoss n'a fait qu'en assurer un intérim, en attendant la nomination d'un nouveau Premier ministre en titre qui n'est jamais intervenue. Depuis le début de 1986, lorsque avorte l'accord tripartite de Damas, le gouvernement est paralysé et ne se réunit plus ; il expédie les affaires courantes à travers mille subterfuges juridiques ; le 23 septembre 1988 un seul ministre chrétien y subsiste, les autres ayant démissionné. Le second gouvernement est composé uniquement des trois militaires chrétiens, le général en chef de l'armée et deux officiers supérieurs.

Chacun des deux gouvernements prétend représenter la légalité et la continuité de l'État face à la vacance du siège présidentiel. Le gouvernement de M. El Hoss, sous la pression de son encombrant protecteur, le gouvernement syrien, est obligé de nommer un autre général en chef à l'armée libanaise, pour affirmer juridiquement sa contestation des pouvoirs du général Aoun, aussi bien comme général en chef de l'armée que comme Premier ministre.

Pendant quelques mois, les deux gouvernements opposés coexistent remarquablement, font marcher de concert les administrations publiques mieux qu'à l'ordinaire. La Syrie semble garder un profil bas, en dépit du fait que les armes irakiennes affluent plus que jamais au Liban aux troupes du général Aoun comme à la milice chrétienne.

Pourtant, en février 1989, ce *statu quo* fragile se rompt. L'armée libanaise, sous le commandement du général Aoun, entre le 14 février en conflit ouvert avec la milice chrétienne dont les exactions sont de plus en plus mal supportées par la population. Bientôt, les hostilités éclatent de façon sauvage, l'armée tentant de fermer les ports illégaux aux mains de la milice et de supprimer les rançonnements qu'elle opère depuis quinze ans sur la population. Cette action du général lui vaut immédiatement une immense popularité dans tout le Liban, y compris dans les cercles du gouvernement rival de M. El Hoss ; en outre, le général est de plus en plus courtisé sur le plan arabe. Une commission de la Ligue des États arabes composée des ministres des Affaires étrangères de Tunisie, du Soudan, de l'Algérie, de la Jordanie, du Koweït et des Émirats arabes unis a été constituée à Tunis en janvier 1989 pour trouver une solution à la crise libanaise. Le général Aoun a été reçu en grande pompe dans la capitale tunisienne par ce comité de bons offices de la Ligue ; Yasser Arafat, qui réside à Tunis, lui rendra à cette occasion une visite remarquée. Par contre, M. El Hoss, otage de l'armée syrienne au Liban, qui se trouve en même temps à Tunis pour discuter avec le comité de bons offices, ne peut rencontrer ni le général ni le chef de l'O.L.P. La Syrie apparaît entièrement isolée sur un plan arabe dans sa politique libanaise.

On pourrait croire, en ce début d'année 1989, que le Liban est en passe de trouver une solution à ses problèmes. L'optimisme est d'autant plus fondé que la solution du conflit israélo-arabe apparaît elle aussi avancer à grands pas, puisque les États-Unis ont enfin noué en décembre 1988 le dialogue tant attendu avec l'O.L.P. qui doit ouvrir la porte au règlement du conflit israélo-arabe, jusqu'ici introuvable. De plus, en janvier, des pourparlers intensifs ont eu lieu au Liban entre la faction armée druze du pays aux ordres de M. Walid Joumblatt et des personnalités chrétiennes, pour un retour des 150 000 réfugiés chrétiens chassés de la région du Chouf en septembre 1983 lors du retrait de l'armée israélienne. Pourtant, en quelques jours, tout va sombrer dans le chaos le plus total, les destructions massives et le désespoir des Libanais.

LA GUERRE DE LIBÉRATION DU GÉNÉRAL AOUN

Le 9 février 1989, le responsable des négociations entre druzes et chrétiens pour le retour des réfugiés, A. Fatayri, est assassiné par un druze. Le 14 février, les combats éclatent entre l'armée libanaise et la milice chrétienne. Le Liban entre alors dans un processus de désintégration accélérée qui conduira à la fin de l'année à consacrer son éclatement. Les comportements de déphasage culturel que nous avons déjà identifiés si souvent au niveau libanais et arabe vont se reproduire, cependant que la politique occidentale à l'échelon régional va sombrer dans des comportements de plus en plus inconséquents.

De même que le personnel politique libanais n'avait pas compris en 1968, lors de l'attaque israélienne sur l'aéroport de Beyrouth, que la passivité d'une armée face à une agression extérieure condamne à terme l'État à disparaître, il en sera de même en ce début d'année 1989 où éclatent les combats entre l'armée et la milice. En effet, au lieu de décréter un appui inconditionnel à l'armée, symbole de l'existence de l'État, une réunion des personnalités politiques chrétiennes auprès du Patriarche de la communauté maronite lance aux deux parties, le 17 février, un appel à cesser le feu. Le communiqué, bien que faisant appel au retour de la loi sur tout le territoire libanais, et demandant à la milice de regagner ses casernes, met en réalité sur pied d'égalité l'armée et une milice, honnie, à l'instar de toutes les milices du Liban, par la communauté religieuse qu'elle prétend représenter et défendre. Bien que le sentiment populaire soit en faveur de l'armée, chez les musulmans, comme chez les chrétiens ; bien que le général en chef de l'armée nommé par le gouvernement Hoss et censé s'opposer au général Aoun prenne fait et cause pour lui contre la milice, ce que l'usage fait désormais appeler « camp chrétien » va laisser passer une occasion historique de rétablir l'État par l'affirmation de l'autorité de l'armée. Le déphasage culturel se manifeste ici à nouveau comme nous l'avons déjà tant de fois vu à l'œuvre au Proche-Orient arabe. De façon pathétique, à l'instar des situations similaires passées, on s'enfoncera dans l'absurde le plus absolu et la triste équipée du général Aoun se soldera par des souffrances infinies de la population et la dérive sans cesse plus grande de ce qui peut rester encore du Liban.

Le général finit par céder aux pressions de la communauté à laquelle il appartient et un cessez-le-feu précaire est établi vers le 20 février. Il tente cependant de continuer dans la voie du rétablissement de l'État en supprimant les ressources financières des milices, en particulier le fonctionnement de ports illégaux dont il décrète le blocus, y compris dans les zones des milices dites « musulmanes », contrôlées en dernier ressort par les troupes syriennes. C'est un embrasement généralisé qui se prépare et qui débute le 14 mars. Ce matin-là, un bombardement inopiné vient frapper des écoliers à Beyrouth-Ouest à l'heure de la rentrée des classes. C'est l'embrasement général. L'origine et la cause de cet acte gratuit de violence, en principe en provenance de Beyrouth-Est, resteront, comme pour beaucoup d'actes similaires ayant mis le Liban à feu et à sang, objet de controverses sans fin, ne permettant pas d'identifier avec certitude les mains criminelles. Le général Aoun a-t-il donné l'ordre de tirer ? Est-ce la milice chrétienne qui a accompli le forfait pour discréditer l'armée libanaise à qui elle est plus que jamais opposée ? Est-ce la milice druze qui n'entend point être privée de ses ressources financières ? Est-ce l'armée syrienne dont les canons sont omniprésents sur tout le Mont-Liban qui surplombe Beyrouth ?

Quelle que soit la réponse, la triste réalité est là : le général Aoun, dans une fuite en avant spectaculaire, annonce qu'il déclenche une guerre de libération contre l'occupant syrien. Désormais et jusqu'au cessez-le-feu qui n'intervient que le 23 septembre 1989, soit durant six longs mois, la capitale libanaise est à nouveau à feu et à sang. Les images de l'horreur vont éclabousser une fois encore le monde entier, car la riposte syrienne est foudroyante, semant terreur et désolation dans ce que la presse internationale va appeler le « réduit chrétien ». De leur côté, les artilleurs du « camp chrétien » vont abreuver Beyrouth-Ouest, devenue Beyrouth « musulmane », d'un déluge d'obus. Durant ces mois, le général deviendra une figure médiatique en Occident. Dans son abri souterrain au palais présidentiel de Baabda, il tient conférence de presse sur conférence de presse, parle aux radios du monde entier. Il a le langage simple et brutal des militaires ; il dit le ras-le-bol d'une population martyrisée depuis quinze ans par les Israéliens, les Palestiniens, les Syriens. Il dénonce avec virulence la dictature sanglante du régime syrien, les vastes plantations de drogue qui se sont développées à l'abri des troupes syriennes dans la plaine de la Bekaa, les terrorismes qui fleurissent à partir du Liban. Plus timidement, il réclame aussi la sortie des Israéliens du sud du Liban. Il en appelle au droit des nations « civilisées » pour que le Liban recouvre son indépendance totale, récupère sa souveraineté territoriale. Le discours porte très fort durant les premiers mois, en dépit de la sauvagerie des bombardements qui font terriblement souffrir la population de Beyrouth. Le petit « David » libanais défie le « Goliath » syrien, tout comme l'O.L.P. en 1982 avait dû affronter la puissante machine de guerre israélienne.

Le général, fort de l'appui irakien, semble disposer d'un arsenal inépuisable et l'on parle même de missiles que l'armée irakienne lui aurait livrés. En France aussi, l'appui est unanime même si la mobilisation prend un malencontreux et bien vilain relent d'appui à la « cause chrétienne » au lieu d'être un appui à la souveraineté libanaise [1]. L'armée française livrerait elle aussi du matériel militaire au général Aoun. Dans le même temps, le comité de médiation de la Ligue des États arabes continue ses travaux, cherchant des formules de réconciliation nationale qui ôteraient à la Syrie tout prétexte de maintenir sa lourde présence au Liban. À la fin du mois de mai, un sommet des chefs d'État arabes se tient à Casablanca, au Maroc, pour tenter de trouver une issue à la crise qui polarise l'attention internationale. Les délibérations seront marquées par des affrontements verbaux très durs entre la Syrie et l'Irak qui réclame un retrait immédiat des troupes syriennes du Liban et la restauration de la souveraineté libanaise. Le président irakien quittera les délibérations peu avant leur clôture, le 26 mai, non sans avertir ses pairs que, s'ils ne prenaient pas au sérieux la souveraineté du Liban dans les mois suivants, il se sentirait lui-même dégagé de certaines de ses obligations par rapport à l'existence du Koweït : l'avertissement fut mis au compte de la colère du bouillant dictateur irakien qui n'avait pas réussi à démonter la placidité de son adversaire syrien ; personne ne prit malheureusement au sérieux la

1. Cela donnera lieu à bien des zigzags dans la politique française à cette époque, la droite qui est en France dans l'opposition faisant de la surenchère de mauvais goût dans l'appui aux « chrétiens », le Parti socialiste au pouvoir tentant de redresser la barre en tenant compte des « sensibilités musulmanes prosyriennes » du gouvernement de M. S. El Hoss. Le résultat sera la valse-hésitation du porte-avions *Foch* au cours de l'été 1989, ainsi que les allées et venues de M. Bernard Kouchner entre l'est et l'ouest de Beyrouth pour tenter d'apporter une aide humanitaire « équilibrée » aux deux zones de la capitale.

menace si clairement formulée et qui sera mise à exécution un an plus tard.

Il est clair que se sont jouées durant ce sommet arabe de délicates parties d'équilibres. Fidèle à sa politique de diviser pour mieux régner sur le monde arabe, le gouvernement saoudien ne peut donner un avantage décisif à l'Irak qui, sorti victorieux de son conflit avec l'Iran, devient une puissance significative dans le monde arabe. Si elle était réussie, son intervention pour libérer le Liban de l'emprise syro-iranienne, l'appui grandissant donné à la cause palestinienne sont susceptibles de faire du président irakien l'arbitre du monde arabe. De plus, au début du mois de février de cette année, l'Irak, l'Égypte, le Yémen et la Jordanie ont créé une entente régionale, le Conseil de coopération arabe, qui peut constituer un contrepoids à l'influence des monarchies du Golfe déjà regroupées depuis 1981 dans le Conseil de coopération du Golfe. L'Arabie Saoudite n'a donc pas intérêt à voir la Syrie trop isolée et affaiblie au profit de l'Irak. Même l'Égypte, qui réintègre à l'occasion de ce sommet la Ligue des États arabes dont elle avait été écartée onze ans auparavant par un sommet tenu à Bagdad[1], adopte une attitude ambiguë sur la question libanaise en dépit de ses relations étroites avec l'Irak. Il est clair que le Liban risque encore d'être sacrifié au profit des jeux de bascule et d'équilibre au Moyen-Orient. Le sommet en effet, dans son communiqué final, ne condamne pas la Syrie, mais dessaisit le Comité des six ministres des Affaires étrangères pour le remplacer par un comité de trois chefs d'État : le roi du Maroc, le président algérien et le roi d'Arabie Saoudite.

Toutefois, l'hostilité à la Syrie reste très forte au cours de l'été. L'armée syrienne, en dépit de l'indi-

1. Voir *supra* chapitre 12.

gnation de l'opinion arabe et internationale, non seulement continue ses bombardements sauvages du « réduit chrétien » qui entraînent de terribles représailles sur les quartiers de l'ouest de la capitale qu'elle occupe et d'où elle bombarde les quartiers de l'est, mais impose un blocus maritime et terrestre du « réduit chrétien » pour empêcher les armes irakiennes d'arriver au général Aoun. Les embarcations civiles qui relient le port de Jounieh à l'île de Chypre, seul moyen pour les habitants du « réduit » de quitter l'enfer des bombardements, sont elles aussi pourchassées par les canons syriens et parfois coulées, causant des morts aussi cruelles qu'inutiles. Sur le plan politique l'attitude du président syrien est si peu souple que le nouveau Comité de la Ligue des États arabes, exaspéré, publie le 31 juillet un rapport extrêmement sévère sur l'intransigeance syrienne. En effet, le gouvernement syrien exige avant toute discussion de son retrait la mise en œuvre de réformes politiques, la réconciliation entre factions libanaises combattantes dont certaines sont sous sa coupe (Amal), d'autres sous celle de l'Iran (Hezbollah) ou d'Israël (Forces libanaises), la formation d'un gouvernement de réconciliation nationale entre ces factions qui soit prêt à entretenir des relations privilégiées avec la Syrie : autant dire qu'il s'agit de la quadrature du cercle et de la perpétuation du *statu quo* tragique du Liban.

L'émotion est grande sur le plan international, d'autant que le Comité de la Ligue des États arabes fait savoir que le problème le dépasse et qu'il faut une intervention des deux grands pour faire fléchir la Syrie. Mais ici encore l'intervention internationale se fera au détriment du Liban. Les États-Unis, qui sont déjà intervenus en 1988 pour tenter de consolider l'emprise syrienne sur le Liban, ainsi que le gouvernement saoudien, vont agir avec célérité pour aider la Syrie à sauver la face et isoler le général Aoun.

Tout au long de l'été, les relations du général avec les États-Unis se sont dégradées ; le chef de l'armée accuse le gouvernement américain de ne pas mettre en œuvre les principes du droit international au Liban et de fermer les yeux sur la situation dramatique que vit le pays depuis quinze ans, laissant le champ libre au condominium syro-israélien sur le territoire libanais. Le 6 septembre, suite à la manifestation des partisans du général devant l'ambassade américaine, les États-Unis retirent leur ambassadeur de Beyrouth.

Les trois puissances les plus concernées par le Liban, la France, les États-Unis et l'Union soviétique, se concertent et appuient les efforts du Comité de la Ligue. Le 23 septembre un cessez-le-feu est enfin obtenu sur la base d'un plan en sept points qui prévoit la levée du blocus syrien en contrepartie du démarrage immédiat de négociations interlibanaises pour définir une nouvelle répartition des pouvoirs communautaires ainsi que les bases des relations syro-libanaises, ce qui donne satisfaction à la Syrie et ses « alliés » libanais, puis l'élection d'un président de la République. Une déclaration du Conseil de sécurité a appuyé cette démarche. Il devient très vite clair que tous les ingrédients pour une nouvelle désintégration du Liban sont réunis. La communauté internationale a commis, dans son traitement de la crise libanaise, l'erreur inverse de celle commise en 1982, lors de l'invasion israélienne. Alors que sept ans plus tôt elle avait délaissé les aspects internes de la crise, laissant Israël imposer deux présidents miliciens chrétiens avec les conséquences dramatiques que nous avons décrites[1], en 1989, l'accent ne sera mis que sur les problèmes de répartition communautaire des pouvoirs et l'élection d'un président favorable à la Syrie, comme

1. Voir *supra* chapitre 13.

condition préalable à tout retrait syrien. Le plus surprenant est l'accord concocté dans les chancelleries arabes et occidentales que l'on va tenter d'imposer aux députés libanais. Ces derniers, sous diverses pressions, comme pour les deux élections précédentes de 1976 à 1982, sont amenés dès le 30 septembre, en infraction aux principes élémentaires du droit public, hors du Liban, à Taïeff en Arabie Saoudite.

Le texte de l'accord soumis pour « entente nationale » aux députés était connu depuis plusieurs mois. Il est constitué d'un pot-pourri de divers accords précédents et mort-nés visant à diviser les pouvoirs de l'exécutif libanais entre le président de la République et le Premier ministre. Véritable monstre juridique, profondément antidémocratique puisqu'il renforce les logiques communautaires dans l'exercice du pouvoir et prévoit même la nomination de députés par le Conseil des ministres, son mérite était uniquement de stipuler le retrait total des troupes syriennes du territoire libanais dans les deux ans après la constitution d'un gouvernement dit « d'entente nationale » et la mise en œuvre de réformes constitutionnelles. Cela laissait déjà aux factions libanaises prisonnières de la Syrie, d'Israël ou de l'Iran la possibilité de torpiller tout retrait de troupes étrangères. La version qui sera soumise à Taïeff aux députés libanais ne mentionnera plus le départ définitif des troupes syriennes, mais uniquement leur « redéploiement » sur la ligne des crêtes et dans tout le versant ouest du Liban[1]. Elle consacrera aussi la notion de relations « privilégiées » que prétend entretenir la Syrie avec le Liban, soit celles d'un protectorat

1. Cela correspond en fait aux deux frontières du Petit Liban de 1860 à 1919 ; sur ce point voir notre *Liban : les guerres de l'Europe et de l'Orient, 1940-1992, op. cit.*, chapitre V.

déguisé[1]. La guerre de libération du général était en réalité perdue, la présence syrienne consacrée et bénie par la communauté internationale ; l'évacuation d'Israël du sud du Liban devenait plus improbable que jamais.

Le général Aoun tentera de s'opposer en vain à ces accords ; le 4 novembre, en tant que Premier ministre, il prononcera même la dissolution de la Chambre des députés. Peine perdue, la pression américano-saoudienne est toute-puissante. Le 22 octobre à Taïeff, 59 députés donnent leur blanc-seing au document dit « d'entente nationale ». Le 7 novembre, 57 députés se réunissent dans une base militaire libanaise au nord du pays, en pleine zone d'occupation syrienne, pour élire un président de la République proche de la Syrie. Le 22 novembre, date anniversaire de l'indépendance du Liban, le président, René Moawad, qui semble prendre son temps pour former de façon sérieuse le fameux gouvernement de « réconciliation nationale », est assassiné ; l'attentat mortel a lieu en plein Beyrouth-Ouest où les troupes syriennes étaient censées assurer sa protection. Dès le 24 novembre, 47 députés, toujours sous la garde syrienne, élisent un successeur, Elias el-Hraoui, député de Zahlé, ville sous occupation syrienne. Le 25 novembre le gouvernement est formé ; il est composé de personnalités miliciennes falotes et hétéroclites et il a à sa tête M. El Hoss, l'ancien Premier ministre par intérim d'un gouvernement démissionnaire dont le chef, Rachid Karamé, a été assassiné en 1987. Le nouveau président de la République écarte d'emblée toute entente avec le général Aoun. Dans le « réduit chrétien » à

1. On pourra trouver une analyse juridique détaillée des accords de Taïeff dans *Les cahiers de l'Orient*, n°s 16-17, Quatrième trimestre 1990. Comme pour les accords de Camp David, monstre juridique et traité inégal, aucun juriste d'Occident ne dénoncera les clauses aberrantes des accords de Taïeff et l'abaissement du Liban au niveau d'un Bantoustan syrien.

partir du 27 novembre, un soulèvement populaire massif apportera au général, désormais complètement isolé, un appui sans faille. Mais la communauté internationale et arabe, qui se montrera quelques mois plus tard si soucieuse du droit et de la moralité internationale à propos de l'invasion du Koweït par l'Irak, refusera désormais toute discussion des accords de Taïeff et de la consécration de l'occupation syrienne du Liban ; à l'exception de l'Irak, de l'O.L.P. et du Vatican, elle rompra le dialogue avec le général Aoun, désormais dépeint sous les traits les plus noirs, après avoir été durant quelques mois un héros nationaliste, champion du droit international et, à ce titre, vedette médiatique dans le monde entier.

L'accord de Taïeff aura des partisans dans la population libanaise, plus que jamais épuisée par quinze années de violence ininterrompue. Comme en 1982 lorsque beaucoup de Libanais penseront que l'invasion israélienne et le traité du 17 mai 1983 pourraient sauver le Liban du chaos, en 1989 on pensera aussi naïvement que le retour au *statu quo* de 1976 où la Syrie avait la haute main sur les affaires libanaises avec la bénédiction américaine, assaisonné de quelques réformes constitutionnelles satisfaisant des revendications dites « islamiques », est susceptible de redonner au Liban un peu de paix et de sécurité, à défaut de la restauration de l'indépendance et du retour à la démocratie représentative.

En fait, plus que jamais, le Liban reste déchiré. Ce sont d'abord les combats entre la partie de l'armée libanaise toujours sous le contrôle du général Aoun et la milice des Forces libanaises qui reprennent sur une grande échelle dès le 20 janvier 1990 dans le « réduit chrétien », alors que la population n'a pas eu le temps de panser ses blessures occasionnées par les six mois de « guerre de libération ». De nouveau la milice n'est pas condamnée, d'autant qu'elle se dit prête à accepter les accords de Taïef et qu'Israël semble avoir fait savoir qu'il s'opposerait à la liquidation de la milice, canal important de son influence au Liban. Les combats très violents ne s'arrêteront qu'au début de l'été, après que la Syrie, fidèle à ses jeux de balanciers, aura aidé discrètement l'armée libanaise à contenir les contre-offensives de la milice ; l'effondrement de l'armée et la victoire totale de la milice pro-israélienne menaçant la consécration de sa prééminence au Liban que lui ont accordée les accords de Taïeff. Ensuite les rivalités entre la milice du Hezbollah et celle d'Amal, dans la banlieue sud de Beyrouth et au sud du pays, en particulier dans les environs de Saïda, font quotidiennement des dizaines de morts et de blessés ; entre 1988-1989, les combats dits « interchiites » feront plus de 2 000 morts. Derrière ces combats, c'est une lutte d'influence sans merci que se livrent au Liban la Syrie et l'Iran, pourtant alliés dans leur hostilité à l'Irak. Comme pour les armées palestiniennes dont la Syrie avait favorisé l'implantation au Liban, au début de 1974, et qui vont entrer en situation de confrontation avec elle en 1976, les mouvements pro-iraniens (Hezbollah, Djihad islamique, Amal islamique) encadrés de Pasdaran se sont constitués grâce à la Syrie, mais développent leur propre logique.

On le voit, tout, dans ces situations libanaises qui ne font que refléter la complexité des situations régionales et le cynisme des politiques des puissances internationales, tient de la logique d'un temps qui marche à reculons, qui ne fait que revenir en arrière, pour consacrer la désintégration du pays, reflet d'un Proche-Orient éclaté. Les développements sur le plan palestinien, puis ceux, plus récents, relatifs à l'invasion du Koweït par l'Irak, vont le démontrer encore plus amplement.

LA PALESTINE « CADUQUE »

En pleine guerre de libération libanaise, le 2 mai 1989, Yasser Arafat vient solennellement annoncer à Paris, où il a enfin été invité à rencontrer le président français, la « caducité » de la Charte nationale palestinienne. Il satisfait par là une des exigences fondamentales des dirigeants israéliens pour que ceux-ci acceptent de discuter des revendications palestiniennes, car la Charte prévoyait la reconstruction d'un État palestinien sur tous les territoires historiques de la Palestine, reconnaissant simplement le droit des Israéliens présents en Palestine en 1948 à y demeurer dans le cadre de la constitution d'un État palestinien. Depuis la victoire israélienne de juin 1967, l'existence de cette Charte, adoptée par le Conseil national palestinien en 1964, ainsi que l'engagement des Palestiniens dans des mouvements armés pratiquant la violence pour obtenir la reconnaissance de leurs droits, avaient été les deux prétextes de base des gouvernements israéliens successifs pour refuser toute discussion des droits palestiniens avec les intéressés eux-mêmes. Cette position israélienne avait l'appui entier et total des États-Unis qui, en 1975, s'étaient eux-mêmes interdit tout contact avec l'O.L.P. pour être agréables à leur allié israélien.

Certains mouvements de l'O.L.P., en particulier les mouvements d'extrême gauche, avaient tenté dès 1968 de parler d'État binational, ou parfois d'État démocratique et laïc. Yasser Arafat, dans son discours devant l'Assemblée générale des Nations unies en 1974, avait évoqué son « noble rêve », celui d'« un seul pays démocratique où chrétiens, juifs et musulmans vivront dans un État fondé sur une base de justice, d'égalité et de fraternité. Cette logique avait toujours laissé insensibles les Israéliens et la majorité de l'opinion occidentale pour qui la raison même d'exister de l'État israélien est sa judéité. Nous avons décrit dans les chapitres précédents l'évolution de l'O.L.P. après les événements du Liban de 1975-1981 puis de 1982 vers plus de « réalisme », nous avons montré ensuite l'errance diplomatique de l'O.L.P. chassée de Beyrouth en 1982, pendant que la dispersion des combattants palestiniens exigée par Israël provoquait une recrudescence d'opérations terroristes.

En cette fin d'année 1988, l'évolution de l'O.L.P., vraisemblablement encouragée par la détente américano-soviétique, prendra un rythme très rapide. Le 28 juillet, la monarchie jordanienne annonce qu'elle se désintéresse du sort de la Cisjordanie et de Gaza et qu'elle rompt ses relations administratives et juridiques avec les habitants de ces territoires. C'était priver les Israéliens de leurs derniers espoirs d'une solution « jordanienne » qu'ils ont toujours préconisée mais pour laquelle ils n'ont jamais rien fait qui puisse encourager le souverain jordanien à se lancer dans une aventure semée d'embûches. En août, l'O.L.P., qui à un moment a été désarçonnée par le désengagement jordanien, lance déjà des signaux, à travers les déclarations de certains de ses dirigeants, de sa disposition à reconnaître l'État d'Israël[1]. L'O.L.P. doit bouger sous la pression de la révolte des territoires occupés sous peine de perdre toute influence sur la direction du mouvement. Au début du mois de juillet, une personnalité palestinienne de Jérusalem a déjà proposé la formation d'un État palestinien dans les frontières de 1948 et d'un gouvernement en exil.

1. En particulier, une déclaration d'Abou Iyad, numéro deux de l'O.L.P., le 9 août, reconnaissant la validité de la résolution 181 de 1947 du Conseil de sécurité de l'O.N.U. qui préconise le partage de la Palestine, ce qui équivaut déjà à remettre en cause tous les fondements de la Charte nationale palestinienne.

Le judaïsme libéral américain aura joué un grand rôle dans l'évolution de l'O.L.P. par l'appui qu'il aura donné discrètement aux dirigeants locaux de la révolte des pierres. La fraction libérale du judaïsme américain veut accélérer la création d'un État palestinien qui sortirait l'État d'Israël du cycle de répression aveugle qu'il exerce sur la population des territoires occupés et qui ternit gravement l'image démocratique qui a jusqu'ici fait la force d'Israël dans l'opinion internationale. Ce même courant encouragera l'administration américaine à ouvrir le dialogue avec l'O.L.P., et cette dernière à satisfaire à toutes les exigences américaines.

De plus l'Union soviétique joue la détente et invite l'O.L.P. à la négociation tout en s'efforçant de se rapprocher d'Israël avec qui les relations diplomatiques sont rompues depuis la guerre de 1967. Le 13 septembre, Yasser Arafat est invité à s'adresser au Parlement européen à Strasbourg. À Alger, du 12 au 15 novembre, le Conseil national palestinien réuni proclame la constitution d'un État palestinien parlementaire et démocratique, en faisant référence à la résolution de partage de la Palestine par les Nations unies. En même temps, le Conseil accepte les résolutions 242 et 338 du Conseil de sécurité, rejette le terrorisme sous toutes ses formes et prévoit la formation d'un gouvernement provisoire « en temps opportun ».

À Stockholm, du 21 novembre au 8 décembre ont lieu diverses rencontres entre l'O.L.P. et des personnalités de la communauté juive américaine. Le 7 décembre Yasser Arafat entérine une déclaration dite « de Stockholm » confirmant l'évolution des positions de l'O.L.P. en matière de reconnaissance de l'État israélien et de condamnation du terrorisme. Le 13 décembre, le chef de l'O.L.P., à qui le visa américain a été refusé par le gouvernement des États-Unis, s'adresse à l'Assemblée générale des Nations unies qui s'est réunie pour la circonstance à Genève[1]. Il réitérera encore une fois la position de l'O.L.P. et appellera à l'ouverture de la Conférence internationale sur le Proche-Orient maintes fois préconisée par l'Union soviétique et la France et que les États-Unis ont fini par accepter du bout des lèvres en 1987[2]. Pour emporter enfin une décision américaine d'ouvrir un dialogue avec l'O.L.P., Yasser Arafat, le 14 décembre, tient une conférence de presse où il est encore plus explicite. Le jour même, un peu plus tard dans l'après-midi, le gouvernement américain annonce qu'il accepte enfin de « parler » avec l'O.L.P. Le 16 à Tunis, le premier secrétaire de l'ambassade américaine, mais non l'ambassadeur, rencontre une délégation de l'O.L.P.

Rétrospectivement, tous ces efforts de l'O.L.P., de l'Union soviétique et du judaïsme libéral américain apparaissent vains, car les pesanteurs historiques qui caractérisent les politiques officielles américaine et israélienne sont plus fortes que tout. Si Shimon Pérès dans le gouvernement de coalition israélien (Likoud-travailliste) exprime une certaine souplesse verbale, en revanche la répression de la révolte des pierres est toujours aussi dure et implacable avec son cortège quotidien de victimes palestiniennes. En dépit des timides remontrances de certains responsables européens, l'armée israélienne met tout en œuvre pour étouffer le mouvement de revendica-

1. Il faut mentionner ici, dans l'hostilité américaine à la cause palestinienne, la décision du gouvernement américain en décembre 1987 d'entériner la demande de parlementaires américains de fermer les bureaux de l'O.L.P. aux États-Unis, y compris celui des Nations unies. Pour ce dernier, face au refus du représentant de l'O.L.P. d'obtempérer, le gouvernement américain devra saisir le tribunal fédéral de New York qui rejettera la demande de fermeture des autorités américaines comme contraire aux accords de siège entre l'O.N.U. et le gouvernement américain.

2. On rappellera aussi que Jimmy Carter avait accepté le principe de cette conférence en 1977 ; on rappellera aussi qu'une séance unique et sans lendemain de cette conférence avait eu lieu le 21 décembre 1973 à Genève (voir *supra* chapitres 11 et 12).

tion palestinienne que rien cependant ne parvient à essouffler. En décembre 1988, soit après douze mois depuis le début de la révolte, on dénombre 350 morts palestiniens, dont environ 200 écoliers et écolières de moins de quinze ans, 34 000 blessés et 4 500 détentions administratives.

La formule de gouvernement de coalition qui règne depuis 1984, où S. Pérès et I. Shamir se sont succédé à la tête du gouvernement, encourage l'immobilisme, le Likoud refusant tout dialogue avec les Palestiniens de l'intérieur ou de l'extérieur et refusant aussi de renoncer à la politique de colonisation des territoires occupés. Bien plus, l'idéologie sioniste, en particulier les tendances favorables à la réalisation du Grand Israël englobant tous les territoires où ont pu vivre les juifs dans les temps bibliques, trouve un appui de taille dans la nouvelle politique soviétique de rapprochement avec Israël. Cette politique se traduit, en effet, par la satisfaction d'une vieille revendication israélienne, appuyée par les États-Unis et l'Europe, celle de libéraliser l'émigration des Russes de confession juive. Moscou lèvera à la fin de l'année 1989 ces restrictions qui limitaient l'émigration à 10 000 ou 15 000 personnes par an dont la grande majorité se rendait aux États-Unis et non en Israël grâce à l'étape de Vienne. Pour satisfaire l'ensemble des exigences israéliennes, et canaliser le flux des émigrants directement sur Israël, l'étape de Vienne sera supprimée et le gouvernement des États-Unis refusera désormais de donner des visas d'immigration aux juifs soviétiques. Le monde entier se taira sur cette entorse grave aux droits de l'homme où, sitôt que Moscou lève les restrictions au départ d'une catégorie de ses citoyens, Washington leur ferme brusquement les frontières des États-Unis qui sont pourtant le pays où ils auraient préféré émigrer.

Il est clair que le mouvement sioniste est loin d'avoir épuisé les soutiens inconditionnels dont il jouit en Occident toujours culpabilisé par les horreurs séculaires de l'antisémitisme chrétien ayant débouché sur les pratiques nazies et l'Holocauste. Rien ne sera plus éloquent au cours des deux dernières années que les progrès remarquables que la détente apporte dans certains conflits aussi douloureux et persistants que le conflit israélo-arabe, tels que le conflit namibien et la situation des Noirs d'Afrique du Sud, le piétinement lamentable du conflit israélo-arabe, en dépit des souffrances quotidiennes dans les territoires occupés, des efforts de l'aile libérale du judaïsme américain, enfin de tous les renoncements de l'O.L.P. par rapport à ses positions traditionnelles. Ce sont ces renoncements que Yasser Arafat, qui travaille désormais sans filet, confirme à nouveau en mai 1989 à Paris lorsqu'il déclare « caduque » la Charte nationale palestinienne, satisfaisant ainsi une nouvelle demande israélienne.

Pourtant, le dialogue arabo-américain qui se déroule à Tunis n'entre guère dans le vif du sujet. Quant à la proposition du Premier ministre israélien I. Shamir d'organiser des élections dans les territoires occupés, il est clair qu'elle ne vise qu'à gagner du temps et à desserrer les pressions américaine et européenne qui s'exercent sur le gouvernement israélien pour entamer un processus de négociation avec les Palestiniens. La proposition que saisit au bond le gouvernement égyptien, le seul gouvernement arabe qui entretienne des relations diplomatiques avec Israël et que ne rejette pas l'O.L.P., s'enlise très vite dans les finasseries de procédures tout en butant sur des obstacles infranchissables, tels que le vote des habitants de la partie est de Jérusalem occupée en juin 1967 puis annexée par Israël, ou encore la détermination et les objectifs d'un calendrier de négociations entre Israéliens et Palestiniens qui suivrait ces élections. En réalité, le gouvernement Shamir entend maintenir un processus électoral dans le cadre des accords de Camp David qui, nous l'avons vu au chapitre 6, laissent ouverte la question de la souveraineté sur la Cisjordanie et Gaza et légitiment de ce fait la revendication sioniste sur ces territoires.

En attendant, le soulèvement populaire palestinien continue, la répression israélienne ne fléchit pas, et le gouvernement israélien se montre plus préoccupé par les problèmes de logement et de logistique que pose l'afflux des émigrés d'Union soviétique que par le destin palestinien. Alors qu'Israël recevait jusqu'ici par an 8 000 à 10 000 immigrants en provenance de tous les pays et voyait émigrer de son territoire autant ou un peu plus de personnes, elle reçoit au cours des huit premiers mois de 1990 quelque 100 000 immigrants d'Union soviétique. En cette fin d'année 1990, le dialogue palestino-américain de Tunis est interrompu depuis plusieurs mois, suite à une opération avortée de commandos palestiniens par mer sur le territoire israélien. Israël et les États-Unis y ont vu une rupture des promesses répétées de l'O.L.P. de renoncer à la violence dans l'affirmation des droits palestiniens.

L'attention du monde occidental dès la fin de 1989 est polarisée par les événements spectaculaires d'Europe de l'Est, en particulier la chute du mur de Berlin et la réunification de l'Allemagne, mais aussi la fin du règne de Ceaucescu en Roumanie, la résurrection de la Tchécoslovaquie, etc. L'écroulement du marxisme soviétique, accéléré par la politique de Mikhaïl Gorbatchev, qui rend à la liberté des dizaines de millions d'hommes, provoque l'ivresse et la joie de l'Occident, mais porte aussi à un paroxysme jusqu'ici inconnu son narcissisme et sa confiance dans la supériorité sans faille de ses valeurs.

Au printemps 1990, ni le sort tragique des Libanais ni celui des Palestiniens ne préoccupent l'Occident, mais l'Irak et ses armes chimiques. Une crise d'une ampleur sans précédent est en gestation entre l'Occident et l'Orient arabe qui va cristalliser tous les malentendus des quarante dernières années.

LE KOWEÏT OU LA BOSNIE-HERZÉGOVINE DU MOYEN-ORIENT

Lorsque, le 2 août 1990, l'armée irakienne occupe la ville-État de Koweït en six heures, sans rencontrer la moindre résistance, on assiste en Occident à une onde de choc similaire à celle provoquée par la nationalisation du canal de Suez en 1956 ou la fermeture du détroit de Tiran à la navigation israélienne par Nasser en mai 1967. Sur l'heure même, un flot puissant d'invectives, de rancœurs, de mépris, agite les médias de l'Occident à l'encontre du dictateur irakien et de tous ceux parmi les Arabes qui tentent de garder la tête froide et de calmer l'excitation occidentale. Le président irakien devient un bouc émissaire privilégié. Comme Nasser en 1956 ou 1967, il apparaît comme le seul fou dangereux, le nouvel Hitler, qui menace la paix du monde. Saisis d'une frénésie de moralité internationale, du désir le plus ardent de faire désormais respecter le droit, les États-Unis prennent la direction d'une croisade idéologique et militaire à l'échelle planétaire. Cette croisade peut se réaliser d'autant plus facilement que l'Union soviétique, trop occupée à plaire à l'Occident auprès duquel elle cherche aide et capitaux pour sa réforme économique, emboîte le pas aux États-Unis et vote avec fermeté toutes les résolutions du Conseil de sécurité.

Pour les Arabes, le comportement occidental apparaît surréaliste et loufoque. Certes, personne n'approuve le comportement brutal de Saddam Hussein en qui l'on voit le dictateur qui n'a même pas le charisme de Nasser, ou son panache ; mais personne non plus ne pleure vraiment sur le sort de la ville de Koweït, comme on a pu pleurer sur Beyrouth ; on ne pleurerait pas plus sur celui de l'Arabie Saoudite ou de l'une ou l'autre des pétromonarchies qui, depuis la fin des années 1960, sont les maîtres et les arbitres du Proche-Orient grâce à la manne pétrolière. En revanche, le surréalisme est au rendez-vous pour les Arabes, lorsqu'ils constatent l'implacable machine mise en œuvre pour obtenir des Nations unies non seulement la condamnation immédiate de l'Irak, ce qui est tout à fait légitime, mais les sanctions économiques, l'embargo et le blocus, le tout appuyé par un déploiement de forces militaires tel qu'on n'en a plus vu depuis la Seconde Guerre mondiale. Ainsi, ce dont les Arabes avaient toujours rêvé, à savoir l'application du droit international dans le conflit israélo-arabe avec des sanctions économiques de l'Occident contre Israël qui a toujours clamé son mépris du droit onusien, se réalise enfin. Ce sursaut de moralité de l'Occident ne vise évidemment pas à rétablir le droit en Palestine ou au Liban, mais au Koweït. Pis, lorsque le président irakien déclare le 12 août sa disponibilité à se retirer du Koweït si Israël se retire des territoires qu'il occupe en Palestine, Syrie et Liban et si la Syrie se retire du Liban, l'Occident s'indigne et trépigne encore plus ; le dictateur, à ses yeux, aggrave son cas, pratique un amalgame malfaisant, cherche en Israël un bouc émissaire commode pour se gagner l'appui des foules arabes qui un peu partout commencent de s'agiter et de manifester contre le débarquement américain en Arabie Saoudite.

Surréaliste, le paysage l'est encore plus lorsque l'on pense à l'arme de l'embargo pétrolier qu'avaient vainement tenté d'utiliser les Arabes en 1967 puis en 1973 pour amener l'Occident à faire respecter les droits palestiniens. Ces timides tentatives avaient alors été perçues par l'Occident comme une vilenie supplémentaire des Arabes. À partir de 1973, les Américains vont commencer à élaborer des plans de débarquement militaire dans la Péninsule arabique pour empêcher le monde « civilisé » d'être un jour étranglé sur le plan énergétique par « l'arbitraire » des Arabes et les manœuvres de l'Union soviétique. Dix-sept ans après, c'est en toute bonne conscience, sans même réaliser la loufoquerie de l'acte, que l'Occident s'applique un embargo sur tout pétrole venant du Koweït ou d'Irak, même si cela peut faire chanceler les économies occidentales et asphyxier celles des pays de l'Est ou de beaucoup de pays du tiers monde. Car les Bourses chancellent partout de New York à Tokyo, en passant par les capitales européennes ; le prix du baril flambe. Le duel George Bush-Saddam Hussein, ainsi que la « logique de guerre » que le président Mitterrand décrit avec complaisance durant ses conférences de presse répétées, prennent des proportions que plus rien ne semble pouvoir arrêter. Sur toutes les télévisions du monde s'étale quotidiennement le spectacle des mouvements des flottes aérienne et maritime, des dizaines de milliers d'hommes qui partent, sourire aux lèvres, en gonflant les muscles, défendre le droit contre la folie d'un homme, libérer le Koweït et rétablir la famille princière régnante dans ses droits sur sa ville, ses puits de pétrole et ses banques dont s'est emparé « le voleur de Bagdad ».

Tout est surréaliste dans cette crise. Car Saddam Hussein, le baathiste laïc pur et dur, s'érige brusquement en défenseur « intégriste » de la pureté des Lieux saints islamiques que le débarquement occidental en Arabie Saoudite viendrait souiller. Le président tunisien et le roi Husayn de Jordanie, alliés traditionnels de l'Occident, refusent haut et fort la condamnation de l'action de l'Irak qui légitime le débarquement américain avant qu'une concertation arabe effective ait pu avoir lieu pour tenter de trouver une solution dans un cadre arabe. Mais au Caire où se tient une réunion de la Ligue des États arabes le 10 août, le président Moubarak fait obstruction à toute discussion du fond du problème et fait voter l'envoi de troupes arabes en Arabie Saoudite aux côtés des troupes américaines. Le vote, présenté par les États-Unis comme une grande victoire, ne recueillera que 12 voix sur les 22 États membres que compte la Ligue, dont celle du malheureux Liban prisonnier de la politique syrienne. La Syrie, en effet, non seulement vote pour l'envoi de troupes arabes aux côtés des troupes américaines et des flottes occidentales, mais dépêche elle-même un contingent de 3 000 hommes qu'elle décide de faire passer dès la fin du mois d'août à 15 000 hommes. Cela vaudra une visite remarquée et amicale du secrétaire d'État américain, James Baker, au président Hafez el-Assad à Damas le 13 septembre 1990.

Il s'agit là d'un autre élément de surréalisme, puisque la Syrie se veut un champion de l'anti-impérialisme américain dans la région et que c'est elle qui en 1983, de connivence avec l'Iran, s'est voulue le fer de lance de la lutte contre la force multinationale d'interposition au Liban constituée par les États-Unis, la France et l'Italie pour superviser le départ en bon ordre des combattants de l'O.L.P. de Beyrouth et protéger les populations civiles des agissements de l'armée israélienne et des milices libanaises. L'Occident qui a pourtant un lourd contentieux avec la Syrie, en particulier en matière de terrorisme d'État, ne semble guère gêné par la qualité « démocratique » de ce nouvel allié dans la « croisade » contre « le nouvel Hitler ». Pourquoi le serait-il d'ailleurs, puisque depuis 1988 c'est à lui que le sort du Liban, anciennement république parlementaire et seul pays ayant pratiqué une véritable liberté de pensée en Orient, est à nouveau confié ? Dans cet alignement syrien sur l'Occident, le régime de Hafez el-Assad ne fait que suivre la logique de son hostilité sans limites à l'Irak, hostilité qui a soudé son alliance avec l'Iran. Sitôt après la visite de M. Baker à Damas, Hafez el-Assad se rendra pour la première fois en visite officielle à Téhéran afin de plaider la cause du blocus que les Nations unies ont décrété à l'encontre de l'Irak. Car, dans cette nouvelle partie de poker qui se joue au Moyen-Orient, le monde stupéfait a assisté à la réconciliation de Bagdad et de Téhéran dont le dictateur irakien a pris l'initiative le 15 août, en déclarant unilatéralement le retrait de ses armées des zones iraniennes qu'elles occupent encore, la libération des prisonniers de guerre iraniens qu'elles détiennent, et enfin la reconnaissance des accords d'Alger de 1975 partageant la souveraineté sur les eaux du Chatt el-Arab entre l'Irak et l'Iran. La nécessité d'une remise en cause de ces accords, considérés par l'Irak comme injustes, parce que le privant de débouché sur le golfe Arabo-Persique, avait été invoquée par le chef de l'État irakien en 1980 lors de l'entrée en guerre avec l'Iran.

Cet abandon soudain par l'Irak de toutes ses positions face à l'Iran, avant même le début de négociations de paix, ne laisse pas les Iraniens insensibles. Bien qu'assagi, et cherchant à normaliser ses relations avec l'Occident, le régime khomeyniste ne peut cautionner un déploiement militaire américain d'une telle envergure à 20 kilomètres de ses propres côtes. Aussi l'Iran condamnera-t-il l'invasion de Koweït, mais dénoncera aussi énergiquement l'action américaine. M. Tarek Aziz, ministre des Affaires étrangères d'Irak, sera reçu à Téhéran au début du mois de septembre, visite qui sera suivie de celle du vice-ministre des Affaires étrangères iranien à Bagdad le 17 septembre. L'Occident, ahuri et désappointé, ne comprend pas que les anciens ennemis puissent ainsi se rapprocher. Il ne comprend pas plus la position de l'O.L.P. qui, en ne condamnant pas l'Irak avec fermeté, se range à ses yeux aux côtés du dictateur irakien ; enfin, il s'émeut de ces retours de mouvements de « foules » arabes à Amman, à Tunis, en Algérie, en Cisjordanie, qui manifestent leur désapprobation à l'encontre des initiatives américaines, brûlent le drapeau américain et brandissent des portraits de Saddam Hussein.

L'opinion en Occident est tétanisée ; les médias décrivent avec complaisance toutes les violences du dictateur irakien, comme on l'avait fait trente-cinq ans auparavant, lors de la nationalisation du canal de Suez en 1956 pour le dictateur égyptien. Voici donc à nouveau pour l'opinion occidentale les foules arabes, que l'on avait cru définitivement disparues de la scène politique, qui refont surface et menacent l'ordre établi. Le réveil est d'autant plus dur que les images de ces mouvements de foules avaient disparu depuis de nombreuses années des écrans de télévision. Où étaient-elles, en effet, lorsque les troupes syriennes écrasaient au Liban les partis de la gauche libanaise et les mouvements de l'O.L.P. fidèles à Yasser Arafat ? Lorsque Israël envahissait le sud du Liban en 1978, puis assiégeait Beyrouth trois mois durant en 1982, provoquant en final les terribles massacres de Sabra et Chatila ? Lorsque les États-Unis opéraient en 1986 un raid aérien sur Tripoli ; lorsque les Israéliens bombardaient le siège de l'O.L.P. à Tunis en 1987 ou lorsqu'ils firent assassiner, toujours à Tunis, Abou Jihad en 1988 ? Les seuls mouvements de foule que l'on a pu voir, tout au long de ces années où fonctionne la machine à remonter le temps, ce sont les émeutes de la faim en Égypte, au Maroc, en Tunisie à chaque augmentation trop brutale des prix des denrées de base ; ou encore les terribles émeutes d'Alger d'octobre 1988 qui, bien que réprimées avec violence et brutalité, entraînent le régime algérien sur la voie de la libéralisation et du pluralisme politique. Au printemps 1990, à l'occasion des premières élections libres en Algérie, celles des municipalités, on verra les différents partis politiques algériens, en particulier le trop célèbre Front islamique du salut (F.I.S.), rassembler leurs troupes et organiser des marches. En Tunisie aussi, surtout dans les milieux étudiants, on assiste parfois à l'agitation d'éléments « islamistes ».

Qu'est-ce qui fait donc bouger les foules arabes, comme du temps de la nationalisation du canal de Suez ou de la mort de Gamal Abdel Nasser, ou de sa démission temporaire en 1967 ? Peut-on seulement assimiler l'invasion puis l'annexion du Koweït par l'Irak et les mouvements de troupe des pays occidentaux en Arabie Saoudite à cette fameuse nationalisation par laquelle nous avons ouvert notre enquête historique et qui devait provoquer l'invasion du Sinaï et de la zone du canal de Suez par les armées israélienne, française et anglaise ? En Occident, on refuse tout amalgame, non seulement entre ces deux situations historiques, mais entre le cas du Koweït et celui de la Palestine et du Liban. On verra surtout dans les mouvements de foules un regain de l'hydre du nationalisme arabe que l'on pensait enterré, un retour de « fanatisme » et d'« irrationalité » de l'âme arabe, une expression additionnelle de l'imperméabilité des Arabes aux valeurs de l'Occident.

L'Occident se rendra très vite compte que le bât blesse. Cette mobilisation militaire fantastique pour le droit international, au titre de la restauration d'une ville bancaire et pétrolière, ne peut que paraître suspecte, dans une région du monde où ce même droit a sans cesse été bafoué en Palestine par les Israéliens puis au Liban par les Syriens et les Israéliens. D'abord isolées, au cours du mois d'août, les voix « dissidentes » en Occident, en Europe comme aux États-Unis, pourront mieux s'exprimer au fur et à mesure que le temps s'écoulera. Faut-il vraiment mourir pour le Koweït ? Peut-on se préoccuper du droit international de façon aussi sélective ? C'est aux Nations unies qu'enfin, le président français, dans son discours devant l'Assemblée générale à la fin du mois de septembre, reconnaîtra qu'il conviendra à l'avenir de mieux faire respecter le droit au Moyen-Orient, surtout en Palestine et au Liban ; il parlera aussi de consulter la population du Koweït sur le sort de l'État et du régime politique. Quelques jours plus tard, plus timidement, le président américain, parlant devant l'Assemblée générale, lui fera écho. Le message des foules arabes, en dépit de toutes les propagandes médiatiques en Occident, est donc parvenu à destination.

Toutefois, l'implicite de toute cette crise demeure grand et une issue pacifique et rationnelle difficile à imaginer. Le premier élément implicite est la sécurité d'Israël. L'arsenal militaire irakien met-il vraiment en cause la suprématie militaire d'Israël au Moyen-Orient ? Cela reste le problème majeur et central de la crise. Car c'est bien autour de l'accumulation d'armes chimiques et de la reconstitution éventuelle d'une capacité nucléaire par l'Irak que s'est bâtie l'atmosphère de crise tout au long du premier semestre de l'année 1990. L'objectif majeur de l'opération américaine « bouclier du désert » n'est-il pas de détruire ce potentiel irakien grâce au prétexte idéal que donne l'invasion du Koweït ? Le chef de l'État irakien n'a-t-il pas été amené à croire que son contentieux de plus en plus aigu avec le Koweït pourrait être réglé par la force sans réaction majeure de la communauté internationale [1] ? Le prétexte ainsi obtenu, le déploiement militaire américain, aussi puissant et impressionnant, ne vise-t-il pas à la destruction du potentiel irakien ?

1. Signalons ici les polémiques à l'intérieur de l'administration américaine où il est reproché au State Department d'avoir continué à donner des signaux positifs au gouvernement irakien jusqu'à la veille de l'invasion du Koweït, alors que dès le printemps certaines sanctions économiques américaines auraient dû être prises pour dissuader l'Irak de continuer à développer son arsenal militaire. Il est curieux aussi que la France, fournisseur très important de haute technologie militaire à l'Irak, n'ait pas tenté au cours des semaines ayant précédé l'invasion un effort de médiation ou de modération dans la dégradation très rapide des relations irako-koweitiennes.

Le deuxième élément implicite est la situation fragile des pétromonarchies dont nous avons vu combien elles sont un élément clé, aux côtés d'Israël, du dispositif occidental dans la région. En dépit du développement de l'intégrisme islamique pratiqué par les régimes de la péninsule arabique à titre de paratonnerre, leur situation reste précaire. Leur prospérité dans un océan de pauvreté, le train de vie des familles royales, les agiotages et gaspillages monumentaux que nous avons décrits en évoquant l'ère de la prospérité pétrolière : tout cela ne pouvait que fragiliser des régimes politiques au statut extraordinairement privilégié dans une région du monde soumise à tant de forces centrifuges. En particulier, face aux deux géants démographiques et militaires du Golfe que sont l'Iran et l'Irak, les pétromonarchies ne pouvaient que voir leur destin assombri, notamment une fois la guerre irako-iranienne terminée. L'Arabie Saoudite sembla l'avoir bien compris lorsqu'elle signa en mars 1989 un traité de non-agression avec l'Irak. Ce ne sera pas, semble-t-il, le cas du Koweït et des Émirats arabes unis dont la politique de surproduction pétrolière, ne respectant pas les quotas décrétés à l'O.P.E.P., crée des surplus qui pèsent sur le prix du baril du pétrole. Ce dernier baisse en effet à 14 dollars contre 18 dollars qui est le prix fixé par l'O.P.E.P. À ce niveau de prix, le pouvoir d'achat du baril de pétrole est au-dessous de son niveau des années 1960 (1,50 à 2 dollars le baril) et l'Irak ou l'Iran ne peuvent espérer trouver dans leurs exportations pétrolières une source suffisante de financement pour la reconstruction de leur économie.

Là est le troisième élément implicite de la crise, car les recettes pétrolières de l'Irak, de l'Iran et de l'Algérie ne suffisent plus depuis 1985, date où les prix du pétrole ont commencé de s'effondrer, à assurer leurs besoins de financement externe. La gestion du marché pétrolier au cours des années 1980 reviendra aux errements des années ayant précédé la crise de 1973 : une surproduction qui fait baisser les prix, entraîne une croissance artificiellement dopée de l'économie des pays industrialisés, alors même que de futurs déséquilibres entre l'offre et la demande pointent à l'horizon. En refusant dans les années 1970 tout mécanisme de stabilisation des prix pétroliers dans le cadre d'accords à long terme entre producteurs et consommateurs, l'Occident a lui-même préparé la crise pétrolière d'août 1990. Comme en 1973, avec la guerre d'octobre, un événement militaire majeur, l'invasion du Koweït par l'Irak, va agir comme un révélateur des déséquilibres futurs du marché en gestation. En deux semaines, le prix du baril passe de 14 à 40 dollars, en dépit de l'existence de stocks stratégiques importants chez les pays industrialisés et de l'augmentation sensible des exportations des autres grands producteurs de pétrole, ce qui aurait dû compenser les pertes de quantités disponibles sur le marché, dues à l'embargo sur le pétrole irakien et koweïtien.

On ne décrira jamais assez, pour comprendre la genèse de la crise ouverte le 2 août, l'exaspération du régime irakien face à la politique koweïtienne de surproduction pétrolière ; à celle-ci vient s'ajouter son exaspération sur le problème de la dette due au Koweït qui, avec l'Arabie Saoudite, a financé l'Irak dans sa guerre avec l'Iran, ainsi qu'une exaspération similaire sur le problème de délimitation des frontières. Car, sur ce plan aussi, l'Irak réclame en vain du Koweït la cession ou la location de deux îles stratégiques à l'embouchure du Chatt el-Arab qui lui permettrait de défendre et protéger l'accès au grand port de Bassorah, enclavé dans cette mer intérieure. S'étant battu durant huit ans contre l'Iran khomeyniste, au plus grand bénéfice des pétromonarchies du Golfe et des intérêts des pays occidentaux, le régime irakien s'est senti abandonné de ses anciens alliés, sitôt la puissance iranienne abattue. Sinon pour ses achats d'armements, il ne trouvera nulle part de crédits nouveaux pour assurer le financement des besoins civils de la reconstruction de son économie. Ici encore, on peut se demander par quelle légèreté l'Occident a pu continuer de vendre des armes à l'Irak après le cessez-le-feu avec l'Iran, tout en laissant le marché pétrolier s'effondrer à des niveaux tels que de nombreux pays du tiers monde exportateurs de pétrole et à forte démographie connaissent un étranglement financier douloureux. Les émeutes d'octobre 1988 en Algérie ainsi que la montée de l'intégrisme islamique dans ce pays sont largement dues à la détérioration des conditions de vie entraînée par la chute des prix du pétrole.

En invoquant le droit et la morale internationaux, le libre accès au pétrole bon marché du Moyen-Orient, pour intervenir massivement dans la Péninsule arabique et redresser le tort fait à la ville-État de Koweït, l'Occident apparaît plus que jamais aux opinions publiques locales comme une machine infernale dénuée de toute mémoire historique, ne faisant appel au droit et à la morale que lorsque ses intérêts à courte vue le lui dictent. Rien n'est plus éloquent que les excès des médias et les harangues de certains journalistes en mal de surenchères, qui répètent à l'envi les mêmes clichés, les mêmes imprécations contre Saddam Hussein que celles qui autrefois, en 1956, avaient été lâchées contre Gamal Abdel Nasser et avaient préparé la malheureuse expédition de Suez. Certes, l'Égypte est cette fois-ci du côté de l'Occident, de même que la dictature syrienne. Mais, plus encore que la Syrie, l'Égypte n'avait guère le choix : lié à Israël et aux États-Unis par le traité inégal de Camp David, criblé de dettes vis-à-vis de l'Occident, quel autre choix aurait pu avoir le gouvernement égyptien sous la terrible pression américaine, sans être entraîné dans des risques majeurs ?

Ce n'est peut-être pas un hasard si la fin de la Guerre froide et le désengagement soviétique des affaires du Moyen-Orient accélèrent le mouvement de désintégration du monde arabe face au retour de puissance de l'Occident en Orient. Entre l'armée israélienne toute-puissante et l'immense déploiement de forces américain, terrestre et aéronaval, les Arabes du Machreck se retrouvent cinquante ans en arrière dans un tête-à-tête dramatique avec l'Occident. Monarchies pétrolières féodales surprivilégiées et peu légitimes ou républiques de la pauvreté et de la négation des droits de l'homme : c'est presque une heure de vérité qui sonne enfin dans la relation malheureuse de l'Orient arabe et de l'Occident depuis le XIXe siècle.

Le 16 janvier 1991, l'armée américaine et ses alliés entament quarante jours de bombardements massifs aéronavals de l'ensemble du territoire irakien. Environ deux mille avions, merveille de la technologie militaire occidentale, détruisent le potentiel militaire et économique irakien, grâce à un tonnage de bombes larguées équivalent à plusieurs fois l'effet de la bombe atomique lâchée sur Hiroshima. Le Koweït peut ensuite être libéré en trois jours, pratiquement sans combats et sans victimes du côté des troupes dites « alliées », qui font une large percée dans le désert irakien, mais n'investissent aucune ville majeure. En même temps, dans leur désir de venir définitivement à bout du régime irakien, sans pertes humaines pour la coalition alliée, les États-Unis incitent les Kurdes au nord du pays à se soulever ; dans le sillage, le Sud irakien, zone à majorité chiite, se révolte aussi, soutenu par l'Iran. Les conditions draconiennes du cessez-le-feu mis en vigueur le 28 février sont concrétisées par les résolutions 686 du 2 mars et 687 du 3 avril ; elles sont complétées par la résolution 688 du 5 avril qui affirme le droit d'ingérence des Nations unies dans l'affaire kurde. Cet ensemble de résolutions aboutit en pratique à une mise sous tutelle de l'Irak et à des interventions occidentales de plus en plus poussées dans le destin de ce pays.

Contre toute attente, cependant, le régime de Saddam Hussein survit à la tempête, bien qu'il perde assez rapidement le contrôle d'une large partie des zones kurdes où la population souffre durement d'une révolte improvisée. Au sud, la rébellion est d'abord matée par les troupes irakiennes avec le consentement tacite des alliés craignant une intervention iranienne d'envergure qui renforcerait le radicalisme islamique d'inspiration khomeyniste ; elle reprendra, d'après les observateurs occidentaux, au cours de l'été 1992. Les États-Unis semblent alors de plus en plus s'orienter vers un démembrement de l'Irak, puisque, après l'encouragement à la tenue d'élections dans le Kurdistan irakien au printemps 1992, ils décréteront, avec l'approbation de leurs principaux alliés, l'interdiction de survol du sud du pays faite à l'aviation irakienne.

Ainsi, les interventions occidentales au Proche-Orient depuis 1948 et l'incapacité des régimes arabes depuis un demi-siècle à édifier les bases d'une solidarité efficace, à défaut de l'unité introuvable, auront abouti à la disparition ou la désintégration de trois pays arabes majeurs, la Palestine, le Liban, l'Irak. Le gouvernement américain, préoccupé de la dégradation de son image de marque et de celle de ses alliés locaux dans le monde arabe et islamique après le châtiment hors normes infligé à l'Irak, s'activera pour mettre en place un forum de négociations israélo-arabes. Ouvert à Madrid, le 30 octobre 1991, dans un fracassant tapage médiatique, le processus de paix aboutit en 1993 de façon tortueuse aux accords d'Oslo négociés dans le plus grand secret, mais signés avec une pompe médiatique encore plus importante que celle mise en place pour les accords de Camp David en 1977. Encore une fois, cependant, ces accords ne déboucheront pas sur une paix réelle supprimant définitivement les sources du conflit israélo-arabe. Au contraire, et comme précédemment, le terrorisme et la déstabilisation caractérisent toujours plus le Proche-Orient. La myopie occidentale, l'intransigeance israélienne et les déphasages et faiblesses congénitales dans lesquels vivent les régimes arabes contribueront une nouvelle fois à rendre la paix plus elliptique que jamais.

Sommaire du tome II

PARTIE IV

L'ÉTABLISSEMENT DE L'HÉGÉMONIE AMÉRICAINE ET LES PAIX MANQUÉES 1991-2000

CHAPITRE 16
L'euphorie de la guerre du Golfe 655

CHAPITRE 17
Le chemin vers la paix : la préparation de la conférence de Madrid 683

CHAPITRE 18
La conférence de Madrid 711

CHAPITRE 19
De la conférence de Madrid aux accords israélo-palestiniens : un processus de paix sans paix 740

CHAPITRE 20
Les conséquences de la guerre du Golfe 795

CHAPITRE 21
L'usure des régimes arabes : marginalisation économique et instrumentalisation de l'islam 843

CHAPITRE 22
La complexité de la dynamique israélienne et le renouveau du judaïsme 894

PARTIE V

DE L'INVASION DE L'IRAK AUX RÉVOLUTIONS ARABES 2001-2011

CHAPITRE 23
Les attentats du 11 septembre 2001 et la nouvelle politique américaine au Proche-Orient 973

CHAPITRE 24
La troisième guerre du Golfe et l'invasion de l'Irak 1001

CHAPITRE 25
La déstabilisation du Liban et l'encerclement de la Syrie 1032

CHAPITRE 26
La nouvelle guerre d'Israël au Liban et ses conséquences 1069

CHAPITRE 27
La chronique répétitive du malheur palestinien et des autres situations de violence 1099

PARTIE VI

LE PROCHE-ORIENT : MONDE EN DÉSINTÉGRATION, MONDE EN CRÉATION

CHAPITRE 28
Les révoltes arabes : libération ou chaos ? 1119

CONCLUSION GÉNÉRALE

FIN DE LA DÉCADENCE ?

Retour aux fièvres identitaires 1177
Le rôle des États-Unis et de l'OTAN 1181
Problématique du futur 1186

APPENDICES

Sources bibliographiques thématiques 1195
Index 1244

Composition Nord Compo
Impression Maury Imprimeur
45330 Malesherbes
le 8 juillet 2016.
Dépôt légal : juillet 2016.
1er dépôt légal dans la collection : août 2012 .
Numéro d'imprimeur : 210385.

ISBN 978-2-07-044814-2. / Imprimé en France.

307387